JUS PUBLICUM

Beiträge zum öffentlichen Recht

Band 286

Enrico Peuker

Verfassungswandel durch Digitalisierung

Digitale Souveränität als verfassungsrechtliches Leitbild

Mohr Siebeck

Enrico Peuker, geboren 1982; Studium der Rechtswissenschaft an der Friedrich-Schiller-Universität Jena; 2006 Erstes Juristisches Staatsexamen; 2011 Promotion; Rechtsreferendariat in Berlin und Brüssel; 2012 Zweites Juristisches Staatsexamen; Akademischer Rat a.Z. an der Universität Jena; seit 2016 Akademischer Rat a.Z. an der Humboldt-Universität zu Berlin; 2019 Habilitation und Ernennung zum Privatdozenten an der Humboldt-Universität zu Berlin; seit 2018/19 Lehrstuhlvertretungen an der Universität des Saarlandes, der Universität Rostock und der Universität Potsdam.
orcid.org/0000-0002-1681-6667

ISBN 978-3-16-158210-3 / eISBN 978-3-16-158211-0
DOI 10.1628/978-3-16-158211-0

ISSN 0941-0503 / eISSN 2568-8480 (Jus Publicum)

Die Deutsche Nationalbibliothek verzeichnet diese Publikation in der Deutschen Nationalbibliographie; detaillierte bibliographische Daten sind im Internet über *http://dnb.dnb.de* abrufbar.

Das Buch wurde von Textservice Zink in Schwarzach aus der Garamond gesetzt, von Gulde Druck in Tübingen auf alterungsbeständiges Werkdruckpapier gedruckt und von der Buchbinderei Spinner in Ottersweier gebunden.

Printed in Germany.

Für Gosia und Alfred

Vorwort

Diese Studie wurde im Wintersemester 2018/19 von der Juristischen Fakultät der Humboldt-Universität zu Berlin als Habilitationsschrift angenommen und befindet sich auf dem Stand von Juni 2019. Sie ist ein Ergebnis meiner Arbeit am Jenaer und sodann Berliner Lehrstuhl meines akademischen Lehrers Prof. Dr. *Matthias Ruffert*. Ihm danke ich für die jahrelange Förderung, die wissenschaftlichen Freiheiten, die stete Diskussionsbereitschaft und vieles mehr. Prof. Dr. *Martin Eifert* danke ich für die zügige Erstellung des Zweitgutachtens.

Die Arbeit hat von zahlreichen Gesprächen profitiert. Für die Freunde und Kollegen an Lehrstuhl, Fakultät und anderenorts möchte ich stellvertretend PD Dr. *Angela Schwerdtfeger*, Dr. *Elena Marie Kullak*, Prof. Dr. *Helmut Philipp Aust*, PD Dr. *Robert Frau*, Dr. *Udo Moewes*, Prof. Dr. *Christoph Ohler* und Prof. Dr. *Johanna Wolff* nennen. Eine wunderbare Gelegenheit zur wiederholten und vertieften Erörterung ausgewählter Thesen der Arbeit bot der 2015 mit Dr. *Laura Münkler* und PD Dr. *Michael Goldhammer* initiierte „Augsburger Kreis". Herrn Prof. Dr. *Reiner Schmidt* danke ich sehr für die Einladung zur Hohbühlrunde 2018.

Sofia Maria Fölsch Schroh, *Michelle Metzger* und *Christian Backes* aus Saarbrücken haben Teile des Manuskripts Korrektur gelesen, wofür ich tief in Ihrer Schuld stehe.

Die Arbeit wurde mit dem Wissenschaftspreis 2019 der Deutschen Stiftung für Recht und Informatik ausgezeichnet.

Meine Eltern und meine Schwester haben meinen Weg zur Habilitation von Anfang an begleitet und vorbehaltlos unterstützt. Das Ende dieses Weges mitzuerleben war meinem Vater nicht mehr vergönnt.

Ich widme diese Arbeit meiner Frau Dr. *Małgorzata Peuker-Minecka* und meinem Sohn *Alfred*.

Berlin, Februar 2020 Enrico Peuker

Vorwort

Inhaltsübersicht

Inhaltsverzeichnis

Einleitung

Inzwischen sind wir bei ca. 20 verfassungsrechtlichen Habilitationen im Jahr, kaum eine unter 500 Seiten, und alle sollen der Theorie nach innovativ sein, müssen also neue Inhalte der Verfassung behaupten, die bisher noch niemandem aufgefallen sind.

(Bryde, in: Vorländer (Hrsg.), Integration durch Verfassung, 2002, S. 329 [337])

A. Verfassungsversprechen

Verfassungen versprechen Stabilität. Als rechtliche Grundordnung des Gemeinwesens, gleichsam als „ruhender Pol des Ganzen“[1] sollen sie den fluiden politischen und sozialen Prozessen Struktur und Orientierung vermitteln sowie Grenzen setzen. Indem eine Verfassung etwa änderungsfeste Gehalte bestimmt und prozedurale Revisionserschwernisse aufstellt, rüstet sie sich gegen allzu ungestüme Zugriffe des Zeitgeistes in Gestalt der verfassungsändernden Gewalt. Der Schutz des Vertrauens in die Unverbrüchlichkeit der Verfassung ist nach einer klassischen Lesart aber kein Selbstzweck, sondern Funktionsbedingung ihrer normativen Kraft. Der normative Geltungs- und Gestaltungsanspruch der Verfassung werde durch faktische Änderungen der Machtverhältnisse oder sonstiger Rahmenbedingungen im Verfassungsstaat abgelöst, wo wirklich oder vermeintlich zwingende tatsächliche Erfordernisse höher bewertet würden als die geltenden normativen Regelungen.[2]

Nicht minder klassisch und plausibel ist jedoch der Hinweis auf die drohende Versteinerung des Verfassungsrechts infolge einer unterbliebenen Anpassung an veränderte Rahmenbedingungen. Wo die Verfassung zum Fossil erstarrt, hemmt sie notwendige Verfassungsentwicklungen „aus der erloschenen Autorität längst verstorbener Generationen“[3], provoziert Umgehungsstrategien und büßt ihr Steuerungspotential ein. Aus dieser Warte erweist sich

[1] *Stern*, Staatsrecht I^2, S. VIII.
[2] *Hesse*, Die normative Kraft der Verfassung, S. 16.
[3] *Masing*, Der Staat 44 (2005), 1 (12).

die Anpassungsfähigkeit einer Verfassung an geänderte Verhältnisse als der eigentliche Garant ihrer Kontinuität und Legitimität. Daher gilt gleichermaßen: Verfassungen verlangen Flexibilität. Deutlicher noch: Die Verfassung gewinnt ihre Stabilität gerade durch Flexibilität.

Es besteht somit ein Verweisungszusammenhang von Stabilität und Flexibilität sowie von Verfassung und Verfassungswirklichkeit, der einen Ausgleich zwischen den widerstreitenden Prinzipien aufgibt und durch den sich eine Dynamik von Verfassung und Verfassungsrecht durch maßvolle, aber hinreichende Anpassungen an geänderte Verhältnisse in der Verfassungswirklichkeit entfaltet.

B. Digitalisierung als Anstoß des Wandels

Mit der Digitalisierung nimmt die vorliegende Studie ein Phänomen in den Blick, das grundlegende Veränderungen im Verfassungsstaat des Grundgesetzes bewirkt, deren umfassende verfassungsrechtswissenschaftliche Analyse aber bislang aussteht. Der allgegenwärtigen Verwendung des Begriffs begegnet die Untersuchung zunächst mit einer terminologischen Präzisierung. Sie versteht Digitalisierung nicht vorrangig in einem technischen Sinne als die Überführung messbarer analoger Größen in diskrete, häufig binär codierte und damit computerlesbare Werte. Digitalisierung dient vielmehr als Chiffre für einen umfassenden gesellschaftlichen und kulturellen Wandel, der durch die Entwicklung neuer digitaler informations- und kommunikationstechnischer Systeme angestoßen wurde und der sich im Bedeutungszuwachs dieser Systeme für die private und die öffentliche Kommunikation manifestiert. Kennzeichen dieser Digitalisierung im weiten Sinne sind die Dynamik der technischen Entwicklung, die Vernetzung der digitalen Endgeräte, die Konvergenz von Infrastrukturen, Endgeräten und Diensten, die Ubiquität der Informations- und Kommunikationstechnik sowie die Datafizierung.

Die Digitalisierungsforschung steht im Kontext einer langen technikphilosophischen Debatte, deren Ursprünge bis in die Antike reichen. Das „Nachdenken über Technik“[4] bewegt sich dabei grosso modo zwischen zwei Polen, die sich als Technikutopie und Technikdystopie bzw. Technikoptimismus und Technikpessimismus beschreiben lassen und die jeweils das Verhältnis des Menschen und seiner Gesellschaft zum technischen Fortschritt thematisieren – hier in Gestalt eines ausweglosen technischen Determinismus aller Lebensbereiche, dort durch die Annahme der universellen Gestaltbarkeit der technischen Entwicklung durch den Menschen.[5] Und so registrieren zeitgenössische

---

[4] So der Titel des Sammelbands von *Hubig/Huning/Ropohl* über die Klassiker der Technikphilosophie und neuere Entwicklungen.

[5] Vgl. *Hubig*, in: Hubig/Huning/Ropohl (Hrsg.), Nachdenken über Technik, S. 19 (39).

Analysen auf der einen Seite „überaus populäre [...] Medienutopien [...], die mit Digitalisierung und Internet in den Mittelpunkt des gesamtgesellschaftlichen Zukunftsdiskurses gerückt sind" und in denen sich „in einem besonderen Maße – vorderhand jeder Ideologie unverdächtig – technische Potentialerwartungen und gesellschaftliche Transformationsvorstellungen [verbinden], die mit schillerndem Revolutionsvokabular belegt werden"[6]. Auf der anderen Seite stehen kulturpessimistische Einschätzungen der Digitalisierung, die etwa in dem sonderbaren Rat einer (dauerhaften) digitalen Abstinenz münden.[7]

Die Rechtswissenschaft sollte diese Diskussionen aufmerksam verfolgen. Dann hätte sich zwar die in der Debatte um „Recht und Automation" im Ausgang der 1960er Jahre aus zivilrechtswissenschaftlicher Perspektive geäußerte Besorgnis bewahrheitet, „daß es auch bei der rechtlichen Beurteilung von Computerfragen ohne übermäßigen theoretischen Aufwand nicht abgehen wird"[8]. Diesen theoretischen Aufwand sollte sie aber nicht scheuen, um auch technikphilosophisch informierte rechtswissenschaftliche Konzepte für die Beantwortung der mit der Digitalisierung verbundenen Rechtsfragen entwickeln zu können. Dabei ist sie jedoch gut beraten, eine realistische Einschätzung zugrunde zu legen, die zu einseitigen Versprechungen im Hinblick auf die Digitalisierung ebenso Distanz hält wie zu überzeichneten Befürchtungen. Ohnehin kennt das Recht kein Diktat der Technik.[9] Ein solches negierte den Modus des Politischen, das zu organisieren wiederum Aufgabe der Verfassung ist. Vielmehr hat die in der von Helmut Schelsky[10] ausgelösten Technokratiedebatte gewonnene Einsicht, die zwar die Legitimität der Technik anerkennt, aber die normative Verantwortung des Menschen für die technische Entwicklung betont, noch immer Bestand. Mit Blick auf den freiheitlichen Verfassungsstaat des Grundgesetzes muss es der Verfassungsrechtswissenschaft deshalb darum gehen, freiheitsermöglichende wie freiheitsgefährdende Potentiale der Digitalisierung zu erkennen und hierauf Antworten des Verfassungsrechts auf der Grundlage eines dynamischen Verfassungsverständnisses zu formulieren.

Einen Wandel durch Digitalisierung registrieren indes nicht nur Verfassung und Verfassungsrecht, sondern zunehmend auch die Rechtswissenschaft selbst. Für einen *computational turn* gibt es in der Rechtswissenschaft erste Anzeichen, die die vorliegende Studie eingangs analysiert. Er beschreibt me-

---

[6] *Dickel/Schrape*, Leviathan 43 (2015), 442 (443) m.w.N.

[7] So bei *Enzensberger*, in: Schirrmacher (Hrsg.), Technologischer Totalitarismus, S. 70 ff.

[8] *Wieacker*, FS Bötticher, S. 383 (389), freilich mit Blick auf das rechts-„theoretische Gewichtestemmen"; dort auch schon die Warnung vor „dem starken futurologischen Pathos der Informationstheorie [...], von dem sich freihalten muß, wer die praktischen und sozialen Aufgaben des Rechts im Auge behalten will" (S. 386).

[9] Beschränkung des Rechts auf eine „katechontische Funktion" gegenüber der technischen Entwicklung bei *Schlink*, VVDStRL 48 (1990), 235 (259 f.); dagegen *Schmidt-Aßmann*, Das allgemeine Verwaltungsrecht als Ordnungsidee, 1. Kap. Rn. 32; vgl. auch *Bull*, Der Staat 58 (2019), 57 (59 f.).

[10] *Schelsky*, Der Mensch in der wissenschaftlichen Zivilisation, S. 20 ff.

thodisch-epistemische Veränderungen und Neuorientierungen innerhalb einer Wissenschaftsdisziplin, die neue Erkenntnisse dank neuer Erkenntnismittel wie computergestützte Verfahren und digitale Ressourcen oder dank neuer digitaler Kommunikationswege versprechen. Der *computational turn* in der Rechtswissenschaft geht freilich noch keinesfalls so weit wie in den Nachbarwissenschaften, die sich mit den *Digital Humanities* ein neues, weites und heterogenes Forschungsfeld erschlossen haben. So ließe sich denn der Verfassungswandel durch Digitalisierung, der als Erkenntnisgegenstand im Mittelpunkt der Untersuchung stehen soll, auch ohne eine „digitalisierte" rechtswissenschaftliche Methodik untersuchen – die Studie hat gleichwohl von digital verfügbaren Informationen und deren systematischen Aufbereitung in Datenbanken profitiert. Der *computational turn* in der Rechtswissenschaft verdient aber aus zwei anderen Gründen genauere Beachtung und wurde hier daher an den Beginn der Untersuchung gestellt. Zum einen verdeutlicht er exemplarisch die Reichweite der durch die Digitalisierung initiierten strukturellen Veränderungen, die sich nicht nur auf die Verfassung und das Verfassungsrecht beschränken, sondern auch andere Bereiche wie die Wissenschaft betreffen, die aber ihrerseits an die Verfassung rückgekoppelt bleiben. Zum anderen verstehen sich die Ausführungen zum *computational turn* als ein Beitrag zur rechtswissenschaftlichen Methodendebatte, die durch die Digitalisierung neuen Schwung gewinnt.

C. Verfassungswandel durch Digitalisierung

I. Verfassungsdynamiken

Ausgangspunkt der Untersuchung ist die These, dass die Digitalisierung phänomenologisch beschreibbare Veränderungen auslöst, zu denen sich Verfassung und Verfassungsrecht verhalten müssen. Diese These impliziert zunächst ein dynamisches Verfassungs(rechts)verständnis, das sich im bereits angesprochenen Spannungsverhältnis zwischen Stabilität und Flexibilität der Verfassung ebenso wie zwischen Normativität und Faktizität bzw. Verfassung und Verfassungswirklichkeit entfaltet.

Mit der Totalrevision der Verfassung, der punktuellen Verfassungsänderung, der geänderten Verfassungsinterpretation und dem Verfassungswandel hat die Verfassungsrechtswissenschaft unterschiedliche Instrumente analysiert, die den Verweisungszusammenhang zwischen den genannten Prinzipien moderieren können. Unter ihnen nimmt der Verfassungswandel eine hervorgehobene Stellung ein, die allerdings durch seinen häufig als „schillernd" beschriebenen Charakter begründet ist. Der deutschen Staatsrechtslehre ist der Verfassungswandel eigentümlich fremd geblieben. Wo sie den Verfassungswandel mit Verweis auf die von der Verfassung ausdrücklich vorgesehene

Möglichkeit einer Verfassungsänderung und deren spezifische Rationalität und Legitimation nicht ohnehin als unzulässig verwirft, spricht sie ihm jedenfalls Konturenschärfe sowie methodischen Selbststand ab und verweist auf das unklare Verhältnis zur Verfassungsinterpretation. Im Verfassungsstaat des Grundgesetzes gibt aber gerade die Digitalisierung Anlass, den Verfassungswandel als Mittel einer dynamischen Verfassungsanpassung genauer in den Blick zu nehmen. Denn obwohl der Verfassunggeber die mit dem weiten Begriff der Digitalisierung in Bezug genommenen Folgen nicht absehen konnte, hat der verfassungsändernde Gesetzgeber bislang lediglich mit zwei punktuellen Verfassungsänderungen (Art. 87f, 91c GG) auf sie reagiert. Als funktionales Äquivalent zur Verfassungsänderung steht daher der Verfassungswandel im Zentrum der vorliegenden Untersuchung, da er ebenso wie die Verfassungsänderung in der Lage ist, politische, soziale oder technologische Entwicklungen in der Verfassungswirklichkeit normativ zu verarbeiten.

II. Perspektiverweiterungen

1. Phänomenologisches Verständnis des Verfassungswandels

Mit Blick auf die Digitalisierung setzt dies allerdings eine Fortentwicklung der Lehre vom Verfassungswandel voraus. Die Staatsrechtslehre unter dem Grundgesetz hat den Verfassungswandel als einen norminternen Vorgang konturiert, bei dem eine Interpretationsänderung eine Inhaltsänderung der Verfassungsnorm ohne Textänderung in einem methodisch halbwegs vorgezeichneten Rahmen bewirkt. Dadurch lässt sie den Verfassungswandel zwar an den Vorzügen teilhaben, „die normatives Denken und normgeleitetes Entscheiden im Verfassungsrecht auszeichnen“.[11] Der Preis für diese Dogmatisierung des Verfassungswandels ist jedoch seine starke Kontextualität, die eine Ursache für das Unbehagen der Staatsrechtslehre mit dem Verfassungswandel und zugleich den Ansatzpunkt für eine Fortentwicklung der Lehre des Verfassungswandels darstellt: Der Verfassungswandel kann bislang nur punktuelle Entwicklungen innerhalb einer einzelnen Verfassungsnorm verarbeiten. Das reicht aber nicht aus, um die mit der Digitalisierung verbundenen strukturellen Veränderungen normativ zu rezipieren. Erst eine Neukonzeptionalisierung des Verfassungswandels erlaubt es, auch solche strukturellen Wandlungen der Verfassungswirklichkeit in den Blick zu nehmen, die sich zwar außerhalb einer einzelnen Verfassungsnorm vollziehen, aber gleichwohl Rückwirkungen für deren Auslegung und Anwendung zeitigen können.

Die vorliegende Untersuchung löst den Verfassungswandel daher aus dem engen Korsett der einzelnen Verfassungsnorm und stellt Vermittlungsformen zwischen Verfassungsrecht und Verfassungswirklichkeit bereit, die auch

[11] *Pauly*, in: Jellinek, Verfassungsänderung und Verfassungswandlung, S. IX.

Wandlungen jenseits einer einzelnen Verfassungsnorm aus rechtswissenschaftlicher Warte beschreiben und rechtsdogmatisch verarbeiten können. Dadurch nimmt sie die Phänomenologie des Verfassungswandels ernst, beschränkt sich aber – anders als die Studien zum Verfassungswandel vor Inkrafttreten des Grundgesetzes – nicht auf eine empirische Bestandsaufnahme und typologische Zuordnung von Fällen, in denen der Verfassungszustand vom Verfassungstext abweicht. Das weite phänomenologische Verständnis des Verfassungswandels, das alle Veränderungen im Sinn einer Verfassung bezeichnet, die nicht förmliche Verfassungsänderungen sind, erfüllt die hier herausgearbeiteten methodischen, legitimatorischen und dogmatischen Desiderate des engen rechtsdogmatischen Verständnisses.

2. *Leitbild digitaler Souveränität*

Methodischer Anknüpfungspunkt für das Vorhaben, die Reaktionen des Grundgesetzes auf die Digitalisierung als einen phänomenologisch verstandenen Verfassungswandel zu konzeptionalisieren, ist die Arbeit mit verfassungsrechtlichen Leitbildern, deren Voraussetzungen zunächst näher beleuchtet werden. Sie dienen als ein Scharnier zwischen Verfassung und Verfassungswirklichkeit und erfüllen bei der Untersuchung des Verfassungswandels eine Deutungs-, Erklärungs- und Orientierungsfunktion.

Die mit der Digitalisierung verbundenen strukturellen Wandlungen lassen sich am besten im verfassungsrechtlichen Leitbild digitaler Souveränität erfassen, das für die Verantwortung und die Legitimität des Staates unter den Bedingungen der Digitalisierung steht. Der Begriff der digitalen Souveränität hat bereits Einzug in digitalpolitische Programme sowie in nachbarwissenschaftliche Debatten gehalten – die rechtswissenschaftliche Diskussion kann hieran anknüpfen. Vom verfassungstheoretischen Souveränitätskonzept unterscheidet sich das hier geprägte Leitbild digitaler Souveränität indes durch seine konstitutive Deutungsoffenheit: es will nicht Konturen schärfen, sondern Komplexität reduzieren; es zielt (vorerst) nicht auf ein konsistentes Theoriegebäude, sondern will als heuristisches Instrument rechtswissenschaftlichen Suchbewegungen eine Richtung geben.

Sowohl die Konstituierung als auch die Konkretisierung des verfassungsrechtlichen Leitbildes sind freilich das Ergebnis eines Zusammenwirkens verschiedener Akteure. In legitimatorischer Hinsicht erkennt ein phänomenologisches Verständnis des Verfassungswandels daher auch den Beitrag anderer Akteure als das Bundesverfassungsgericht als konstitutiv für einen Verfassungswandel an, was die Studie mit Blick auf die Digitalisierung an verschiedenen Stellen verdeutlicht.

Da ein verfassungsrechtliches Leitbild erst durch seine Konkretisierung im Wege der Verfassungsinterpretation an Kontrast und Überzeugungskraft gewinnt, wählt die Untersuchung mit den verfassungsrechtlichen Aspekten digitaler Infrastrukturen sowie dem Grundrechtsschutz in der digitalen Welt zwei Bereiche aus, in denen am Leitbild digitaler Souveränität orientierte Verfassungswandlungen nachgezeichnet werden.

3. Digitale Infrastrukturen

Das Leitbild digitaler Souveränität verweist auf den enormen Bedeutungswandel digitaler Infrastrukturen, die hier Telekommunikationsinfrastrukturen sowie die auf ihnen erbrachten Dienste bezeichnen sollen. Wie andere Infrastrukturen auch sind sie ein unabdingbares Mittel der sozialen, wirtschaftlichen und politischen Integration eines Gemeinwesens und zugleich Bedingung der Möglichkeit der Verwirklichung individueller Freiheitsrechte.

Die Staatszielbestimmung des Art. 87f Abs. 1 GG weist dem Bund daher die Gewährleistungsverantwortung für die Telekommunikationsinfrastruktur in Form einer Gewährleistung von flächendeckend angemessenen und ausreichenden Dienstleistungen im Bereich der Telekommunikation zu, nachdem er infolge der Privatisierung und Liberalisierung des Telekommunikationssektors aus der unmittelbaren Erfüllungsverantwortung entlassen wurde. Diese Gewährleistungsverantwortung wird indes zu oft als ein Universaldienstmechanismus interpretiert, der als ein nachlaufendes, am telekommunikativen status quo orientiertes Regulierungsinstrument kaum Anreiz- und Steuerungswirkung etwa für einen nachhaltigen, zukunftsorientierten Breitbandausbau entfaltet. Eine solche konzeptionelle Engführung der Infrastrukturverantwortung wird dem Bedeutungswandel digitaler Infrastrukturen nicht gerecht und verkennt die Offenheit des Art. 87f Abs. 1 GG für einen dynamischen Wandel. Die Untersuchung plädiert daher für eine gewandelte Auslegung der Infrastrukturverantwortung als Optimierungsrecht und analysiert verschiedene Optimierungsinstrumente. Gegenstand einer am Leitbild digitaler Souveränität orientierten Infrastrukturverantwortung gemäß Art. 87f Abs. 1 GG muss schließlich auch ein hinreichendes, dynamisch zu bestimmendes Maß an IT-Sicherheit sein, das durch Legislative und Exekutive sicherzustellen ist.

4. Digitale Grundrechte

Das verfassungsrechtliche Leitbild digitaler Souveränität thematisiert zudem die Rechtsstellung des Einzelnen unter den Bedingungen der Digitalisierung. Während bisherige Reaktionen von Rechtsprechung und Wissenschaft auf digitalisierungsbedingte Veränderungen beim Grundrechtsschutz aber eher durch punktuelle Suchbewegungen als durch ein theoretisch oder dogmatisch kohärentes Konzept gekennzeichnet sind, bietet ein phänomenologisches Verständnis des am Leitbild digitaler Souveränität orientierten Verfassungswandels eine punktuelle Veränderungen transzendierende Perspektive auf die

Grundrechtsentwicklung. Die vorliegende Untersuchung entwirft hierfür ein Drei-Stufen-Modell der Grundrechtsentwicklung aus Interpretation, Innovation und Kodifikation. Dieses Modell erlaubt es, Wandlungen und innovative Lösungsansätze zu ordnen und differenziert zu bewerten. Interpretation, Innovation und Kodifikation sind dabei als heuristische Kategorien zu verstehen, die gestufte Antworten auf einen steigenden grundrechtlichen Entwicklungsbedarf als Folge der Digitalisierung formulieren.

III. Perspektivbegrenzungen

Die vorliegende Untersuchung versteht sich nicht als Handbuch zu sämtlichen Verfassungsfragen der Digitalisierung. Ihr Ziel ist nicht die erschöpfende Deklination, sondern die exemplarische Präsentation ihres Themas. Der Verfassungswandel durch Digitalisierung wird konzeptionell entfaltet und in zwei ausgewählten Verfassungsbereichen konkretisiert, ohne dass die Reichweite des Leitbildes digitaler Souveränität damit abschließend benannt wäre. Dass bei dieser Herangehensweise Fragen offenbleiben, liegt auf der Hand. Das scheint aus Gründen der Relevanz, der Signifikanz und der Abundanz aber unschädlich.

1. Relevanz kommt dem hier entwickelten Konzept des am Leitbild digitaler Souveränität orientierten Verfassungswandels zu, weil es sich ohne Weiteres auf vorliegend nicht behandelte Themenfelder der Verfassung übertragen lässt. Das gilt etwa für den bisher vor allem aus völkerrechtlicher Perspektive erörterten *Cyber Warfare*, in dem sich der klassische (hier nicht thematisierte) Bedeutungskern der (äußeren) Souveränität aktualisiert.[12] Ebenso kann die digitale Souveränität Wandlungen des demokratischen Prinzips des Grundgesetzes ausleuchten und anleiten, die die Digitalisierung bereits angestoßen hat oder noch anstoßen könnte. Rechtswissenschaftliche Suchbewegungen reichen hier von Detailfragen wie der verfassungsrechtlichen Zulässigkeit des Einsatzes von Wahlcomputern bei der Bundestagswahl[13] über die verfassungsrechtliche Beurteilung komplexer computergestützter Abstimmungsverfah-

---

[12] Vgl. statt vieler *Schmitt*, Stanford Law & Policy Review 25 (2014), 269 ff.; *ders. (Hrsg.)*, Tallinn Manual 2.0 on the International Law Applicable to Cyber Operations (2017); aus der deutschen Diskussion *Krieger*, AVR 50 (2012), 1 ff.; *Heintschel von Heinegg*, in: Schmidt-Radefeldt/Meissler (Hrsg.), Automatisierung und Digitalisierung des Krieges, S. 159 ff., jeweils mit umfangreichen weiteren Nachweisen. Mit verfassungsrechtlichem Schwerpunkt *Marxsen*, JZ 2017, 543 (544 ff.).

[13] Das Bundesverfassungsgericht hat in seiner Entscheidung zu Wahlcomputern jedoch daran erinnert, dass der (ungeschriebene) Verfassungsgrundsatz der Öffentlichkeit der Wahl verlangt, dass die wesentlichen Schritte der Wahlhandlung und der Ergebnisermittlung vom Bürger zuverlässig und ohne besondere informationstechnische Sachkenntnis überprüft werden können müssen. Es hat einen möglichen Verfassungswandel damit – vorerst – zurückgewiesen (BVerfGE 123, 39 Rn. 118 ff.).

ren in Form der sogenannten *Liquid Democracy*[14] bis hin zu grundlegenden Erörterungen der Bedeutung internetbasierter Kollektivitätsformen für die repräsentative und partizipative Demokratie[15].

2. Signifikanz haben die hier ausgewählten Bereiche der digitalen Infrastrukturen und der Grundrechtsentwicklung unter den Bedingungen der Digitalisierung, weil sich an ihnen die spezifischen Vorzüge und Leistungen eines phänomenologisch verstandenen Verfassungswandels exemplarisch demonstrieren lassen: in methodischer Hinsicht wird der strukturelle Verfassungswandel mit Hilfe eines verfassungsrechtlichen Leitbildes auf einen Begriff gebracht, der sodann durch Verfassungsinterpretation zu konkretisieren ist; in legitimatorischer Hinsicht erweisen sich auch die Beiträge anderer Akteure als das Bundesverfassungsgericht als konstitutiv für den Verfassungswandel; in dogmatischer Hinsicht können schließlich Grenzen des Verfassungswandels bestimmt werden.

3. Abundanz vermeidet die Arbeit, indem sie sich auf die genannten Verfassungssegmente beschränkt und damit auch dem eingangs zitierten Caveat desjenigen Rechtswissenschaftlers und späteren Bundesverfassungsrichters Rechnung trägt, auf dessen im Geburtsjahr des Verfassers erschienene Habilitationsschrift[16] das hier fortentwickelte Konzept des Verfassungswandels aufbauen kann.

---

[14] Vgl. hierzu im Überblick *Buck*, ZParl 43 (2012), 626 ff.; *Reichert/Panek*, in: Voss (Hrsg.), Internet und Partizipation, S. 299 ff.; *Bullwinkel/Probst*, ZParl 45 (2014), 382 ff.; aus rechtswissenschaftlicher Sicht *Seckelmann*, DÖV 2014, 1 (4 ff.); *Gärditz*, Der Staat 54 (2015), 113 (136).

[15] *Kersten*, Schwarmdemokratie, S. 159 ff.; vgl. auch *Ingold*, Der Staat 56 (2017), 491 ff.

[16] *Bryde*, Verfassungsentwicklung (1982).

1. Kapitel

Begriff und Bedeutung der Digitalisierung

A. Wandel der Begriffe

I. Digitalisierung als Forschungsgegenstand

Politische, soziale und technologische Entwicklungen senden Impulse aus, auf die die Rechtsordnung reagieren muss. Diese Erkenntnis ist weder neu noch besonders aufsehenerregend, sondern wird von der Rechtssoziologie schon länger unter dem Stichwort der kulturellen Verspätung des Rechts *(cultural lag)* verhandelt.[1] Aus dem Anspruch des Rechts, Lebensbereiche normativ zu steuern, folgt seit jeher dessen Abhängigkeit vom sozialen und technischen Wandel. Der Gesetzgeber ist dabei nicht selten in der prekären Lage, zeitnah und flexibel Entscheidungen unter Ungewissheit treffen zu müssen, für die oft keine hinreichende Erkenntnisgrundlage besteht.[2] Aufgabe der Rechtswissenschaft ist es dagegen, Anpassungsbedarfe zu identifizieren und Anpassungs-

[1] Vgl. *Röhl*, Rechtssoziologie, S. 530 ff. Die soziologische Theorie der kulturellen Phasenverschiebungen *(cultural lag)* wurde entwickelt von *Ogburn*, Social Change with Respect to Culture and Original Nature, S. 200 ff.; zusammenfassender Rückblick bei *dems.*, Sociology and Social Research XLI (1957), 167, dort auch die Definition der kulturellen Phasenverschiebung: „Eine kulturelle Phasenverschiebung findet statt, wenn von zwei miteinander in Beziehung stehenden Kulturelementen das eine sich eher oder in größerem Maße verändert als das andere, so daß der Grad der Anpassung zwischen den beiden Elementen geringer wird als zuvor." (Übersetzung von *Rülcker* in: Ogburn, Kultur und sozialer Wandel. Ausgewählte Schriften). Auch die rechtswissenschaftliche Innovationsforschung konstatiert den „für rechtsexterne Innovationen typische[n] zeitliche[n] Verzug zwischen einer Neuerung und deren normativer Verarbeitung bzw. die Notwendigkeit der rechtlichen Bewältigung von noch nicht bekannten Innovationen und die damit verbundene ausgeprägte Ungewissheit innovationsbezogener Normierung" (*Schneider*, in: Hoffmann-Riem (Hrsg.), Innovationen im Recht, S. 441 [443]); zuvor etwa schon kurz *Marburger*, Die Regeln der Technik im Recht, S. 2; *Vieweg*, in: Schulte (Hrsg.), Technische Innovation und Recht, S. 35 (36); moderate Kritik an der einseitigen Beschränkung der rechtswissenschaftlichen Perspektive auf die „Bewältigungsproblematik" des technischen Fortschritts bei *Eifert*, in: Hoffmann-Riem (Hrsg.), Innovationen im Recht, S. 35 (37).

[2] Vgl. nur *Ossenbühl*, Die Not des Gesetzgebers, S. 20; ähnlich *Gärditz*, Der Staat 54 (2015), 113 (126 f.). Differenzierend mit Verweis auf die unterschiedlichen verwendeten Codes der Systeme Recht und Technik *Spiecker gen. Döhmann*, in: Funke/Lachmayer (Hrsg.), Formate der Rechtswissenschaft, S. 181 f.; vgl. auch *Scherzberg*, in: Hoffmann-Riem, Offene Rechtswissenschaft, S. 273 (283 ff.); zuvor etwa schon *Roßnagel*, in: ders. (Hrsg.), Recht und Technik im Spannungsfeld der Kernenergiekontroverse, S. 13 (18 ff.).

vorgänge bei der Rechtserzeugung, Rechtsanwendung und Rechtsprechung etwa aus rechtsdogmatischer, rechtsphilosophischer, rechtsgeschichtlicher oder rechtssoziologischer Perspektive zu begleiten.

Dabei werden die Transformationsprozesse des Rechts häufig mit Begriffen überschrieben, die als Großformeln für alle Teildisziplinen der Rechtswissenschaft rezeptionsfähig sind und dementsprechend Schwerpunkte in der Literaturproduktion sowie in der Forschungsförderung bilden, als solche aber auch Aufmerksamkeitskonjunkturen erfahren. So steht beispielsweise die Konstitutionalisierung des deutschen Rechts auf rechtsdogmatisch gesichertem Terrain und findet allenfalls noch rechtsgeschichtliches Interesse, während die wissenschaftliche Aufarbeitung der Einwirkungen von Europäisierung und Internationalisierung bzw. Globalisierung auf das deutsche Recht in vollem Gange ist und noch längst nicht als abgeschlossen gelten darf. Dass diese Transformationsprozesse keineswegs auf die deutsche Rechtsordnung beschränkt sind, sondern – häufig zeitversetzt – auch in anderen Rechtskreisen und auf anderen Rechtsebenen stattfinden, belegt exemplarisch die (nicht mehr ganz neue) These von der Konstitutionalisierung im Völkerrecht. Sie beobachtet eine zunehmende Verrechtlichung der Beziehungen zwischen Völkerrechtssubjekten sowie das Hinzutreten weiterer Akteure auf internationaler Ebene und versucht, Elemente einer Verfassung jenseits des Staates nachzuweisen.[3]

Indessen schickt sich ein anderes Schlagwort an, zur rechtswissenschaftlichen Großformel der nahen Zukunft zu werden, ohne dass es dereinst zwingend als dritte Phase auch des Öffentlichen Rechts in Deutschland einzustufen sein wird.[4] Die Digitalisierung[5] – so die Ausgangsthese – bewirkt gleichwohl grundlegende Veränderungen im Verfassungsstaat des Grundgesetzes, die bislang nicht hinreichend in den Blick genommen worden sind.[6]

Es kennzeichnet das wissenschaftliche Ethos, der Ausrufung neuer Großformeln zunächst mit kritischer Zurückhaltung zu begegnen. Nicht selten ist der Verdacht, die vermeintliche Großformel folge einer bloßen wissenschaftlichen Mode mit kurzer Halbwertszeit, präsentiere alten Wein in neuen Schläuchen oder sei nicht mehr als eine *façon de parler*, in der Rückschau auch begründet. Dass die Digitalisierung große Aktualität beanspruchen kann, ist nicht von der Hand zu weisen: Die rasante technische Entwicklung immer neuer und leistungsstärkerer informations- und kommunikationstechnischer Systeme und Anwendungen, die Potenzierung von Speicherkapazitäten, der Bedeutungszuwachs des Internet und seiner Dienste in den letzten 15 Jahren,

[3] Im Überblick *Krieger*, VVDStRL 75 (2016), 439 ff., und *Ohler*, DVBl. 2015, 1091 (1092 ff.); jeweils m.w.N.; die Konstitutionalisierung im inner- und überstaatlichen Recht einander gegenüberstellend *Knauff*, ZaöRV 68 (2008), 453 (456 ff.); umfassend *Kleinlein*, Konstitutionalisierung im Völkerrecht (2012).

[4] In Anlehnung an die Einstufung bei *Wahl*, Der Staat 38 (1999), 495.

[5] Zu Begriff und Bedeutung der Digitalisierung sogleich.

[6] Deutlich zurückhaltendere Einschätzung hingegen bei *Bull*, ZRP 2015, 98.

aber auch die jüngsten Enthüllungen umfassender staatlicher Überwachungsmaßnahmen der weltweiten elektronischen Kommunikation zeugen jedenfalls von einem dynamischen Forschungsgegenstand.

Die zunehmende Institutionalisierung der (rechts-)wissenschaftlichen Digitalisierungsforschung seit der Jahrtausendwende mag den Modeverdacht hingegen entkräften.[7] Eine Reihe von Forschungsinstituten im In- und Ausland widmet sich intra- und interdisziplinären Fragestellungen rund um Digitalisierung, Internet und Gesellschaft. Hierzu zählen etwa das Berkman Center for Internet & Society in Harvard (gegründet 1998)[8], das Stanford Center for Internet and Society (2000)[9], das Oxford Internet Institute (2001)[10], das 2011 gegründete Alexander von Humboldt Institut für Internet und Gesellschaft[11] oder das 2017 eingerichtete Weizenbaum-Institut für die vernetzte Gesellschaft[12] in Berlin. Bereits 1950 hat das Hans-Bredow-Institut für Medienforschung in Hamburg seine Arbeit aufgenommen, das die medienvermittelte öffentliche Kommunikation und hierbei auch die digitale Kommunikation untersucht.[13] Viele dieser und andere Forschungsinstitute haben sich zu einem Global Network of Internet and Society Research Centers zusammengeschlossen.[14] Auch neu entstandene Schriftenreihen[15] und Lehrstuhldenominationen[16] deuten schließlich auf eine längerfristige Perspektive der rechtswissenschaftlichen Digitalisierungsforschung in Deutschland.

II. Digitalisierung als Brückenbegriff

Die Rede von der Digitalisierung kennzeichnet indes eine eigentümliche Leerstelle. Digitalisierung ist zwar inzwischen ein Gemeinplatz, der sich im Feuilleton genauso findet wie in politischen Programmen oder wissenschaftlichen Abhandlungen. Eine genaue Begriffsdefinition oder ein spezifisches Begriffsverständnis liegt dem aber nur selten zugrunde. So drängt sich der Verdacht auf,

---

[7] Zum Parcours der generellen Internetforschung *Gießmann*, Art. Internet, in: Schröter (Hrsg.), Handbuch Medienwissenschaft, S. 334 (339).

[8] https://cyber.law.harvard.edu (Abrufdatum: 14.6.2019).

[9] https://cyberlaw.stanford.edu (Abrufdatum: 14.6.2019).

[10] https://www.oii.ox.ac.uk (Abrufdatum: 14.6.2019).

[11] https://www.hiig.de (Abrufdatum: 14.6.2019).

[12] https://vernetzung-und-gesellschaft.de (Abrufdatum: 14.6.2019).

[13] https://www.hans-bredow-institut.de (Abrufdatum: 14.6.2019).

[14] https://www.networkofcenters.net (Abrufdatum: 14.6.2019).

[15] Exemplarisch die von den Gründungsdirektoren des Berliner Humboldt-Instituts im Verlag Mohr Siebeck herausgegebene Reihe „Internet und Gesellschaft" sowie die von Dirk Heckmann im Verlag Duncker & Humblot herausgegebene Reihe „Internetrecht und Digitale Gesellschaft".

[16] Als erste – soweit ersichtlich – der Lehrstuhl für Bürgerliches Recht und Recht der Digitalisierung und Innovation sowie die Juniorprofessur für Öffentliches Recht und Recht der Digitalisierung an der Universität Bielefeld.

dass gerade die Unbestimmtheit dieses Begriffes seine Konjunktur begründet. Mehr noch: Durch die nur ungefähre Begriffsverwendung könnte der Sprecher inhaltliche Plausibilität und thematische Aktualität simulieren wollen.

Zum wissenschaftlichen Begriff wird die Digitalisierung jedenfalls erst durch terminologische Präzisierung. Bei näherem Hinsehen lassen sich dabei verschiedene Facetten identifizieren, die nachfolgend genauer zu beleuchten sind. Hierzu zählen mindestens ein enges technisches und ein weites phänomenologisches Verständnis der Digitalisierung.[17] Für diese Unterscheidung stehen im angloamerikanischen Sprachraum sogar zwei unterschiedliche Begriffe zur Verfügung: *digitization* bezeichnet dort „the material process of converting individual analogue streams of information into digital bits", während *digitalization* „the way in which many domains of social life are restructured around digital communication and media infrastructures" meint.[18]

Die unterschiedlichen Begriffsverständnisse schließen es nicht aus, Digitalisierung als einen Brückenbegriff zwischen verschiedenen Wissenschaftsdisziplinen zu konzeptionalisieren, der „den Ertrag trans- und interdisziplinärer Kommunikation in Sprachform [bündelt] und [...] auch normative Konzepte, Plausibilitätsstrukturen, Faktenannahmen u.ä. [transportiert] und [...] dadurch eine Verständigung über das Gemeinte [...] und damit möglicherweise auch das Verstehen [erleichtern kann]"[19]. Brückenbegriffe bieten somit ein Format, in dem die Wissenschaftsdisziplinen gemeinsam über einen Forschungsgegenstand ins Gespräch kommen, ohne dass damit die spezifische

[17] Mangels Relevanz für die vorliegende Untersuchung soll die ursprüngliche Bedeutung des medizinischen (genauer: kardiologischen) Begriffs der Digitalisierung nicht weiter erörtert werden: Digitalisierung bezeichnet dort die Behandlung von Herzkranken mit Digitalispräparaten. Wenn dagegen heute von Digitalisierung in medizinischen Kontexten („*eHealth*") gesprochen wird, ist meist die Digitalisierung in dem hier erörterten weiten Sinne gemeint.

[18] Beide Definitionen bei *Brennen/Kreiss*, Art. Digitalization, in: Jensen u.a. (Hrsg.), The International Encyclopedia of Communication Theory and Philosophy, mit dem zutreffenden Hinweis, dass beide Begriffe zwar häufig synonym verwendet werden, ihr analytisches Potential aber erst durch die saubere begriffliche Unterscheidung entfalten. In neueren sozialwissenschaftlichen Arbeiten wird der Begriff der Digitalität als Gegenbegriff zur Digitalisierung im engeren technischen Sinne verwendet. Digitalität soll dort ein „Set von Relationen bezeichnen, das heute auf der Basis der Infrastruktur digitaler Netzwerke in Produktion, Nutzung und Transformation materieller und immaterieller Güter sowie in der Konstitution und Koordination persönlichen und kollektiven Handelns realisiert wird." – *Stalder*, Kultur der Digitalität, S. 17 f. Wenn dem Begriff der Digitalität mit *Schaal u.a.*, in: Buhr/Hammer/Schölzel (Hrsg.), Staat, Internet und digitale Gouvernementalität, S. 105 (106), als eine Zustandsbeschreibung aber zugleich eine „potenziell prozesshafte Perspektive konzeptionell inhärent" sein soll, die auch die Transformation der Verbindung und Interaktionen der digitalen und der analogen Sphäre in den Blick nehmen könne, dann erscheint der hier sogleich näher zu erörternde Begriff der Digitalisierung im weiten, phänomenologischen Sinne – nicht zuletzt aus semantischen Gründen – besser geeignet.

[19] Definition bei *Hoffmann-Riem*, in: Hoffmann-Riem/Schmidt-Aßmann (Hrsg.), Methoden, S. 9 (61). Vgl. zu Brückenbegriffen auch schon *Trute*, in: Schuppert (Hrsg.), Jenseits von Privatisierung, S. 13.

Leistungsfähigkeit des Brückenkonzepts abschließend beurteilt wäre. Voraussetzung dieses Gesprächs sind nicht zwingend identische, wohl aber komplementäre disziplinäre Begriffe für den jeweiligen Untersuchungsgegenstand.[20] Die oben genannten Forschungszentren bieten institutionalisierte Foren des wissenschaftlichen Austauschs über den Brückenbegriff der Digitalisierung.

III. Technischer Begriff der Digitalisierung

Nach einem technischen Begriffsverständnis (Digitalisierung im engeren Sinne) bezeichnet Digitalisierung die Überführung messbarer analoger Größen in diskrete, häufig binär (durch 0 und 1 oder „an" und „aus") codierte[21] und damit „computerlesbare" Werte zum Zwecke der elektronischen Speicherung und Verarbeitung.[22] Diese Digitalisierung im engeren Sinne beruht auf der mathematischen Idee der Formalisierung, bei der Vorgänge durch deutungsfreie Symbole (z.B. 0 und 1 im Binärsystem) dargestellt und deshalb von symbolischen (d.h. gedachten) und grundsätzlich auch von wirklichen Maschinen wie Computern ausgeführt werden können.[23] Die in einer formalen (also maschinenlesbaren) Sprache darstellbaren mehrstufigen Problemlösungsverfahren heißen Algorithmen, die die Grundlage eines jeden Computerprogrammes bilden. Ergebnis dieser technischen Digitalisierung sind codierte Informationen – genauer: durch binär codierte Werte repräsentierte Informationen –, die als solche grundsätzlich unbegrenzt und verlustfrei mittels elektronischer Geräte gespeichert, weiterverarbeitet, reproduziert oder etwa übertragen werden können.[24]

Die auf den ersten Blick handliche Definition des technischen Begriffs der Digitalisierung mag aus der Warte der Fachwissenschaften wie Mathematik, Physik oder Informatik allzu holzschnittartig erscheinen. Das verdeutlicht

---

[20] Vgl. für den Brückenbegriff „Governance" *Benz u.a.*, in: Benz u.a. (Hrsg.), Handbuch Governance, S. 9 ff.

[21] Zweiwertigkeit (Binarität) ist wegen der einfachen technischen Realisierungsmöglichkeit und der geringen Fehleranfälligkeit praktisch, aber nicht essentiell für digitale Rechen- und Speichersysteme und insofern ein historisch kontingentes Faktum, wie *Pflüger*, in: Warnke/Coy/Tholen (Hrsg.), HyperKult II, S. 27 (66 ff.) zutreffend bemerkt. Zustimmung verdient auch seine Absage an kultur- und geisteswissenschaftliche Mystifikationen der 0/1-Diskretisierung in Form einer Zuschreibung von Binarisierungen wie anwesend/abwesend oder weiblich/männlich, da es völlig beliebig sei, „welcher physikalische Zustand als hü oder hott interpretiert [werde]" (S. 70 f.).

[22] Vgl. Art. Digitalisieren, in: Schneider (Hrsg.), Lexikon der Informatik und Datenverarbeitung; Art. digital, Digital, in: Fischer/Hofer, Lexikon der Informatik, S. 243; vgl. auch die Ausführungen zu digitization von *Brennen/Kreiss*, Art. Digitalization, in: Jensen u.a. (Hrsg.), The International Encyclopedia of Communication Theory and Philosophy.

[23] Umfassend zur Geschichte der Idee der Formalisierung als Grundlage symbolischer Maschinen *Krämer*, Symbolische Maschinen, S. 1 ff.; vgl. auch *Burckhardt*, Merkur Nr. 816 (2017), 47 (48 ff.).

[24] Vgl. *Mayer-Schönberger*, Delete, S. 66 ff.

zum einen die Voraussetzungen und Grenzen der Interdisziplinarität: Die Suche nach komplementären Begriffen und Konzepten für ein gelingendes interdisziplinäres Gespräch setzt eine Reduktion intradisziplinärer Komplexität voraus, die aber leicht in Dilettantismus und Unterkomplexität umschlagen und damit das Erkenntnisinteresse verfehlen kann. Interdisziplinarität lebt mithin von anspruchsvollen Übersetzungsleistungen, ohne die eine Rezeption fremddisziplinärer Begriffe, Methoden und Konzepte scheitern muss. Dabei handelt es sich um eine allgemeine Herausforderung interdisziplinären Arbeitens, die etwa in der Diskussion des Verhältnisses der Rechtswissenschaft zu den Sozialwissenschaften exemplarisch ausbuchstabiert wurde[25], bei der Rezeption gerade technischer oder naturwissenschaftlicher Sachverhalte durch die Rechtswissenschaft aber besonders offen zu Tage tritt.

Zum anderen darf bei der dichotomischen Gegenüberstellung von analog und digital nicht übersehen werden, dass auch der digitale Computer auf analoge Bauteile als materielle Grundlage der Digitalität angewiesen ist.[26] Als Gegensatz zur analogen Welt eignet sich der Begriff digital somit nur, insoweit er die durch die Symbole „0“ und „1“ verkörperten Abstraktionen bezeichnet.[27] Demgegenüber arbeiten elektronische Bauteile der Computer häufig mit verschiedenen (nichtdiskreten) Spannungsbereichen, die dann lediglich als 0 oder 1 dargestellt werden.[28] Dieses Beispiel verweist auf das Grundproblem der analog-digital-Dichotomie: Eine eindeutige Zuordnung lebensweltlicher Phänomene zu einer der beiden Kategorien ist nicht immer möglich und auch theoretisch höchst umstritten.[29] Derlei Fragen sind hier freilich nicht abschließend zu beantworten, sondern stehen noch immer auf der Agenda der Grundlagenforschung in Mathematik, Physik und Informatik.

In begriffsgeschichtlicher Perspektive war dieses technische Begriffsverständnis, das mit der Entwicklung der ersten Digitalrechner Anfang der 1940er Jahre einsetzte, das lange Zeit dominierende, wenn nicht sogar das einzige.[30]

---

[25] Vgl. *Eifert*, in: ders./Hoffmann-Riem (Hrsg.), Innovation und rechtliche Regulierung, S. 88 (101 ff.); ausführlich *Peuker*, Bürokratie und Demokratie in Europa, S. 99 ff. m.w.N. zu den Konjunkturen dieser fortwährenden Diskussion über das Verhältnis der Rechtswissenschaft zu ihren Nachbarwissenschaften.

[26] Vgl. *Stalder*, Kultur der Digitalität, S. 18.

[27] Vgl. *Pflüger*, in: Warnke/Coy/Tholen (Hrsg.), HyperKult II, S. 27 (S. 88 ff.).

[28] Vgl. *Passig/Scholz*, Merkur Nr. 798 (2015), 75 (78 f.) mit Bezug auf sogenannte TTL-Bauteile, bei denen eine Spannung zwischen 0 und 0,8 V eine logische Null und eine Spannung zwischen 2 und 5 V eine logische Eins bedeuten. Ähnlich *Berry*, in: ders./Dieter (Hrsg.), Postdigital Aesthetics, S. 44 (45 ff.) mit Verweis auf *Latour/Lowe*, in: Bartscherer/Coover (Hrsg.), Switching Codes, S. 275 (288); *Pflüger*, in: Warnke/Coy/Tholen (Hrsg.), HyperKult II, S. 27 (71 ff.).

[29] Exemplarisch anhand der Frage, ob das Leben analog oder digital ist, der Beitrag des Physikers *Freeman Dyson* und die anschließende Diskussion unter https://edge.org/conversation/freeman_dyson-is-life-analog-or-digital (Abrufdatum: 14.6.2019), aufgegriffen von *Passig/Scholz*, Merkur Nr. 798 (2015), 75 (79 ff.).

[30] Vgl. aber Fn. 17.

Hierbei hatte der Begriff der Digitalisierung stets einen konkret-gegenständlichen Bezug – so wurden etwa Bücher, Musik, Landkarten, Bilder oder Filme digitalisiert.[31]

IV. Phänomenologischer Begriff der Digitalisierung

Seinen Spitzenplatz hat der bis heute gebräuchliche Digitalisierungsbegriff im engeren technischen Sinne inzwischen aber an den ungleich konturenärmeren Begriff der Digitalisierung im weiten Sinne abgetreten, wobei auch der gegenständliche Begriffsbezug verlustig gegangen ist. Stattdessen ist nunmehr häufig von „der" Digitalisierung als – je nach Sichtweise – Herausforderung, Motor oder Bedrohung für Industrie, Wirtschaft, Arbeitswelt, Wissenschaft, Kultur, Gesundheit, kurzum: für alle gesellschaftlichen Teilbereiche die Rede.[32] Dabei mangelt es nicht an attributiven Überhöhungen. Ob die Digitalisierung wirklich die vierte Revolution der Menschheitsgeschichte[33] darstellt, wie gelegentlich zu lesen ist, dürfte erst in der Rückschau verlässlich zu beurteilen sein. Die phänomenologischen Beobachtungen, die dieser Einschätzung zugrunde liegen, verweisen aber auf den Begriff der Digitalisierung im weiten Sinne, der sogleich näher zu konturieren ist.

Digitalisierung im weiten Sinne soll in einer ersten heuristischen Annäherung als Chiffre für den umfassenden gesellschaftlichen bzw. kulturellen Wandel stehen, der durch die Entwicklung neuer digitaler informations- und kommunikationstechnischer Systeme angestoßen wurde und sich im Bedeutungszuwachs dieser Systeme auch und gerade in ihrer Vernetzung für die öffentliche und private Kommunikation manifestiert. Schärfere Konturen gewinnt der phänomenologische Begriff zum einen durch einen Blick auf die Kennzeichen der Digitalisierung. Zum anderen erhellt der weite Begriff in Abgrenzung der Digitalisierung zur Informatisierung sowie zur Post-Digitalisierung.

1. Kennzeichen der Digitalisierung

Der als Digitalisierung bezeichnete Bedeutungszuwachs informations- und kommunikationstechnischer Systeme in vielen gesellschaftlichen Teilbereichen geht auf verschiedene Faktoren zurück, die mit Dynamik, Konnektivität,

---

[31] Vgl. die exemplarische Aufzählung bei *Passig/Scholz*, Merkur Nr. 798 (2015), 75.

[32] Panorama bei *Hill*, FS Reinermann, S. 101 ff.

[33] *Floridi*, Die 4. Revolution, S. 121 ff. und passim, beschreibt die Informationsrevolution infolge der Digitalisierung als vierte Revolution nach der kopernikanischen, der darwinschen und der neurowissenschaftlichen Revolution. Diese Einteilung ist keineswegs zwingend, bisweilen wird die „digitale Revolution" der Revolution durch den Buchdruck und den industriellen Revolutionen gegenübergestellt, vgl. auch *Brynjolfsson/McAfee*, The Second Machine Age, S. 6 ff.; *Bunz*, Die stille Revolution, S. 134 ff.; *Rödder*, 21.0: Eine kurze Geschichte der Gegenwart, S. 18 ff. (insb. 25 ff.). Die unterschiedlichen Einteilungen belegen letztlich den begrenzten Erkenntniswert solcher Kategorisierungen des Digitalen.

Konvergenz, Ubiquität und Datafizierung nicht abschließend benannt sind.[34] Gleichwohl handelt es sich bei den genannten um weitgehend konsentierte Kennzeichen der Digitalisierung, die deshalb eine genauere Betrachtung verdienen.

a) Dynamik der technischen Entwicklung

Hier rückt zunächst die besondere Dynamik der Entwicklung der digitalen Informations- und Kommunikationstechnik selbst in den Blick. Sie wurde bereits frühzeitig prognostiziert und auf eine berühmte Formel gebracht, die diese Dynamik exemplarisch beschreibt: Nach dem sogenannten Mooreschen Gesetz[35] verdoppelt sich die Komplexität integrierter Schaltkreise (bzw. die Zahl der Transistoren pro Flächeneinheit) in regelmäßigen Zeitabständen für eine gewisse Zeitspanne. Das führt u.a. dazu, dass immer bessere Transistorentechnik auf immer engerem Raum Platz findet, die Endgeräte somit immer kleiner werden können. Die Zeitspanne ist allerdings endlich, was auch Gordon Moore mit Verweis auf den Exponentialcharakter seiner Aussage vor Augen stand. Wenngleich heute ein Ende der Transistorenverkleinerung wegen technischer Hindernisse[36] oder fehlender Wirtschaftlichkeit einer noch weiteren Miniaturisierung absehbar ist, schreitet die technische Entwicklung an anderer Stelle fort. Aktuelle Forschungsanstrengungen gelten etwa der Entwicklung von dreidimensionalen Computerchips, bei denen entweder mehrere dünne Siliziumschichten mit Schaltkreisen oder sogar die Recheneinheit und der Arbeitsspeicher übereinander gestapelt und damit auf einem gemeinsamen Bauteil untergebracht werden können. Dadurch ist bei gleicher Grundfläche eine größere Rechenleistung möglich.[37] Auch die Zunahme der Rechenleistung, d.h. die Anzahl der von Prozessoren durchführbaren Berechnungen pro Zeiteinheit, kann als Indikator der technischen Fortentwicklungen gelten. Benötigten beispielsweise die ersten programmierbaren Rechner der Welt Anfang der 1940er Jahre für eine einfache Rechenoperation wie die Addition noch eine oder mehrere Sekunden, bewältigen heutige handelsübliche Notebooks mehrere Milliarden (10^9), sogenannte Supercomputer sogar mehrere Billiarden (10^{15}) Rechenoperationen pro Sekunde.

Die konstante Zunahme von Transistoren und Rechenleistung allein vermag den angesprochenen Bedeutungszuwachs der Informations- und Kommunikationstechnik aber nicht zu erklären. Das Bild vervollständigt sich erst, wenn

---

[34] *Boehme-Neßler*, Unscharfes Recht, S. 101 f. bezeichnet neben der Ubiquität und der Vernetzung auch Multimedialität und Virtualität als den kulturellen Kern der Digitalisierung.

[35] Diesen Zusammenhang, der später unter der Bezeichnung Mooresches Gesetz rezipiert wurde, formulierte im Jahr 1965 erstmals *Moore*, Electronics 38 (1965), Nr. 8, S. 114 ff.

[36] Eine Grenze der Miniaturisierung von Transistoren auf Grundlage der Siliziumtechnologie liegt bei 5 Nanometern, da anderenfalls quantenmechanische Störeffekte die Funktionsfähigkeit der Bauteile stark einschränken; vgl. *Lindinger*, FAZ v. 26.7.2017, Nr. 171, S. N2.

[37] *Shulaker u.a.*, Nature 547 (2017), 74 ff.

man die Kosten dieser Entwicklungen im Laufe der Zeit berücksichtigt. Dann wird deutlich, dass immer mehr Menschen immer schneller immer mehr Leistung bei konstanten oder sinkenden Kosten zur Verfügung steht.[38] Diese Verfügbarkeit immer leistungsfähigerer Technik zu relativ konstanten oder sinkenden Preisen ist eine Ursache für die sogleich noch näher zu erläuternde Ubiquität der informations- und kommunikationstechnischen Systeme, die technikgestützte Interaktionen zwischen Menschen, aber auch zwischen Maschinen ermöglichen.

Eine mögliche nächste Station des technischen Fortschritts deutet sich mit dem sogenannten Quantencomputing an. Hierbei handelt es sich um ein zunächst theoretisches Modell, bei dem Computer nicht der klassischen Physik gehorchen, sondern mit quantenmechanischen Zuständen arbeiten. Informationen werden dann nicht durch eine Kombination aus 0 und 1 codiert; vielmehr ermöglicht die Verschränkung von sogenannten Quantenbits/Qubits, die in einem gewissen Zeitraum durch beliebige Überlagerungszustände von 0 *und* 1 gekennzeichnet sein können (sogenannte Superposition), eine exponentiell größere Informationsverarbeitungskapazität als „klassische" digitale Computer.[39] Insoweit sich etwa mit sicheren kryptographischen Verschlüsselungsmöglichkeiten[40], dem schnellen Suchen in sehr großen Datenbanken oder Quanten-Simulationen erste Einsatzmöglichkeiten des Quantenrechners abzeichnen, hängt die praktische Umsetzung an physikalischen Voraussetzungen und Bedingungen, die zu schaffen das Quantencomputing derzeit nur für wenige Spezialanwender und Spezialanwendungen attraktiv macht.[41]

b) Vernetzung

Eine zweite Ursache des digitalisierungsbedingten Wandels stellt die Vernetzung der digitalen Endgeräte dar. Zwar stand in entwicklungshistorischer Perspektive die Vernetzung von Rechnern zunächst nicht im Vordergrund. Im Gegenteil: Computer waren anfangs bloße Rechenmaschinen, die einzelne Rechenoperationen zu vollziehen hatten. Anfang der 1960er Jahre keimte in universitären und militärischen Kreisen in den USA aber die Idee, ein Netzwerk zu errichten, um die gemeinsame Nutzung von Großrechnern und den Datenaustausch zwischen Rechnern zu ermöglichen.[42] Auf der Grundlage technischer Standardisierung durch sogenannte Protokolle konnten die verschiedenen seit 1960 entstandenen Netzwerke bald miteinander verbunden und damit

---

[38] Vgl. *Floridi*, Die 4. Revolution, S. 25.

[39] Zum Quantencomputing nur *Warnke*, in: ders./Coy/Tholen (Hrsg.), HyperKult II, S. 151 ff.; grundlegend etwa *Williams/Clearwater*, Ultimate Zero and One (2000).

[40] Dazu nur *Fumy*, DuD 2017, 13 ff.

[41] Vorreiter sind hier neben universitären Forschungseinrichtungen und dem Militär sowie den Sicherheitsdiensten die großen IT-Unternehmen; vgl. *Lindinger*, http://www.faz.net/-gwz-8hzdb (Abrufdatum: 14.6.2019).

das Internet als das „Netz der Netze" geschaffen werden, das sich Anfang der 1990er Jahre auch einer breiteren Öffentlichkeit jenseits universitärer Einrichtungen öffnete und bis heute die maßgebliche technische Infrastruktur der Digitalisierung bildet.[43]

Erst die Vernetzung der Computer bewirkte somit deren Metamorphose von der Rechen- und Schreibmaschine zum Kommunikationsmedium.[44] Das durch die Verbindung von IT-Systemen entstehende Netzwerk soll nicht nur interpersonale Kommunikation ermöglichen, sondern inzwischen auch jenen automatisierten Informationsaustausch zwischen Maschinen und/oder Dingen bewerkstelligen, der mit den Schlagworten „Machine-to-Machine" oder „Internet der Dinge" bezeichnet wird.[45] Einer systemtheoretisch fundierten Gesellschafts- und Medientheorie gilt die Vernetzung von Computern deshalb sogar als Auslöser eines Übergangs zu einer neuen Gesellschafts- und Medienepoche, wie er sonst nur mit der Einführung der Sprache, der Schrift und des Buchdrucks verbunden war.[46]

Die mit der Einbindung immer weiterer IT-Systeme verbundene Expansion des Netzes folgt einer ökonomischen Entwicklungslogik: In der ökonomischen Theorie beschreibt der sogenannte Netzwerkeffekt den Zusammenhang des Nutzens eines Netzwerkes und der Anzahl der Netzwerkteilnehmer. Am Beispiel von Kommunikationsnetzwerken hat etwa der Informatiker Robert Metcalfe nachgewiesen, dass (vereinfacht) der Nutzen des Netzwerks proportional zum Quadrat der Teilnehmerzahl steigt, während sich die Kosten ledig-

---

[42] Die Entwicklung der infrastrukturellen Grundlagen seit der Mitte des 19. Jahrhunderts in Form der globalen Vernetzung durch Telegraphenkabel beschreibt *Müller*, Wiring the World, S. 229 ff.; vgl. zuvor schon *Standage*, The Victorian Internet, S. 72 ff.; außerdem *Holtorf*, Der erste Draht zur Neuen Welt, S. 9 ff.

[43] Ausführlich zur Geschichte des Internet *Gießmann*, Art. Internet, in: Schröter (Hrsg.), Handbuch Medienwissenschaft, S. 334 ff.; *Ceruzzi*, Computing, S. 121 ff. Die Geschichte des Internet lässt sich freilich weder als linearer und planvoller Verlauf noch als Resultat des Wirkens einzelner Internet-Pioniere erzählen. Vielmehr widerlegt etwa *Hellige*, in: Kreowski (Hrsg.), Informatik und Gesellschaft, S. 121 ff., allzu vereinfachende autobiografische Selbststilisierungen der vermeintlichen Internet-Pioniere und weist nach, dass es gerade nicht „*den* ‚system builder', den großen Integrator [gibt ...], sondern eine ganze Kette von Systemarchitekten, Promotoren und Innovationsinstanzen." Das Internet sei „weder eine Garagen- noch eine Labor-Erfindung, sondern eine komplexe Systementwicklung, die in mehreren Stufen an den Nahtstellen von universitärer und militärischer Großforschung sowie informatischen User-Kulturen entstanden ist. [...] Neue technische Systeme, insbesondere großtechnische Netzwerke sind das Ergebnis mehrstufiger Geneseprozesse, bei denen es jeweils neue Akteurskonstellationen, Konkurrenzsituationen, Entscheidungskonflikte, Pfadalternativen und Abbrüche gibt, und diese werden von der für Pioniere typischen heroischen Geschichtsbetrachtung selten gesehen." Vgl. auch *Abbate*, Inventing the Internet, S. 4 und passim; ähnlich *Gießmann*, Navigationen 15 (2015), 117 (122 f.); *Campbell-Kerry/Garcia-Swartz*, Journal of Information Technology 28 (2013), 18 ff.; *Burckhardt*, Merkur Nr. 816 (2017), 47.

[44] Vgl. *Heilmann*, Art. Computer als Schriftmedium, in: Schröter (Hrsg.), Handbuch Medienwissenschaft, S. 316 (318 ff.)

[45] Siehe dazu S. 22 f.

[46] Siehe dazu S. 28 ff.

lich proportional zur Teilnehmerzahl verhalten, so dass der Nutzen eines Kommunikationsnetzwerks dessen Kosten nach Erreichen einer kritischen Masse überproportional übersteigt.[47]

c) Konvergenz

Mit der Konvergenz, die allgemein das Zusammenwachsen vormals getrennter Strukturen und Bereiche bezeichnet, ist das dritte Kennzeichen der Digitalisierung angesprochen, das ebenfalls auf technologische Entwicklungen zurückzuführen ist.

Konvergenz war zunächst bei den medialen *Infrastrukturen* bzw. Übertragungswegen zu beobachten. Wurden spezifische Dienste (Fernsehen, Radio, Telefon, Mediendienste) anfänglich auf spezifischen Wegen verbreitet und deshalb auch sektorspezifisch reguliert und beaufsichtigt[48], erlaubte die oben dargestellte Digitalisierung im engeren Sinne eine Öffnung der Übertragungswege auch für andere Dienste. Da zunehmend mehr Informationen (Töne, Bilder, Texte, Filme etc.) digital umgewandelt, d. h. als Folge von 0 und 1 dargestellt werden konnten, rückten die Art und der Weg ihrer Übertragung in den Hintergrund.[49] So konnte die Europäische Kommission bereits 1997 in ihrem Grünbuch zur Konvergenz der Branchen Telekommunikation, Medien und Informationstechnologie und ihren ordnungspolitischen Auswirkungen feststellen, dass Technologiekonvergenz, die auf der gemeinsamen Anwendung digitaler Technologien auf Systemen und Netzen basiert, bereits existiert.[50]

Damit einher ging die Konvergenz der *Endgeräte*, die zunächst nur für spezifische Dienste entwickelt worden waren. Demgegenüber sind digitale Endgeräte heute in dem Sinne multimedial, als ihre Nutzer mit ihnen telefonieren und fotografieren, Textnachrichten austauschen, Töne und Filme aufnehmen, im Internet surfen oder Computerprogramme ausführen können. Ein einziges Endgerät erfüllt heute unterschiedliche Funktionen, für die früher mehrere Endgeräte erforderlich waren.[51]

---

[47] Der von *Metcalfe* beschriebene Zusammenhang wurde erstmals von *Gilder*, Forbes ASAP (September 13, 1993), S. 158 als „Metcalfe's Law" bezeichnet.

[48] Z.B. durch das Telekommunikationsrecht, das Recht der Telemedien oder das Rundfunkrecht. Zu den Abgrenzungsschwierigkeiten, denen sich der überkommene sektorspezifische Regulierungsansatz unter Konvergenzbedingungen gegenübersieht, vgl. *Hoffmann-Riem/Schulz/Held*, Konvergenz und Regulierung, S. 19 ff.; *Holznagel*, NJW 2002, 2351; *Hain*, AfP 2012, 313 ff.; *Degenhart*, FS Stern (2012), S. 1299 ff.

[49] Spezifika der Übertragungsnetze wie Übertragungsgeschwindigkeit oder Bandbreite behielten bis heute gleichwohl ihre Bedeutung.

[50] KOM(97) 623 endg., S. 2. Vgl. zuvor etwa schon *Pool*, Technologies of Freedom, S. 23.

[51] *Brennen/Kreiss*, Art. Digitalization, in: Jensen u. a. (Hrsg.), The International Encyclopedia of Communication Theory and Philosophy, unterscheiden zusätzlich zwischen der Konvergenz der Endgeräte *(device/terminal convergence)* und der Funktionen (*functional/rhetoric convergence)*.

Die Konvergenz der Übertragungswege und Endgeräte führt schließlich zu einer Konvergenz der Dienstleistungen bzw. *Märkte* für Telekommunikation, Medien und Informationstechnologie, deren ordnungspolitische und rechtliche Einhegung der eigentliche Gegenstand der im Konvergenz-Grünbuch der Europäischen Kommission angestellten Überlegungen war.[52] Das noch fünf Jahre nach der Veröffentlichung des Grünbuchs konstatierte retardierende Moment dieser Konvergenzbewegung[53] hat freilich nicht lange angehalten. Stattdessen bieten heute IT-Unternehmen Musik- und Video-Streaming-Dienste ebenso selbstverständlich feil wie öffentlich-rechtliche Rundfunkanstalten presseähnliche Angebote in Telemedien.[54]

d) Ubiquität der Informations- und Kommunikationstechnik

Technische Dynamik, Vernetzung und Konvergenz befördern schließlich die Ausweitung der Informations- und Kommunikationstechnik in allen möglichen Lebensbereichen. Den Endpunkt dieser Ausweitung beschreibt der Begriff des sogenannten *Ubiquitous Computing*, den der Leiter einer Wissenschaftlergruppe im kalifornischen Forschungszentrum Xerox Palo Alto Research Center Mark Weiser schon Anfang der 1990er Jahre geprägt hat. *Ubiquitous Computing* ziele darauf, die Datenverarbeitung zu einem integralen, unsichtbaren Bestandteil des Alltags werden zu lassen und eine neue Haltung zum Computer zu entwickeln, die den Menschen in den Mittelpunkt stellt und die Computer im Hintergrund verschwinden lässt.[55]

Ob die Computertechnik vollständig in den Hintergrund rücken wird, erscheint derzeit noch offen – der auch auf neue materialwissenschaftliche Erkenntnisse gestützte voranschreitende Einbau immer kleinerer, miteinander kommunizierender Mikroprozessoren in immer mehr Gegenstände dient je-

---

[52] Vgl. KOM(97) 623 endg., S. 22 ff.

[53] *Holznagel*, NJW 2002, 2351 (2352) stellte fest, „dass es vorerst noch nicht dazu [gemeint: eine Tätigkeit von Telekommunikationsunternehmen in der Medienbranche und von Medienunternehmen in der Telekommunikationsbranche; E.P.] gekommen ist", woraus „jedoch nicht geschlossen werden [sollte], dass der Prozess der Konvergenz der Medien gestoppt ist".

[54] Zum exemplarischen Streit um die Beurteilung der Tagesschau-App unter dem Blickwinkel des in § 11d Abs. 2 S. 1 Nr. 3 3. HS RStV formulierten Verbots „presseähnlicher Angebote" etwa *Franzius*, JZ 2016, 650 (652); *Korte*, AöR 139 (2014), 384 (415 ff. m.w.N.); BGHZ 205, 195. Ob die im Juni 2018 beschlossene Neufassung des § 11d Abs. 2 S. 1 Nr. 3 3. HS RStV den Streit entschärfen wird, erscheint zweifelhaft. Vgl. auch das Grünbuch der Europäischen Kommission, KOM(2013) 231 endg.

[55] Begriffsprägung bei *Weiser*, Scientific American 265 (1991), 94 – Originalzitat: „[to] make computing an integral, invisible part of the way people live their lives [... and] to conceive a new way of thinking about computers in the world, one that takes into account the natural human environment and allows the computers themselves to vanish into the background". Zu den Ursprüngen des Ubiquitous Computing sowie zu den verwandten und gelegentlich synonym verwendeten Konzepten des *Smart Dust*, *Nomadic Computing*, *Pervasive Computing*, *Ambient Intelligence* sowie des Internet der Dinge exemplarisch *Friedewald u.a.*, Ubiquitäres Computing, S. 33 ff.

denfalls der Umsetzung dieses Leitbildes. Es ist gekennzeichnet durch (1.) die Dezentralität bzw. Modularität der Systeme und deren umfassende Vernetzung, (2.) die Einbettung der Computerhardware und -software in andere Geräte und Gegenstände des täglichen Gebrauchs, (3.) die mobile Unterstützung des Nutzers mit Informationsdiensten an jedem Ort und zu jeder Zeit, (4.) die Kontextsensibilität und Anpassung des Systems an die aktuellen Informationserfordernisse, (5.) die automatische Erkennung und autonome Bearbeitung wiederkehrender Aufgaben ohne Nutzereingriff sowie (6.) die weitestgehende Energieautarkie der verwendeten Technik.[56]

Die potentielle Allgegenwart der vernetzten Computertechnik und der Datenverarbeitung verweist somit exemplarisch auf jene qualitativ neuen Szenarien der Digitalisierung, auf die auch die Rechtswissenschaft neue Antworten finden muss. Dabei drängen sich Datenschutzfragen wohl am stärksten in den Vordergrund.[57] Nicht weniger drängend sind aber auch Fragen nach der Gewährleistung angemessener technischer Infrastrukturen durch Recht sowie eines effektiven Grundrechtsschutzes unter den Bedingungen allgegenwärtiger Computertechnik und Datenverarbeitung.[58]

Das „neue" Leitbild des *Ubiquitous Computing* bedeutet schließlich eine bemerkenswerte wissenschafts- bzw. technologiehistorische Zäsur: Galt die wissenschaftliche Aufmerksamkeit des vergangenen Jahrhunderts vor allem den Großtechnologien, rückt nun die Kleinsttechnologie in den Blick.[59] Ob diese Zäsur zugleich die Ablösung des früher verwendeten Begriffs der Informatisierung durch den Begriff der Digitalisierung rechtfertigt, bedarf näherer Betrachtung.

e) Datafizierung

Kennzeichen der Digitalisierung ist schließlich auch die hier als Datafizierung bezeichnete gesteigerte Bedeutung der Erhebung und Verarbeitung von personen- und nicht-personenbezogenen Daten als Grundlage wirtschaftlicher Freiheit, vor allem aber auch als Gefährdung persönlicher Freiheit. Das ist im Kern keine ganz neue Entwicklung. Bereits 1983 hat das Bundesverfassungs-

---

[56] Aufzählung bei *Friedewald u.a.*, Ubiquitäres Computing, S. 9 f./45 f.

[57] Zum Ubiquitous Computing aus datenschutzrechtlicher Perspektive etwa *Roßnagel/ Müller*, CR 2004, 625 (627 ff.).

[58] Vgl. etwa *Heinemann*, Grundrechtlicher Schutz informationstechnischer Systeme, S. 42 ff.

[59] Vgl. *Mattern*, in: Roßnagel/Sommerlatte/Winand (Hrsg.), Digitale Visionen, S. 3 (11). In seinem Vorwort zu *Nora/Minc*, Die Informatisierung der Gesellschaft, S. 7 (10 f.) wendet sich *Ulrich Lohmar* indes gegen einen Begriff der Großtechnologie, der sich an Quantität, Größe und Kosten orientiert, und verweist stattdessen auf die Entstehung von „Großtechnologien" durch den Umschlag auch kleiner Technologien wie der Mikroprozessoren in gesamtgesellschaftliche Wirkungsmacht vermittels ökonomisch und politisch zentralistischer Vor- und Ausformung. Vgl. dazu auch *Steinmüller*, Informationstechnologie und Gesellschaft, S. 535 ff.

gericht in seinem Volkszählungsurteil darauf hingewiesen, dass die aus dem Gedanken der Selbstbestimmung folgende Befugnis des Einzelnen, grundsätzlich selbst zu entscheiden, wann und innerhalb welcher Grenzen persönliche Lebenssachverhalte offenbart werden, unter den Bedingungen der automatischen Datenverarbeitung in besonderem Maße des Schutzes bedürfe. Mit Hilfe der automatischen Datenverarbeitung seien Einzelangaben über persönliche oder sachliche Verhältnisse einer bestimmten oder bestimmbaren Person technisch gesehen unbegrenzt speicherbar und jederzeit ohne Rücksicht auf Entfernungen in Sekundenschnelle abrufbar und könnten darüber hinaus mit anderen Datensammlungen zu einem teilweise oder weitgehend vollständigen Persönlichkeitsbild zusammengefügt werden, ohne dass der Betroffene dessen Richtigkeit und Verwendung zureichend kontrollieren könne.[60] Das Bundesverfassungsgericht hat daher schon früh die verfassungsrechtlichen Grundlagen des Schutzes personenbezogener Daten konturiert, der einfachgesetzlich erstmals 1970 in Hessen und 1977 dann auch im Bund verankert war.

Neu ist jedoch die Intensität dieser Gefährdung individueller Freiheit, die sich aus dem Zusammenwirken von drei Faktoren ergibt. Das sind erstens die technische Entwicklung im Hinblick auf die Datenerhebung, Datenverarbeitung und Datenauswertung, zweitens das daraus resultierende expansive Wachstum gespeicherter Datenmengen und drittens neue wirtschaftliche Verwertungsmodelle für Daten, die zu einem weiteren Anstieg der Datenmengen führen.[61] Dieses Zusammenwirken bringt das Schlagwort von *Big Data* auf ein anschauliches Bild. *Big Data* bezeichnet die extrem schnelle Verarbeitung extrem großer Mengen heterogener Daten unter Einsatz verschiedener komplexer Algorithmen.[62] Obwohl *Big Data* nicht zwingend und in der Praxis bislang auch nicht vorrangig zur Analyse personenbezogener Daten eingesetzt wird, erscheint es doch als potenzierte Realität jenes Gefährdungsszenarios, das dem Bundesverfassungsgericht im Jahr 1983 vor Augen stand und gegen das es das Grundrecht auf informationelle Selbstbestimmung in Stellung gebracht hat.[63]

---

[60] BVerfGE 65, 1 (42).

[61] Die Soziologie beschreibt eine entsprechende datenproduzierende Quantifizierung des Sozialen, siehe nur *Mau*, Das metrische Wir, S. 9 ff. und passim; zuvor schon *Mayer-Schönberger/Cukier*, Big Data, S. 95 ff. Zur Forderung nach Analyse- und Deutungskompetenzen in der Datenflut *Hill*, DÖV 2014, 213 ff.

[62] Vgl. die exemplarische Definition des *Europäischen Datenschutzbeauftragten*, Stellungnahme 7/2015 v. 9.11.2015, S. 7; ähnlich *BITKOM*, Big Data im Praxiseinsatz, S. 21. Mai*nzer*, Künstliche Intelligenz, S. 159, spricht ab Petabytes (Peta = 10^{15}) von Big Data. Umfassend *Mayer-Schönberger/Cukier*, Big Data, S. 7 ff.

[63] Inwieweit das Grundrecht auch gegen *Big Data*-Anwendungen Schutz gewähren kann, erscheint noch unklar. Die Europäische Datenschutzgrundverordnung enthält jedenfalls keinen Tatbestand, der *Big Data*-Szenarien von vornherein vom Anwendungsbereich der Betroffenenrechte ausnimmt – wie überhaupt der Begriff *Big Data* an keiner Stelle der DSGVO auftaucht – vgl. *Peuker*, in: Sydow (Hrsg.), DSGVO, Art. 17 Rn. 37.

2. *Digitalisierung und Informatisierung*

a) Ursprung des Informatisierungsbegriffs

Die Informatisierung ist die ältere Schwester der Digitalisierung. Als Urheber des Begriffs der Informatisierung gelten Nora Simon und Alain Minc, die 1978 im Auftrag des französischen Staatspräsidenten eine größere Untersuchung der gesellschaftlichen, politischen und ökonomischen Implikationen der Informationstechnologien in Frankreich unter dem Titel *„l'informatisation de la société"* (Die Informatisierung der Gesellschaft) vorgelegt haben.[64] In ihrer vorrangig politischen Analyse[65] prognostizieren sie eine tiefgreifende Veränderung der Verarbeitung und Speicherung von Informationen durch die „Informatik-Revolution", die „das Nervensystem jeder Organisation und der ganzen Gesellschaft" ändern wird.[66] Motor dieser Informatisierung sei die von ihnen als „Telematik" bezeichnete wachsende Verflechtung von Rechnern und Telekommunikationsmitteln, von der eine Veränderung der wirtschaftlichen Gleichgewichte und Machtverhältnisse, eine Erweiterung der Fragen betreffend die nationale Souveränität und schließlich eine bedeutende Produktivitätssteigerung zu erwarten seien und die deshalb politischer Steuerung bedürften.[67]

Inwieweit die französische Technologiepolitik die auf Grundlage dieser Prognose im Bericht formulierten Handlungsempfehlungen der Autoren umgesetzt hat, ist hier nicht zu rekonstruieren.[68] Es waren ohnehin nicht diese politischen Handlungsempfehlungen, die dem Bericht auch jenseits der französischen Staatsgrenze zu größerer Aufmerksamkeit verholfen haben. Vielmehr analysierte der Bericht die (seinerzeit auch schon in anderen Staaten zu konstatierende) zunehmende Durchdringung der Gesellschaft und ihrer Teilsysteme mit Informationstechnologie konzis und prägte hierfür erstmals den Begriff der Informatisierung.

Charakteristisch für diesen Begriff der Informatisierung ist mithin der starke Bezug zur – wie das Stichwort der Telematik verdeutlicht: schon damals

---

[64] Deutsche Ausgabe: *Nora/Minc*, Die Informatisierung der Gesellschaft. Zu Zielsetzung, Hintergrund und Entstehungszusammenhang des Nora/Minc-Berichts vgl. die Einführung des Herausgebers *Kalbhen*, in: *Nora/Minc*, Die Informatisierung der Gesellschaft, S. 13 (16 ff.).

[65] Vgl. die Einschätzung des Herausgebers der deutschen Ausgabe *Kalbhen*, in: Nora/Minc, Die Informatisierung der Gesellschaft, S. 13 (15), dort auch zu den staatsorganisations- und industriepolitischen Handlungsempfehlungen des Berichts.

[66] *Nora/Minc*, Die Informatisierung der Gesellschaft, S. 29.

[67] *Nora/Minc*, Die Informatisierung der Gesellschaft, S. 29 ff.

[68] Zu Diskussion und Wirkungen des Berichts vgl. nur *Kalbhen*, in: Nora/Minc, Die Informatisierung der Gesellschaft, S. 13 (18 ff.). Die aus internationaler Perspektive vereinzelte und einseitig negative Orientierung der französischen Technologiepolitik im Informationsbereich am amerikanischen Computerhersteller IBM als „große[r] (Angst-)Gegner der Franzosen" kritisiert *Lohmar*, in: Nora/Minc, Die Informatisierung der Gesellschaft, S. 7.

konvergenten[69] – Informationstechnik. Mit dieser Konnotation wurde der Begriff auch in Deutschland rezipiert, wo er etwa als Anknüpfungspunkt für eine „Sozialökonomie der Information in technischer Absicht"[70] diente. So verstanden lassen sich Informatisierung und Digitalisierung durchaus synonym verwenden.[71]

b) Enttechnologisierter Informatisierungsbegriff

Die begriffliche Engführung auf den technologischen Aspekt ist jedoch nicht zwingend. Vielmehr lässt sich die Elektronifizierung bzw. Computerisierung der Informationsverarbeitung in eine längere Entwicklungslinie einordnen, die eben nicht mit den Mikroprozessoren beginnt – auch wenn sie durch die Digitalisierung eine qualitativ neue Dimension erhalten hat –, sondern deutlich früher ihren Ausgang nimmt. In diesem allgemeineren Sinne beschreibt Informatisierung die Zunahme der Sammlung und Verarbeitung von Informationen als Antwort auf eine durch die industrielle Revolution seit Mitte des 19. Jahrhunderts ausgelöste Kontroll- und Steuerungskrise[72] und damit zugleich den Übergang von der Industriegesellschaft zur Informationsgesellschaft.

3. Digitalisierung als „Auslöser" einer neuen Medienepoche

Wer die Kontinuität zwischen Informatisierung und Digitalisierung betont[73], wird verfassungsrechtliche Reaktionen auf die Digitalisierung schwerlich als ein aktuelles Thema präsentieren oder Innovatives zu Tage fördern können. Schon früh sind die rechtliche Einhegung und Steuerung der Entwicklung der Informationsgesellschaft in den Fokus rechtswissenschaftlicher Forschung gerückt. In der Folge haben sich mit dem Informations- und dem Medienrecht

---

[69] *Nora/Minc*, Die Informatisierung der Gesellschaft, S. 29: „Die Telematik wird nicht nur ein weiteres Netz darstellen, sondern vielmehr ein Netz neuer Art, das Bild, Ton und Informationsinhalte in eine vielschichtige Wechselbeziehung treten läßt."

[70] Bezeichnung bei *Steinmüller*, Informationstechnologie und Gesellschaft, S. 521, der damit die Beziehung des Informationssystems zu seiner Umgebung („sozialökologischen Kontext") jenseits der unmittelbar Betroffenen thematisieren möchte, um in kritischer Absicht die „Ausdehnung der Informations-Industrialisierung auf Staat, Freizeit und Kommunikation", die „informationelle [Aufrüstung] des Staats" oder die „universelle [...] Verdatung der Gesellschaft" als Wechselwirkungen der Informatisierung zu beschreiben (Zitate auf S. 544).

[71] Insoweit geht die Kritik von *Garstka*, ZD-Aktuell 2016, 04201 („richtigerweise nicht [...] Digitalisierung, sondern [...] Informatisierung") fehl.

[72] *Röhl*, Einfluß der elektronischen Medien, S. 10 f. mit Verweis auf *Beniger*, The Control Revolution (vgl. dort S. 10 ff.; 219 ff.).

[73] In ihrem Forschungsbericht zur Digitalgeschichte Deutschlands lehnen *Schmitt u.a.*, Technikgeschichte 83 (2016), 33 (69), eine mögliche Periodisierung des digitalen Wandels um das Jahr 1989 und/oder das Jahr 1995, wie sie in historischen Überblicksdarstellungen mit Bezügen zur Digitalgeschichte vertreten wird, ab und betonen stattdessen die Kontinuitätslinien seit den 1960er Jahren, die stärker als die politischen Zäsuren und allenfalls durch variable Binnenperiodisierungen zu untergliedern seien.

sogar eigene Rechtsgebiete entwickelt, die sich Rechtsfragen des Zugangs zu und der Übermittlung von Informationen widmen.

Wer demgegenüber eine besondere Zäsurwirkung der Digitalisierung behauptet, kann hierfür auf zwei Begründungsstränge verweisen. So finden sich einerseits sozialwissenschaftlich-phänomenologische Beschreibungen der zeitalterscheidenden Auswirkungen der Digitalisierung und andererseits kommunikations- bzw. medientheoretische Erklärungsansätze. Beide Begründungsstränge eint freilich zwei Probleme. Zum einen können sie keinen exakten Zeitpunkt für die Zäsur angeben.[74] Da trennscharfe Epochenunterscheidungen aber ohnehin nicht möglich und Epochenübergänge eher fließend sind, erscheint es vorzugswürdig, von Übergangszeiträumen zu sprechen, die hinsichtlich der Digitalisierung noch nicht mit der Erfindung des Computers, sondern frühestens mit dem Zugang einer breiteren Öffentlichkeit zum Internet Anfang der 1990er Jahre und jedenfalls mit der Veralltäglichung der Nutzung vernetzter Computertechnik einsetzen.[75] Zum anderen wollen beide Ansätze beschreiben und erklären, was noch bevorsteht oder erst unmittelbar begonnen hat. Insofern handelt es sich eher um Momentaufnahmen, deren Halbwertszeit sich erst noch erweisen muss.

a) Phänomenologische Beschreibung

Der sozialwissenschaftlich-phänomenologische Ansatz versucht, anhand der Beobachtung und Beschreibung von digitalisierungsbedingten Veränderungen auf der Mikro- und Makroebene in allen gesellschaftlichen Teilbereichen nicht weniger als die These zu belegen, „dass die industrialisierten Gesellschaften in eine Übergangsphase eingetreten sind, deren Ende zugleich das Ende des Industriezeitalters und der Beginn einer neuen Epoche der Menschheitsgeschichte ist.“[76]

Hierfür werden dann häufig die digitalisierungsbedingten Veränderungen im Arbeits- und Wirtschaftsleben in den Blick genommen und zur Grundlage diagnostischer oder prognostischer Aussagen über das neue Zeitalter gemacht. Aber auch in anderen Bereichen wie Kultur, Verwaltung, Bildung, Gesundheit oder Militär bringt die Digitalisierung neue Erscheinungsformen hervor, die Gegenstand sozialwissenschaftlicher Analysen sind. Stets geht es darum, neuartige Phänomene als eine Folge der Digitalisierung zu beschreiben und die strukturellen Umbrüche offenzulegen, auf die sie verweisen.[77]

---

[74] Vgl. *Schröter*, in: Böhnke/ders. (Hrsg.), Analog/Digital, S. 7 (8 f.).

[75] Vgl. *Stengel/van Looy/Wallaschkowski*, in: dies. (Hrsg.), Digitalzeitalter – Digitalgesellschaft, S. 4 f.

[76] *Stengel/van Looy/Wallaschkowski*, in: dies. (Hrsg.), Digitalzeitalter – Digitalgesellschaft, S. 1; ähnlich *Castells*, The Information Age I, S. 13 ff. und passim.

[77] Vgl. *Stengel/van Looy/Wallaschkowski (Hrsg.)*, Digitalzeitalter – Digitalgesellschaft, S. 9; „soziologisch-juristischer Erkundungsgang“ bei *Martini*, in: Hill/ders./Wagner (Hrsg.), Die

Die Behauptung eines neuen Zeitalters wird auch begrifflich untermauert, wobei sich ein einheitlicher Begriff für das neue Zeitalter bzw. den Übergang dorthin aber noch nicht durchsetzen konnte. Begriffsangebote reichen vom „Informationszeitalter"[78] über „Digitalzeitalter"[79], „zweites Maschinenzeitalter"[80] bis zur „vierten Revolution"[81].

b) Medien-/kommunikationstheoretische Erklärung

Einen weiteren Begründungsansatz für die Zäsurwirkung der Digitalisierung liefert ein systemtheoretisch fundierter Entwurf einer Gesellschafts- und Medientheorie der Digitalisierung. Ausgangspunkt dieses Theorieentwurfs ist die These, dass die Einführung des Computers für die Gesellschaft ebenso dramatische Folgen hat wie zuvor nur die Einführung der Sprache, der Schrift und des Buchdrucks.[82] Anknüpfend an die mediengenealogische bzw. medienarchäologische Auffassung der im deutschsprachigen Raum sogenannten Kanadischen Schule der Medientheorie, dass – bei allen Unterschieden im Detail – die Geschichte der Zivilisationen als eine Geschichte der Medien geschrieben werden könne[83], ließen sich daher Epocheneinteilungen nach den jeweils in einer Gesellschaft dominanten Verbreitungsmedien vornehmen. So unterschieden sich Stammesgesellschaften, antike Hochkultur, moderne und „nächste" Gesellschaften danach, ob sie im Wesentlichen mittels Sprache, Schrift, Buchdruck oder Computernetzwerken kommunizierten.[84]

digitale Lebenswelt gestalten, S. 9 (12 ff.); *Thiedeke*, in: Hill/Kugelmann/Martini (Hrsg.), Digitalisierung in Recht, Politik und Verwaltung, S. 67 (68 ff.). Das Forschungsfeld der „Digital Sociology" skizzieren *Lupton*, Digital Sociology, S. 12 ff.; *Marres*, Digital Sociology, S. 7 ff.

[78] *Castells*, The Information Age (2006/2010).

[79] *Stengel/van Looy/Wallaschkowski*, in: dies. (Hrsg.), Digitalzeitalter – Digitalgesellschaft.

[80] *Brynjolfsson/McAffee*, The Second Machine Age (2014).

[81] *Floridi*, Die 4. Revolution, S. 121 ff. Zu Vorbehalten gegenüber einer Revolutionssemantik vgl. oben, S. 12 f.

[82] So *Baecker*, Studien zur nächsten Gesellschaft, S. 7. Einen Ansatz, der die Evolutionstheorie mit der Kultur- und Medientheorie verknüpft, legt auch *Vesting*, Medien des Rechts: Computernetzwerke, S. 11 f., seiner Untersuchung zugrunde, so dass er „tiefgreifende Veränderungen in der Kulturgeschichte als Effekte einer Zäsur oder eines Bruchs [...] beschreiben [kann], der mit der Erfindung und Ingebrauchnahme neuer Medien in Zusammenhang steht" (S. 11).

[83] Grundlegend *Innis*, Empire and Communications, S. 5 ff. und passim; *McLuhan*, Die Gutenberg-Galaxis, S. 6 ff., 62 ff., 71 ff.; dazu im Überblick *Friesen/Cressman/Schröter*, Art. Die Kanadische Schule, in: Schröter (Hrsg.), Handbuch Medienwissenschaft, S. 69 (dort auch die Abgrenzung zur eher im nordamerikanischen Raum geläufigen Bezeichnung als „Toronto School of Communication"). Überblick über weitere mediengeschichtliche Ansätze bei *Schröter/Schwering*, Art. Modelle des Medienwandels und der Mediengeschichtsschreibung, in: Schröter (Hrsg.), Handbuch Medienwissenschaft, S. 179 ff.

[84] *Luhmann*, Die Gesellschaft der Gesellschaft, S. 190 ff. Die nachfolgenden Ausführungen orientieren sich eng an *Baecker*, in: Gläß/Leukert (Hrsg.), Handel 4.0, S. 3 (4 ff.); zuvor schon *ders.*, Studien zur nächsten Gesellschaft, S. 7 ff. Vgl. aber auch *Vesting*, Medien des Rechts: Computernetzwerke, S. 49 ff.

Das besondere gesellschafts- und medientheoretische Interesse gilt dabei der Erklärung des Übergangs von einer Gesellschaftsform bzw. Medienepoche zur nächsten. Hierfür sei die Bewältigung des mit dem neuen Medium jeweils verbundenen Überschusssinns konstitutiv.[85] Überschusssinn meint, dass ein Kommunikationsmedium mehr Kommunikationsmöglichkeiten bereitstelle, als je aktuell wahrgenommen werden könnten. Die neuen Möglichkeiten der Kommunikation forderten die bisherigen gesellschaftlichen Strukturen, Institutionen und Kulturen, mithin die bisherige gesellschaftliche Ordnung heraus und müssten erst durch eine neue Ordnung aufgefangen werden, wenn nicht das neue Medium auf periphere Verwendungsformen beschränkt sein solle. Der Übergang in die neue Medienepoche sei dann abgeschlossen, wenn der mit dem neuen Kommunikationsmedium verbundene Überschusssinn gesellschaftlich handhabbar gemacht wurde, also Fortsetzungsmöglichkeiten der Kommunikation in dem jeweiligen Medium geschaffen wurden.

So eröffnete etwa die Schrift neue Raum- und Zeithorizonte gesellschaftlicher Kommunikation, die im Medium der Sprache noch auf die Kommunikation unter Anwesenden beschränkt war; ebenso ermöglichte sie die Ausdifferenzierung des Gesellschaftssystems und die Bildung eines von Individuen unabhängigen kollektiven Gedächtnisses.[86] Der Buchdruck bewirkte nicht nur eine enorme Verbreitung und beliebige Reproduzierbarkeit der Schrift, sondern zugleich eine Ökonomisierung der Textproduktion und -reproduktion, eine Uniformisierung der großräumig verwendeten Sprache und damit die Herausbildung von Nationalsprachen sowie eine Individualisierung der gesellschaftlichen Kommunikation bei gleichzeitiger qualitativer Veränderung des kollektiven Gedächtnisses.[87]

Eine Gesellschafts- und Medientheorie der Digitalisierung will den mit Computernetzwerken verbundenen Überschusssinn in den Blick nehmen.[88] Digitalisierung soll danach einen sozialen und kulturellen Prozess der zunehmenden Beteiligung intelligenter Maschinen an der Kommunikation bedeuten, die den anderen Kommunikationsteilnehmern auch bewusst ist. Das setzt

[85] *Baecker*, in: Gläß/Leukert (Hrsg.), Handel 4.0, S. 3 (10) in Anlehnung an *Luhmann*, Die Gesellschaft der Gesellschaft, S. 405 ff.

[86] Zu diesen und weiteren gesellschaftlichen Auswirkungen der Schrift *Luhmann*, Gesellschaft der Gesellschaft, S. 289 f.; vgl. auch *Vesting*, Medien des Rechts: Schrift, S. 49 ff.

[87] Vgl. *Luhmann*, Gesellschaft der Gesellschaft, S. 291 ff.; *Hörisch*, Geschichte der Medien, S. 128 ff. Zutreffend der Hinweis von *Vesting*, Medien des Rechts: Buchdruck, S. 52, wonach die Europäisierung der italienischen Renaissance, der Aufstieg der modernen Naturwissenschaften, die Protestantische Reformation, die Erforschung des Planeten, die Entwicklung des modernen Kapitalismus, der Nationalstaat und viele andere Phänomene und Errungenschaften der europäischen Geschichte nicht zufällig auf die ein oder andere Weise mit dem Buchdruck zusammenhängen.

[88] Das Folgende bei *Baecker*, in: Gläß/Leukert (Hrsg.), Handel 4.0, S. 3 (15 ff.); vgl. auch *Thiedeke*, in: Hill/Kugelmann/Martini (Hrsg.), Digitalisierung in Recht, Politik und Verwaltung, S. 67 (70 ff.).

einen systemtheoretisch fundierten, gehaltvollen Begriff von Kommunikation voraus, die sich nicht in der Signalübertragung erschöpft, sondern als laufendes Prozessieren der Differenz von Wissen und Nichtwissen verstanden wird. Kommunikationsteilnehmer kann nach dieser Definition nur sein, wer in der Lage ist, mit dem Umstand umzugehen, dass die Möglichkeiten des Verstehens einer Nachricht nicht von vornherein abschließend angegeben werden können (Nichtwissen), Kommunikation aber auch mit „schwammigen Ausdrücken" funktionieren kann und muss.[89] Die insoweit erforderliche Eigensinnigkeit der Maschinen ist das große Versprechen der Forschung zu Künstlicher Intelligenz, das freilich erst noch einzulösen ist. Sie produziert einen Überschusssinn, der sich in elektronischen Medien „von der Datenverarbeitung über das Internet und Onlinenetzwerke bis zu Apps in den Bereichen Handel, Organisation, Erziehung, Bildung, Geschäft, Partnersuche, Gesundheit, Fitness usw."[90] schon andeutet.

c) Terminologischer Ertrag

In der Zusammenschau der beiden Begründungsstränge spricht vieles dafür, einen Epochenwechsel durch die Digitalisierung anzunehmen und auch terminologisch zu markieren.[91] Diesen phänomenologisch beschreibbaren und kommunikationstheoretisch erklärbaren Medienwandel vermag der Begriff der Informatisierung nicht mehr adäquat abzubilden. Die vorliegende Arbeit stellt die Frage nach einem Verfassungswandel daher unter den Vorzeichen des Medienwandels durch die Digitalisierung. Am begrifflichen wie inhaltlichen Verwandtschaftsverhältnis von Informatisierung und Digitalisierung ändert dies freilich nichts.

4. Post-Digitalisierung

Bei der Beschäftigung mit verfassungsrechtlichen Auswirkungen der Digitalisierung muss die Redeweise von der Post-Digitalisierung zunächst irritieren. Zwar ist die kulturelle Verspätung des Rechts etwa hinsichtlich technischer Innovationen ein bekanntes Phänomen. Es scheint aber äußerst begründungsbedürftig, warum sich die Rechtswissenschaft noch mit Phänomenen der Digitalisierung beschäftigen sollte, wenn „das Licht der großen Kulturprobleme" bereits weitergezogen ist. Denn dann muss „sich auch die Wissenschaft [rüsten], ihren Standort und ihren Begriffsapparat zu wechseln und aus der Höhe des Gedankens auf den Strom des Geschehens zu blicken"[92] – und

---

[89] *Luhmann*, Gesellschaft der Gesellschaft, S. 303 f.; vgl. dazu auch *Baecker*, Merkur Nr. 627 (2001), 597 ff.

[90] *Baecker*, in: Gläß/Leukert (Hrsg.), Handel 4.0, S. 3 (18 f.).

[91] Zurückhaltend dagegen *Bull*, Netzpolitik, S. 16.

[92] Zitat aus dem Schlussabsatz des Objektivitätsaufsatzes von *Weber*, Wissenschaftslehre, S. 146 (214).

das hieße, sich womöglich dem zuzuwenden, was als Post-Digitalisierung bezeichnet wird.

Anders als der Digitalisierungsbegriff hat die Redeweise von der Post-Digitalisierung aber bislang eine ungleich geringere Verbreitung gefunden und eine ungleich geringere Wirkmacht entwickelt. Insoweit sich die Wendung vom Post-Digitalen vor allem in Diskursen der Kunst und der Geisteswissenschaften wiederfindet, bleibt überdies häufig unklar, was damit genau gemeint ist und was aus dem Befund des Post-Digitalen folgen soll. Hier lassen sich jenseits einer romantisch-verklärenden Rückbesinnung auf analoge Medien wie Audiokassetten, Vinylplatten, Schreibmaschinen oder Analogkameras[93] mindestens zwei Begriffsfacetten voneinander unterscheiden.

a) Entzauberung der Digitalisierung

Die Redeweise von der Post-Digitalisierung verweist zum einen auf die Veralltäglichung bzw. die Entzauberung der Digitalisierung, die in der oben beschriebenen Allgegenwart (Ubiquität) der vernetzten Computertechnik und der elektronischen Datenverarbeitung begründet ist.[94] Sie wendet sich damit gegen die pathetische Konnotation des Begriffs der digitalen Revolution, die sie zugleich auf das historische Abstellgleis schiebt.[95] So prognostizierte schon 1998 ein Kolumnist der führenden Technologie-Zeitschrift *Wired* in einem Beitrag mit der Überschrift „Beyond Digital", dass „[l]ike air and drinking water, being digital will be noticed only by its absence, not its presence", und stellte fest, dass die digitale Revolution vorbei sei.[96] Zwei Jahre später wurde hierfür – zunächst in musikwissenschaftlichem Zusammenhang und mit Bezug auf das in dem Wired-Beitrag ausgerufene Ende der digitalen Revolution – der Begriff „post-digital" geprägt[97], der bald auch in allgemeineren Kontexten Verwendung fand.

---

[93] Dazu *Berry/Dieter*, in: dies. (Hrsg.), Postdigital Aesthetics, S. 1 (5 f.); *Cramer*, in: Berry/Dieter (Hrsg.), Postdigital Aesthetics, S. 12 (13 f.); über steigende Verkaufszahlen von Musikkassetten berichtet FAZ v. 15.3.2018, Nr. 63, S. 18.

[94] Vgl. *Cramer*, in: Berry/Dieter (Hrsg.), Postdigital Aesthetics, S. 12 (13): „More pragmatically, the term 'post-digital' can be used to describe either a contemporary disenchantment with digital information systems and media gadgets, or a period in which our fascination with these systems and gadgets has become historical". Diskursanalytische Perspektive auf die Entzauberung des „Universalmediums Computer" bei *Hellige*, artec-paper Nr. 205, S. 7 ff.

[95] Wiederum *Cramer*, in: Berry/Dieter (Hrsg.), Postdigital Aesthetics, S. 12 (20): „'Post-digital' describes a perspective on digital information technology which no longer focuses on technical innovation or improvement, but instead rejects the kind of techno-positivist innovation narratives […]".

[96] *Negroponte*, Wired 12/1998: „Face it – the Digital Revolution is over.".

[97] *Cascone*, Computer Music Journal 24:4, Winter 2000, S. 12 ff.

b) Abschied von Dichotomien

Damit hängt eine zweite Begriffsfacette zusammen, die auf die zunehmend schwieriger werdende Grenzziehung zwischen analoger und digitaler Welt Bezug nimmt. So ist die Zuordnung lebensweltlicher Phänomene zu einer der Kategorien analog bzw. digital nicht nur theoretisch höchst umstritten.[98] In Zeiten von *„computational abundance"*, in denen die analoge Welt zusehends mit der digitalen Welt verschmelze und es kaum Lebensbereiche gebe, die nicht in irgendeiner Weise digitalisiert sind, verliere diese Dichotomie auch an Distinktionskraft und Erklärungswert.[99] Die Kategorie des Digitalen mag daher in der Vergangenheit als Gegensatz zur Kategorie des Analogen getaugt haben. In der post-digitalen Gegenwart gehe es demgegenüber um Modulationen des Digitalen im Sinne eines Mehr oder Weniger an Digitalität anstelle der überholten analog-digital-Dichotomie.[100]

Ein ähnlicher, diesen Aspekt der Post-Digitalisierung widerspiegelnder Befund liegt dem Konzept zugrunde, für das der Neologismus „onlife" geprägt wurde. Diese Begriffsneuschöpfung reagiere auf den Umstand, dass in einer hypervernetzten Welt die Unterscheidung zwischen offline oder online sein nicht mehr sinnvoll getroffen werden könne.[101] Das onlife-Konzept hat eine Forschergruppe auf Initiative der Generaldirektion „Kommunikationsnetze, Inhalte und Technologien (DG CONNECT)" der Europäischen Kommission in ihrem „Onlife Manifest" entfaltet. Es soll eine offene Debatte über die Auswirkungen des Computerzeitalters auf öffentliche Räume, Politik und gesellschaftliche Erwartungen an die Digitalpolitik anstoßen und zu Reflexionen über veränderte Bezugsrahmen für die Politik und veränderte Begrifflichkeiten anregen.[102] Die Forschergruppe stellt erhebliche Auswirkungen des Einsatzes von Informations- und Kommunikationstechnik auf die *conditio humana* fest, bei dem die Übergänge zwischen Realität und Virtualität ebenso

[98] Siehe Fn. 29.

[99] *Berry*, EDUCAUSEreview May/June 2014, S. 22 (26); *ders.*, in: ders./Dieter (Hrsg.), Postdigital Aesthetics, S. 44 (50).

[100] Vgl. *Berry*, EDUCAUSEreview May/June 2014, S. 22 (26); ähnlich *Cramer*, in: Berry/Dieter (Hrsg.), Postdigital Aesthetics, S. 12 (15): „more subtle cultural shifts and ongoing mutations". Kritische Reflexion des Begriffs der „Post"-Digitalisierung bei *Cox*, in: Berry/Dieter (Hrsg.), Postdigital Aesthetics, S. 151 ff. Pointierte Erklärung bei *Pflüger*, in: Warnke/Coy/Tholen (Hrsg.), HyperKult II, S. 27 (89): „Die praktischen Qualitäten der digitalen Maschine haben zu ihrer ungeheuren quantitativen Verbreitung geführt, und dann hat die Allgegenwärtigkeit des Digitalen die Köpfe mit einer metaphysischen Qualität geschlagen, die sich als absolute Differenz zum Analogen behauptet."

[101] So der Begriffsschöpfer *Floridi*, The Information Society 23 (2007), 59 ff.; *ders.*, Die 4. Revolution, S. 129; vgl. auch *Hildebrandt*, Smart Technologies and the End(s) of Law, S. 41 ff., 77 ff.

[102] So die Zielstellung im Vorwort des Manifests, S. 3, abrufbar unter https://ec.europa.eu/digital-single-market/sites/digital-agenda/files/Manifesto_de_1.pdf (Abrufdatum: 14.6.2019). In Buchform mit weiterführenden Beiträgen erschienen als *Floridi (Hrsg.)*, The Onlife Manifesto (2015).

verschwimmen wie die Grenzen zwischen Mensch, Maschine und Natur, bei dem Informationsüberfluss statt Informationsknappheit herrsche und bei dem eine Verlagerung vom Primat des Objekts zum Primat der Interaktion stattfinde.[103] Das Onlife Manifest plädiert daher u.a. für einen Abschied von überkommenen Dichotomien und für ein Denken in Dualismen[104], das auch in veränderten Begrifflichkeiten für die Deutung der hypervernetzten Welt zum Ausdruck kommen müsse, für die der Neologismus „onlife" exemplarisch steht.

c) Terminologische Sensibilität und Akzentverschiebungen

Mit der Entzauberung der Digitalisierung und der Aufdeckung überholter Dichotomien erwirbt die Redeweise vom Post-Digitalen auch wissenschaftliche Verdienste. Zum einen mahnt sie zu terminologischer Sensibilität und legt nahe, auf jene an Super- und Elativen reiche Rhetorik des Revolutionären und des Unvergleichbaren zu verzichten, die bisweilen auch wissenschaftliche Abhandlungen zur Digitalisierung zu kaum lesbaren Zukunftsvisionspamphleten degradiert. Zum anderen leitet sie notwendige Akzentverschiebungen in der wissenschaftlichen Analyse ein, ohne dass damit aber eine grundlegende Neuausrichtung oder gar ein Abschied vom Forschungsprogramm zur Digitalisierung einherginge.[105] Die die Digitalisierung kennzeichnenden Phänomene und nachbarwissenschaftliche Theorieansätze zu ihrer Erklärung werfen denn auch weiterhin die Frage auf, wie das Verfassungsrecht auf diese Phänomene reagiert. Die Verfassungsrechtswissenschaft gewinnt hier durch Räsonnement, nicht durch revolutionäres Pathos.

B. Wandel der Episteme

Digitalisierungsforschung ist keine exklusive Domäne der Rechtswissenschaft. Den Beginn der wissenschaftlichen Auseinandersetzung mit der Digitalisierung markiert vielmehr die Digitalisierung im engeren Sinne, im Mittelpunkt standen also die mathematischen, physikalischen und informatischen Grundlagen der Datenverarbeitung in informations- und kommunikationstechnischen Systemen.[106] In dem Maße, in dem IT-Systeme und IT-An-

---

[103] Onlife Manifest (Fn. 102), S. 2.

[104] Onlife Manifest (Fn. 102), S. 5 ff.

[105] Dementsprechend lässt auch *Berry*, EDUCAUSEreview May/June 2014, S. 22 (24), die Frage letztlich unbeantwortet, wie ein spezifisch auf post-digitale Geisteswissenschaften *(post-digital humanities)* bezogenes Forschungsprogramm ausgestaltet sein könnte. In diesem Sinne auch *Stalder*, Kultur der Digitalität, S. 19 f.

[106] Essayistische Schlaglichter bei *Bauer*, Historische Notizen zur Informatik, S. 5 ff.; vgl. auch *Mahoney*, Histories of Computing, S. 21 ff. und passim; *Ceruzzi*, Computing, S. 1 ff.

wendungen durch ihre technologische Weiterentwicklung sowie ihre zunehmende Vernetzung aber von einer breiteren Öffentlichkeit jenseits universitärer oder militärischer Kreise genutzt wurden, rückte die Digitalisierung auch in das Blickfeld der Geistes- und Sozialwissenschaften. Dort ist die Digitalisierung inzwischen nicht nur als Forschungsgegenstand etabliert. Vielmehr werden computergestützte Verfahren und die systematische Einbeziehung digitaler Ressourcen zunehmend auch als neues Erkenntnismittel genutzt, womit ein als *computational turn* bezeichneter grundlegender Methodenwandel einhergeht. Bisher wenig erörtert ist dagegen die Frage, ob auch in der Rechtswissenschaft ein solcher *computational turn* bevorsteht.

I. Wissenschaftstheoretische Konzeption der turns

Wandlungen eines Forschungsfokus vom Erkenntnisobjekt zum Erkenntnismittel erfasst die Wissenschaftstheorie mit der Konzeption der *turns*. Ein *turn* soll vorliegen, „wenn der neue Forschungsfokus von der Gegenstandsebene neuartiger Untersuchungsfelder auf die Ebene von Analysekategorien und Konzepten ‚umschlägt'"[107].

So speist sich der *linguistic turn* in den Geistes- und Sozialwissenschaften etwa aus der sprachphilosophischen Einsicht, dass jede Analyse von Wirklichkeit sprachlich determiniert, jede menschliche Erkenntnis durch Sprache strukturiert ist.[108] Indem Sprache die Wirklichkeit nicht beschreibt, sondern sie erst konstituiert, gab der *linguistic turn* den Geistes- und Sozialwissenschaften auf, Sprache in ihrer Funktion als Erkenntnismittel zu reflektieren. In der Variante des *interpretive turn*, den die Ethnologie anstieß, löste ein durch Symbole und Zeichen, also durch Text vermittelter objektiver Zugang zur Kultur die bis dato auf soziale Strukturen ausgerichtete Kulturanalyse ab.[109] Den Kategorien von Medialität, Körperlichkeit, Kulturdynamiken und sozialen Praktiken, die mit der Fokussierung auf Sprache und Text in den Hintergrund traten, kam infolge des ebenfalls von der Ethnologie ausgehenden *performative turn*, der Kultur als Darstellung verstand, wieder größere Aufmerksamkeit zu.[110] Eine gänzlich andere Stoßrichtung verfolgt der *iconic/pictorial turn*. Er thematisiert

---

[107] *Bachmann-Medick*, Cultural turns, S. 26, dort auch ausführlicher zu den nachfolgend exemplarisch skizzierten *turns* (S. 33 ff.). Überzeugend ist auch der terminologische Hinweis, mit dem Bachmann-Medick den Vorzug des Begriffs der *turns* gegenüber dem Begriff der Wende begründet: Der deutsche Begriff der Wende setze durch seinen finalen Beiklang von epochaler, einschneidender Veränderung bzw. ‚zeitalterscheidender' Umkehr schwerwiegendere Konnotationen frei, während der Begriff des *turns* vielfältige lebensweltlich-pragmatische Untertöne aufweise und zudem den Anschluss an die internationale Diskussion ermögliche (S. 32).

[108] Der von *Bergmann*, Logic and Reality, S. 177, stammende Begriff des *linguistic turn* fand (erst) mit dem Sammelband von *Rorty (Hrsg.)*, The Linguistic Turn, größere Beachtung.

[109] Grundlegend *Geertz*, in: ders., Dichte Beschreibung, S. 7 (20 ff.).

[110] Im Überblick *Bachmann-Medick*, Cultural turns, S. 104 ff.

nicht den Erkenntniswert von Sprache, sondern den von Bildern und Visualität, deren Bedeutung sich von einem bloßen Untersuchungsgegenstand hin zu einem Erkenntnismittel wandelt, und verhalf der Kunstgeschichte sowie der Medientheorie zu neuem Aufschwung. Die visuelle Wende streift seit einiger Zeit auch die bislang überwiegend textlastige Rechtswissenschaft.[111]

Die hier nur kursorisch angerissenen *turns* verdeutlichen dreierlei:

(1.) Sie beschränken sich nicht auf eine einzelne Wissenschaftsdisziplin, sondern beschreiben disziplinübergreifende Phänomene, die zwar häufig von methodischen Neuorientierungen innerhalb einer einzelnen Disziplin ausgehen, sich aber bald auf andere Disziplinen erstrecken und dort teilweise völlig neue Fragestellungen aufwerfen. Daher nimmt es nicht Wunder, dass gerade die sich als interdisziplinär begreifende Kulturwissenschaft das Konzept der *turns* promoviert.[112]

(2.) Die Abfolge von *turns* verläuft nicht zwingend zeitlich linear. Zwar können einzelne *turns* auf anderen aufbauen, sie ergänzen oder sich von ihnen distanzieren. Dieser Verweisungszusammenhang, der in der schärferen Konturierung des einen durch die Entfaltung des anderen *turns* zum Ausdruck kommt, schließt gleichzeitige Entwicklungen keineswegs aus.[113]

(3.) *Turns* sind keine Paradigmenwechsel, mit denen Thomas S. Kuhn plötzliche wissenschaftliche Revolutionen beschreibt.[114] Ein Paradigma soll die Gesamtheit aller eine Disziplin in einer gewissen Zeitspanne beherrschenden Grundauffassungen hinsichtlich Gegenstandsbereich und Methode bezeichnen. *Turns* zeichnen sich indes dadurch aus, dass sie disziplinäre Fächergrenzen überschreiten und sich nicht auf eine wissenschaftliche Gemeinschaft beschränken. In methodenpluralen Disziplinen wie der Kulturwissenschaft lässt sich ohnehin kein Paradigma ausmachen. Schließlich bedeuten *turns* anders als Paradigmenwechsel auch keinen plötzlichen und vollständigen Umsturz des Theoriengebäudes eines einzelnen Fachs. Stattdessen handelt es sich bei ihnen um schleichende Wandlungen, die oft zunächst von nur kleinteiligen, partiellen methodischen Neuausrichtungen innerhalb eines Fachs ausgehen und dann auf andere Disziplinen übergreifen.

Schließlich ist nicht von der Hand zu weisen, dass die Ausrufung eines neuen *turns* auch aus strategischen Gründen der Profilierung des eigenen Fachs sowie der Forschungsfinanzierung motiviert sein kann.

---

111 Vgl. zunächst *Röhl/Ulbrich*, ZfRSoz 21 (2000), 355 (358 ff.); *Röhl*, JZ 2003, 339; *Steinhauer*, in: Lerch (Hrsg.), Die Sprache des Rechts, Band 3, S. 439 ff.; *Boehme-Neßler*, BilderRecht, S. 55 ff.

112 Vgl. *Bachmann-Medick*, Cultural turns, S. 9.

113 Vgl. wiederum *Bachmann-Medick*, Cultural turns, S. 45.

114 Vgl. *Kuhn*, Die Struktur wissenschaftlicher Revolutionen, S. 119 f. Argumentation bei *Bachmann-Medick*, Cultural turns, S. 16 f.

II. Digital Humanities

Computergestützte Verfahren und die systematische Einbeziehung digitaler Ressourcen, vor allem großer Datenmengen *(Big Data)*, haben den jüngsten *turn* in den Geistes- und Sozialwissenschaften angestoßen. Der sogenannte *computational turn* führt den in den 1960er Jahren als Humanities Computing entstandenen Zweig der Textwissenschaften aus seinem Nischendasein heraus und eröffnet unter der neuen Bezeichnung Digital Humanities ein weites, heterogenes Forschungsfeld, das heute verschiedenen Wissenschaftsdisziplinen eine Heimstätte bietet.[115]

Im Zentrum der Digital Humanities stehen zunächst die geistes- und sozialwissenschaftliche Computeranwendung und die Digitalisierung (hier im engen technischen Sinne) von Ausgangsdaten. Auf der Grundlage von digitalisierten und damit maschinenlesbaren Texten, Zahlenreihen, Bildern, Tönen, Noten etc. soll in einem zweiten Schritt eine qualitative Neuvermessung der Geistes- und Sozialwissenschaften und ihrer Methoden ermöglicht werden, die über deren bloße Fortsetzung mit den Mitteln der Informationstechnologie hinausgeht.[116] Dementsprechend lassen sich drei Dimensionen der Digital Humanities voneinander unterscheiden, an denen sich der für einen *turn* charakteristische Umschlag von der Gegenstands- auf die Methodenebene ablesen lässt: erstens die quantitative Dimension, die die Ausweitung digitaler Datenverarbeitung in einer wissenschaftlichen Disziplin beschreibt, zweitens die qualitative Dimension, die die Bewertung der Ergebnisse digitaler Datenverarbeitung in einer wissenschaftlichen Disziplin thematisiert und drittens die epistemische Dimension, die die Veränderungen des methodischen Selbstverständnisses einer wissenschaftlichen Disziplin reflektiert.[117]

Den mit Digital Humanities verbundenen qualitativen und methodischen Wandel illustriert etwa der Vorschlag eines „distant reading“, der größere Beachtung in der Literaturwissenschaft gefunden hat.[118] Mit dem Ziel, eine um-

---

[115] Zu Geschichte und Vorläufern der Digital Humanities exemplarisch *Reichert*, in: Schröter (Hrsg.), Handbuch Medienwissenschaft, S. 511 f.; *Thaller*, Historical Social Research 37 (2012) No. 3, 7 ff. Eine bis zur Mitte des 19. Jahrhunderts reichende Archäologie der Digital Humanities skizziert *Twellmann*, Merkur Nr. 797 (2015), 19 ff.

[116] Im Überblick *Reichert*, in: Schröter (Hrsg.), Handbuch Medienwissenschaft, S. 511 f.; *Berry*, in: Reichert (Hrsg.), Big Data, S. 47 ff.; *Burdick u. a.*, Digital Humanities, S. 122 f.; *Lauer*, in: Geiselberger/Moorstedt (Hrsg.), Big Data, S. 99 (101), weist darauf hin, dass es bei den Digital Humanities nicht bloß um einen weiteren *(computational) turn* gehe, sondern darum, etablierte Problemstellungen anders anzugehen und auch neue, bislang kaum zu beantwortende Fragen zu bearbeiten.

[117] Im Anschluss an *Berry*, in: ders. (Hrsg.), Understanding Digital Humanities, S. 1 (4 ff.); *ders.*, in: Reichert (Hrsg.), Big Data, S. 47 (49); *Simanowski*, Data Love, S. 91 ff.; aufgegriffen von *Kersten*, JuS 2015, 481 (482), der dabei – mit Berry – aber nicht an temporäre „Entwicklungswellen“ anknüpfen möchte.

[118] Das Konzept des *distant reading* stammt von *Moretti*, New Left Review 1 (2000), 54 (56 ff.); referiert bei *Lauer*, in: Geiselberger/Moorstedt (Hrsg.), Big Data, S. 99 (107 f.).

fassende Geschichte der Weltliteratur zu schreiben, sucht das Konzept nach Wegen, um die Massen an Weltliteratur kontextualisieren zu können und zugleich die Fokussierung des Fachs auf einzelne Werke und kleinere (nationale) Literaturcanones zu durchbrechen. Dabei muss die Literatur nicht notwendig in digitaler Form vorliegen; der Vorschlag des *distant reading* verstand sich selbst auch gar nicht unmittelbar als Antwort auf die Herausforderung der Literaturwissenschaft durch die Digitalisierung. Mit der Erstellung digitaler Editionen, die weltweit zugänglich sind, wird die Problematik des Umgangs mit Literaturmassen *(Big Data)* aber noch greifbarer. Hier setzt das Konzept des *distant reading* an, das eine Geschichte der Weltliteratur gleichsam aus zweiter Hand anstrebt, indem es Ergebnisse anderer Forscher ohne die direkte Lektüre einzelner literarischer Texte patchworkartig verarbeitet, wobei der eigene Anspruch mit dem Abstand zum Originaltext wachsen soll. *Distant reading* ermögliche es, im Hinblick auf eine Weltliteratur deutlich kleinere oder deutlich größere Einheiten als den Text selbst zu analysieren, etwa Leitmotive und Tropen auf der einen, ganze Genres und Systeme auf der anderen Seite. Gerade die Distanz zum Text erweise sich mithin als Voraussetzung neuer literaturwissenschaftlicher Erkenntnis.

Wie weit dieser ambitionierte Vorschlag literaturwissenschaftlich trägt, ist hier nicht zu entscheiden. Die Kontroverse, die das Konzept in der Literaturwissenschaft ausgelöst hat,[119] verdeutlicht aber exemplarisch die Herausforderungen und Chancen der Digital Humanities. Mit ihnen verbindet sich letztlich die Hoffnung oder – je nach Perspektive – die Sorge, dass theoretische Modelle und hermeneutisch-interpretative Methoden durch das Sammeln von großen Datenmengen und deren statistische Auswertung ersetzt werden können, so dass das Erkenntnisinteresse nicht mehr Kausalitäten, sondern bloßen Korrelationen gilt.[120]

Gegen die voreilige Rede vom Ende der Theorie durch *Big Data*, das mit der Ablösung der Suche nach Kausalitäten durch das Erkennen von Korrelationen erreicht werden könne[121], ist jedoch an die methodischen Grenzen der Forschung auf Grundlage von *Big Data* zu erinnern.[122] Das gilt insbesondere mit Blick auf die Objektivität, die Validität bzw. die Qualität der erhobenen Daten, die sich gerade nicht proportional zur Größe des Datensatzes verhalten. Hier bedarf es der theoretisch und methodologisch angeleiteten Auswahl und Interpretation der Daten.[123] Auch die bei der Interpretation zu berück-

---

[119] Nachweise bei *Erlin/Tatlock*, in: dies. (Hrsg.), Distant Readings, S. 1 (2 ff.).

[120] Positiv konnotiert bei *Mayer-Schönberger/Cukier*, Big Data, S. 70 ff.

[121] In provokativer Absicht aufgestellte These von *Anderson*, in: Geiselberger/Moorstedt (Hrsg.), Big Data, S. 124 (126 ff.).

[122] Nachfolgende methodologische Kritik bei *boyd/Crawford*, in: Geiselberger/Moorstedt (Hrsg.), Big Data, S. 187 (195 ff.) m.w.N.; ebenso *Simanowski*, Data Love, S. 91 ff., 114 ff.; *Mainzer*, Die Berechnung der Welt, S. 240 f.

[123] Vgl. *Lauer*, in: Geiselberger/Moorstedt (Hrsg.), Big Data, S. 99 (111 f.).

sichtigende Kontextabhängigkeit der Daten droht mit zunehmender Größe des Datensatzes aus dem Blick zu geraten. Hinzu kommen schließlich Fragen des allgemeinen Zugangs zu Daten sowie ethische und datenschutzrechtliche Fragen der Verwertbarkeit von *Big Data*. Eine Verdrängung der klassischen Geistes- und Sozialwissenschaften und ihrer Methoden durch die Digital Humanities steht mithin nicht zu befürchten. Auf die neuen Erkenntnisse und fruchtbaren Irritationen, die die Digital Humanities ihren analogen Vorgängern und Mitstreitern versprechen, sollten diese sich aber einlassen.

III. Computational turn in der Rechtswissenschaft

Die rege Diskussion in den Nachbarwissenschaften wirft die Frage auf, ob auch in der Rechtswissenschaft ein *computational turn* bevorsteht. Zur Beantwortung der Frage ist noch einmal an die konzeptionellen Charakteristika der *turns* zu erinnern: *Turns* sind keine Paradigmenwechsel, so dass die nachfolgenden Ausführungen auch gar nicht erst versuchen, den Nachweis einer vollständigen und umfassenden Kehrtwende der Rechtswissenschaft und ihrer Methodik zu erbringen. Er wäre nach jetzigem Stand ohnehin zum Scheitern verurteilt; wer hingegen von Rechtswissenschaft „als" Digital Humanities[124] spricht, sieht einen solchen Wandel des gesamten Fachs als bereits vollzogen an. *Turns* beschreiben stattdessen kleinteiligere methodische Veränderungen oder Neufokussierungen, die neue Erkenntnisse dank neuer Erkenntnismittel versprechen. In diesem Sinne behauptet die Frage nach einem *computational turn* in der Rechtswissenschaft ihre Aktualität und Legitimität.

1. Kontext der Fragestellung

Dass Anwendung und Ergebnisse der juristischen Methodik abhängig von den bei der juristischen Arbeit verwendeten Medien sein sollen, ein *computational turn* also überhaupt Ansatzpunkte für einen Wandel rechtswissenschaftlicher Methodik finden kann, mag auf den ersten Blick überraschen. Mehr noch: Die behauptete Medienabhängigkeit des Rechts und seiner Wissenschaft muss geradezu als rechtsstaatliche Zumutung erscheinen.[125] Der in der juristischen Methode geschulte deutsche Jurist wird einwenden, dass die Entscheidung eines bestimmten juristischen Falles oder einer bestimmten Rechtsfrage doch stets gleich lauten müsse und gerade nicht von den verwendeten Medien beeinflusst werden könne. Die (mangelnde) Verfügbarkeit bestimmter Rechtsmedien könne unterschiedliche Urteile über denselben Fall jedenfalls nicht rechtfertigen.

---

[124] So in affirmativ-provokativer Absicht der Untertitel des Beitrags von *Kersten*, JuS 2015, 481.

[125] *Steinhauer*, Vom Scheiden, S. 40, spricht insoweit von einem „Gebot des Fremdelns", um freilich sogleich davon zu dispensieren (s. auch S. 175).

Und dennoch rückt die „mediale Verfassung [der] Kommunikation des Rechts“[126] seit einiger Zeit zunehmend in den Blick rechtswissenschaftlicher Forschung, wobei sich einige Arbeiten spezifisch der Textualität des Rechts widmen[127], während andere allgemeiner das Verhältnis von Rechts- und Kultur- bzw. Medienwissenschaften näher beleuchten[128] und an deren Schnittstelle etwa das Programm einer Kulturtechnikforschung im Recht entwerfen.[129]

Die genannten Arbeiten eint meistens nicht nur die sprachmächtige und wortspielerische Diktion, die zum mehrfachen Lesen einlädt. Sie belegen zudem ganz allgemein den rechtswissenschaftlichen Erkenntnisgewinn interdisziplinären Arbeitens, das eine Einkapselung fachinternen Wissens verhindern, die Rezeption fremddisziplinärer Erkenntnisse anregen und dadurch das Aufkommen neuer Fragestellungen sowie die daraus resultierenden Anpassungen und Neuausrichtungen innerhalb der Rechtswissenschaft ermöglichen kann.[130] Vor allem aber verweigern sie sich damit „dem in der deutschen Wissenschaftslandschaft immer wieder forcierten Ideal inwendiger Selbstbehauptung, nach dem nur Juristen Juristen und Juristen nur Juristen wären und nach dem das Wissen um Recht und Gesetz exklusiv oder privilegiert an der juristischen Fakultät gepflegt würde“[131].

So verweist die Forschung zu den Kulturtechniken des Rechts darauf, dass die Normativität des Rechts einerseits von manifestierten Gesetzen lebt, die als Dogmatik im engeren Sinne Kerngegenstand der juristischen Ausbildung sind, zugleich aber auch von nicht-manifestierten Gesetzen, also jenen normativen Praktiken, die in den Kulturtechniken eingelagert sind und für die Kultur- und Medienwissenschaften Beschreibungsangebote bereithalten, die eine eng verstandene Dogmatik gerade nicht liefern kann.[132] Kulturtechniken sollen das bezeichnen, was Medien machen und bewirken, zu welchen Handlun-

---

[126] Formulierung bei *Steinhauer*, in: I. Augsberg/Lenski (Hrsg.), Innenwelt der Außenwelt der Innenwelt des Rechts, S. 43 (45).

[127] Exemplarisch die Arbeiten von *I. Augsberg*, Die Lesbarkeit des Rechts; *Ladeur*, Die Textualität des Rechts; *Vesting*, Medien des Rechts: Schrift; *ders.*, Medien des Rechts: Buchdruck, die alle beim selben Verlag eine Heimstätte gefunden haben.

[128] Exemplarisch die programmatische Einführung von *Gephart*, in: ders. (Hrsg.), Rechtsanalyse als Kulturforschung, S. 19 (21 ff.) m.w.N. Vgl. aber auch den Hinweis von *Haltern*, in: Gephart (Hrsg.), Rechtsanalyse als Kulturforschung, S. 89 (92 f.), auf die unhintergehbare beständige Reifikation der Autonomie des Rechts durch die Akteure des Rechtsdiskurses.

[129] Dazu sogleich.

[130] So exemplarisch die These des Beitrags von *Vesting*, in: Funke/Lachmayer (Hrsg.), Formate der Rechtswissenschaft, S. 237; ebenso *von Arnauld*, VVDStRL 74 (2015), 39 (48 ff.).

[131] *Steinhauer*, in: Funke/Lachmayer (Hrsg.), Formate der Rechtswissenschaft, S. 255 (265); vgl. auch *Vesting*, in: Funke/Lachmayer (Hrsg.), Formate der Rechtswissenschaft, S. 237.

[132] Vgl. *Steinhauer*, in: Funke/Lachmayer (Hrsg.), Formate der Rechtswissenschaft, S. 255 (258/267), der deshalb mit Blick auf die Kulturtechniken von einer „parajuridischen Auseinandersetzung“ spricht. Ähnlich *ders.*, Vom Scheiden, S. 52 f.: „diejenigen [als juristische Kulturtechniken bezeichnete; E.P.] Behelfe der juristischen Normativität in den Blick […] nehmen, dank derer Recht reproduziert wird“.

gen sie also verleiten; sie präzisieren damit die Handlungsmacht von Medien und Dingen.[133] Erhellend zu Funktion und Bedeutung der Kulturtechniken ist der Vergleich mit der Grammatik eines Satzes: Danach komme die Handlungsmacht der Kulturtechniken darin zum Ausdruck, dass Medien oder Dinge die grammatikalische Stellung des Subjekts einnehmen, während Kulturtechniken Verben vertreten und Personen an jene Stelle des Satzes treten, die für das grammatikalische Objekt reserviert ist.[134]

Die Beobachtung, dass bestimmte Medien bestimmte Techniken ihres Gebrauchs nach sich ziehen, trägt denn auch die hier verfolgte Fragestellung nach den Auswirkungen der Digitalisierung bei der Arbeit mit Recht und der Wissenschaft vom Recht. Das positive Recht und die es mitkonstituierenden normativen Praktiken können mithin nicht voneinander getrennt, wohl aber voneinander unterschieden werden. Aus diesem Verweisungszusammenhang speist sich die Idee, das Recht über die Operationalisierung von Differenzen zu beschreiben[135], und in ihr liegt die Legitimation eines interdisziplinären Zugangs zum Recht.[136]

Eine medien- und kulturwissenschaftlich informierte juristische Kulturtechnikforschung versteht sich als kritische Grundlagenforschung, die man zwar nicht brauche, um Recht zu sprechen, wohl aber dann, „wenn man Recht geben und nehmen, sprechen und verstummen lassen, verteilen und entziehen, einen Zugang und einen Ausgang finden will"[137]. Sie zielt letztlich darauf ab, „vor den identifikatorischen Prozessen um Recht und Gesetz sowie vor einem möglichen Narzissmus juridischer Episteme [zu warnen]"[138] – nicht mehr, aber auch nicht weniger. Ihre Forschungsfragen erstrecken sich (1.) auf die medialen und kulturtechnischen Grundlagen des Rechts und der Produktion juristischen Wissens, (2.) auf die Mitbestimmung von Medien und Kulturtechniken durch Recht, (3.) auf die Übertragungs- und Übersetzungsprozesse zwischen und innerhalb von Kulturen und (4.) auf die Grundlagen des öffentlichen Medienrechts.[139]

Die erstgenannten medialen und kulturtechnischen Grundlagen des Rechts und der Produktion juristischen Wissens bilden somit den Kontext für die

---

[133] Definition bei *Vismann*, Das Recht und seine Mittel, S. 445.

[134] Wiederum *Vismann*, Das Recht und seine Mittel, S. 445. Konkreter mit Blick auf die Medien des Rechts *dies.*, in: Gephart (Hrsg.), Rechtsanalyse als Kulturforschung, S. 323: „Das Recht ist das, was Kulturtechniken generieren. Akten sind es, die Recht machen. Sie sind es, die den Staat formieren. […] Eine Kulturtechnikforschung hält sich darum an das Recht in Aktion. Sie richtet ihren Blick auf die Anwendung des Gesetzes."

[135] Exemplarisch und ausdrücklich *Steinhauer*, in: Funke/Lachmayer (Hrsg.), Formate der Rechtswissenschaft, S. 255 (258).

[136] Diese Idee ist freilich nicht neu, sondern Grundlage allen interdisziplinären Austauschs über die Normativität des Rechts.

[137] *Steinhauer*, Vom Scheiden, S. 52.

[138] *Steinhauer*, Vom Scheiden, S. 54.

[139] *Steinhauer*, in: Funke/Lachmayer (Hrsg.), Formate der Rechtswissenschaft, S. 255 (270 f.).

Frage nach einem *computational turn* in der Rechtswissenschaft. Und obwohl mit der Rechtsinformatik ein bereits etabliertes Format für die wissenschaftliche Untersuchung des Verhältnisses zwischen Recht und dem Medium Computer besteht, ist die Antwort auf die Frage nach dem *computational turn* aus nachfolgend zu erörternden Gründen an anderer Stelle zu suchen.

2. Das Schweigen der Rechtsinformatik

Verlässliche Auskunft über einen möglichen *computational turn* in der Rechtswissenschaft erhofft man sich zunächst von der Rechtsinformatik. Als eigenständige wissenschaftliche Disziplin befasst sie sich mit den Voraussetzungen, Anwendungen und Folgen des Einsatzes von Informationstechnologie im Recht.[140] Obwohl mechanische Lochkartengeräte und elektronische Datenverarbeitungsanlagen bereits in den 1920er bzw. 1950/60er Jahren Einzug in die praktische Verwaltungstätigkeit gehalten hatten[141], erwachte das wissenschaftliche Interesse an der zunächst sogenannten Automation im Recht erst später. Als Geburtsstunde des Faches Rechtsinformatik in Deutschland, die auf eine Theorie der Automation im Recht abzielte und hierfür auf früheren Diskussionsbeiträgen zu „EDV und Recht" aufbauen konnte, darf das Jahr 1970 gelten.[142] Ungehört verhallte freilich der Rat der Fachinformatiker gegenüber den „an Informatik ‚interessierten' Fächern, [davon abzusehen – E.P.] ihre ‚eigene' Bindestrich-Informatik aufzubauen, etwa eine ‚Rechtsinformatik', die schmalbrüstig und schmalspurig bleiben müsste."[143] Der Schmalspurwarnung zum Trotz institutionalisierte sich die Rechtsinformatik-Forschung rasch und erschloss sich ein eigenes Forschungsfeld.[144] Dieses reichte von Fragen der praktischen Computeranwendung in den Bereichen der Verwaltungsautomation, der Rechtsdokumentation und der Entscheidungsautomation über theoretische und methodische Grundlagen der Formalisierbarkeit der juristischen Entscheidungsfindung bis hin zu rechtlichen Problemen etwa des Datenschutzes[145].

---

140 Definition bei *Kilian*, CR 2001, 132 (133); *ders.*, CR 2017, 202 (203).

141 *Bull*, Verwaltung durch Maschinen, S. 37 ff.; *Fiedler*, JZ 1966, 689 (690); rückblickend *Kaiser*, in: Collin/Lutterbeck (Hrsg.), Eine intelligente Maschine?, S. 233 (234 ff.), und ausführlicher *dies.*, Kommunikation der Verwaltung, S. 111 ff.; *Vahrenkamp*, Technikgeschichte 84 (2017), 209 (213 ff.).

142 Mäeutisch haben insbesondere die Arbeit von *Steinmüller*, EDV und Recht, sowie die Aufsatzreihe von *Fiedler*, JuS 1970, 432 ff., 552 ff., 603 ff., JuS 1971, 67 ff. und vor allem S. 228 ff., gewirkt. Umfassend zur Entstehung des Faches Rechtsinformatik *Gräwe*, Die Entstehung der Rechtsinformatik, S. 55 ff. und S. 217 ff.; im Überblick *Kilian*, CR 2017, 202 ff.

143 So im Jahre 1972 *Bauer*, in: Kaufmann (Hrsg.), Münchner Ringvorlesung EDV und Recht, S. 9 ff., wieder abgedruckt in und hier zitiert nach: *ders.*, Historische Notizen zur Informatik, S. 5 (7); später etwas moderater *ders.*, in: Grimm (Hrsg.), Rechtswissenschaft und Nachbarwissenschaften II, S. 162 (174).

144 Vgl. *Gräwe*, Entstehung der Rechtsinformatik, S. 221 f.

145 Dazu im Rückblick *Berlinghoff*, in: Ackermann (Hrsg.), Im Sog des Internets, S. 93 ff.

Nachdem sie in den 1970er Jahren ihre Blütezeit erlebt hatte, konstatierten Vertreter des Faches jedoch zwischenzeitlich das Bild einer „müden Rechtsinformatik“, die sich auf dem Weg von der Stagnation zur Bedeutungslosigkeit befinde.[146] Die Gründe für den somnolenten Zustand der Rechtsinformatik sind vielfältig, drei Ursachen verdienen aber genauere Beachtung.

a) Begrenzte Reichweite der Entscheidungsautomation

aa) Richter als Subsumtionsautomaten

Obwohl es nicht an grundlegenden rechtstheoretischen und methodologischen Vorarbeiten zur Formalisierbarkeit juristischer Entscheidungen mangelte, die einen Schwerpunkt rechtsinformatischer Forschung bildete[147], zeigte sich schon bald die begrenzte Reichweite der Entscheidungsautomation in der juristischen Praxis. Über die Bewältigung einfacher Aufgaben wie das automatisierte Mahnverfahren, die Bußgeldberechnung bei Ordnungswidrigkeiten im Straßenverkehr oder die automatisierte Erstellung von Renten-, Steuer- und Gebührenbescheiden sowie die Subsumtion unter ein Tatbestandsmerkmal einer einzelnen Norm ist die Entscheidungsautomation kaum hinausgekommen.[148] Die in sogenannte juristische Expertensysteme gesetzten Hoffnungen erwiesen sich letztlich als übersteigert und unbegründet. Auch grundlegende methodische Einwände gegen das Projekt eines juristischen Expertensystems, die schon die Möglichkeit der Formalisierung der juristischen Entscheidungsfindung bestritten, konnten nie gänzlich ausgeräumt werden.[149]

[146] *Bizer*, FS Kilian, S. 39 (46 ff.; Zitat auf S. 57); ähnlich *Steinmüller*, Informationstechnologie und Gesellschaft, S. 140. Noch deutlicher *Hoeren*, JuS 2002, 947 (949): „In den achtziger Jahren versiegte der Strom der Rechtsinformatik; die Forschung […] ist bis heute […] tot.“; *ders.*, in: Duve/Ruppert (Hrsg.), Rechtswissenschaft in der Berliner Republik, S. 212 (224 ff.). *Kilian*, CR 2017, 202 (206), bestätigt diesen Befund zumindest mit Blick auf die Grundfragen der Rechtsinformatik.

[147] Exemplarisch die Habilitationsschrift von *Kilian*, Juristische Entscheidung und elektronische Datenverarbeitung, dem 1973 die – soweit ersichtlich – erste venia legendi für Rechtsinformatik in Deutschland von der Frankfurter Fakultät verliehen wurde (im selben Jahr erteilte die Münchener Fakultät Klaus J. Hopt die Lehrbefugnis für das Fach Rechtsinformatik).

[148] Aufzählung bei *Bizer*, FS Kilian, S. 39 (46); vgl. auch *Sieber*, Jura 1993, 561 (565 f.).

[149] Frühe (moderate) Skepsis bei *Knapp*, ARSP 49 (1963), 45 (46 ff.); *Simitis*, in: Frank (Hrsg.), Kybernetische Maschinen, S. 351 (356), dort aber auch schon mit Hinweis auf die Bedeutung kybernetischer Systeme für das Wiederauffinden von Informationen in der Rechtsordnung im Lichte der Rechtssicherheit (S. 358); *Wieacker*, FS Bötticher, S. 383 (397 ff.); aus jüngerer Zeit *Lutterbeck*, in: Neue Richtervereinigung (Hrsg.), Computerisierung der Justiz, S. 78 (85 ff.); *Jandach*, Juristische Expertensysteme, S. 182 ff.; *Ring*, Computergestützte Rechtsfindungssysteme, S. 146 f. Die mangelnde Wertschätzung der Erfolge der Projekte zur Entscheidungsautomation beklagt *Haft*, in: Tauss/Lollbeck/Mönikes (Hrsg.), Deutschlands Weg in die Informationsgesellschaft, S. 538 (551). Dass die Diskussion um die methodischen Grundlagen der Formalisierbarkeit juristischer Entscheidungen noch nicht abgeschlossen ist, belegen Beiträge wie von *Gratzl*, in: Schweighofer u. a. (Hrsg.), Effizienz von e-Lösungen in Staat und Gesellschaft, S. 66 ff.; *Kreuzbauer*, Rechtstheorie 46 (2015), 93; *Adrian*, Rechtstheorie 48 (2017),

Stattdessen bestätigte sich die Einschätzung früher Protagonisten juristischer Expertensysteme, wonach für die Befürchtung, dass mit Expertensystemen der Jurist durch den Computer ersetzt werden solle, kein Anlass bestehe; vielmehr sei die Technik, die beim Subsumtionsdialog zwischen Computer und Jurist in die rechtswissenschaftliche Arbeit eingehe, *maieutiké téchne*.[150] Die schon von Max Weber vor gut 100 Jahren formulierte rechtsstaatliche Verheißung einer kalkulierbaren Rechtsfindung, bei der der Richter „mehr oder minder ein Paragraphen-Automat ist, in welchen man oben die Akten nebst den Kosten und Gebühren hineinwirft, auf daß er unten das Urteil nebst den mehr oder minder stichhaltigen Gründen ausspeie“[151], vermag auch der Computer nicht zu erfüllen.

bb) Legal Techs: Ablösung der Anwälte durch Apps

In jüngerer Zeit ist hier weniger in wissenschaftlicher, sondern vielmehr in anwendungsorientierter bzw. praktischer Hinsicht einige Bewegung zu verzeichnen, was auch zahlreiche Unternehmensgründungen vor allem auf dem US-amerikanischen, zunehmend aber auch auf dem deutschen Markt belegen.[152] So firmieren unter dem weiten Oberbegriff „Legal Technologies“ (kurz: „Legal Techs“) verschiedene Computeranwendungen, die – häufig noch im Entwicklungsstadium[153] – bei Rechtsdienstleistungen zum Einsatz kommen sollen. Zu den Legal Techs zählen zum einen Anwendungen für die Kanzleiorganisation sowie die klassischen juristischen Datenbanken.[154] Ebenso können Online Dispute Resolution-Plattformen hierunter gefasst werden, die auf eine Online-Streitbeilegung im Verbraucherschutzrecht zielen, indem sie

77 ff. Trotz bescheidener Erfolge in der Vergangenheit setzt sich auch die Forschung zu juristischen Expertensystemen fort, dokumentiert etwa im Band von *Raabe u.a.*, Recht ex machina; sehr kritische Rezension hierzu – allerdings gänzlich ohne Bezüge zur Diskussion in der Rechtsinformatik – von *Kotsoglou*, JZ 2014, 451, mit Erwiderung von *Engel*, JZ 2014, 1096, und Schlusswort von *Kotsoglou*, JZ 2014, 1100; kritisch auch *Vogel*, in: ders. (Hrsg.), Zugänge zur Rechtssemantik, S. 3 (9 f.). Zur Funktion solcher Automatenbilder *Schuhr*, in: Funke/Lachmayer (Hrsg.), Formate der Rechtswissenschaft, S. 161 (169 ff.).

150 *Popp/Schlink*, in: Suhr (Hrsg.), Computer als juristischer Gesprächspartner, S. 1 (6); ähnlich *Hopt*, in: Grimm (Hrsg.), Rechtswissenschaft und Nachbarwissenschaften II, S. 143 (152 f.).

151 *Weber*, Parlament und Regierung im neugeordneten Deutschland, MWG I/15, S. 432 (454). Historische Einordnung des von der Freirechtsschule aufgebauten „Feindbildes“ vom Richter als Subsumtionsautomat bei *Ogorek*, Richterkönig oder Subsumtionsautomat?, S. 7 ff. und passim.

152 Zu den unterschiedlichen Marktvoraussetzungen für legal-tech start-ups in den USA und Deutschland *Veith u.a.*, Legal Technology, S. 5 f.

153 Eine Übersicht über Legal Technology-Firmen bietet der Techindex des Stanford Center of Legal Informatics – CodeX, abrufbar unter https://techindex.law.stanford.edu (Abrufdatum: 14.6.2019). Vgl. auch https://www.legalgeek.co/startup-map/ (Abrufdatum: 14.6.2019).

154 *Veith u.a.*, Legal Technology, S. 5, bezeichnen diesen Bereich als *support-process solutions*. Vgl. auch *McGinnis/Pearce*, Fordham L. Rev. 82 (2014), 3041 ff.

entweder bloß vereinfachte Kommunikations- und Verhandlungsmöglichkeiten zur Verfügung stellen oder selbst eine Einigung durch komplexe Verhandlungsalgorithmen herbeiführen.[155] Der Fokus liegt indes auf der Entwicklung computergestützter Programme, die die anwaltliche Beratungstätigkeit bei standardisierten Verfahrensschritten oder Schriftsätzen inhaltlich substantiell unterstützen, wenn nicht sogar ganz ersetzen können.[156]

Dabei sind die Gründe der Entwicklung von Legal Techs unterschiedlich. Einerseits sollen sie Anwälte von standardisierten Arbeitsschritten entlasten, dadurch Anwaltskosten senken und die Konzentration auf nicht standardisierbare Rechtsdienstleistungen ermöglichen. Zu den Tätigkeiten, die am ehesten vollautomatisierbar sind und für die schon länger erfolgreich Computerprogramme eingesetzt werden[157], zählen etwa die Sichtung sehr großer Dokumentenmengen im Rahmen sogenannter *(pre-trial) discoveries*[158], bei kartellrechtlichen *internal investigations* oder bei gesellschaftsrechtlichen *due diligences*, daneben aber auch das Entwerfen von einfachen Schriftstücken oder die statistische Auswertung richterlichen Entscheidungsverhaltens für prozessstrategische Zwecke.[159] In diesen Bereichen konkurrieren Legal Techs mit klassischen anwaltlichen Dienstleistungen, die freilich vorrangig von großen Wirtschaftskanzleien erbracht werden. Andererseits sollen die Programme all jenen einen kostengünstigen Zugang zu Rechtsdienstleistungen

---

[155] Die Verordnung (EU) Nr. 524/2013 über die Online-Beilegung verbraucherrechtlicher Streitigkeiten und zur Änderung der Verordnung (EG) Nr. 2006/2004 und der Richtlinie 2009/22/EG (Verordnung über Online-Streitbeilegung in Verbraucherangelegenheiten), ABl. 2013 L 165/1, erkennt in den Erwägungsgründen 2, 6 und 7 den Zugang zu einfachen, effizienten und kostengünstigen Möglichkeiten der Beilegung von Streitigkeiten, die sich aus dem grenzüberschreitenden Online-Verkauf von Waren oder der Online-Erbringung von Dienstleistungen ergeben, als wichtige Voraussetzung für das Vertrauen der Verbraucher in den digitalen Binnenmarkt an und stellt deshalb eine von der Kommission betriebene Plattform für Online-Streitbeilegungen (OS-Plattform) zur Verfügung, über die ein Beschwerdeführer ein Beschwerdeformular ausfüllen kann, das sodann von der zuständigen (nationalen) Stelle für alternative Streitbeilegung zu bearbeiten ist. Dazu kritisch *Eidenmüller/Engel*, ZIP 2013, 1704 ff.; *Rühl*, RIW 2013, 737; zum aktuellen Stand der Rechtsprechung zu OS-Plattform *Vierkötter*, K&R 2017, 217 ff. Eine Online-Streitbeilegung selbst findet auf der OS-Plattform der Kommission aber grundsätzlich nicht statt, wie *Rühl*, ZRP 2014, 8 (10) zu Recht bemerkt.

[156] Bei *Veith u.a.*, Legal Technology, S. 5, als *substantive law solutions* bezeichnet. *Wagner*, BB 2017, 898, bezeichnet IT-Systeme, die in der Lage sind, eigene rechtliche Beurteilungen zu treffen, als Legal Robots (dort auch zu einer umfassenderen Kategorisierung von Legal Techs).

[157] Vgl. nur *Grupp*, AnwBl. 2014, 660 (663): „Massensichtung von Unternehmensdaten Tagesgeschäft"; *Wagner*, BB 2017, 898 (901 f.).

[158] Die automatische, algorithmengestützte Vorsortierung großer (digitaler) Dokumentenmengen (sogenanntes *predictive coding*) für die Dokumentensichtung im Rahmen einer e-discovery wurde etwa unlängst durch den englischen High Court of Justice als zulässig und zuverlässig anerkannt: Brown v BCA Trading Ltd., [2016] EWHC 1464 (Ch), para. 9 ff.

[159] Überblick über die einzelnen anwaltlichen Tätigkeiten und ihre Automatisierbarkeit bei *Remus/Levy*, Can Robots be Lawyers?, S. 15 ff.; *Veith u.a.*, Legal Technology, S. 5.

verschaffen, die bislang – vor allem aus Kostengründen – faktisch davon ausgeschlossen waren.[160]

Legal Techs haben bislang einen eng umrissenen Anwendungsbereich. Auf dem deutschen Markt[161] finden sich etwa Anbieter zur Durchsetzung von Fluggast- oder kaufrechtlichen Gewährleistungsrechten, hinter denen meist Akquiseüberlegungen stehen[162], für Compliance-Programme in der Finanzdienstleistungsbranche[163] oder zur Anwaltssuche/-empfehlung[164]. Große Erwartungen verbinden Legal Tech-Entwickler dagegen mit der Forschung zu künstlicher Intelligenz.[165] Solange diese aber noch grundstürzende Forschungsergebnisse schuldig bleibt, die auch die Einwände gegen die Formalisierung der juristischen Entscheidungsfindung zu überwinden vermögen, stehen weder die vollständige Ablösung des Anwalts durch Apps noch die Renaissance der Rechtsinformatik als universitäres Fach unmittelbar bevor.[166] Hinzu kommt, dass Fragen der berufs-, rechtsdienstleistungs-, datenschutz- und haftungsrechtlichen Regulierung von Legal Techs bisher kaum erörtert worden sind, sondern allenfalls klar ist, dass auch sie nicht im rechtsfreien Raum agieren.[167]

---

160 Das stellt vor allem in der US-amerikanischen Diskussion unter dem Stichwort „Access to Justice“, der nach offiziellen Zahlen 80 % der Menschen mit niedrigem Einkommen faktisch vorenthalten ist, einen wichtigen Beweggrund dar; vgl. *Staudt*, Loy. L. A. L. Rev. 42 (2009), 1117 ff.; *Cabral u. a.*, Harv. J. L. & Tech. 26 (2012), 241 (246 ff.); *Wolf*, N. Y. U. J. Legis. & Pub. Policy 15 (2012), 759 ff.; *Hornsby Jr.*, Chi.-Kent L. Rev. 88 (2013), 917 ff.; *Katsh/Rabinovich-Einy*, Digital Justice, S. 39 ff.; differenzierend *Remus/Levy*, Can Robots be Lawyers?, S. 66 ff.

161 Überblick bei https://legal-tech-blog.de/legal-tech-in-deutschland (Abrufdatum: 14.6.2019). Vgl. auch *Frese*, NJW 2015, 2090 (2091 f.); *Fries*, NJW 2016, 2860 (2861 ff.); *Kilian*, NJW 2017, 3043 (3048 f.); *Tobschall/Kempe*, in: Breidenbach/Glatz (Hrsg.), Rechtshandbuch Legal Tech, S. 25 ff.

162 https://www.flightright.de und https://compensation2go.com (Abrufdatum: 14.6.2019).

163 https://www.compendor.de (Abrufdatum: 14.6.2019).

164 https://www.123recht.net (Abrufdatum: 14.6.2019).

165 Vgl. *Veith u. a.*, Legal Technology, S. 5; zuvor schon *Susskind*, Expert Systems in Law; *ders.*, Tomorrow's Lawyers, S. 13; *Eidenmüller*, Rise of Robots, S. 3 f., 15. Überblick über vorsichtigere Prognosen bei *McKamey*, Appeal: Rev. Current L. & L. Reform 22 (2017), 45 (51 ff.); zurückhaltende, empirisch fundierte Einschätzung bei *Remus/Levy*, Can Robots be Lawyers?, S. 42 ff., 72 f.; ähnlich zurückhaltend *Kilian*, NJW 2017, 3043 (3048).

166 Gleichwohl sind erste universitäre Vorlesungen und Seminare zu Legal Tech-Themen zu verzeichnen, etwa in Münster oder Hamburg. Vorschlag eines Wahlfachs „Legal Tech“ mit möglicher Kursübersicht bei *Mattig*, in: Klafki/Würkert/Winter (Hrsg.), Digitalisierung und Recht, S. 113 (117 ff.). Die Platz greifende Diskussion um Legal Techs übersieht *W. Kilian*, CR 2017, 202 (206), scheinbar, wenn er ein „derzeit leider gering[es]“ Interesse von Rechtswissenschaftlern an praktischen Anwendungen der Informationstechnologie für rechtliche Zusammenhänge attestiert (vgl. aber auch S. 210); dagegen sein Namensvetter *M. Kilian*, NJW 2017, 3043 (3048 ff.), der zutreffend darauf hinweist, dass die zentrale Funktion der Legal Techs nicht darin liegen wird, Rechtsdienstleister in großem Umfang durch Maschinen zu ersetzen, sondern sie von bestimmten Tätigkeiten zu entlasten, so dass sie sich auf volljuristische Kernaufgaben und die Betreuung von Mandanten konzentrieren können (S. 3050).

167 *Kilian*, NJW 2017, 3043 (3048); *Fries*, ZRP 2018, 161 ff.; vgl. jüngst BGH, Urt. v. 27.11.2019, AZ VIII ZR 285/18.

b) Rechtsinformatik als Hilfswissenschaft

Insoweit sich die Rechtsinformatik als Hilfswissenschaft versteht, die „die Frage beantworten helfen [soll], welche technischen Instrumente (beispielsweise Computer, Datenbanken oder das Internet) auf welche Weise als Hilfsmittel für juristische Such-, Lern- und Entscheidungsprozesse eingesetzt werden können und welche Vor- und Nachteile damit verbunden sind“[168], erbringt sie zwar unbestritten wertvolle Dienste für das juristische Arbeiten. Bedeutende Leistungen liegen hier insbesondere in der Konzeption, dem Aufbau und der Unterhaltung juristischer Datenbanken – Wissenschaft und Rechtspraxis scheinen heute ohne die Konsultation solcher Datenbanken, die nicht mehr nur aktuelle Rechtsnormen nebst ihren früheren Fassungen sowie zahlreiche Gerichtsentscheidungen, sondern zunehmend auch Kommentare, Lehrbücher und Zeitschriften im Volltext enthalten, kaum mehr vorstellbar.[169] Auch die Einführung elektronischer Akten in Verwaltung und Justiz[170] oder eine Theorie juristischer Formulare[171] sind Ausweis rechtsinformatorischen Schaffens. Schließlich stellen eine Vielzahl der eben erörterten Legal Techs Hilfsmittel für das juristische Arbeiten dar.

In dem Maße, in dem sich jedoch der wissenschaftliche Ertrag der Rechtsinformatik in solchen Unterstützungsleistungen erschöpft, droht sie, eben als Hilfswissenschaft marginalisiert zu werden. Mit dem Argument, dass es überhaupt keine für Rechtswissenschaft und Rechtspraxis im Vergleich zu anderen Anwendungsfeldern spezifischen technisch-organisatorischen Probleme des Einsatzes von Informationstechnologie gibt, wird sogar die Tragfähigkeit der Rechtsinformatik als Hilfswissenschaft bestritten.[172] Wo die Rechtsinformatik dagegen Aufklärungsarbeit leisten könnte, schweigt sie (bislang). Auf die Frage, wie die technischen Hilfsmittel die rechtswissenschaftliche und rechtspraktische Arbeitsweise verändern, bleibt die Rechtsinformatik ganz überwiegend dringende Antworten schuldig.[173] Hier liegt indes – wie sogleich zu zei-

---

[168] So die Definition des Instituts für Rechtsinformatik an der Universität des Saarlandes unter http://rechtsinformatik.jura.uni-sb.de/pages/institut/vorstellung.html (Abrufdatum: 14.6. 2019).

[169] Im Rückblick *Hoeren/Gräwe*, FS Käfer, S. 165 (166 ff.); *Noack/Kremer*, NJW 2006, 3313. Nicht auf juristische Datenbanken bezogen, aber als zeitgeschichtliches Dokument lesenswerte und aus heutiger Sicht fast anrührende Empfehlung von *Körber*, NJW 1997, 3222: „So manchem, der wegen zu langsamer Verbindungen des Internets überdrüssig geworden ist, kann schon ein einfacher Anbieterwechsel (oder ein neues Modem) helfen.“

[170] Umfassend *Eifert*, Electronic Government (2006); *Britz*, in: Hoffmann-Riem/Schmidt-Aßmann/Voßkuhle (Hrsg.), GVwR II, § 26; zur Justiz exemplarisch *Sellner*, Die Justiz im elektronischen Zeitalter (2012).

[171] Vgl. nur *Gantner*, Theorie der juristischen Formulare (2010); aus historischer Perspektive etwa *Becker*, in: Collin/Lutterbeck (Hrsg.), Eine intelligente Maschine?, S. 281 (284 ff.).

[172] *Bizer*, FS Kilian, S. 39 (40 f.); vgl. schon *Hopt*, in: Grimm (Hrsg.), Rechtswissenschaft und Nachbarwissenschaften II, S. 143 (149).

[173] Vgl. aber *Strauch*, DVBl. 2007, 1000; *Walker*, FS Käfer, S. 435 (442 ff.).

gen sein wird – ein zentraler Anknüpfungspunkt, mit dem der Nachweis eines *computational turn* in der Rechtswissenschaft geführt werden kann.

c) Konkurrenz durch das Informations- und Medienrecht

Zum Bedeutungsverlust der Rechtsinformatik hat schließlich auch der Bedeutungszuwachs des Informations- und Medienrechts beigetragen. Wurde zu Beginn noch über die Zuordnung des Informationsrechts als ein Teilgebiet der Rechtsinformatik debattiert, verselbständigte sich das Informationsrecht bald als eigenes Fach und zog größere wissenschaftliche Aufmerksamkeit auf sich, die das Interesse an den Kernfragen der Rechtsinformatik verblassen ließ.[174] Damit ging auch ein Perspektivwechsel einher: In das Blickfeld rückte nun weniger die Informationstechnik – die freilich das verbindende Element zwischen Rechtsinformatik und Informationsrecht blieb[175] –, sondern die Information selbst.[176] Informationsrecht soll dann die „Summe der rechtlichen Normen [bezeichnen], die sich mit der Information – vor allem unter dem Gesichtspunkt ihrer Verarbeitung durch moderne Informationstechniken – beschäftigen und die insb. die Zuordnung und Verteilung des Wirtschafts-, Kultur- und Verfassungsgutes Information sowie deren Gefährdungspotential betreffen."[177] Während die Rechtsinformatik angewandte Informatik ist, stellt das Informationsrecht eine rechtswissenschaftliche Querschnittsdisziplin dar, die als solche eine (inhaltlich wie institutionell) größere Anschlussfähigkeit innerhalb der universitären Rechtswissenschaft beweist.[178]

Gleiches gilt für das Medienrecht als Sonderrecht der Massenkommunikation.[179] Zwar stand hier zunächst das Recht der klassischen Medien Presse, Film und Rundfunk im Mittelpunkt. Die technisch wie inhaltlich bedingte Konvergenz der Medien lenkte den Blick jedoch bald von den Einzelmedien hin zu dem alle Medien verbindenden Merkmal der Massenkommunikation, stellte aber zugleich auch die Unterscheidung von Massen- und Individualkommunikation selbst in Frage.[180] Insoweit es öffentlich-, zivil- und strafrechtliche Regelungen der Massenkommunikation umfasst, ist auch das Medienrecht eine rechtswissenschaftliche Querschnittsdisziplin. Mit Verweis auf die diesen Regelungen zugrundeliegenden Strukturprinzipien, Funktionen und Wertungsentscheidungen wird Medienrecht teilweise sogar als eigenstän-

---

[174] *Knackstedt u.a.*, MMR 2010, 528 (529); *Hoeren*, JuS 2002, 947 (949).

[175] *Sieber*, Jura 1993, 561 (571).

[176] Grundlegend *Druey*, Information als Gegenstand des Rechts, S. 23 ff. und passim.

[177] *Sieber*, NJW 1989, 2569 (2574); *ders.*, Jura 1993, 561 (568); zu weiteren Systematisierungsmöglichkeiten *Kloepfer*, Informationsrecht, § 1 Rn. 67; *Hoeren*, JuS 2002, 947 (948).

[178] *Bizer*, FS Kilian, S. 39 (49); *Kloepfer*, Informationsrecht, § 1 Rn. 67; *Sieber*, Jura 1993, 561 (570).

[179] Definition bei *Paschke*, Medienrecht, § 1 Rn. 1.

[180] *Paschke*, Medienrecht, § 1 Rn. 12 ff.; *Schoch*, VVDStRL 57 (1998), 158 (170 f.).

diges Rechtsgebiet präsentiert.[181] Über Sinn und Zweck der Einordnung einer Materie wie das Medienrecht als eigenes Rechtsgebiet mag man streiten. Jedenfalls erlaubt es die Spannbreite dieser Querschnittsdisziplin, die nach teilweise vertretener Ansicht auch das Informationsrecht umfassen soll[182], diejenigen Fragen zum Recht der Mediennutzung und zur Mediennutzung im Recht zu verhandeln, die früher in die Antwortzuständigkeit der Rechtsinformatik fielen.

3. *Anhaltspunkte für einen computational turn*

Ob die Digitalisierung der Rechtsinformatik als universitärem Fach wieder auf die Beine helfen kann, lässt sich derzeit nicht verlässlich prognostizieren.[183] Sicher ist jedenfalls, dass sich das Niklas Luhmann zugeschriebene Bonmot überholt hat, die Rechtswissenschaft verhalte sich zum Computer „wie ein Reh zum Auto – manchmal kollidieren sie eben doch."[184] Denn für Ansätze eines *computational turn* in der Rechtswissenschaft gibt es Anzeichen, die nachfolgend näher beleuchtet werden sollen. Hierbei ist bestenfalls zweitrangig, ob diese Entwicklungen unter den Überschriften Rechtsinformatik, Informations- oder Medienrecht firmieren oder sich – wofür vieles spricht – als Querschnittsphänomen einer eindeutigen fachlichen Zuordnung entziehen.

a) Schriftlichkeit von Recht und Rechtswissenschaft

Das bis heute noch wichtigste Kommunikationsmedium von Recht und Rechtswissenschaft ist die Schrift.[185]

Die Schriftlichkeit von Rechtsetzung, Rechtsanwendung und Rechtsprechung ist dabei ganz überwiegend normatives Gebot, das auf allen Rechtsebenen greift. So ist der Anwendungsbereich der Wiener Vertragsrechtskonvention gemäß Art. 2 Abs. 1 lit. a WVRK nur für in Schriftform geschlossene internationale Übereinkommen eröffnet. Gesetzgebungsakte der Europäischen Union müssen zu ihrem Inkrafttreten gemäß Art. 297 Abs. 1 S. 3 AEUV im

[181] *Beater*, JZ 2005, 822 ff.; *Paschke*, Medienrecht, § 1 Rn. 15 ff.; *Cole*, in: Dörr/Kreile/Cole (Hrsg.), Handbuch Medienrecht, Einl. Rn. 2; dagegen etwa *Petersen*, Medienrecht, § 1 Rn. 12 f.; *Schladebach*, Jura 2013, 1092 (1098).

[182] *Petersen/Schoch*, Jura 2005, 681 (682); vgl. auch *Hoeren*, JuS 2002, 947 (948, 951).

[183] Ähnlich *Spiecker gen. Döhmann*, in: Funke/Lachmayer (Hrsg.), Formate der Rechtswissenschaft, S. 181 (197).

[184] So bei *Steinmüller*, Informationstechnologie und Gesellschaft, S. 24 f.

[185] Vgl. *Steinhauer*, in: Lerch (Hrsg.), Die Sprache des Rechts, Bd. 3, S. 439 (454): „Schriftsprache unter den Bedingungen des Buchdruckes"; *Vesting*, in: Funke/Lachmayer (Hrsg.), Formate der Rechtswissenschaft, S. 237 (254); prägnant *ders.*, Rechtstheorie, Rn. 296: „Wahrheitsform des Buches"; ähnlich *Katsh*, Electronic Media and Transformation of Law, S. 210 ff.

Amtsblatt der EU veröffentlicht werden.[186] Für eine Verfassungsänderung verlangt Art. 79 Abs. 1 S. 1 GG die ausdrückliche Änderung oder Ergänzung des Wortlauts des Grundgesetzes. Bundesgesetze werden zwar verkündet, was als Oralität missverstanden werden könnte; die für ihre Geltung grundsätzlich konstitutive[187] Verkündung erfolgt aber gemäß Art. 82 Abs. 1 S. 1 GG als Veröffentlichung des Gesetzestextes im Bundesgesetzblatt.[188] Kennzeichen der modernen Verwaltung ist nicht erst seit Max Weber die schriftliche Aktenführung[189]; für die Handlungsformen der Verwaltung gilt teilweise das Schriftformgebot.[190] Die Recht-„Sprechung“ muss schließlich trotz dieses Befundes nicht befürchten, durch die Recht-„Schreibung“ abgelöst zu werden; vielmehr ergänzen Stimme und Schrift einander im gerichtlichen Verfah-

[186] Gemäß Art. 1 Abs. 2 der am 1. Juli 2013 in Kraft getretenen Verordnung (EU) Nr. 216/2013 über die elektronische Veröffentlichung des Amtsblatts der Europäischen Union, ABl. 2013 L 69/1, besitzt nur noch die elektronische Ausgabe des Amtsblatts Echtheit und entfaltet Rechtswirkung. Sie trägt gemäß Art. 2 Abs. 1 der Verordnung eine fortgeschrittene elektronische Signatur. Kann die elektronische Ausgabe des Amtsblatts aufgrund unvorhersehbarer außergewöhnlicher Störungen des Informationssystems des Amts für Veröffentlichungen jedoch nicht veröffentlicht werden, kommt gemäß Art. 3 Abs. 2 der Verordnung währenddessen nur der gedruckten Ausgabe des Amtsblatts Echtheit zu und entfaltet nur sie Rechtswirkungen.

[187] Im Verteidigungsfalle können Bundesgesetze gemäß Art. 115d Abs. 3 i.V.m. Art. 115a Abs. 3 S. 2 GG in anderer Weise verkündet werden, wenn die Verkündung im Bundesgesetzblatt nicht rechtzeitig möglich ist (1. HS); sie ist aber im Bundesgesetzblatt nachzuholen, sobald es die Umstände zulassen (2. HS).

[188] Ob Art. 82 Abs. 1 GG in seiner derzeitigen Fassung eine ausschließlich elektronische Veröffentlichung von Bundesgesetzen zulässt, ist umstritten. Die ablehnende Ansicht verweist darauf, dass der Begriff des Bundesgesetzblattes das Erscheinen als Druckwerk impliziere; vgl. etwa *von Lewinski*, in: Kahl/Waldhoff/Walter (Hrsg.), BK GG, Art. 82 Rn. 217; *Walker*, jurPC Web-Dok. 155/2005, Abs. 62; *Kissel*, NJW 2006, 801 (804). Selbst eine kumulative elektronische Veröffentlichung soll mit *Guckelberger*, DVBl. 2007, 985 (993), wegen des Singulars „Bundesgesetzblatt“ ausgeschlossen sein. Für die Möglichkeit einer elektronischen Verkündung ohne Verfassungsänderung dagegen *Jarass/Pieroth*, GG, Art. 82 Rn. 5; vorsichtiger *Butzer*, in: Maunz/Dürig (Hrsg.), GG, Art. 82 Rn. 244, der zur Vermeidung von verfassungsrechtlichen Risiken zu einer Verfassungstextänderung rät. § 15 Abs. 1 EGovG, demzufolge eine durch Rechtsvorschrift des Bundes bestimmte Pflicht zur Publikation in einem amtlichen Mitteilungs- oder Verkündungsblatt des Bundes zusätzlich oder ausschließlich durch eine elektronische Ausgabe in öffentlich zugänglichen Netzen erfüllt werden kann, nimmt Bundesgesetze ausdrücklich aus („unbeschadet des Artikels 82 Absatz 1 des Grundgesetzes“). Als erstes Bundesland hat das Saarland die Rechtsgrundlage für eine ausschließlich elektronische rechtsverbindliche Verkündung von Gesetzen, Rechtsverordnungen und anderen Rechtsakten sowie Bekanntmachungen geschaffen (Art. 102 S. 2 SaarlVerf i.V.m. §§ 1, 3 SaarlAmtsBlG) und dabei Regelungen für die Sicherung der Authentizität und Integrität des Amtsblattes, die Allgemeinzugänglichkeit und die Notbekanntmachung vorgesehen; kurz darauf folgten Brandenburg und Bremen. Vgl. zum Ganzen *Guckelberger*, Der Übergang zur (ausschließlich) elektronischen Gesetzesverkündung, S. 69 ff.; *Braun Binder*, in: Hill/Schliesky (Hrsg.), Auf dem Weg zum Digitalen Staat, S. 115 (116 ff.).

[189] *Weber*, Wirtschaft und Gesellschaft, S. 552.

[190] So im Grundsatz für den öffentlich-rechtlichen Vertrag § 57 VwVfG.

ren.[191] Grundlage der mündlichen Verhandlung vor Gericht sind vorbereitende Schriftsätze bzw. (An-)Klageschriften[192], die mündliche Verhandlung[193] wird schriftlich protokolliert[194] und der Rechtszug schließlich durch ein schriftliches Urteil abgeschlossen[195], dessen schriftlich niedergelegte Urteilsformel wiederum durch Verlesen verkündet werden kann[196].

Auch die rechtswissenschaftliche Forschung arbeitet – anders als die Lehre – im Modus der Schriftlichkeit. Ihr Untersuchungsgegenstand bildet zumeist schriftlich fixiertes Recht; mit der juristischen Hermeneutik hat sich gar eine eigene Methode für den Umgang mit juristischen Texten herausgebildet. Forschungsergebnisse werden schließlich schriftlich publiziert – selbst dann, wenn sie im Gespräch erarbeitet wurden.[197] An diesem Befund ändert etwa auch die Diskussion über einen *pictorial turn* in der Rechtswissenschaft nichts.[198]

Recht und Rechtswissenschaft bleiben auch weiterhin literal, halten also an der Schrift fest. Der Medienwandel in der Rechtswissenschaft bezeichnet insoweit keinen Abschied von der Schrift, sondern die Ablösung des Papiers durch den Computer.[199] Durch die Digitalisierung (im engeren technischen Sinne) werden Schrift und Text in computerlesbare Signale überführt oder bereits als solche erstellt, was deren langfristige Speicherung, jederzeitige Abrufbarkeit und einfache Bearbeitung ermöglicht. Dieser Medienwandel beeinflusst zum einen die Erkenntniswege und zum anderen die Kommunikationswege in der Rechtswissenschaft.

b) Erkenntniswege der Rechtswissenschaft

Hierbei rückt zunächst die Bedeutung juristischer Datenbanken für die juristische Hermeneutik und Dogmatik in den Blick. Aber auch jenseits der als Kernfach der Rechtswissenschaft verstandenen Dogmatik erweitert die Digitalisierung die Erkenntnismöglichkeiten der Rechtswissenschaft.

---

[191] Vgl. *Vismann*, Medien der Rechtsprechung, S. 98 ff., deren Ausführungen sich im Wesentlichen auf den Strafprozess beschränken, für den allerdings weitere Medien des nationalen und vor allem internationalen Strafverfahrens wie Fotografie, Film, Fernsehübertragungen und Cyber Courts in den Blick genommen werden; *dies.*, Das Recht und seine Mittel, S. 394 (403 ff.).

[192] § 129 Abs. 1 ZPO; § 170 Abs. 1 StPO; §§ 81 Abs. 1 S. 1, 86 Abs. 4 S. 1 VwGO; §§ 64 Abs. 1, 77 Abs. 1 S. 1 FGO; §§ 90, 108 S. 1 SGG.

[193] Z.B. § 128 Abs. 1 ZPO; § 101 Abs. 1 VwGO; § 90 Abs. 1 S. 1 FGO; § 124 Abs. 1 SGG.

[194] Z.B. §§ 159 Abs. 1 S. 1, 160a Abs. 1 und 2 S. 1 ZPO; § 271 Abs. 1 S. 1 StPO.

[195] Ausdrücklich § 117 Abs. 1 S. 2 VwGO; § 105 Abs. 1 S. 2 FGO.

[196] § 311 Abs. 2 S. 1 ZPO (i.V.m. § 173 VwGO bzw. § 155 S. 1 FGO); § 268 Abs. 2 S. 1 StPO; § 132 Abs. 2 S. 1 SGG.

[197] Soweit ersichtlich einziges Beispiel für ein in Dialogform verfasstes Lehrbuch: *Gröschner u.a.*, Rechts- und Staatsphilosophie (2000). Zur auch weiterhin alternativlosen Textualität der rechtswissenschaftlichen Forschungskommunikation *Vesting*, in: Funke/Lachmayer (Hrsg.), Formate der Rechtswissenschaft, S. 237 (254).

[198] Vgl. hierzu Fn. 111.

[199] *I. Augsberg*, Die Lesbarkeit des Rechts, S. 131 f.

aa) Der Einfluss juristischer Datenbanken auf Hermeneutik und Dogmatik

(1) Rahmenbedingungen juristischer Datenbanken

Die Digitalisierung juristischer Texte erlaubt es, diese in eine Datenbank aufzunehmen und einer systematischen Suche anhand von bestimmten Suchparametern zugänglich zu machen. Juristische Datenbanken galten zunächst als Lösung der sogenannten „Informationskrise des Rechts", die durch eine unüberschaubare Vielzahl von geltenden Normen und den schwierigen Zugang zu Gerichtsentscheidungen ausgelöst und bereits seit Ende der 1950er Jahre als eines der drängendsten Probleme der Rechtsstaatlichkeit wahrgenommen wurde.[200] Reichten erste konzeptionelle Vorarbeiten eines juristischen Informationssystems (juris) bis an den Anfang der 1970er Jahre zurück, war der 1985 gegründeten juris GmbH doch lange Zeit kein wirtschaftlicher Erfolg beschieden. Es fehlte hierfür einerseits an den infrastrukturellen Voraussetzungen für die flächendeckende Anwendung eines datenbankgestützten juristischen Informationssystems – bei Gerichten wie auch in der Anwaltschaft, den Behörden und der Wissenschaft –, andererseits an nutzerfreundlichen Abfragemöglichkeiten auch ohne die intime Kenntnis informationstechnologischer Suchalgorithmen.[201]

Das änderte sich erst im Zuge der Digitalisierung im weiten Sinne, die es auch kommerziellen Konkurrenzangeboten wie beck-online oder jurion und nichtkommerziellen Angeboten wie der eur-lex-Datenbank für Rechtsakte, Gerichtsentscheidungen und sonstige Dokumente des Unionsrechts ermöglichte, Fuß zu fassen. Heute steht eine Reihe von juristischen Datenbanken zur Verfügung, die mit einer benutzerfreundlichen Oberfläche und umfangreichen Suchfunktionen den Zugriff auf juristische Texte ermöglichen.[202] Diese umfassen nicht nur alle geltenden Rechtsvorschriften des Unions-, Bundes- und Landesrechts einschließlich ihrer Vorgängernormen, sondern auch Materialien des Rechtsetzungsverfahrens, Gerichtsurteile der Unions-, Bundes- und Landesgerichte sowie zunehmend juristische Lehrbuch-, Handbuch-, Aufsatz- und Kommentarliteratur im digitalen Volltext (oder zumindest als Faksimile mit Suchoptionen[203]).

Juristische Datenbanken eröffnen somit zum einen den Zugang zu digitalisierten Texten und ermöglichen – darauf aufbauend – zum anderen, mittels verschiedener Suchparameter (z.B. ein einzelnes Wort, Wortverbindungen, Normen, Aktenzeichen, Daten etc., ggf. auch mit logischen Verknüpfungen) bestimmte Texte und Textteile zu suchen und aufzufinden. Genauere Beach-

---

[200] Begriffsprägend *Simitis*, Informationskrise des Rechts, S. 9 ff., 107 ff.

[201] Geschichtlicher Rückblick auf die Entwicklung von juris bei *Walker*, FS Käfer, S. 435 (437 ff.).

[202] Überblick bei *Noack/Kremer*, NJW 2006, 3313.

[203] Vgl. etwa das bei juris abrufbare, von *Josef Isensee* und *Paul Kirchhof* in 3. Auflage herausgegebene Handbuch des Staatsrechts der Bundesrepublik Deutschland.

tung verdienen dabei die Aspekte des Umfangs, der Verfügbarkeit und der Perzeption.

(a) Umfang

Der Umfang juristischer Datenbanken unterscheidet sich hinsichtlich der einzelnen Textgattungen. Während Bundes- und Landesrecht vollständig in den verschiedenen Datenbanken erfasst sein dürfte, gilt das für Gerichtsentscheidungen nur im Falle ihrer Veröffentlichung.[204] Der Entscheidungstext wird dann entweder direkt von den Dokumentationsstellen der Gerichte für Datenbanken zur Verfügung gestellt[205] oder wurde bereits auf der Homepage der

[204] *Schuhr*, in: Funke/Lachmayer (Hrsg.), Formate der Rechtswissenschaft, S. 161 (164), verdeutlicht am Beispiel der in Datenbanken dokumentierten, zahlreichen formelhaften Revisionsverwerfungen der Strafsenate des BGH, dass die rein formale Vollständigkeit der Erfassung aller mit Gründen versehenen Entscheidungen der obersten Bundesgerichte gar kein erstrebenswertes Ziel sein muss, insoweit eine solche Sammlung sehr viel redundante und „tote" Informationen bzw. Text ohne Information enthält. Für die Notwendigkeit einer lückenlosen Dokumentation bei gleichzeitiger „minuziöser [elektronischer, E.P.] Informationsaufbereitung" schon *Simitis*, Informationskrise des Rechts, S. 68 ff.

[205] Dass nunmehr das Bundesministerium für Justiz und Verbraucherschutz in einem gemeinsamen Projekt mit der juris GmbH ausgewählte Entscheidungen des Bundesverfassungsgerichts, der obersten Gerichtshöfe des Bundes sowie des Bundespatentgerichts ab dem Jahr 2010 kostenlos im Internet unter https://www.rechtsprechung-im-internet.de auch für die Weiterverwendung durch andere Datenbankanbieter zur Verfügung stellt, ist nicht selbstverständlich. Die juris GmbH hatte kraft eines Vertrages mit der Bundesrepublik Deutschland lange Zeit eine ausschließliche Nutzungsbefugnis an vom Bund für sie in einer besonderen Form aufbereiteten Dokumenten betreffend das Bundesrecht, Verwaltungsvorschriften, Rechtsprechung und Rechtsliteratur. So wurden etwa von der Dokumentationsstelle des Bundesverfassungsgerichts Datensätze erzeugt und an die juris GmbH übermittelt. Diese Datensätze wurden von vornherein nach Maßgabe der besonderen Ordnungsmerkmale der juris-Datenbank erstellt und bildeten die Systematik der juris-Datenbank ab (Entscheidungsdatum, Aktenzeichen, Entscheidungstyp, Gerichtstyp, Gerichtsort, Spruchkörper, vorgehende Entscheidung, Normenkette, Aktivzitierung, Titelzeile, Orientierungssätze) – vgl. die Feststellung in VGH Mannheim, NJW 2013, 2045, Rn. 3. Der Bund durfte diese Dokumente nicht ohne Zustimmung der juris GmbH an Dritte zum Aufbau eigener Datenbanken weitergeben (exemplarisch § 1 Abs. 3 und § 2 des sogenannten „Bundesvertrages"). Im Gegenzug verpflichtete sich die juris GmbH als Verwaltungshelferin des Bundes zum Betrieb des zuvor mit verschiedenen Bundesministerien entwickelten Rechtsinformationssystems – vgl. hierzu *Berkemann*, VerwArch 87 (1996), 362 (387 ff.); umfassend zur Veröffentlichungspraxis der Gerichte die nunmehr allerdings auch schon 20 Jahre alte Studie von *Walker*, Die Publikation von Gerichtsentscheidungen, insb. S. 29 ff., 44 ff., 51 ff. Die neue Veröffentlichungspraxis im Internet geht wohl auf einen Vergleich in dem Revisionsverfahren zurück, das die Bundesrepublik Deutschland gegen die Entscheidung des VGH Mannheim, NJW 2013, 2045 angestrengt hatte. In dieser Entscheidung ging es nicht um die (auch damals wohl unstreitige) Gleichbehandlung von Verlagen bei der Belieferung mit veröffentlichungswürdigen Entscheidungen, sondern um die Privilegierung der juris GmbH gegenüber anderen Verlagen bei der Belieferung mit Entscheidungen, die von der Dokumentationsstelle des Bundesverfassungsgerichts auf der Grundlage von Verträgen und Absprachen mit der juris GmbH in ganz bestimmter Weise aufbereitet sind. Der VGH Mannheim hatte die Bundesrepublik Deutschland auf der Grundlage des in § 3 Abs. 1 S. 1 des Informationsweiterverwendungsgesetzes (IWG) verankerten Gleichbehandlungsgrundsatzes

Gerichte bzw. in Fachzeitschriften veröffentlicht, von wo aus sie die Datenbankbetreiber abrufen und in ihre Datenbank einpflegen können.[206] Der Volltext von Zeitschriften- oder Buchbeiträgen ist schließlich nur dann in einer Datenbank abrufbar, wenn der Verlag sowohl die Datenbank betreut als auch die Zeitschrift oder das Buch herausgibt. Anderenfalls bieten die Datenbanken immerhin Fundstellennachweise an. Insgesamt wächst die Menge digitaler juristischer Textkorpora stetig.

(b) Verfügbarkeit

Eng mit dem Aspekt der Vollständigkeit hängt die Problematik der Verfügbarkeit zusammen. Damit ist nicht die Hürde eines kostenpflichtigen Zugangs zu der jeweiligen Publikation gemeint, die analoge wie digitale Publikationen gleichermaßen betreffen kann. Stattdessen sind häufig etwa ältere Zeitschriftenbeiträge, aber auch neuere Publikationen nicht in digitaler Fassung in den Datenbanken abrufbar. Wissenschaftliche Gründlichkeit gebietet es hier zwar, auch solche Literatur zur Kenntnis zu nehmen, die ausschließlich in gedruckter Fassung vorliegt. Die leichtere Erreichbarkeit digitaler Texte mag den einen oder die andere gleichwohl dazu verführen, nur noch digital Verfügbares zu rezipieren. Diese Gefahr ist aber wohl als Übergangsphänomen auf dem Weg zu einer umfassenden digitalen Verfügbarkeit und Produktion juristischer Texte einzupreisen.

(c) Perzeption

Selbst bei umfassender Verfügbarkeit digitaler Rechtstexte bleibt indes das Perzeptionsproblem bestehen. Die Entwickler juristischer Datenbanken waren seinerzeit angetreten, um der „Informationskrise des Rechts" Herr zu werden. Datenbanken sollten unter den Bedingungen zunehmender Normproduktion und Rechtsprechungstätigkeit Orientierung bieten und den Zugang zu einschlägigen Normen und Entscheidungen vermitteln. Diese Aufgabe erfüllen juristische Datenbanken bei Normtexten auch heute noch mustergültig. Im Hinblick auf Gerichtsentscheidungen und Literatur könnte indes eine neue Informationskrise des Rechts drohen, die ihren Ausgang in der stetig wachsenden Menge juristischer Textkorpora in Datenbanken nimmt und an mindestens zwei Beobachtungen abzulesen ist.

---

verurteilt, der privaten Betreiberin einer eigenen juristischen Datenbank im Internet sämtliche Entscheidungen, die die Bundesrepublik der juris GmbH seit dem 1. Juni 2009 zum Zwecke der Veröffentlichung zur Verfügung gestellt hatte, zu denselben Bedingungen und in derselben Form zu übermitteln, wie sie der juris GmbH zur Verfügung gestellt wurden. Der VGH sah insbesondere in den von den Dokumentaren des BVerfG verfassten Orientierungssätzen gemeinfreie, also nicht dem Urheberrechtsschutz unterfallende „amtliche Leitsätze" i.S.d. § 5 UrhG und gerade keine persönlichen geistigen Schöpfungen der Dokumentare, die urheberrechtlichen Schutz genießen und eine Anwendung des IWG ausgeschlossen hätten (Rn. 33 ff.).

[206] Vgl. exemplarisch die Produktbeschreibung von juris unter https://www.juris.de/jportal/nav/juris_2015/unternehmen_2/ueber_juris/ueber_juris.jsp (Abrufdatum: 14.6.2019).

Diese Beobachtungen betreffen nicht den Fall, dass bestimmte Urteile oder Publikationen per Aktenzeichen oder Fundstelle gesucht werden, was einer sehr häufigen Nutzungsart der Datenbanken entsprechen dürfte. Sie gelten stattdessen für Datenbankabfragen mittels eines Wortes oder einer kleinen Wortgruppe. Hier kommt der Reihenfolge der Ergebnisauflistung bei unspezifischen Suchanfragen besondere Bedeutung zu. Studien zur allgemeinen Suchmaschinennutzung belegen, dass die Nutzer häufig nur die Treffer auf der ersten Ergebnisseite favorisieren und dabei meist sogar nur die ersten drei Treffer.[207] Zwar darf bei wissenschaftlicher Forschung und juristischer Arbeit eine größere Ausdauer und Gründlichkeit erwartet werden. Auch weisen die genannten Studien selbst darauf hin, dass Aussagen zum Nutzungsverhalten bei einer Suchmaschine nicht deckungsgleich auf eine andere Suchmaschine bzw. Suchmasken von Datenbanken übertragen werden können. Da die Aufmerksamkeitsspanne und Perzeptionsfähigkeit aber auch bei wissenschaftlicher Arbeit begrenzt ist, deuten die Studienergebnisse zumindest auf eine Tendenz im Umgang mit Datenbanken und Suchmaschinen, die kritisch zu reflektieren ist.

Ebenso ist in Rechnung zu stellen, wie die Suchergebnisreihenfolge zustande kommt. Wird diese Reihenfolge nicht durch das Entscheidungs- bzw. Erscheinungsdatum oder das Alphabet bestimmt, sondern durch eine algorithmenbasierte sogenannte Relevanzsortierung, verdient der Algorithmus selbst genauere Beachtung. Dieser versucht, dem eigentlich höchst subjektiven und dynamischen Begriff der Relevanz objektive Konturen zu verleihen, indem er aus einer Reihe von Relevanzkriterien eine wahrscheinliche Relevanz für den Nutzer einer Datenbank errechnet.[208] Insoweit diese Kriterien und der Algorithmus nicht transparent sind, ist eine grundsätzliche Skepsis gegenüber der angezeigten Reihenfolge und eine genaue Prüfung auch der nur nachrangig aufgelisteten Ergebnisse angezeigt. Zwar hat die Informationswissenschaft allgemeine Relevanzkritieren identifiziert, zu denen etwa die Ausführlichkeit, die Genauigkeit, die Verständlichkeit, die Aktualität, die Herkunft, die Zugänglichkeit oder die bereits erfolgte Verifikation von Informationen zählen.[209] Für juristische Datenbanken könnte dieser Katalog etwa ergänzt werden um die „Autorität" bzw. „Dignität" des Gerichts, die Zitationshäufigkeit

---

207 Vgl. *Jansen/Spink*, Information Processing & Management 42 (2006), 248 ff.; *Höchstötter/Koch*, Journal of Information Science 35 (2009), 45 ff.; *Höchstötter/Lewandowski*, Information Sciences 179 (2009), 1796 ff.

208 Vgl. *Behnert/Borst*, BIBLIOTHEK – Forschung und Praxis 39 (2015), 384 (387 f.). Einen Überblick über die Vielzahl der informationswissenschaftlichen Definitionen des Begriffs der Relevanz gibt *Mizzaro*, Journal of the American Society of Information Science and Technology 48 (1997), 810 ff. Ausführlich *Saracevic*, Journal of the American Society for Information Science 26 (1975), 321 ff.; *ders.*, Journal of the American Society for Information Science and Technology 58 (2007), 1915 ff. und 2126 ff.

209 Vgl. *Barry/Schamber*, Information Processing & Management 34 (1998), 219 (220 ff.); *Lewandowski*, Suchmaschinen verstehen, S. 89 ff.

einer Entscheidung oder einer Publikation oder die Zitationshäufigkeit der gesuchten Norm in einer Publikation.[210] Solange die jeweiligen Kriterien und Algorithmen aber nicht offengelegt werden und vom Datenbankbenutzer reflektiert oder sogar verändert werden können, bleibt die Relevanzsortierung ein Hilfsmittel zur Strukturierung von Suchergebnissen, das eine gründliche eigene Überprüfung der Suchergebnisse und vor allem eine eigene Relevanzbewertung der gefundenen Quellen auf der Grundlage geschulter Urteilskraft nicht ersetzen kann.

(2) Auf der Suche nach digitaler Hermeneutik und Dogmatik

Die bereits vor gut 20 Jahren aufgeworfene Frage, wie sich die massenhaft verfügbaren elektronischen Informationen methodisch verarbeiten lassen[211], ist noch immer weitgehend ungelöst. So sind zwar durchaus Suchbewegungen nach einem *computational turn* in der juristischen Hermeneutik und Dogmatik zu verzeichnen, die eine Ausweitung von Auslegungsoptionen (a) und eine Ausdifferenzierung von Bereichsdogmatiken (b) prognostizieren. Ihre Handlungsempfehlungen bewegen sich indes doch wieder auf altbewährten Pfaden (c).

(a) Juristische Hermeneutik

Als hermeneutische Disziplin versucht die sogenannte juristische Methode, mittels eines Kanons unterschiedlicher Auslegungsmethoden die Bedeutungsgehalte des Normtextes zu erschließen. Grammatikalische, historisch-genetische, systematische (hier auch rechtsvergleichende) und teleologische Erwägungen können gerade unterschiedliche Auslegungen einer Vorschrift gebieten, die wiederum zu unterschiedlichen Lösungen von Rechtsfragen und Rechtsfällen führen. Das Argumentationsreservoir für die eine oder die andere Auslegungsoption wächst dabei mit der Zahl der verfügbaren Rechtsmedien.[212]

Unter den Bedingungen des *computational turn* heißt das: Die umfassende Verfügbarkeit von inländischen und ausländischen Normtexten sowie der einschlägigen Literatur und Rechtsprechung, die Möglichkeit ihrer detaillierten Analyse mittels Suchalgorithmen und die Verlinkung von juristischen Texten (Hyperlinks) können dazu führen, dass sich die Auslegungsvarianten in grammatikalischer, historisch-genetischer, systematischer und vor allem rechtsvergleichender, aber auch teleologischer Hinsicht exponentiell erhöhen. Der Entscheidungsbezug der Rechtswissenschaft verlangt letztlich, einer unter vielen Auslegungsmöglichkeiten den Vorzug zu geben. Daher muss die Rechtswis-

---

[210] Dazu ausführlich *Malmgren*, Towards a theory of jurisprudential relevance ranking, S. 38 ff., 71 ff.

[211] *Röhl*, Einfluß der elektronischen Medien, S. 12.

[212] Vgl. nur *Kersten*, JuS 2015, 481 (483).

senschaft Methoden entwickeln, um mit der Vielzahl an Auslegungsvarianten ebenso umzugehen wie mit der Tatsache, dass nicht alle potentiell verfügbaren Auslegungsargumente auch verarbeitet werden können.[213]

(b) Rechtsdogmatik

Die häufig als Markenkern der deutschen Rechtswissenschaft bezeichnete Rechtsdogmatik eröffnet Rechtswissenschaft und Rechtspraxis gemeinsame Kommunikationsräume, in denen die Auslegung und die Anwendung des geltenden Rechts im Hinblick auf die Lösung einer konkreten Rechtsfrage auf Grundlage eines erarbeiteten Ordnungszusammenhangs von Rechtsbegriffen, Rechtsregeln und Rechtsprinzipien angeleitet werden.[214] Datenbanken verändern die mediale Konstitution dieser Kommunikationsräume, indem sie Gerichtsentscheidungen und eine Vielzahl von Publikationen im Volltext mit umfangreichen Suchfunktionen digital zur Verfügung stellen.[215]

Zwar entfaltet der auch in Datenbanken ohne Weiteres darstellbare gerichtliche Instanzenzug noch immer eine Ordnungsfunktion innerhalb dieser Kommunikationsräume, da sich auch die Rechtswissenschaft eher an höchst- und obergerichtlichen Entscheidungen abarbeitet. Auch wirkt die Strukturierungs- oder Filterfunktion juristischer Publikationsmedien, deren überkommene hierarchische Gliederung in der analogen Printwelt je unterschiedliche Kommunikationsräume für allgemeine, säulen- und bereichsspezifische Fachöffentlichkeiten schafft, insoweit in den digitalen Datenbanken der Verlage fort, als sich diese Gliederung dort wiederfindet.

Die bereits beschriebene Perzeptionsproblematik juristischer Datenbanken kann aber eine weitere Ausdifferenzierung von Fachöffentlichkeiten und Bereichsdogmatiken befördern, die sich dann womöglich unabhängig voneinander fortentwickeln und dabei ihre Rückbindung an die allgemeinen Ordnungszusammenhänge von Rechtsbegriffen, Rechtsregeln und Rechtsprinzipien verlieren.[216] Die Kommunikationsräume zwischen Rechtswissenschaft und Rechtspraxis drohen damit zahlreicher, aber auch kleiner zu werden und gemeinsame thematische Rückkoppelungen zu verlieren. Dies muss indes kein Nachteil sein, da sich nur lose gekoppelte Bereichsdogmatiken variabler, zu-

---

[213] *Kersten*, JuS 2015, 481 (486) bezeichnet dies unter Rückgriff auf das oben angesprochene, in den Digital Humanities entwickelte literaturwissenschaftliche Konzept des *distant reading* als *„non-reading of legal texts"* und zitiert damit *Hildebrandt*, in: Berry (Hrsg.), Understanding Digital Humanities, S. 145 (157).

[214] Zur Vielfalt der Definitionsangebote für den Begriff der Rechtsdogmatik stellvertretend *Jestaedt*, JZ 2014, 1 (4 ff.), s. auch *Gröschner*, in: ders. u. a., Rechts- und Staatsphilosophie, S. 2.

[215] Zum Folgenden *Kersten*, JuS 2015, 481 (488 f.); vgl. auch *Vesting*, Rechtstheorie, Rn. 293 ff.

[216] Eine solche Ausdifferenzierung ist freilich nicht digitalisierungsbedingt, sondern lässt sich auch an der stetig wachsenden Zahl von Schriftenreihen und Zeitschriften ablesen, die sich mit immer engerem thematischen Zuschnitt auf dem Publikationsmarkt zu profilieren suchen.

fälliger und spontaner fortentwickeln und damit den „evolutionären Drift der Rechtsdogmatik“ befördern können.[217]

(c) Analoge Antworten auf digitale Fragen

Die Suche nach einem methodisch angeleiteten Umgang mit massenhaft digital verfügbaren Informationen führt die meisten Autoren trotz der Forderung nach einer neuen Methode – mehr oder weniger überraschend – dazu, sich der klassischen juristischen Techniken und Tugenden zu besinnen.

So werden juristische Datenbanken etwa mit Verweis auf die rhetorische Tradition der Topik[218] als „gigantische Topoikataloge“ bezeichnet, bei denen die Suchfunktion zwar das Sammeln einschlägiger Argumente nach thematischer Relevanz und Aktualität erleichtere, dem Anwender die eigene Entscheidung über die konkrete Relevanz der Informationen aber nicht abnehme. Daraus folge letztlich eine Konkretisierung des Rechts durch Rechtsprechung und Rechtswissenschaft im Sinne unverbundener Einzelfallgerechtigkeit.[219]

Der damit einhergehenden Gefahr des Verlusts der stabilisierenden Funktion eines Gesamtsystems[220] begegnet die Systemtheorie mit „sehr abstrakten

---

[217] So die epistemische Trias bei *Kersten*, JuS 2015, 481 (488 f.) mit Zitat von *Vesting*, Rechtstheorie, Rn. 296.

[218] Dazu grundlegend *Viehweg*, Topik und Jurisprudenz, S. 31 ff.

[219] *Röhl*, Einfluß der elektronischen Medien, S. 12. Einen vergleichbaren Bedeutungsverlust von Präjudizien im anglo-amerikanischen Rechtssystem als Folge der durch elektronische Datenbanken eröffneten Informationsflut prognostiziert etwa *Katsh*, Electronic Media and Transformation of Law, S. 44 ff., demzufolge ein funktionierendes Präzedenzsystem eine nur begrenzte Zahl von zugänglichen Präzedenzfällen voraussetze. Aufschlussreich auch der Hinweis von *Katsh*, Electronic Media and Transformation of Law, S. 45, 221 ff., wie die strukturbildende und orientierungsstiftende Funktion des später von *Pantaloni*, Law Library Journal 86 (1994), 679 (695), sogenannten *„bibliographic paradigm“* durch Suchmöglichkeiten in digitalen Datenbanken verlustig zu gehen droht: In einem *„system of digests“* teilte ein Verlag (West Publishing Company) schon gegen Ende des 19. Jahrhunderts das Recht in thematische Gebiete ein und vergab für jedes Rechtsgebiet *„key numbers“*. Das ermöglichte den Rechtsanwendern nicht nur den einfachen Zugang zu und das Auffinden von einschlägigen (und in den Verlagsbänden abgedruckten) Präjudizienfällen, sondern strukturierte zugleich deren Denken in vom Verlag vorgezeichneten Rechtskategorien bzw. Rechtsgebieten. Zwar findet sich das System der *key numbers* auch in der WESTLAW-Datenbank wieder. Die für Datenbanken typische Suchmöglichkeit anhand von Stichworten stellt indes den künftigen Nutzen eines solchen (bibliographischen) Ordnungssystems in Frage und modifiziert daher auch die Herangehensweise des Rechtsanwenders an Rechtsfragen im Rechtskreis des Common Law.

[220] Treffend diagnostiziert bei *Strauch*, DVBl. 2007, 1000 (1006): „Von Zitatenketten aus mehr oder minder passenden Rechercheergebnissen kann diese [die Rationalität des Rechtssystems; E.P.] auf die Dauer nicht leben.“ Einen anderen Aspekt solcher Zitatketten meint *Schuhr*, in: Funke/Lachmayer (Hrsg.), Formate der Rechtswissenschaft, S. 161 (179), aufzudecken: „Wo es viele Entscheidungen zur selben Frage gibt – selbst im Falle ständiger Rechtsprechung –, zeigt sich darin oft keine etablierte Semantik, sondern ihr Fehlen und das Fortbestehen des Problems. Weder das Format Rechtsprechungsdatenbank noch Kolonnen von Rechtsprechungszitaten oder den Hinweis auf eine ständige Rechtsprechung sollte man mit anderen Erwartungen

Antworten"[221]. Sie diagnostiziert zunächst die partielle Ersetzung „der klassischen Verselbständigung des Rechtssystems als eines Systems von Rechtssätzen [...] durch ein horizontales, prozedural-integriertes System einzelner Rechtshandlungen [...], die aufeinander und zugleich mit der Funktion der Aufrechterhaltung einer organisierten Wirkungseinheit [...] abzustimmen sind."[222] Das müsse durch eine „hologrammatische Selbstkonstruktion der über dissipative Strukturen laufenden Vernetzung und Relationierung von Prozessen"[223] erfolgen. Dementsprechend rekonstruiert sie juristische Expertise im Computerzeitalter als ein Wissen, das „von heterarchischen hybriden Verschleifungen und Relationierungen von Suchprozessen in Netzwerken bestimmt wird"[224].

Wer stattdessen Antworten auf mittlerer Abstraktionsebene sucht und auf die Kohärenz von Rechtsprechung und Rechtsdogmatik als Stabilitätsfaktor zielt, kann zum einen auf „Muster, Stil und Technik" verweisen, mit denen etwa „der Richter Informationen aufnimmt und verarbeitet, durch die sein Urteil entscheidend bestimmt wird"[225]. Die Lösung juristischer Probleme werde in einem speziellen juristischen Denk- und Argumentationsraum erarbeitet, der sich aus Strukturwissen, juristischen Definitionen und Kategorien, Erfahrungen und daneben auch mehr oder weniger passenden Fällen und Präjudizien konstituiere und damit eine kohärente Fortentwicklung von Rechtsprechung und Dogmatik gewährleiste.[226] Als kreativ-assoziativer Prozess setze der Mechanismus der Mustererkennung in einem Zustand ein, in der der Rechtsanwender noch nicht fixiert sei, weder auf eine klare Vorstellung vom Sachverhalt noch auf eine eindeutige Rechtsansicht oder auf einen analytisch-logischen Subsumtionsvorgang, so dass sich die Wahrnehmung noch im Zustand der Vigilanz befinde und das Wissen für die juristische Hypothesenbildung noch im Zustand eines fluiden Materials arbeite.[227] Hinweise zum konkreten Umgang mit einer Flut von – womöglich einander widersprechenden – Rechercheergebnissen bleibt aber auch dieser Ansatz der Musterkennung schuldig.

---

verbinden. Wenn Gerichte ständig wieder das Gleiche sagen müssen, indiziert dies vielmehr, dass das Gesagte die Probleme eben nicht zu lösen vermochte, und zeigt dann das fortbestehende Interesse an einer besseren Idee."

[221] *Röhl*, Einfluß der elektronischen Medien, S. 13 mit Verweis auf *Ladeur.*

[222] *Ladeur*, ARSP 74 (1988), 218 (219).

[223] *Ladeur*, ARSP 74 (1988), 218 (230).

[224] Zitat von *Ladeur*, Der Staat gegen die Gesellschaft, S. 296, aufgegriffen bei *Vesting*, Rechtstheorie, Rn. 294/296.

[225] *Strauch*, DVBl. 2007, 1000 (1004).

[226] *Strauch*, DVBl. 2007, 1000 (1004); näher zu juristischen Mustern als Denkfiguren eines institutionellen juristischen Denkraumes *ders.*, in: Gabriel/Gröschner (Hrsg.), Subsumtion, S. 335 (337 ff.). Vgl. zur Kohärenz als Gelingensvoraussetzung von Rechtsfortbildung auch *Volkmann*, in: Hoffmann-Riem (Hrsg.), Innovationen im Recht, S. 63 (82 ff.).

[227] *Strauch*, in: Gabriel/Gröschner (Hrsg.), Subsumtion, S. 335 (365/372 f.).

In eine ganz ähnliche Richtung zielt der Vorschlag, der Anleihen bei der in den Digital Humanities entwickelten Methode des „distant bzw. non-reading“[228] von (Rechts-)Texten nimmt und auf eine Stärkung der juristischen Urteilskraft – oder genauer: des Judizes – abstellt, das als methodisch und immer auch kultur- und medientechnisch reflektierte Urteilskraft und handwerkliche Erfahrung von Juristen verstanden wird.[229]

Die Fähigkeit zur Mustererkennung und das Judiz sind Ausdruck jener *techne* des Juristen, die er sich angeeignet hat und die er in der täglichen Arbeit mit und an dem Recht fortentwickelt, die ihn auch im Umgang mit digitalen Datenbanken und deren Suchergebnissen anleiten soll, die aber einer näheren methodischen Exploration unzugänglich scheint.[230]

bb) Korpuslinguistische und statistische Analysen

Neue Erkenntnismöglichkeiten verspricht die Analyse juristischer Texte mit den Mitteln der computergestützten Korpuslinguistik, der Netzwerkanalyse und der Statistik. Diese in den Nachbarwissenschaften bereits etablierten Methoden haben im juristischen Anwendungskontext das Experimentier- und Erprobungsstadium meist noch nicht verlassen. Gleichwohl beanspruchen solche durch die Digitalisierung eröffnete Zugänge zum Recht zunehmend Aufmerksamkeit, so dass sie hier kurz skizziert werden sollen.

Die in den Digital Humanities prominent betriebene korpuslinguistische Analyse setzt für eine rechtswissenschaftliche Verwendung zunächst voraus, dass eine hinreichend große Menge an juristischen Texten (z.B. Gesetzestexte oder Rechtsprechung) digital erfasst, d.h. in ein Datenverarbeitungsprogramm eingepflegt und mit entsprechenden Meta-Tags versehen wurde. Dieser Textkorpus kann sodann auf bestimmte Sprachmuster oder Kontextzusammenhänge hin untersucht werden, um etwa Kontinuitäten, Veränderungen und Brüche juristischer Argumentationen im Laufe der Zeit deutlich zu machen und Erkenntnisse über das Verhältnis von Sprache und Recht fortzuentwickeln.[231]

Methodisch anders gelagert, aber durch ähnliche Erkenntnisinteressen motiviert ist die Rechtsprechungsanalyse mit der sozialwissenschaftlichen Me-

---

[228] Siehe S. 36 ff.

[229] *Kersten*, JuS 2015, 481 (486), mit Verweis auf *Hildebrandt*, in: Berry (Hrsg.), Understanding Digital Humanities, S. 145 (157).

[230] Versuch der Rationalisierung des Judizes als professionell entwickelte Fähigkeit, ein intellektuelles wie intuitives Vor-Urteil zur Entscheidung eines Rechtsproblems zu treffen, das auf Entscheidungsgründe abzielt, die die Rechtsgemeinschaft als richtig und gerecht bestätigen wird, bei *Kriele*, in: Lampe (Hrsg.), Das sogenannte Rechtsgefühl, S. 23 ff.; *Gröschner*, JZ 1987, 903 (904/907).

[231] Vgl. zum Stand der aktuellen Forschung den Bericht von *Lukas*, ARSP 103 (2017), 138 ff.; programmatisch *Hamann/Vogel*, International Journal of Language and Law 6 (2017), 101 ff. Vgl. auch *Schuhr*, in: Funke/Lachmayer (Hrsg.), Formate der Rechtswissenschaft, S. 161 (179).

thode der Netzwerkanalyse. Diese nimmt Verweise in Gerichtsentscheidungen auf frühere Entscheidungen des Gerichts in den Blick und versucht auf Grundlage der entstehenden Cluster und ihrer Visualisierungen, sich dem Rechtsgebiet über Präjudizien zu nähern oder bestimmte Entscheidungen rechtsdogmatisch bzw. rechtshistorisch einordnen zu können, um etwa die Genealogie einzelner dogmatischer Figuren nachzuvollziehen.[232]

Als ein Anwendungsfeld für statistische Methoden in der Rechtswissenschaft hat sich in jüngerer Zeit die Rechtsvergleichung erwiesen.[233] Gestützt auf die freilich umstrittene Annahme, dass alle Rechtsfragen numerisch darstellbar seien, wird das Recht zunächst numerisch codiert, um sodann durch statistische Berechnungen einen Zusammenhang zwischen rechtlichen (und ggf. wirtschaftlichen) Daten herstellen zu können und daraus schließlich Aussagen zur Funktionsfähigkeit von Rechtsordnungen sowie zu rechtspolitischen Änderungsbedarfen abzuleiten.[234] Die Kritik an der statistischen Rechtsvergleichung verweist indes auf die allzu simplizistische Reduktion von komplexen Sachverhalten auf bloße Zahlen und die damit einhergehende Suggestion naturwissenschaftlicher Genauigkeit, auf den Unterschied zwischen statistischen Korrelationen und Kausalitäten sowie auf mit der statistischen Rechtsvergleichung häufig verfolgte wirtschafts- oder rechtspolitische Agenden.[235]

c) Kommunikationswege der Rechtswissenschaft

Mit dem Bedeutungszuwachs des Internet eröffnen sich neue Publikations- und Diskussionsformate für die Rechtswissenschaft. Hierbei rücken in erster Linie sogenannte weblogs (kurz: Blogs) in den Blick, die es grundsätzlich jedermann ohne größere technische Hürden erlauben, eigene Texte unterschiedlicher Länge und Qualität im Internet zu veröffentlichen. Als sehr junges Publikationsformat treten die zahlenmäßig noch überschaubaren Rechtswissenschafts-Blogs, die zwischen journalistischem Inhalt und wissenschaftlichem Anspruch oszillieren,[236] in den Aufmerksamkeitswettbewerb mit etablierten

---

[232] So *Staben*, VerfBlog 2015/1/26; zuvor schon mit Blick auf den US Supreme Court *Fowler/Jeon*, Social Networks 30 (2008), 16 ff. Siehe auch *Tolksdorf/Luczak-Rösch/Müller-Birn*, in: von Lucke u.a. (Hrsg.), Staat und Verwaltung auf dem Weg zu einer offenen, smarten und vernetzten Verwaltungskultur, S. 112 ff.; umfassend jüngst *Coupette*, Juristische Netzwerkforschung (2019).

[233] Allgemein zu quantitativen Methoden in der deutschen Rechtswissenschaft *v. Arnauld*, VVDStRL 74 (2015), S. 39 (49) mit Fn. 40, der die interdisziplinäre Öffnung auch auf internationale Begegnungen, namentlich mit der US-amerikanischen Rechtswissenschaft zurückführt.

[234] Ausführlich *Siems*, RabelsZ 72 (2008), 354 ff.; *Pistor*, ZvglRWiss 109 (2010), 348 ff.; grundlegend zuvor mit Blick auf das Kapitalmarktrecht schon *La Porta/Lopez-de-Silanes/Shleifer*, The Journal of Finance 61 (2006), 1 (5 ff.). Literaturüberblick bei *Spamann*, Annual Review of Law and Social Science 11 (2015), 131 ff.

[235] Vgl. instruktiv zu diesen Kritikpunkten *Kischel*, Rechtsvergleichung, § 3 Rn. 110 ff.

[236] Bestandsaufnahme der Blogs in der deutschen Rechtswissenschaft bei *Birkenkötter/Steinbeis*, Jura 2015, 23 (24 f.).

Publikationsmedien der Rechtswissenschaft, etwa Zeitschriftenaufsätzen, Monographien oder Kommentaren. Zwar unterscheiden sich die vorhandenen Blogs hinsichtlich der Autorenzahl und der redaktionellen Gestaltung. Sie einen aber jene Merkmale, die die Protagonisten rechtswissenschaftlichen Bloggens als Vorzüge gegenüber etablierten Publikations- und Diskussionsformaten ausweisen.

Erstens treten zwischen den Autor eines Blogposts und seinen Leser im Regelfall keine weiteren Vermittler (Intermediäre).[237] Damit entfällt jedoch auch die Filterfunktion[238], die herkömmlich die Schriftleitung bzw. die Herausgeber rechtswissenschaftlicher Zeitschriften oder die Verlagslektorate übernommen hatten. Während dort – idealtypisch – die Annahme eines Textes zur Veröffentlichung von einer Qualitätsprüfung abhängt, fällt hier die Qualitätsprüfung der Urteilskraft des Bloglesers anheim. Der Hinweis, dass die Filterfunktion bei Blogs auf den Zeitraum nach der Publikation verlagert wird, indem unter den Bedingungen der Aufmerksamkeitsökonomie die Qualität eines Textes oder eines gesamten Blogs mit seiner Leserzahl korreliert,[239] überzeugt dagegen nicht. Die Leserzahl (eher: „Klickzahl") ist – soweit nicht vom Blogbetreiber selbst publiziert – für Dritte nicht ohne Weiteres und auch über technische Umwege nur annähernd feststellbar und scheidet daher als nachprüfbares Qualitätskriterium aus. Neben der eigenen Urteilskraft lässt sich die wissenschaftliche Validität eines Blogbeitrags schon eher unter Rekurs auf die unter einzelnen Blogposts veröffentlichten Kommentaren beurteilen. Gerade im schützenden Mantel der Anonymität wirkt dort die Kraft des Arguments stärker als die der Autorität.[240]

Damit ist ein zweiter Aspekt des Bloggens angesprochen: Soweit vom Blogautor gewünscht und technisch umgesetzt, kann die Kommentarfunktion des Blogs eine öffentliche Auseinandersetzung der Leser mit dem Text in unmittelbarer zeitlicher und räumlicher Nähe zum Text abbilden, während sich die wissenschaftlich-schriftliche Diskussion durch Erwiderung und Schlusswort bei analogen Publikationsformen herkömmlich über mehrere Zeitschriftenausgaben und damit einen größeren Zeitraum erstreckt.[241] Wer diese Simulation von Mündlichkeit als Vorzug des Bloggens gegenüber der Medialität von

---

[237] Als Gegenbeispiel eines redaktionell betreuten Blogs, dessen Beiträge sogar einem *peer review* unterzogen werden: www.voelkerrechtsblog.org.

[238] Zur Filterfunktion und zum Filterwechsel *Birkenkötter/Steinbeis*, Jura 2015, 23 (25 f.); vgl. auch *Kersten*, JuS 2015, 481 (487 f.) mit Verweis auf *Shirky*, Here Comes Everybody, S. 81 ff.

[239] *Birkenkötter/Steinbeis*, Jura 2015, 23 (26).

[240] Dass die Anonymität zunehmend auch zu unqualifizierten und unsubstantiierten Kommentaren verleitet, die zu einer Gegensteuerung seitens der Blogbetreiber veranlassen, ist nicht zu übersehen.

[241] Vgl. *Birkenkötter/Steinbeis*, Jura 2015, 23 (26). Die Hoffnung auf einen fruchtbaren Austausch in der Kommentarspalte erfüllt sich bei den meisten Blogs aber nur selten.

Schrift ausspielen möchte, fällt jedoch weit hinter sprachtheoretische Einsichten (insbesondere infolge des *linguistic turns*) aus der Mitte des letzten Jahrhunderts zurück, übersieht, dass auch das Bloggen notwendig literal bleibt, und rückt nicht den Text, sondern den Autor in den Mittelpunkt der Auseinandersetzung.[242]

Drittens erscheinen Blogposts überschaubaren Umfangs häufig als sehr zeitnahe Reaktionen auf aktuelle Ereignisse, die eher durch eine starke These oder polemische Anwürfe als durch ausgefeilte Texte mit hinreichender Reflexionstiefe die Aufmerksamkeit der (wissenschaftlichen) Öffentlichkeit erheischen. So finden sich nur selten Fußnoten mit Verweisen auf andere wissenschaftliche Literatur, häufiger sind Links auf andere Blogs und sonstige Internetpublikationen. Ein mit anderen Publikationsformaten vergleichbarer wissenschaftlicher Anspruch wird denn auch gar nicht proklamiert. Vielmehr geht es den Blogprotagonisten darum, durch das Bloggen Kontroversen anzustoßen, die andernorts ihre vertiefte Fortsetzung finden können, und zugleich die Öffentlichkeit, in der Rechtswissenschaft stattfindet, zu verändern.[243] Dabei ist es in vielfacher Hinsicht mehr als irritierend, wenn ausgewählte Blogbeiträge nach ihrer Veröffentlichung zwischen zwei Buchdeckel gepresst werden, um „Beiträge in einem strukturell flüchtigen Medium dauerhaft konservieren, bündeln und referenzieren" zu können.[244] Dieses Vorgehen konterkariert nicht nur die spezifische Medialität des Blogs, sondern auch den eigenen Anspruch der Blogprotagonisten und widerlegt letztlich die – in einem Einzelfall auch mit öffentlichen Mitteln geförderte und institutionalisierte[245] – Behauptung vertiefter Reflexion der Medialität des Bloggens.[246]

---

[242] So die pointierte, deutliche und sehr lesenswerte Kritik bei *I. Augsberg*, in: Funke/Lachmayer (Hrsg.), Formate der Rechtswissenschaft, S. 101 (105 ff.). Eher diffuse Replik auf diese Kritik bei *Birkenkötter/Steinbeis*, Jura 2015, 23 (27), die „die Präferenz von Blogs für einen umgangssprachlicheren, ‚mündlicheren' Stil [...] als Ausfüllen technisch neu entstandener Artikulations- und Diskursspielräume" erklären wollen.

[243] So ausdrücklich *Birkenkötter/Steinbeis*, Jura 2015, 23 (29).

[244] So – offensichtlich auf Fortsetzung angelegt – bei *Steinbeis/Kemmerer/Möllers (Hrsg.)*, Krise und Konstitutionalisierung in Europa (Zitat im Einleitungstext der Herausgeber, S. 15 (23)); *dies. (Hrsg.)*, Gebändigte Macht. Der Rechtfertigungsversuch dieses Medienbruchs als „gezielte mediale Grenzüberschreitung, die zur bewussten Auseinandersetzung mit Formen und Formaten rechtswissenschaftlicher Kommunikation anregen soll" (*Kemmerer/Möllers/Steinbeis*, in: dies. (Hrsg.), Krise und Konstitutionalisierung in Europa, S. 15 (23)), überzeugt denn auch nicht recht. Anderes gilt, wenn das Blog nicht ohnehin als Vorbereitung für ein Lehrbuch gedacht war – vgl. das von *Klaus F. Röhl* betreute www.rsozblog.de.

[245] https://verfassungsblog.de/in-eigener-sache-verfassungsblog-und-rechtswissenschaft-im-medialen-wandel/ (Abrufdatum: 14.6.2019).

[246] Ähnlich *I. Augsberg*, in: Funke/Lachmayer (Hrsg.), Formate der Rechtswissenschaft, S. 101 (114 f.).

4. Momentaufnahme des epistemischen Wandels

Der epistemische Wandel durch die Digitalisierung verläuft in der Rechtswissenschaft und den Nachbarwissenschaften mit unterschiedlicher Geschwindigkeit. Eine vollständige Metamorphose der Rechtswissenschaft zu Digital Humanities ist (vorerst) nicht in Sicht. Den Forderungen nach einer neuen Methode im Umgang mit massenhaft digital verfügbaren juristischen Informationen wird vielmehr mit einem Verweis auf die klassischen juristischen Techniken und Tugenden begegnet. Wo die Analyse juristischer Texte mit den Mitteln der computergestützten Korpuslinguistik, der Netzwerkanalyse und der Statistik neue Erkenntnismöglichkeiten verspricht, steht der Nachweis einer breiteren Verwendungstauglichkeit noch aus. Diese in den Nachbarwissenschaften bereits etablierten Methoden haben im rechtswissenschaftlichen Anwendungskontext das Experimentier- und Erprobungsstadium noch nicht verlassen. Insoweit zum derzeitigen Zeitpunkt verlässliche Aussagen redlicherweise weder über die Entwicklungsrichtung noch über den Erkenntnisertrag der neuen Instrumente getroffen werden können, handelt es sich bei den vorstehenden Erörterungen daher auch nur um eine Momentaufnahme des epistemischen Wandels in der Rechtswissenschaft, dessen weiterer Fortgang mit großer Aufmerksamkeit zu verfolgen sein wird.

Über die Rezeption des digitalisierungsbedingten Wandels durch Verfassung und Verfassungsrecht auf der Gegenstandsebene sind dagegen schon heute auf längere Dauer angelegte Erkenntnisse möglich, die in den nächsten Kapiteln entwickelt werden und damit im Mittelpunkt der vorliegenden Untersuchung stehen sollen.

2. Kapitel

Begriff und Konzept des Verfassungswandels

Ziel der vorliegenden Untersuchung ist es, Antworten von Verfassung und Verfassungsrecht auf phänomenologisch beschreibbare Veränderungen durch die Digitalisierung in der Verfassungswirklichkeit zu finden. Das der Fragestellung zugrundeliegende dynamische Verständnis von Verfassung und Verfassungsrecht ist heute zwar im Kern unangefochten (A.I.). Kontrovers wird indes noch immer beurteilt, wie die Friktionen, die ein solches dynamisches Verständnis mit Blick auf die Prinzipien der Stabilität und Flexibilität der Verfassung sowie auf das Verhältnis von Verfassung und Verfassungswirklichkeit auslöst, zu moderieren sind. Die Staatsrechtslehre hat hierzu verschiedene Instrumente der Verfassungsanpassung an dynamische Entwicklungen in der Verfassungswirklichkeit analysiert (A.II.). Von der Möglichkeit einer Verfassungsänderung aus Gründen der Digitalisierung hat der verfassungsändernde Gesetzgeber bislang nur sehr vereinzelt Gebrauch gemacht. Im Zentrum der Untersuchung soll daher der Verfassungswandel als funktionales Äquivalent zur Verfassungsänderung stehen.

Dazu sind allerdings wirkmächtige Vorbehalte eines Großteils der Staatsrechtslehre gegenüber dem Verfassungswandel zu entkräften, zu dem sie ein bestenfalls ambivalentes Verhältnis pflegt. Die begriffliche und konzeptionelle Rekonstruktion des Verfassungswandels zeigt, dass diese Vorbehalte in einem zu engen Verständnis gründen, das den Verfassungswandel als norminternen Vorgang in einem methodisch halbwegs vorgezeichneten Rahmen konturiert (B.). Mit dieser Dogmatisierung des Verfassungswandels geraten aber strukturelle Veränderungen der Verfassungswirklichkeit wie die durch die Digitalisierung ausgelösten erst gar nicht in den Blick. Geboten ist daher eine Perspektiverweiterung durch eine Neukonzeptionalisierung, die den Verfassungswandel in die Lage versetzt, politische, soziale und technologische Kontexte jenseits der einzelnen Verfassungsnorm einbeziehen und damit strukturelle Wandlung normativ rezipieren zu können (C.).

A. Dynamik von Verfassung und Verfassungsrecht

I. „Entzeitete" Verfassung

Die Frage nach den Reaktionsmöglichkeiten der Verfassung auf die Digitalisierung impliziert ein dynamisches Verständnis von Verfassung und Verfassungsrecht, das in der deutschen Staatsrechtslehre keinesfalls selbstverständlich ist. So dominierten in der Aufklärung und im Frühkonstitutionalismus Vorstellungen von einer „entzeiteten" Verfassung als Ausdruck einer zeitlosen Vernunft und daher als überwiegend unbewegte Ordnung.[1] Dass ein derartiges Verfassungsverständnis nur vordergründig auf eine vermeintlich höhere, zeitlose Vernunft abstellte, zugleich aber auch eine politische Funktion verfolgte, ist offensichtlich. Die Verfassung diente hier als ein Instrument zur Festschreibung und Konservierung eines einmal gefundenen *status quo* im Kräfteverhältnis zwischen Monarchen und Bürgertum, der sich durch eine Dynamik von Verfassung und Verfassungsrecht bedroht sehen musste.[2]

Solchen Vorstellungen sekundierte der staatsrechtliche Positivismus in der Tradition Carl Friedrich von Gerbers und Paul Labands[3] mit seinem methodischen Programm der Formalisierung und Abstraktion des (Verfassungs-) Rechts von allen politisch-soziologischen Inhalten und Einflüssen, das Hans Kelsen und die Wiener Schule der Rechtsphilosophie mit der Reinen Rechtslehre übersteigerten und vollendeten. Eine logisch-formale Konstruktion sollte eine systematisch-interpretative Deutung des vorhandenen (Verfassungs-)Normenbestandes leisten, bei der Zwecke, Funktionen, politisch-soziale sowie ethische und philosophische Hintergründe des Rechts ausgeblendet wurden. Die Abhängigkeit der Verfassung von politischen, sozialen und technologischen Entwicklungen als eine Funktion der Zeit gerät so aber erst gar nicht in den Blick. An diesem Verlust des Realitätsbezuges von Staatsrecht, insbesondere seinem Verhältnis zur Sphäre des Politischen, entzündete sich dann auch jene tiefgreifende, die Grundlagen sowie den Standort des eigenen Fachs betreffende und mit bemerkenswerter Schärfe und Polemik geführte Kontroverse, die als Methoden- und Richtungsstreit der Weimarer Staatsrechtslehre Einzug in die Wissenschaftsgeschichte gefunden hat.[4]

---

[1] Begriff und Bezug bei *Schenke*, AöR 103 (1978), 566 (570 ff.); ausführlich *Schmidt-Aßmann*, Verfassungsbegriff, S. 53 ff.; vgl. auch *Häberle*, Wesensgehaltsgarantie, S. 216 f.; *Dreier*, Gilt das Grundgesetz ewig?, S. 7 ff.

[2] Exemplarisch *Schenke*, AöR 103 (1978), 566 (572 f.).

[3] Dazu umfassend *Pauly*, Methodenwandel, S. 92 ff.; *Schönberger*, Parlament im Anstaltsstaat, S. 21 ff.

[4] Zum Methodenstreit der Weimarer Staatsrechtslehre vgl. nur die frühe Bilanz von *Schwinge*, Methodenstreit, S. 5 ff.; instruktiv der Bericht aus Beteiligtenperspektive bei *Smend*, FS Scheuner, S. 575 ff.; *Stolleis*, Methodenstreit, S. 5 ff.; *Friedrich*, Geschichte der deutschen Staatsrechts-

Zwar sind die Vorstellungen von einer „entzeiteten" Verfassung spätestens seit Anfang des 20. Jahrhunderts überholt. Deutliche Reminiszenzen hieran finden sich gleichwohl noch in der Staatsrechtslehre der jungen Bundesrepublik.[5] Dass sich die Verfassung zu einer veränderten Wirklichkeit verhalten muss, scheint heute allgemein konsentiert. Das dürfte selbst für diejenigen Vertreter des Faches gelten, die sich der rechtspositivistischen Methode im Verfassungsrecht noch mehr oder weniger stark verbunden fühlen. Sie mögen zwar für eine Verfassungsinterpretation streiten, die sich Impulsen der politischen und sozialen Wirklichkeit verschließt und einem *„strictly legal point of view"*[6] verpflichtet ist.[7] Anpassungen der Verfassung und des Verfassungsrechts an eine geänderte Wirklichkeit auf anderem Wege als einer geänderten Verfassungsinterpretation schließen sie freilich nicht aus.[8]

Allgemein anschlussfähig ist schließlich auch die Beobachtung, dass sich solche Anpassungen der Verfassung im Spannungsverhältnis unterschiedlicher Prinzipien bewegen, bei denen allenfalls die Gewichtung der einzelnen Prinzipien unterschiedlich ausfällt.[9] Deutlich divergierende Auffassungen bestehen indes darüber, auf welchem Wege eine solche Anpassung zu erfolgen hat, und hierbei insbesondere, ob die Figur des Verfassungswandels eine Existenzberechtigung vorweisen kann.

---

wissenschaft, S. 322 ff.; *ders.*, AöR 102 (1977), 161 ff.; *Heun*, Der Staat 28 (1989), 377 ff. Zu den Ausgangspunkten und Rahmenbedingungen des Methodenstreits *Stolleis*, Geschichte des öffentlichen Rechts in Deutschland III, S. 155 ff.

[5] Etwa bei *W. Leisner*, Der Staat 7 (1968), 137 (138): „Das öffentliche Recht ist, es wird nicht gemacht. [...] Staatsrecht [als] Prototyp einer geschichtslosen, ja entwicklungsfeindlichen, weil im Grunde auch wirklichkeitsfremden Ordnung"; weiter (152): „Die Verfassung ist ihrem Wesen nach unveränderlich"; und schließlich (163): das Recht „zerbricht die Kategorie der Zeit wie die des geschichtlich bedingten Kausalablaufs – aber es sucht nicht das Erkennen einer fernen, gegenüberstehenden Wirklichkeit, es negiert diese vielmehr, um sich auf der Vollkraft geistiger Gestaltung eine eigene zeit- und entwicklungslose Welt der Dinge aufzubauen, die nur den Grundsätzen logischer Widerspruchslosigkeit zu genügen braucht."

[6] Zitat bei *Ernst*, in: Engel/Schön (Hrsg.), Proprium der Rechtswissenschaft, S. 3 (15).

[7] Vgl. die Ausführungen bei *Volkmann*, Der Staat 54 (2015), 35 (45 f.), der dieser Auffassung namentlich vor allem Horst Dreier und Matthias Jestaedt mit ihren Arbeiten als Bewahrer des Kelsenschen Erbes zuordnet. Deutlich im Sinne dieser Auffassung *Hillgruber*, VVDStRL 67 (2008), 7 (16): „Die (sozialen) Verhältnisse und die (gesellschaftspolitischen) Anschauungen und daher auch deren ‚beschleunigter Wandel' sind für die Verfassungsauslegung irrelevant."

[8] Zu den einzelnen Anpassungsmodi sogleich näher.

[9] Grundlegung eines spannungstheoretischen Verfassungsverständnisses, das einem integrationstheoretischen Verfassungsverständnis komplementär zu Seite gestellt ist („Doppelfunktion von Einheit und Gegensatz"), bei *Göldner*, Integration und Pluralismus, S. 21 ff. und 73 ff. Themen, die unweigerlich in Spannungsfelder führen, bezeichnet *Ossenbühl*, in: Badura/Scholz (Hrsg.), Verfassungsgerichtsbarkeit und Gesetzgebung, S. 75 (77 Fn. 6), als „Elektriker-Themen".

II. Friktionen eines dynamischen Verfassungsverständnisses

Auch wenn solche Vorstellungen einer „zeitlosen" Verfassung inzwischen der Einsicht gewichen sind, dass politischer, wirtschaftlicher, sozialer und technologischer Wandel das Recht im Allgemeinen und Verfassung sowie Verfassungsrecht im Besonderen nicht unbeeindruckt lassen kann[10], bleibt ein dynamisches Verfassungsverständnis aus verfassungstheoretischer wie verfassungsrechtsdogmatischer Perspektive noch immer problembehaftet.[11] Anpassungsprozesse der Verfassung[12] jenseits einer Totalrevision sind entweder durch Verfassungstextänderungen, durch eine geänderte Verfassungsinterpretation oder durch Verfassungswandel möglich.[13] Sie müssen dabei stets einen Ausgleich zwischen widerstreitenden Prinzipien herstellen, die zum einen als Stabilität und Flexibilität[14], zum anderen als Normativität und Faktizität beschrieben werden können.[15]

1. Stabilität und Flexibilität

So verbindet sich mit der Verfassung zum einen die Erwartung einer gewissen Stabilität und Kontinuität.[16] Als rechtliche Grundordnung des Gemeinwesens,

---

[10] Vgl. etwa *Huber*, GS Imboden, S. 191 (192), der von der Konkretisierung des Rechts als „Verfassungsentfaltung, Ausschöpfung und Anreicherung, Rechtsfortbildung ganzer Normprogramme im Laufe der Zeit und im Wandel der Gesellschaft" spricht. Vgl. auch *Fiedler*, Sozialer Wandel, S. 10; *Bryde*, Verfassungsentwicklung, S. 276. Deutlich auch *Hesse*, JZ 1995, 265: „Für den Staat und seine Verfassung ist die Zeit von großer, freilich meist übersehener oder doch unterschätzter Bedeutung […] [s]ie bringt mit anderen Worten geschichtlichen Wandel, und diesem unterliegen auch Staat und Verfassung". Zu Zeitstrukturen in der Verfassung auch *Vismann*, in: Denninger u.a. (Hrsg.), AK-GG, Art. 79 Rn. 20.

[11] Als von der Verfassungstheorie noch nicht gelöstes Dilemma, „dem ‚fließenden' Verfassungsstaat zu entkommen, ohne in den realitätsfernen, erstarrten Verfassungsstaat zu geraten," bezeichnet bei *Isensee*, in: Isensee/Kirchhof (Hrsg.), HStR II[3], § 15 Rn. 183. Dass sich auch die Staats- und Verfassungstheorie selbst nicht von historischen Kontingenzen befreien kann und daher den Anspruch zeitloser Gültigkeit aufgeben muss, betont etwa *Stolleis*, Verfassungs(ge)schichten, S. 28 f.

[12] *Bryde*, Verfassungsentwicklung, S. 22, wählt als Oberbegriff für Verfassungsanpassungen den Begriff „Verfassungsentwicklung", der die Verfassungsänderung, die Änderung der Verfassungsinterpretation durch dazu berufene Organe und den Verfassungswandel umfasst. Aufgegriffen etwa bei *Bumke*, in: Jestaedt/Suzuki (Hrsg.), Verfassungsentwicklung I, S. 39 (40).

[13] Zum Verhältnis von Verfassungswandel und Verfassungsinterpretation sogleich.

[14] Zur Typologie „rigider" und „flexibler" Verfassungen mit verfassungsrechtsvergleichenden und verfassungsrechtshistorischen Ausführungen *Bryde*, Verfassungsentwicklung, S. 42 ff. Auch der Verfassungskonvent von Herrenchiemsee thematisierte in seiner Plenarsitzung vom 23. August 1948 das Spannungsverhältnis von Stabilität und Flexibilität bei seinen Beratungen über die Möglichkeiten einer Verfassungsänderung, ParlRat II, Nr. 13, S. 447 f.

[15] Vgl. mit Blick auf den Verfassungswandel auch *Walter*, AöR 125 (2000), 517 (518).

[16] Vgl. schon *Laband*, Wandlungen der deutschen Reichsverfassung, S. 1: „Verfassungen sind Gesetze, denen nach der allgemeinen Rechtsüberzeugung eine besondere Festigkeit und Stetigkeit zukommt, die keinen Gegenstand der Gelegenheitsgesetzgebung bilden."; *Schmitt*,

gleichsam „ruhender Pol des Ganzen [in der Flut der Neuerungen, deren atembeklemmendes Tempo Krisen weniger löst denn auslöst]“[17], ist die Verfassung grundsätzlich auf unbestimmte oder zumindest möglichst lange Dauer angelegt und soll dem politischen Prozess dadurch Struktur, Orientierung, Verlässlichkeit, aber auch Grenzen vermitteln. Hiervon zeugen etwa Unabänderlichkeitsklauseln und Revisionserschwernisse in einzelnen, in verfassungsrechtsvergleichender Perspektive „rigide“ genannten Verfassungen.[18] Erstere bestimmen änderungsfeste Verfassungsgrundsätze und entziehen sie dadurch dem Zugriff des verfassungsändernden Gesetzgebers (vgl. Art. 79 Abs. 3 GG). Letztere lassen Verfassungsänderungen nur unter erschwerten Bedingungen zu, indem sie etwa einen besonderen Träger der verfassungsändernden Gewalt ausweisen, ein besonderes Zeitintervall festsetzen, ein besonderes Verfahren vorsehen oder wenigstens – wie in Art. 79 Abs. 2 GG – eine qualifizierte Mehrheit des verfassungsändernden Gesetzgebers[19] fordern, um Verfassungsänderungen nicht der „Gelegenheitsgesetzgebung“ und etwaigen „Augenblickseingebungen“[20] anheimzustellen.[21]

Die Gefahr einer zu großen Anpassungsresistenz der Verfassung liegt freilich auf der Hand. Die Verfassung, die nicht mit der Zeit geht, droht zu versteinern, notwendige Verfassungsrechtsentwicklungen „aus der erloschenen Autorität längst verstorbener Generationen“[22] zu hemmen, Umgehungsstrate-

---

Verfassungslehre, S. 16 ff.; *Kägi*, Die Verfassung als rechtliche Grundordnung des Staates, S. 77; *Ossenbühl*, DÖV 1965, 649; *Badura*, FS Scheuner, S. 19 (34); *Voßkuhle*, AöR 119 (1994), 35 (52 f.); *Schuppert*, AöR 120 (1995), 32 (34 ff.); *Schulze-Fielitz*, in: Wahl (Hrsg.), Verfassungsänderung, Verfassungswandel, Verfassungsinterpretation, S. 219 f.; rechtshistorisch und rechtsvergleichend *Grawert*, Der Staat 52 (2013), 503 (505 ff.). Zur Endlichkeit von Verfassungen dagegen *Pestalozza*, in: Scholz u.a. (Hrsg.), Realitätsprägung durch Verfassungsrecht, S. 31 ff.

[17] *Stern*, Staatsrecht I², S. VIII.

[18] Demgegenüber sind „flexible“ Verfassungen durch die Möglichkeit einer leichten Revision – z.B. durch den einfachen Gesetzgeber – gekennzeichnet; vgl. dazu *Schmitt*, Verfassungslehre, S. 16 ff.; *Bryde*, Verfassungsentwicklung, S. 42 ff.; ähnlich *Oliver/Fusaro*, in: dies. (Hrsg.), How Constitutions Change, S. 381 (396 f.). Diese Einteilung erklärte *Loewenstein*, Wesen, Technik und Grenzen der Verfassungsänderung, S. 29, indes schon 1961 für überholt. Rechtsvergleichend zur konstitutionellen Stabilitätsmechanik *Grawert*, Der Staat 52 (2013), 503 (511 ff.).

[19] Zur Kritik an dem Umstand, dass die Verfassungsänderung nach der Konzeption des Art. 79 Abs. 2 GG als Erscheinungsweise der Gesetzgebung im normalen Gesetzgebungsverfahren von den regulären Faktoren der Gesetzgebung vollzogen werde und dadurch die eigentlich gebotene qualitative Differenz zwischen gesetzgebender und verfassungsändernder Gewalt in bedenklicher Weise verschwimme, *Dreier*, in: ders. (Hrsg.), GG, Art. 79 II, Rn. 15; vgl. auch *Masing*, Der Staat 44 (2005), 1 (10 f.).

[20] *Nawiasky*, Grundgedanken des Grundgesetzes, S. 122.

[21] Vgl. *Loewenstein*, Wesen, Technik und Grenzen der Verfassungsänderung, S. 27 ff., 42 ff.; *Masing*, Der Staat 44 (2005), 1 (4 f.); *Kirste*, JöR 56 (2008), 35 (38 ff.).

[22] *Masing*, Der Staat 44 (2005), 1 (12).

gien zu provozieren und an Bedeutung zu verlieren.[23] Denn eine Verfassung ist zugleich nur eine historische Momentaufnahme, die den Willen eines historischen Verfassunggebers zu einem bestimmten Zeitpunkt als Reaktion auf bestimmte historische Erfahrungen oder Problemkonstellationen dokumentiert.[24] Diese Erkenntnis spiegelt etwa der Hinweis des Bundesverfassungsgerichts auf den Stellenwert der genetischen Auslegung und seine Absage an die subjektive Methode der Verfassungsauslegung wider. So komme es für die Auslegung einer Norm auf den in dieser zum Ausdruck kommenden objektivierten Willen des Gesetzgebers an, so wie er sich aus dem Wortlaut der Vorschrift und dem Sinnzusammenhang ergebe, in den sie hineingestellt ist. Nicht entscheidend sei dagegen die subjektive Vorstellung der am Gesetzgebungsverfahren beteiligten Organe oder einzelner ihrer Mitglieder. Der Entstehungsgeschichte komme für die Auslegung regelmäßig nur insofern Bedeutung zu, als sie die Richtigkeit einer nach den allgemeinen Grundsätzen ermittelten Auslegung bestätigt oder Zweifel behebt, die ansonsten nicht ausgeräumt werden können.[25] Anpassungsprozesse an eine veränderte Verfassungswirklichkeit sind also unvermeidlich, will die Verfassung nicht ihre ordnende und stabilisierende Kraft verlieren. Sie erhalten dadurch zugleich die (normative) Anerkennungswürdigkeit[26] der Verfassung aufrecht und vermitteln ihr fortlaufend Legitimität.[27] Die Flexibilität bzw. Dynamik einer Verfassung bei der Anpassung an veränderte Verhältnisse erweist sich aus dieser

[23] In kritischer Absicht als an die Wand gemaltes „Schreckgespenst“ der Versteinerung des Verfassungsrechts bezeichnet von *Hillgruber*, VVDStRL 67 (2008), 7 (45), der sich damit nicht gegen notwendig werdende oder als notwendig erachtete Verfassungsanpassungen wendet, wohl aber gegen eine Übergehung des Wegs der verfassungsändernden Gesetzgebung durch eine geänderte Verfassungsinterpretation. Dazu näher unten, S. 84 f. Dagegen etwa schon *Kloepfer*, Der Staat 13 (1974), 547: „Ohne Zeitnähe gibt es keine Verfassungsvitalität, denn was nicht in der Zeit ist, ist nicht im Sein.“; und noch eher *Jellinek*, Verfassungsänderung und Verfassungswandlung, S. 9 ff., und *Krüger*, FG Smend, S. 151 (153 f.).

[24] *Badura*, FS Scheuner, S. 19 (22); *Kenntner*, DÖV 1997, 450; *Winterhoff*, Verfassung, S. 50 ff.; *Kirchhof*, in: Depenheuer/Grabenwarter (Hrsg.), Verfassungstheorie, § 3 Rn. 5 ff.

[25] St. Rspr. seit BVerfGE 1, 299 (312), vgl. jüngst etwa BVerfGE 144, 20 (Rn. 555). Dazu *Blankenagel*, Tradition und Verfassung, S. 122 ff. Dagegen *Hillgruber*, VVDStRL 67 (2008), 7 (43 f.) mit Fn. 129.

[26] Zum Unterschied zwischen normativen und empirischen Legitimitätstheorien exemplarisch *Peuker*, Bürokratie und Demokratie in Europa, S. 96 ff.

[27] Vgl. *Böckenförde*, Verfassunggebende Gewalt, S. 16 ff.; *Würtenberger*, Zeitgeist und Recht, S. 143 ff.; *Herbst*, Legitimation durch Verfassunggebung, S. 110 f. („dauerhafte Konsensfähigkeit“); *Winterhoff*, Verfassung, S. 261 ff.; *Hornung*, Grundrechtsinnovationen, S. 79; *Michael*, RW 2014, 426 (437). *Hesse*, Die normative Kraft der Verfassung, S. 12, beleuchtet das Legitimitätsargument aus empirischer Perspektive und spricht vom „Willen zur Verfassung“, der sich speise aus (1.) der Einsicht in die Notwendigkeit und den Eigenwert einer unverbrüchlichen, objektiven und normativen Ordnung, (2.) der Überzeugung, dass diese durch die Verfassung konstituierte Ordnung mehr ist als eine bloß faktische, nämlich legitimierte und stets von neuem zu legitimierende Ordnung, und (3.) dem Bewusstsein, dass diese Ordnung nur durch Willensakte in Geltung zu setzen und zu erhalten ist; vgl. auch *Isensee*, in: Isensee/Kirchhof (Hrsg.), HStR XII[3], § 254 Rn. 54 ff.

Warte nicht als Schwäche[28], sondern als Stärke der Verfassung und als eigentlicher Garant ihrer Kontinuität und Legitimität.[29] Die Verfassung gewinnt hier Stabilität gerade durch Flexibilität.

Die Flexibilität der Verfassung ist indes kein Wert an sich, sondern findet ihrerseits eine Grenze in der stabilisierenden, gegen die „Beliebigkeit alltäglicher Politik"[30] gerichteten Funktion der Verfassung. Daraus folgt nicht zwingend der Grundsatz, dass die Fortgeltung einer Verfassung die Regel, ihre Anpassung an die Verfassungswirklichkeit dagegen die Ausnahme sein müsse.[31] So belegen etwa die zahlreichen Änderungen des Grundgesetzes seit seinem Inkrafttreten, dass Verfassungsänderungen zur „rechtspolitischen Normalität"[32] in Deutschland geworden sind. Auch die unzähligen offenen und verdeckten Rechtsprechungsänderungen, d.h. geänderte Verfassungsinterpretationen durch das Bundesverfassungsgericht widerlegen den vermeintlichen Grundsatz. Stattdessen stehen Stabilität und Flexibilität der Verfassung in einem Verweisungszusammenhang, der einen Ausgleich zwischen den widerstreitenden Prinzipien aufgibt und dadurch eine Dynamik von Verfassung und Verfassungsrecht durch maßvolle, aber hinreichende Anpassungen an geänderte Verhältnisse ermöglicht.[33]

---

[28] So aber exemplarisch die Ansicht von *Weber*, FS Maunz, S. 451 (453), mit Blick auf die seinerzeitigen 29 Grundgesetzänderungen, häufige Verfassungsänderungen seien dem Ansehen des Grundgesetzes und seiner stabilisierenden Funktion nicht zuträglich und minderten den Respekt vor der tragenden Kraft des Grundgesetzes.

[29] *v. d. Heydte*, ARSP 39 (1950/1951), 461 f.; *Krüger*, FG Smend, S. 151 (153); *Scheuner*, Verfassung, in: Staatstheorie und Staatsrecht, S. 171 (173); eindringlich *Häberle*, Verfassung als öffentlicher Prozeß, S. 59 (64): „Verfassungen müssen sich bewähren, sie haben nicht bloß zu bewahren!"; ähnlich *Grimm*, AöR 97 (1972), 489 (505); *Schenke*, AöR 103 (1978), 566 (578); *Hesse*, JZ 1995, 265; *Robbers*, FS Benda, S. 209 (215 f.); vgl. auch schon den Hinweis des Abg. Schmid im Verfassungskonvent auf Herrenchiemsee, ParlRat II, Nr. 13, S. 447.

[30] *Kirchhof*, in: Isensee/Kirchhof (Hrsg.), HStR II^3, § 21 Rn. 41.

[31] So *Kirchhof*, in: Isensee/Kirchhof (Hrsg.), HStR II^3, § 21 Rn. 38, demzufolge mit Blick auf die Verfasstheit der Staatsgewalt und den Vorrang des Verfassungsgesetzes nicht der Geltungsanspruch des Verfassungsgesetzes auf Dauer, sondern seine Änderungsfähigkeit regelungs- (und wohl auch rechtfertigungs-)bedürftig ist; zustimmend *Roellecke*, in: Depenheuer/Grabenwarter (Hrsg.), Verfassungstheorie, § 13 Rn. 16.

[32] *Masing*, Der Staat 44 (2005), 1, freilich mit rechtsvergleichendem relativierenden Hinweis.

[33] Vgl. *Heller*, Staatslehre, GS III, S. 361 ff.; *Loewenstein*, Wesen, Technik und Grenzen der Verfassungsänderung, S. 14; *Ossenbühl*, DÖV 1965, 649 f.; *Göldner*, Integration und Pluralismus, S. 53 ff.; *Tomuschat*, Verfassungsgewohnheitsrecht?, S. 148; *Bryde*, Verfassungsentwicklung, S. 19, 221 ff.; *Hesse*, Grundzüge, Rn. 36; *Kirchhof*, NJW 1996, 1497 (1503 f.); *Voßkuhle*, JZ 2009, 917 (918 ff., 924); *Volkmann*, AöR 134 (2009), 159 (180 ff.). Anschaulich etwa *Walter*, AöR 125 (2000), 517 (536): „Die Lehre vom Verfassungswandel bietet hier die Chance, einen Bogen zu schlagen zwischen historischen Bindungen aus der Vergangenheit, Anforderungen in der Gegenwart und Erwartungen an die Zukunft. Darin liegt gerade in Zeiten des gesellschaftlichen Umbruchs ihre besondere Attraktivität." Knapp *Kulwicki*, Verfassungswandel, S. 36 f.

2. *Normativität und Faktizität*

Mit der Normativität der Verfassung und ihrer Anpassung an eine geänderte Wirklichkeit ist ein zweites spannungsreiches Verhältnis angesprochen, zu dem sich ein dynamisches Verfassungsverständnis positionieren muss und das eng mit der eben erörterten Problematik von Stabilität und Flexibilität einer Verfassung zusammenhängt. So gilt es als geradezu klassischer Einwand gegen Verfassungsanpassungen, dass diese die normative Kraft der Verfassung und das Vertrauen auf die Unverbrüchlichkeit der Verfassung schwächten. Sie seien Ausdruck einer Höherbewertung wirklich oder vermeintlich zwingender tatsächlicher Erfordernisse gegenüber der geltenden normativen Regelung und bedeuteten eine Ablösung des normativen Geltungs- und Gestaltungsanspruchs der Verfassung durch faktische Änderungen der Machtverhältnisse im Verfassungsstaat oder sonstiger Rahmenbedingungen.[34]

Das Verhältnis von Verfassung und Verfassungswirklichkeit ist schon lange ein prominentes Thema der deutschen Staatsrechtswissenschaft, das mehrere Verfassungen überdauert hat. Wissenschaftliche Beiträge – auch der Nachbardisziplinen – hierzu sind dementsprechend kaum zu überblicken. Wenn auch dieses Spannungsverhältnis hier noch nicht näher zu erörtern ist, sollen aus der bisherigen Diskussion doch zwei Argumentationsansätze herausgegriffen werden, weil sie die Dichotomie von Verfassung und Verfassungswirklichkeit – aus unterschiedlichen Richtungen – entweder aufzulösen versuchen oder jedenfalls als ein solcher Versuch interpretiert worden sind. Beide Ansätze können die Wechselbezüglichkeit von Verfassung und Verfassungswirklichkeit indes nicht durchbrechen.

a) Ein populäres deutsches Scheinproblem?

Der erste Ansatz klassifiziert die Dichotomie von Verfassung und Verfassungswirklichkeit als ein populäres deutsches Scheinproblem, das die Besonderheit des deutschen Staats- und Verfassungsdenkens, die eigentümliche Schwäche und Verletzbarkeit des deutschen Verfassungsbegriffs und traditionelle Gefährdungen des deutschen politischen Denkens sichtbar werden lasse.[35] Diese in der jungen Bundesrepublik aus der Perspektive der Politikwissenschaft vorgetragene These stützt sich auf zwei für sich genommen durchaus plausibel erscheinende Beobachtungen, die erklären können, warum das Verhältnis von Verfassung und Verfassungswirklichkeit zu einem Dauerbrenner der deutschen Staatsrechtslehre wurde.

Zum einen wirke im deutschen Staats- und Verfassungsrechtsdenken ein traditionelles Verständnis des Verfassungsbegriffs fort, bei dem die Verfassun-

---

[34] *Hesse*, Die normative Kraft der Verfassung, S. 16, der es zur Grundbedingung der Wirksamkeit der Verfassung erklärt, dass sie möglichst selten geändert wird.

[35] So die These der Freiburger Antrittsvorlesung von *Hennis*, Verfassung und Verfassungswirklichkeit, S. 7, aus dem Jahr 1968.

gen nicht von der Souveränität des Volkes etwa in Folge von revolutionären Umwälzungen ausgingen, sondern aus einer monarchischen Reform, bei der die Monarchen der deutschen Einzelstaaten ausgesuchte gesellschaftliche Kreise an der Ausübung staatlicher Macht beteiligten.[36] Die Verfassung sei daher in Deutschland lange Zeit ein Instrument zur Konstitutionalisierung von zur Mitbestimmung zugelassenen gesellschaftlichen Kräften gewesen, das eine Art Anerkennungs- und Beurkundungsfunktion erfülle. Als gleichsam politisches Grundbuch bewirke sie eine statistikähnliche Kodifikation aller politisch relevanten Kräfte – nichts mehr und nichts anderes.[37] Aus dieser Warte müssten aber alle außerkonstitutionellen Veränderungen der Wirklichkeit verdächtig erscheinen. Dieses Misstrauen wirke bis heute fort, so dass sich der Verfassungsbegriff auch heute noch gegenüber einer von ihr entfernenden Verfassungswirklichkeit sträube.

Zum anderen neigten der Verfassunggeber und die Staatsrechtslehre der jungen Bundesrepublik zu einem materialen Verfassungsverständnis, bei dem die Erwartungen an die Verfassung derart überhöhen würden, dass deren tatsächliche Funktionalität dahinter zurückbleiben müsse und sie letztlich nicht ernst genommen, hintergangen oder gar verraten werde. Die Verfassung sei nämlich nicht mehr nur eine Kodifikation von Kräften und Machtlagen, wie sie den „instrumentaleren", formaleren westlichen Verfassungsbegriff kennzeichne. Stattdessen diene sie im bewussten Gegenschlag zur Zerstörung aller Normativität durch das nationalsozialistische Regime als eine Kodifikation aller Grundnormen, aller moralisch-politischen Prinzipien und Aufgegebenheiten des Staates.[38] Die geistige Vorwegnahme der politischen Willens- und Meinungsbildung durch vermeintliche Verfassungsaufträge an Regierung und Parlament degeneriere die Verfassung aber zum „sozialen und geistigen Eisenbahnfahrplan", der schlecht eingehalten werde und bei dem Verspätungen, Versäumnisse und Schlampereien an der Tagesordnung seien.

Die Stichhaltigkeit und die verfassungs- wie geistesgeschichtliche Tiefenschärfe der Beobachtungen sind hier nicht im Einzelnen zu kritisieren[39]; der Versuch einer Offenlegung fortwirkender Denktraditionen ist jedenfalls ein unbestreitbares Verdienst dieser These.[40] Einen eigenen verfassungstheoretischen Entwurf, der aus der Dialektik von Verfassung und Verfassungswirk-

---

[36] *Hennis*, Verfassung und Verfassungswirklichkeit, S. 14 ff.

[37] Zustimmend *Volkmann*, VVDStRL 67 (2008), 57 (60 und 62).

[38] *Hennis*, Verfassung und Verfassungswirklichkeit, S. 19 ff.

[39] Vgl. etwa den Hinweis von *C. Schönberger*, VVDStRL 67 (2008), 111, demzufolge die Verfassung im 19. Jahrhundert gerade nicht ein statisches Grundbuch des Bestehenden gewesen sei, sondern sich vielmehr ein dynamisches Bild der Verfassung auf Grundlage der programmatischen, dirigierenden, zukunftsweisenden Funktion der Grundrechte, des kaum entwickelten Vorrangs der Verfassung und deren leichter Änderbarkeit zeichnen lasse. Demgegenüber erscheine das materiell aufgeladene Verfassungsrecht unter dem Grundgesetz sehr statisch und sehr viel weniger entwicklungsoffen für Veränderungen.

[40] Vgl. die Kritik und Würdigung bei *Hesse*, Ausgewählte Schriften, S. 24 (25 f.).

lichkeit hinausführt, strebt die These dagegen nicht an. Vielmehr plädiert sie für eine politische Kultur, die einer Verfassung nicht mehr abverlangt, als sie geben kann.[41] Dagegen ist in dieser Allgemeinheit nichts zu erinnern. Insoweit sie mit ihrem Plädoyer aber auf eine Verkürzung des Verfassungsbegriffs auf rein formelle Regelungen wie Kompetenzen, Verfahren und Formen zielt, muss sie jedoch den Hinweis auf das positive Verfassungsrecht gegen sich gelten lassen, das durchaus materielle, der Konkretisierung und Aktualisierung zugängliche und bedürftige Verfassungsgehalte, auch in Form von Gesetzgebungsaufträgen vorweist.[42]

Die Klassifizierung als Scheinproblem taugt aber aus einem anderen Grunde nicht dazu, die Dichotomie von Verfassung und Verfassungswirklichkeit aufzulösen. Sie konzediert, dass eine Verfassung immer auf bestimmte Bedürfnisse der politischen Praxis antworte. Wo das nicht der Fall sei, müsse die Verfassung gelegentlich geändert werden, in der Regel sei aber Abhilfe durch die Staatspraxis und eine vernünftige Interpretation der Verfassung möglich. Dies freilich nur, wenn man an die Verfassung nicht die starre Elle eines Maßstabes anlege, dem sich die Wirklichkeit zu fügen hätte; anderenfalls drohte eine ständige Abfolge von Verfassungsbrüchen und Verfassungsänderungen.[43] Damit kann dieser Ansatz aber gerade als Beleg für die Dynamik des Verfassungsrechts gelten, die sich aus dem Wechselspiel von Verfassung und Verfassungswirklichkeit speist. Wer indes den Gegensatz zwischen diesen beiden Polen verneint, muss angeben, wie sich diese Dynamik denn anders als aus dem Spannungsverhältnis entwickeln soll. Eine von den Anforderungen der Staatspraxis völlig unbeeindruckte Normativität der Verfassung ist dagegen nur um den Preis der Feststellung ständiger Verfassungsrechtsverstöße zu haben. Wer zudem in der Analyse jener Staatspraxis, die dynamische Verfassungsanpassungen anstoßen soll, die spezifische Aufgabe und Legitimation der Politikwissenschaft sieht[44], wird den Verweisungszusammenhang von Verfassung und Verfassungswirklichkeit nicht vorschnell als Scheinproblem beiseite wischen können.

b) Normative Kraft des Faktischen

Der zweite Ansatz versucht nicht, das Verhältnis von Verfassung und Verfassungswirklichkeit als Scheinproblem zu entlarven, sondern es einseitig zugunsten der Verfassungswirklichkeit aufzulösen. Ob für diesen Ansatz aber

---

[41] So ausdrücklich *Hennis*, Verfassung und Verfassungswirklichkeit, S. 35 f.

[42] Vgl. die Kritik bei *Hesse*, Ausgewählte Schriften, S. 24 (26 f.); *Göldner*, Integration und Pluralismus, S. 49.

[43] *Hennis*, Verfassung und Verfassungswirklichkeit, S. 35 f.

[44] *Hennis*, Verfassung und Verfassungswirklichkeit, S. 36 f., der als Bezugspunkt für die Kritik der Staatspraxis durch die Politikwissenschaft nicht die Rechtsverfassung heranziehen möchte, sondern ein – wie auch immer zu bestimmendes – Gemeinwohl als kritisch normativen Aspekt.

Georg Jellinek mit seiner Figur der normativen Kraft des Faktischen als Gewährsmann in Stellung gebracht werden kann, erscheint zweifelhaft.

Jellinek präsentiert diese Figur im größeren Kontext der Fragestellung, wie sich der Staat, die Macht und das Recht zueinander verhalten – konkret: ob der Staat selbst rechtlicher Ordnung fähig ist[45]. Dabei fasst er den Staat als einheitliches, vorgegebenes Erkenntnisobjekt auf, das sowohl einer faktischen als auch einer normativen Beschreibung zugänglich ist. Dementsprechend unterscheidet er zwischen einer sozialen Staatslehre und einer Staatsrechtslehre, mit denen die zwei Seiten des Staates entweder aus einer politisch-soziologischen oder einer juristischen Perspektive untersucht werden können.[46] Aus der doppelten Perspektive auf den Staat folgt für Jellinek der Vorrang des Staats vor dem Recht, der schließlich in der Lehre der Selbstverpflichtung des Staates mündet: Der Staat wird als vorrechtliche politisch-soziale Einheit erst im Laufe der historischen Entwicklung im Wege der Selbstverpflichtung rechtlich angebunden und wandelt sich dadurch vom faktischen Machtstaat zum Rechtsstaat.[47]

Die Umsetzung der Staats- in eine Rechtsordnung sieht Jellinek durch zwei psychologische Elemente bedingt, die mit der normativen Kraft des Faktischen und der faktischen Kraft des Normativen schlagwortartig beschrieben sind und in engem Zusammenhang mit der Selbstverpflichtungslehre des Staates stehen. „Das erste, das tatsächlich Geübte in Normatives verwandelnde, ist das konservative, das zweite, die Vorstellung eines über dem positiven Rechte stehenden Rechtes erzeugende, das rationale, evolutionistische, vorwärtstreibende, auf Änderung des gegebenen Rechtszustandes gerichtete Element der Rechtsbildung.“[48]

So konstatiert Jellinek zum einen die Neigung des Menschen, das ihn stets Umgebende und fortwährend Wahrgenommene nicht nur als Tatsache anzusehen, sondern auch als Beurteilungsnorm, mit der er Abweichendes prüfe und Fremdes richte.[49] Diese „Tendenz, das Faktische zum Normalen zu erheben“[50] macht für ihn aus Fakten aber noch kein Recht. Normativität entstehe aus Faktizität erst durch das Hinzutreten des psychologischen Elements der Anerkennung. Notwendig sei die Überzeugung, dass die tatsächlichen Herrschaftsverhältnisse als rechtliche anzuerkennen seien.[51] Dieser psychologische Transformationsprozess faktischer Regelmäßigkeit in Normativität[52] ist indes

---

[45] *Jellinek*, Allgemeine Staatslehre, S. 337.

[46] *Jellinek*, Allgemeine Staatslehre, S. 11; vgl. dazu im Überblick *Lepsius*, in: Anter (Hrsg.), Normative Kraft, S. 63 ff.

[47] Im einzelnen *Jellinek*, Allgemeine Staatslehre, S. 367 ff. Vgl. auch *Möllers*, Staat als Argument, S. 14 f.; *Kersten*, Georg Jellinek, S. 409 ff.

[48] *Jellinek*, Allgemeine Staatslehre, S. 354.

[49] *Jellinek*, Allgemeine Staatslehre, S. 337.

[50] *Jellinek*, Allgemeine Staatslehre, S. 338.

[51] *Jellinek*, Allgemeine Staatslehre, S. 341 ff.

[52] Wendung bei *Kersten*, Georg Jellinek, S. 372.

kein Automatismus, da die Anerkennung auch versagt werden kann: „Wo diese Überzeugung ausbleibt, da kann die faktische Ordnung nur durch äußere Machtmittel aufrechterhalten werden, was auf Dauer unmöglich ist.“[53]

Als Komplementärprinzip zur normativen Kraft des Faktischen tritt bei Jellinek für die Bildung und Entwicklung des Rechts zum anderen die faktische Kraft des Normativen.[54] Damit beschreibt er die Entstehung eines Naturrechts als „Gesamtheit der Forderungen, die eine im Laufe der Zeiten veränderte Gesellschaft oder einzelne Gesellschaftsklassen an die rechtschöpfenden Mächte stellen“[55]. Im Wandel der sozialen Verhältnisse entwickelten die Menschen also Vorstellungen von einem idealen, richtigen Recht, das dann als Maßstab für die Kritik bestehender positiv-rechtlicher Verhältnisse dient. Wenn die naturrechtlichen Vorstellungen vom richtigen Recht zu einer Änderung des positiven Rechts führen, „erzeugt in diesen Fällen die Vorstellung des Rechtes [also die Normativität, E.P.] das Faktum“[56].

Jellineks Ansatz ist in vielerlei Hinsicht auf berechtigten Widerspruch gestoßen. Kritik gilt vor allem seinem psychologisierenden Ansatz ohne jeden Rekurs auf Gerechtigkeitsvorstellungen, aber auch seiner im Vergleich zur modernen Rechtstheorie defizitären Anerkennungslehre.[57] Ebenso wurde sein Staatsbegriff mit Blick auf die Selbstverpflichtungslehre und die mit ihr verwandte Figur der normativen Kraft des Faktischen als verdeckter Legitimitätsbegriff ausgemacht. Seine Staatstheorie artikuliere das Bedürfnis nach einer normativen Legitimitätstheorie, ohne es zu befriedigen, und hinterlasse insofern ein legitimatorisches Vakuum, das nicht zufällig der ungewissen Legitimationslage des Bismarckreiches entspreche.[58] Aber entgegen all jener Kritiker, die ihn als maßgebliche Referenz für einen unbedingten Vorrang der Verfassungswirklichkeit vor der Verfassung vorweisen, führen Änderungen der Machtverhältnisse im Staat bei Jellinek nicht dazu, dass „das Faktische unvermittelt und unbegrenzbar durch[schlägt] und maßgebend […] – auch juristisch – allein das fait accompli [bleibt]“[59]. Denn obwohl Jellinek faktische

---

[53] *Jellinek*, Allgemeine Staatslehre, S. 342. *Dahrendorf*, FS Popitz, S. 51 (55, 58) hat die Unfähigkeit der Fakten, aus eigener Kraft zu Normen zu werden, als „normative Ohnmacht des Faktischen“ betitelt. Hinzukommen müsse ein qualitativer Schritt, nämlich der Schritt zur Normierung, der erst den nötigen Disziplinierungscharakter vermittele.

[54] Vgl. hierzu auch *Pauly*, in: Jellinek, Verfassungsänderung und Verfassungswandlung, S. XVII f.; *Kersten*, Georg Jellinek, S. 372 ff. mit Hinweis auf die mit einem solchen Kompaktbegriff typischerweise verbundene Unschärfe.

[55] *Jellinek*, Allgemeine Staatslehre, S. 345.

[56] *Jellinek*, Allgemeine Staatslehre, S. 345.

[57] Vgl. nur *Pauly*, in: Jellinek, Verfassungsänderung und Verfassungswandlung, S. XVIII m.w.N.

[58] *Möllers*, Staat als Argument, S. 20 f.

[59] *Hesse*, FS Scheuner, S. 123 (131); noch früher *ders.*, Die normative Kraft der Verfassung, S. 4 f.; ähnlich zuvor schon *Heller*, Souveränität, GS II, S. 31 (146), später aber *ders.*, Staat, GS III, S. 3 (15).

Macht als eine maßgebende Größe im Staatsleben durchaus in den Blick nimmt, setzt er Macht und Recht nicht gleich. Daher überzeugt es kaum, Jellinek als reinen Machtstaatstheoretiker zu etikettieren.[60] Dem liegt vielmehr ein verkürztes Verständnis der normativen Kraft des Faktischen zugrunde, das den Begriff von seinem ursprünglichen psychologischen Kontext im Werk Jellineks ablöst, ihn gleichsam isoliert und damit zu dessen beachtlicher Karriere beigetragen haben dürfte.[61] Stattdessen zielt Jellinek mit der Figur der normativen Kraft des Faktischen gerade auf eine Vermittlung von Normativität und Faktizität, indem er die Figur als Filter gegenüber einer ungehinderten normativen Rezeption jedweder blanken Machtlage und Machtäußerung präsentiert. Zugleich öffnet er den Blick für den empirischen Befund kontingenter Prozesse außerhalb der positiven (Verfassungs-)Rechtsordnung.[62]

c) Verweisungszusammenhang von Norm und Wirklichkeit

Das Verhältnis von Normativität und Faktizität, Verfassung und Verfassungswirklichkeit kann also weder überzeugend als vermeintliches Scheinproblem nivelliert noch einseitig zugunsten der reinen Faktizität oder Verfassungswirklichkeit aufgelöst werden. Vielmehr stehen Verfassung und Verfassungswirklichkeit in einem Verweisungszusammenhang, in dem sie voneinander unterschieden, aber nicht voneinander getrennt werden können, sondern einander bedingen.[63] Dieser Verweisungszusammenhang gebietet zunächst dreierlei: (1.) anzuerkennen, dass die Verfassung in einem ganz bestimmten historischen Kontext mit spezifischen politischen, sozialen, wirtschaftlichen und technischen Rahmenbedingungen und spezifischen Traditionen entstanden ist; (2.) anzuerkennen, dass sich aus der Kontextgebundenheit der Verfassung ein Spannungsverhältnis zwischen der Verfassung und der sich wandelnden Verfassungswirklichkeit (also: den sich wandelnden Kontexten) ergeben kann, das einen Anpassungsbedarf artikuliert; und schließlich (3.) dieses Spannungsverhältnis und den daraus resultierenden Anpassungsbedarf maßvoll zu moderieren, um dadurch die normative Kraft der Verfassung zu bewahren und zu

---

[60] Vgl. aber *Holubek*, Allgemeine Staatslehre als empirische Wissenschaft, S. 131. Differenziert zum ambivalenten Verhältnis von Macht und Recht bei Jellinek dagegen *Kersten*, Georg Jellinek, S. 375 ff.

[61] Vgl. *Kersten*, Georg Jellinek, S. 365 mit Nachweisen zur Rezeptionsgeschichte in Fn. 77 und auf S. 382 ff. Eindringlich auch die späte Mahnung des Sohnes *W. Jellinek*, JZ 1951, 347 f., die sich dagegen wendet, die Wendung aus dem Zusammenhang zu reißen und zum Gegenstand einer unsachgemäßen Kritik zu machen.

[62] So die zutreffenden Hinweise von *Pauly*, in: Jellinek, Verfassungsänderung und Verfassungswandlung, S. XIII und XVIII.

[63] *Hesse*, Die normative Kraft der Verfassung, S. 6 f., 8 f. mit weiteren zeitgenössischen Nachweisen in Fn. 7; *Scheuner*, Verfassung, in: Staatstheorie und Staatsrecht, S. 171 (173); als tragendes Axiom der Verfassungslehre erkannt bei *Badura*, FS Scheuner, S. 19 (21); *Grimm*, Art. Verfassung, Staatslexikon V, Sp. 633 (637 f.); aus der jüngeren Literatur etwa *Isensee*, in: Isensee/Kirchhof (Hrsg.), HStR II³, § 15 Rn. 180.

entfalten. Aufgegeben ist somit ein Weg „zwischen der Preisgabe des Normativen an die bloße Faktizität auf der einen Seite und der durch die Wirklichkeit verdrängten und gegenstandslos gemachten Normativität auf der anderen Seite“[64].

3. *Modi der Verfassungsanpassung*

Verfassungsanpassungen können mithin geboten sein, um die ordnungsstiftende Funktion der Verfassung auch bei geänderten Realbedingungen aufrechtzuerhalten. Als Modi der Verfassungsanpassung rücken aus theoretischer Perspektive die Totalrevision der Verfassung, die punktuelle Verfassungs(text)änderung, eine geänderte Verfassungsinterpretation oder der Verfassungswandel in den Blick.

a) Ordnungsverhältnis der Anpassungsmodi?

aa) Ein spezifisches Rang- oder Ordnungsverhältnis zwischen den einzelnen Anpassungsmodi – etwa dergestalt, dass ein Verfassungswandel nur in Betracht käme, wo die Möglichkeiten einer Verfassungsänderung oder einer geänderten Verfassungsinterpretation endeten – lässt sich nicht allgemeingültig angeben.[65] Die Antwort auf die Frage nach der konkreten Zulässigkeit der einzelnen Verfassungsanpassungen und einem Ordnungsverhältnis zwischen ihnen hängt vielmehr von dem jeweils zugrundeliegenden Verfassungsverständnis ab.[66] Wenn sich die nachfolgenden Überlegungen auf das Verständnis der Verfassung als Dezision (mit Überschneidungen zu einem rechtspositivistischen Verständnis) oder als Integration beschränken und damit eine Vielzahl

[64] *Hesse*, Die normative Kraft der Verfassung, S. 7 f.; als Dilemma bezeichnet bei *Walter*, AöR 125 (2000), 517 (531). In den von ihm als „Transformationsspannungen“ bezeichneten prinzipiell unaufhebbaren Dauerspannungen von Verfassungsrecht und Verfassungswirklichkeit sieht *Göldner*, Integration und Pluralismus, S. 48, eine Institutionalisierung des Realgeltungsanspruchs der Verfassung. Grundthese dieses spannungstheoretischen Verfassungsverständnisses ist denn auch die dynamisch gedachte und gerade darin real gestaltende Verfassung, die den Wechselbezug zwischen Normativität und Faktizität von ihren eigenen Voraussetzungen aus offenhält (*Göldner*, a.a.O, S. 55).

[65] Nach *Koschmieder*, Grundrechtliche Dynamisierungsprozesse, S. 34, sollte man auf das Instrument der Verfassungstextänderung hingegen erst dann zurückgreifen, wenn andere Mechanismen verfassungsimmanenter Anpassungsprozesse (gemeint vor allem: Verfassungsinterpretation) an ihre Grenzen stoßen. Demgegenüber versteht *Michael*, RW 2014, 426 (442), Verfassungsablösung, Verfassungsänderung und Verfassungswandel als drei Instrumente der Verfassungsrevision, die sich wie verschiedene Druckventile zueinander verhalten und die den durch die Beständigkeit der Verfassung erzeugten Überdruck bei Bedarf regulieren sollen.

[66] Diesen Zusammenhang erhellt *Volkmann*, Der Staat 54 (2015), 35 (39 ff.), mit seinen luziden Ausführungen zu den Folgen unterschiedlicher Verfassungsverständnisse für die Verfassungsinterpretation, auf die sich die nachfolgende Argumentation stützt. Ähnlich zuvor schon *Göldner*, Integration und Pluralismus, S. 15; *Bryde*, Verfassungsentwicklung, S. 254 ff.

anderer Verfassungsverständnisse schweigend übergehen[67], erscheint das aus drei Gründen gerechtfertigt. Zum einen bezeichnen Dezision und Integration diejenigen verfassungstheoretischen Strömungen in der deutschen Staatsrechtslehre, die gleichsam schulenbildend am stärksten rezipiert und entfaltet worden sind[68] und dabei deutlich Stellung zu Fragen der Verfassungsanpassung, insbesondere der Möglichkeit eines Verfassungswandels bezogen haben, während andere verfassungstheoretische Entwürfe entweder bruchstückhaft geblieben sind, kaum Anschluss gefunden haben oder kaum Aussagen zu Verfassungsanpassungen treffen. Zum anderen unterscheiden sich diese beiden Konzepte in ihren Schlussfolgerungen zu den einzelnen Möglichkeiten einer Verfassungsanpassung am stärksten, so dass sich an ihnen der Einfluss des jeweiligen Verfassungsverständnisses auf die Beantwortung dieser Frage am deutlichsten demonstrieren lässt. Und schließlich wirken diese beiden Verfassungsverständnisse auch heute noch im verfassungstheoretischen Diskurs nach, wenngleich mit Blick auf die pluralistischen verfassungstheoretischen Ansätze heute wohl kaum noch von entsprechenden Schulen gesprochen werden kann.

bb) Die auf Carl Schmitt[69] zurückgehende Lehre der Verfassung als Dezision begreift die Verfassung als Ergebnis einer in einer bestimmten historischen Situation getroffenen grundlegenden politischen Entscheidung der verfassunggebenden Gewalt über die Art und Form der politischen Einheit, die in der Zeit unantastbar und verbindlich wirkt. Gegenüber der für Schmitt noch konstitutiven Unterscheidung zwischen der Verfassung als politische Grundentscheidung des Trägers der verfassunggebenden Gewalt und dem Verfassungsgesetz als die in einer Urkunde zusammengefassten Regelungen, die erst auf Grundlage der Verfassung gelten und durch die von der Verfassung vorgesehenen Organe abänderbar sind, versuchen spätere Ansätze, Verfassung und Verfassungsgesetz stärker zu verbinden. Hierzu betonten sie den Charakter der Verfassung als Rahmenordnung, die im Verfassungsgesetz ihre textliche Gestalt findet.[70] Diese Modifikation des dezisionistischen Ansatzes ändert freilich nichts an den mit diesem Ansatz verbundenen Schlussfolgerungen für die Frage einer Verfassungsanpassung infolge einer geänderten Verfassungswirklichkeit. Das dezisionistische Verfassungsverständnis impliziert eine starre

---

[67] *Volkmann*, Der Staat 54 (2015), 35 (39 f.), nennt eine Verfassungstheorie der Gegenseitigkeit, des öffentlichen Prozesses, der Kultur, des liberalen Kommunitarismus, eine Diskurstheorie, eine Verfassungstheorie der Trias aus Vielfalt, Sicherheit und Solidarität sowie systemtheoretische Zugänge als Beispiele und führt eine Theorie der Verfassung als Gerechtigkeitsordnung (S. 54 ff.) näher aus.

[68] Zur Formierung entsprechender „Denkkollektive“ der Schmitt- und der Smend-Schule *Günther*, Denken vom Staat her, S. 112 ff.

[69] *Schmitt*, Verfassungslehre, S. 20 ff.

[70] Exemplarisch *Böckenförde*, NJW 1976, 2089 (2091/2099). Vgl. dazu auch *Günther*, Denken vom Staat her, S. 130 f.; *Isensee*, Vom Stil der Verfassung, S. 36.

Vorstellung von Normativität, die durch eine strikt regelgeleitete, an der ursprünglichen Grundentscheidung orientierte Verfassungsinterpretation zur Anwendung gebracht wird und sich gegen eine Fortbildung der Verfassung durch eine geänderte Verfassungsinterpretation oder einen Verfassungswandel verwahrt.[71] In dem starken Beharren auf der juristischen Methode und der Abneigung gegen die abwertend als „Umbildung des Verfassungsgesetzes“[72] bezeichnete Öffnung der Verfassungsinterpretation für Einflüsse (gewandelter) sozialer Verhältnisse und gesellschaftspolitischer Anschauungen[73] finden sich Parallelen zum oben angesprochenen staatsrechtlichen Positivismus.

cc) Gleichsam als Antipode zu Schmitt erscheint Rudolf Smend mit seiner Integrationslehre, dessen Verfassungsverständnis auf sein spezifisches Staatsverständnis ausgerichtet war. Er fasste den Staat nicht als ein ruhendes Ganzes, von dem einzelne Lebensäußerungen, Gesetze, Verwaltungshandlungen etc. ausgingen, sondern als Teil einer geistigen Wirklichkeit, als einen geistigen Gesamtzusammenhang, der erst in den Betätigungen der einzelnen Lebensäußerungen zum Ausdruck komme und ständig erneuert und fortgebildet werde. Nur in dem Prozess beständiger Erneuerung und dauernden Neuerlebtwerdens lebe der Staat. Er existiere nur, weil und sofern er sich dauernd integriere, in und aus den Einzelnen aufbaue – dieser von Smend als Integration bezeichnete Kernvorgang des staatlichen Lebens sei das Wesen des Staates als geistig-soziale Wirklichkeit.[74] Für diesen Integrationsprozess stelle die Verfassung die Rechtsordnung bereit, die ihn begleiten und in Gang halten soll und die selber Integrationsordnung sei, indem sie mit ihren sachlichen Gehalten zum integrierenden Faktor im staatlichen Leben werde.[75] Die Verfassung erfüllt danach eine umgreifende Funktion. Sie ist nicht nur Rahmenordnung des Staates, wie der dezisionistische Ansatz meint, sondern die rechtliche Grundordnung des Gemeinwesens, die Leitprinzipien bestimmt, nach denen politische Einheit sich bilden und staatliche Aufgaben wahrgenommen werden sollen, die Verfahren der Bewältigung von Konflikten innerhalb des Gemeinwesens regelt und die schließlich die Organisation und das Verfahren der politischen Einheitsbildung und des staatlichen Wirkens ordnet.[76] Es sei, so Smend, der Sinn der Verfassung selbst, ihre Intention nicht auf Einzelheiten, sondern auf die

[71] *Volkmann*, Der Staat 54 (2015), 35 (43).

[72] So in kritischer Wendung gegen die geisteswissenschaftlich-werthierarchische Methode im staatsrechtlichen Denken *Forsthoff*, FS Schmitt, S. 35 ff.

[73] *Hillgruber*, VVDStRL 67 (2008), 7 (16).

[74] *Smend*, Verfassung und Verfassungsrecht, in: Staatsrechtliche Abhandlungen, S. 119 (132, 136) unter Rückgriff auf die Arbeit von *Litt*, Individuum und Gemeinschaft, S. 361 f. Vgl. dazu *Korioth*, Integration und Bundesstaat, S. 92 ff. Kritisch zur Rezeption Litts *Hennis*, JZ 1999, 485 (493).

[75] *Smend*, Verfassung und Verfassungsrecht, in: Staatsrechtliche Abhandlungen, S. 119 (195, 215 ff.).

[76] *Hesse*, Grundzüge, Rn. 17.

Totalität des Staates und die Totalität des Integrationsprozesses auszurichten, die eine elastische, ergänzende, von aller sonstigen Rechtsauslegung weit abweichende Verfassungsauslegung nicht nur erlaube, sondern sogar fordere.[77] Die konkreten Verhältnisse mit Hilfe der Integrationsfaktoren wieder in die Staatsrechtslehre hereinzuholen, sei das wissenschaftliche Ziel der Integrationstheorie gewesen.[78]

Die Verfassung wird dadurch in hohem Maße elastisch und dynamisch und öffnet sich einer die Verfassungswirklichkeit rezipierenden Verfassungsinterpretation, die auf das Ziel der Integration und Einheitsbildung ausgerichtet ist.[79] Verfassungsanpassungen zum Zwecke der Integration und Einheitsbildung sind dann durch eine geänderte Verfassungsinterpretation und Verfassungswandel nicht nur möglich, sondern geradezu konstitutiv.[80]

Das Bundesverfassungsgericht hat dieser Lehre zu besonderer Wirkmächtigkeit verholfen, indem es sie sich – *mutatis mutandur*[81] – zu eigen gemacht hat. Dabei hat die personelle Zusammensetzung des Gerichts in den Anfangsjahren eine besondere Rolle gespielt, wie später im Rückblick zutreffend festgehalten wurde: „eines war klar: in das Bundesverfassungsgericht kam niemand, der [...] zu ‚Carl Schmitt und seiner Schule' gerechnet wurde. [...] im BVerfG schien sich, bei der allgemeinen Verruferklärung des ‚Positivismus' von links bis rechts, Rudolf Smend als Hausgott durchgesetzt zu haben."[82] Deutliche Kennzeichen dieser Übernahme sind die Deutung des Grundrechtsabschnitts des Grundgesetzes als objektive Wertordnung, die als verfassungsrechtliche Grundentscheidung für alle Bereiche des Rechts gilt, und die Berücksichtigung der von der Norm geordneten Wirklichkeit bei der Auslegung der jeweiligen Norm. Dadurch wurde der Rezeption einer sich wandelnden Wirklichkeit durch eine geänderte Interpretation einer Norm auch ohne Veränderung ihres Wortlauts der Weg geebnet.[83]

dd) Die Zulässigkeit eines bestimmten Modus der Verfassungsanpassung ist also nicht allein der politischen Opportunität der verfassunggebenden

---

[77] *Smend*, Verfassung und Verfassungsrecht, in: Staatsrechtliche Abhandlungen, S. 119 (190).

[78] So rückblickend *Hennis*, JZ 1999, 485 (490 f.).

[79] *Volkmann*, Der Staat 54 (2015), 35 (52 f.).

[80] Pointiert *Smend*, Verfassung und Verfassungsrecht, in: Staatsrechtliche Abhandlungen, S. 119 (191): „Es ist einfach der immanente und selbstverständliche Sinn der formulierten Verfassung, daß sie diese Elastizität hat und daß ihr System sich gegebenenfalls von selbst ergänzt und wandelt."

[81] *Hennis*, JZ 1999, 485 (488 f.) betont eindringlich, dass Smend zur (von Hennis so genannten) normativistischen Wende der Staatsrechtslehre, die in den Entscheidungen des BVerfG zum Ausdruck kommt, nichts beigetragen habe. Vielmehr habe die Smendsche Lehre für das Denken unter dem Grundgesetz unter einem kaum zu heilenden „normativen Manko" gelitten, das zu beseitigen sich die „Smend-Schule" zur Aufgabe gesetzt habe.

[82] *Hennis*, JZ 1999, 485 (486).

[83] Exemplarisch *Hesse*, JZ 1995, 265 (266) mit Nachweisen zur Rechtsprechung des BVerfG.

oder verfassungsändernden Gewalt anheimgestellt, sondern auch abhängig von dem jeweils zugrundeliegenden Verfassungsverständnis. Dies sollen die nachfolgenden Ausführungen anhand der einzelnen Anpassungsmodi näher erläutern, wobei zugleich ein erster Blick auf bereits vollzogene oder noch mögliche Verfassungsanpassungen aus Gründen der Digitalisierung geworfen wird.

b) Totalrevision der Verfassung

Die am weitesten reichenden Anpassungen der Verfassung erfolgen im Wege einer Totalrevision, die sich entweder als Akt der Verfassunggebung durch den – in der vom Abbé Emmanuel Joseph Sieyès begründeten Unterscheidung – *pouvoir constituant* oder als Akt der Verfassungsänderung durch den *pouvoir constitué*[84] darstellen kann.[85] Sie zielt in beiden Varianten auf eine umfassende Neugestaltung des Verfassungstextes. Aus verfassungstheoretischer Perspektive erweist sich vor allem die Totalrevision im Wege der Verfassunggebung als problematisch und umstritten. Einigkeit besteht lediglich darin, dass die Beseitigung einer Verfassung durch revolutionären Umsturz faktisch jederzeit möglich ist. Kontrovers wird dagegen schon lange die allgemeine Frage diskutiert, ob überhaupt rechtliche Maßstäbe für den Akteur, das Verfahren und den Inhalt einer Verfassunggebung bestehen.[86] Das Problem verdichtet sich bei der Totalrevision einer bestehenden Verfassung als Akt der Verfassunggebung zu der nicht minder kontrovers diskutierten Frage, ob sich die Verfassung wirksam gegen ihre eigene Abschaffung durch die verfassunggebende Gewalt schützen kann, indem sie rechtsverbindliche Maßstäbe für deren erneute Betätigungen aufstellt, die dann eine Beurteilung der Legalität der neuerlichen Verfassunggebung erlauben.[87] Im Kern geht es also um die Möglichkeit, die verfassunggebende Gewalt zu einem *pouvoir constituant constitué* zu domestizieren. Im Verfassungsstaat des Grundgesetzes ist dieser Problemkreis im umstrittenen Verhältnis der alten und neuen Schlussbestimmung in Art. 146 GG zu den formellen Voraussetzungen einer Verfassungsän-

[84] In diesem Sinne etwa *Rozek*, in: Isensee/Kirchhof (Hrsg.), HStR XII^3, § 257 Rn. 2, 7 ff.

[85] Enger als hier *Waldhoff*, in: Depenheuer/Grabenwarter (Hrsg.), Verfassungstheorie § 8 Rn. 44, demzufolge „Totalrevision" ein Begriff der schweizerischen Rechtssprache sei und eine grundlegende Neufassung des Verfassungsgesetzes bezeichne, bei der alle Artikel einer Verfassung in die Reform innerhalb der bestehend bleibenden Legalität einbezogen werden, mithin eine Gesamtänderung des Verfassungsgesetzes in dem dafür normierten Verfahren, ohne dass die verfassungsrechtlichen Grundentscheidungen angetastet würden. Tatsächlich sieht Art. 138 der Bundesverfassung der Schweizerischen Eidgenossenschaft eine Volksinitiative zur Totalrevision der Bundesverfassung vor. Das hindert freilich nicht daran, den Begriff der Totalrevision hier in einem weiten Sinne zu verwenden.

[86] Dazu umfassend *Winterhoff*, Verfassung, S. 123 ff. mit zahlreichen Nachweisen; *Kirste*, JöR 56 (2008), 35 (50 ff.); *Waldhoff*, FS Stern (2012), S. 257 (269).

[87] Hierzu wiederum ausführlich und mit zahlreichen Nachweisen *Winterhoff*, Verfassung, S. 218 ff.

derung nach Art. 79 Abs. 2 GG und der Ewigkeitsklausel des Art. 79 Abs. 3 GG positivrechtlich zu verorten.[88]

Diese Streitfragen sind theoretisch reizvoll, liefern im Ergebnis aber einen schmalen Ertrag und sind hier aus zwei Gründen nicht zu entscheiden.

Erstens sind sie in der Geschichte der Bundesrepublik nie praktisch relevant geworden. Die Verfassungsreformdebatte der Jahre 1968/1969[89] mündete zwar in die Einsetzung einer Enquête-Kommission des Deutschen Bundestages für Fragen der Verfassungsreform.[90] Aufgabe der Kommission war aber keine Totalrevision des Grundgesetzes, sondern eine Bestandsaufnahme und Überprüfung der Verfassungsordnung, die auf die Anpassung der Verfassung an gewandelte Verhältnisse zielen, dabei aber „die bewährten Verfassungsgrundsätze, insbesondere den Grundrechtsschutz, das Prinzip der repräsentativen Demokratie, das Rechtsstaatsprinzip sowie das Sozialstaatsprinzip und die in Art. 79 Abs. 3 GG festgelegten Grundsätze" unverändert bewahren sollten.[91] Entsprechend kleinteilig waren denn auch die Ergebnisse der Enquête-Kommission, die sich zurecht das Fehlen einer verfassungspolitischen Gesamtschau vorwerfen lassen musste.[92] Auch die Wiedervereinigung Deutschlands führte bekanntlich nicht zu einer neuen Verfassung. Statt des durch Art. 146 a.F. (und die Präambel in ihrer alten Fassung) eröffneten Weges einer Verfassungsneugebung wurde die Geltung des Grundgesetzes nach Maßgabe des Art. 23 S. 2 GG a.F. auf das Beitrittsgebiet erstreckt.[93] Hatte

---

[88] Dazu *Herdegen*, in: Maunz/Dürig, GG, Art. 146 Rn. 34 ff. und 39 ff.; *Hillgruber*, in: Epping/Hillgruber, GG, Art. 146 Rn. 6 ff.; *Unruh*, in: v. Mangoldt/Klein/Starck, GG, Art. 146 Rn. 17 ff.; *Michael*, in: Kahl/Waldhoff/Walter (Hrsg.), BK GG, Art. 146 Rn. 637 ff.

[89] Überblick über die Debatte bei *Fromme*, ZfP 17 (1970), 87 ff.; *Weber*, FS Maunz, S. 451 (454 ff.). *Schuster*, in: Lehmbruch/Beyme/Fetscher (Hrsg.), Demokratisches System, S. 127 (129), benennt mit dem Status der Bundesrepublik Deutschland, dem Verhältnis von freiheitlichen Grundrechten und sozialstaatlichen Garantien, der Einbeziehung des gesellschaftlichen Bereichs in die Verfassung, der föderalistischen Struktur des Gemeinwesens, der Ergänzung der repräsentativen durch eine plebiszitäre Komponente im demokratischen Prozess, der Krise des parlamentarischen Systems und dem Institutionengeflecht sieben Schwerpunkte der Reformdiskussion.

[90] Die Enquête-Kommission für Fragen der Verfassungsreform wurde mit einstimmigem Beschluss des Deutschen Bundestages vom 8.10.1970 eingesetzt, konnte ihre Arbeit aber nicht innerhalb der 6. Wahlperiode zum Abschluss bringen und legte daher zum Ende der Wahlperiode einen Zwischenbericht vor (BT-Drs. VI/3829). Der 7. Deutsche Bundestag setzte erneut eine Enquête-Kommission Verfassungsreform ein, die an die Vorarbeiten der Enquête-Kommission aus der 6. Wahlperiode anknüpfen und am 9.12.1976 einen Schlussbericht vorlegen konnte (BT-Drs. 7/5924).

[91] BT-Drs. 7/5924, S. 4.

[92] Vgl. nur *Bryde*, Verfassungsentwicklung, S. 133 ff.

[93] Die Kontroverse dokumentieren die Berichte und Diskussionen auf der Sondertagung der Vereinigung der Deutschen Staatsrechtslehrer in Berlin am 27.4.1990 zu Deutschlands aktueller Verfassungslage, etwa *Isensee*, VVDStRL 49 (1990), 39 (48 ff.); *Tomuschat*, VVDStRL 49 (1990), 70 (71 ff., m.w.N. in Fn. 2 und 3); vgl. auch *Heckel*, in: Isensee/Kirchhof (Hrsg.), HStR VIII, § 197 Rn. 28 ff., sowie die Beiträge im Sammelband von *Guggenberger/Stein (Hrsg.)*, Verfassungsdiskussion.

schließlich das Bundesverfassungsgericht in seiner Maastricht-Entscheidung noch festgehalten, dass Art. 79 Abs. 3 GG die verfassungsgebende Gewalt nicht normativ binden könne[94], hat es diese Frage in seiner jüngeren Rechtsprechung wieder (ausdrücklich) offengelassen.[95]

Vor allem aber wird zweitens eine Totalrevision des Grundgesetzes aus Gründen der Digitalisierung soweit ersichtlich nirgends vertreten. Eine entsprechende Forderung käme auch nicht ernsthaft in den Sinn und würde wohl die Reichweite der Digitalisierung überschätzen.

c) Punktuelle Verfassungs(text)änderungen

Punktuelle Verfassungsänderungen erlauben als ein dynamisches Instrument eine flexible Anpassung der Verfassung an die Verfassungswirklichkeit, für die die Verfassung – je nach ihrer Klassifizierung als „flexibel" oder „rigide"[96] – niedrige oder hohe Hürden aufstellt. Die Verfassungsänderung ist überall dort angezeigt, wo die Verfassung überhaupt keine einschlägigen, den regelungsbedürftigen Ausschnitt der Verfassungswirklichkeit betreffende Normen bereithält oder der (vermeintlich) enge Verfassungswortlaut einer interpretativen Öffnung für neue Sachverhalte der Verfassungswirklichkeit entgegensteht. Sie ist der Königsweg derer, die für ein dezisionistisches Verfassungsverständnis streiten und eine Verfassungsinterpretation bzw. einen Verfassungswandel als Mittel zur Anpassung der Verfassung an die Verfassungswirklichkeit ausschließen.[97] Der strengen Beschränkung der Anpassungsmodi auf die Verfassungsänderung wurde zurecht entgegengehalten, dass die Verfassungsänderung zwar eine gute und politisch vorzugswürdige Lösung für punktuellen Reformbedarf sei, sich aber kaum bei neuen strukturellen Herausforderungen an die Verfassung eigne, wie die Beispiele der Europäisierung und Internationalisierung belegten.[98] Dass Gleiches für die Digitalisierung gilt, ist die noch näher auszuführende These der vorliegenden Untersuchung.

Den verfassungstheoretischen Streit, ob die verfassunggebende oder die verfasste Gewalt zur Verfassungsänderung berufen ist[99] und welche Verfahren

---

[94] BVerfGE 89, 155 (180).

[95] BVerfGE 123, 267 (343); 144, 20 (Rn. 518).

[96] Zum Unterschied zwischen flexiblen und rigiden Verfassungen s. Fn. 18.

[97] Kategorisch etwa *Hillgruber*, VVDStRL 67 (2008), 7 (45): „Notwendig werdende oder auch nur der verfassungsändernden Mehrheit notwendig erscheinende Rechtsänderungen oder -anpassungen an den Wandel der Zeiten und der Anschauungen werden […] auf den dafür vorgesehenen Weg der verfassungsändernden Gesetzgebung und damit zugleich in die Kompetenzordnung verwiesen; allein der Schleichweg kompetenzlos vorgenommener, inhaltsverändernder Neuinterpretation der Verfassung wird versperrt."

[98] *Fehling*, VVDStRL 67 (2008), 115 f.

[99] So betont etwa *Bryde*, Verfassungsentwicklung, S. 52, im Anschluss an *Schmitt*, Verfassungslehre, S. 102, dass es nicht selbstverständlich, sondern eher inkonsequent sei, wenn in rigiden Verfassungen die Verfassungsänderung zwar nicht dem einfachen Gesetzgeber zugestanden, aber auch nicht dem souveränen Verfassunggeber vorbehalten, sondern einem besonderen

und Grenzen dabei zu beachten sind, hat die Verfassungspraxis entschärft. Neuere Verfassungen enthalten regelmäßig Vorschriften, die bestimmten Verfassungsorganen die Kompetenz zu Verfassungsänderungen in einem bestimmten Verfahren und in bestimmten Grenzen zuweisen. Sie konzipieren die Verfassungsänderung damit nicht als Betätigung der verfassunggebenden Gewalt, sondern als qualitativ von der Verfassunggebung zu unterscheidende Befugnis des verfassungsgebundenen *pouvoir constitué*.[100]

Im Grundgesetz legt Artikel 79 den Modus, die Akteure und die Grenzen der Verfassungsänderung positivrechtlich fest. Verfassungsänderung ist nach Art. 79 Abs. 1 S. 1 GG zunächst Verfassungstextänderung durch förmliches Gesetz – das verfassungsändernde Gesetz muss den Wortlaut des Grundgesetzes ausdrücklich ändern oder ergänzen, so dass Verfassungstextdurchbrechungen und die Entstehung einer Nebenverfassung grundsätzlich[101] ausgeschlossen sind.[102] Die Kompetenz zur Verfassungsänderung übertragt Art. 79 Abs. 2 GG Bundestag und Bundesrat gemeinsam, die verfassungsändernde Gesetze mit einer qualifizierten Mehrheit von zwei Dritteln der Mitglieder des Bundestages bzw. zwei Dritteln der Stimmen des Bundesrates beschließen müssen.[103] Art. 79 Abs. 3 GG enthält schließlich Grenzen der Verfassungsänderung, indem er Änderungen, durch welche die Gliederung des Bundes in Länder, die grundsätzliche Mitwirkung der Länder bei der Gesetzgebung oder die in Artikel 1 und 20 niedergelegten Grundsätze berührt werden, für unzulässig erklärt.

Verfassungsänderungsverfahren überantwortet werde, also einer verfassungsändernden Gewalt, die gleichzeitig konstituierte und über die Verfassung verfügende Gewalt sei *(pouvoir constituant constitué)*. Vgl. auch *Dreier*, in: Dreier (Hrsg.), GG, Art. 79 II Rn. 1.

[100] Vgl. den Hinweis von *Winterhoff*, Verfassung, S. 169, dort auch mit Ausführungen zur fortwährenden Bedeutung des theoretischen Streits. Verfassungsrechtsvergleichende Ausführungen bei *Dreier*, in: Dreier (Hrsg.), GG, Art. 79 II Rn. 9 f.

[101] Zum Ausnahmefall einer materiellen Verfassungsänderung ohne Textänderung kraft supranationalen Rechts exemplarisch *Dreier*, in: Dreier (Hrsg.), GG, Art. 79 I Rn. 26 m.w N.

[102] Die sorgfältige Unterscheidung zwischen der Verfassungsdurchbrechung im materiellen Sinne (nach *Thoma*, in: Anschütz/Thoma (Hrsg.), HStR II, § 71, S. 108 [155], eine materiell verfassungsändernde Anordnung, die für einen konkreten Einzelfall Bestimmungen trifft, welche abweichen von Normen der Verfassungsurkunde, die im Übrigen in Kraft bleiben) und der Verfassungsdurchbrechung im formellen Sinne (Verfassungsänderung ohne Verfassungstextänderung = Verfassungstextdurchbrechung) mahnt *Dreier*, in: Dreier (Hrsg.), GG, Art. 79 I Rn. 17 ff. an, dort mit Beispielen für Verfassungstextdurchbrechungen in der Reichsverfassung und der WRV in Fn. 47; umfassend *Hufeld*, Verfassungsdurchbrechung, S. 15 ff. Den Begriff der Verfassungsdurchbrechung prägte *Jacobi*, VVDStRL 1 (1924), 105 (109, 118) – dort im materiellen Sinne; vgl. dazu auch *Loewenstein*, Erscheinungsformen der Verfassungsänderung, S. 164 ff.; den Begriff der Verfassungstextdurchbrechung für die Verfassungsdurchbrechung im formellen Sinne setzte *Ehmke*, AöR 79 (1953/54), 385 (387).

[103] Inwieweit im Erfordernis qualifizierter Mehrheiten zur Verfassungsänderung eine Steigerung der demokratischen Legitimation liegt oder eine Beschränkung des Prinzips der Volkssouveränität, weil Art. 79 Abs. 2 GG Sperrminoritäten und auf Zeit gesehen eine Herrschaft der Toten über die Lebenden begünstige, ist umstritten – vgl. zur letztgenannten Ansicht nur *Michael*, RW 2014, 426 (444) mit Nachweisen zur Gegenansicht. Siehe auch S. 114 f.

Die seit Inkrafttreten des Grundgesetzes vorgenommenen zahlreichen Änderungen[104] belegen zum einen, dass das Grundgesetz zwar in der oben angesprochenen Typologie eine rigide Verfassung ist, aber keine unüberwindbaren Hürden für seine Änderung normiert. Vielmehr sind Verfassungsänderungen inzwischen zur „rechtspolitischen Normalität"[105] in Deutschland geworden. Zum anderen gewährleistet das Grundgesetz seine Kontinuität, indem es den Weg einer Verfassungsänderung zur notwendigen Anpassung der Verfassung an gewandelte Verhältnisse eröffnet. Dabei mag beklagt werden, dass der Stil der geänderten oder eingefügten Verfassungsbestimmungen deutlich hinter dem der Urfassung des Grundgesetzes von 1949 zurückbleibt.[106] Nicht von der Hand zu weisen ist allerdings, dass diese Detailfreudigkeit der Verfassungsänderungen als Ausdruck eines politischen Kompromisses auf Dauer gesehen auch die Flexibilität des Verfassungsrechts und seine normative Kraft schwächen kann.[107] Von größerer Bedeutung erscheint aber eine andere Beobachtung, die den Einwand gegen den vermeintlichen Primat der Verfassungsänderung gegenüber der Verfassungsinterpretation bestärkt: Sämtliche Grundgesetzänderungen zielten auf punktuelle Änderungen, Ergänzungen oder die Einfügung einzelner Vorschriften, auch wenn damit in der Praxis weitreichende Folgen verbunden gewesen sein mochten. So führten etwa die beiden Föderalismusreformen der Jahre 2006 und 2009 im Wesentlichen nur zur Neuverteilung einzelner Kompetenztitel sowie zur Neuregelung der Finanzbeziehungen zwischen Bund und Ländern. Strukturelle Verschiebungen im Verfassungsgefüge als Antwort auf strukturelle Herausforderungen in der Verfassungswirklichkeit waren mit den bisherigen Verfassungsänderungen jedoch nicht verbunden. Hier setzen stattdessen die Verfassungsinterpretation und vor allem der Verfassungswandel an, wie noch näher darzulegen sein wird.

Durch Verfassungsänderungen haben immerhin bereits einzelne Aspekte der Digitalisierung Einzug in das Grundgesetz gefunden, die hier zunächst nur kursorisch anzureißen sind. Zuvor enthielt das Grundgesetz lange Zeit gar keine digitalisierungsspezifischen Vorschriften, so dass etwa einzelne Digitalisierungsvorhaben anhand der allgemeinen Kompetenznormen der Art. 70 ff. und 83 ff. GG beurteilt werden mussten.[108]

---

[104] Aktuelle Übersicht über die einzelnen Grundgesetzänderungen im Fundstellennachweis A 100–1.

[105] *Masing*, Der Staat 44 (2005), 1, freilich mit rechtsvergleichendem relativierenden Hinweis. Vgl. auch *Hillgruber*, VVDStRL 67 (2008), 7 (46); *Volkmann*, JZ 2018, 265 (266).

[106] Exemplarisch *Voßkuhle*, AöR 119 (1994), 35 ff.; *Brenner*, AöR 120 (1995), 248 (257 ff.); *Hufen*, NJW 1999, 1504 (1507); *Isensee*, Vom Stil der Verfassung, S. 25 ff.; *Graf Vitzthum*, in: Depenheuer/Grabenwarter (Hrsg.), Verfassungstheorie, § 10 Rn. 19; *Hilf*, in: Isensee/Kirchhof (Hrsg.), HStR XII^3, § 262 Rn. 35; neben verfassungsästhetischer vor allem auch funktionale Kritik bei *Grimm*, Die Verfassung und die Politik, S. 126 ff.

[107] Zutreffender Hinweis von Walter, AöR 125 (2000), 517 (545).

[108] Am Beispiel des E-Government *Schliesky*, Verfassungsrechtliche Rahmenbedingungen des E-Government, DÖV 2004, 809 (810 ff.).

Der 1994 in den VIII. Abschnitt des Grundgesetzes über die Ausführung der Bundesgesetze und die Bundesverwaltung eingefügte Art. 87f GG stellt die materielle Grundsatznorm des neuen Telekommunikationsrechts dar.[109] Die Vorschrift bildet die verfassungsrechtliche Grundlage für die Privatisierung des vormals in bundeseigener Verwaltung mit eigenem Verwaltungsunterbau geführten Post- und Telekommunikationswesens, indem sie die Erbringung von Post- und Telekommunikationsdienstleistungen den aus dem Sondervermögen Deutsche Bundespost hervorgegangenen Unternehmen und anderen privaten Anbietern überträgt (Art. 87f Abs. 2 S. 1 GG), dem Staat aber die Gewährleistungsverantwortung hinsichtlich flächendeckend angemessener und ausreichender Dienstleistungen auferlegt (Art. 87f Abs. 1 GG). Sie ist zugleich der positivverfassungsrechtliche Anknüpfungspunkt für die hier zu erörternden infrastrukturellen Fragen der Digitalisierung.[110]

Art. 91c GG hat mit der Föderalismusreform II im Jahre 2009 Einzug in Abschnitt VIIIa des Grundgesetzes[111] gehalten.[112] Die Generalklausel des Art. 91c Abs. 1 GG legitimiert die zuvor nur informell und punktuell betriebene vertikale IT-Kooperation zwischen Bund und Ländern bei der Planung, der Errichtung und dem Betrieb der für ihre Aufgaben benötigten informationstechnischen Systeme. Sie wird in Absatz 2 mit Blick auf die Festlegung von Standards und Sicherheitsanforderungen für die Kommunikation zwischen den IT-Systemen von Bund und Ländern konkretisiert. Absatz 3 gestattet den Ländern Vereinbarungen über den gemeinschaftlichen Betrieb von IT-Systemen und die Errichtung entsprechender Einrichtungen.[113] Absatz 4 verpflichtet den Bund zur Errichtung eines Netzes zur Verbindung der informationstechnischen Netze des Bundes und der Länder, wobei die

---

[109] *Masing*, in: Isensee/Kirchhof (Hrsg.), HStR IV^3, § 90 Rn. 29; *Gröpl*, in: Maunz/Dürig, GG, Art. 87f Rn. 1.

[110] Siehe unten S. 235 ff.

[111] Die Einordnung der IT-Koordinierung als Gemeinschaftsaufgabe ist trotz des systematischen Standorts des Art. 91c GG umstritten, vgl. nur *Schliesky*, in: Kahl/Waldhoff/Walter (Hrsg.), BK GG, Art. 91c Rn. 14 ff. Vorzugswürdig ist die dort vertretene Auffassung, Art. 91c GG nicht als Gemeinschaftsaufgabe, sondern als verfassungsrechtliche Legitimation der Verwaltungszusammenarbeit zwischen Bund und Ländern oder verschiedenen Ländern zu betrachten – dafür spricht letztlich auch die 2009 vorgenommene Ergänzung der Überschrift des Abschnitts VIIIa des GG um den Begriff „Verwaltungszusammenarbeit".

[112] Zur Entstehungsgeschichte *Ruge*, in: Schmidt-Bleibtreu/Hofmann/Henneke (Hrsg.), GG, Art. 91c Rn. 1 ff.; *Suerbaum*, in: BeckOK GG, Art. 91c Rn. 1 f.; *Schliesky*, in: Kahl/Waldhoff/Walter (Hrsg.), BK GG, Art. 91c Rn. 19 ff.

[113] Die Regelung des Absatzes 3 ist nach überwiegender Ansicht rein deklaratorischer Art, da die Länder auch ohne diese grundgesetzliche Bestimmung kraft ihrer Eigenstaatlichkeit zum Abschluss entsprechender Vereinbarungen befugt sind – statt aller *Ruge*, in: Schmidt-Bleibtreu/Hofmann/Henneke (Hrsg.), GG, Art. 91c Rn. 36 m.w.N. Demgegenüber verweist *Schliesky*, in: Kahl/Waldhoff/Walter (Hrsg.), BK GG, Art. 91c Rn. 64, für den konstitutiven Charakter der Vorschrift darauf, dass sie eine Ausnahme vom Verbot der Mischverwaltung normiert und erstmals die Möglichkeit einer Kooperation in Aufgabenteilen bei voneinander getrennter Aufgabenverantwortung verfassungsrechtlich anerkennt.

Einrichtungs- und Betriebsdetails dieses Verbindungsnetzes durch ein zustimmungsbedürftiges Bundesgesetz geregelt werden sollen. Der 2017 eingefügte Absatz 5 überträgt schließlich dem Bund die Gesetzgebungskompetenz für die Regelung des übergreifenden informationstechnischen Zugangs zu den Verwaltungsleistungen von Bund und Ländern. Art. 91c GG verweist somit auf die föderalen Aspekte der Digitalisierung, die hier nicht näher zu erörtern sind.[114]

d) Geänderte Verfassungsinterpretation

Ist die Verfassungsänderung trotz einiger formeller Hürden allgemein als ein probates Mittel zur Anpassung der Verfassung an eine gewandelte Verfassungswirklichkeit anerkannt, führt das jeweils zugrunde gelegte Verfassungsverständnis zu deutlich unterschiedlichen Beurteilungen der Zulässigkeit und der Reichweite der Verfassungsinterpretation als Anpassungsmodus und ihres Verhältnisses zur Verfassungsänderung.[115]

aa) Ein dezisionistisches Verfassungsverständnis betont die Bedeutung der ursprünglichen Grundentscheidung des Verfassunggebers, auf die die Verfassungsinterpretation verpflichtet wird, und wendet sich gegen die Rezeption einer gewandelten Verfassungswirklichkeit im Wege der Verfassungsinterpretation.[116] Verfassungsinterpretation müsse rechtsdogmatisch eine Herleitung aus der vorgegebenen, durch Setzung begründeten Norm bleiben, die durch diese begrenzt werde; sie ende dort, wo sie als Entfaltung des ursprünglichen Gehalts der Norm nicht mehr begründbar sei.[117]

Der strenge Normativitätsbezug spiegelt sich im Beharren auf einer strengen juristischen Methodik der Verfassungsinterpretation. Zwar wird die Unzulänglichkeit der klassisch-hermeneutischen, ausschließlich auf die grammatische, systematische, historische und teleologische Auslegung fokussierten Methode wegen des fragmentarischen Charakters der Verfassung konzediert, die als Rahmenordnung eben nur Rahmenbedingungen und Verfahrensregelungen für den politischen Handlungs- und Entscheidungsprozess festlege und Grundentscheidungen für das Verhältnis Einzelner, Staat und Gesellschaft treffe.[118] Zugleich werden aber alternative methodische Ansätze der

[114] Siehe dazu *Peuker*, in: Hill/Schliesky (Hrsg.), Auf dem Weg zum digitalen Staat, S. 59 ff.

[115] Den Zusammenhang zwischen Verfassungsverständnis und Methode der Verfassungsinterpretation erkennt – freilich in kritischer Absicht – schon *Böckenförde*, NJW 1976, 2089 (2097); ebenso *Volkmann*, Der Staat 54 (2015), 35 (39 ff.).

[116] Vgl. *Volkmann*, Der Staat 54 (2015), 35 (43).

[117] *Masing*, Der Staat 44 (2005), 1 (14 f.).

[118] *Böckenförde*, NJW 1976, 2089 (2091); anders zuvor noch *Forsthoff*, FS Schmitt, S. 35 (50 f.); Kritik an der Forderung Forsthoffs nach einer Rückbesinnung auf die klassischen „Mittel exakter Gesetzesinterpretation“, die sich gegen die in „Kasuistik“ und einer „Abschwächung des Verfassungsgesetzes“ mündende „geisteswissenschaftlich-werthierarchische Methode“ richtet, etwa bei *Borowski*, in: Isensee/Kirchhof (Hrsg.), HStR XII^3, § 274 Rn. 5 ff.

Verfassungsinterpretation – etwa die topisch-problemorientierte[119] oder die hermeneutisch-konkretisierende Methode[120] – verworfen, weil sie ganz überwiegend zum Abbau der Normativität der Verfassung führten, indem sie eine weithin unkontrollierte, durch Topoi, tatsächliches Vorverständnis und darauf bezogenen Konsens, durch Wirklichkeitsanalysen oder -anschauungen gesteuerte fallbezogene Ausgestaltung und Fortentwicklung der Verfassung etablierten.[121] Aus dieser Warte muss denn auch die vom Bundesverfassungsgericht für sich proklamierte Aufgabe der Entwicklung und Fortbildung des Verfassungsrechts höchst bedenklich erscheinen.[122]

Für diese streng normative Ansicht streitet ein Verweis auf die Kompetenzordnung des Grundgesetzes. Indem Art. 79 GG gerade ein Verfahren zur Verfassungsänderung durch dazu berufene Verfassungsorgane bereitstellt und eine ausdrückliche Verfassungstextänderung fordert, verschiebt er die Begründungslast auf die Seite derer, die die Verfassung im Wege der Verfassungsinterpretation oder gar durch einen Verfassungswandel fortbilden wollen. Die Rationalität formalisierter verfassungssystemimmanenter Rechtserzeugung erschwert jedenfalls die Rezeption einer geänderten Verfassungswirklichkeit durch Verfassungsinterpretation oder Verfassungswandel, und auch aus demokratietheoretischer Sicht erscheint eine solche Rezeption durch Interpretation legitimationsbedürftig.[123]

bb) Diese wirklichkeitsrezipierende Verfassungsinterpretation ist für ein integratives Verfassungsverständnis nicht die begründungsbedürftige Ausnahme, sondern geradezu konstitutiv für die Integration und Einheitsbildung als Aufgabe der Verfassung. Verfassung und Wirklichkeit können nach diesem Verständnis nicht voneinander getrennt werden, eine Konkretisierung des Inhalts einer Verfassungsnorm und ihrer Verwirklichung sei nur möglich unter Einbeziehung der zu ordnenden Wirklichkeit.[124] Zwar bleibe die Verfassungsauslegung immer noch an die Norm gebunden, sie erfolgt aber nicht abstrakt, sondern auf ein konkretes Problem bezogen. In diesem topisch-problemorientierten Zugriff[125] sucht die Verfassungsinterpretation nach sachgerechten Gesichtspunkten, deren Bedeutung, Zuordnung und Bewertung durch Prinzipien der Verfassungsinterpretation angeleitet und begrenzt werden, die wie-

---

[119] Klassisch – mit unterschiedlichen Akzentuierungen – *Ehmke*, VVDStRL 20 (1963), 53 (61 f.); vgl. auch *Scheuner*, VVDStRL 22 (1965), 1 (60 f.); *Häberle*, JZ 1975, 297.

[120] *Hesse*, Grundzüge, Rn. 60 ff.

[121] So ausdrücklich *Böckenförde*, NJW 1976, 2089 (2097).

[122] Etwa bei *Hillgruber*, VVDStRL 67 (2008), 7 (46 f. m. Fn. 137) mit Verweis auf BVerfGE 108, 282 (295); *Reimer*, Verfassungsprinzipien, S. 117.

[123] So ausdrücklich *Gärditz*, WissR 40 (2007), 67 (83); ähnlich *Masing*, Der Staat 44 (2005), 1 (16); *Jestaedt*, in: Depenheuer u.a. (Hrsg.), Nomos und Ethos, S. 183 (196 f.); *Hillgruber*, VVDStRL 67 (2008), 7 (45 f.).

[124] *Hesse*, Grundzüge, Rn. 46, 60 ff.

[125] Begriff bei *Böckenförde*, NJW 1976, 2089 (2091 ff.).

derum auf das Ziel der Integration und Einheitsbildung ausgerichtet sind.[126] Die am Primat des Problems orientierte Verfassungsinterpretation findet ihre Grenze dort, „wo keine verbindliche Setzung der Verfassung vorhanden ist, wo die Möglichkeit eines sinnvollen Verständnisses des Normtextes enden oder wo eine Lösung in eindeutigen Widerspruch zum Normtext treten würde."[127]

Unklar bleibt allerdings noch das Verhältnis einer wirklichkeitsrezipierenden Verfassungsinterpretation zu Begriff und Konzept des Verfassungswandels. Hier verschwimmen die Grenzen. Während ein integratives Verfassungsverständnis eher dazu neigt, den Verfassungswandel als Unterfall der Verfassungsinterpretation anzusehen, betonen andere die eigenständige Berechtigung des Begriffs des Verfassungswandels. Der Verfassungswandel verdient somit genauere Beachtung.

e) Verfassungswandel

Ein Großteil der Staatsrechtslehre hat den Verfassungswandel freilich schon auf das wissenschaftliche Abstellgleis geschoben: Der Begriff des Verfassungswandels sei „von Haus aus wenig konturenscharf" und auch „in der Lehrbuch- und Kommentarliteratur [...] erstaunlich blass geblieben". Eine eigenständige Lehre vom Verfassungswandel existiere im deutschen Verfassungsrecht nicht. Vielmehr bilde der Begriff des Verfassungswandels als „Chiffre für die vielfältigen Fortentwicklungsmöglichkeiten einer zeitgeprägten offenen Verfassung jenseits der formellen Verfassungsänderung [...] lediglich eine Eingangssentenz für die in diesem Zusammenhang aufgeworfenen verfassungsrechtlichen Grundfragen", etwa über das Verhältnis des Bundesverfassungsgerichts zum verfassungsändernden Gesetzgeber, die Methodik der Verfassungsinterpretation, die Zulässigkeit von Verfassungsgewohnheitsrecht und ungeschriebenem Verfassungsrecht oder die Grenzen der Verfassungsänderung.[128] Insofern verdecke der Begriff mehr, als dass er aufkläre[129], die Lehre vom Verfassungswandel sei methodisch und dogmatisch jedenfalls prekär[130], der Begriff daher letztlich verzichtbar[131], denn für den Verfassungswandel bleibe unter dem Grundgesetz kein Raum.[132]

---

[126] *Hesse*, Grundzüge, Rn. 70 ff. nennt als Prinzipien der Verfassungsinterpretation das Prinzip der Einheit der Verfassung, das Prinzip der praktischen Konkordanz und die Maßstäbe der funktionellen Richtigkeit, der integrierenden Wirkung und der normativen Kraft der Verfassung.

[127] *Hesse*, Grundzüge, Rn. 77.

[128] Zitate bei *Voßkuhle*, Der Staat 43 (2004), 450 f.

[129] *Voßkuhle*, Der Staat 43 (2004), 450 (459).

[130] *Jestaedt*, in: Depenheuer u.a. (Hrsg.), Nomos und Ethos, S. 183 (197).

[131] *Häberle*, Verfassung als öffentlicher Prozeß, S. 59 (82 f.).

[132] *Hillgruber*, VVDStRL 67 (2008), 7 (45 f.), der an anderer Stelle (S. 35 Fn. 98) vom „Schleichweg des Verfassungswandels" spricht.

Und obwohl der Verfassungswandel tatsächlich Gegenstand zahlreicher Beiträge in der Lehrbuch-, Kommentar- und Spezialliteratur ist, scheint sich die deutsche Staatsrechtslehre in Vergangenheit und Gegenwart auf den ersten Blick mehrheitlich schwer mit ihm zu tun.[133] Der Verfassungswandel wird denn auch auffallend häufig mit dem eher negativ als positiv besetzten Attribut „schillernd" verbunden[134], bisweilen sogar als „irrlichternd"[135] charakterisiert. Wo er nicht von vornherein als unzulässig verworfen wird, erscheint vor allem die Abgrenzung zur Verfassungsinterpretation problematisch. Die Gründe für dieses Unbehagen am Verfassungswandel, dessen Ursprünge bis in den Spätkonstitutionalismus reichen und dessen Verständnis sich selbst im Laufe der Zeit gewandelt hat, erhellt eine begriffliche und konzeptionelle Rekonstruktion. An dem Umstand, dass zum einen mit dem Verfassungswandel die Ebenen der Verfassungsinterpretation, der Verfassungstheorie und der Verfassungsrechtsdogmatik zugleich angesprochen sind, an deren Schnittstellen „Grundfragen des Verfassungsrechts und des Rechts überhaupt" warten, und dass zum anderen beim Konzept des Verfassungswandels „die Vielfalt der hier ineinander wirkenden Probleme fürchten macht"[136], kann diese Rekonstruktion freilich nichts ändern. Insofern mag ein Rest an Unbehagen bleiben. Der Blick auf die Entwicklung des Verfassungswandels bietet aber zugleich den Anknüpfungspunkt für eine partielle Rehabilitation des Verstoßenen. Ob die vermeintlich „schillernde" Figur des Verfassungswandels dadurch zum leuchtenden Stern der Verfassungsentwicklung wird, bleibt vorerst abzuwarten.

---

[133] Vgl. auch die Einschätzung bei *Michael*, RW 2014, 426 (428 f. mit Nachweisen in Fn. 7–9). Optimistischer dagegen *Volkmann*, VVDStRL 67 (2008), 57 (64), der als Folge der Anerkennung der Entwicklungsoffenheit der Verfassung eine Anerkennung des Verfassungswandels konstatiert: Dieser sei längst nicht mehr als solcher umstritten, sondern nur noch insoweit, als nicht ganz klar sei, ob es sich um eine eigenständige dogmatische Figur oder bloß noch um einen nicht weiter bemerkenswerten Unterfall der Interpretation handele.

[134] Exemplarisch *Hillgruber*, VVDStRL 67 (2008), 7 (34); *Koschmieder*, Grundrechtliche Dynamisierungsprozesse, S. 38; *Rozek*, in: Isensee/Kirchhof (Hrsg.), HStR XII^3, § 257 Rn. 4.

[135] *Jestaedt*, in: Neuhaus (Hrsg.), 60 Jahre Bundesrepublik Deutschland, S. 35 (40).

[136] Beide Zitate bei *Michael*, RW 2014, 426 (428), der hierin einen Grund für das schattenhafte Dasein des Verfassungswandels in der deutschen Rechtswissenschaft vermutet – neben der von ihm dargestellten signifikanten Abneigung der profiliertesten Vertreter des Fachs seit Anfang des 20. Jahrhunderts.

B. Entwicklung der Figur des Verfassungswandels

I. Ursprünge der Figur des Verfassungswandels

1. Historisch-phänomenologisches Begriffsverständnis

Wo sich die Staatsrechtslehre des Spätkonstitutionalismus überhaupt mit der Thematik des Verfassungswandels befasste, beschränkte sich dessen wissenschaftliche Analyse zunächst auf die Bestandsaufnahme von Fällen, in denen ein diagnostizierter Verfassungszustand des Staates vom Text der Verfassungsurkunde abweicht. Eine staats- bzw. verfassungstheoretische oder verfassungsrechtsdogmatische Einordnung und Bewertung dieser Phänomene – etwa aus dem Blickwinkel der Rechtsquellen des Verfassungsrechts – fand vorerst nicht statt.[137] Der Begriff des Verfassungswandels bezeichnete in einem historisch-phänomenologischen Sinne mithin die vielfältigen Erscheinungsformen politisch-rechtlicher Veränderungen des Verfassungszustandes eines Staates.[138]

Dies gilt zunächst vor allem für Paul Laband, der 1895 in seiner Schrift über „Die Wandlungen der deutschen Reichsverfassung" konstatierte, dass

> „zwischen dem wirklichen Verfassungszustand eines Staates und dem (sic) in der Verfassungsurkunde formulierten Regeln [...] oft so ein großer Unterschied [besteht], daß der erstere die größten Umwandlungen erfahren kann, ohne daß der Wortlaut des Verfassungsgesetzes abgeändert zu werden braucht"[139].

Diese tiefgreifenden Veränderungen zeichnete er unter dem Begriff der Verfassungswandlung exemplarisch an drei Entwicklungen nach. So beschrieb er, wie sich auf Grundlage der nur kurzen Vorschrift über die Gegenzeichnungspflicht und Verantwortlichkeit des Reichskanzlers in Art. 17 S. 2 der Reichsverfassung ein System von Verwaltungsbehörden des Reichs entwickelt hat, „das mit dem im Verfassungsgesetz vorgezeichneten Zustande kaum mehr eine Ähnlichkeit zeigt"[140]; ferner, wie die Finanzverfassung des Reichs (insb. Art. 38 und 70 der Reichsverfassung) durch die einfachgesetzlich normierte sogenannte Franckensteinsche Klausel über die in der Verfassung nicht vorgesehene Rückerstattung bestimmter Zoll- und Steuererträge vom Reich an die Einzelstaaten in signifikanter Höhe „umgeworfen" wurde[141]; und schließlich, wie sich völlig jenseits der in der Reichsverfassung vorgesehenen Kompetenzverteilung zwischen Reich und Einzelstaaten eine Reichsgerichtsbarkeit etab-

---

[137] Vgl. etwa die frühen Einschätzungen bei *Hatschek*, JöR 3 (1909), 1 (2), und *Dau-Lin*, Verfassungswandlung, S. 99; aus neuerer Zeit *Fiedler*, Sozialer Wandel, S. 28; *Korioth*, Integration und Bundesstaat, S. 63 ff.; *Wolff*, Ungeschriebenes Verfassungsrecht, S. 72 ff.

[138] Überzeugende Kategorisierung bei *Pauly*, in: Jellinek, Verfassungsänderung und Verfassungswandlung, S. VII.

[139] *Laband*, Wandlungen der deutschen Reichsverfassung, S. 2.

[140] *Laband*, Wandlungen der deutschen Reichsverfassung, S. 8 ff. (Zitat auf S. 15).

[141] *Laband*, Wandlungen der deutschen Reichsverfassung, S. 21 ff.

lierte[142]. Neben der Aussage, dass die Franckensteinsche Klausel ein schlechtes Zeugnis für die Verfassungstreue ihrer Urheber sei[143], blieb Laband jedoch eine normative Bewertung der von ihm beschriebenen Verfassungswandlungen schuldig. Stattdessen schließt er seine Ausführungen mit dem trivialen Hinweis auf Grund und Folgen des Wandels, wenn „[n]eue Bedürfnisse [...] neue Aufgaben stellen, und die [...] Verfassung [...] dem Schicksal aller menschlichen Einrichtungen nicht entgehen und dereinst dahinsinken [wird] in den Staub der Zeiten."[144]

Später unternahm Georg Jellinek eine typologische Zuordnung der von ihm konstatierten einzelnen Verfassungswandlungen, bei der er auch Entwicklungen ausländischer Verfassungsrechtsordnungen berücksichtigte. Unter den Begriff der Verfassungswandlung fasste er solche Veränderungen des Verfassungszustandes eines Staates, die den Verfassungstext formell unverändert bestehen lassen und durch Tatsachen hervorgerufen werden, die nicht von der Absicht oder dem Bewusstsein einer solchen Änderung begleitet sein müssen.[145] Hierzu unterschied er Verfassungswandlungen durch Verfassungsinterpretation seitens der Parlamente, der Verwaltung und der Rechtsprechung[146] von solchen durch politische Notwendigkeit[147], durch die konstitutionelle Praxis[148], durch die Nichtausübung staatlicher Machtbefugnisse[149] und durch die Ausfüllung von Verfassungslücken[150]. Und obwohl Jellinek mit dieser Arbeit vor allem eine empirische Beschreibung wichtiger Fälle und Typen von Verfassungswandlungen und keine juristische Theorie vorgelegen wollte[151],

---

142 *Laband*, Wandlungen der deutschen Reichsverfassung, S. 32 ff.

143 *Laband*, Wandlungen der deutschen Reichsverfassung, S. 31.

144 *Laband*, Wandlungen der deutschen Reichsverfassung, S. 37.

145 Vgl. *Jellinek*, Verfassungsänderung und Verfassungswandlung, S. 3, der den Verfassungszustand des Staates als Bezugspunkt freilich nicht ausdrücklich nennt. *Bryde*, Verfassungsentwicklung, S. 21, führt das eigentümliche Kriterium der Absichtslosigkeit in der Jellinekschen Definition auf die von der herrschenden Lehre im Kaiserreich und der Weimarer Republik für zulässig gehaltene Praxis von Verfassungsänderungen ohne Textänderungen zurück, die für die Definition der Verfassungswandlung ein zusätzliches Kriterium (eben der Absichtslosigkeit) zu erfordern schien.

146 *Jellinek*, Verfassungsänderung und Verfassungswandlung, S. 9 ff., der dabei schon auf die Rolle der (hier: amerikanischen) Verfassungsgerichtsbarkeit als „Schutzmittel" und „stärkste[n] Wall gegen verfassungswidrige Übergriffe des Gesetzgebers" hinweist (S. 16).

147 *Jellinek*, Verfassungsänderung und Verfassungswandlung, S. 21, der im *fait accompli* eine „historische Erscheinung von verfassungsbildender Kraft" sieht.

148 *Jellinek*, Verfassungsänderung und Verfassungswandlung, S. 28.

149 *Jellinek*, Verfassungsänderung und Verfassungswandlung, S. 34 ff., im Ergebnis aber ablehnend (S. 40).

150 *Jellinek*, Verfassungsänderung und Verfassungswandlung, S. 44, demzufolge Verfassungslücken eher einen Auftrag an den Gesetzgeber zur Verfassungsänderung darstellen.

151 Deutlich *Jellinek*, Verfassungsänderung und Verfassungswandlung, S. 2: „Nicht von den farblosen Etiketten, welche diesen Vorgängen aufgeklebt werden können, sondern von eigehender Erkenntnis ihrer Art und ihres Wirkens soll im folgenden gehandelt werden." Vgl. auch *Smend*, Verfassung und Verfassungsrecht, in: Staatsrechtliche Abhandlungen, S. 119 (188 m. Fn. 9).

deutet sich an verschiedenen Stellen zumindest eine Einordnung des Verfassungswandels als Verfassungsgewohnheitsrecht an[152], die aber weniger im Sinne des überkommenen juristischen Begriffs des Gewohnheitsrechts zu verstehen, sondern im Lichte seiner Figur der normativen Kraft des Faktischen zu deuten ist, bei der zu der rechtsschaffenden Notwendigkeit keineswegs eine wiederholende Übung treten muss.[153]

Eine vergleichbare Typologie des Verfassungswandels entwickelte später der Smend-Schüler Hsü Dau-Lin, der den Verfassungswandel ebenfalls als ein Problem zwischen Norm und Wirklichkeit, zwischen geschriebener Verfassung und tatsächlichem Verfassungszustand auffasste.[154] Er unterschied erstens den Verfassungswandel ohne Norm, bei dem eine zwar formal die Verfassung nicht verletzende Staatspraxis im Widerspruch zu dem sich aus dem Zusammenhang mehrerer Verfassungsvorschriften oder der Gesamtintention der Verfassung ergebenden Gesollten stehe[155]; zweitens den Verfassungswandel bei Verfassungsnormen ohne Wirklichkeit, deren Ausübung unmöglich geworden ist (etwa infolge langandauernder Nichtausübung)[156]; drittens den Verfassungswandel durch eine der Norm widersprechende Wirklichkeit in Form abweichender materieller Verfassungsgesetze bzw. einfacher Gesetze oder abweichender Staatspraxis[157]; und schließlich viertens den Verfassungswandel durch Interpretationswandel[158].

Anders als Laband und Jellinek blieb Dau-Lin aber nicht bei einer Bestandsaufnahme und Typologisierung des Verfassungswandels stehen, sondern diskutierte ihn umfassend als Rechts- und Verfassungsproblem, vor allem als ein solches der Rechtsquellenlehre.[159] Über die Frage, ob es sich beim Verfassungswandel um Verfassungsgewohnheitsrecht[160], um Konventionalregeln[161], um eine Verfassungsverletzung, um Verfassungsinterpretation[162] oder – wie letztlich von Dau-Lin vorgeschlagen – um eine Rechtsquelle sui generis aus dem politisch Notwendigen[163] handelt, konnte bis heute indes keine Einig-

---

152 Vgl. etwa *Jellinek*, Verfassungsänderung und Verfassungswandlung, S. 10, 22, 44.

153 Zutreffend bemerkt von *Pauly*, in: Jellinek, Verfassungsänderung und Verfassungswandlung, S. XII, mit Verweis auf *Bilfinger*, AöR 11 (1926), 163 (176); ausführlicher *Kirste*, in: Brugger/Gröschner/Lembcke (Hrsg.), Faktizität und Normativität, S. 209 (219 ff., 231). Vgl. dazu auch oben, S. 74 ff.

154 *Dau-Lin*, Verfassungswandlung, S. 19 (mit Schema auf S. 20).

155 *Dau-Lin*, Verfassungswandlung, S. 21 ff.

156 *Dau-Lin*, Verfassungswandlung, S. 25 ff.

157 *Dau-Lin*, Verfassungswandlung, S. 29 ff.

158 *Dau-Lin*, Verfassungswandlung, S. 35 ff.

159 *Dau-Lin*, Verfassungswandlung, S. 101 ff.

160 Exemplarisch *Bornhak*, AöR 26 (1910), 373 f.

161 So *Hatschek*, JöR 3 (1909), 1 (4 ff.).

162 Dazu näher unten S. 131 f.

163 *Dau-Lin*, Verfassungswandlung, S. 164 f.; kritisch hierzu *Hesse*, FS Scheuner, S. 123 (133 ff.).

keit erzielt werden.[164] Das rechtswissenschaftliche Verdienst der frühen Arbeiten Labands und Jellineks, Entwicklungen der Verfassung jenseits des Verfassungstexts identifiziert und näher beschrieben zu haben, verdient jedenfalls Anerkennung.[165]

2. Gründe der theoretischen und dogmatischen Zurückhaltung

Und doch musste dieser nur „faktische Umgang" der spätkonstitutionellen Staatsrechtslehre mit dem Begriff des Verfassungswandels bald als unbefriedigend erscheinen. Es sei eigentümlich, dass Laband und Jellinek, die das Problem zum ersten Mal bewusst gestellt hätten, eine nähere Untersuchung über den Rechtscharakter der Verfassungswandlung nicht für notwendig hielten; wo Laband das eigentliche Problem der Verfassungswandlung bewusst nicht gesehen habe, sei Jellinek unmittelbar vor ihm stehen geblieben.[166] Für diese verfassungstheoretische und verfassungsrechtsdogmatische Zurückhaltung wurden denn auch schnell verschiedene Erklärungsansätze entwickelt, die auf methodische, inhaltliche und institutionelle Ursachen verweisen und zugleich den Anknüpfungspunkt für die Entwicklung eines engeren rechtsdogmatischen Verständnisses des Verfassungswandels bieten, das sich unter der Geltung des Grundgesetzes durchsetzen sollte.

a) Positivistische Methode

Am nächstliegenden scheint der Hinweis auf die um die Jahrhundertwende in der Staatsrechtslehre vorherrschende positivistische Methode, deren prominentester Vertreter Laband war. Aus dem staatsrechtlichen Positivismus, der die Einbeziehung aller historischen, politischen und philosophischen Betrachtung in die juristische Argumentation als unzulässig verwirft und sich auf die strikte Unterscheidung zwischen Wirklichkeit und Norm gründet, könne keine juristische Theorie des Verfassungswandels erwachsen. Veränderungen des Verfassungszustandes in der Wirklichkeit würden zur außerjuristischen Größe und damit nur empirisch beschreib-, nicht aber juristisch erklärbar. Da Verfassungswandlungen nicht innerhalb der Verfassungsnorm, sondern außerjuristisch wirkten, verdrängten jene Veränderungen des Verfassungszustandes die Normen der Verfassung und würden ggf. selbst zu Verfassungs-

---

[164] Vgl. die Aufzählungen bei *Dau-Lin*, Verfassungswandlung, S. 101 ff., und *Wolff*, Ungeschriebenes Verfassungsrecht, S. 73 f., jeweils m.w.N. zu den einzelnen Auffassungen, und die Auseinandersetzung mit den Ansätzen von Hatschek, Dau-Lin und Jellinek bei *Wolff*, S. 83 ff.

[165] Die entsprechende Anerkennung für das „wohl nicht ganz verdienstlos[e]" Unterfangen hat *Jellinek* im Vorwort seiner Schrift über Verfassungsänderung und Verfassungswandlung auch gleich selbst eingefordert (S. VI).

[166] So schon früh *Dau-Lin*, Verfassungswandlung, S. 97 u. 99; aus der Zeit des Grundgesetzes *Böckenförde*, FS Lerche, S. 1 (5).

recht.[167] Bezeichnend sei insofern das resignierende Résumé, das Jellinek in seiner Untersuchung zieht. Danach seien „Rechtssätze unvermögend […], staatliche Machtverteilung tatsächlich zu beherrschen. Die realen politischen Kräfte bewegen sich nach ihren eigenen Gesetzen, die von allen juristischen Formen unabhängig wirken."[168]

Der Fingerzeig auf den staatsrechtlichen Positivismus und die mit ihm verbundene methodologisch strenge Selbstbescheidung erklärt die normative Zurückhaltung im Umgang mit dem Verfassungswandel, bewertet oder verurteilt sie aber nicht, auch wenn die etwa von Forsthoff im Jahr 1959 beklagte „heute verbreitete summarische Diskreditierung des Positivismus, die unkritische Bejahung jedweder Kritik am Positivismus"[169] den Hintergrund der Auseinandersetzung vieler Autoren mit dem Verfassungswandel im Spätkonstitutionalismus gebildet haben mag. Insofern besteht für eine Verteidigung von Laband und Jellinek, die diese Zurückhaltung nicht als Kapitulation eines Methodenverständnisses, sondern als Kapitulation des damaligen Staatsrechts mit Blick auf die erhebliche Kluft zwischen der Verfassungsurkunde und dem tatsächlich geltenden Staatsrecht ausweist[170], kein Bedarf. Dies gilt umso mehr, als den damaligen Protagonisten die Grenzlinie zwischen Staatsrecht und Politik selbst deutlich vor Augen stand[171] und sie genau wussten, „daß die Staatsrechtswissenschaft die Rechts- und Staatspraxis beobachten muß, um in einem ernst zu nehmenden Sinne präskriptiv bleiben zu können."[172]

b) Formelles Verfassungsverständnis und materielles Verfassungsgesetz

Auch die Charakteristika des spätkonstitutionellen Verfassungsverständnisses im Allgemeinen und der Reichsverfassung im Besonderen dürften dazu beigetragen haben, dass das Hauptaugenmerk der seinerzeitigen Beschäftigung mit dem Verfassungswandel eher auf einer Bestandsaufnahme denn auf einer theoretischen oder dogmatischen Erklärung lag. In der Staatsrechtslehre dominierte zum einen die Vorstellung von einer Verfassung, die nicht auf die Verwirklichung näher zu bestimmender Ideale oder die Errichtung einer Wert-

[167] So die Argumentation bei *Hesse*, FS Scheuner, S. 123 (130 f.); ähnlich zuvor schon *Bilfinger*, AöR 11 (1926), 163 (175 f.); *Dau-Lin*, Verfassungswandlung, S. 97 f.; *v. d. Heydte*, ARSP 39 (1950/1951), 461 (466 f.); *Ehmke*, AöR 79 (1953/54), 385 (387); *Schenke*, AöR 103 (1978), 566 (575); vgl. auch *Bryde*, Verfassungsentwicklung, S. 255 f.; *Korioth*, Integration und Bundesstaat, S. 66; *Volkmann*, VVDStRL 67 (2008), 57 (61 f.).

[168] *Jellinek*, Verfassungsänderung und Verfassungswandlung, S. 72.

[169] *Forsthoff*, FS Schmitt, S. 35 (37), der gleichwohl das Verdienst der Staatsrechtslehre der Zwanzigerjahre hervorhebt, sich aus der Einschichtigkeit der positivistischen Verfassungsauslegung gelöst zu haben.

[170] So aber *Wolff*, Ungeschriebenes Verfassungsrecht, S. 74 f., dessen in verteidigender Absicht vorgetragene Kritik inhaltlich freilich zutrifft; siehe dazu sogleich.

[171] Ausdrücklich *Jellinek*, Verfassungsänderung und Verfassungswandlung, S. V.

[172] So *Pauly*, Methodenwandel, S. 242.

ordnung abzielt, sondern nur die äußeren Abläufe des politischen Geschehens reglementieren soll.[173] Als „Prototyp“ dieser Vorstellung erscheine die Reichsverfassung, die sich „von ihrem Text her ganz auf die Bestimmung und Zuordnung der politischen Entscheidungsträger“ beschränke, so dass „Wandlungen nicht bearbeitet werden [könnten], die sich unterhalb des Textes im bundesstaatlichen Machtgefüge vollziehen, [...] die Tendenzen ein Rätsel [blieben], die gegen dessen ursprünglichen Sinn eine stärkere Parlamentarisierung des politischen Systems vorbereiten.“[174] Dementsprechend berührten die von Laband und Jellinek erörterten Beispiele von Verfassungswandlungen sämtlich Fragen der Verteilung von Verbands- und Organkompetenzen einschließlich des Haushaltsrechts. Diesem formalen Verfassungsinhalt entsprach eine überwiegend formalistische Perspektive der damaligen Staatsrechtslehre auf das Verfassungsrecht.

Zum anderen liegt in den unter der Reichsverfassung (und auch noch der Weimarer Reichsverfassung) allgemein für zulässig erachteten materiellen Verfassungsgesetzen eine weitere Besonderheit, die überhaupt erst die Möglichkeit eines Verfassungswandels außerhalb der Normen der Verfassungsurkunde eröffneten.[175] Materielle Verfassungsgesetze sind Gesetze, die zu einer materiellen Verfassungsänderung ohne eine Änderung des Verfassungstextes führen, unabhängig davon, ob sie als verfassungsändernde Gesetze deklariert sind oder nicht. So bemerkte Laband, dass inzwischen wichtige Materien durch eine Gesetzgebung des Reiches geregelt worden seien, welche außerhalb des Rahmens der Reichsverfassung liege. Wegen der formellen Beschaffenheit der Reichsverfassung sei es begreiflich, dass sich die Fortbildung und Umgestaltung des Verfassungszustands des Reiches ohne Textänderung der Reichsverfassung vollziehen konnte.[176] Insoweit materielle Verfassungsgesetze Rückwirkungen auf das in der Verfassungsurkunde festgehaltene Verfassungsrecht zeitigen, stellten sie selbst einen veritablen rechtswissenschaftlichen Untersuchungsgegenstand dar, der eine theoretische oder dogmatische Einordnung dieser Verfassungswandlungen in den Hintergrund getreten lassen haben mag. Unter der Geltung des Grundgesetzes hat sich die Problematik materieller

---

173 Vgl. schon die oben, S. 72 ff., erörterte These von *Hennis*, Verfassung und Verfassungswirklichkeit, S. 14 ff., über die Verfassung als „politisches Grundbuch“.

174 *Volkmann*, VVDStRL 67 (2008), 57 (61 f.), der in der damaligen Staatsrechtslehre einen Wandel von einer philosophisch oder politisch interessierten, die Wirklichkeit ins Auge fassenden Wissenschaft zur Norm- oder Buchwissenschaft ausmacht.

175 Zur Unterscheidung von materiell verfassungsändernden Gesetzen, materiellen Verfassungsdurchbrechungen und formellen Verfassungsdurchbrechungen (Verfassungstextdurchbrechungen) siehe oben Fn. 102 und *Loewenstein*, Erscheinungsformen der Verfassungsänderung, S. 173 ff. Vgl. auch *Ehmke*, AöR 79 (1953/54), 385 (387) m.w.N. zur damaligen Diskussion über die Verfassungsmäßigkeit materieller Verfassungsgesetze; ebenso *Wolff*, Ungeschriebenes Verfassungsrecht, S. 70 mit Fn. 496.

176 *Laband*, Wandlungen der deutschen Reichsverfassung, S. 4; vgl. auch *ders.*, JöR 1 (1907), 1 (2).

Verfassungsgesetze erledigt, da Art. 79 Abs. 1 S. 1 GG eine Verfassungsänderung durch einfaches Gesetz ohne Verfassungstextänderung ausschließt. Dass damit jedoch die Möglichkeit eines Verfassungswandels durch den einfachen Gesetzgeber nicht ausgeschlossen ist, soll später noch gezeigt werden.[177]

c) Fehlende Verfassungsgerichtsbarkeit

Die rechtsdogmatische Unbekümmertheit, mit der die Vertreter der spätkonstitutionellen Staatsrechtslehre dem Verfassungswandel gegenübertraten, erklärt sich schließlich aus dem Fehlen einer Verfassungsgerichtsbarkeit, die die Zulässigkeit, den Umfang und die Grenzen eines Verfassungswandels in rechtskräftigen Entscheidungen hätte feststellen und verfassungswidrige Entwicklungen mit einem Nichtigkeitsurteil hätte sanktionieren können.[178] Wo ein authentischer Interpret der Verfassung fehlt, haben es die am Verfassungsleben Beteiligten in der Hand, die normative Kraft der Verfassung zu entfalten oder durch einen Verfassungswandel zu begrenzen, indem sie eine Verfassungsnorm uminterpretieren, eine Lücke im bestehenden Verfassungsrecht ausfüllen oder bestehende Verfassungsgebote nicht beachten.[179] Aus der bloßen Feststellung eines Verfassungswandels folgt dann nichts – auch wenn der Hinweis, ein Zustand widerspreche der Reichsverfassung, „auch zu Zeiten des Kaiserreichs für die Verantwortlichen nicht schmeichelhaft gewesen sein [wird]“[180]. Mangels rechtlicher Unterscheidungskraft erfüllte der Begriff des Verfassungswandels in der spätkonstitutionellen Staatsrechtslehre allenfalls eine heuristische, seltener eine verfassungstheoretische, letztlich aber gar keine rechtsdogmatische Funktion.[181] Demgegenüber kann eine starke Verfassungsgerichtsbarkeit etwa im Verfassungsstaat des Grundgesetzes dem Begriff des Verfassungswandels dogmatische Konturen verleihen und ihn als Problem der (autoritativen) Verfassungsinterpretation verhandeln, ihm dadurch zugleich aber diejenige Bedeutung nehmen, die er im Spätkonstitutionalismus noch hatte.[182]

3. Erste Folgerungen für eine Lehre vom Verfassungswandel

Aus der Diskussion des Verfassungswandels in der Staatsrechtslehre des Spätkonstitutionalismus lassen sich bereits erste konzeptionelle Aussagen für eine

---

[177] Siehe unten S. 150 ff.

[178] Vgl. *Tomuschat*, Verfassungsgewohnheitsrecht, S. 149; *Hesse*, FS Scheuner, S. 123 (125); *Wolff*, Ungeschriebenes Verfassungsrecht, S. 89; *Kirste*, in: Brugger/Gröschner/Lembcke (Hrsg.), Faktizität und Normativität, S. 209 (233).

[179] Zutreffender Hinweis bei *Böckenförde*, FS Lerche, S. 1 (4 f.).

[180] *Wolff*, Ungeschriebenes Verfassungsrecht, S. 89.

[181] Wiederum *Böckenförde*, FS Lerche, S. 1 (5).

[182] *Hesse*, FS Scheuner, S. 123 (125); *Böckenförde*, FS Lerche, S. 1 (5); *Pauly*, in: Jellinek, Verfassungsänderung und Verfassungswandlung, S. IX. Siehe zur Rolle der Verfassungsgerichtsbarkeit mit Blick auf den Verfassungswandel noch unten, S. 122 ff.

Lehre vom Verfassungswandel ableiten, die hier zunächst nur anzudeuten und an anderer Stelle noch vertiefter zu erörtern sind.

So sind für Begriff und Bedeutung des Verfassungswandels die konkrete Ausgestaltung der Verfassungsordnung und das zugrunde gelegte Verfassungsverständnis maßgeblich. Es macht einen Unterschied, ob die Verfassung eine Rahmenordnung für den politischen Prozess bilden will und deshalb nur die Zuordnung von Kompetenzen und Entscheidungsverfahren durch Vorschriften mit eher technischem Charakter regelt oder ob die Verfassung auf die Verwirklichung einer Werteordnung auf Grundlage materiell gehaltvoller Prinzipien zielt. Die Erörterung des Verfassungswandels ist daher kontextgebunden. Ebenso spielt eine Rolle, ob die Verfassung Möglichkeiten der formellen Verfassungsänderung kennt, welche Formen sie für eine Verfassungsänderung vorsieht und welche Hürden sie hierfür aufstellt. Und schließlich deutet sich ein Zusammenhang zwischen dem Bestehen einer Verfassungsgerichtsbarkeit und der Bedeutung des Verfassungswandels an, der zugleich die Frage nach dem Verhältnis von Verfassungsinterpretation und Verfassungswandel aufwirft, das die Staatsrechtslehre später vor allem umtreiben sollte. Verfassungslage und Verfassungskultur[183] bilden somit die Determinanten des Verfassungswandels.

Diese ersten konzeptionellen Andeutungen lassen sich mit Blick auf die Verfassungsrechtsordnung des Grundgesetzes noch vertiefen. Hier bemühte sich die Staatsrechtslehre zunächst um die begriffliche wie konzeptionelle Einengung des Verfassungswandels, indem sie ihn auf einen rechtsdogmatischen Begriff reduzierte und dessen Grund und Grenzen näher ausleuchtete.

II. Verfassungswandel im Verfassungsstaat des Grundgesetzes

1. Thematische Konjunkturen

Im Verfassungsstaat des Grundgesetzes erlebte die Diskussion des Verfassungswandels nach einer anfänglichen thematischen Flaute mehrere Konjunkturen, von denen die erste etwa auf die Mitte der 1970er Jahre, die zweite auf den Anfang bzw. die Mitte der 1990er Jahre und der Beginn einer dritten, bis heute nicht abgeschlossenen, auf die Jahrtausendwende datiert werden können. Dass sich diese Phaseneinteilung nicht trennscharf angeben lässt, muss nicht eigens betont werden. Ein Blick auf die zeitliche Abfolge dieser Konjunkturverläufe legt aber zwei Korrelationen offen. Zum einen rückt das Thema des Verfassungswandels immer dann in den Mittelpunkt der rechtswissenschaftlichen Diskussion, wenn tiefgreifende gesellschaftliche und politische Transformationsprozesse in der Wirklichkeit auch durch das Verfassungsrecht zu bewältigen sind. So ist ein entsprechender Anstieg der Litera-

183 Wendung bei *Jestaedt*, in: Depenheuer u.a. (Hrsg.), Nomos und Ethos, S. 183 (188).

turproduktion nicht zufällig infolge der sogenannten 68er-Bewegung, der deutschen Wiedervereinigung sowie der europäischen Integration und schließlich der zunehmenden Öffnung, Individualisierung und Pluralisierung der Gesellschaft zu verzeichnen, was sich exemplarisch an der Diskussion über einen Verfassungswandel im Rahmen von Art. 6 Abs. 1 GG[184] oder infolge des demografischen Wandels[185] ablesen lässt.[186] Zum anderen deutet der immer kürzer werdende Abstand zwischen den einzelnen Konjunkturen auf den von den Sozialwissenschaften diagnostizierten immer schnelleren Wandel der gesellschaftlichen Verhältnisse hin.[187]

In der frühen Bundesrepublik rückte das Thema des Verfassungswandels zunächst weit in den Hintergrund. Mit dem Grundgesetz trat eine auf Offenheit und Elastizität angelegte Verfassungsordnung in Kraft, die zumal von einem früh den eigenen Status als Hüter und authentischer Interpret der Verfassung behauptenden Bundesverfassungsgericht[188] umfassend entfaltet wurde.[189] Hinzu kam die in Art. 79 Abs. 1 und 2 GG vorgesehene Möglichkeit einer förmlichen Verfassungsänderung, die zu einer Änderung des Verfassungstextes zwang und von der trotz der im Grundgesetz vorgesehenen qualifizierten Mehrheit in den ersten beiden Jahrzehnten nach dem Inkrafttreten des Grundgesetzes häufig Gebrauch gemacht wurde, so dass auch hierdurch sich wandelnden Verhältnissen Rechnung getragen werden konnte.[190] Dementspre-

---

[184] Vgl. mit Blick auf die „Ehe für alle" einerseits *Brosius-Gersdorf*, NJW 2015, 3557 ff.; *Dethloff*, FamRZ 2016, 351 ff.; *Beck/Tometten*, DÖV 2016, 581; andererseits *Schmidt*, NJW 2017, 2225 ff.; *Ipsen*, NVwZ 2017, 1096 ff.; vgl. weiter *Germann*, VVDStRL 73 (2014), 257 (287 ff.); *Böhm*, VVDStRL 73 (2014), 211 (219 ff.); *Koschmieder*, Grundrechtliche Dynamisierungsprozesse, S. 246 f.; schon früher *Zuleeg*, NVwZ 1986, 800; *v. Campenhausen*, VVDStRL 45 (1987), 7 (47 ff.); *Steiger*, VVDStRL 45 (1987), 55 (74 ff.).

[185] Vgl. vor allem *Becker/Kersten*, AöR 141 (2016), 1; implizit (im Ergebnis aber ablehnend) *Kluth*, VVDStRL 68 (2009), 246 ff., und *Baer*, VVDStRL 68 (2009), 290 ff., jeweils m.w.N.

[186] Zum Aufkommen von Methodendiskussionen als typische Reaktion der Rechtswissenschaft auf veränderte politische und gesellschaftliche Rahmenbedingungen exemplarisch *Peuker*, Bürokratie und Demokratie in Europa, S. 119 ff. Zur Rolle des Bundesverfassungsgerichts in Zeiten des Umbruchs *Kirchhof*, NJW 1996, 1497; vgl. auch *Voßkuhle*, JuS 2019, 417 (418 ff.).

[187] Vgl. nur die Beiträge im Sammelband von *Kodalle/Rosa (Hrsg.)*, Rasender Stillstand.

[188] Vgl. zur von *Gerhard Leibholz* verfassten sogenannten Statusdenkschrift des Bundesverfassungsgerichts aus dem Jahr 1952 (abgedruckt in JöR 6 [1957], 144 ff.) *Pauly*, in: ders./Fischer (Hrsg.), Höchstrichterliche Rechtsprechung in der frühen Bundesrepublik, S. 1 (3 ff.); *C. Schönberger*, in: Jestaedt u.a. (Hrsg.), Das entgrenzte Gericht, S. 9 (11 ff.); in verfassungsgerichtsvergleichender Perspektive *Herrmann*, in: Vorländer (Hrsg.), Die Deutungsmacht der Verfassungsgerichtsbarkeit, S. 141 (144 ff.).

[189] Vgl. die Einschätzung bei *Hesse*, FS Scheuner, S. 123 (124 f.); pointierte Kritik bei *Isensee*, Vom Stil der Verfassung, S. 64 ff. (Grundgesetz als „Wertetafel", als „Wunschzettel einer permanenten Vorweihnacht der pluralistisch-multikulturellen Gesellschaft").

[190] Gänzlich anders dagegen die – vor allem gegen Rudolf Smends Integrationslehre gerichtete – Einschätzung von *Forsthoff*, FS Schmitt, S. 35, der bereits zehn Jahre nach dem Inkrafttreten des Grundgesetzes tiefgreifende Veränderungen desselben nicht durch Verfassungsänderungen, sondern durch die Verfassungsgerichtsrechtsprechung konstatiert und ihnen den Charakter von Verfassungswandlungen bescheinigt. Damit wendet sich Forsthoff vor allem gegen

chend behandelten auch nur wenige wissenschaftliche Beiträge den Verfassungswandel. So verdient es denn besondere Beachtung, wenn sich bereits zwei Jahre nach Inkrafttreten des Grundgesetzes ein Beitrag im Kern mit dem Verhältnis von Verfassungswandel und Verfassungsinterpretation auseinandersetzt und daraus programmatische Schlussfolgerungen für Verfassungsgerichtsbarkeit, Politik und Rechtswissenschaft als Akteure des Verfassungswandels ableitet, ohne dabei allerdings auf umfangreiches Anschauungsmaterial aus der Bundesrepublik zurückgreifen zu können.[191]

Während der ersten thematischen Konjunktur des Verfassungswandels in den 1970er Jahren drehte sich die Diskussion zum einen um die allgemeinere verfassungstheoretische Frage, wie sich Verfassung und Zeit[192] zueinander verhalten, und zum anderen um die Frage, wie Verfassung und Wirklichkeit methodologisch zueinander gebracht und der Verfassungswandel als rechtsdogmatisches Konzept etabliert werden kann[193]. Besonderes Augenmerk galt dabei den Formen und Grenzen des Verfassungswandels. Ein vorläufiges Ende fand die Auseinandersetzung 1982 mit der Habilitationsschrift von Bryde über Verfassungsentwicklung[194].

Verstärkte Aufmerksamkeit galt dem Verfassungswandel dann wieder ab Anfang bzw. Mitte der 1990er Jahre.[195] In dieser zweiten Diskussionsphase verfestigte sich das Konzept des Verfassungswandels in einem engen verfassungsrechtsdogmatischen Sinne weiter. Verfassungswandel bezeichnet danach die Inhaltsänderung einer Verfassungsnorm ohne Textänderung. Da diese Inhaltsänderung (allein) im Wege der Verfassungsinterpretation (allein) durch das Bundesverfassungsgericht festgestellt werden könne, wurde das Problem des Verfassungswandels vor allem als methodisches Problem der Verfassungs-

---

die geisteswissenschaftliche-werthierarchische Methode bei der Verfassungsauslegung, die das Verfassungsrecht hochgradig verunsichere und seiner Rationalität und Evidenz entkleide, indem sie es in Kasuistik auflöse, was sich am Beispiel die Interpretation des Gleichheitssatzes, der Drittwirkung der Grundrechte oder der Reichweite der Sozialstaatsklausel zeige (S. 55; ebenso S. 59 f., dort auch die Wendung von der Entformalisierung des Verfassungsrechts durch die Entfaltung des Justizstaates).

[191] *v. d. Heydte*, ARSP 39 (1950/1951), 461, der als ein Beispiel für einen Verfassungswandel unter dem noch jungen Grundgesetz den Wandel des systematischen Verhältnisses der Art. 20, 29 und 118 GG zueinander anführt. Vgl. demgegenüber *Forsthoff*, FS Schmitt, S. 35 ff., der 1959 in der frühen, der Integrationslehre Smends verbundenen Wertordnungsjudikatur des BVerfG im Hinblick auf die Grundrechte des Grundgesetzes „die Substanz ergreifende Veränderungen", eben Verfassungswandlungen erkennt, die er als „Umbildung des Verfassungsgesetzes" bezeichnet. Vgl. weiter auch *Krüger*, FG Smend, S. 151 ff.

[192] *Kloepfer*, Der Staat 13 (1974), 457 ff.; *Häberle*, ZfP 21 (1974), 111 ff. (abgedruckt in: *ders.*, Verfassung als öffentlicher Prozeß, S. 59 ff.); *Schenke*, AöR 103 (1978), 566 ff.

[193] *Lerche*, FG Maunz, S. 285 ff.; *Fiedler*, Sozialer Wandel, S. 50 ff.; *Tomuschat*, Verfassungsgewohnheitsrecht?, S. 145 ff.; *Hesse*, FS Scheuner, S. 123 ff.

[194] Aus dem Jahr 1983 noch *Roßnagel*, Der Staat 22 (1983), 551.

[195] *Böckenförde*, FS Lerche, S. 3 ff.; *Schuppert*, AöR 120 (1995), 32 ff.; *Hesse*, JZ 1995, 265 ff.; *Pauly*, in: Jellinek, Verfassungsänderung und Verfassungswandlung, S. VII ff.; *Schulze-Fielitz*, AöR 122 (1997), 1 ff.; *Kenntner*, DÖV 1997, 450.

interpretation und als institutionelle Frage der Stellung des Bundesverfassungsgerichts im Verfassungsgefüge des Grundgesetzes und seinen Kompetenzen verhandelt.

An die Reduktion der Auseinandersetzung mit dem Verfassungswandel auf die eben genannten Fragestellungen knüpfte die Kritik in der dritten Phase ab der Jahrtausendwende an, die entweder eine eigenständige Bedeutung des Verfassungswandels neben der Verfassungsinterpretation negierte oder jedenfalls die Legitimität des Verfassungswandels als Möglichkeit der Verfassungsfortbildung neben der förmlichen Verfassungsänderung bestritt.[196] Diese Kritik provozierte in jüngerer Zeit wiederum Stellungnahmen, die entweder eine eigenständige Funktion des Verfassungswandels begründeten oder gegen die Verengung des Begriffs des Verfassungswandels auf ein enges verfassungsrechtsdogmatisches Verständnis argumentierten, mithin auf eine Rehabilitation des Verfassungswandels zielten.[197]

Diese Konjunkturen widerlegen die Behauptung, dass der Verfassungswandel rechtswissenschaftlich ausgedient hätte. Offensichtlich bestehen noch immer gute Gründe, den Verfassungswandel als Konzept zu diskutieren und weiterzuentwickeln. Die Inhalts- und Akzentverschiebungen innerhalb der Diskussion, die es im Folgenden nachzuzeichnen gilt, zeigen freilich auch, dass über Inhalt, Umfang und Legitimität des Konzepts Verfassungswandel noch keine Einigkeit erzielt worden ist.

2. *Konsens und Dissens in der Methode*

Einigkeit ist dagegen vordergründig in der Abkehr vom spätkonstitutionellen Verfassungspositivismus und den zugrunde liegenden neukantianischen Postulaten zu verzeichnen.[198] Mit dem Ende des Weimarer Richtungsstreits dürfte sich die Erkenntnis durchgesetzt haben, dass zwischen der Verfassung und der Verfassungswirklichkeit ein Verweisungszusammenhang dergestalt besteht,

> „dass der kontrafaktische normative Anspruch des juristischen Verfassungstextes […] tatsächlichen Grenzen [unterliegt], deren Bestimmung auf den Inhalt der normativen Verfassung […] gerade auch um seiner normativen Kraft willen [zurückwirkt]“[199].

---

[196] *Wolff*, Ungeschriebenes Verfassungsrecht, S. 79 ff.; *Walter*, AöR 125 (2000), 517 ff.; *Jestaedt*, FS Isensee (2002), S. 183 (192 ff.); *Voßkuhle*, Der Staat 43 (2004), 450 ff.; *Hillgruber*, VVDStRL 67 (2008), 7 ff.; *Volkmann*, VVDStRL 67 (2008), 35 ff.; *Schulze-Fielitz*, in: Wahl (Hrsg.), Verfassungsänderung, Verfassungswandel, Verfassungsinterpretation, S. 219 ff.; *Würtenberger*, in: Neuhaus (Hrsg.), Verfassungsänderungen, S. 287 ff.

[197] *Michael*, RW 2014, 426 ff.; *Becker/Kersten*, AöR 141 (2016), 1 ff.; *Haack*, JZ 2017, 213 ff.

[198] Vgl. aber *Hennis*, JZ 1999, 485 (492), der in der deutschen Staatsrechtslehre noch immer eine „Übermächtigkeit des ‚Normativen'“ und eine „immer noch so timide[…] deutsche[…] Trennungslinie zwischen ‚Sein' und ‚Sollen'“ konstatiert.

[199] *Schulze-Fielitz*, in: Wahl (Hrsg.), Verfassungsänderung, Verfassungswandel, Verfassungsinterpretation, S. 219.

Dieser vordergründige Konsens kann indes nicht überspielen, dass die Antworten darauf, wie sozialer Wandel normativ zu rezipieren ist, unterschiedlich ausfallen – je nach dem, aus der Warte welchen Verfassungsverständnisses die Frage betrachtet wird.[200] Hier setzt sich der Methodenstreit der Weimarer Staatsrechtslehre bis in die Gegenwart fort. Hans Kelsen verbundene positivistische Verfassungsverständnisse und eher dezisionistische Verfassungsverständnisse in der Nachfolge Carl Schmitts verweisen auf die Verfassungsänderung als Rezeptionsinstrument und erteilen dem Verfassungswandel im Wege einer extensiven Verfassungsinterpretation eine deutliche Absage. Ein Verfassungsverständnis, das die Integrationslehre Rudolf Smends normativistisch wendet[201], betrachtet die Rezeption eines Verfassungswandels durch eine (geänderte) Verfassungsinterpretation indes als geradezu konstitutiv für die verfassungsrechtswissenschaftliche Methodik, ohne dass es hierzu zwingend einer Verfassungsänderung bedürfte. Bis heute ist nicht ausgemacht, ob es überhaupt ein richtiges Verfassungsverständnis gibt und welches das sein sollte. Die Verfassung selbst verhält sich – wie jeder andere Text auch – nicht zu ihrem richtigen Verständnis. Dieses ist vielmehr Gegenstand einer fortwährenden Verständigung über die Verfassung, die von rechtskulturellen Traditionen und historischen, sozialpsychologischen oder personellen Konstellationen beeinflusst sein kann und kein endgültiges Ergebnis kennt.[202] Insoweit dürfte auch die vermittelnde Position einer komplexen Methodik, „die auf die im klassischen methodischen Instrumentarium vermittelten Möglichkeiten, Rechtssicherheit und Verständigung zwischen den Rechtsanwendern herzustellen, nicht verzichtet, aber gleichzeitig bemüht ist, die Offenheit von Rechtsnormen nach ‚unten' und ‚oben' in den Griff zu bekommen"[203], nicht das letzte Wort in dieser Verständigung sein.

Wenn hier gleichwohl die Möglichkeit eines Verfassungswandels zugrunde gelegt werden soll, dann erfolgt das aus zwei pragmatischen Erwägungen.

---

[200] Dazu schon oben, S. 78 ff.

[201] Begrifflichkeit bei *Hennis*, JZ 1999, 485 (488).

[202] Zutreffend *Volkmann*, Der Staat 54 (2015), 35 (58 ff.); ähnlich *Bumke*, in: Jestaedt/Suzuki (Hrsg.), Verfassungsentwicklung I, S. 39 (53 f.). Demgegenüber betont *Bryde*, Verfassungsentwicklung, S. 281 f., dass die Methodenwahl kein einseitiger Ausgangspunkt der Verfassungsinterpretation sein darf, sondern ihrerseits normativ angeleitet sein muss. So sollen der Sinn der Verfassungsnormen und der richtig verstandene Wille des Verfassungsgesetzgebers regelmäßig eine objektive Auslegung verlangen, während eine subjektive Auslegung geboten sein kann, wenn nur so dem Sinn der Norm volle Rechnung getragen werden kann, was etwa bei Gesetzgebungskompetenzkatalogen oder anderen organisationsrechtlichen Materien der Fall sein könne.

[203] *Bryde*, Verfassungsentwicklung, S. 258, der an anderer Stelle (S. 290) von der Möglichkeit ausgeht, in der Verfassung Kriterien für die Auslegung der Verfassung zu finden, namentlich eine bestimmte „Richtungsentscheidung", die die Konkretisierung im Einzelfall anleiten könne. Dabei weist er aber zu Recht darauf hin, dass sich der Normgeber nicht für Theorien entscheidet, aus denen deduziert werden kann, sondern für die Lösung von Sachproblemen.

Zum einen sind bislang kaum digitalisierungsspezifische Verfassungsänderungen zu verzeichnen. Zum anderen kommen in der nachfolgenden Darstellung auch diejenigen Kritiker zu Wort, die sich einem positivistischen oder dezisionistischen Verfassungsverständnis verbunden fühlen und aus dieser Perspektive veritable Argumente gegen einen Verfassungswandel vorbringen, die auf ihre Stichhaltigkeit zu überprüfen sind.

3. Verfassungswandel als dogmatischer Begriff: Inhaltswandel ohne Textwandel

Gegen das weite phänomenologische Begriffsverständnis des Verfassungswandels im Spätkonstitutionalismus, das jedes Auseinanderfallen von Verfassungstext und Verfassungszustand des Staates umfasste, zielte die Staatsrechtslehre der Bonner Republik schon früh auf eine begriffliche Einengung. Einen Verfassungswandel im bloßen Gegensatz von Verfassung und Verfassungswirklichkeit zu erblicken, gehe nicht an, weil auf verschiedenen Ebenen argumentiert werde, denn nicht der durch den Text maßgeblich mitbestimmte Inhalt einer Verfassungsnorm ändere sich hierbei, sondern „etwas anderes“[204]. Indem stattdessen die einzelne Verfassungsnorm in den Mittelpunkt der Betrachtung rückt, anhand derer die Zulässigkeit, die Grenzen und die Rechtsfolgen eines Verfassungswandels erörtert werden können, erhält der als Wandel innerhalb der Verfassungsnorm verstandene Verfassungswandel über die Erfüllung einer bloß heuristischen Funktion hinaus auch rechtsdogmatische Konturen und erlaubt eine spezifische Vermittlung von Verfassungstext und Verfassungswirklichkeit.[205]

a) Definition und normtheoretische Fundierung

Verfassungswandel setzt am Inhalt einer einzelnen Verfassungsnorm an und bezeichnet die Änderung des Inhalts dieser Verfassungsnorm ohne eine Änderung ihres Textes, so dass der Inhalt der Norm bei gleichbleibendem Text also eine andere Bedeutung erhält.[206] Diese begriffliche Engführung hatte das Bundesverfassungsgericht in gewisser Weise schon früh vorgezeichnet. Bereits 1953 merkte es an, dass eine Verfassungsbestimmung einen Bedeutungswandel erfahren könne, wenn in ihrem Bereich neue, nicht vorausgesehene Tatbe-

---

[204] *Hesse*, FS Scheuner, S. 123 (127 f.).

[205] Vgl. *Hesse*, FS Scheuner, S. 123 (137); *Böckenförde*, FS Lerche, S. 1 (5).

[206] *Hesse*, FS Scheuner, S. 123 (126); *Böckenförde*, FS Lerche, S. 1 (6); *Bryde*, Verfassungsentwicklung, S. 21, 254; *Badura*, in: Isensee/Kirchhof (Hrsg.), HStR VII[1], § 160 Rn. 13; *Wolff*, Ungeschriebenes Verfassungsrecht, S. 98; *Würtenberger*, in: Neuhaus (Hrsg.), Verfassungsänderungen, S. 287 (295); Überblick bei *Stock*, Verfassungswandel in der Außenverfassung, S. 165 f.; schon früher *v. d. Heydte*, ARSP 39 (1950/1951), 461 (466, dort als „stiller“ Verfassungswandel bezeichnet).

stände auftauchen oder bekannte Tatbestände durch ihre Einordnung in den Gesamtablauf einer Entwicklung in neuer Beziehung oder Bedeutung erscheinen.[207] Die Formel vom Bedeutungswandel einer Verfassungsnorm griff das Gericht in mehreren späteren Entscheidungen ausdrücklich auf, ohne den Verfassungswandel freilich als dogmatisches Konzept näher zu entfalten.[208] Die Rezeption dieser Rechtsprechung verwies allerdings darauf, dass Bedeutungswandel und Inhaltswandel einer Verfassungsnorm nicht deckungsgleich seien, sondern ein Inhaltswandel eine mögliche, aber keine notwendige Voraussetzung für einen Bedeutungswandel sei. Vielmehr könne sich ein Bedeutungswandel auch daraus ergeben, dass sich Gegebenheiten im Sach- und Le-

[207] BVerfGE 2, 380 (410 Rn. 73). Einen solchen Bedeutungswandel hat das Gericht mit Blick auf die Frage, ob öffentlich-rechtliche Rechtspositionen in den Schutzbereich von Art. 14 GG fallen, aber sogleich abgelehnt. Dass das BVerfG den Verfassungswandel nicht näher konzeptionalisiert, hindert es freilich nicht daran, den Verfassungsnormen, insbesondere den Grundrechten wegen Veränderungen der geregelten Sachlagen oder Lebensverhältnisse durch eine geänderte Interpretation eine neue Bedeutung beizulegen, also Verfassungswandel zu betreiben – vgl. nur *Hesse*, JZ 1995, 265 (267), mit Beispielen zur Eigentumsgarantie, zum allgemeinen Persönlichkeitsrecht, zum Datenschutz, zum Rundfunk, zur Gleichberechtigung von Mann und Frau oder zur Rechtsstellung nichtehelicher Kinder. Je nachdem, ob diese Neuinterpretation unter ausdrücklicher Aufgabe der früheren Rechtsprechung oder eher stillschweigend geschieht, mag man von einem ausdrücklichen oder einem stillen Verfassungswandel sprechen (der Begriff des stillen Verfassungswandels findet sich etwa bei *v. d. Heydte*, ARSP 39 (1950/1951), 461 (466), und *Lerche*, FG Maunz, S. 285); eine dogmatische Funktion erfüllt diese Unterscheidung indes nicht. Zur Rolle des Bundesverfassungsgerichts noch unten, S. 122 ff.

[208] In BVerfGE 3, 407 (422 Rn. 69) erörterte das Gericht die Frage eines Bedeutungswandels einer Verfassungsnorm interessanterweise mit Blick auf (das Baurecht berührende) Zuständigkeitsvorschriften des Grundgesetzes und nicht hinsichtlich der gewöhnlich für einen Verfassungswandel offeneren Grundrechtsbestimmungen oder Staatsstrukturprinzipien. Die Frage, ob der Gesichtspunkt des Bedeutungswandels überhaupt auf Bestimmungen des Grundgesetzes anwendbar ist, die die Gesetzgebungszuständigkeit zwischen Bund und Ländern abgrenzen, ließ das Gericht in seinem Gutachten indes ausdrücklich offen und vermochte im Gutachtenzeitpunkt (1954) auch keine neuen, nicht vorausgesehenen Tatbestände oder neue Bedeutungen bereits bekannter Tatbestände im Bereich der das Baurecht betreffenden Zuständigkeitsvorschriften zu erkennen. In BVerfGE 45, 1 (33 Rn. 106) lehnte das Gericht einen Verfassungswandel durch eine Staatspraxis der vorläufigen Haushaltsführung durch die Bundesregierung im etatlosen Zustand, die zu einer Verkürzung der Kompetenz und Verantwortung des Haushaltsgesetzgebers und einer Erweiterung der Kompetenz des Bundesministers der Finanzen geführt hatte, ohne nähere Begründung ab. Vgl. weiter BVerfGE 62, 1 (49 Rn. 134: kein Verfassungswandel im Hinblick auf die – von allen anderen Verfassungsorganen seinerzeit nicht bestrittene und insoweit auch vom Bundesverfassungsgericht bei der Auslegung des Art. 68 GG zur Kenntnis zu nehmende – Zulässigkeit einer auflösungsgerichteten Vertrauensfrage) – vgl. dagegen das Sondervotum des Vizepräsidenten *Zeidler*, BVerfG 62, 1 (67 ff. Rn. 197 ff.); BVerfGE 83, 37 (52 Rn. 56: kein Bedeutungswandel des verfassungsrechtlichen Begriffs des Volkes durch eine erhebliche Zunahme des Anteils der Ausländer an der Gesamtbevölkerung); zuletzt etwa BVerfGE 142, 25 (65 f. Rn. 110: kein Verfassungswandel im Hinblick auf Quoren für die Ausübung von Minderheitenrechten im Deutschen Bundestag in Zeiten einer sogenannten Großen Koalition). Zur Rechtsprechung des Bundesverfassungsgerichts *Fiedler*, Sozialer Wandel, S. 78 ff.

bensbereich, auf den die Verfassungsnorm bezogen ist, änderten und der Norm dadurch eine andere oder neue Bedeutung zuwachse.[209]

Als ein methodisches Gerüst der vom engen verfassungsrechtsdogmatischen Verständnis geforderten Einbeziehung der Wirklichkeit in die Verfassungsnorm diente die von Friedrich Müller begründete Unterscheidung zwischen Normprogramm und Normbereich bei Rechtsnormen.[210] Diese Unterscheidung überwindet die dichotomische Trennung von Norm und Wirklichkeit, indem sie die Wirklichkeit in ihren jeweiligen, von der Anordnung der Norm (Normprogramm) betroffenen tatsächlichen Gegebenheiten (Normbereich) als Bestandteil der Norm selbst betrachtet. Die Norm umfasst mithin das Normprogramm und den Normbereich als das Ordnende und das zu Ordnende, so dass Veränderungen im Normbereich zu einer Veränderung des Inhalts der Norm führen müssen. Ob neue oder veränderte Sachlagen zum Normbereich gehören, entscheidet dabei das im Text der Verfassungsnorm angelegte und durch Auslegung zu ermittelnde Normprogramm. Das Zusammenspiel von Normbereich und Normprogramm erlaubt es, den Verfassungswandel, seine Zulässigkeit und seine Grenzen als verfassungsrechtsdogmatische Fragestellung zu thematisieren. Denn wenn Veränderungen der sozialen Wirklichkeit nur insoweit als maßgeblich für den Norminhalt angesehen werden dürften, als sie zum Normbereich gehörten, worüber wiederum das Normprogramm entscheide, für das der Text der Verfassungsnorm konstitutiv sei, dann könne sich der Inhalt von Verfassungsnormen nur innerhalb des durch den Text gezogenen Rahmens wandeln, der wiederum durch Interpretation der Verfassungsnorm zu ermitteln sei.[211] Aus rechtsdogmatischer Perspektive interessiert dann, welche Änderungen im Regelungsbereich einer Norm zu einer Änderung ihres Sinns führen sollen und welche nicht.[212] Diese normtheoretische Fundierung ist freilich zu ergänzen durch den Hinweis, dass sich grundlegende Umdeutungen des Normsinns nicht nur aus faktischen Wandlungen im Normbereich herleiten lassen, sondern sich auch durch einen Wandel der normativen Wertungen ergeben können.[213]

---

[209] *Böckenförde*, FS Lerche, S. 1 (4); *Voßkuhle*, Der Staat 43 (2004), 450 (452); vgl. auch *Stock*, Verfassungswandel in der Außenverfassung, S. 164 f.

[210] Zum Folgenden *Müller*, Normstruktur und Normativität, 168 ff.; *ders.*, ARSP 56 (1970), 493 (503 ff.). Ausdrückliche Referenz bei *Hesse*, FS Scheuner, S. 123 (137 f.), und *Fiedler*, Sozialer Wandel, S. 51 ff., 62 f.; vgl. auch *Bryde*, Verfassungsentwicklung, S. 259 ff. Kritik an der mit der „eigenwilligen Begriffssprache" Müllers verbundenen „Abscheidung von der allgemeinen juristischen Umgangssprache" bei *Böckenförde*, NJW 1976, 2089 (2090, Fn. 90).

[211] So *Hesse*, FS Scheuner, S. 123 (139).

[212] Zutreffend *Bryde*, Verfassungsentwicklung, S. 259 f.

[213] Hinweis bei *Bryde*, Verfassungsentwicklung, S. 262 f. und 287 f., mit Blick auf veränderte Grundrechtstheorien (z.B. Leistungsdimension der Grundrechte), die die Grundrechtskonkretisierung steuern, und allgemeiner auf Entwicklungen, die nicht aufgrund neuer Problemlagen erfolgt sind, sondern Folge juristischer Diskussionen um das richtige Verständnis der Verfassung sind.

Das Verständnis des Verfassungswandels als textbezogenes, normimmanentes[214] Phänomen mag dann zwar die Normativität der Verfassung mit Blick auf ihre Funktionen der Stabilisierung, Rationalisierung und Limitierung stärken. Es mag auch ausschließen, dass der Rekurs auf den Verfassungswandel als Folge etwa der Jellinekschen normativen Kraft des Faktischen oder der politischen Notwendigkeit im Sinne Dau-Lins der Beliebigkeit anheimfällt.[215] Es lässt aber das Verhältnis des Verfassungswandels zur Verfassungsinterpretation im Dunkeln, an das später die Kritik an der eigenständigen Bedeutung des Verfassungswandels als rechtsdogmatisches Konzept anknüpfen sollte.

b) Differenzierungen

Die Fokussierung des engen, rechtsdogmatischen Begriffs des Verfassungswandels auf die einzelne Verfassungsnorm, innerhalb derer aus der Warte des Normprogramms relevante Veränderungen im Normbereich zu einer Veränderung eben des Inhalts der Verfassungsnorm selbst führen, erlaubt eine Reihe von Differenzierungen. Abzugrenzen vom engen Begriff des Verfassungswandels sind auf der einen Seite solche Entwicklungen, die außerhalb des Normbereichs liegen, die die ältere Lehre aber unter einen weiten Begriff des Verfassungswandels subsumiert hat, und auf der anderen Seite solche Veränderungen, die den Inhalt der Norm deshalb nicht ändern, weil sie bereits vom Normprogramm umfasst sind. Mangels rechtsdogmatischer Unterscheidungskraft soll dagegen keine Rolle spielen, ob sich der Verfassungswandel bewusst oder unbewusst[216], ausdrücklich bzw. offen oder still[217], über kurze oder lange Zeit[218] vollzieht.

Zur ersten Fallgruppe zählen etwa Veränderungen des Verfassungszustandes, in dem sich ein politisches Gemeinwesen befindet, den zwar ein sozialwissenschaftlicher Verfassungsbegriff in den Blick nehmen kann, der aber keinen Bezug (mehr) zum Verfassungstext aufweist.[219] Auch Bedeutungsveränderungen einer Norm, die keine Inhaltsänderungen sind, sondern sich lediglich

[214] Bei *Stern*, Staatsrecht I², S. 161, findet sich die Unterscheidung „normendogen/normexogen"; aufgegriffen etwa bei *Höfling*, Offene Grundrechtsinterpretation, S. 189.

[215] *Hesse*, FS Scheuner, S. 123 (136, 138 f.).

[216] Das Kriterium der Absichtslosigkeit bzw. des fehlenden Bewusstseins eines Verfassungswandels findet sich bei *Jellinek*, Verfassungsänderung und Verfassungswandlung, S. 3; s. hierzu auch Fn. 145. Dagegen *Hesse*, FS Scheuner, S. 123 (126 f.); *Bryde*, Verfassungsentwicklung, S. 21 f.

[217] Zum stillen Verfassungswandel etwa *v. d. Heydte*, ARSP 39 (1950/1951), 461 (466) und *Lerche*, FG Maunz, S. 285; gegen die Relevanz dieser Unterscheidung *Hesse*, FS Scheuner, S. 123 (127). In heuristisch-typologischer Absicht verwendet bei *Schulze-Fielitz*, in: Wahl (Hrsg.), Verfassungsänderung, Verfassungswandel, Verfassungsinterpretation, S. 219 (221 ff.).

[218] Eine gewisse Zeitspanne für einen Verfassungswandel setzen beispielsweise *Haug*, Die Schranken der Verfassungsrevision, S. 166 („das Allmähliche, Organische"), und *Lerche*, FG Maunz, S. 285 (292, 294) voraus; dagegen *Hesse*, FS Scheuner, S. 123 (127).

[219] *Böckenförde*, FS Lerche, S. 1; *Hesse*, FS Scheuner, S. 123 (126).

als neue Funktion einer Norm infolge veränderter Gegebenheiten im Sach- und Lebensbereich dieser Norm darstellen, können hierunter fallen.[220]

Ebenfalls kein Verfassungswandel soll in der zweiten Fallgruppe gegeben sein, wenn etwa Verfassungsnormen unterschiedliche Ausgestaltungen eines Sach- und Lebensbereichs durch den Gesetzgeber zulassen und der Gesetzgeber wechselnde Ausgestaltungen wählt, weil diese wechselnden Ausgestaltungen der Rechtsordnung die Verfassungsnorm selbst nicht ändern.[221] Gleiches gilt bei der Anwendung unbestimmter Verfassungsbegriffe als Teil der Verfassungsnorm, die der Konkretisierung fähig und bedürftig sind.[222]

Andere Begriffspaare zielen nicht primär darauf, in einem rechtsdogmatischen Unterfangen zulässigen von unzulässigem Verfassungswandel zu trennen, sondern haben allenfalls heuristische Funktion und wurden im Übrigen kaum rezipiert. So mag man einer – als solcher schon kritikwürdigen – „juristischen Etikettierungstradition" folgend etwa den *„echten"* vom *„unechten"* Verfassungswandel unterscheiden, der zwar als Verfassungswandel erscheint, aber keine Änderung des Verfassungsrechts herbeiführt.[223] Das betreffe neben dem bereits angesprochenen Wandel der einfachgesetzlichen Konkretisierung bzw. Ausgestaltung im Rahmen konkretisierungs- oder ausgestaltungsbedürftiger Verfassungsnormen etwa den Gleichheitssatz des Art. 3 Abs. 1, der in besonderer Weise für Veränderungen in der Gesellschaft offen sei, dessen Inhalt aber unverändert bleibe, während sich das Ergebnis der Gleichheitsprüfung wegen veränderter Bezugspunkte des Vergleichs sehr wohl ändern könne.[224] Ähnlich das Begriffspaar *„direkter bzw. unmittelbarer"* und *„indirekter bzw. mittelbarer"* Verfassungswandel, bei dem ersteres den engen, verfassungsrechtsdogmatischen Begriff des Verfassungswandels, letzteres dagegen den Wandel der einfachgesetzlichen Konkretisierung von Verfassungsnormen meint.[225] Vereinzelt geblieben ist dagegen die Unterscheidung zwischen einem

[220] *Böckenförde*, FS Lerche, S. 1 (2, 6 f.), der als Beispiele Veränderungen des Sachbereichs „Rundfunk" durch den technischen Fortschritt oder die zunehmende Entgrenzung des Schutzversprechens des Asylgrundrechts durch den Weltluftverkehr und liberalisierte Einreisebestimmungen nennt.

[221] *Böckenförde*, FS Lerche, S. 1 (7 f.), am Beispiel der wechselnden Ausgestaltung der Eigentumsgarantie des Grundgesetzes über die Inhalts- und Schrankenbestimmungen des einfachen Gesetzgebers.

[222] *Böckenförde*, FS Lerche, S. 1 (8 f.), der hierfür die „Angelegenheiten der örtlichen Gemeinschaft" in Art. 28 Abs. 2 GG sowie die „Erfordernisse eines gesamtwirtschaftlichen Gleichgewichts" in Art. 109 Abs. 2 GG nennt. Dagegen sieht *Walter*, AöR 125 (2000), 517 (528), in der geänderten Interpretation unbestimmter Rechtsbegriffe durchaus einen Verfassungswandel.

[223] So *Walter*, AöR 125 (2000), 517 (524); zustimmend *Voßkuhle*, Der Staat 43 (2004), 450 (453).

[224] Kritisch zur Einordnung der Dynamik des Gleichheitssatzes als bloß unechter Verfassungswandel *Michael*, RW 2014, 426 (467).

[225] *Höfling*, Offene Grundrechtsinterpretationen, S. 190 m. Fn. 20; aufgegriffen bei *Walter*, AöR 125 (2000), 517 (534).

engen, nur tiefgreifende, grundlegende Änderungen erfassenden Verständnis von Verfassungswandel und einem weiten Verständnis, das jede Änderung der Verfassung ohne eine formelle Verfassungs(text)änderung dem Verfassungswandel zuordnet.[226]

Gänzlich anders gelagert ist die Unterscheidung politikwissenschaftlicher Autoren zwischen explizitem Verfassungswandel, der eine förmliche Verfassungsänderung beschreiben, und implizitem Verfassungswandel, der die Inhaltsänderung ohne Textänderung bezeichnen soll.[227] Diese Unterscheidung ist nicht nur per se terminologisch unglücklich, sondern verwirrt auch im interdisziplinären Gespräch, weil sie die im langen rechtswissenschaftlichen Diskurs bewährten (und insofern auch nirgends bestrittenen) Begrifflichkeiten überspielt.[228]

4. Kontextualität des Verfassungswandels

Als rechtsdogmatischer Begriff steht der Verfassungswandel im Kontext einer spezifischen Verfassungsrechtsordnung, aus dem heraus sich erst seine konkrete Bedeutung, insbesondere seine erkenntnisfördernde Funktion ermessen lässt.[229] Besondere Beachtung verdienen hier die verfassungsnormativen und institutionellen Abhängigkeiten; außerdem ist der begrenzte Erkenntnisertrag rechtsvergleichender Analysen in Rechnung zu stellen.

a) Verfassungsnormativer Kontext

aa) Sprachliche und normative Offenheit

Insoweit das rechtsdogmatische Verständnis die einzelne Verfassungsnorm als Bezugspunkt eines Verfassungswandels wählt, rückt zunächst deren sprachliche Formulierung in den Blick. Dabei scheinen manche Verfassungsnormen geneigter für einen Verfassungswandel als andere. Vieles deutet hier auf eine Korrelation zwischen der sprachlichen Offenheit und der Wandlungsfähigkeit

---

[226] *Schulze-Fielitz*, in: Wahl (Hrsg.), Verfassungsänderung, Verfassungswandel, Verfassungsinterpretation, S. 219 (220 Fn. 5), der damit die konsentierten Bezeichnungen des rechtsdogmatischen Verständnisses als Verfassungswandel im „engen" und des historisch-phänomenologischen Verständnisses als Verfassungswandel im „weiten" Sinne umzukehren scheint, die von ihm (in einer einzigen Fußnote) vorgeschlagene Typologie aber auch nicht weiter aufgreift. Angedeutet auch bei *Bryde*, Verfassungsentwicklung, S. 22.

[227] So die dem gesamten Band von *Hönnige/Kneip/Lorenz (Hrsg.)*, Verfassungswandel im Mehrebenensystem, zugrundeliegende „konzeptionelle" Unterscheidung (vgl. nur die Einleitung *ders.*, S. 8 [10 f.]), dessen Anliegen der Systematisierung von Formen, Ebenen und Interaktionen des Verfassungswandels aber Zustimmung verdient. Seiner neo-institutionalistischen Perspektive entsprechend fußt der Band auf der Grundannahme, dass Interessen der Akteure und die Institutionen, in denen sie handeln, Verfassungswandel erklären können (S. 14), siehe auch unten, S. 145 ff.

[228] Einschlägige rechtswissenschaftliche Beiträge werden daher auch nur sparsam rezipiert.

[229] So *Böckenförde*, FS Lerche, S. 1 (4); vgl. auch *Michael*, RW 2014, 426 (432 f.).

einer Norm hin: So soll der Raum für einen Verfassungswandel eher dort eröffnet sein, wo Verfassungsnormen als offene, abstrakte Prinzipien formuliert sind, was etwa für die Grundrechte des Grundgesetzes, aber auch für dessen Staatsstrukturprinzipien gilt. Dagegen soll sich der Raum für Verfassungswandlungen schließen, wenn in der Norm ein striktes Konditionalprogramm angelegt ist oder technische Einzelheiten präzise geregelt sind.[230] Diese Korrelation ist in der Konzeption des Verfassungswandels als Auslegungs- bzw. Interpretationsproblem angelegt. Da die Auslegung eines Normtextes (oder mit F. Müller: des Normprogrammes) darüber entscheidet, ob und inwieweit veränderte reale Verhältnisse im Normbereich rezipiert werden können, steigt die Möglichkeit eines Verfassungswandels in dem Maße, in dem die sprachliche Offenheit der Norm verschiedene Auslegungsvarianten zulässt.

Gegen diese auf den ersten Blick einleuchtende Korrelation wurde allerdings daran erinnert, dass der sprachlichen Offenheit einer Norm allenfalls eine Indizwirkung für ihre Wandelbarkeit zukommt. Da die Verfassung auch einen Auftrag zur interpretatorischen Schließung besonders vage formulierter Normen durch Präzisierung und Reduktion[231] (und umgekehrt einen Auftrag zur interpretatorischen Öffnung von Normen mit vermeintlich eindeutigem Wortlaut) enthalten könne, folge aus der sprachlichen Offenheit allein noch nichts. Maßgeblich seien vielmehr normative Anhaltspunkte, die für eine interpretatorische Öffnung oder eine interpretatorische Schließung der Verfassung sprechen.[232] Solche normativen Gründe für die interpretatorische Öffnung sollen etwa in der Gewährleistung der Erfüllung eines verfassungsrechtlichen Gestaltungsauftrags durch eine dynamische Auslegung von Staatsstrukturbestim-

---

[230] *Schulze-Fielitz*, in: Wahl (Hrsg.), Verfassungsänderung, Verfassungswandel, Verfassungsinterpretation, S. 219 (228 f.).

[231] Ein Beispiel für eine solche interpretatorische Schließung besonders vage formulierter Verfassungsnormen stellt Rechtsprechung des Bundesverfassungsgerichts zur durch die Menschenwürde und das Sozialstaatsprinzip (Art. 1 Abs. 1 i.V.m. Art. 20 Abs. 1 GG) aufgegebenen Gewährleistung eines menschenwürdigen Existenzminimums dar. Zwar gebe das Grundgesetz selbst keinen exakt bezifferten Anspruch vor, so dass auch der Umfang dieses Anspruchs im Hinblick auf die Arten des Bedarfs und die dafür erforderlichen Mittel nicht unmittelbar aus der Verfassung abgeleitet werden könne. Dem Bundesverfassungsgericht komme auch nicht die Aufgabe zu, zu entscheiden, wie hoch ein Anspruch auf Leistungen zur Sicherung des Existenzminimums sein muss; es sei zudem nicht seine Aufgabe, zu prüfen, ob der Gesetzgeber die gerechteste, zweckmäßigste und vernünftigste Lösung zur Erfüllung seiner Aufgaben gewählt hat. Aus verfassungsrechtlicher Sicht komme es vielmehr entscheidend darauf an, dass die Untergrenze eines menschenwürdigen Existenzminimums nicht unterschritten werde und die Höhe der Leistungen zu dessen Sicherung insgesamt tragfähig begründbar sei, wobei das Bundesverfassungsgericht neben einer Evidenzkontrolle prüft, ob Leistungen jeweils aktuell auf der Grundlage verlässlicher Zahlen und schlüssiger Berechnungsverfahren im Ergebnis zu rechtfertigen sind – BVerfGE 125, 175 (225 f.); 132, 134 (165 f.), 137, 34 (72 ff.); zuletzt BVerfG (K), Beschl. v. 10.10.2017, 1 BvR 617/14, Rn. 14 ff.

[232] So die Argumentation bei *Bryde*, Verfassungsentwicklung, S. 263 ff.; differenzierend *Höfling*, Offene Grundrechtsinterpretation, S. 80 ff., 93 ff.; vgl. auch *Wolff*, Ungeschriebenes Verfassungsrecht, S. 108 ff.

mungen liegen; oder in der Gewährleistung eines effektiven Grundrechtsschutzes durch eine dynamische Auslegung von Schutzbereichen und Schranken, zumal eine Fortentwicklung dieser Regelungsbereiche durch eine Verfassungsänderung wegen Art. 79 Abs. 3 GG weitgehend ausgeschlossen ist.[233] Wenn dagegen verfassungsrechtliche Organisations- und Verfahrensbestimmungen nicht ohnehin schon sprachlich präzise gefasst sind, kann deren offenere Formulierung Ansatzpunkt für eine interpretatorische Schließung sein, zumal sie einer Verfassungsänderung leichter zugänglich sind als Staatsstrukturprinzipien. Im Kern geht es dabei um aus der Verfassung abzuleitende Direktiven und Grenzen eines Verfassungswandels, die sogleich noch genauer zu erörtern sind. Der Hinweis auf den Unterschied zwischen sprachlicher und normativer Offenheit von Verfassungsnormen verdeutlich jedenfalls, dass die Frage eines Verfassungswandels in weitere Kontexte eingebunden ist.

bb) Verfassungswandel und Verfassungsänderung

Der Stellenwert des Konzepts des Verfassungswandels bemisst sich auch danach, welche sonstigen Änderungsmöglichkeiten der Verfassung als Mittel zur Rezeption einer veränderten Wirklichkeit zur Verfügung stehen und wie diese ausgestaltet sind. Im Verfassungsstaat des Grundgesetzes sind damit die Verfassungsänderung nach Art. 79 GG und ihr Verhältnis zum Verfassungswandel angesprochen. Bis heute ist freilich umstritten, welche Schlussfolgerungen aus der Einrichtung eines besonderen Verfahrens zur Verfassungsänderung für das Konzept eines Verfassungswandels zu ziehen sind.

(1) Exklusivität der Verfassungsänderung

Am weitesten reicht diejenige Position, die einen Verfassungswandel vor dem Hintergrund eines dezisionistischen Verfassungsverständnisses kategorial ausschließt und für die Rezeption gewandelter Verhältnisse in der Verfassungswirklichkeit einzig auf den Weg der formalen Verfassungsänderung verweist: Indem Art. 79 GG die Möglichkeit der Verfassungsänderung in einem besonderen Verfahren mit besonderen Mehrheiten durch dazu berufene Verfassungsorgane vorsehe, schließe es konkludent die Möglichkeit einer Fortbildung des Verfassungsrechts durch Verfassungswandel außerhalb dieses Verfahrens aus. Jedenfalls verschiebe sich die Begründungslast auch aus demokratietheoretischen Erwägungen auf die Seite derer, die für eine Verfassungsrechtsfortbildung außerhalb der formellen Verfassungsänderung mit ihrer ganz eigenen Verfahrensrationalität plädieren.[234]

---

[233] *Bryde*, Verfassungsentwicklung, S. 274 ff.

[234] Ausdrücklich *Hillgruber*, VVDStRL 67 (2008), 7 (45); ähnlich *Masing*, Der Staat 44 (2005), 1 (16); *Jestaedt*, in: Depenheuer u.a. (Hrsg.), Nomos und Ethos, S. 183 (196 f.); *Hillgruber*, VVDStRL 67 (2008), 7 (45 f.).

(2) Legitimität des Verfassungswandels
Die Gegenansicht konzeptionalisiert den Verfassungswandel als ein legitimes Instrument der Verfassungsrevision und weist stattdessen die in Art. 79 GG vorgesehene Verfassungsänderung durch den Gesetzgeber als verfassungstheoretischen Sonderfall aus, der als solcher keinen Vorrang gegenüber dem Verfassungswandel begründen könne, der auch keine Umkehr- oder Analogieschlüsse zulasse und der nur deshalb ausdrücklich in der Verfassung geregelt worden sei, weil er eben einen Sonderfall darstelle.[235] Diese Argumentation beruht auf dem verfassungstheoretischen Unbehagen, das mit der Verfassungsänderung durch den Gesetzgeber verbunden ist: Zum einen werde die Grenze zwischen verfassungsrechtsgestaltenden und verfassungsrechtsgebundenen Institutionen verwischt, zum anderen entstehe aus dem Blickwinkel einer funktionsadäquaten Gewaltenzuordnung ein Spannungsverhältnis zwischen dem Kontinuitätsanspruch der Verfassung und der Diskontinuität des Parlaments.

(3) Differenzierte Auslegung und funktionale Äquivalenz
Man muss diese verfassungsrevisionsrechtliche Einkleidung und das verfassungstheoretische Unbehagen nicht zwingend teilen. Zustimmung verdient aber das Anliegen, allein aus der Regelung eines formellen Verfassungsänderungsverfahrens nicht vorschnell auf die Unzulässigkeit des Verfassungswandels zu schließen, sondern sich um eine differenzierte Auslegung der Vorschriften der Verfassungsänderung und ebenso differenzierte Schlussfolgerungen für das Verhältnis der Verfassungsänderung zum Verfassungswandel zu bemühen.

(a) So besteht zunächst weitgehend Einigkeit darüber, dass das Inkorporationsgebot des Art. 79 Abs. 1 GG nicht die Möglichkeit eines Verfassungswandels ausschließt, sondern lediglich die Existenz jener materiellen Verfassungsgesetze und Nebenverfassungen, die etwa der weite phänomenologische Begriff des Verfassungswandels im Spätkonstitutionalismus in den Blick genommen hatte.[236] Art. 79 Abs. 1 GG gebiete die Geschlossenheit des Verfassungstextes, versperre aber nicht die Offenheit seiner Interpretation, und ge-

---

[235] Zum Folgenden *Michael*, RW 2014, 426 (437 ff.; 443 ff.).

[236] Deutlich *Scheuner*, Verfassung, in: Staatstheorie und Staatsrecht, S. 171 (181): „Alle Sicherungen der Verfassung können indes nicht verhindern, daß das Leben einer Verfassung sich in steter Fortentwicklung zeigt, daß sich neben ihr ergänzende Regeln bilden, daß schließlich die Übung und Überzeugung der Verfassungsorgane auch Regeln der Verfassung fortbilden, aufheben oder durch neue Gewohnheit ersetzen kann. Dieser Vorgang, den man als Verfassungswandel bezeichnet, kann, weil im Wesen des Rechts begründet, nicht positiv ausgeschlossen werden." Ebenso *Lerche*, FG Maunz, S. 285 (292); *Bryde*, Verfassungsentwicklung, S. 264 ff.; *Wolff*, Ungeschriebenes Verfassungsrecht, S. 100; *Voßkuhle*, Der Staat 43 (2004), 450 (457); *Isensee*, AöR 138 (2013), 325 (331). A.A. etwa noch *Klein*, FS Giese, S. 61 (117).

rade weil sich das Grundgesetz nicht durch Nebenverfassungen konkretisiere, bleibe der Weg für eine dynamische Auslegung umso offener.[237]

Umgekehrt fordert Art. 79 Abs. 1 GG auch nicht, dass ein einmal konstatierter Verfassungswandel zwingend Eingang in den Verfassungstext findet. Diese Vertextlichung eines Verfassungswandels, für den die schweizerische Verfassungsrechtswissenschaft den Begriff der Nachführung geprägt hat[238], ist eine verfassungsrechtliche Option, aber keine verfassungsrechtliche Pflicht.[239] Sie mag zwar aus Gründen der Verfassungsklarheit und Verfassungswahrheit verfassungspolitisch wünschenswert sein.[240] Dem verfassungsändernden Gesetzgeber steht es aber frei, einen etwa vom Bundesverfassungsgericht festgestellten Verfassungswandel durch eine Verfassungsänderung zu bestätigen oder ihn in den Grenzen des Art. 79 Abs. 3 GG rückgängig zu machen bzw. in andere Bahnen zu lenken.[241] Denn anders als der einfache Gesetzgeber ist der

---

[237] So ausdrücklich *Michael*, RW 2014, 426 (444); vgl. auch *Bushart*, Verfassungsänderung in Bund und Ländern, S. 57 f.

[238] Der Begriff stammt von *Eichenberger*, NZZ v. 12.5.1986, S. 19; vgl. dazu *Müller*, ZSR 116 (1997) I, 21 ff.; *Jestaedt*, in: Depenheuer u.a. (Hrsg.), Nomos und Ethos, S. 183 (219 f.).

[239] *Dreier*, in: Dreier (Hrsg.), GG, Art. 79 I Rn. 43. Anders etwa *Pestalozza*, in: Scholz u.a. (Hrsg.), Realitätsprägung durch Verfassungsrecht, S. 31 (51 f.), dessen Plädoyer für eine Reaktion des verfassungsändernden Gesetzgebers als verfassungsrechtliche Pflicht verstanden werden muss (deutlich: „Deswegen *muß* der eigentlich berufene Verfasunggeber [sic!] ausdrücklich entscheiden, ob er die vom Gericht vorgeschlagene Richter-Norm, eine Verfassungsinitiative sozusagen, übernehmen will oder nicht.“ – Hervorhebung im Original). A.A. auch *Ohms*, Verfassungsimmanente Pflicht des Gesetzgebers, S. 89 ff.

[240] *Dreier*, in: Dreier (Hrsg.), GG, Art. 79 I Rn. 43; zustimmend *Voßkuhle*, Der Staat 43 (2004), 450 (458).

[241] Vgl. *Roßnagel*, Der Staat 22 (1983), 551 (572); *Michael*, RW 2014, 426 (458 f.). Diese theoretisch plausible und aus Sicht mancher vielleicht reizvolle Option stößt freilich auf praktische Hindernisse, auf die *Jestaedt*, in: Depenheuer u.a. (Hrsg.), Nomos und Ethos, S. 183 (217 f.) hinweist: Da sich eine Grundgesetzänderung gegen die vom Bundesverfassungsgericht gegebene Deutung der bestehenden Verfassungslage nur dann behaupten könne, wenn sich der verfassungsändernde Gesetzgeber hinsichtlich Sprache und Duktus, Textur und Struktur, Zuschnitt und Detaillierung auf dieselbe Ebene begebe wie das Bundesverfassungsgericht, müsse er „ähnlich differenzier[en] und legeferier[en], wie das Bundesverfassungsgericht judiziert“. Mit *Isensee*, Vom Stil der Verfassung, S. 75, gelte dann: „Je dichter das verfassungsändernde Gesetz, desto eher kann es sich gegen das Bundesverfassungsgericht behaupten“, desto änderungsanfälliger sei aber auch die Regelung, desto geringer die von der Verfassung ausgehende Stabilisierungswirkung und desto höher der Grad, mit dem der verfassungsändernde Gesetzgeber Sprache und Duktus des Bundesverfassungsgerichts verfehlt. Zu diesem Überfrachtungsproblem trete dann noch das Kontextbindungsproblem, da eine Übernahme dynamisch-kasuistischen Verfassungsrechts in eine geschrieben-statische Verfassungsurkunde nicht ohne Inhalts- und Wesensänderung zu bewerkstelligen sei. Jestaedts aus Sicht des Verfassungsänderungsgesetzgebers ernüchternde Bilanz: „[...] die ‚Verfassungswirklichkeit‘, die sich zuvörderst verfassungsgerichtlicher Interpretation verdankt, kann in weiten Bereichen effektiv nur wieder durch verfassungsgerichtliche Interpretation zurückgenommen werden.“ (S. 220). Dass die Änderung einer vom Bundesverfassungsgericht kurz zuvor festgestellten Verfassungsrechtslage durch den verfassungsändernden Gesetzgeber nicht nur eine theoretische Option darstellt, belegt die Einführung des Art. 91e GG als Reaktion auf BVerfGE 119, 331.

verfassungsändernde Gesetzgeber nicht an die Entscheidungen des Bundesverfassungsgerichts gebunden.[242] Insoweit ist das Bundesverfassungsgericht ein Hüter, aber kein Konservator der Verfassung, es schützt sie vor Verstößen, nicht aber vor Änderungen unterhalb der Schwelle des Art. 79 Abs. 3 GG.

(b) Schwerer wiegt der Einwand, Art. 79 Abs. 2 GG schaffe durch die Beteiligung von Bundestag und Bundesrat in einem besonderen Verfahren mit besonderen Quoren und in Gesetzesform ein Legitimationsniveau der Verfassungsfortentwicklung, hinter dem ein – durch wen auch immer betriebener – Verfassungswandel nicht zurückbleiben dürfe.[243] Bei näherem Hinsehen schwindet jedoch die Überzeugungskraft auch dieses Arguments.

So gilt die Bindung der Verfassungsänderung an die Form des Gesetzes nach Art. 79 Abs. 1 S. 1 und Abs. 2 GG zunächst nur für denjenigen am Verfassungsleben beteiligten Akteur, „dem diese Form zu Gebote steht, also das Parlament"[244]. Aus dem entsprechenden Formvorbehalt lässt sich also kein Umkehrschluss zu Lasten anderer Akteure des Verfassungswandels ziehen.

Ohne dass entschieden werden müsste, ob die Verfassungsänderung durch den Gesetzgeber nun verfassungstheoretisch der Regel- oder ein begründungsbedürftiger Ausnahmefall der Verfassungsänderung ist, hat das Erfordernis einer qualifizierten Mehrheit jedenfalls einen guten Grund. Wenn schon der Gesetzgeber über eine Änderung der ihn bindenden Verfassung befinden kann und dadurch die Grenze zwischen gesetzgebender und verfassungsändernder Gewalt zu verschwimmen droht, dann soll das Quorum zumindest verhindern, dass er sich allzu leicht seiner verfassungsrechtlichen Bindungen entledigt oder die Verfassungsänderung zum Gegenstand der „Gelegenheitsgesetzgebung" macht und damit die Kontinuitätserwartungen an die Verfassung konterkariert.[245] Ein Mehr an demokratischer Legitimation ist mit dem Quorum indes nicht notwendig verbunden. Im Gegenteil: Aus demokratietheoretischer Warte beschränken qualifizierte Mehrheitserfordernisse die demokratische Handlungsfähigkeit, weil sie Sperrminoritäten begünstigen, dadurch

---

[242] Dass eine Verfassungsänderung aber nicht *unmittelbar* auch zur Änderung der Entscheidungsmaßstäbe des Bundesverfassungsgerichts führen muss, betont *Lepsius*, in: Jestaedt u.a. (Hrsg.), Das entgrenzte Gericht, S. 159 (179 f.), mit Hinweis auf die „janusköpfige Normstruktur des Maßstabs", der im Stufenbau der Rechtsordnung auf einer Zwischenstufe angesiedelt ist, auf die nur das Bundesverfassungsgericht Zugriff hat. Daran anschließend ist kritisch zu vermerken, wenn das Bundesverfassungsgericht die Reaktionsräume des verfassungsändernden Gesetzgebers dadurch verengt, dass es Grundsatzentscheidungen zunehmend auf die weit interpretierte Garantie der Menschenwürde in Art. 1 Abs. 1 GG stützt und an der Ewigkeitsgarantie des Art. 79 Abs. 3 GG teilhaben lässt, an der auch der verfassungsändernde Gesetzgeber nicht rütteln kann, vgl. *Würtenberger*, in: Neuhaus (Hrsg.), Verfassungsänderungen, S. 287 (297 f.) mit Verweis auf BVerfGE 109, 279 und BVerfGE 115, 118.

[243] Vgl. *Böckenförde*, FS Lerche, S. 1 (5); *Wolff*, Ungeschriebenes Verfassungsrecht, S. 107; mit Blick auf das Bundesverfassungsgericht *Gröpl/Georg*, AöR 139 (2014), 125 (138 f.).

[244] So die zutreffende Formulierung von *Krüger*, FS Smend, 151 (155).

[245] Vgl. *Loewenstein*, Wesen, Technik und Grenzen der Verfassungsänderung, S. 27 ff., 42 ff.; *Masing*, Der Staat 44 (2005), 1 (4 f.); *Michael*, RW 2014, 426 (445).

den *status quo* zementieren und mehrheitlich für drängend befundene Veränderungen erschweren.[246] Der Hinweis, dass weder für die Verfassunggebung, noch für die Verfassungsablösung nach Art. 146 GG, noch für die Mehrheitsbildung in den Senaten des Bundesverfassungsgerichts eine Zwei-Drittel-Mehrheit vorgesehen ist, relativiert das Legitimationsargument zusätzlich.[247] Damit bleibt im Ergebnis festzuhalten, dass sich das Legitimationsargument nicht zur Delegitimierung anderer Formen der Verfassungsentwicklung eignet. Vielmehr kann der Verfassungswandel spezifische, mit dem Verfahren der Verfassungsänderung verbundene Dysfunktionalitäten gerade ausgleichen, indem er notwendige Anpassungen an geänderte Verhältnisse ermöglicht, die auf dem Wege der Verfassungsänderung nicht zu erreichen sind.[248]

(c) Insoweit Art. 79 Abs. 3 GG Grenzen für eine Verfassungsänderung definiert, kann diese Vorschrift nicht die Möglichkeit eines Verfassungswandels als solchen ausschließen, sondern allenfalls dessen Reichweite begrenzen. Hierauf wird sogleich zurückzukommen sein.

(d) Art. 79 GG verhält sich mithin unmittelbar nur zur Verfassungsänderung, nicht aber zum Verfassungswandel.[249] Umkehrschlüsse von der Einrichtung eines förmlichen Verfahrens zur Verfassungsänderung auf die Un-/Zulässigkeit von Verfassungswandel trägt Art. 79 GG aus den genannten Gründen nicht. Stattdessen hat die Literatur den gelegentlichen Versuch unternommen, die unterschiedlichen Funktionen zur Abgrenzung von Verfassungsänderung und Verfassungswandel fruchtbar zu machen. So soll die Verfassungsänderung etwa immer dort zum Zuge kommen, wo die Verfassung in ihren Festlegungen eher kasuistisch verfährt[250], wo Verfassungslücken zu schließen sind[251], wo

---

[246] Argumentation bei *Möllers*, in: Jestaedt u.a. (Hrsg.), Das entgrenzte Gericht, S. 281 (332 f.); ausführlicher *Natus*, Verfassungsmissbrauch durch Zweidrittelmehrheit?, S. 180 ff., 270 f.; ähnlich zuvor *Masing*, Der Staat 44 (2005), 1 (15); zustimmend *Michael*, RW 2014, 426 (444 f.), der wegen der zu überwindenden Sperrminoritäten auf Zeit gesehen von einer Herrschaft der Toten über die Lebenden spricht.

[247] *Michael*, RW 2014, 426 (445).

[248] Zurückhaltender *Krüger*, FS Smend, S. 151 (168 ff.).

[249] *Schöbener*, in: Friauf/Höfling (Hrsg.), Berliner Kommentar GG, Art. 79 Rn. 76; S. *Augsberg*, in: Kluth/Krings (Hrsg.), Gesetzgebung, § 28 Rn. 15.

[250] *Hofmann*, in: Isensee/Kirchhof (Hrsg.), HStR I^3, § 9 Rn. 63. Dass aber auch vermeintlich eindeutige Verfassungsvorschriften interpretatorisch geöffnet werden können (und ggf. sollen), wurde oben bereits angesprochen (S. 109 f.).

[251] Kritisch etwa *Roßnagel*, Der Staat 22 (1983), 551 (554 f.) m.w.N., der aus vier Gründen gleichwohl hinsichtlich der von verfassungswandelnder Interpretation einerseits und Verfassungsänderung andererseits zu erfüllenden politischen Funktionen an einem Stufenverhältnis in der Anwendung festhalten möchte (S. 574 ff.): Erstens komme Verfassungsänderungen eine wirksamere Absicherungsfunktion für die Politik der parlamentarischen Mehrheit gegenüber verfassungsrechtlichen Angriffen der unterlegenen Minderheit zu. Zweitens erfülle die Verfassungsänderung durch ihre textliche Fixierung eine stärkere Leitungs- und Koordinationsfunktion als der Verfassungswandel. Drittens komme – nach dem oben Ausgeführten freilich nicht überzeugend – dem formalisierten Verfahren der Verfassungsänderung mit einer verfassungsändernden Mehrheit eine erhöhte Legitimationsfunktion zu. Und viertens trage die Verfassungs-

eine unvermittelte Neu- und Umdeutung eines strukturellen Verfassungsgehalts avisiert[252] oder wo die Intensität der Rechtsänderungen besonders hoch ist. Diese Abgrenzungskriterien haben sich aber rückblickend als ebenso wenig belastbar erwiesen wie das häufig postulierte Stufenverhältnis, demzufolge die Problematik der Verfassungsänderung erst dort ansetze, wo die Möglichkeiten eines Verfassungswandels endeten.[253] Vielmehr erweisen sich Verfassungsänderung und Verfassungswandel auch unter dem Grundgesetz oftmals als funktional äquivalent.[254]

cc) Grenzen des Verfassungswandels

Schließlich ergeben sich auch die Grenzen eines Verfassungswandels erst aus dem Kontext einer spezifischen Verfassungsrechtsordnung. Die Suche nach solchen Grenzen dokumentiert das Unterfangen des engen Verständnisses, Verfassungswandel als rechtsdogmatische Kategorie fruchtbar zu machen, denn die rechtliche Einhegung des Verfassungswandels soll gerade jenen Gefahren entgegenwirken, die das rechtsdogmatische Verständnis der überkommenen historisch-phänomenologischen Lehre glaubt entgegenhalten zu können. Diese habe gerade keine angebbaren und nachprüfbaren Maßstäbe entwickelt, die die Beliebigkeit der Berufung auf einen Verfassungswandel und damit die Versuchung ausschließen könnten, die Verfassung durch die Behauptung eines Verfassungswandels zu überspielen und dadurch deren normative Kraft zu schwächen.[255] Erst eine rechtsdogmatische Perspektive auf den Verfassungswandel rückt dagegen Fragen der Zulässigkeit und der Grenzen eines Verfassungswandels in das Blickfeld.[256] Die Erörterung der Grenzen

änderung auch einen Kompromisscharakter und erfülle eine Integrationsfunktion, indem sie auch als Verfahren des durch den Einigungszwang aufgegebenen Interessenausgleichs diene. Freilich konzediert Roßnagel, dass die Absicherungs-, Legitimierungs-, Koordinierungs- und Integrationsfunktion bei der Veränderung von Verfassungsinhalten auch durch die Verfassungsgerichtsbarkeit erfüllt werden könnten, ein Unterschied allenfalls in der einzelfallbezogenen Entscheidung demokratisch nur mittelbar legitimierter Richter mit einer geringeren Konfliktbewältigungskapazität und Integrationsmöglichkeit und geringeren politischen Gestaltungsmöglichkeiten liegt (S. 577).

252 *Lerche*, FG Maunz, S. 285 (292); *Schenke*, AöR 103 (1978), 566 (589).

253 *Hesse*, Grundzüge, Rn. 39; *Hofmann*, in: Isensee/Kirchhof (Hrsg.), HStR I^3, § 9 Rn. 63; *Voßkuhle*, Der Staat 43 (2004), 450 (455 f.), mit Nachweisen zur BVerfG-Rechtsprechung, in denen diese Kriterien gerade nicht zu einer Verfassungsänderung führten.

254 *Kenntner*, DÖV 1997, 450 (456); *Voßkuhle*, Der Staat 43 (2004), 450 (456); *Volkmann*, JZ 2018, 265 (271); ähnlich *S. Augsberg*, in: Kluth/Krings (Hrsg.), Gesetzgebung, § 28 Rn. 15, der betont, dass es erst das Miteinander der unterschiedlichen Formen der Fortentwicklung ermögliche, der Verfassung die erforderliche Mischung aus Rigidität und Flexibilität zu verschaffen; *Schöbener*, in: Friauf/Höfling (Hrsg.), Berliner Kommentar GG, Art. 79 Rn. 78; mit rechtsvergleichendem Hinweis *Bryde*, Verfassungsentwicklung, S. 20; *Stern*, Staatsrecht I^2, S. 163: „Die Problematik des Verfassungswandels beginnt da, wo man auf die Verfassungsänderung verzichtet.".

255 *Hesse*, FS Scheuner, S. 123 (136).

256 *Böckenförde*, FS Lerche, S. 1 (5).

des Verfassungswandels orientiert sich dabei nicht zufällig an den grundgesetzlichen Schranken der Verfassungsänderung, denn beide unterscheiden sich zwar in der Art und Weise, nicht aber in dem Ziel, den Inhalt einer Verfassungsnorm zu ändern.[257] Insoweit bildet Art. 79 GG für die Verfassungsrechtslehre die maßgebliche Verfassungsnorm, aus der heraus sie auch die Grenzen des Verfassungswandels entwickelt.

(1) Wortlaut der Verfassungsnorm

Das gilt zunächst für den Wortlaut einer Verfassungsnorm als Grenze des Verfassungswandels. Hiernach sollen die Möglichkeiten eines Verfassungswandels enden, wo die Möglichkeit eines sinnvollen Verständnisses des Normtextes endet bzw. wo eine Verfassungswandlung in eindeutigen Widerspruch zum Normtext tritt. Der Normtext bilde den Rahmen für die Ermittlung des Normprogramms, das wiederum über relevante Veränderungen der sozialen Wirklichkeit im Normbereich entscheide. Eine solche Grenzziehung ermögliche es dann nicht nur, dass wesentliche Funktionen der Verfassung wie die Stabilisierung, die Rationalisierung und die Machtbegrenzung aufrechterhalten werden könnten. Sie finde zugleich in Art. 79 Abs. 1 S. 1 GG ihre positivrechtliche Verankerung. Das dort normierte Prinzip, demzufolge sich der maßgebliche Normtext aus der Verfassungsurkunde selbst ergeben müsse, müsse gleichermaßen für die Verfassungsänderung wie die Verfassungswandlung gelten, solle es nicht um seine Funktion gebracht werden.[258]

Als Grenze für den Verfassungswandel muss der Wortlaut der Verfassung indes dieselben Einwände gegen sich gelten lassen, die die Methodenlehre mit Blick auf die Grenzen der Verfassungsinterpretation herkömmlich formuliert.[259] So könne der Wortlaut nicht zugleich Gegenstand und Begrenzung der Interpretation sein.[260] Ohnehin sei der Verfassungstext meist viel zu fragmentarisch, offen und unbestimmt, als dass der Wortlaut als Grenze dienen könne.[261] Jenseits der unproblematischen Fälle, in denen ein sprachlich recht eindeutiger Wortlaut deutliche Grenzen zieht, die dann von den Verfassungsorganen regelmäßig auch eingehalten werden, können diese Ambivalenzen eine exakte Grenzziehung im Einzelfall in der Tat schwierig machen. Als „Be-

---

[257] *Böckenförde*, NJW 1976, 2089 (2090 m. Fn. 89); ähnlich *Hesse*, FS Scheuner, S. 123 (124); *Becker/Kersten*, AöR 141 (2016), 1 (33).

[258] So die Argumentation bei *Hesse*, FS Scheuner, S. 123 (139 f.). Vgl. auch *Sannwald*, in: Schmidt-Bleibtreu/Hofmann/Henneke (Hrsg.), GG, Art. 79 Rn. 20.

[259] Umfassend zur allgemeinen Kritik der Methodenlehre an der Wortlautgrenze *Klatt*, Theorie der Wortlautgrenze, S. 40 ff., eigener Ansatz ab S. 235 ff.; vgl. auch *Busse*, Juristische Semantik, S. 248 ff.

[260] *Depenheuer*, Der Wortlaut als Grenze, S. 17 ff.

[261] Klassisch *Böckenförde*, NJW 1976, 2089 (2090 f.); ebenso *Bryde*, Verfassungsentwicklung, S. 268; vgl. auch *Ehmke*, VVDStRL 20 (1963), 53 (60). Von einer immer wiederkehrenden Überschätzung der Bedeutung des Textes durch die Interpretationslehren spricht *Häberle*, JZ 1975, 297 (303).

urteilungsmaßstab für die Normallage", in der der Normtext immerhin eine Orientierungsfunktion bei der Auseinandersetzung über seine Bedeutung entfalten kann, behält der Verweis auf den Wortlaut der Verfassung gleichwohl seine Berechtigung.[262] In die gleiche Richtung zielt der Hinweis, dass auch offene, konkretisierungsbedürftige Verfassungsnormen regelmäßig einen unhintergehbaren, insofern dem Wandel unzugänglichen eindeutigen Kern haben.[263]

(2) Zeitfaktor

Die in Art. 79 Abs. 2 GG vorgesehenen Quoren gelten nur für den verfassungsändernden Gesetzgeber. Die Vorschrift vermittelt ein bestimmtes Legitimationsniveau der Verfassungsänderung und entfaltet eine Stabilisierungs- und Rationalisierungsfunktion, indem sie vor einer übereilten Gelegenheitsgesetzgebung bei der Verfassungsänderung schützt. Zwar eignet sich das Legitimationsargument aus den oben genannten Gründen nicht zur Delegitimierung anderer Formen der Verfassungsentwicklung.[264] Die Verfassungsrechtswissenschaft hat gleichwohl mit Blick auf den Verfassungswandel nach funktionalen Äquivalenten für Art. 79 Abs. 2 GG gesucht und sie im Zeitfaktor gefunden. Er soll unmittelbare Zugriffe des Verfassungswandels auf die Strukturen der Verfassungsrechtsordnung erschweren und will eine „prinzipielle, unvermittelte Neu- und Umdeutung eines derartigen strukturellen Gehalts" ausschließlich dem verfassungsändernden Gesetzgeber mit den qualifizierten Mehrheiten des Art. 79 Abs. 2 GG zuweisen. Strukturell bedeutsame Veränderungen ohne eine Verfassungsänderung (etwa durch Neuinterpretation bisher grundsätzlich anders verstandener zentraler Begriffe) seien daher nur im Sinne eines kontinuierlichen Prozesses zu akzeptieren.[265]

---

[262] Zitat bei *Hesse*, FS Scheuner, S. 123 (140); vgl. auch *Kriele*, Theorie der Rechtsgewinnung, S. 212 f.; *Badura*, in: Isensee/Kirchhof (Hrsg.), HStR VII[1], § 160 Rn. 13; *Walter*, AöR 125 (2000), 517 (540 f.); ähnlich *Dreier*, in: Dreier (Hrsg.), GG, Art. 79 I Rn. 39. Wohl weitergehend *A. Schmitt Glaeser*, Vorverständnis als Methode, S. 240. Vor einer Überschätzung der Bindungsfähigkeit von Texten und speziell des Verfassungstextes warnt dagegen *Volkmann*, VVDStRL 67 (2008), 57 (64, Fn. 22).

[263] *Bryde*, Verfassungsentwicklung, S. 268, der letztlich im Verfassungstext zwar eine besonders wichtige, aber keine unübersteigbare Grenze für Auslegung und Rechtsfortbildung sieht (S. 270) und dies am Beispiel von BVerfGE 28, 66 demonstriert, bei dem das Gericht eine Zustimmungspflicht des Bundesrates bei der (vom Grundgesetz zugelassenen) einfachgesetzlichen Abschaffung einer im Grundgesetz für Rechtsverordnungen vorgesehenen Zustimmungspflicht des Bundesrates entgegen dem eindeutigen Wortlaut des Art. 80 II GG gleichsam rechtsfortbildend angenommen hatte, da alle anderen Interpretationskriterien gegen das vom Wortlaut gebotene Ergebnis sprachen.

[264] Siehe S. 114 f.

[265] So *Lerche*, FG Maunz, S. 285 (Zitat auf S. 292, 294); ähnlich zuvor schon *Haug*, Die Schranken der Verfassungsrevision, S. 166; *Klein*, FS Giese, S. 61 (118 f.).

(3) Wandlungsverbote

Die Verfassungsrechtslehre entnimmt Art. 79 Abs. 3 GG nicht nur Änderungs-, sondern auch Wandlungsverbote. Die Grenzen der Verfassungsänderung seien zugleich Grenzen der Verfassungswandlung, da dem Verfassungsinterpreten kaum zugestanden werden könne, was dem Verfassungsänderer verweigert werde, zumal sich die Entscheidung des Verfassunggebers, einen bestimmten, als Verfassungsidentität oder Ewigkeitsgehalt bezeichneten Kernbereich der Verfassung als unantastbar zu definieren, an alle Akteure der Verfassungsentwicklung richte.[266] Die Anwendung der Grenzen der Verfassungsänderung auf den Verfassungswandel impliziert dann allerdings eine restriktive Auslegung dieser Grenzen. Wer stattdessen für eine weite Auslegung der Tatbestände des Art. 79 Abs. 3 GG streitet, dürfte im Verfassungswandel ein probates Mittel zur Durchbrechung dieser Schranken sehen, das der Verfassung die dann gleichwohl nötige Flexibilität verschafft.[267]

Die Wesensgehaltsgarantie des Art. 19 Abs. 2 GG wird als weitere Schranke eines Verfassungswandels neben Art. 79 Abs. 3 GG trotz der „strukturellen Verwandtschaft“[268] der beiden Normen kaum erörtert. Das scheint zunächst auch plausibel, da beide Vorschriften unterschiedliche Adressaten verpflichten, hier den verfassungsändernden Gesetzgeber, dort den einfachen Gesetzgeber. Dieses formale Kriterium entfaltet bei einem Verfassungswandel auf Betreiben des einfachen Gesetzgebers aber keine Unterscheidungskraft mehr. Wird – wofür gute Gründe sprechen[269] – auch der einfache Gesetzgeber als Akteur des Verfassungswandels anerkannt, ist er nach der hier vertretenen Argumentation an die Schranken des Art. 79 Abs. 3 GG gebunden. Wegen der möglichen, wenngleich theoretisch anspruchsvollen Unterscheidbarkeit des Wesensgehalts der Grundrechte von ihrem durch Art. 79 Abs. 3 GG geschützten Menschenwürdekern[270] entfaltet die Schrankenregelung des Art. 19 Abs. 2 GG gleichwohl eine eigene Bedeutung und geht nicht in der Schrankenregelung des Art. 79 Abs. 3 GG auf; sie gilt allerdings auch nur für den verfassungsrechtlich gebundenen einfachen Gesetzgeber, nicht aber für andere Akteure des Verfassungswandels.

Nach der bisherigen Argumentation überzeugt es hingegen wenig, Wandlungsverbote jenseits des Art. 79 Abs. 3 GG auch dort anzunehmen, wo es dem Verfassunggeber ersichtlich auf die Garantie eines genau definierten Be-

---

[266] *Bryde*, Verfassungsentwicklung, S. 270 ff.; *Hopfauf*, in: Schmidt-Bleibtreu/Hofmann/Henneke (Hrsg.), GG, Einl. Rn. 225.

[267] Vgl. die Kritik von *Bryde*, Verfassungsentwicklung, S. 271, an der Position *Häberles*, etwa in *Häberle*, Wesensgehaltsgarantie, S. 178 Fn. 332, und *Häberle*, JZ 1971, 145 (150).

[268] *Dreier*, in: Dreier (Hrsg.), GG, Art. 79 III Rn. 62.

[269] Siehe unten, S. 150 ff.

[270] Str., vgl. nur *Bryde*, in: von Münch/Kunig (Hrsg.), GG, Art. 79 Rn. 37 m.w.N.

sitzstandes angekommen sein soll.[271] Zwei Gründe sprechen vor allem gegen diesen Vorschlag. Zum einen wäre erst näher zu begründen, warum sich eine Norm und der von ihr garantierte Besitzstand, die eine bestimmte Entscheidung des Verfassunggebers repräsentieren, nicht wie die übrigen Normen auch im Laufe der Zeit wandeln können sollen. Solche nötigen Differenzierungen leistet ein pauschaler Verweis auf den Vorrang der ursprünglichen Grundentscheidung des Verfassunggebers, den ein dezisionistisches Verfassungsverständnisses regelmäßig bemüht, jedenfalls nicht. Zum anderen liegt die besondere Pointe dieses Vorschlags darin, dass er Ausdruck der subjektiven, auf die tatsächliche Vorstellung der am Gesetzgebungsverfahren beteiligten Organe abstellenden Methode der Verfassungsauslegung ist, obwohl er aus der Warte eines eher integrativen Verfassungsverständnisses formuliert wird, das die Absage an die subjektive Methode als geradezu konstitutiv betrachtet.[272]

(4) Verfassungskontinuität und Tiefenstrukturen

Als eine der Zielrichtung des Art. 79 Abs. 3 GG vergleichbare, freilich nicht positivierte Grenze des Verfassungswandels wird schließlich die Wahrung der Verfassungskontinuität und der Tiefenstrukturen der Verfassung erörtert. Hinter beiden Grenzmarkierungen steht die Überlegung, dass auch die offene Verfassung eine stabile Grundordnung des Gemeinwesens sein soll und der Rechtssicherheit als integraler Bestandteil der Gerechtigkeit verpflichtet ist. So stehe der Verfassungswandel unter dem Gebot, in der Fortbildung der Verfassung ihre Kontinuität zu wahren. Dieses Gebot könne er erfüllen, indem er sich nicht sprunghaft vollziehe, sondern das Ergebnis eines kontinuierlichen Prozesses der Konsensfindung über die richtige Auslegung der Verfassung durch die hierzu berufenen Akteure darstelle, der an den verfassungsrechtlichen *status quo* anknüpfen müsse und daher einer erhöhten Argumentationslast unterliege, was eine stabilisierende Wirkung entfalte.[273]

---

271 So aber *Bryde*, Verfassungsentwicklung, S. 271 f., mit dem Beispiel der Regelung für Schulfragen in Art. 7, 141 GG, deren Erörterung im Parlamentarischen Rat nachweislich breiten Raum einnahm, so dass auch hieraus Schranken für einen Verfassungswandel abgeleitet werden können sollen. Ähnlich (mit Blick auf die Begriffe „Eltern“ und „Familie“ in Art. 6 Abs. 1, 2 GG) *Gröpl/Georg*, AöR 139 (2014), 125 (144/150), denen zufolge die auch durch einen Verfassungswandel nicht zu überwindende Grenze zwischen Verfassungsauslegung und Verfassungsrevision dort zu verorten sei, wo eine Interpretation in Widerspruch zu den konstitutiven, nicht-kontingenten Merkmalen trete, die der historische Verfassunggeber in einen Verfassungsbegriff hineingelegt habe, wobei konstitutive, nicht-kontingente Merkmale solche Merkmale des Verfassungsbegriffs seien, die ihm weder rein zufällig beiwohnten noch lediglich in seinem Bedeutungsrahmen lägen, sondern die aus Sicht des Verfassunggebers schlechthin notwendigerweise mit dem Begriff verknüpft seien.

272 Das sieht denn auch *Bryde*, Verfassungsentwicklung, S. 291; vgl. aber *Gröpl/Georg*, AöR 139 (2014), 125 (131 ff.).

273 Ausdrücklich *Bryde*, Verfassungsentwicklung, S. 292 ff.; ähnlich zuvor *Schenke*, AöR 103 (1978), 566 (589); *Lerche*, FG Maunz, 285 (293 ff.); *Fiedler*, Sozialer Wandel, S. 99 f.

Das Argument der Tiefenstrukturen der Verfassung nimmt dagegen die Wirkungsbedingungen der Verfassungsordnung in den Blick. Die Tiefenstrukturen sollen nicht nur die Tatbestände des Art. 79 Abs. 3 GG bezeichnen, der Verfassungsregelungen bei einer Veränderung ihrer faktischen Geltungsgrundlage letztlich nicht vor einem Bedeutungsverlust bewahren könne. Vielmehr umfassten sie darüber hinaus auch die Verpflichtung, den normativen Kerngehalt aller Grundrechte, aller Staatszielbestimmungen und aller Verfassungsinstitutionen in der sozialen, ökonomischen, ökologischen und politischen Entwicklung auch bei einem Verfassungswandel zu gewährleisten, indem der Verfassungswandel entweder aufgehalten oder auf verfassungsrechtlicher bzw. einfachgesetzlicher Ebene gestaltet werde.[274] Der Verweis auf die Tiefenstrukturen ist allerdings methodisch defizitär: Ihre Identifikation verlief bislang wenig systematisch, sondern eher exemplarisch und ohne nähere Herleitung oder Begründung. Auch hier wird es letztlich darum gehen, solche normativen Tiefenbindungen der Verfassung argumentativ zu entwickeln und als plausible Direktive eines Verfassungswandels in einem kontinuierlichen Kommunikationsprozess zu behaupten.

b) Institutioneller Kontext

Die Bedeutung des Verfassungswandels ist neben dem verfassungsnormativen Kontext im konkreten institutionellen Kontext zu entfalten. Dabei stand bereits den Teilnehmern an der spätkonstitutionellen Diskussion über den Verfassungswandel deutlich vor Augen, dass dieser nicht einem Verfassungsorgan allein aufgegeben ist, sondern durch Gerichte, den Gesetzgeber, die Praxis der Parlamente sowie Regierung und Verwaltung gleichermaßen betrieben wird. „Sie haben die Gesetze und daher auch die Verfassungsgesetze zu interpretieren, und unter ihrer Hand kann ein Verfassungsgesetz allmählich eine ganz andere Bedeutung im Rechtssystem erhalten, als ihm ursprünglich innewohnte."[275] Eine gehaltvolle Lehre des Verfassungswandels hat also auch die Akteure des Verfassungswandels näher zu beleuchten. Das hierbei maßgebliche institutionelle Gefüge des Grundgesetzes modifiziert die spätkonstitutionelle Akteurskonstellation des Verfassungswandels mindestens in zweierlei Hinsicht: zum einen mit Blick auf die Grundrechtskonkretisierung, zum anderen mit Blick auf die Einrichtung einer Verfassungsgerichtsbarkeit, auf deren Bedeutung für den Verfassungswandel sich die Erörterung in der bundesrepublikanischen Staatsrechtslehre denn zumeist auch beschränkt.[276]

---

[274] Dies der Ansatz bei *Becker/Kersten*, AöR 141 (2016), 1 (34).

[275] *Jellinek*, Verfassungsänderung und Verfassungswandlung, S. 9.

[276] Vgl. *S. Augsberg*, in: Kluth/Krings (Hrsg.), Gesetzgebung, § 28 Rn. 17; *Dreier*, in: Dreier (Hrsg.), GG, Art. 79 I Rn. 40.

aa) Verfassungswandel durch staatliche und private Akteure

Die Theorie der offenen Grundrechtsinterpretation hat darauf aufmerksam gemacht, dass die Auslegung von Grundrechten in einem Prozess der pluralen Grundrechtskonkretisierung stattfindet, bei dem neben das „amtliche Konkretisierungsprimat" des Staates je grundrechtsspezifisch private Konkretisierungskompetenzen treten.[277] Je größer die für jedes einzelne Grundrecht zu ermittelnde normative Offenheit eines Grundrechts ist, desto stärker soll das Selbstverständnis des Grundrechtsträgers Berücksichtigung bei der amtlichen Interpretation des Grundrechts finden. Indem sich die Grundrechtskonkretisierung für das Selbstverständnis als interpretationsleitenden Gesichtspunkt öffnet, nimmt sie an dessen Dynamik teil. Ein Wandel des (individuellen oder kollektiven) Selbstverständnisses führt dann zum Wandel der Grundrechtsinterpretation, wobei dieser Verfassungswandel bei sachgeprägten Schutzbereichen (wie etwa der Kunstfreiheit des Art. 5 Abs. 3 S. 1 GG) unmittelbar, bei rechtsgeprägten Schutzbereichen (wie beim Schutz der Ehe in Art. 6 Abs. 1 GG) nur mittelbar (etwa durch einen gesetzgeberischen Konkretisierungsakt) erfolgt.[278]

Dass ein solcher pluraler Interpretationsprozess nicht nur mit Blick auf die Grundrechte des Grundgesetzes, sondern hinsichtlich aller Verfassungsnormen Platz greifen solle, ist Kern der These von der „offenen Gesellschaft der Verfassungsinterpreten"[279]. Diese These überspielt nicht nur normativ gebotene Differenzierungen hinsichtlich akteursspezifischer Kompetenzen, Funktionen und Grenzen im Verfassungsstaat des Grundgesetzes, sondern entgrenzt auch den Interpretationsbegriff, so dass der Begriff des Verfassungswandels letztlich entbehrlich erscheint.[280] Sie verdient daher gesonderte Kritik.[281]

bb) Verfassungswandel durch Verfassungsgerichtsbarkeit

(1) Verfassungsfragen als Rechtsfragen

Besondere, bisweilen sogar ausschließliche Aufmerksamkeit gilt im institutionellen Kontext des Grundgesetzes dem Bundesverfassungsgericht als Akteur des Verfassungswandels.[282] Die Fokussierung des engen, rechtsdogmatischen Verständnisses des Verfassungswandels auf die Bedeutung der Verfassungsgerichtsbarkeit kommt nicht von ungefähr: Erst in einer Verfassungsordnung

---

[277] Ausführlich *Höfling*, Offene Grundrechtsinterpretation, S. 88 ff.; vgl. auch *Morlok*, Selbstverständnis als Rechtskriterium, S. 309 ff.

[278] *Höfling*, Offene Grundrechtsinterpretation, S. 190 ff.

[279] *Häberle*, JZ 1975, 297 ff.

[280] *Häberle*, Verfassung als öffentlicher Prozeß, S. 59 (82 f.).

[281] Siehe unten S. 146 f.

[282] Vgl. etwa *Stock*, Verfassungswandel in der Außenverfassung, S. 158 ff. (mit kurzen Ausführungen zu anderen Akteuren des Verfassungswandels, deren Rolle aber nicht näher beleuchtet wird); *Voßkuhle*, JuS 2019, 417.

mit einer Verfassungsgerichtsbarkeit, die der Verfassung die Attribute eines Gesetzes zumisst und damit zur Verfassungsrechtsordnung wird, in der Verfassungsfragen also Rechtsfragen sind, erhalte der Begriff des Verfassungswandels rechtsdogmatische Konturen.[283] Dass die Justiziabilität von Verfassungsfragen keineswegs selbstverständlich war, zeigt die Kontroverse über den Hüter der Verfassung in der Weimarer Republik, den Carl Schmitt im Reichspräsidenten, Hans Kelsen dagegen in einem selbständigen Verfassungsgericht sehen wollte.[284] Die bis dato fehlende Verfassungsgerichtsbarkeit im heutigen Sinne erhellt auch, warum sich die spätkonstitutionelle Staatsrechtslehre auf eine Bestandsaufnahme verschiedener Formen der Verfassungswandlungen beschränkt, aber keine dogmatische Einordnung dieser Phänomene unternommen hat.[285] Ohne eine Verfassungsgerichtsbarkeit war es den anderen Verfassungsorganen überlassen, Verfassungsnormen umzuinterpretieren, eine Lücke im bestehenden Verfassungsrecht auszufüllen oder bestehende Verfassungsgebote nicht zu beachten und dadurch einen Verfassungswandel herbeizuführen.

Die Spruchtätigkeit eines Verfassungsgerichts vereint im Hinblick auf einen Verfassungswandel dagegen zwei Elemente. Zum einen ein dynamisches Element der Verfassungsrechtsfortbildung, durch die das Gericht jene Starrheit einer rigiden Verfassung, die durch die Formalisierung von Verfassungsänderungen entstanden ist, ausgleichen kann, indem es einen zulässigen Verfassungswandel konstatiert.[286] Der Beitrag zur „Pflege der Zukunftsoffenheit“ der Verfassung kann nicht nur in der konkreten Entscheidung und den tragenden Gründen des Bundesverfassungsgerichts liegen, sondern auch in Sondervoten gemäß § 30 Abs. 2 BVerfGG sowie in obiter dicta zum Ausdruck kommen.[287] Zum anderen ein statisches Element der Verfassungsrechtskontrolle, bei der das Gericht die Unzulässigkeit eines Verfassungswandels feststellen und das dann doch verfassungswidrige Gesetz mit einem Nichtigkeitsurteil sanktionieren kann.

(2) Bindungswirkung der Entscheidungen

Diese verfassungstheoretischen Bedeutungszuschreibungen spiegeln sich im positivrechtlichen Befund wider. Gemäß § 31 Abs. 1 BVerfGG binden die Entscheidungen des Bundesverfassungsgerichts die Verfassungsorgane des Bundes (und der Länder sowie alle Gerichte und Behörden). Die Bindungs-

---

[283] *Hesse*, FS Lerche, S. 123 (125); *Böckenförde*, FS Lerche, S. 1 (5); vgl. zur Rechtlichkeit der Verfassung als Voraussetzung der Verfassungsgerichtsbarkeit etwa *Böckenförde,* NJW 1999, 9 (10); *Jestaedt*, in: Jestaedt u.a. (Hrsg.), Das entgrenzte Gericht, S. 77 (99 ff.).

[284] Die Kontroverse entspann sich zwischen *Carl Schmitt* (Der Hüter der Verfassung, 1929) und *Hans Kelsen* (Wer soll Hüter der Verfassung sein?, 1930/31); hierzu ausführlich *Hofmann*, Legitimität gegen Legalität, S. 34 ff.; *Lembcke*, Hüter der Verfassung, S. 15 ff.; im Überblick *Roellecke*, in: Depenheuer/Grabenwarter (Hrsg.), Verfassungstheorie, § 14 Rn. 18 ff.

[285] Siehe schon oben S. 98 f.

[286] Vgl. nur *Krüger*, FS Smend, 151 (156).

[287] Zutreffend *Voßkuhle*, JZ 2009, 917 (922 f. m.w.N.), dort auch das Zitat.

wirkung ist unmittelbarer Ausdruck des Entscheidungsvorrangs des Bundesverfassungsgerichts, der wiederum aus dem Vorrang der Verfassung folgt.[288]

Die positivrechtlich verankerte[289] Befugnis zur verbindlichen Letztentscheidung in Verfassungsrechtsstreitigkeiten macht das Bundesverfassungsgericht – insoweit als Verfassungsorgan unter Verfassungsorganen gleichwohl *primus inter pares* – zur maßgeblichen Stimme in Fragen des Verfassungswandels. Zwar mögen bestimmte Verfassungsorgane wegen ihrer besonderen grundgesetzlichen Legitimation in bestimmtem Umfang von der Bindungswirkung des § 31 Abs. 1 BVerfGG freigestellt sein.[290] Eine solche Freistellung wurde insbesondere bei der Frage erörtert, ob den Gesetzgeber nach einer normverwerfenden Entscheidung des Bundesverfassungsgerichts ein Normwiederholungsverbot trifft oder ob er – etwa aus demokratietheoretischen Erwägungen[291] – eine Norm mit dem vom Bundesverfassungsgericht missbilligten Inhalt in den Grenzen eines aus dem Grundsatz der Organtreue abgeleiteten Brüskierungsverbots gegenüber dem Bundesverfassungsgericht erneut erlassen dürfte.[292] In diesem Falle würde dem Gesetzgeber eine stärkere Rolle als

---

[288] Zutreffend *H.H. Klein*, FS F. Klein, S. 511 (524); vgl. auch *Bethge*, in: Maunz/Schmidt-Bleibtreu/Klein/Bethge (Hrsg.), BVerfGG, § 31 Rn. 1, 3. Demgegenüber will *Payandeh*, Judikative Rechtserzeugung, S. 428 ff., die über § 31 Abs. 1 BVerfGG vermittelte Bindungswirkung bundesverfassungsgerichtlicher Judikate mit beachtlichen Gründen nur auf den konkreten Streitgegenstand beschränkt wissen und eine Bindung an abstrakt-generelle Ausführungen in der Entscheidung zur Verfassungsauslegung und Maßstabsbildung nur nach Maßgabe einer allgemeinen Präjudizienwirkung zulassen, d.h. in Form einer Berücksichtigungspflicht mit begründeter Abweichungsmöglichkeit anderer Verfassungsorgane bei Letztentscheidungskompetenz des Bundesverfassungsgerichts.

[289] Zwar ist umstritten, ob die einfachgesetzlich in § 31 Abs. 1 BVerfGG angeordnete Bindungswirkung auch zum materiellen Verfassungsrecht zählt. Außer Streit dürfte indes stehen, dass eine inhaltlich begrenzte Festschreibung verfassungsgerichtlicher Entscheidungen sinnvoll und richtig und in dieser Qualität nach dem Grundgesetz auch geboten ist, wie *Bethge*, in: Maunz/Schmidt-Bleibtreu/Klein/Bethge (Hrsg.), BVerfGG, § 31 Rn. 9, zutreffend bemerkt.

[290] *Bethge*, in: Maunz/Schmidt-Bleibtreu/Klein/Bethge (Hrsg.), BVerfGG, § 31 Rn. 13; *Heusch*, in: Umbach/Clemens/Dollinger (Hrsg.), BVerfGG, § 31 Rn. 59. Mit *Korioth*, FG Schlink, S. 31 (33), soll die Bindungswirkung verfassungsgerichtlicher Entscheidungen für den politischen Prozess ohnehin begrenzter sein als zumeist angenommen; ähnlich *Klein*, in: Badura/Scholz (Hrsg.), Verfassungsgerichtsbarkeit und Gesetzgebung, S. 49 (56 f.).

[291] Z.B. *Farahat*, in: von Bogdandy/Grabenwarter/Huber (Hrsg.), IPE VI, § 97 Rn. 78, mit dem Hinweis, dass der Gesetzgeber schließlich § 31 Abs. 1 BVerfGG ändern könne; ähnlich *Schlaich/Korioth*, Das Bundesverfassungsgericht, Rn. 484. Das ist zwar aus kompetenzrechtlicher Sicht zutreffend, mangels „legislatorischer Manövriermasse" aber kaum wahrscheinlich und daher wenig überzeugend, vgl. *Bethge*, in: Maunz/Schmidt-Bleibtreu/Klein/Bethge (Hrsg.), BVerfGG, § 31 Rn. 18 (dort auch das Zitat).

[292] Ausgangspunkt der Kontroverse waren unterschiedliche Auffassungen der beiden Senate des Bundesverfassungsgerichts über ein Normwiederholungsverbot (befürwortet vom 2. Senat in BVerfGE 1, 14 [37] und BVerfGE 69, 112 [115], zuletzt aber offengelassen in BVerfGE 135, 259 [281], dagegen der 1. Senat in BVerfGE 77, 84 [103 f.]); umfassend monographisch, aber terminologisch wie stilistisch sehr eigentümlich *Bauer*, Bindung des Bundesgesetzgebers an Entscheidungen des BVerfG, S. 26 ff. et passim; Nachweise aus der Aufsatzliteratur bei *Schlaich/Korioth*, Das Bundesverfassungsgericht, Rn. 483 f.

Akteur eines Verfassungswandels zukommen, wenn er die Normwiederholung gerade mit einem Verfassungswandel begründet. Doch völlig unabhängig davon, wie oft solche Normwiederholungen überhaupt vorkommen, aus welchen Gründen sie motiviert sind oder ob der Gesetzgeber nicht ohnehin übereifrig die Entscheidungen des Bundesverfassungsgerichts befolgt[293], stünde auch bei einer Normwiederholung am Ende eine Entscheidung des Bundesverfassungsgerichts.

Die Bindungswirkung erstreckt sich nach Ansicht des Gerichts und der überwiegenden Lehrmeinung freilich nicht auf das Bundesverfassungsgericht selbst.[294] Zwar steht sie auch nicht völlig zur Disposition des Gerichts, da das Grundgesetz, das BVerfGG und die allgemeinen Grundsätze des Prozessrechts seine Tätigkeit bestimmen und begrenzen.[295] Gleichwohl kann ein neuer Fall dem Bundesverfassungsgericht Gelegenheit geben, auf Verfassungswandlungen zu reagieren und seine frühere Rechtsprechung zu „korrigieren".[296]

(3) Legitimation des Verfassungswandels durch das Gericht

Die Transformation der Verfassungsfragen zu Rechtsfragen und die Bindungswirkung der Entscheidungen des Bundesverfassungsgerichts gegenüber allen anderen Verfassungsorganen erheben das Bundesverfassungsgericht zum authentischen Interpreten der Verfassung und dadurch zum maßgeblichen Akteur des Verfassungswandels. Es liegt letztlich in den Händen des Gerichts, einen Verfassungswandel entweder abzulehnen oder ihn festzustellen und also Verfassungsrechtsfortbildung zu betreiben. Diesen Zusammenhang bringt Rudolf Smend in kritischer Absicht mit einem häufig zitierten Satz auf den Punkt. Ihm zufolge „gilt [das Grundgesetz] nunmehr praktisch so, wie das Bundesverfassungsgericht es auslegt, und die Literatur kommentiert es in die-

---

[293] So *Schlaich/Korioth*, Das Bundesverfassungsgericht, Rn. 484.

[294] BVerfGE 20, 56 (87); 33, 199 (203); 70, 242 (249); 77, 84 (104); 82, 198 (205); 104, 151 (197); *Hopfauf*, in: Schmidt-Bleibtreu/Hofmann/Henneke (Hrsg.), GG, Art. 94 Rn. 151; *Voßkuhle*, in: von Mangoldt/Klein/Starck (Hrsg.), GG, Art. 94 Rn. 33; ausführlich *Seyfarth*, Die Änderung der Rechtsprechung durch das Bundesverfassungsgericht, S. 95 ff., 200 ff., 207 ff.; kritisch *Reinhardt*, Konsistente Jurisdiktion, S. 433 ff. Eine präjudizielle Bindung des Bundesverfassungsgerichts, bei der das Gericht nur in begründeter Auseinandersetzung mit früheren Entscheidungen von diesen abweichen darf, erörtert *Bryde*, Verfassungsentwicklung, S. 426 m.w.N., der eine Herleitung aus § 31 BVerfGG aber ablehnt und stattdessen auf allgemeine Überlegungen zur Bedeutung richterlicher Präjudizien verweist; vgl. auch *Kischel*, AöR 131 (2006), 220 (238 f.), für eine Bindungswirkung bei normverwerfenden Entscheidungen; *Payandeh*, Judikative Rechtserzeugung, S. 445 f.

[295] Zutreffend *Bethge*, in: Maunz/Schmidt-Bleibtreu/Klein/Bethge (Hrsg.), BVerfGG, § 31 Rn. 14 mit exemplarischem Verweis auf den unzulässigen Widerruf einer konkreten Rechtsfolge, das Enumerationsprinzip oder den allgemeinen Prozessrechtsgrundsatz „ne ultra petita"; vgl. auch *Kirchhof*, NJW 1996, 1497 (1504); *Klein*, in: Badura/Scholz (Hrsg.), Verfassungsgerichtsbarkeit und Gesetzgebung, S. 49 (57 f.).

[296] Analyse von Rechtsprechungsänderungen bei *Lundmark*, Rechtstheorie 28 (1997), 315 (327 ff.).

sem Sinne"[297]. Damit wird die Frage des Verfassungswandels aber zur Frage nach der Legitimation und Legitimität des Bundesverfassungsgerichts, konkret: nach der Legitimation einer Verfassungsrechtsfortbildung durch das Verfassungsgericht anstelle des verfassungsändernden Gesetzgebers.[298]

Die Legitimationsfrage wird regelmäßig dann aufgeworfen, wenn das Gericht inhaltlich besonders umstrittene Entscheidungen fällt.[299] Die Antworten auf die Legitimationsfrage unterscheiden sich in Abhängigkeit vom zugrundeliegenden eher dezisionistischen oder eher integrativen Verfassungsverständnis. Kritiker einer Verfassungsrechtsfortbildung unter dem Etikett des Verfassungswandels verweisen auf die Rationalität formalisierter verfassungssystemimmanenter Rechtserzeugung, die die Rezeption einer geänderten Verfassungswirklichkeit durch Verfassungsrechtsprechung erschwert und aus demokratietheoretischer Sicht die Begründungslasten auf die Seite der wandlungsbedingten autoritativen Verfassungsrechtsfortbildung verschiebt.[300] Gegen diese Argumentation spricht zum einen die Notwendigkeit von verfassungsgerichtlichem Richterrecht, die Befürworter daraus ableiten, dass erstens Verfassungsfragen Rechtsfragen sind, zweitens das Bundesverfassungsgericht als ein echtes Gericht dem Rechtsverweigerungsverbot unterliegt und drittens die Weitsicht auch des Verfassunggebers begrenzt sei, so dass seine Entscheidungen ggf. durch das Bundesverfassungsgericht aktualisiert, also an veränderte Verhältnisse angepasst werden müssten.[301] Zum anderen sei das Bundesverfassungsgericht durch spezifische Gründe als zentraler Akteur des Verfassungswandels,

---

[297] *Smend*, Das Bundesverfassungsgericht, in: Staatsrechtliche Abhandlungen, S. 581 (582). Wohl ungleich berühmter die Bemerkung des späteren Chief Justice of the United States *Hughes*, Speech before the Elmira Chamber of Commerce, in: ders., Addresses and Papers, S. 133 (139) mit Blick auf die US-Verfassung und ihre Interpreten: "We are under a Constitution, but the Constitution is what the judges say it is [...]".

[298] *Roellecke*, in: Depenheuer/Grabenwarter (Hrsg.), Verfassungstheorie, § 14 Rn. 31; Überblick zum Meinungsstand bei *Stock*, Verfassungswandel in der Außenverfassung, S. 205 ff.

[299] Vgl. die Beobachtung von *Michael*, RW 2014, 426 (430); *Roellecke*, in: Depenheuer/Grabenwarter (Hrsg.), Verfassungstheorie, § 13 Rn. 54.

[300] So ausdrücklich *Gärditz*, WissR 40 (2007), 67 (83); ähnlich *Masing*, Der Staat 44 (2005), 1 (16); *Jestaedt*, in: Depenheuer u.a. (Hrsg.), Nomos und Ethos, S. 183 (196 f.); *Hillgruber*, VVDStRL 67 (2008), 7 (45 f.).

[301] Vgl. nur *Roellecke*, in: Depenheuer/Grabenwarter (Hrsg.), Verfassungstheorie, § 14 Rn. 31, in freilich kritischer, gegen die Rolle des Gerichts als Hüter der Verfassung gerichteter Absicht. Das Bundesverfassungsgericht weist in st. Rspr. darauf hin, dass die Anpassung des Rechts an veränderte Verhältnisse angesichts des beschleunigten Wandels der gesellschaftlichen Verhältnisse und der begrenzten Reaktionsmöglichkeiten des (einfachen) Gesetzgebers sowie der offenen Formulierung zahlreicher Normen auch im gewaltenteiligen Verfassungsstaat des Grundgesetzes gerade zu den Aufgaben der Dritten Gewalt gehört, zumal bei zunehmend zeitlichem Abstand zwischen Gesetzesbefehl und richterlicher Einzelfallentscheidung – vgl. BVerfGE 49, 304 (318); 82, 6 (12); 96, 375 (394); 122, 248 (267); 128, 193 (209 f.). Dass für die Anwendung und Fortbildung von Verfassungsrecht durch die Verfassungsgerichtsbarkeit nichts grundsätzlich anderes gilt, bemerkt *Walter*, AöR 125 (2000), 517 (535) zutreffend; eine ähnliche Überlegung, die hingegen auf die Grenzen der Rechtsfortbildung durch das Bundesverfassungsgericht zielt, findet sich bei *Gröpl/Georg*, AöR 139 (2014), 125 (138 f.).

also der Verfassungsrechtsfortbildung legitimiert. Die Wahl durch den Richterausschuss[302] verschaffe den Verfassungsrichtern trotz fehlender demokratischer Verantwortlichkeit demokratische Legitimation, ihre Unabhängigkeit gegenüber wechselnden politischen Mehrheiten kompensiere Legitimationsdefizite, die Begründungen ihrer Entscheidungen müssten sich auf den Verfassungstext beziehen und im juristischen Diskurs bewähren, schließlich gewährleiste die plurale Zusammensetzung der Senate die Repräsentation unterschiedlicher gesellschaftlicher Auffassungen.[303] Diese Aufzählung ist um den Hinweis zu ergänzen, dass sich die Legitimität des Bundesverfassungsgerichts mangels eigener Rechtsdurchsetzungsmechanismen auch bei Verfassungswandlungen letztlich aus seiner Akzeptanz speist.[304] Das Bundesverfassungsgericht allerdings als Träger einer eigenständigen verfassungswandelnden Gewalt mit einer originären Kompetenz zum Verfassungswandel auszuweisen, die über die klassisch rechtsprechende Tätigkeit hinausreicht[305], dürfte indes die Rolle des Gerichts und seine Legitimitätsgrundlage überstrapazieren, die Rolle der anderen am Verfassungsleben beteiligten Akteure vernachlässigen und die durch das Grundgesetz vorgezeichnete Kompetenzverteilung im Hinblick auf die Verfassungsrevision konterkarieren.[306]

Die Kritik an der Einrichtung einer Verfassungsgerichtsbarkeit ist so alt wie die Verfassungsgerichtsbarkeit selbst. Sie warnt klassischerweise vor einer Juridifizierung der Politik, einer Politisierung der Rechtsprechung sowie – vorgetragen mit Blick auf das Bundesverfassungsgericht – vor einem Verfassungsgerichtspositivismus[307], einer Verschiebung der demokratischen Ordnung in Richtung des verfassungsgerichtlichen Jurisdiktionsstaates[308], einer Beschrän-

---

[302] Seit 2015 erfolgt die Wahl der vom Bundestag zu berufenden Richter gemäß § 6 Abs. 1 S. 1 BVerfGG durch das Plenum des Bundestages auf Vorschlag des Wahlausschusses und nicht mehr durch den Wahlausschuss selbst. Die Wahl wird allerdings unter Verzicht auf eine Aussprache im Plenum nur mit verdeckten Stimmzetteln durchgeführt, so dass *Schlaich/Korioth*, Das Bundesverfassungsgericht, Rn. 42, etwa von einer „Mogelpackung“ sprechen.

[303] Aufzählung bei *Walter*, AöR 125 (2000), 517 (549), der diesbezüglich vom „Wahlfaktor“, vom „Sirenenfaktor“, vom „Textfaktor“ und vom „Senatsfaktor“ spricht. Ausführlich zur Legitimation des Bundesverfassungsgerichts *Möllers*, in: Jestaedt u. a. (Hrsg.), Das entgrenzte Gericht, S. 281 (308 ff.).

[304] Darauf weist vor allem die politikwissenschaftliche Forschung zum Bundesverfassungsgericht eindrücklich hin, vgl. *Lembcke*, Hüter der Verfassung, S. 167 ff., 303 ff. Aus rechtswissenschaftlicher Perspektive etwa *Michael*, RW 2014, 426 (478).

[305] So die Konzeption von *Michael*, RW 2014, 426 (430); ähnliche Charakterisierung des Bundesverfassungsgerichts als „Träger einer verfassungsentwickelnden Gewalt“ bei *Peters*, Elemente einer Theorie der Verfassung Europas, S. 395 ff.; *Würtenberger*, in: Neuhaus (Hrsg.), Verfassungsänderungen, S. 287 (295).

[306] Vgl. die Kritik von *Dreier*, in: Dreier (Hrsg.), GG, Art. 79 I Rn. 40.

[307] Vgl. *Schlink*, Der Staat 28 (1989), 161 ff.; differenzierend zur Schlinkschen These der Entthronung der Staatsrechtswissenschaft *Korioth*, FG Schlink, S. 31 (34 ff.); *Lepsius*, FG Schlink, S. 41 (43 ff.); vgl. auch *Jestaedt*, in: Depenheuer u. a. (Hrsg.), Nomos und Ethos, S. 183 (188 ff.); prononciert gegen die Entthronungsthese *Hufen*, NJW 1999, 1504 (1507).

[308] Vgl. exemplarisch *Knies*, FS Stern (1997), S. 1155 ff.

kung der Offenheit und Flexibilität der Verfassung, einer Verkürzung der Bedeutung des einfachen Rechts, einer Inflationierung der Grundrechte und einer Perpetuierung all dessen durch die erhöhte Bindungskraft verfassungsgerichtlicher Entscheidungen.[309] Diese Bedenken drängen bei einem Verfassungswandel durch das Bundesverfassungsgericht noch stärker in den Vordergrund, denn „[g]erade von einem Gericht, das verfassungswidrigen Verfassungswandel verhindern soll, können kräftige, auch dem Verfassungswortlaut widerstreitende Wandlungsimpulse ausgehen [... denen sich andere Staatsorgane ...] nur in begrenztem Umfange widersetzen können, ohne selbst verfassungs- oder zumindest rechtswidrig zu handeln“[310].

Umso bedeutender erscheinen daher die Grenzen der Verfassungsgerichtsbarkeit, die zugleich weitere Grenzen eines Verfassungswandels markieren. Diese Grenzen können kaum in dem allgemeinen Appell an eine konturenlose richterliche Selbstbeschränkung *(„judicial self-restraint“)* liegen.[311] Auch aus dem materiellen Verfassungsrecht selbst lassen sich keine hinreichenden Grenzen der Verfassungsgerichtsbarkeit ableiten. Zum einen taugt es dort nicht als „Grund und Grenze des Funktions- und Kompetenzbereichs des Bundesverfassungsgerichts“[312], wo gerade dessen Fortentwicklung aus Gründen eines Verfassungswandels im Raum steht. Zum anderen versetzen weite Zuständigkeiten, offene Verfassungsformulierungen und vielfältige Methoden der Verfassungsinterpretation das Gericht in die Lage, durch die authentische Auslegung des Verfassungstextes gleichsam selbst über die Reichweite seiner Kompetenzen zu befinden.[313] Stattdessen hat sich eine funktionell-rechtliche Sichtweise etabliert, die die unterschiedlichen Funktionen und Fähigkeiten der Staatsorgane in den Blick nimmt, nach einer sachgerechten Funktionsverteilung zwischen den Staatsorganen fragt und dementsprechend Grenzen der Verfassungsgerichtsbarkeit letztlich aus dem Zusammenhang von materiellem Verfassungsrecht und verfassungsrechtlicher Funktionenordnung entwickeln möchte.[314] Hierbei geht es insbesondere um das Verhältnis des Bundesverfas-

---

309 Vgl. die Aufzählung von *Hesse*, JZ 1995, 265 (267 ff., zusammenfassend S. 273); klassisch *Schmitt*, Der Hüter der Verfassung, S. 22 ff.; *Forsthoff*, FS Schmitt, S. 35 (50 ff.).

310 *Pauly*, in: Jellinek, Verfassungsänderung und Verfassungswandlung, S. IX.

311 Zutreffend *Hesse*, FS Huber, S. 261 (264 ff.); *Heun*, Funktionell-rechtliche Schranken der Verfassungsgerichtsbarkeit, S. 11 f.; *Kirchhof*, NJW 1996, 1497 (1504); *Schlaich/Korioth*, Das Bundesverfassungsgericht, Rn. 505; *Voßkuhle*, in: von Mangoldt/Klein/Starck (Hrsg.), GG, Art. 93 Rn. 36.

312 *Rinken*, in: Denninger u.a. (Hrsg.), AK-GG, vor Art. 93 Rn. 93.

313 *Schlaich/Korioth*, Das Bundesverfassungsgericht, Rn. 506, sprechen von einer „faktisch[en] (nicht rechtlich[en]!) Kompetenz-Kompetenz“ des Bundesverfassungsgerichts; ähnlich *Rinken*, in: Denninger u.a. (Hrsg.), AK-GG, vor Art. 93 Rn. 95, der die begrenzende Wirkung der Bindung an das materielle Verfassungsrecht eine „Fiktion“ nennt. Vgl. auch *Voßkuhle*, in: von Mangoldt/Klein/Starck (Hrsg.), GG, Art. 93 Rn. 38 f. m.w.N.

314 *Schlaich/Korioth*, Das Bundesverfassungsgericht, Rn. 506 ff. Schon früh *Ehmke*, VVDStRL 20 (1963), 53 (73); vgl. auch *Schneider*, NJW 1980, 2103 (2104 ff.); *Hesse*, FS Huber, S. 261 (262 ff.); umfassender *Schuppert*, Funktionell-rechtliche Grenzen der Verfassungsinter-

sungsgerichts zum Gesetzgeber, zur Bundesregierung und zu den Fachgerichten. Aus funktionell-rechtlicher Warte soll die Entscheidung demjenigen Organ obliegen, „das der Entscheidung strukturell am nächsten steht“[315]. Diesen abstrakten Rückschluss von der Organstruktur auf die Kompetenz haben Rechtsprechung und Wissenschaft durch weitere Elemente konkretisiert, die von einem justizförmigen Verfahren und der Unterscheidung zwischen Handlungs- und Kontrollnormen ausgehen. Hierzu zählen etwa die Rückverweisung an den politischen Prozess im Rahmen gestufter Tenorierungsvarianten bzw. Rechtsfolgenanordnungen bei festgestellter Verfassungswidrigkeit einer Norm, die abgestufte Kontrollintensität bei Prognoseentscheidungen des Gesetzgebers oder die Anerkennung legislativer Einschätzungsprärogativen bzw. gubernativer Ermessensentscheidungen.[316] Dass der funktionell-rechtliche Ansatz kein innerlich kohärentes, sondern ein eher offenes System aus Entscheidungsregeln, Argumentationsmustern, Formel, Figuren und Prozeduren bereithält, derer sich das Bundesverfassungsgericht flexibel und einzelfallbezogen bedient[317], mag kritisiert werden.[318] Er nimmt aber jene Kontextualität des Verfassungswandels ernst, die das – sonst eigentlich kontextsensible – enge rechtsdogmatische Verständnis an dieser entscheidenden Stelle meist übersieht. Denn wenn sich die Grenzen der Verfassungsgerichtsbarkeit (auch) aus einer funktionell-rechtlichen Abgrenzung gegenüber den anderen Verfassungsorganen ergeben, dann verdient die Rolle der anderen Akteure des Verfassungswandels genauere Beachtung, die ihr aus der engen rechtsdogmatischen Perspektive auf den Verfassungswandel bislang häufig versagt blieb.[319] Einen spezifischen, auf die Einengung des Verfassungswandels zielenden Impetus verfolgt aber auch der funktionell-rechtliche Ansatz nicht.[320]

c) Verfassungswandel im Rechtsvergleich

Die Kontextualität des Verfassungswandels verdeutlicht, dass dogmatisch belastbare Aussagen zum Verfassungswandel – und genau darauf zielt das enge

pretation, insb. S. 38 ff.; differenzierend zur dogmatischen Leistungsfähigkeit der funktionell-rechtlichen Argumentation *Heun*, Funktionell-rechtliche Schranken der Verfassungsgerichtsbarkeit, S. 19 ff.

[315] *Rinken*, in: Denninger u.a. (Hrsg.), AK-GG, vor Art. 93 Rn. 99.

[316] Vgl. nur *Schlaich/Korioth*, Das Bundesverfassungsgericht, Rn. 510 ff.; *Voßkuhle*, in: von Mangoldt/Klein/Starck (Hrsg.), GG, Art. 93 Rn. 40.

[317] *Voßkuhle*, in: von Mangoldt/Klein/Starck (Hrsg.), GG, Art. 93 Rn. 42; *Bethge*, in: Maunz/Schmidt-Bleibtreu/Klein/Bethge (Hrsg.), BVerfGG, Vorbemerkung Rn. 175 ff.; *Ossenbühl*, in: Badura/Scholz (Hrsg.), Verfassungsgerichtsbarkeit und Gesetzgebung, S. 75 (89 ff.).

[318] Deutliche Kritik etwa von *Berkemann*, DVBl. 1996, 1028 (1030), an „den allgemeinen Redeweisen über funktionale Grenzen der Verfassungsgerichtsbarkeit“ und den „verfassungspolitischen Allgemeinplätzen“; *Schlaich/Korioth*, Das Bundesverfassungsgericht, Rn. 525 ff. m.w.N.

[319] Vgl. aber *Bryde*, Verfassungsentwicklung, S. 299 ff.; *Voßkuhle*, Der Staat 43 (2004), 450 (456 f.).

[320] Zutreffend *Jestaedt*, in: Depenheuer u.a. (Hrsg.), Nomos und Ethos, S. 183 (196 Fn. 52 a.E.).

rechtsdogmatische Verständnis – nur innerhalb der jeweiligen Verfassungsrechtsordnung und aus ihr heraus sinnvoll zu treffen sind. Insofern bleibt der dogmatische Ertrag rechtsvergleichender Betrachtungen zwangsläufig gering.

Erkenntnisgewinn verspricht die Rechtsvergleichung mit Blick auf den Verfassungswandel vor allem aus der Warte der Verfassungstheorie. So finden sich häufig Hinweise auf die Verfassung der Vereinigten Staaten von Amerika, die in über 200 Jahren nur um 27 Artikel ergänzt wurde. Die Auseinandersetzung um einen Verfassungswandel wird dort geführt zwischen Vertretern des *originalism*, die eine Verfassungsauslegung durch den Supreme Court im Sinne des *original intent* der Verfassungsväter fordern[321], und Vertretern eines *living* bzw. *progressive constitutionalism* oder *constitutional change*[322].[323] Überhaupt keine Änderung hat bisher die japanische Verfassung in den über 70 Jahren ihres Bestehens zu verzeichnen. Der Verfassungswandel wird hier daher zur Auslegungsmaxime, mit der die Anpassung der Verfassung an gewandelte Verhältnisse bewerkstelligt werden kann, was regelmäßig an der Aufstellung und internationalen Eingliederung von japanischen Streitkräften entgegen des ausdrücklichen Verbots in Art. 9 der Verfassung erörtert wird.[324] Auch für die Europäische Union finden sich Versuche, etwa die dynamische Auslegung des Unionsrechts im Allgemeinen oder informelle Veränderungen der institutionellen Struktur jenseits formeller Vertragsänderungen im Besonderen mit dem Konzept des Verfassungswandels zu beschreiben und zu erklären.[325]

[321] Exemplarisch *Bork*, Indiana Law Journal 47 (1971), 1 ff.; *Rehnquist*, Texas Law Review 54 (1976), 693 ff.; *Meese*, Harvard Journal of Law & Public Policy 11 (1988), 5 ff.; vgl. dazu *Post/Siegel*, Fordham Law Review 75 (2006), 545 ff.

[322] Exemplarisch *Balkin*, Living Originalism (2011); *Strauss*, The Living Constitution (2010); *Ackerman*, Harvard Law Review 120 (2007), 1737 (1741 ff.); vgl. dazu *Fleming*, Boston University Law Review 92 (2012), 1171 ff.

[323] Im Überblick *Marshall*, Ohio State Law Journal 72 (2011), 1251 (1252 ff.); aus deutscher Sicht etwa *Heun*, AöR 116 (1991), 185 (186 ff.).

[324] Vgl. dazu *Kobayashi*, FS Stern (1997), S. 167 (170 ff.); *Miyake*, in: Jestaedt/Suzuki (Hrsg.), Verfassungsentwicklung I, S. 185 (195 ff.).

[325] Vgl. das von *H.-P. Ipsen*, in: Schwarze (Hrsg.), Der Europäische Gerichtshof als Verfassungsgericht und Rechtsschutzinstanz, S. 29 (50 f.), geprägte Bild der EG-Verfassung als „Wandel-Verfassung", bei dem er allerdings Unterschiede zum staatsrechtlichen Begriff des Verfassungswandels ausmacht: „Sie ist […] als Integrationsverfassung selbst prinzipiell auf den Wandel hin angelegt, nämlich den Prozeß zunehmender Zusammenführung der Mitgliedstaaten durch Vergemeinschaftung bislang mitgliedstaatlicher öffentlicher Aufgaben. Jede Auslegung und Anwendung von Normen der EG-Verfassung, die […] diesen Verfassungsprozeß fördert, ist der Anlage der EG-Verfassung adäquat, ein Beitrag zum Verfassungswandel im Sinne der Verfassungsverwirklichung. […] Dieser Wandel ist also nicht wie im Staatsrecht Reaktion auf Tatbestandsveränderung im Geltungsbereich der einschlägigen Verfassungsnorm. Dieser Wandel ist selbst Aktion, konkreter Vollzug der auf Wandel angelegten EG-Verfassung. Sie ist – wortspielerisch formuliert – eine Wandel-Verfassung einzigartigen, sonst nicht existierenden Typs." Schon früher *Kaiser*, VVDStRL 23 (1966), S. 1 (26); vgl. weiter *Peters*, Elemente einer Theorie der Verfassung Europas, S. 473 ff.; *Dehousse*, in: Oliver/Fusaro (Hrsg.), How Constitutions Change, S. 69 (81 ff.); *Calliess*, in: ders. (Hrsg.), Verfassungswandel im europäischen

Ziel des Rechtsvergleichs könnte dann die Entwicklung einer dekontextualisierten „Meta-Theorie“ des Verfassungswandels sein. Sie kann verschiedene kontextübergreifende Elemente identifizieren, die einen gehaltvollen Rechtsvergleich von Verfassungsentwicklungen anleiten können, indem sie das Feld für ein Forschungsgespräch über verschiedene Konzepte der Verfassungsentwicklung (also auch des Verfassungswandels) abstecken, und zugleich zur Vergewisserung der Validität des eigenen Konzepts dienen.[326] Zu diesen Elementen sollen zum einen ontologische Vorstellungen über die Konstitution der Welt, den Aufbau des Rechts und das Wesen einer Rechtsnorm, zum anderen methodologische Fragen hinsichtlich des Aufgabenverständnisses der Rechtswissenschaft und der maßgeblichen Rationalitätsstandards sowie den Möglichkeiten und Grenzen einer Maßstabsbildung, und schließlich verfassungstheoretische Grundannahmen über den Verfassungsbegriff, den Ordnungsanspruch der Verfassung und die Verfassungsinterpretation gehören.[327]

5. *Verfassungswandel und Verfassungsinterpretation*

Die starke Kontextualität des rechtsdogmatisch verstandenen Verfassungswandels, die sich vor allem in der durch Interpretation der Verfassung angeleiteten Bestimmung seiner Grenzen sowie in seiner Abhängigkeit von der Einrichtung einer Verfassungsgerichtsbarkeit als authentische Verfassungsinterpretin zeigt, deutet auf die methodische Leerstelle, die der enge Begriff des Verfassungswandels hinterlässt: Eine trennscharfe Abgrenzung des Verfassungswandels gegenüber der Verfassungsinterpretation ist bislang nicht überzeugend gelungen.

Zwar finden sich durchaus Versuche, die einen eigenständigen Bedeutungsgehalt des Verfassungswandels zu begründen suchen. Im Abstrakt-Ungefähren bleibt etwa die Metapher von der Verfassungsinterpretation als Wegbereiter und Wegweiser des Verfassungswandels[328]: Verfassungsinterpretation habe dem Verfassungswandel zunächst den Weg zu bahnen, indem sie ihm die Mittel zur Durchsetzung in die Hand gebe, sich der Verfassungswandel also in und durch Verfassungsinterpretation vollziehe; Verfassungsinterpretation habe sodann dem Verfassungswandel auch materiell den Weg zu weisen, indem sie dafür sorgt, dass beim Verfassungswandel einer positiven Norm nicht

---

Staaten- und Verfassungsverbund, S. 187 (189 f.); *Benz*, in: Hönnige/Kneip/Lorenz (Hrsg.), Verfassungswandel im Mehrebenensystem, S. 21 ff.; *Petersohn/Schultze*, in: Hönnige/Kneip/Lorenz (Hrsg.), Verfassungswandel im Mehrebenensystem, S. 41 (59 ff.); *Aust*, in: Schnabl/Scholz (Hrsg.), Aufgeschlossen für Wandel, S. 179 (180 f.).

[326] Das ist der Ansatz von *Bumke*, in: Jestaedt/Suzuki (Hrsg.), Verfassungsentwicklung I, S. 39 (41 f., 65 f.); vgl. auch *Fusaro/Oliver*, in: Oliver/Fusaro (Hrsg.), How Constitutions Change, S. 405 (423 ff.).

[327] *Bumke*, in: Jestaedt/Suzuki (Hrsg.), Verfassungsentwicklung I, S. 39 (44 ff.).

[328] *v. d. Heydte*, ARSP 39 (1950/1951), 461 (473).

die „ewige und ewig-gleiche Idee des Rechts" verloren geht, sie also die Entwicklung der Verfassung nicht verhindert, sondern lenkt. Diese Aufgabenzuweisung kulminiert in der pathetischen Charakterisierung der Verfassungsinterpretation als das Gewissen der Verfassung im Verfassungswandel. Methodisch ist damit freilich nicht viel gewonnen.

Kaum erhellender ist der Hinweis, dass Verfassungswandel die Veränderung oder Neuentwicklung, nicht aber die Ermittlung, Entfaltung oder Vervollständigung von etwas normativ Vorgegebenem durch Verfassungsinterpretation bedeute[329]. Der hier behauptete „typische Unterschied" zwischen Verfassungsinterpretation und dem Verfassungswandel als dogmatischer Begriff wird verdunkelt durch die Kategorie der verfassungsrechtlichen Rechtsfortbildung, die als Zwischenform von Verfassungsinterpretation und Verfassungswandel erscheint: Orientiert an der Verfassung und ihren einzelnen Bestimmungen als etwas Vorgegebenem entfalte die Rechtsfortbildung das Vorgegebene in Interpretation und Anwendung, beziehe es auf neuartige Situationen und entwickle es damit fort, wobei die Änderung der Verfassung nicht ihr Ziel sei, wohl aber in gewissem Umfange mit anfallen könne.[330] Das Beharren auf der Unterscheidbarkeit und der Unterschiedlichkeit von Verfassungsinterpretation und Verfassungswandel erklärt sich mit Blick auf das Szenario, gegen das es gerichtet ist. Ausdrücklich wendet es sich gegen die von Rudolf Smend geforderte fließende Geltungsfortbildung des gegebenen Verfassungsrechts anhand des Funktionskriteriums der Sinnerfüllung der Verfassung als Integrationssystem. Es dürfe nicht sein, dass das Verfassungsrecht seine organisatorisch und institutionell formende Kraft verliere und sich zum in sich bewegten politischen Prozess wandele, da es anderenfalls dem Interpreten zur Hand und in seiner Hand sei.[331] So verweisen schließlich auch die Begriffe des (durch die und in der Verfassung) Vor- und Aufgegebenen auf ein dezisionistisches Verfassungsverständnis, dem das Mittel der Verfassungsinterpretation schon immer näher als der Verfassungswandel stand und das einer Letztbegründung nicht zugänglich ist.

Einen anderen Ansatzpunkt wählt die Ansicht, die den Verfassungswandel nicht nur als Instrument der Interpretation, sondern auch der Revision der Verfassung begreift.[332] Ein Verdienst der verfassungsrevisionsrechtlichen Konzeptionalisierung des Verfassungswandels liegt gewiss darin, auf die mit einem Verfassungswandel durch das Bundesverfassungsgericht verbundene institutionell-legitimatorische Problematik in aller Deutlichkeit aufmerksam gemacht zu haben. Insoweit dieser Ansatz aber darauf abzielt, den verfassungstheoreti-

---

[329] *Böckenförde*, FS Lerche, S. 1 (13 f.).

[330] *Böckenförde*, FS Lerche, S. 1 (9 f.), kritisch hierzu *Stock*, Verfassungswandel in der Außenverfassung, S. 185 f.

[331] *Böckenförde*, FS Lerche, S. 1 (13 f.).

[332] *Michael*, RW 2014, 426 (insb. S. 433 f.).

schen wie verfassungsdogmatischen Nachweis der Legitimation des Bundesverfassungsgerichts als Träger einer originären verfassungswandelnden, d.h. verfassungsrevidierenden Gewalt zu führen, stößt er sich an der grundgesetzlich vorgezeichneten Kompetenzverteilung zur Verfassungsrevision.

Konkrete Abgrenzungskriterien bleiben die genannten Ansätze letztlich schuldig. Aus dem ungelösten Verhältnis von Verfassungsinterpretation und Verfassungswandel speist sich denn auch eine Fundamentalkritik am prekären methodischen Status des Verfassungswandels, nach der es kein *tertium* zwischen Verfassungsauslegung und Verfassungsänderung, also Verfassungsrechtserkenntnis und Verfassungsrechtsetzung gebe[333]. Entweder sei Verfassungswandel ordinäre Verfassungsauslegung, die weder eine Sondermethodik noch eine Sonderdogmatik rechtfertige.[334] Oder die Abschichtung zur Verfassungsauslegung werde um den Preis unklarer Grenzen zur Verfassungsänderung erkauft, die dann aber mit den positivrechtlichen Wandlungsregelungen des Grundgesetzes in Konflikt gerate.

III. Verdienste und Versäumnisse der überkommenen Lehre

Die eigentümliche juristische Sprachlosigkeit der spätkonstitutionellen Staatsrechtslehre im Umgang mit dem Phänomen des Verfassungswandels zu überwinden war das Ziel der Verfassungsrechtswissenschaft unter dem Grundgesetz. Gestützt auf eine Normentheorie, die spezifische Ausschnitte aus der Wirklichkeit zum Bestandteil der Norm erklärt und dementsprechend in der Lage ist, auch Wandlungen der tatsächlichen Verhältnisse normativ zu rezipieren, wollte sie die vielfältigen Erscheinungsformen politisch-rechtlicher Veränderungen des Verfassungszustandes eines Staates auf einen juristisch operationalisierbaren Begriff bringen. In einem engen verfassungsrechtsdogmatischen Verständnis soll der Verfassungswandel am Inhalt einer einzelnen Verfassungsnorm ansetzen und die Änderung des Inhalts ohne eine Änderung des Textes der Norm bezeichnen – kurz: eine Inhaltsänderung ohne Textänderung. Der Verfassungswandel erhält hierdurch dogmatische Konturen, die Differenzierungen in mindestens zweierlei Hinsicht erlauben: Zum einen lassen sich solche Entwicklungen vom Begriff des Verfassungswandels abgrenzen, die jenseits des von einer konkreten Verfassungsnorm in Bezug genommenen Ausschnitts der Verfassungswirklichkeit liegen oder die sich als legislative Ausgestaltung bzw. judikative Konkretisierung einer auf Ausgestaltung bzw. Konkretisierung angelegten Verfassungsnorm darstellen. Zum anderen

[333] *Jestaedt*, in: Depenheuer u.a. (Hrsg.), Nomos und Ethos, S. 183 (196); zustimmend *Michael*, RW 2014, 426 (431).

[334] Die behauptete Identität von Verfassungswandel und Verfassungsinterpretation lässt für *Häberle*, Verfassung als öffentlicher Prozeß, S. 59 (82 f.), den Begriff des Verfassungswandels in einer offenen Gesellschaft der Verfassungsinterpreten als verzichtbar erscheinen; zustimmend, wenngleich mit anderen Schlussfolgerungen *Walter*, AöR 125 (2000), 517 (524).

gelten rechtsdogmatische Suchbewegungen den Grenzen des Verfassungswandels, anhand derer der zulässige vom unzulässigen Verfassungswandel unterschieden werden kann.

Verfassungswandel wird mithin als norminterner, sich innerhalb einer konkreten Verfassungsnorm vollziehender Vorgang verstanden, bei dem eine Interpretationsänderung die Inhaltsänderung der Norm ohne Textänderung in einem methodisch halbwegs vorgezeichneten Rahmen bewirkt. In der hier kurz als „Dogmatisierung" des Verfassungswandelbegriffs beschriebenen Konzeptionalisierung liegen die Verdienste, mehr aber noch die Versäumnisse des engen Begriffsverständnisses begründet.

1. Verdienste

Die Dogmatisierung lässt den Verfassungswandel zunächst an den Vorzügen teilhaben, „die normatives Denken und normgeleitetes Entscheiden im Verfassungsrecht auszeichnen".[335] Wer den Verfassungswandel vor allem als Frage einer veränderten Interpretation einer Verfassungsnorm mithilfe des jeweils konsentierten methodischen Rüstzeugs darstellt, gewährleistet den Anschluss an die allgemeinen Grundsätze der Rechtsauslegung und der Rechtsquellenlehre.[336] Die Kompatibilität zum gesicherten Bestand verfassungsrechtlicher Methodik und Dogmatik kann das enge Verständnis des Verfassungswandels dann als einen Verdienst verbuchen.

2. Versäumnisse

Die Kehrseite dieser Kompatibilität ist jedoch die starke Kontextualisierung des Verfassungswandels als dogmatischer Begriff. Die Dogmatisierung des Verfassungswandels wirft heuristische, institutionell-legitimatorische und methodische Probleme auf, die das enge Verständnis des Verfassungswandels nicht befriedigend lösen kann und die deshalb in den Augen seiner Kritiker eine nur begrenzte Funktion, eine überaus sparsame Verwendung oder sogar die Verzichtbarkeit des dogmatischen Begriffs des Verfassungswandels nahelegen.[337]

a) Heuristisches Desiderat

Keine Kontroversen scheinen über die heuristische Funktion des engen Begriffs des Verfassungswandels zu bestehen. Als erkenntnisleitendes Mittel könne er zur Rekonstruktion von Verfassungsentwicklungen und daran an-

---

[335] *Pauly*, in: Jellinek, Verfassungsänderung und Verfassungswandlung, S. IX.

[336] Zutreffend *Becker/Kersten*, AöR 141 (2016), 1 (12 f.).

[337] Exemplarisch *Voßkuhle*, Der Staat 43 (2004), 450 ff. u. 459; für den völligen Verzicht *Häberle*, Verfassung als öffentlicher Prozeß, S. 59 (82 f.).

knüpfend für Prognosen über die Zukunft dienen.[338] In diesem Sinne wird vorgeschlagen, dass der Begriff des Verfassungswandels doch im Sinne eines variablen Interpretationsergebnisses weiterhin in Umlauf bleiben solle, um das Gewicht der Erscheinung auch begrifflich einzufangen.[339] Indes: Damit ist sein heuristisches Potential keinesfalls ausgeschöpft. Da der Anknüpfungspunkt für die mit Hilfe des Verfassungswandelbegriffs zu rekonstruierenden und prognostizierenden Verfassungsentwicklungen stets die einzelne Verfassungsnorm ist, geraten strukturelle Herausforderungen der Verfassungsordnung jenseits der positiven Verfassungsnorm erst gar nicht in den Blick. Gerade dies könnte ein gehaltvoller Begriff des Verfassungswandels aber leisten. So hat denn auch der Appell an Verfassungsjuristen, „immer wieder ‚das sichere Gehäuse der positiven Rechtsordnung [zu] verlassen' und ihr allfällig zu eng angelegtes System [zu] öffnen, um neuartig-positivrechtliche Erscheinungen, die sich stetig und effektiv zur Geltung bringen, nicht in einem Dunkel von Verfassungswidrigkeit und Verfassungsbruch unterschiedslos und unerkannt verschwinden zu lassen“[340], nichts an Aktualität und Relevanz verloren. Denn „[s]o unfraglich dem Dogmatiker die präskriptive Natur der Normen der Rechts- und Verfassungsordnung ist, so unbezweifelbar ist auch, daß diese Normen ihren Erhalt nur in begrenztem Maße selbst gegen Erosion zu schützen vermögen. Wer hier wirkende Wandlungskräfte systematisch ausblendet, wird auf Dauer juristisch erblinden und verspielt zudem die Möglichkeit, wenigstens begrenzt vorhandene Steuerungskapazitäten zu nutzen.“[341] Verfassungsrechtsordnung und die sich wandelnde, aus einer soziologisch-empirischen Perspektive[342] zu beschreibende Verfassungswirklichkeit dürfen freilich nicht isoliert betrachtet, sondern müssen zueinander ins Verhältnis gesetzt werden. Eine eigenständige, normativ gehaltvolle Lehre des Verfassungswandels hat mithin Vermittlungsformen bereitzustellen, die die Rezeption struktureller Änderungen in der Verfassungswirklichkeit durch die Verfassungsrechtsordnung auf einen Begriff bringen und als Ausgangspunkt für deren dogmatische Verarbeitung dienen können.[343]

b) Legitimatorisches Desiderat

Zwar erkennen die Vertreter eines engen rechtsdogmatischen Verständnisses die zentrale Stellung des Interpreten im Verfassungswandel, der es innerhalb der Bandbreite zulässiger Interpretationsmethoden in der Hand habe, ob und

338 *Voßkuhle*, Der Staat 43 (2004), 450 (458); *Jestaedt*, in: Depenheuer u.a. (Hrsg.), Nomos und Ethos, S. 183 (197 Fn. 53).

339 *Göldner*, Integration und Pluralismus, S. 51 f. m. Fn. 153 a.E.

340 *Pauly*, in: Jellinek, Verfassungsänderung und Verfassungswandlung, S. X, mit Zitat von *Isensee*, Das Volk als Grund der Verfassung, S. 18.

341 *Pauly*, in: Jellinek, Verfassungsänderung und Verfassungswandlung, S. XIX.

342 Vgl. *Voßkuhle*, Der Staat 43 (2004), 450 (453).

343 Vgl. *Becker/Kersten*, AöR 141 (2016), 1 (13); *Voßkuhle*, Der Staat 43 (2004), 450 (458).

in welchem Umfang er gesellschaftlichen Veränderungen bei der Auslegung Raum gibt.[344] Indem sie sogleich auf die Rolle des Bundesverfassungsgerichts als authentischen – oder mit seinen Kritikern: autoritativen – Interpreten der Verfassung abheben, verengen sie den Blick auf den Beitrag des Gerichts zum Verfassungswandel. Gewiss dürfte der Hinweis, dass der dogmatische Wandlungsbegriff auf der Einrichtung einer Verfassungsgerichtsbarkeit beruht, an deren Bestand und Schicksal er gebunden ist, und im Übrigen ein eingespieltes und relativ stabiles institutionelles System voraussetzt[345], in Zeiten der verfassungsrechtlichen „Normallage" niemanden ernsthaft beunruhigen. Und doch verdeutlicht der Hinweis, dass der Beitrag anderer Akteure und damit die institutionelle Problematik des Verfassungswandels aus der Warte des engen rechtsdogmatischen Verständnisses unterbelichtet bleibt. Eine normativ gehaltvolle Lehre des Verfassungswandels muss stattdessen von komplexeren Akteurskonstellationen ausgehen und darf auch die damit verbundene Legitimationsfrage des Verfassungswandels nicht dadurch verkürzen, dass sie sich allein auf die Berechtigung des Bundesverfassungsgerichts zur Verfassungsrechtsfortbildung konzentriert. Vielmehr sind die unterschiedlichen Möglichkeiten und Rechtfertigungen unterschiedlicher Akteure im Einzelnen zu analysieren und zu bewerten.

c) Methodisches Desiderat

Methodisches Desiderat der Dogmatisierung des Verfassungswandelbegriffs bleibt schließlich eine Abgrenzung zur Verfassungsinterpretation, die einen Eigenstand des Verfassungswandels begründen kann.[346] Wenn sich auch gewisse Unschärfen bei der Grenzziehung nicht völlig beseitigen lassen werden, ist eine eigenständige Lehre vom Verfassungswandel gefordert, hier zumindest Differenzen zwischen Verfassungswandel und Verfassungsinterpretation aufzuzeigen. Aus dogmatischer Perspektive bereitet schließlich eine exakte Grenzziehung zwischen zulässigem und unzulässigem Verfassungswandel weiterhin Probleme.

---

344 *Walter*, AöR 125 (2000), 517 (540).

345 *Pauly*, in: Jellinek, Verfassungsänderung und Verfassungswandlung, S. IX.

346 In diesem Sinne auch *Volkmann*, Grundzüge einer Verfassungslehre, S. 141.

C. Update der Lehre vom Verfassungswandel

I. Phänomenologische Perspektiverweiterung

1. Strukturelle statt punktuelle Wandlungen

Den mit der Dogmatisierung des Verfassungswandels verbundenen Perspektivverengungen begegnet ein weites phänomenologisches Verständnis, indem es sich nicht nur auf interne Wandlungsprozesse bei einzelnen Verfassungsnormen konzentriert. Die hier vorgeschlagene Perspektiverweiterung löst sich vielmehr von der engen Normfixierung und nimmt vor allem strukturelle Veränderungen in den Blick, die sich außerhalb einer einzelnen Verfassungsnorm vollziehen, aber gleichwohl Rückwirkungen für deren Auslegung und Anwendung zeitigen können. Dabei berücksichtigt sie auch die Wirkungsbedingungen und Steuerungsfunktionen des Verfassungsrechts[347], ohne aber einen rechtsdogmatischen Anspruch ganz aufzugeben.[348] Denn anders als im Spätkonstitutionalismus beschränkt sie sich nicht auf eine bloß empirische Bestandsaufnahme dieser Veränderungen, sondern bemüht sich ausdrücklich um die normative Rezeption der Wandlungen des rechtlich-politischen Verfassungszustandes.

Beispiele für solche strukturellen Veränderungen der Verfassungsordnung, die sich nicht innerhalb einer einzelnen Verfassungsnorm abspielen und deswegen auch nicht durch eine punktuelle Verfassungstextänderung zu bewältigen sind, sind mit den Begriffen der Europäisierung und Internationalisierung schlagwortartig bezeichnet und wissenschaftlich bereits ausführlich diskutiert.[349] Dass auch die Digitalisierung einen solchen strukturellen Verfassungswandel bewirkt, ist die im Folgenden auszuführende These dieser Arbeit. Gerade mit Blick auf solche strukturellen Herausforderungen kann ein phänomenologisches Verständnis des Verfassungswandels sein heuristisches Potential in voller Blüte entfalten.

2. Begrifflicher Vorbehalt

Die hier vorgeschlagene Unterscheidung zwischen rechtsdogmatischem und phänomenologischem Verständnis des Verfassungswandels teilt mit der (Rechts-)Phänomenologie die Bezeichnung, nicht aber den umgreifenden philosophischen Anspruch.

---

[347] Vgl. *Becker/Kersten*, AöR 141 (2016), 1 (15).

[348] Zu stark verkürzte Rezeption des phänomenologischen Zugangs als „rein deskriptives Verständnis" daher bei *Stock*, Verfassungswandel in der Außenverfassung, S. 150 (m. Fn. 8).

[349] Vgl. nur *Schmidt*, FS Brohm, S. 535 (537 ff.); *Würtenberger*, in: Neuhaus (Hrsg.), Verfassungsänderungen, S. 287 (299 ff.).

Als Lehre von den Phänomenen bzw. Lehre vom Erscheinen fragt die Phänomenologie nach der Struktur des Erscheinens von Gegenständen. Erscheinen meint dabei immer das Erscheinen von etwas für jemanden.[350] Mit dem vom Wegbereiter der Phänomenologie, Edmund Husserl, ausgerufenen Ziel möglichst vorurteilsfreier, von theoretischen Voraussetzungen weitgehend befreiter Erkenntnis der Gegenstände selbst[351] widmet sie sich somit der Frage, welche Phänomene dem Erkennenden bzw. Erfahrenden wie erscheinen. Die Phänomenologie behauptet indes keinen unüberbrückbaren dichotomischen Gegensatz von objektiver Welt und subjektiver Erfahrung. Vielmehr korrelieren Objektivität und Subjektivität dergestalt miteinander, dass sich erstens Objektivität nur in der subjektiven Erfahrung zeigt („subjektrelative Gegebenheit von Objektivität“[352]) und zweitens die subjektive Erfahrung der Objektivität auch von anderen in dieser Weise geteilt werden muss, damit überhaupt von Objektivität gesprochen werden kann („konstituierende Intersubjektivität“[353]). Diese Korrelation kommt gerade in der Struktur des Jemandem-erscheint-etwas zum Ausdruck. Phänomenologie bezeichnet mithin „eine philosophische Analyse der verschiedenen Erscheinungsweisen der Gegenstände [und daran anschließend] eine reflexive Untersuchung der Verstehensstrukturen, die es den Gegenständen ermöglichen, sich als das zu zeigen, was sie sind.“[354]

Wenngleich sich die Anfang des 20. Jahrhunderts auftretende Rechtsphänomenologie[355] inzwischen – wie die allgemeine Phänomenologie überhaupt – erheblich ausdifferenziert hat und nunmehr recht heterogene Fragestellungen umfasst, die von Einzelphänomenen bis hin zu erkenntnistheoretischen Problemen reichen, so kann ein gemeinsamer Nenner doch im philosophischen Nachdenken über Recht und die rechtliche Ordnung aus einer phänomenologischen Perspektive gesehen werden[356]. Im Zentrum der Rechtsphänomenologie stehen Fragen nach dem Begriff, der Entstehung, der Geltung und den

---

350 Zum Nachfolgenden ausführlich und exemplarisch *Loidolt*, Einführung in die Rechtsphänomenologie, S. 27 ff.

351 Vgl. *Husserl*, Philosophie als strenge Wissenschaft, in: Husserliana XXV, S. 26/61.

352 Bezeichnung bei *Held*, in: Husserl, Die phänomenologische Methode I, S. 5 (12 ff.). So betont auch *Merleau-Ponty*, Phänomenologie der Wahrnehmung, S. 489, dass die Welt unabtrennbar vom Subjekt sei, wie das Subjekt von der Welt.

353 Objektivität als „Identität des Gegenstandes in der Vielfalt der intersubjektiven Gegebenheitsweisen“, vgl. *Zahavi*, Husserls Phänomenologie, S. 120 ff.

354 *Zahavi*, Phänomenologie, S. 13.

355 Grundlegend das Werk von *Reinach*, Die apriorischen Grundlagen des bürgerlichen Rechtes, aus dem Jahr 1913, abgedruckt in *ders.*, Sämtliche Werke I, S. 141 ff.; vgl. dort auch den Vortrag „Über Phänomenologie“ (S. 531 ff.). Zu Reinach *Loidolt*, Rechtsphänomenologie, S. 77 ff.

356 Definition bei *Loidolt*, Rechtsphänomenologie, S. 1; ähnlich im knappen Überblicksaufsatz von *Purnhagen*, JURA 2009, 661 f., über die Ansätze von Reinach und Wilhelm Schapp.

Funktionen des Rechts, dem Verhältnis von Rechtsnormen zu anderen Normen, dem Zusammenhang von Recht und Gerechtigkeit oder dem Verhältnis von Recht und Staat.[357] Die Disparität rechtsphänomenologischer Zugänge und Fragestellungen spiegelt sich in dem Versuch wider, die Rechtsphänomenologie als Fach in der Rechtswissenschaft zu verorten bzw. deren Beitrag für die Rechtswissenschaft zu bestimmen.[358] Hier lassen sich rechtsphilosophische Ansätze, die das Recht als solches zu begründen und die Rechtswissenschaft als dessen Theorie zu verstehen suchen, von ethischen Ansätzen unterscheiden, die mit kritischem Impetus Macht- und Diskursanalysen durchführen, um den Zusammenhang von Recht, Souveränität, Gewalt und Macht zu erhellen, und diese wiederum von erkenntnistheoretischen Ansätzen, die der Struktur rechtlichen Denkens nachspüren. Am nächsten dürfte die hier verwendete Redeweise von einem phänomenologischen Verständnis des Verfassungswandels noch dem Ansatz einer Rechtsphänomenologie stehen, die der Rechtswissenschaft assistiert bzw. sie ergänzt, ohne aber einen eigenen philosophischen Zugang zu bieten. Diese Variante der Rechtsphänomenologie versteht sich als komplementäre Wissenschaft zur Rechtswissenschaft, die entweder innerhalb einer bestehenden rechtswissenschaftlichen Theorie deren Voraussetzungen aus einer phänomenologischen Perspektive hinterfragt, die rechtswissenschaftliche Theorie um eine sozialontologische Theorie ergänzt oder einzelne Situations- oder Phänomenbeschreibungen für die Rechtswissenschaft liefert.[359] In diesem Sinne erhält die Bezeichnung als phänomenologisches Verständnis des Verfassungswandels ihre Berechtigung, wenn sie auf die Perspektivverschiebung von der einzelnen Verfassungsnorm zu den lebensweltlichen Erscheinungen (hier der Digitalisierung) als Bezugspunkt der Analyse eines Verfassungswandels verweist.

3. Vermittlung von Verfassungsrecht und Verfassungswirklichkeit

a) Weite Definition des Verfassungswandels

In einem weiten, phänomenologischen Sinne bezeichnet der Verfassungswandel dann alle Veränderungen im Sinn der Verfassung, die nicht förmliche Verfassungsänderung sind[360], oder – konkreter – alle Entwicklungen des rechtlichen Sinngehalts von Verfassungsnormen, Verfassungsprinzipien, Verfassungsinstitutionen und Verfassungsstrukturen durch eine neue Verfassungsinterpreta-

[357] Vgl. die Aufzählung bei *Loidolt*, Rechtsphänomenologie, S. 2 und ausführlich S. 4 ff.

[358] Die folgende historisch-systematisierende Einteilung bei *Loidolt*, Rechtsphänomenologie, S. 43 ff.

[359] *Loidolt*, Rechtsphänomenologie, S. 43, bezeichnet diesen Ansatz als juristischen/rechtstheoretischen Ansatz.

[360] Definition bei *Bryde*, Verfassungsentwicklung, S. 22.

tion, eine neue Verfassungspraxis oder einen neuen Verfassungskontext[361]. Diese weite Definition weist damit durchaus Parallelen zum spätkonstitutionellen Begriffsverständnis auf, das – etwa mit Jellinek – Verfassungswandlungen durch Verfassungsinterpretation von solchen durch politische Notwendigkeit, durch die konstitutionelle Praxis, durch die Nichtausübung staatlicher Machtbefugnisse oder durch die Ausfüllung von Verfassungslücken unterschied.[362]

Anders als dort erschöpft sich die heuristische Funktion des weiten Begriffs der Verfassungswandlung aber nicht in einer typologischen Zuordnung, sondern dient als Ausgangspunkt für die Untersuchung der normativen Rezeption dieser Wandlungsprozesse. Einem auch normativ gehaltvollen phänomenologischen Konzept des Verfassungswandels geht es somit darum, Vermittlungsformen zwischen Verfassungsrecht und Verfassungswirklichkeit zu entwickeln, die in der Lage sind, auch strukturelle Wandlungsprozesse zu beschreiben und rechtsdogmatisch zu verarbeiten.[363] Hierfür hat die Literatur mit den Verfassungsstrukturen, den Verfassungssignaturen, den Verfassungskorrekturen und den Verfassungsligaturen Kategorien vorgeschlagen, die als Endreim nicht nur sprachlich eingängig, sondern trotz aller Kritik im Detail auch konzeptionell anschluss- und ausbaufähig sind.[364]

b) Konzeptioneller Vorschlag

Verfassungsstrukturen sollen mit Blick auf den fragmentarischen, systematischen und konkretisierungsbedürftigen Charakter des Grundgesetzes die systematischen Verbindungen und Verknüpfungen bezeichnen, die sich zwischen Grundrechten, Verfassungsprinzipien, Verfassungsinstitutionen, Verfassungsorganen und Verfassungskompetenzen ausdifferenzieren und in denen der Verfassungswandel stattfindet. Die Identifikation der Verfassungsstrukturen ist der erste Schritt bei der Analyse eines Verfassungswandels.

Die Signatur des Verfassungswandels soll ihn anschließend begrifflich fassen und reflektieren sowie seine künftige Entwicklungsrichtung andeuten. Wie genau die Signaturen zu charakterisieren sind, bleibt freilich unklar: die Vorschläge changieren zwischen Leitbegriffen, Leitbildern, Idealtypen oder – allgemein – Metaphern. Klarer ist hingegen die Aufgabe, die den Verfas-

---

[361] Definition bei *Becker/Kersten*, AöR 141 (2016), 1 (14 f.), denen zufolge ein Verfassungswandel im weiten Sinne aber auch durch neues Verfassungsgewohnheitsrecht angestoßen werden kann. Zur Abgrenzung von Verfassungswandel in engerem Sinne und ungeschriebenem Verfassungsrecht unter dem Grundgesetz nur *Wolff*, Ungeschriebenes Verfassungsrecht, S. 112 ff.

[362] Siehe oben S. 93.

[363] *Becker/Kersten*, AöR 141 (2016), 1 (13), die darauf hinweisen, dass sich auch das enge Konzept des Verfassungswandels mit der Einbeziehung des Normbereichs grundsätzlich um eine solche Vermittlung bemüht hat, diese aber enger und normbezogen erfolgte (S. 38 m. Fn. 171).

[364] Zum Folgenden *Becker/Kersten*, AöR 141 (2016), 1 (17 ff.).

sungssignaturen obliegt. Sie sollen eine Deutungs-, Erklärungs- und Orientierungsfunktion für die Analyse und die Kritik des Verfassungswandels erfüllen und zugleich Grundlage des interdisziplinären Austauschs über Verfassungswandel sein.[365] Der Hinweis auf die ideologieanfällige Ambivalenz von Kompaktbegriffen wie „Staat der Industriegesellschaft", „Wohlfahrtsstaat", „ökologischer Staat", „offener Verfassungsstaat" etc. spricht nicht grundsätzlich gegen die Verwendung solcher Signaturen; ebenso wenig die sich abzeichnende Pluralisierung und bisweilen inflationäre Verwendung, die zugleich die Verbindung zwischen gesellschaftlicher Entwicklung und entsprechender Verfassungssignatur lockere[366]. Die Gefahr ideologischer und inflationärer Verwendung mahnt aber zu sorgfältiger, nachvollziehbarer und möglichst wertneutraler Begriffsbildung.

Verfassungskorrekturen beschreiben die konkreten Veränderungen der Verfassungsstrukturen als Folge von sozialen, politischen, ökonomischen oder ökologischen Entwicklungen. Außer dem Hinweis auf die Vielschichtigkeit solcher Korrekturen, die sich bewusst oder unbewusst, offen oder still, durch normative Variation oder faktische Kontextveränderung vollziehen können, bleibt der literarische Vorschlag weitere Konkretisierungen schuldig. Gerade hier hat sich indes der Vorzug des phänomenologischen Verständnisses des Verfassungswandels gegenüber dem engen dogmatischen Verständnis zu beweisen. Denn gerade hier ist zu zeigen, dass der phänomenologische Verfassungswandel nicht nur die Interpretation einzelner Verfassungsnormen verändern, sondern auch zu strukturell bedeutsamen Verschiebungen führen kann.

Die Kategorie der Verfassungsligaturen[367] greift schließlich die Diskussion um die Grenzen des Verfassungswandels auf, die sich aus der Warte des engen, punktuellen, rechtsdogmatischen Verständnisses des Verfassungswandels im Wesentlichen an den Grenzen einer Verfassungsänderung orientierte. Da das phänomenologische Verständnis aber gerade auch strukturelle Verfassungswandlungen thematisieren möchte, wird auch die Bestimmung von Grenzen solcher Wandlungen zu einem komplexeren Unterfangen. Insofern genüge der Verweis auf den Verfassungswortlaut, auf die Zeitdimension einer Wandlung und auf die Ewigkeitsgehalte des Grundgesetzes nicht, vielmehr seien auch die Wirkungsbedingungen des Grundgesetzes einzubeziehen. Verfassungsligaturen bezeichneten in diesem Sinne normative Tiefenbindungen bzw. Tiefenstrukturen der Verfassung, auf die die Ewigkeitsklausel des Art. 79 Abs. 3 GG

---

[365] Insofern erinnern sie an die oben (S. 14 f.) in anderem Zusammenhang genannten Brückenbegriffe.

[366] *Becker/Kersten*, AöR 141 (2016), 1 (23 ff.), die an anderer Stelle davon sprechen, dass „an die Stelle der im kollektiven Gedächtnis verankerten, schwergewichtigen Signaturen des Industrie- und Wohlfahrtsstaats die begrifflichen ‚Leichtgewichte' des schlanken, aktivierenden, kooperativen und gewährleistenden Staats treten" (S. 31).

[367] Die Begriffsbildung erfolgt in Anlehnung an den Begriff der „Ligaturen" bei *Dahrendorf*, Der moderne soziale Konflikt, S. 41, und *ders.*, Law and Order, S. 25 f.

einen ersten, aber nicht abschließenden Hinweis gebe, da zu ihnen etwa auch die Verpflichtung zähle, den normativen Kerngehalt aller Grundrechte, aller Staatszielbestimmungen und aller Verfassungsinstitutionen in der sozialen, ökonomischen, ökologischen und politischen Entwicklung zu gewährleisten.[368] Eine verfassungstheoretische oder verfassungsrechtsdogmatische Begründung dieser Tiefenbindungen findet sich in dem literarischen Vorschlag jedoch ebenso wenig wie eine konkretisierende und nicht nur exemplarische Inhaltsangabe.

c) Kritik

Der Vorschlag verdeutlicht das Kernanliegen eines normativ gehaltvollen phänomenologischen Verständnisses des Verfassungswandels: Er kann strukturelle Veränderungen des rechtlich-politischen Verfassungszustands in den Blick nehmen und rechtswissenschaftlich untersuchen, indem er sie mit einem dynamischen, weil entwicklungsweisenden Begriff bezeichnet, mit den Verfassungsstrukturen einen konkreten Ort identifiziert, an dem dieser Wandel normativ rezipiert werden kann, Korrekturen dieser Verfassungsstrukturen in der Folge des Wandels erörtert und sich um Grenzen des Wandels bemüht. Die vorgeschlagenen Kategorien können die rechtswissenschaftliche Analyse des Verfassungswandels mithin anleiten und ordnen. Hinter ihrem gefälligen Sound dürfen Präzision und Vollständigkeit der Kategorienbildung aber nicht zurückbleiben – und zwar auch dann nicht, wenn sich kein passender Endreim finden lassen sollte. In dieser Hinsicht sind drei Kritikpunkte und ein Desiderat zu verzeichnen.

(1.) Der Vorschlag verhält sich nicht zu den Akteuren eines Verfassungswandels.[369] Gerade bei strukturellen Verfassungswandlungen, die sich nicht mehr als eine nur norminterne Interpretationsänderung darstellen lassen, griffe es zu kurz, ausschließlich die Rolle des Bundesverfassungsgerichts zu beleuchten und es als authentischen Interpreten der Verfassung zum alleinigen Motor des Verfassungswandels zu küren. Wer ein phänomenologisches Verständnis des Verfassungswandels „im Spannungsverhältnis von Verfassungstext, Verfassungspraxis und Verfassungspolitik" entfalten möchte, das die sozialen, politischen, ökonomischen oder technischen Wirkungsbedingungen des Rechts ebenso wie die normative Streuwirkung des Verfassungswandels im Verfassungsrecht und im einfachen Recht berücksichtigen und praktische Handlungsmaßstäbe für verfassungspolitische Reaktionen an die Hand geben kann,[370] muss vielmehr auch ein Schlaglicht auf andere Akteure des Verfas-

[368] *Becker/Kersten*, AöR 141 (2016), 1 (33 f.).

[369] Punktuell erwähnen *Becker/Kersten*, AöR 141 (2016), 1 (30), bei den Verfassungskorrekturen, dass diese von der Legislative, aber auch von der Exekutive und Judikative ausgehen können.

[370] So *Becker/Kersten*, AöR 141 (2016), 1 (16).

sungswandels werfen und zu deren Funktionen und Kompetenzen im Hinblick auf einen Verfassungswandel Auskunft geben.[371]

(2.) Die Kategorie der Verfassungssignatur verdient insofern genauere Beachtung, als mit ihr methodische Prämissen und Schlussfolgerungen verbunden sind, die die Verfassungskorrekturen dann einzulösen haben. Daher ist jedenfalls die Charakterisierung der Verfassungssignatur als Idealtypus[372] unpräzise. Der Idealtypus ist ein noch heute in der modernen Soziologie präsentes Konzept[373], dessen Herleitung und Funktion Max Weber in seinem Objektivitätsaufsatz skizziert hat: Danach werden bestimmte Merkmale, die als kausal für die Entwicklung von Kulturerscheinungen erkannt worden sind, willkürlich aus der unüberschaubaren Vielfalt von Erscheinungen der historischen Wirklichkeit herausgegriffen und zu einem gedachten Zusammenhang gesteigert. Synthese und Steigerung dieser Merkmale konstruieren somit den Idealtypus, der zwar von der empirisch-historischen Wirklichkeit abgeleitet und an ihr kontrolliert wird, aber doch kein Bestandteil dieser Wirklichkeit ist, sondern gedankliche Konstruktion. Als Grenzbegriff ermöglicht er es, den Abstand der Wirklichkeit vom Idealtypus zu messen bzw. zu vergleichen und damit die zahlreichen Erscheinungsformen der Wirklichkeit zu systematisieren. Er ist mithin selbst keine Hypothese, sondern „will der Hypothesenbildung die Richtung weisen“[374]. Der Idealtypus hat eine (nur) instrumentelle, die Verfassungssignatur dagegen eine (auch) programmatische bzw. prognostische Funktion – diese soll den aktuellen Status und die künftige Entwicklung von gewandelten oder sich wandelnden normativen Verfassungsstrukturen begrifflich bündeln[375], jener die Wirklichkeit empirisch-systematisch ordnen. Überzeugender erscheint stattdessen, Verfassungswandlungen mittels verfassungsrechtlicher Leitbilder zu beschreiben und zu entfalten. Die Arbeit mit verfassungsrechtlichen Leitbildern ist freilich voraussetzungsvoll und bedarf der näheren Erörterung.[376]

(3.) Insoweit sich ein phänomenologisches Verständnis des Verfassungswandels nicht wie im Spätkonstitutionalismus auf die bloß empirische Bestandsaufnahme beschränken, sondern vor allem die normative Rezeption dieser Wandlungen untersuchen möchte, kommt den konkreten Verfassungskor-

---

[371] Näher sogleich unter II.

[372] *Becker/Kersten*, AöR 141 (2016), 1 (23) mit ausdrücklichem Bezug auf den Objektivitätsaufsatz von *Max Weber*, veröffentlicht im Archiv für Sozialwissenschaft und Sozialpolitik 19 (1904), 22 ff.; später abgedruckt in *Weber*, Wissenschaftslehre, S. 146 ff.

[373] Kritisch zur mangelnden bzw. fehlerhaften Rezeption des Idealtypus in der modernen Soziologie *Gerhardt*, Idealtypus, S. 11 et passim, die der heutigen Soziologie ein „stiefmütterliche(s) Verhältnis“ (S. 14) zur Idealtypuskonzeption bescheinigt; ähnlich zuvor *Tenbruck*, in: Weiß (Hrsg.), Max Weber heute, S. 90 (111). Nachfolgende Gedanken ausführlicher bei *Peuker*, Bürokratie und Demokratie, S. 198 ff.

[374] *Weber*, Wissenschaftslehre, S. 146 (190).

[375] *Becker/Kersten*, AöR 141 (2016), 1 (23).

[376] Dazu unter III.

rekturen besondere Bedeutung zu. Aus der allgemeinen und insofern kaum bestreitbaren Feststellung, dass mögliche Verfassungskorrekturen vielschichtig sein können, folgt zunächst nichts. Seine spezifische konzeptionelle Rechtfertigung bezieht der phänomenologisch verstandene Verfassungswandel daraus, dass er konkrete Verfassungskorrekturen aufzeigen kann, die in einer geänderten Interpretation einer einzelnen Verfassungsnorm bestehen mögen, sich aber keinesfalls darin erschöpfen. Daneben kommen etwa Handlungsoptionen des einfachen oder verfassungsändernden[377] Gesetzgebers in Betracht, ebenso eine veränderte Staatspraxis anderer Verfassungsorgane. Dieses Panorama potentieller Verfassungskorrekturen bildet den Prüfstein für den verfassungstheoretischen wie verfassungsrechtsdogmatischen Mehrwert des phänomenologischen gegenüber dem engen rechtsdogmatischen Verständnis eines Verfassungswandels.

(4.) Weniger ein Kritikpunkt denn ein Desiderat des literarischen Vorschlags bleibt die Angabe juristisch belastbarer Grenzen für einen phänomenologisch verstandenen Verfassungswandel. In dieser Hinsicht bietet der Vorschlag bislang kaum einen Mehrwert gegenüber seinem rechtsdogmatischen Pendant. Zwar ist zu konzedieren, dass der Versuch einer Grenzziehung, der sich unmittelbar oder mittelbar an den Kriterien für eine Verfassungsänderung orientiert[378], dort bereits untauglich scheint, wo nicht punktuelle und norminterne, sondern strukturelle Verfassungswandlungen zu verhandeln sind. Der Verweis auf die als Ligaturen bezeichneten, auch durch Verfassungswandel nicht antastbaren normativen Tiefenbindungen der Verfassung liest sich eher als ein Suchauftrag – oder schärfer: eine Verlegenheitsformel – denn als subsumtionstauglicher verfassungsrechtlicher Maßstab. Daher überrascht es auch nicht, dass keine Stopp-Regeln formuliert, sondern Reaktionsoptionen des verfassungsändernden oder einfachen Gesetzgebers thematisiert werden, der einen Verfassungswandel aufhalten oder gestalten soll.[379]

4. *Phänomenologisches Programm*

Aufgegeben ist somit ein Programm, das die Phänomenologie des Verfassungswandels ernst nimmt, sich aber nicht auf eine bloß empirische Bestandsaufnahme von Verfassungswandlungen beschränkt. Ein phänomenologisches Verständnis des Verfassungswandels kann gerade auch strukturelle Wandlungen jenseits einer einzelnen Verfassungsnorm aus rechtswissenschaftlicher Warte analysieren und dabei die methodischen, legitimatorischen und dogmatischen Desiderate des engen rechtsdogmatischen Verständnisses erfüllen. In methodischer Hinsicht bringt es den strukturellen Verfassungswandel mit Hilfe eines

---

[377] Vgl. zunächst nur *Becker/Kersten*, AöR 141 (2016), 1 (16).

[378] Siehe oben S. 116 ff.

[379] *Becker/Kersten*, AöR 141 (2016), 1 (35).

verfassungsrechtlichen Leitbilds auf einen Begriff, der durch Verfassungsinterpretation zu konkretisieren ist; in legitimatorischer Hinsicht erkennt es die Beiträge auch anderer Akteure als das Bundesverfassungsgericht als konstitutiv für den Verfassungswandel an; in dogmatischer Hinsicht bemüht es sich um die Angabe von Grenzen des weit verstandenen Verfassungswandels.

II. Akteure

1. Bundesverfassungsgerichtspositivistischer Kurzschluss

a) Pluralität der Akteure

Der phänomenologisch verstandene Verfassungswandel bedeutet nicht nur den Wandel der Interpretation einer einzelnen Verfassungsnorm. Akteur des Verfassungswandels ist daher auch nicht nur das Bundesverfassungsgericht, wie es das dogmatische Verständnis des Verfassungswandels nahezulegen scheint.[380] Ein solcher Schluss vom Modus der Interpretation auf einen exklusiven, vermeintlich alleinig berufenen Interpreten in Form des Bundesverfassungsgerichts überzeugt schon außerhalb des Verfassungswandlungskontexts nicht.[381] Das Bundesverfassungsgericht selbst befördert ihn gleichwohl, wenn es sich als „maßgebliche[n] Interpret[en] und Hüter der Verfassung" stilisiert.[382] Da jeder Staatsgewalt aber die Ausübung ihrer Befugnisse nur im Rahmen der verfassungsmäßigen Ordnung gestattet ist[383], muss jedes Staatsorgan selbst im Rah-

---

[380] Vgl. oben S. 122 ff.

[381] Vgl. nur *Würtenberger*, FS Hollerbach, S. 223 (235 ff.).

[382] Etwa BVerfGE 40, 88 (93). Andererseits konzediert BVerfGE 82, 30 (38 f.), dass die „Auslegung insbesondere des Verfassungsrechts [...] den Charakter eines Diskurses [hat], in dem auch bei methodisch einwandfreier Arbeit nicht absolut richtige, unter Fachkundigen nicht bezweifelbare Aussagen dargeboten werden, sondern Gründe geltend gemacht, andere Gründe dagegengestellt werden und schließlich die besseren Gründe den Ausschlag geben sollen."

[383] Inwieweit Art. 20 Abs. 3 GG eine Bindung aller staatlichen Gewalten an die verfassungsmäßige Ordnung statuiert und nicht nur der Gesetzgebung, wie es der Wortlaut der Vorschrift nahelegt, ist umstritten. Gegen die unmittelbare Verfassungsbindung von Exekutive und Judikative wird neben dem Wortlaut des Art. 20 Abs. 3 GG angeführt, dass die Verfassung über den Vorrang des Gesetzes eine mittelbare, gesetzesmediatisierte Bindungswirkung entfalte, da vollziehende und rechtsprechende Gewalt an das Gesetz, der Gesetzgeber wiederum an die verfassungsmäßige Ordnung gebunden seien, so dass kein Bedarf für eine unmittelbare Verfassungsbindung von Exekutive und Judikative bestünde – vgl. etwa *Sachs*, in: Sachs (Hrsg.) GG, Art. 20 Rn. 100. Die Gegenansicht verweist darauf, dass die Betonung der Verfassungsbindung des Gesetzgebers in Art. 20 Abs. 3 GG als bewusste Abkehr von der Rechtslage unter der Weimarer Reichsverfassung gedacht war, aber keinen Ausschluss der unmittelbaren Verfassungsbindung von Exekutive und Judikative bezwecken wollte – vgl. etwa *Grzeszick*, in: Maunz/Dürig (Hrsg.), Art. 20 VI Rn. 19; zustimmend *Schulze-Fielitz*, in: Dreier (Hrsg.), GG, Art. 20 (Rechtsstaat) Rn. 82. Mag die unmittelbare Verfassungsbindung von Exekutive und Judikative nur in Ausnahmekonstellationen relevant sein (*Grzeszick*, a.a.O., Rn. 20), so greift sie jedenfalls dort, wo Handlungs-, Auslegungs- oder Entscheidungsspielräume eröffnet sind, die sie verfassungskonform auszufüllen haben und dabei ggf. auch einen Verfassungswandel berücksichtigen müssen.

men seiner Zuständigkeit eine implizite oder ausdrückliche Deutung der Verfassung, mithin eine eigenverantwortliche Verfassungsinterpretation mit dem Anspruch (jedenfalls vorläufiger) rechtlicher Verbindlichkeit vornehmen.[384] Befähigung und Befugnis, einen Verfassungswandel festzustellen bzw. zu bewirken, liegen somit schon deshalb nicht beim Bundesverfassungsgericht allein. Stattdessen ist eine mehrpolige Akteursskizze zu zeichnen.[385]

b) „Offene Gesellschaft der Verfassungsinterpreten"

Am umfangreichsten gerät diese Skizze bei der These von der „offenen Gesellschaft der Verfassungsinterpreten". Mit dieser Bezeichnung wandte sich Peter Häberle gegen die Vorstellung eines „numerus clausus der Verfassungsinterpreten", einer „geschlossenen Gesellschaft" aus „‚zunftmäßigen' juristischen Verfassungsinterpreten und de[n] am Verfassungsprozeß formell Beteiligten".[386] Auf der Grundlage eines sehr weiten Interpretationsbegriffs, bei dem „[j]eder, der in und mit dem von der Norm geregelten Sachverhalt lebt, [...] indirekt und ggf. auch direkt Norminterpret" und jede Aktualisierung der Verfassung durch jeden mindestens ein Stück antizipierter Verfassungsinterpretation ist, entwarf er ein „systematisches Tableau" der an Verfassungsinterpretation Beteiligten.[387] Dieses umfasse die staatlichen Funktionen (Legislative, Exekutive, Judikative einschließlich des zu – freilich ggf. durch Minderheitenvoten relativierter – letztverbindlicher Entscheidung berufenen Bundesverfassungsverfassungsgerichts), die nicht notwendigerweise staatlichen, formell an legislativen, exekutiven oder judikativen Verfahren Beteiligten, die demokratische pluralistische Öffentlichkeit (insbesondere die Medien) und schließlich die Verfassungsrechtslehre.

Häberle stützt seine These zum einen auf die auf Einbeziehung der Wirklichkeit gerichtete Öffnung der Methode der Verfassungsinterpretation, die zugleich eine Öffnung des Kreises der Verfassungsinterpreten bewirken soll[388]; zum anderen auf die verfassungstheoretische Überlegung, dass eine Verfassung, die neben dem Staat auch die Öffentlichkeit strukturiert und die Gesell-

---

[384] *Borowski*, in: Isensee/Kirchhof (Hrsg.), HStR XII³, § 274 Rn. 12; *Payandeh*, Judikative Rechtserzeugung, S. 442 f.; ähnlich mit Blick auf die Begründung impliziter Verfassungsprinzipien zuvor schon *Reimer*, Verfassungsprinzipien, S. 389 ff.

[385] Mit *Roellecke*, in: Depenheuer/Grabenwarter (Hrsg.), Verfassungstheorie, § 13 Rn. 54 lässt der Verfassungswandel aber sämtliche Formen und damit alle Akteure verschwinden und drängt die Kompetenzfrage ins Dunkel der geschichtlichen Entwicklung. Seiner Beobachtung liegt eine scharfe Entgegensetzung von Akteuren, die eine Verfassung formal ändern, und Kontexten einer Verfassungsnorm, bei deren Änderung sich auch der Inhalt der Norm ändert (Verfassungswandel), zugrunde. Dabei gerät aber außer Blick, dass gerade Akteure Kontexte schaffen. Diesem Umstand trägt ein phänomenologischer Begriff des Verfassungswandels Rechnung.

[386] Diese und alle folgenden Zitate bei *Häberle*, JZ 1975, 297.

[387] *Häberle*, JZ 1975, 297 (299).

[388] *Häberle*, JZ 1975, 297 (300 f.).

schaft verfasst, gesellschaftliche Kräfte als Subjekte aktiv einbeziehen muss, „[d]a diese Kräfte ein Stück konstitutioneller Wirklichkeit und Öffentlichkeit begründen [und somit auch teilhaben] an der Wirklichkeit und Öffentlichkeit der Verfassung“[389]; und schließlich durch den demokratietheoretischen Verweis auf die „mediatisierten Formen des pluralistischen öffentlichen Prozesses täglicher Politik und Praxis“, in der sich „Bürgerdemokratie durch die interpretatorische Entwicklung der Verfassungsnorm hindurch“ verwirklicht.[390] Da viele Probleme der materiellen Verfassung mangels verfassungsrichterlicher Zuständigkeit oder konkreter Anhängigkeit eines Verfahrens nicht zur Verfassungsgerichtsbarkeit gelangten, die materielle Verfassung hier aber gleichwohl „lebe“, entfalte sich materielles Verfassungsrecht eigenständig durch die im weiteren Sinne an der Verfassungsinterpretation Beteiligten.[391] Eine praktische Folge dieser Öffnung des Kreises der Verfassungsinterpreten sei eine Differenzierung von Ausmaß und Intensität verfassungsgerichtlicher Kontrolle je nach Umfang der (Vorab-)Beteiligung anderer Verfassungsinterpreten, so dass ein Minus an faktischer Partizipation bei der Verfassungsauslegung zu einem Mehr an verfassungsgerichtlicher Kontrolle führe und umgekehrt.[392]

Die Kritik an dieser These monierte zunächst, dass ihr Begriff der Verfassungsinterpretation konturenlos und eine Methode nicht vorhanden sei und die Kernaussage aus soziologischer Sicht ohne Weiteres widerlegt werden könne.[393] Schwerer dürfte aber der Hinweis auf den kategorialen Unterschied von privatem und staatlichem Handeln wiegen: Dieses sei Freiheitsgebrauch, jenes hingegen der Gebrauch von verfassungsrechtlichen Ermächtigungen, so dass das notwendig mit dem Anspruch von Verfassungskonformität auftretende und zudem rechtfertigungsbedürftige staatliche Handeln stets eine implizite und autoritative, d.h. mit dem Anspruch auf rechtliche Verbindlichkeit vorgenommene Verfassungsinterpretation darstelle.[394] Die Kritik trifft indes nur die Erweiterung des Kreises der Verfassungsinterpretation auf (nicht formell an Verfassungsgerichtsprozessen beteiligte) Private. Eine seinerzeit zwar kaum bestrittene, aber auch nicht wirklich rezipierte und heute scheinbar fast wieder vergessene Leistung der These Häberles besteht hingegen darin, das vermeintliche Interpretationsmonopol des Bundesverfassungsgerichts widerlegt, die Verfassungsinterpretation vom Verfassungsgerichtsprozess abgelöst

---

389 *Häberle*, JZ 1975, 297 (301).

390 *Häberle*, JZ 1975, 297 (301 f.).

391 *Häberle*, JZ 1975, 297 (303).

392 *Häberle*, JZ 1975, 297 (303 f.).

393 Vgl. nur *Schlink*, Der Staat 19 (1980), 82; *Böckenförde*, Staat, Verfassung, Demokratie, S. 53 (82); *Borowski*, in: Isensee/Kirchhof (Hrsg.), HStR XII³, § 274 Rn. 18. Normative und empirische Einwände gegen Häberles These referiert *Wrase*, Zwischen Norm und sozialer Wirklichkeit, S. 202 ff. Soziologische Gegenthese von der Verfassungsinterpretation als Privileg einer „geschlossenen Gesellschaft“ von Juristen bei *Blankenburg/Treiber*, JZ 1982, 543 ff.

394 *Borowski*, in: Isensee/Kirchhof (Hrsg.), HStR XII³, § 274 Rn. 19; ebenso *Müller-Franken*, FS Isensee (2007), S. 229 (233 f.).

und auf die Verfassungsinterpretation durch andere staatliche Akteure[395] hingewiesen zu haben. Eine Pointe der weiten Öffnung des Interpretationsbegriffs liegt jedoch darin, dass sie den Begriff des Verfassungswandels für verzichtbar erscheinen lässt: Wenn alles Verfassungsinterpretation und jeder Verfassungsinterpret ist, gibt es keinen Raum mehr für den Verfassungswandel.[396] Diese Schlussfolgerung zieht indes nur auf der Grundlage des engen rechtsdogmatischen Begriffs des Verfassungswandels. Für das hier vertretene weite phänomenologische Konzept des Verfassungswandels ist die Ausweitung des Kreises der Verfassungsinterpreten hingegen konstitutiv, ohne dass hier entschieden werden müsste, wie weit der These Häberles zu folgen ist.

c) Politikwissenschaftliche Akteursperspektive

Der Politikwissenschaft ist eine Akteursperspektive auf den Verfassungswandel demgegenüber vertrauter. Sie verweist darauf, dass sich Fragen nach den Ursachen und Effekten verfassungspolitischer Dynamiken mit der juristischen Staatstheorie allein nur unzureichend beantworten lassen. Daher müsse sozialwissenschaftlichen Konzepten wie „Akteuren" und „Interessen" ein größerer Platz bei der Analyse von Verfassungsentwicklungen zugewiesen werden.[397] Der politikwissenschaftliche Ansatz des akteurszentrierten Neo-Institutionalismus geht dabei grundlegend davon aus, dass Akteure strukturelle Eigeninteressen verfolgen und sich aus dem Zusammenspiel von Akteuren und Institutionen spezifische Handlungsressourcen und Interaktionsmuster ergeben. Für den Verfassungswandel folgt aus diesem Ansatz, dass etwa gesellschaftliche Änderungen keine objektiven Determinanten für einen Verfassungswandel darstellen.[398] Wegen der je spezifischen Akteurskonstellationen könne ein gesellschaftlicher Wandel nur selektiv in Verfassungswandlungsprozessen abgebildet werden. Das Zustandekommen und die Art eines Verfassungswandels hingen vielmehr davon ab, wie die relevanten Akteure Probleme wahrnehmen und bewerten, welche politischen Ziele sie verfolgen und welche Verteilungsnormen dominieren.[399] Der politikwissenschaftliche Fokus liegt dementsprechend auf der Frage, welche Akteure mit welchen Interessen in welchem institutionellen Setting Verfassungspolitik in Form von Verfassungswandel betreiben, wobei Aspekte wie Entscheidungskosten und Entscheidungsfolgen, Problemlösungskapazitäten von Akteuren, Veränderungen von Akteurspositionen oder Machtausdehnungspräferenzen sowie die Effekte unterschiedli-

[395] Gegen deren exklusiven, „zunftmäßigen" Kreis sich die These aber eigentlich wandte.

[396] *Häberle*, Verfassung als öffentlicher Prozeß, S. 59 (82 f.).

[397] *Kneip/Lorenz*, in: Hönnige/Kneip/Lorenz (Hrsg.), Verfassungswandel im Mehrebenensystem, S. 387.

[398] *Benz*, in: Hönnige/Kneip/Lorenz (Hrsg.), Verfassungswandel im Mehrebenensystem, S. 21 (23).

[399] *Kneip/Lorenz*, in: Hönnige/Kneip/Lorenz (Hrsg.), Verfassungswandel im Mehrebenensystem, S. 387 (394 f.).

cher Kontextbedingungen auf die Wirkung von Recht näher in den Blick genommen werden.[400]

Die den politikwissenschaftlichen Untersuchungen zugrunde gelegte Unterscheidung zwischen explizitem Verfassungswandel als formale Änderung der Verfassung und implizitem Verfassungswandel als Änderung der Auslegung der Verfassung mag die in der deutschen Rechtswissenschaft (mit guten Gründen) fest etablierten Begrifflichkeiten von Verfassungsänderung und Verfassungswandel übersehen und sich dabei zu stark am angloamerikanischen Begriff des *constitutional change* orientieren, ohne die Kontextgebundenheit von Verfassungsänderung und Verfassungswandel zu berücksichtigen.[401] Die aus einer politikwissenschaftlichen Warte gewonnene und näher begründete Einsicht, dass die verfassungsändernde/verfassungswandelnde Gewalt nicht „als rein technisches, objektiv urteilendes politisches Neutrum [zu betrachten ist], sondern als Summe spezifischer Vetospieler mit Interessen und zeitgebundenen Norminterpreten, deren Urteile zwar signifikant für den Verfassungswandel sind, jedoch in hohem Maße der öffentlichen Anerkennung bedürfen und dabei selbst stetem Wandel unterliegen“[402], sollte indes auch die Rechtswissenschaft für eine akteursorientierte Perspektive auf den Verfassungswandel sensibilisieren.[403]

Der rechtswissenschaftliche Blick auf Akteure gilt herkömmlich weniger deren Interessen als vielmehr deren Kompetenzen, hier also hinsichtlich eines Verfassungswandels. Die folgenden Ausführungen sollen die pluralistische Akteurskonstellation eines Verfassungswandels zunächst nur abstrakt skizzieren. Es ist anhand des jeweils untersuchten Verfassungswandels im Einzelfall näher zu konkretisieren, ob und inwieweit der Verfassungswandel durch den Gesetzgeber, die Staatspraxis, den Unionsgesetzgeber oder die Unionsgerichte, die Wissenschaft oder die Gesellschaft bewirkt worden ist.

---

400 *Kneip/Lorenz*, in: Hönnige/Kneip/Lorenz (Hrsg.), Verfassungswandel im Mehrebenensystem, S. 387 (389).

401 *Kneip/Lorenz*, in: Hönnige/Kneip/Lorenz (Hrsg.), Verfassungswandel im Mehrebenensystem, S. 387 (389 f.). Zur Kontextualität des Verfassungswandels und ihren Folgen für die Rechtsvergleichung siehe oben, S. 129 ff.

402 *Kneip/Lorenz*, in: Hönnige/Kneip/Lorenz (Hrsg.), Verfassungswandel im Mehrebenensystem, S. 387 (390).

403 Eine solche Akteursperspektive findet sich bei *Bryde*, Verfassungsentwicklung, S. 111 ff., der Verfassungsentwicklung gerade als politischen Prozess begreift, bei dem „nicht nur verfassungsändernder Gesetzgeber und BVerfG mit[wirken], sondern potentiell alle, die mit Verfassungsrecht befaßt sind oder auch nur ‚in und mit dem von der Norm geregelten Sachverhalt (leben)‘“, und der Handlungsspielräume der beteiligten Akteure identifizieren und Einflusschancen gegeneinander abgrenzen möchte (S. 112), dabei aber schwerpunktmäßig auf das Bundesverfassungsgericht abstellt. Zurückhaltender dagegen *Bumke*, in: Jestaedt/Suzuki (Hrsg.), Verfassungsentwicklung I, S. 39 (65), der erst noch abwarten möchte, ob mit der Akteursperspektive neue Inhalte der Verfassungsentwicklungsthematik erschlossen werden könnten, weil nur in diesem Falle der Akteursperspektive eine strukturbildende Kraft zukäme.

2. *Verfassungswandel durch den Gesetzgeber*

a) Gesetzgebung als Interpretation der Verfassung

Zur Verfassungs*änderung* ist der Gesetzgeber mit qualifizierten Mehrheiten in Bundestag und Bundesrat gemäß Art. 79 Abs. 2 GG und unter Beachtung der Anforderungen und Grenzen des Art. 79 Abs. 1 S. 1 und Abs. 3 GG berufen.[404] In dem Maße, in dem der Gesetzgeber die Verfassung durch Einzelgesetze interpretiert und sich diese Interpretation wandeln kann, leistet der Gesetzgeber aber auch einen Beitrag zum Verfassungs*wandel*, wie schon Georg Jellinek mit Blick auf die Reichsverfassung bemerkte.[405] Und auch unter dem Grundgesetz stellt jedes Gesetz „im Grunde eine [wandelbare, E.P.] Interpretation der Verfassung dar, sei es, daß es sich für mit der Verfassung im Einklang hält, sei es, daß es sich als von der Verfassung gefordert versteht".[406]

Für die Vorhandstellung des Gesetzgebers im Bereich der Verfassungswandlung[407] sprechen verschiedene Argumente, die zugleich die funktionell-rechtlichen Grenzen der Verfassungsgerichtsbarkeit begründeten[408]: Neben die größere Sachnähe des Gesetzgebers tritt dessen größere demokratische Legitimation respektive Verantwortung bei planerischen, gestaltenden oder prognostischen Entscheidungen, zumal bei unsicherer Tatsachen- oder offener Wertungslage[409], sowie die bessere Möglichkeit zur Rezeption sich wandelnder gesellschaftlicher Wertvorstellungen.[410] Im Bild vom Gesetzgeber als gestaltender Erstinterpret der Verfassung im Gegensatz zum Bundesverfassungsgericht als Zweitinterpret der Verfassung[411] kommt denn nicht nur der zeitliche Vor-

[404] Zur Frage, ob die Verfassungsänderung durch den eigentlich verfassungsgebundenen Gesetzgeber einen verfassungstheoretischen Sonderfall bildet, vgl. nur *Michael*, RW 2014, 426 (437 ff.; 443 ff.).

[405] *Jellinek*, Verfassungsänderung und Verfassungswandlung, S. 9.

[406] *Ehmke*, VVDStRL 20 (1963), 53 (68 f.); zustimmend *Ipsen*, VVDStRL 20 (1963), 120; *Scheuner*, VVDStRL 20 (1963), 125.

[407] Wendung bei *Ehmke*, VVDStRL 20 (1963), 53 (68); übernommen etwa von *Bryde*, Verfassungsentwicklung, S. 337.

[408] Siehe oben S. 128 f.

[409] Vgl. *Borowski*, in: Isensee/Kirchhof (Hrsg.), HStR XII^3, § 274 Rn. 36 ff.

[410] Vgl. *Bryde*, Verfassungsentwicklung, S. 349 f., der von einem Verfassungsentwicklungsprimat des Gesetzgebers spricht: ähnlich *Schulze-Fielitz*, in: Wahl (Hrsg.), Verfassungsänderung, Verfassungswandel, Verfassungsinterpretation, S. 219 (227): „Gesetzgeber als Schrittmacher von Verfassungswandel".

[411] *Kirchhof*, NJW 1996, 1497 (1504); *ders.*, in: Bogs (Hrsg.), Urteilsverfassungsbeschwerde zum Bundesverfassungsgericht, S. 71 (74); *ders.*, in: Badura/Scholz (Hrsg.), Verfassungsgerichtsbarkeit und Gesetzgebung, S. 5 (21), und später auch BVerfGE 101, 158 (218, 236); ähnlich *Hermes*, VVDStRL 61 (2002), 119 (129 f.); *Michael*, RW 2014, 426 (434); *Payandeh*, Judikative Rechtserzeugung, S. 442 f. Mit *Walter*, AöR 125 (2000), 517 (522), soll ein geändertes Verfassungsverständnis hingegen erst dann augenfällig werden, wenn das Bundesverfassungsgericht die Einflüsse aufnimmt und seine eigene oder – wo es noch keine Rechtsprechung des Gerichts gibt – die bislang herrschende Auslegung der Verfassung entsprechend ändert; dem Bundesverfassungsgericht komme daher als Letztinterpret eine Schlüsselrolle beim Verfassungswandel zu (S. 521 f.).

rang des Gesetzgebers, sondern auch dessen Verhältnis zur Verfassungsgerichtsbarkeit zum Ausdruck. Indem das Bundesverfassungsgericht dem Gesetzgeber Einschätzungsprärogativen und Gestaltungsspielräume zubilligt und die verfassungsgerichtlichen Kontrollmaßstäbe entsprechend abschichtet, erkennt es den Beitrag des Gesetzgebers zum Verfassungswandel zumindest konkludent an.[412] Denn das Gericht kann sich „nur nachträglich mit Fragen beschäftigen [...], die in der Politik bereits diskutiert, vorgeformt und entschieden worden sind. Die zentrale Rolle in der Verfassungsentwicklung, die dem Gesetzgeber aufgrund dieser Vorhandstellung zufällt, ist daher nicht nur eine faktische Chance zur Präjudizierung, sondern verfassungsrechtlich verliehene Kompetenz."[413] Das Bundesverfassungsgericht überwacht mithin nur die Einhaltung eines verfassungsrechtlichen Rahmens, innerhalb dessen der Gesetzgeber zu Verfassungswandlungen beitragen kann. Diesen Befund bestätigte es selbst etwa in der zweiten Entscheidung zur Bundestagsauflösung: „Jedes Verfassungsorgan übernimmt eine eigene Aufgabe, die Verfassung mit Leben zu erfüllen und fortzuentwickeln. Dem Bundesverfassungsgericht kommt dabei als dazu eigens eingerichtetem Verfassungsorgan zwar eine besondere Rolle zu, es kontrolliert als ein Gericht letztverbindlich. Es muss aber den anderen Verfassungsorganen den vom Grundgesetz garantierten Raum freier politischer Gestaltung und Verantwortung offen halten."[414]

b) Verfassung als Konzentrat unterverfassungsgesetzlicher Vorstellungen

Einen noch stärkeren Beitrag des Gesetzgebers zum Verfassungswandel behauptet die These von der Verfassung als Konzentrat unterverfassungsgesetzlicher Vorstellungen. Sie interpretiert das Verfassungsgesetz nicht nur als Antwort auf die sich jeweils neu stellenden sozialen Fragen oder ökonomisch-technischen Herausforderungen, sondern identifiziert in der Verfassung auch eine Komponente, die „primär nicht aus der *Konfrontation* zu bestimmten sozialen Fakten oder zu unterverfassungsrechtlichem Recht zu begreifen [ist], sondern als ein ranghoher, konzentrierter *Ausdruck* von rechtlichen Grundvorstellungen, die wichtige Bereiche des ‚normalen' Rechts charakterisieren."[415] Ein Verfassungswandel werde dann durch die Änderung der entsprechenden unterverfassungsgesetzlichen Rechtsvorstellungen bewirkt.

---

[412] Vgl. etwa *Bryde*, Verfassungsentwicklung, S. 338 f., mit Nachweisen zur älteren Rechtsprechung und Literatur in Fn. 256; aus neuerer Zeit *Bickenbach*, Einschätzungsprärogative des Gesetzgebers, S. 513 ff. (deutlicher S. 534 f.: „Der zeitliche Einschätzungsspielraum wird erst in dem Maße zu einer inhaltlichen Einschätzungsprärogative, in dem das Bundesverfassungsgericht seine Kontrolldichte reduziert und die Ergebnisse und Wertungen des Gesetzgebers übernimmt, ohne sie in Gänze zu überprüfen. Die Einschätzungsprärogative stellt sich damit als Dividende der im Gesetzgebungsverfahren erfüllten Obliegenheiten dar.").

[413] *Bryde*, Verfassungsentwicklung, S. 337.

[414] BVerfGE 114, 121 (160), zuvor schon BVerfGE 36, 1 (14).

[415] *Lerche*, FG Maunz, S. 285 (286, Hervorhebungen im Original).

Dies müsse freilich keine Absage an Kontinuitätserwartungen gegenüber der Verfassung bedeuten. Eine wohlverstandene Sicht der Verfassung als Konzentrat verbinde vielmehr ausreichende Stabilität mit ausreichender Flexibilität der Verfassung, indem zum einen die stetige Veränderung der unterverfassungsgesetzlichen Rechtsordnung durch Einzelgesetze allmählich auch die Grundzüge dieser Rechtsordnung umforme, zum anderen die Grundzüge der Rechtsordnung durch die Erhöhung in den Verfassungsrang dem unmittelbaren Zugriff des einfachen Gesetzgebers entzogen seien, ohne dass dessen mittelbarer Einfluss auf diese Strukturen davon berührt werde.[416]

Die Konzentratsthese wandte sich indes vor allem gegen die Auflösung dieses Funktionszusammenhangs durch seinerzeit diagnostizierte Tendenzen, an die Stelle einer kontinuierlichen Fortentwicklung der Grundzüge der einfachgesetzlichen Rechtsordnung eine möglichst unmittelbare und sofortige Umdeutung von gesellschaftlich wichtigen Instituten wie Eigentum, Erbrecht, Pressefreiheit oder Wissenschaftsfreiheit treten zu lassen. Ein Verfassungswandel könne nicht schon dadurch herbeigeführt werden, dass sich der einfache Gesetzgeber dafür erwärme, sich also ein unmittelbares Neuverständnis in der unterverfassungsgesetzlichen Sphäre lediglich mehrheitlich durchgesetzt habe.[417] Noch weniger gehe ein „Verfassungswandel durch Besserwissen" an, bei dem die geltende Gesetzesordnung als einseitiger, ungerecht empfundener Interessenausdruck abgewertet und die Verfassung zu einem Füllsal von hineingedachten Zukunftsvorstellungen aufgewertet werde, über deren Inhalt sich freilich nur „die Wissenden" im Klaren seien.[418] Als Schutz hiergegen seien der Zeitfaktor in Rechnung zu stellen und strukturtiefe Veränderungen durch unterverfassungsgesetzliche Neuinterpretationen bisher grundsätzlich anders verstandener Zentralbegriffe nur im Sinne eines kontinuierlichen Prozesses zu akzeptieren, während die prinzipielle, unmittelbare Neu- und Umdeutung von Grundzügen und Grundbegriffen, also strukturellen Gehalten der unterverfassungsgesetzlichen Rechtsordnung der qualifizierten Mehrheiten des Art. 79 Abs. 2 GG bedürften.[419]

Die Kritik an der Konzentratsthese hat zutreffend darauf hingewiesen, dass im Ungefähren bleibt, welche Grundzüge und Grundbegriffe zum strukturellen Gehalt der unterverfassungsgesetzlichen Rechtsordnung zählen sollen. Auch könne von einem Verfassungswandel durch einen einfachgesetzlichen Interpretationswechsel nur dort gesprochen werden, wo die legislative Interpretation nicht nur eine von mehreren Möglichkeiten der Verfassungskonkretisierung verwirkliche. Oftmals sei die Verfassung aber nicht das Konzentrat

---

416 *Lerche*, FG Maunz, S. 285 (290 f.).

417 So *Lerche*, FG Maunz, S. 285 (287).

418 *Lerche*, FG Maunz, S. 285 (289) – hier hallen die ideologischen Grabenkämpfe um 1970 deutlich nach.

419 *Lerche*, FG Maunz, S. 285 (292, 294).

des unterverfassungsgesetzlichen Rechts, sondern dessen ambivalente Basis.[420] Stellt man diese Kritik in Rechnung und sieht zudem vom zeitgeschichtlich bedingten Anlass und der ideologiekritischen Stoßrichtung der These ab, so bleibt als deren noch heute gültiges Verdienst, die Rolle des Gesetzgebers beim Verfassungswandel hervorgehoben und funktional begründet sowie die Notwendigkeit von Grenzen eines einfachgesetzlichen induzierten Verfassungswandels vor Augen geführt zu haben.

3. *Verfassungswandel durch Staatspraxis*

Einen Verfassungswandel kann auch eine von Verfassungstext und Verfassungsrecht abweichende Praxis der Verfassungsorgane begründen, die regelmäßig staatsorganisationsrechtliche Sachverhalte betrifft.[421]

Die Bedeutung der Staatspraxis als Vor-Interpretation[422] für die Auslegung einer Verfassungsnorm ist zunächst unbestritten, denn „[f]ür den Interpreten einer umstrittenen verfassungsrechtlichen Norm, insbesondere im Organisationsrecht, ist es selbstverständlicher erster Anknüpfungspunkt, zu fragen, wie die Norm von den Beteiligten angewandt und verstanden wird“[423]. Das gilt umso mehr, wo eine verfassungsgerichtliche Interpretation ausfällt, weil die betreffenden Staatsorgane einvernehmlich handeln und sich kein Kläger findet.[424] Diese faktische, präjudizierende Bedeutung der Staatspraxis für die Verfassungsauslegung bestätigt der Hinweis, dass auch das Verfassungsgericht

---

420 Kritik bei *Göldner*, Integration und Pluralismus, S. 51 f. m. Fn. 153; ähnlich *Bryde*, Verfassungsentwicklung, S. 443, der jedoch im Ausnahmefall eine auch für die Zukunft bindende Festlegung des Verfassungssinns durch Akte des Gesetzgebers annehmen will, mit denen er auf Grundlage seines Prognoseprimats grundrechtliche Freiheiten erweitert, die sich in der Praxis als ungefährlich erwiesen haben (S. 444 f.). Gleiches soll für Weiterentwicklungen des Sozialstaats durch den Gesetzgeber gelten (S. 445).

421 Vgl. *Badura*, in: Isensee/Kirchhof (Hrsg.), HStR XII^3, § 270 Rn. 17.

422 *Schulze-Fielitz*, Der informale Verfassungsstaat, S. 125; zum Aspekt der Erstkonkretisierung der Verfassung als verdeckte potentielle Verfassungsänderung *ders.*, in: Wahl (Hrsg.), Verfassungsänderung, Verfassungswandel, Verfassungsinterpretation, S. 219 (226); grundlegende verfassungstheoretisch-methodische Auseinandersetzung mit der Staatspraxis im Hinblick auf die Verfassungsauslegung bei *Müller-Franken*, FS Isensee (2007), S. 229 (230 ff.) – dort freilich mit dem irritierenden Argument, dass Berufspflichten eines Amtsträgers als Verfassungsinterpret das subjektive Moment der Interpretation binden könnten, so dass die Frage der richtigen Interpretation der Verfassung letztlich als Gewissensfrage des Amtsträgers erscheint (S. 239 f.).

423 *Bryde*, Verfassungsentwicklung, S. 440 mit Hinweis auf *Paulus*, Digesten I, 3, 37: „optima enim est legum interpres consuetudo“; zuvor etwa schon *Tomuschat*, Verfassungsgewohnheitsrecht, S. 122, mit Nachweisen zu älterer Rechtsprechung und Literatur in Fn. 178; ähnlich *Walter*, AöR 125 (2000), 517 (522 f.). Umfangreiche Bestandsaufnahme zur Staatspraxis in der Rechtsprechung des Bundesverfassungsgerichts bei *Rädler*, ZaöRV 58 (1998), 611 (630 ff.); zuvor schon *Blankenagel*, Tradition und Verfassung, S. 138 m. Fn. 299; s. auch *Rahe*, Begriff und Bedeutung der Staatspraxis in der Rechtsprechung des Bundesverfassungsgerichts, S. 26 ff.

424 *Isensee*, in: Isensee/Kirchhof (Hrsg.), HStR XII^3, § 268 Rn. 85; *Schulze-Fielitz*, in: Wahl (Hrsg.), Verfassungsänderung, Verfassungswandel, Verfassungsinterpretation, S. 219 (227).

eine eingefahrene, akzeptierte und erfolgreiche Praxis nicht ohne Not in Frage stellen werde.[425] Tatsächlich hat das Bundesverfassungsgericht in seiner ersten Entscheidung zur Bundestagsauflösung anerkannt, dass die Konkretisierung einer allgemein gehaltenen, offenen Verfassungsnorm nicht allein dem Bundesverfassungsgericht, sondern auch anderen obersten Verfassungsorganen obliege – wobei sich aber von selbst verstehe, dass bei dieser Konkretisierung die bereits vorgegebenen Wertungen, Grundentscheidungen, Grundsätze und Normen der Verfassung zu wahren seien. Die bisherige Handhabung einer Verfassungsnorm durch oberste Verfassungsorgane könne dann für die Auslegung der Verfassung von Gewicht sein, wenn in ihr ein hohes Maß an Übereinstimmung in der verfassungsrechtlichen wie verfassungspolitischen Beurteilung und Bewertung der in Rede stehenden Sachverhalte zwischen den möglichen betroffenen obersten Verfassungsorganen zum Ausdruck komme und sie auf Dauer angelegt und stetig sei.[426] Eine vorhandene Staatspraxis im Hinblick auf eine verfassungsrechtliche Norm ist demnach Ausgangspunkt der Auslegung dieser Norm und begründet eine Rechtfertigungslast für den Fall, dass von der Handhabung durch die Staatspraxis abgewichen werden soll. Die Begründungslast wird umso größer, je länger die konsentierte Staatspraxis währt.[427]

Eine stärkere, normativ verbindliche Wirkung entfaltet die Staatspraxis dort, wo sie sich als eine von mehreren verfassungsrechtlich zulässigen Konkretisierungen einer offenen Verfassungsnorm darstellt. Die Staatspraxis kann dann zwar immer noch nur Gegenstand, nicht aber Maßstab der verfassungsrechtlichen Beurteilung von Akten öffentlicher Gewalt sein, wie das Bundesverfassungsgericht in seiner Entscheidung zum Umlaufverfahren innerhalb der Bundesregierung klarstellte. Gleichwohl dürfe eine Staatspraxis, die sich im Auslegungsrahmen der Verfassung hält, nicht durch die Interpretation eines Gerichts ersetzt werden, selbst wenn es diese für vorzugswürdig halte.[428] Ob die einmal vorgenommene Konkretisierung bzw. Handhabung einer Verfassungsnorm durch die Staatspraxis die Verfassungsorgane auch in der Zukunft bindet und damit auch einen (ggf. erneuten) Verfassungswandel ausschließt, ist umstritten, im Sinne der Offenhaltung der Verfassung aber grundsätzlich abzulehnen, solange und soweit noch weitere Konkretisierungsmöglichkeiten im

[425] *Bryde*, Verfassungsentwicklung, S. 440.

[426] BVerfGE 62, 1 (38 f.). An späterer Stelle (S. 49) meint der Senat mit Blick auf die anlässlich der auflösungsgerichteten Vertrauensfrage des Jahres 1972 von den einschlägigen obersten Verfassungsorganen getroffenen Entscheidungen, dass darin nicht der Vorgang eines Verfassungswandels sichtbar werde, sondern es sich um den Beginn einer Staatspraxis handele, die einem neuen, besonderen politischen Sachverhalt gerecht zu werden versuchte und auf diesem Wege die Krise löste; das darin zum Ausdruck kommende schöpferische Moment der Rechtsfindung und Rechtsgewinnung sei der Verfassungsrechtsordnung nicht fremd.

[427] *Isensee*, in: Isensee/Kirchhof (Hrsg.), HStR XII^3, § 268 Rn. 87; *Müller-Franken*, FS Isensee (2007), S. 229 (250 f.).

[428] BVerfGE 91, 148 (171 f.); im Ergebnis auch *Rädler*, ZaöRV 58 (1998), 611 (642).

Rahmen der Verfassungsordnung bestehen. Eine solche Selbst- und Fremdbindung kommt allenfalls in Betracht, wenn das gleichheitsrechtlich fundierte Willkürverbot oder rechtsstaatlich gebotene Aspekte des Vertrauensschutzes bzw. der Rechtssicherheit einer Änderung dieser Praxis Einhalt gebieten.[429]

Die insoweit konsentierte Bedeutung und Wirkung der Staatspraxis für die Auslegung einer Verfassungsnorm lässt die kontrovers diskutierte Frage nach der spezifischen Rechtsqualität der Staatspraxis in den Hintergrund rücken. Für die Erörterung eines Verfassungswandels durch die Staatspraxis kann letztlich dahinstehen, ob es sich bei ihr um informale Verfassungsregeln[430] handelt, um Verfassungskonventionen, die eine durch geschriebenes Recht abschließend geregelte Frage durch Übung materiell ändern, ohne die Regel selbst zu beseitigen[431], um eine dem Gewohnheitsrecht nahestehende verfassungsmäßige Übung[432] oder doch um Verfassungsgewohnheitsrecht[433], das als *consuetudo intra constitutionem* denkbar, als *consuetudo contra constitutionem* ausgeschlossen und als Sonderfall der *desuetudo* höchst unwahrscheinlich ist.[434]

4. *Verfassungswandel durch Europarecht*

a) Unionsrecht und Unionsgerichte

Die Einwirkungen des primären und sekundären Unionsrechts auf das nationale Verfassungsrecht sind hinlänglich untersucht, aber seltener ausdrücklich als Verfassungswandel (im engen rechtsdogmatischen oder weiten phänomenologischen Sinne) thematisiert, obwohl sie gerade diesen herbeizuführen in der Lage sind.[435] Dementsprechend wird auch die Rolle von Unionsgesetzgeber und Unionsgerichten als Akteure eines Verfassungswandels kaum näher beleuchtet.

---

[429] Vgl. *Bryde*, Verfassungsentwicklung, S. 442 ff.

[430] *Schulze-Fielitz*, Der informale Verfassungsstaat, S. 123 ff.

[431] *Bryde*, Verfassungsentwicklung, S. 434 ff., nennt das Beispiel der Wahl des Bundesratspräsidenten nach Art. 52 Abs. 1 GG, die zwar formell als Wahl durchgeführt wird, bei der aber das Ergebnis – gewählt wird der Ministerpräsident des von der Einwohnerzahl her nächst kleineren Landes – kraft Konvention von vornherein feststeht – die ritualistische Einhaltung der von der Verfassung geforderten Form (Wahl des Bundesratspräsidenten) derogiere die Verfassungsnorm nicht, sondern bestätige sie immer aufs neue, gleichwohl habe die Konvention Normqualität, auch wenn deren Einhaltung nicht justiziabel sei. Grundlegend aus der Zeit vor dem Grundgesetz *Hatschek*, JöR 3 (1909), 1 ff.; vgl. dazu auch *Wolff*, Ungeschriebenes Verfassungsrecht, S. 83 ff.

[432] Vgl. *Oppermann*, VVDStRL 33 (1975), 7 (53).

[433] *Bryde*, Verfassungsentwicklung, S. 446 ff.; grundlegend *Tomuschat*, Verfassungsgewohnheitsrecht?, insb. S. 63 ff., 145 ff.

[434] Vgl. die Aufzählung bei *Rädler*, ZaöRV 58 (1998), 611 (626).

[435] Vgl. aber *Kenntner*, DÖV 1997, 450 (457); *Wolff*, FS Klein, S. 385 (391 ff.); *Schulze-Fielitz*, in: Wahl (Hrsg.), Verfassungsänderung, Verfassungswandel, Verfassungsinterpretation, S. 219 (221 ff.).

Dabei geht es in erster Linie nicht darum, auf Art. 23 Abs. 1 GG (früher: Art. 24 GG a.F.) gestützte Hoheitsrechtsübertragungen auf die Europäische Union als eine Ausnahme des Textänderungsgebots des Art. 79 Abs. 1 S. 1 GG zu problematisieren. Die verfassungsrechtliche Zulässigkeit des „Verlust[s] an Urkundlichkeit"[436] durch die europäische Integration ist unbestritten: Art. 23 Abs. 1 S. 2 GG fordert für die Hoheitsrechtsübertragung ein einfaches Zustimmungsgesetz. Gemäß Art. 23 Abs. 1 S. 3 GG gelten für die Begründung der Europäischen Union sowie für Änderungen ihrer vertraglichen Grundlagen und vergleichbare Regelungen, durch die das Grundgesetz seinem Inhalt nach geändert oder ergänzt wird oder solche Änderungen oder Ergänzungen ermöglicht werden, zusätzlich die Anforderungen des Art. 79 Abs. 2 und 3 GG. Weder hier noch dort greift aber das Textänderungsgebot des Art. 79 Abs. 1 GG.[437] Das folgt im Umkehrschluss aus dessen Nichterwähnung in Art. 23 Abs. 1 S. 3 GG und ist auch im Übrigen sachlich gerechtfertigt, da sonst das gesamte einschlägige Unionsrecht in das Grundgesetz zu inkorporieren wäre und sich die vielfältigen Einwirkungen des Unionsrechts ohnehin nur schwer im Text abbilden ließen.[438]

Aus der Warte des Verfassungswandels interessieren vielmehr die Rückwirkungen, die primäres und sekundäres Unionsrecht auf das nationale Verfassungsrecht zeitigen. Zur Beschreibung der vielfältigen Verflechtungen zwischen europäischer und mitgliedstaatlicher Ebene hat sich das Konzept des Verbunds, das das eindimensionale Konzept der Europäisierung der nationalen (Verfassungs-)Rechtsordnungen modifizierte, als deutungsmächtig, wenngleich nicht unumstritten erwiesen.[439] So hatten Literatur und Bundesverfassungsgericht die Europäische Union zunächst als einen Staatenverbund qualifiziert, mit dem ihre Stellung zwischen Staatenbund und Bundesstaat zum Ausdruck gebracht werden sollte.[440] Später wurden die vielfältigen Techniken des komplexen Zusammenwirkens von Bundesverfassungsgericht, Gerichts-

---

[436] *Isensee*, AöR 138 (2013), 325 (354).

[437] Vgl. BVerfGE 129, 78 (100).

[438] Vgl. *Isensee*, AöR 138 (2013), 325 (354 f.); *Scholz*, in: Maunz/Dürig (Hrsg.), GG, Art. 23 Rn. 115; *Wollenschläger*, in: Dreier (Hrsg.), GG, Art. 23 Rn. 60, jeweils mit dem Hinweis auf die Staatspraxis, bei handgreiflichen und bedeutsamen Modifikationen des Grundgesetzes durch Unionsrecht eine entsprechende Klarstellung – wie etwa in Art. 28 Abs. 1 S. 3 GG oder Art. 88 S. 2 GG – vorzunehmen; vgl. dazu auch *Wolff*, FS Klein, S. 385 (386 ff.).

[439] Zum Potential einer Verbundperspektive in der Europarechtswissenschaft *von Bogdandy*, in: von Bogdandy/Bast (Hrsg.), Europäisches Verfassungsrecht, S. 13 (50 ff.). Höchstrichterliche Charakterisierung der Europäischen Union als Staaten-, Verfassungs-, Verwaltungs- und Rechtsprechungsverbund in BVerfGE 140, 317 (338); 142, 123 (Rn. 140); BVerfGE 146, 216 (Rn. 55); zustimmend *Huber*, Der Staat 56 (2017), 389 (400 ff.).

[440] *Kirchhof*, in: Isensee/Kirchhof (Hrsg.), HStR VII[1], § 183 Rn. 38, 50 ff.; aufgegriffen in BVerfGE 89, 155 (156, 181 f., passim) und BVerfGE 123, 267 (348); föderaler Gegenentwurf der Europäischen Union als Bund bei *Schönberger*, AöR 129 (2004), 81 ff. Zu weiteren literarischen Klassifikationsansätzen exemplarisch *Calliess*, in: Calliess/Ruffert, EUV/AEUV, Art. 1 EUV Rn. 34 ff.

hof der Europäischen Union und Europäischem Menschenrechtsgerichtshof, mit denen die Gerichte nicht in voneinander abgeschirmter, sondern in wechselseitig abgestimmter Weise judizieren, auf den Begriff des Europäischen Verfassungsgerichtsverbunds gebracht.[441] Der Europäische Verwaltungsverbund steht schließlich für die Entwicklung eines ausdifferenzierten Systems des europäischen Verwaltungsvollzugs, das nicht mehr hinreichend mit dem Verweis auf das Trennungsprinzip beschrieben werden kann, demzufolge Aufgaben und Zuständigkeiten innerhalb des Vollzugs von Unionsrecht zwischen den Mitgliedstaaten und der Europäischen Union aufgeteilt sind, sondern das komplexe Vollzugsverflechtungen in den Blick nimmt, bei denen die notwendige Handlungseinheit im Verwaltungsverbund durch die Verschränkung verschiedener Organisations- und Verfahrensprinzipien hergestellt wird.[442]

Das in bewusster Entgegensetzung zum Staatenverbund entwickelte Konzept des Verfassungsverbundes[443] sah sich indes von Anfang an beachtlicher Kritik ausgesetzt. Es propagierte einen funktional bestimmten, postnationalen Verfassungsbegriff und sah im Verfassungsverbund die Verschmelzung des europäischen Primärrechts und der Verfassungen der Mitgliedstaaten zu einer nicht-hierarchischen, komplementären, aber einheitlichen Struktur aus unionalen und nationalen Verfassungselementen, in der die Bürger Legitimationssubjekte und Adressaten nationaler wie europäischer Hoheitsakte zugleich sind. Die Kritik an diesem Konzept registriert zum einen die Infragestellung des Staates bei gleichzeitiger Betonung der Verfassung, die im Wechsel vom Plural der Staaten zum Singular der Verfassung als Determinans des Kompositums ihren Ausdruck findet. Zum anderen bestreitet sie die behaupteten Wechselwirkungen zwischen europäischer und nationaler Verfassung, da sich allenfalls eine einseitige Einflussnahme der europäischen auf die nationale Verfassung feststellen lasse. Schließlich weist sie auf verfassungs- bzw. rechtstheoretische Unschärfen und Widersprüche des Konzepts hin, wenn es etwa die Möglichkeit einer unionsautonomen Begründung des Anwendungsvorrangs des Unionsrechts in einer nicht-hierarchischen Struktur postuliert oder einen Rechtsdeutungspluralismus als vermeintlichen Rechtsordnungspluralismus ausweist.[444] Konzept und Kritik ringen letztlich um die Definitions- und In-

---

[441] Begriffsprägend *Voßkuhle*, NVwZ 2010, 1 (3) mit Verweis auf *Di Fabio*, Der Verfassungsstaat in der Weltgesellschaft, S. 78; vgl. auch *Huber*, Der Staat 56 (2017), 389 (401 ff.); quantitative Annäherung an den Verfassungsgerichtsverbund bei *Jestaedt*, JZ 2011, 872 ff.

[442] Ausführlich *Peuker*, Bürokratie und Demokratie in Europa, S. 7 ff. m.w.N.

[443] Begriffsprägend *Pernice*, in: Bieber/Widmer (Hrsg.), L'espace constitutionnel européen, S. 225 (261 ff.); *ders.*, EuR 1996, 27 ff.; *ders.*, VVDStRL 60 (2001), 148 (163 ff.); *ders.*, in: Calliess (Hrsg.), Verfassungswandel im europäischen Staaten- und Verfassungsverbund, S. 61 ff.; vgl. dazu auch *Wendel*, Permeabilität im europäischen Verfassungsrecht, S. 34 ff.; *Mayer/Wendel*, in: Hatje/Müller-Graff (Hrsg.), EnzEuR I, § 4 Rn. 8 ff.

[444] Dezidiert *Jestaedt*, GS Blomeyer, S. 637 ff. = *ders.*, in: Calliess (Hrsg.), Verfassungswandel im europäischen Staaten- und Verfassungsverbund, S. 93 (99 ff.); vgl. auch *Nettesheim*, FS Isensee (2007), S. 733 (736 ff.); dagegen *Mayer*, VVDStRL 75 (2016), 7 (42 f.).

terpretationshoheit für das Unionsrecht und dessen Verhältnis zum mitgliedstaatlichen Verfassungsrecht.[445]

Wenn das Bundesverfassungsgericht den Verfassungsverbund nunmehr in einem Atemzug mit dem Staatenverbund, gegen den er sich eigentlich konzeptionell wandte, zur Charakterisierung der EU nennt[446], dürfte dies weniger einer vermeintlich fehlenden verfassungstheoretischen Sensibilität des Gerichts geschuldet als vielmehr ein Indiz dafür sein, dass der Streit um die verfassungstheoretische Einordnung an Relevanz verloren hat.[447] Verfassungsgerichtliche Rechtsprechung und die sie begleitende Wissenschaft sind inzwischen weitergezogen und bemühen sich nunmehr um die dogmatische Bestimmung und Bewehrung verfassungsrechtlicher Schranken der europäischen Integration, indem sie die Maßstäbe einer Grundrechtskontrolle, einer Identitätskontrolle und einer ultra-vires-Kontrolle gegenüber europäischem Sekundärrecht und der Unionsrechtsprechung näher konturieren und einzelne Akte der Unionsorgane diesen Kontrollen unterziehen.[448]

Unabhängig von der verfassungstheoretischen Konzeptionalisierung ist denn auch nicht mehr der Einfluss des primären und sekundären Unionsrechts auf das deutsche Verfassungsrecht selbst umstritten, sondern allenfalls dessen Reichweite. Auch über die verfassungstheoretischen wie rechtsdogmatischen Grundlagen des unionsrechtlichen Einflusses auf das Verfassungsrecht dürfte hinreichende Gewissheit bestehen. So zielt der Grundsatz der unionsrechtskonformen Auslegung darauf, Kollisionen des nationalen Verfassungsrechts mit Unionsrecht zu vermeiden, indem er die Wahl einer im Einklang mit dem Unionsrecht stehenden Auslegung des Verfassungsrechts aufgibt, wo die Verfassungsnorm Auslegungsspielräume eröffnet. Ist die Kollision unabwendbar, weil die Verfassungsnorm eine entsprechende Auslegung nicht hergibt, beanspruchen das primäre und sekundäre Unionsrecht in ihrem Anwendungsbereich auch gegenüber dem Verfassungsrecht Anwendungsvorrang.[449] Unionsrechtskonforme Auslegung und Anwendungsvor-

[445] Zutreffende Einschätzung bei *Jestaedt*, in: Calliess (Hrsg.), Verfassungswandel im europäischen Staaten- und Verfassungsverbund, S. 93 (99).

[446] BVerfGE 140, 317 (338); 142, 123 (Rn. 140); BVerfGE 146, 216 (Rn. 55).

[447] In diesem Sinne *Ruffert*, in: Hoffmann-Riem, Offene Rechtswissenschaft, S. 1397 (1409); wohl auch *Heinig*, VVDStRL 75 (2016), 65 (97): „Begriffe wie der ‚Staatenverbund' oder der ‚Verfassungsverbund' […] markieren wissenschaftssoziologisch betrachtet konkurrierende Denk- und Überzeugungsgemeinschaften, die latente Institutionenkonflikte fortsetzen (oder vorwegnehmen). Doch die Rechtswissenschaft hat auch zur Aufgabe, sich immer wieder Distanzen zur eigenen Vorgeschichte zu erarbeiten und aus dem langen Schatten herkömmlicher Konfliktkonstellationen (in diesem Fall die um den Vertrag von Maastricht) herauszutreten."

[448] Zur diesbezüglichen Rolle des Bundesverfassungsgerichts als Akteur im Prozess der europäischen Integration *Ruffert*, EuGRZ 2017, 241 ff.

[449] St. Rspr. des EuGH, vgl. EuGH, Rs. 11/70 (Internationale Handelsgesellschaft), Slg. 1970, 1125, Rn. 3; Rs. 106/77 (Simmenthal), Slg. 1978, 629, Rn. 24; Rs. C-409/06 (Winner Wetten), Slg. 2010, I-8015, Rn. 61; Rs. C-399/11 (Melloni), ECLI:EU:2013:107, Rn. 59. Das Bun-

rang beschreiben die materielle Dimension des Grundsatzes der Europarechtsfreundlichkeit, den das Bundesverfassungsgericht seit seiner Lissabon-Entscheidung als einen aus der Zusammenschau des Verfassungsauftrags zur Verwirklichung eines vereinten Europas in Art. 23 Abs. 1 GG und der Präambel abgeleiteten ungeschriebenen Verfassungsgrundsatz anerkennt.[450] Seine prozessuale Dimension verwirklicht sich u.a. in Vorabentscheidungsersuchen des Bundesverfassungsgerichts an den Gerichtshof der Europäischen Union, die das Bundesverfassungsgericht nach anfänglicher Zurückhaltung nunmehr als einen Verfahrensschritt im Rahmen der ultra-vires- und Identitätskontrolle von europäischem Sekundärrecht auch tatsächlich erprobt hat und die es als ein Element des Kooperationsverhältnisses zwischen Bundesverfassungsgericht und Europäischem Gerichtshof versteht.[451]

Dass die methodisch exakte Begründung eines durch Unionsrecht gebotenen Verfassungswandels im Einzelfall schwierig sein kann, belegt die Entscheidung des Bundesverfassungsgerichts zur Grundrechtsberechtigung von juristischen Personen aus Mitgliedstaaten der Europäischen Union. Während das Bundesverfassungsgericht die Grundrechtsberechtigung ausländischer juristischer Personen hinsichtlich materieller Grundrechte – anders als bei den prozessualen Grundrechten – wegen des klaren Wortlauts des Art. 19 Abs. 3 GG stets ablehnte[452], hatte es die speziellere Frage der Grundrechtsberechtigung juristischer Personen aus Mitgliedstaaten der Europäischen Union bis dato mehrfach ausdrücklich offengelassen[453]; die Literatur befürwortete eine entsprechende Grundrechtsberechtigung zwar überwiegend, stritt aber über deren dogmatische Herleitung.[454] In seiner Grundsatzentscheidung aus dem Jahre 2011 hat das Bundesverfassungsgericht nunmehr eine entsprechende Grundrechtsberechtigung angenommen: Zwar würde es die Wortlautgrenze des Art. 19 Abs. 3 GG übersteigen, wollte man seine unionsrechtskonforme Auslegung auf eine Deutung des Merkmals „inländische" als „deutsche einschließlich europäische" juristische Personen stützen.[455] Wegen des Anwen-

desverfassungsgericht hat den Anwendungsvorrang des Unionsrechts in seiner zweiten Entscheidung zum Europäischen Haftbefehl anerkannt – BVerfGE 140, 317 (335). Zum Ganzen umfassend *Kruis*, Der Anwendungsvorrang des EU-Rechts in Theorie und Praxis, S. 94 ff.

[450] BVerfGE 123, 267 (346 f.); 126, 286 (303, 327); 136, 69 (91); BVerfGE 146, 216 (Rn. 58). Ausführlich zum Grundsatz der Unionsrechtsfreundlichkeit *Knop*, Völker- und Europarechtsfreundlichkeit als Verfassungsgrundsätze, S. 260 ff., dort auch die Unterscheidung der materiellen und prozeduralen Dimension des Verfassungsgrundsatzes. Vgl. auch *Kaiser/Schübel-Pfister*, in: Emmeneger/Wiedmann (Hrsg.), Linien der Rechtsprechung des BVerfG II, S. 545 (547 ff.); *Voßkuhle*, JZ 2016, 161 (165).

[451] Vorlagebeschlüsse in BVerfGE 134, 366 (385) und BVerfGE 146, 216; zuvor angekündigt in BVerfGE 123, 267 (353); 126, 286 (304).

[452] Vgl. BVerfGE 21, 207 (208); 100, 313 (364).

[453] Vgl. BVerfGE 34, 338 (340); BVerfG (K), NJW 2004, 3031; NVwZ 2008, 670 (671).

[454] Vgl. nur *Dreier*, in: Dreier (Hrsg.), GG, Art. 19 III Rn. 83 f.; *Remmert*, in: Maunz/Dürig (Hrsg.), GG, Art. 19 Abs. 3 Rn. 92 ff.; jeweils m.w.N.; *Ludwigs*, JZ 2013, 434 (438 ff.).

[455] BVerfGE 129, 78 (96).

dungsvorrangs der unionsrechtlichen Diskriminierungsverbote aus den Grundfreiheiten sowie aus Art. 18 AEUV sei aber eine Anwendungserweiterung des Art. 19 Abs. 3 GG geboten, da es für einen gleichwertigen Schutz im Anwendungsbereich der unionsrechtlichen Diskriminierungsverbote nicht ausreiche, wenn ausländische juristische Personen zwar im fachgerichtlichen Verfahren auf eine materielle Gleichstellung mit inländischen juristischen Personen hinwirken, ihre Rechte aber gemäß Art. 93 Abs. 1 Nr. 4a GG mangels Grundrechtsträgerschaft nicht auch mit Hilfe des Bundesverfassungsgerichts durchsetzen können.[456] Wiewohl gegen das Ergebnis nichts zu erinnern ist[457], stieß die zu dessen Begründung bemühte dogmatisch eigentümliche Figur der durch den Anwendungsvorrang des Unionsrechts gebotenen Anwendungserweiterung einer Verfassungsnorm auf berechtigte Kritik. Zwar erkennt auch das Gericht, dass der unionsrechtliche Anwendungsvorrang keine rechtsvernichtende, derogierende Wirkung gegenüber dem mitgliedstaatlichen Recht entfaltet, sondern nur dessen Anwendung soweit zurückdrängt, wie es die Verträge erfordern und es die durch das Zustimmungsgesetz erteilten Rechtsanwendungsbefehle erlauben.[458] Der Anwendungsvorrang fordert allerdings nur, eine entgegenstehende Norm des nationalen Rechts, hier also der Inländervorbehalt bei juristischen Personen, unangewendet zu lassen. Eine Anwendungserweiterung, d.h. Umgestaltung der nationalen Norm lässt sich darauf, anders als das Gericht meint, nicht stützen.[459]

Die hier aufgegriffene Entscheidung steht exemplarisch für das Bemühen, unionsrechtliche Einwirkungen auf das Grundgesetz, die sich als Verfassungswandel begreifen lassen, auch rechtsdogmatisch plausibel zu begründen. Sie verweist aber auch generell auf die Bedeutung des Unionsrechts als Motor eines Verfassungswandels, der sich nicht in einer Änderung des Verfassungstextes niederschlägt.[460] In einer Akteursperspektive rückt damit die Rolle der

[456] BVerfGE 129, 78 (98).

[457] Vereinzelte Stimmen bestehen freilich auf einer entsprechenden konstitutiven Verfassungsänderung, obwohl Art. 23 Abs. 1 S. 3 GG für Änderungen des materiellen Verfassungsrechts infolge der europäischen Integration gerade nicht auf Art. 79 Abs. 1 GG verweist, vgl. dennoch *Hillgruber*, JZ 2011, 1118 (1120); *Rüfner*, FS 50 Jahre BVerfG II, S. 55 (71 f.). Für eine gleichsam nachholende und insoweit deklaratorische Verfassungsänderung aus Gründen der Rechtssicherheit, wie sie bei Art. 12a Abs. 4 S. 2 GG oder Art. 28 Abs. 1 S. 3 GG auch schon stattgefunden hat, plädieren etwa *Guckelberger*, AöR 129 (2004), 618 (635 ff.); *Ludwigs*, JZ 2013, 434 (440 f.).

[458] BVerfGE 129, 78 (99).

[459] Vgl. die Kritik bei *Hillgruber*, JZ 2011, 1118 (1119 f.). Ähnlich *Ludwigs*, JZ 2013, 434 (439: Anwendungserweiterung als neue Rechtsfigur), der gleichwohl für einen Primat der unionskonformen Rechtsfortbildung argumentiert, sei es durch eine teleologische Reduktion von oder eine Analogie zu Art. 19 Abs. 3 GG; so zuvor schon *Knop*, Völker- und Europarechtsfreundlichkeit als Verfassungsgrundsätze, S. 285 ff.

[460] *Dreier*, in: Dreier (Hrsg.), GG, Art. 19 III Rn. 83, sieht Art. 19 Abs. 3 GG als Musterbeispiel dafür, dass Normen des Grundgesetzes durch die Überformung des mit Vorrang ausgestatteten Unionsrechts Sinnänderungen erfahren, ohne sich in Textänderungen niederzuschlagen.

rechtsetzenden wie rechtsprechenden Unionsorgane in den Blick, die jeweils anhand des konkreten Verfassungswandels nachzuzeichnen ist.

b) EMRK und EGMR

Vergleichbare Impulse – freilich geringerer Intensität – empfängt das Grundgesetz von der Europäischen Menschenrechtskonvention in ihrer Auslegung durch den Europäischen Gerichtshof für Menschenrechte. Im internationalen Verfassungsgerichtsverbund bemühen sich Bundesverfassungsgericht und Europäischer Menschenrechtsgerichtshof um eine „inhaltliche Rechtsprechungskohärenz durch wechselseitige Abstimmung und Homogenisierung"[461]. Dementsprechend zieht das Bundesverfassungsgericht auf Grundlage des Verfassungsgrundsatzes der Völkerrechtsfreundlichkeit[462] und der Ausrichtung des Grundgesetzes auf die unverletzlichen und unveräußerlichen Menschenrechte (Art. 1 Abs. 2 GG) in ständiger Rechtsprechung die EMRK in ihrer Auslegung durch den Europäischen Gerichtshof für Menschenrechte als Auslegungshilfe für die Bestimmung von Inhalt und Reichweite der Grundrechte und rechtsstaatlichen Grundsätze des Grundgesetzes heran, sofern dies nicht zu einer – von der Konvention selbst nicht gewollten (vgl. Art. 53 EMRK) – Einschränkung oder Minderung des Grundrechtsschutzes durch das Grundgesetz führt und ohne dass dies eine schematische Parallelisierung erforderte[463]; die Rechtsprechung des Europäischen Gerichtshofs für Menschenrechte entfaltet insofern eine normative Leit- und Orientierungsfunktion.[464]

Auf die im letzten Wort der deutschen Verfassung liegende Souveränität verzichte das Grundgesetz nach Auffassung des Bundesverfassungsgerichts auch nicht mit Blick auf das Völkerrecht. Das Grundgesetz habe keinen unbedingten Vorrang des Völkerrechts auch vor der Verfassung angeordnet, sondern wolle die Öffnung der innerstaatlichen Rechtsordnung für das Völkerrecht und die internationale Zusammenarbeit nur in den Formen einer

461 *Voßkuhle*, NVwZ 2010, 1 (4), dort auch zu den wenigen, gleichwohl Aufsehen erregenden Fällen, in denen der EGMR einen vom BVerfG zuvor als grundgesetzkonform angesehenen Hoheitsakt als konventionswidrig beanstandet hat, etwa zur baden-württembergischen Feuerwehrabgabe (EGMR, NVwZ 2010, 1995, 365), zur Entlassung einer Lehrerin wegen ihrer Tätigkeit für die DKP (EGMR, NVwZ 1996, 375) oder im Fall Caroline von Monaco I (EGMR, NJW 2004, 2647).

462 Exemplarisch und umfassend *Knop*, Völker- und Europarechtsfreundlichkeit als Verfassungsgrundsätze, S. 200 ff.; zu Herleitung und Inhalt des ungeschriebenen Verfassungsgrundsatzes auch *Payandeh*, JöR 57 (2009), 465 (467 ff.).

463 Vgl. BVerfGE 74, 358 (370); 83, 119 (128); 111, 307 (317); 120, 180 (200 f.); 128, 326 (370 f.); 131, 268 (295 f.); 143, 246 (Rn. 202).

464 Die „jedenfalls faktische Orientierungs- und Leitfunktion" der EGMR-Rechtsprechung in BVerfGE 128, 326 (368) wurde in Kammerentscheidungen – etwa BVerfG (K), DVBl. 2007, 248 (Rn. 38) mit Verweis auf BVerwGE 110, 203 (210) – bereits zur „normativen Leitfunktion"; vgl. auch *Voßkuhle*, NVwZ 2010, 1 (4), im Anschluss an *Papier*, EuGRZ 2006, 1; *Ruffert*, EuGRZ 2007, 245 (246 ff.).

kontrollierten Bindung.[465] Das letzte Wort der Verfassung stehe einem internationalen und europäischen Dialog der Gerichte aber nicht entgegen, sondern bilde dessen normative Grundlage.[466]

Man muss den Euphemismus des Bundesverfassungsgerichts nicht unbedingt teilen. Innerhalb dieser Grenzen sind aber jedenfalls wechselseitige Lernprozesse durch Verfassungsrecht(sprechung)svergleichung feststellbar[467], die zu einem Interpretations-, also einem Verfassungswandel in Form einer kohärenten Angleichung an völkerrechtliche Vorgaben führen können und auf die Rolle entsprechender rechtsetzender und rechtsprechender Akteure verweisen.

5. *Verfassungswandel und Rechtswissenschaft*

Zu erinnern ist weiterhin an den möglichen Beitrag der Wissenschaft zu einem Verfassungswandel, hier insbesondere durch die Staatsrechtslehre. Im durch Art. 5 Abs. 3 S. 1 GG individuell wie institutionell grundrechtlich geschützten Raum bemüht sich die Staatsrechtslehre um theoretische Fundierungen sowie dogmatische Konkretisierungen der Verfassung, die einem Verfassungswandel den Weg bereiten können.[468]

Die in Art. 5 Abs. 3 S. 2 GG als Schranke der Lehrfreiheit installierte Pflicht zur Verfassungstreue schließt dabei mitnichten eine nach wissenschaftlichen Standards begründete Neuinterpretation oder Neukonzeption des geltenden Verfassungsrechts aus.[469] Sie zielt vielmehr (nur) gegen böswillige, aggressive und verächtliche Angriffe auf fundamentale Wertvorstellungen und Prinzipien der freiheitlichen demokratischen Grundordnung, die einen Missbrauch der Lehrfreiheit darstellen[470]; kritische Äußerungen gegenüber dem Grundgesetz sind dagegen zulässig[471]. Auch der Anwurf eines Verfassungsgerichtspositivismus verfängt insoweit nicht, als das Bundesverfassungsgericht seinerseits wissenschaftliche Vorarbeiten der Staatsrechtslehre rezipiert und Verfassungswandlungen argumentativ darauf gestützt hat.[472] Im historischen Rückblick

---

[465] BVerfGE 141, 1 (28 f.), mit Verweis auf BVerfGE 112, 1 (25), zuvor schon BVerfGE 111, 307 (319).

[466] BVerfGE 128, 326 (369).

[467] *Schulze-Fielitz*, in: Wahl (Hrsg.), Verfassungsänderung, Verfassungswandel, Verfassungsinterpretation, S. 219 (222 f.); vgl. auch *Hoffmann-Riem*, EuGRZ 2002, 473 ff.; *Ruffert*, in: Hoffmann-Riem, Offene Rechtswissenschaft, S. 1397 (1401 ff.).

[468] Vgl. schon *v. d. Heydte*, ARSP 39 (1950/1951), 461 (474); *Bryde*, Verfassungsentwicklung, S. 206.

[469] *Scholz*, in: Maunz/Dürig (Hrsg.), GG, Art. 5 III Rn. 198 f.

[470] So *Kempen*, in: Epping/Hillgruber (Hrsg.), GG, Art. 5 Rn. 200; *Bethge*, in: Sachs (Hrsg.), GG, Art. 5 Rn. 227.

[471] *Britz*, in: Dreier (Hrsg.), GG, Art. 5 Rn. 50.

[472] Gegen die „Jeremiade über einen Bundesverfassungsgerichtspositivismus" erinnert *Bethge*, Die Verwaltung 43 (2010), 429 (440), mit Recht daran, dass die wissenschaftliche Un-

dürfte hier wohl die Rezeption der von Rudolf Smend entwickelten materiellen Sicht der Verfassung als Wertordnung und ihrer auch an der sozialen Wirklichkeit orientierten Auslegung am deutlichsten hervorstechen, die von Konrad Hesse – auch schon vor seiner Zeit als Verfassungsrichter – fortentwickelt wurde.[473] Nicht zu übersehen ist etwa auch die Bedeutung der wissenschaftlichen Vorarbeiten zum Grundrecht auf informationelle Selbstbestimmung, auf die das Bundesverfassungsgericht in seinem Volkszählungsurteil 1983 zurückgreifen konnte.[474] Und selbst dort, wo sich die wissenschaftliche Auseinandersetzung mit dem Bundesverfassungsgericht auf eine kritische Rekonstruktion der Rechtsprechung beschränkt, wie es die These vom Bundesverfassungsgerichtspositivismus impliziert, kann in der Kritik an Karlsruhe der Keim eines künftigen Verfassungswandels stecken – insofern der Bedeutung und Funktion von verfassungsrichterlichen Sondervoten nicht unähnlich[475].

Zwar trifft der Hinweis zu, dass der Einfluss der Staatsrechtslehre „[t]rotz ihrer enormen Bedeutung für das Verständnis und die Pflege des Verfassungsrechts [...] grundsätzlich mittelbarer Art [ist], da sie niemals selbst rechtsetzend tätig werden oder mit normativem Verbindlichkeitsanspruch das Recht interpretieren kann"[476]. Diesen bloß mediatisierten Einfluss kann sie aber auf sehr effektiven Kanälen ausüben.[477] So ist sie Autorin der vom Bundesverfassungsgericht umfassend rezipierten, in wichtigen Verfahren auch zitierten Fachliteratur[478] und auch die Kritik dieser „primäre[n] Fachöffentlichkeit"[479] an seinen Judikaten registriert das Bundesverfassungsgericht aufmerksam und sorgfältig.[480] Mit der Verfassungsrechtsdogmatik steht Bundesverfassungsgericht und Staatsrechtslehre – trotz ihrer Funktionsunterschiede und Eigenlogiken als hoheitliche Rechtssprechungstätigkeit auf der einen, grundrechtlich

terwerfung selbstverschuldet ist, und charakterisiert das Lamento über eine Selbstunterwerfung der Staatsrechtslehre unter das Bundesverfassungsgericht „als das, was es ist: larmoyant". Bundesverfassungsgerichtsentscheidungen begründeten „kein Reflexionsverbot" (S. 441).

473 Dazu *Hesse*, JZ 1995, 265 (266); *Oppermann*, FS 50 Jahre BVerfG I, S. 421 (425 ff.).

474 Vgl. hierzu den Rückblick des Erstautors des wegweisenden Gutachtens („Grundfragen des Datenschutzes. Gutachten im Auftrag des Bundesministeriums des Innern", BT-Drs. VI/3826, S. 5 ff.) *Steinmüller*, RDV 2007, 158 ff.; *Wihl*, Die Vorbereitung „neuer Grundrechte", S. 4 ff. Ausführlicher unten, S. 313 ff.

475 Exemplarisch die 2. Parteienfinanzierungsentscheidung in BVerfGE 85, 264 (314) über die steuerliche Begünstigung von Parteispenden, die von der Senatsentscheidung in BVerfGE 73, 40 abweicht und stattdessen den im seinerzeitigen Sondervotum des Richters Böckenförde (BVerfGE 73, 103; der Richter Mahrenholz hatte sich der abweichenden Meinung Böckenfördes angeschlossen – S. 117) geäußerten verfassungsrechtlichen Bedenken folgt. Differenzierte Bewertung von Sondervoten bei *Roellecke*, FS 50 Jahre BVerfG I, S. 363 ff. m.w.N.

476 *Borowski*, in: Isensee/Kirchhof (Hrsg.), HStR XII^3, § 274 Rn. 44.

477 Zur „Symbiose [des Bundesverfassungsgerichts] mit der Staatsrechtslehre" exemplarisch *Jestaedt*, in: Jestaedt u.a. (Hrsg.), Das entgrenzte Gericht, S. 77 (126 ff.).

478 Differenzierend zur Zitierweise des Bundesverfassungsgerichts *Schulze-Fielitz*, FS Wahl, S. 405 (423 ff.) m.w.N.

479 *Lembcke*, Hüter der Verfassung, S. 216.

480 Vgl. nur *Oppermann*, FS 50 Jahre BVerfG I, S. 421 ff.

geschützte Wissenschaft auf der anderen Seite[481] – zudem ein gemeinsames Kommunikationsformat zur Verfügung.[482] Vor allem aber finden sich Staatsrechtslehrer häufig auf beiden Seiten der Karlsruher Richterbank wieder. Einerseits zählen sie als Rechtslehrer an einer staatlichen oder staatlich anerkannten Hochschule neben Rechtsanwälten zu den Bevollmächtigten, durch die sich die Beteiligten eines Verfassungsgerichtsverfahrens gem. § 22 Abs. 1 S. 1 BVerfGG in jeder Lage des Verfahrens vertreten lassen können und in der mündlichen Verhandlung vor dem Bundesverfassungsgericht sogar vertreten lassen müssen (2. HS)[483]; auch als Gutachter werden sie im Vorfeld von verfassungsgerichtlichen Streitigkeiten häufig eingeschaltet.[484] Andererseits gibt es unter den Bundesverfassungsrichtern – von den „staatsrechtslehrerlosen Jahren"[485] zwischen dem Ausscheiden von Ernst Friesenhahn 1963 und dem Eintritt von Konrad Hesse 1975 im Ersten bzw. dem Ausscheiden von Gerhard Leibholz 1971 und dem Eintritt von Helmut Steinberger 1975 im Zweiten Senat abgesehen – von Beginn an einen signifikanten Anteil an Staatsrechtslehrern. Sie sind auch mit Blick auf die Inkompatibilitätsregelung des § 3 Abs. 4 BVerfGG privilegiert. Nach dieser Vorschrift ist mit der richterlichen Tätigkeit eine andere berufliche Tätigkeit als die eines Rechtslehrers an einer deutschen Hochschule unvereinbar, wobei die Tätigkeit als Richter des Bundesverfassungsgerichts der Tätigkeit als Hochschullehrer vorgeht. Ziel der Ausnahmeregelung für die sogenannten „Professoren-Richter" ist es gerade, die Verbindung von verfassungsrichterlicher Praxis und rechtswissenschaftlicher Theorie zu gewährleisten.[486] Die Kritik am Professoren-Privileg gilt weniger dem mit ihm verfolgten Ziel als vielmehr der damit einhergehenden Doppelbelastung, die Zweifel daran nähren, inwieweit Professoren das Verfassungsrichteramt vollumfänglich ausfüllen.[487] Auch der Hinweis auf eine überproportionale Repräsentation von Professoren im Vergleich zu anderen juristischen Berufsgruppen und insbesondere zu Anwälten auf der Richterbank[488]

---

[481] *Schulze-Fielitz*, FS Wahl, S. 405 ff.

[482] *Jestaedt*, in: Jestaedt u.a. (Hrsg.), Das entgrenzte Gericht, S. 77 (129 ff.); *Schulze-Fielitz*, FS Wahl, S. 405 (417 ff.).

[483] Den Vertretungszwang für die mündliche Verhandlung sehen die Gesetze über die Landesverfassungsgerichtshöfe – soweit ersichtlich – nicht vor.

[484] *Schulze-Fielitz*, FS Wahl, S. 405 (412); *Bethge*, Die Verwaltung 43 (2010), 429 (435 f.); *Voßkuhle*, in: Schulze-Fielitz (Hrsg.), Staatsrechtslehre als Wissenschaft, S. 135 (147).

[485] *Oppermann*, FS 50 Jahre BVerfG I, S. 421 (434 ff.).

[486] *Hömig*, in: Maunz/Schmidt-Bleibtreu/Klein/Bethge (Hrsg.), BVerfGG, § 3 Rn. 25, mit Verweis auf die Gesetzesbegründung in BT-Drs. VI/1471, S. 3 zu Art. 1 Nr. 2. Binnenperspektive der Bundesverfassungsrichter auf diese Frage bei *Kranenpohl*, Hinter dem Schleier des Beratungsgeheimnisses, S. 203 ff.

[487] Vgl. *Hömig*, in: Maunz/Schmidt-Bleibtreu/Klein/Bethge (Hrsg.), BVerfGG, § 4 Rn. 25; gerichtsinterne deutliche Kritik bei *Kranenpohl*, Hinter dem Schleier des Beratungsgeheimnisses, S. 488 f.

[488] Vgl. *Lechner/Zuck*, BVerfGG, § 2 Rn. 11; *Kranenpohl*, Hinter dem Schleier des Beratungsgeheimnisses, S. 207 ff.; *Schulze-Fielitz*, FS Wahl, S. 405 (430 f.).

trifft nicht den Kern des Professoren-Privilegs, da keineswegs klar ist, ob dieses kausal für die vergleichsweise große Anzahl an Professoren in den Senaten ist. Der konkrete Einfluss wissenschaftlicher Vorbefassung auf die später als Berichterstatter mitzuverantwortende Entscheidung mag bald leichter, bald schwerer nachzuzeichnen sein.[489] Die die Ausnahme von der Inkompatibilitätsregelung tragende Leitidee einer personalen Verbindung von Theorie und Praxis ist jedoch nicht von der Hand zu weisen.

6. *Verfassungswandel und Gesellschaft*

a) Offene Gesellschaft der Interpreten und offene Grundrechtsinterpretation

Die Suche nach einem Beitrag Privater zu einem Verfassungswandel kann an zwei frühere Erkenntnisse anknüpfen. (1.) Keine Differenzierungskraft vermochte die These von der offenen Gesellschaft der Verfassungsinterpreten zu entfalten, bei der jeder, „der in und mit dem von der Norm geregelten Sachverhalt lebt, [...] indirekt und ggf. auch direkt Norminterpret“ und jede Aktualisierung der Verfassung durch jeden mindestens ein Stück antizipierter Verfassungsinterpretation ist.[490] Indem diese These auf Konturen und Methoden der Verfassungsinterpretation verzichtete und letztlich jeden Vorgang als Verfassungsinterpretation auswies, erschien ihr der Begriff des Verfassungswandels verzichtbar.[491] (2.) Deutlichere Konturen eines Beitrags Privater zum Verfassungswandel konnte die Theorie der offenen Grundrechtsinterpretation vorweisen. Sie versteht die Auslegung von Grundrechten als einen Prozess der pluralen Grundrechtskonkretisierung, bei dem neben das „amtliche Konkretisierungsprimat“ des Staates je grundrechtsspezifisch private Konkretisierungskompetenzen treten.[492] Hierbei soll das Selbstverständnis des Grundrechtsträgers umso stärker Berücksichtigung bei der amtlichen Interpretation des Grundrechts etwa durch das Bundesverfassungsgericht finden, je größer die für jedes einzelne Grundrecht zu ermittelnde normative Offenheit eines Grundrechts ist. Ein Wandel des (individuellen oder kollektiven) Selbstverständnisses führt dann zum Wandel der Grundrechtsinterpretation, wobei dieser Verfassungswandel bei sachgeprägten Schutzbereichen (wie etwa der Kunstfreiheit des Art. 5 Abs. 3 S. 1 GG) unmittelbar, bei normgeprägten

---

[489] Vgl. zu den methodischen Problemen eines Nachweises *Bryde*, Verfassungsentwicklung, S. 206 ff.; s. aber auch den Nachweis der Einflüsse der zeitgenössischen Staatsrechtslehre auf das Bundesverfassungsgericht in den ersten 50 Jahren seines Bestehens, den *Oppermann*, FS 50 Jahre BVerfG I, S. 421 (428 ff.), anhand der einzelnen Professoren-Richter führt; siehe auch *Schulze-Fielitz*, FS Wahl, S. 405 (419 ff.).

[490] *Häberle*, JZ 1975, 297 (299).

[491] Siehe oben, S. 146 f.

[492] Siehe oben, S. 122.

Schutzbereichen (wie beim Schutz der Ehe in Art. 6 Abs. 1 GG) nur mittelbar (etwa durch einen gesetzgeberischen Konkretisierungsakt) erfolgt.[493]

b) Doppelfunktion der Verfassungsbeschwerde

Stärker formalisierte Einflussmöglichkeiten auf einen Verfassungswandel haben Private als Beteiligte in legislativen, exekutiven und judikativen Verfahren.[494] Sie können dort eigene, von der bisher konsentierten Verfassungsauslegung abweichende Verfassungsinterpretationen vortragen, mit denen sich das hoheitliche Gegenüber auseinandersetzen muss. Diesem obliegen Begründungspflichten für den Fall, dass ein behaupteter Verfassungswandel nicht anerkannt, sondern stattdessen an der bisherigen Auslegung und Anwendung des Verfassungsrechts festgehalten werden soll.

Besondere Beachtung verdient in diesem Zusammenhang die Verfassungsbeschwerde. Sie ist ein außerordentlicher Rechtsbehelf, mit dem der Einzelne gemäß Art. 93 Abs. 1 Nr. 4a GG, §§ 13 Nr. 8a, 90 ff. BVerfGG nach Erschöpfung des Rechtswegs Eingriffe in Grundrechte oder grundrechtsgleiche Rechte durch die öffentliche Gewalt abwehren kann. Nach – freilich umstrittener, aber in ständiger Rechtsprechung aufrechterhaltener – Ansicht des Bundesverfassungsgerichts erschöpft sich die Bedeutung der Verfassungsbeschwerde jedoch nicht im individuellen Grundrechtsschutz des Bürgers. Neben dem „kasuistischen Kassationseffekt“ habe sie einen „generellen Edukationseffekt“[495]. Darüber hinaus entfalte sie die Funktion, das objektive Verfassungsrecht zu wahren und seiner Auslegung und Fortbildung zu dienen.[496] Ausdruck der objektiven Funktion der Verfassungsbeschwerde sind etwa die richterrechtlich entwickelte Möglichkeit, eine Sachentscheidung trotz Antragsrücknahme oder Tod des Beschwerdeführers zu fällen[497], ebenso die in § 90 Abs. 2 S. 2 Var. 1 BVerfGG vorgesehene Möglichkeit einer sofortigen Entscheidung über eine Verfassungsbeschwerde von allgemeiner Bedeutung auch vor Erschöpfung des Rechtswegs sowie die auf § 93a Abs. 2 lit. a BVerfGG gestützte Entschei-

---

[493] *Höfling*, Offene Grundrechtsinterpretation, S. 88 ff., 190 ff.; vgl. auch *Morlok*, Selbstverständnis als Rechtskriterium, S. 309 ff.; krit. *Isensee*, Wer definiert die Freiheitsrechte?, S. 29 ff.; vgl. auch *Rusteberg*, Der grundrechtliche Gewährleistungsgehalt, S. 139 ff.; differenzierend *Borowski*, in: Isensee/Kirchhof (Hrsg.), HStR XII³, § 274 Rn. 17: „Indem der Grundrechtsträger mit der Bildung des Selbstverständnisses ein interpretationsrelevantes Faktum setzt, kann man durchaus sagen, er sei an der Grundrechtsinterpretation *beteiligt*. Aber das macht ihn eben nicht selbst zum Grundrechts- oder Verfassungsinterpreten.“ (Hervorhebung im Original).

[494] Vgl. nur *Häberle*, JZ 1975, 297 (299).

[495] Begriff von *Zweigert*, JZ 1952, 321.

[496] St. Rspr. seit BVerfGE 33, 247 (259). Hierzu *Schlaich/Korioth*, Das Bundesverfassungsgericht, Rn. 205; zurückhaltender *Lechner/Zuck*, BVerfGG, § 90 Rn. 10; *Löwer*, in: Isensee/Kirchhof (Hrsg.), HStR III³, § 70 Rn. 171.

[497] Hierzu ausführlich *Marsch*, AöR 137 (2012), 592 (594 ff.) m.w.N. zu Rechtsprechung und Literatur.

dung über die Annahme einer Verfassungsbeschwerde, der grundsätzliche verfassungsrechtliche Bedeutung zukommt. Auch die Nichtigerklärung eines Gesetzes, das Grundrechte des Beschwerdeführers verletzt (§ 95 Abs. 3 BVerfGG), verweist auf die objektive Funktion der Verfassungsbeschwerde, da die Nichtigerklärung allgemeine, über den streitgegenständlichen Fall hinausreichende Wirkung hat.

In all diesen Entscheidungskonstellationen mag darüber gestritten werden, ob ein Rekurs auf die objektive Funktion der Verfassungsbeschwerde wirklich erforderlich ist oder ob die fallübergreifende, vermeintlich rein objektive Wirkung nicht vielmehr als funktional objektivierendes Element erklärt werden kann, das an das Ziel des Individualrechtsschutzes und damit an die subjektive Funktion rückgebunden bleibt[498]. Aus der Perspektive eines Verfassungswandels interessiert die objektive Funktion der Verfassungsbeschwerde jedenfalls dort, wo sie der (Auslegung und) Fortbildung des Verfassungsrechts dient.[499] So kann die im Verfassungsbeschwerdeverfahren tenorierte Nichtigkeit eines Gesetzes gemäß § 95 Abs. 3 BVerfGG zugleich Ausdruck einer gewandelten Verfassungsrechtserkenntnis sein. Insoweit die Entscheidungswirkungen also über den konkreten Fall hinausreichen und der Entscheidung ein geändertes Verfassungsverständnis zugrunde liegt, kommt dem Einzelnen eine Rolle als Akteur des Verfassungswandels zu. Dieser verfassungswandlerische Aspekt wird gelegentlich auch als „Diskursfunktion der Verfassungsbeschwerde" bezeichnet, mit der

> „der Einzelne seine Sicht des GG einbringt […] und damit Entwicklungs- und Veränderungsmöglichkeiten, die in den weiten Normen des GG angelegt sind, aktualisiert. Das ist, wenn man mit Rechtsprechung und Schrifttum ein besonderes Gewicht auf eine *living constitution* legt, dann und gerade, wenn die Rechtsprechung des BVerfG at-

[498] So ausdrücklich *Marsch*, AöR 137 (2012), 592 (616). Der Streit um die objektive Funktion entzündet sich dann vor allem an ihrem Verhältnis zur subjektiven Funktion der Verfassungsbeschwerde. So mahnt etwa *Klein*, DÖV 1982, 797 (805), dass die Verfassungsbeschwerde „nicht dem subjektiv-individuellen Charakter der Grundrechte […] entfremdet werden [dürfe]"; vgl. auch *Bethge*, in: Maunz/Schmidt-Bleibtreu/Klein/Bethge (Hrsg.), BVerfGG, § 90 Rn. 8 ff.; *Lechner/Zuck*, BVerfGG, § 90 Rn. 11; differenzierend *Gusy*, FS 50 Jahre BVerfG I, S. 641 (einerseits S. 650: objektive Funktion „nicht bloße Folgewirkung des subjektiven Rechtsschutzes"; andererseits S. 653: „Die vieldiskutierte Frage nach dem Verhältnis der subjektiven und der objektiven Funktion des Verfahrens zueinander stellt sich demnach nicht primär als ein Problem von Inhalt und Grenze, sondern vielmehr als ein [im Sinne praktischer Konkordanz und kohärenter Zuordnungsgrundsätze aufzulösendes] Auslegungs- und Abwägungsproblem bei der Beurteilung der Zulässigkeit und Annahmefähigkeit eines Rechtsschutzantrages.").

[499] Diesen Funktionsausschnitt konzediert auch *Marsch*, AöR 137 (2012), 592 (615), der allerdings nur auf die von einer individuellen Grundrechtsverletzung unabhängige Klärung abstrakter verfassungsrechtlicher Fragen abstellt. Zur rechtsfortbildenden Funktion der Verfassungsbeschwerde *Rühl*, KritV 1998, 156 (161 ff., 170).

tackiert oder in die Verfassung etwas hineingelesen wird, um es anschließend als Inhalt der Norm wieder herauszuholen, in seiner Bedeutung nicht zu unterschätzen."[500]

Genau diesen objektiven, rechtsfortbildenden Aspekt forciert das Phänomen der strategischen Prozessführung im Verfassungsrecht. Strategische Prozessführung meint hierbei nicht die jeden Prozessvertreter adressierende Selbstverständlichkeit, Gerichtsverfahren sorgfältig und mit Blick auf das Erreichen eines bestimmten Rechtsschutzziels eben strategisch vorzubereiten und durchzuführen. Es beschreibt vielmehr die gezielte Suche nach einem geeigneten Kläger bzw. Beschwerdeführer und einem geeigneten Sachverhalt, um eine bestimmte Norm von einem (Verfassungs-)Gericht in einer bestimmten Weise auslegen oder kassieren zu lassen. Die Verfassungsbeschwerde dient somit nicht vorrangig als Mittel, um einen individuellen Grundrechtsverstoß auf Seiten des Beschwerdeführers abzustellen, sondern vor allem dazu, vermeintlich verfassungswidrige Gesetze durch das Bundesverfassungsgericht zu Fall zu bringen. Die vom instrumentalisierten Beschwerdeführer behauptete Grundrechtsverletzung kann Ergebnis einer gefestigten, aber auch einer gewandelten Verfassungsinterpretation sein, zu deren „Übernahme" die strategische Prozessführung das Bundesverfassungsgericht in diesem Fall bewegen möchte. Die Idee einer strategischen Prozessführung im Verfassungsrecht und deren Institutionalisierung sind nicht neu. Insbesondere im US-amerikanischen Rechtskontext sind Vereinigungen zur Durchsetzung von Grund- und Menschenrechten schon länger aktiv und können beachtliche Erfolge vorweisen.[501] In Deutschland handelt es sich bei der Institutionalisierung der strategischen Prozessführung in einer eigenen Organisation dagegen um ein relativ junges Phänomen.[502] Insoweit Initiativen zur strategischen Prozessführung im Verfassungsrecht neben der Beseitigung vermeintlicher Grundrechtsverstöße (im konkreten Einzelfall, aber gleichwohl mit fallübergreifender Wirkung) auch betonen, den Gesetzgeber künftig zu grundrechtskonformer Gesetzgebung

---

[500] *Lechner/Zuck*, BVerfGG, § 90 Rn. 12a = *Zuck*, Das Recht der Verfassungsbeschwerde, Rn. 102.

[501] Seit gut 100 Jahren ist etwa die American Civil Liberties Union (ACLU) aktiv; ebenso die National Association for the Advancement of Colored People (NAACP), die das wegweisende Urteil des US Supreme Court in Brown v. Board of Education erstritten hat; für Indien etwa das 1989 gegründete Human Rights Law Network.

[502] Öffentlichkeitswirksam tritt die Ende 2015 gegründete „Gesellschaft für Freiheitsrechte e.V. – GFF" auf, um Grund- und Menschenrechte in „großen Fällen" vor dem Bundesverfassungsgericht und den europäischen Gerichten zu schützen, indem sie eine langfristige Strategie für Grund- und Menschenrechte entwickelt, sorgsam die Fälle im Lichte dieser Strategie auswählt und die richtigen Kläger hierfür sucht; siehe https://freiheitsrechte.org/strategische-klagen/ (Abrufdatum: 14.6.2019). Die Herkunft dieser Gesellschaft dürfte in einer breiteren Datenschutz- und Privacy-Bewegung zu verorten sein, was sich auch an den „aktuellen Projekten" der Gesellschaft ablesen lässt: So werden nach eigener Auskunft Rechtsbehelfe gegen Staatstrojaner, die Vorratsdatenspeicherung, die Datensammlung durch Sicherheitsbehörden oder die Überwachungsbefugnisse von Geheimdiensten vorbereitet. Hierzu *Lange*, ZRP 2017, 18 f.

motivieren zu wollen, schüren sie den latenten Verdacht, dass der Gesetzgeber gezielt Grundrechtsverstöße in Kauf nehme, der jeglicher Grundlage entbehrt und das Selbstverständnis des Gesetzgebers deutlich verfehlen dürfte.[503] Wenn strategische Prozessführung dagegen auf eine bestimmte Rechtsprechungsänderung oder die Schaffung eines Präzedenzfalles abzielt, aktiviert sie die Diskursfunktion der Verfassungsbeschwerde und bringt den Einzelnen als Akteur eines Verfassungswandels in Stellung.

c) Gesellschaftliche Bewegungen

Dass ein Verfassungswandel nicht zwingend von einer darauf spezialisierten strategischen Prozessführung ausgehen muss, sondern seinen Ausgang auch in einer breiteren gesellschaftlichen Bewegung nehmen kann, belegt die Entstehungsgeschichte des Grundrechts auf informationelle Selbstbestimmung, das das Bundesverfassungsgericht in seinem Volkszählungsurteil aus dem Allgemeinen Persönlichkeitsrecht abgeleitet hat.[504] Dem Protest gegen die für das Jahr 1983 geplante Volkszählung lagen zunächst gar keine datenschutzrechtlichen Bedenken zugrunde. Stattdessen speiste sich der Widerstand gegen die Volkszählung aus der Ökologie- und Friedensbewegung, die ihn als Mittel zum Protest gegen die Nachrüstung mit Mittelstreckenraketen instrumentalisierte und zum Boykott der 1982 durch Parlamentsgesetz einstimmig beschlossenen Volkszählung aufrief.[505] Erst später formulierten Datenschutzbeauftragte und datenschutzrechtlich versierte Juristen auch (verfassungs)rechtliche Bedenken, die die Diskussion um das Volkszählungsgesetz bald dominierten, den zahlreichen Verfassungsbeschwerden von Initiativen und einzelnen Bürgern juristische Argumente an die Hand gaben und den Boden für einen Verfassungswandel bereiteten.

Über diese Verfassungsbeschwerden hatte das Bundesverfassungsgericht unter dem Eindruck der gesellschaftlichen Protestbewegung und einer mündlichen Verhandlung, in der die Vertreter der Bundesregierung äußerst ungeschickt agierten[506], Ende 1983 zu entscheiden. Dabei registrierte es gleich zu Beginn seiner Entscheidungsbegründung, dass die durch das Volkszählungsgesetz angeordnete Datenerhebung „Beunruhigung auch in solchen Teilen der Bevölkerung ausgelöst [hat], die als loyale Staatsbürger das Recht und die

[503] Zutreffend *Lange*, ZRP 2017, 18 (20).

[504] Das Folgende bei *Busch/Jakobi*, in: Hönnige/Kneip/Lorenz (Hrsg.), Verfassungswandel im Mehrebenensystem, S. 297 (300 f.).

[505] Vgl. *Pfetsch*, in: Klingemann/Kaase (Hrsg.), Wahlen und politischer Prozeß, S. 201 (216, 229 f.).

[506] *Steinmüller*, RDV 2007, 158 (161), berichtet rückblickend, dass der seinerzeitige Bundesinnenminister Friedrich Zimmermann in der mündlichen Verhandlung die „dort anwesende vollständige Riege der Datenschutzbeauftragten des Bundes und der Länder zusammen mit den Beschwerdeführern als Verfassungsfeinde apostrophierte". Zur uneinheitlichen Rolle der Datenschutzbeauftragten von Bund und Ländern im Vorfeld der Entscheidung *Busch/Jakobi*, in: Hönnige/Kneip/Lorenz (Hrsg.), Verfassungswandel im Mehrebenensystem, S. 297 (307).

Pflicht des Staates respektieren, die für rationales und planvolles staatliches Handeln erforderlichen Informationen zu beschaffen“[507]. Die feine Subtilität, mit der der Erste Senat hier die staatsbürgerlich loyalen Teile der Bevölkerung von den anderen scheidet und die eine nochmalige Lektüre des Satzes verdient, macht deutlich, wie sehr auch das Gericht von der Intensität und dem Ausmaß der Protestbewegung überrascht gewesen sein dürfte.[508] Das Gericht hat diese Beunruhigung und die bis dato „lückenhafte verfassungsgerichtliche Rechtsprechung“ zum Anlass genommen, „die verfassungsrechtlichen Grundlagen des Datenschutzes umfassender zu prüfen“[509] und auf die von ihm festgestellten erheblichen Veränderungen des allgemeinen Bewusstseins durch die Entwicklung der weithin nur noch für Fachleute durchschaubaren automatisierten Datenverarbeitung mit einem neuen Grundrecht auf informationelle Selbstbestimmung zu antworten.[510] Dabei griff es im Wesentlichen auf wissenschaftliche Vorarbeiten zum Datenschutz zurück, freilich ohne die Herkunft der Überlegungen auszuweisen.[511] Die „Entdeckung“ des Grundrechts auf informationelle Selbstbestimmung steht somit beispielhaft für einen Verfassungswandel, der von einer breiten, heterogenen gesellschaftlichen Bewegung ausging und von der Wissenschaft rechtsdogmatisch vorgeformt wurde.[512]

d) Medien

In engem Zusammenhang mit gesellschaftlichen Bewegungen steht ein weiterer Akteur, dessen Rolle einer juristischen Analyse nur schwer zugänglich ist und der daher in der Rechtswissenschaft nur selten Beachtung findet[513], obwohl seine Bedeutung für einen Verfassungswandel nicht zu unterschätzen ist. Als „leistungsfähige Infrastruktur für die öffentliche Kommunikation“[514] rückt die Rolle von Medien als Akteur eines Verfassungswandels in den Blick, wenngleich sich für die pauschale Annahme einer starken Medienwirkung in der Kommunikationsforschung weder überzeugende empirische Belege noch plausible theoretische Erklärungen finden lassen.[515] Mit ihren analytischen Ka-

---

[507] BVerfGE 65, 1 (3).

[508] Vgl. auch *Pfetsch*, in: Klingemann/Kaase (Hrsg.), Wahlen und politischer Prozeß, S. 201.

[509] Beide Zitate BVerfGE 65, 1 (4).

[510] Hierzu ausführlich unten, S. 313 ff.

[511] Siehe *Steinmüller*, RDV 2007, 158 (161).

[512] *Baer*, Blätter für deutsche und internationale Politik 2011, 90 (93), wirbt allgemein dafür, in mündigen Demokratien auch die Zivilgesellschaft ernster zu nehmen, da die Verfassung auch durch Bürger aktiv interpretiert werde, „und zwar individuell, assoziiert oder organisiert, nicht nur institutionalisiert“.

[513] Vgl. den – soweit ersichtlich unbeantwortet gebliebenen – Diskussionsbeitrag von *Murswiek*, VVDStRL 67 (2008), 103 f.; *Zuck*, Das Recht der Verfassungsbeschwerde, Rn. 102.

[514] *Pfetsch/Marcinkowski*, in: Marcinkowski/Pfetsch (Hrsg.), Politik in der Mediendemokratie, S. 11.

[515] So die Einschätzung des Forschungsstandes und der zentralen Befunde bei *Beck*, in: Schröter (Hrsg.), Handbuch Medienwissenschaft, S. 453 (458).

tegorien der Medien-Agenda, der Publikums-Agenda und der Policy-Agenda untersucht die Medienwirkungsforschung, wie die Auswahl, Priorisierung, Kontextualisierung und Kommentierung von Themen durch die Medien (Medien-Agenda) die öffentliche Diskussion (Publikums-Agenda) beeinflussen können und wie politische und gesellschaftliche Akteure die Medien ggf. zur Beeinflussung der öffentlichen Debatte instrumentalisieren (Policy-Agenda).[516] Dabei stellt sich die Untersuchung der Wechselwirkungen zwischen den Agenden als durchaus anspruchsvolles und komplexes Unterfangen dar, da empirische Erhebungen notwendig auf der individuellen Mikroebene ansetzen müssen, Rückschlüsse auf den gesellschaftlichen Meinungsbildungsprozess auf der Makroebene aber nur mittels Brückenhypothesen möglich sind, die den Unterschied zwischen der öffentlichen Meinung und einer Mehrheitsmeinung in Rechnung stellen.[517]

Mit Blick auf den Verfassungswandel erhellt dieser kommunikationswissenschaftliche Zugang, dass die Massenmedien einen Wandel von gesellschaftlichen Ordnungs- und Wertvorstellungen, die sich als Verfassungsfragen reformulieren lassen, journalistisch-deskriptiv begleiten oder durch gezielte Berichterstattung und Kommentierung aktiv forcieren können. Indem sie Themen setzen und Bewertungen beisteuern, strukturieren sie die öffentliche Debatte um konkrete Verfassungsfragen und liefern mit der veröffentlichten Meinung einen Argumentationstopos, der in die Auslegung der Verfassung durch legislative, exekutive oder judikative Akteure einfließen kann.[518]

Die Medienwirkungsforschung hat indes schon früh auch auf Dysfunktionalitäten hingewiesen, die mit dem Begriff der „Schweigespirale“[519] bezeichnet worden sind. Insoweit Medien nicht nur über Ereignisse von öffentlichem Interesse berichten, sondern auch über die Einstellung der Mehrheit zu bestimmten Fragen, kann es vor allem bei grundsätzlichen, normativ aufgeladenen Konflikten dazu kommen, dass sich viele Menschen wegen der Furcht vor sozialer Isolation und des sozialen Konformitätsdrucks an dem orientieren, was die Medien als Mehrheitsmeinung präsentieren, und in der Folge nicht mehr öffentlich wahrnehmbar sind, sondern schweigen, so dass sich letztlich Vertreter der nur vermeintlichen Mehrheitsmeinung durchsetzen.[520] Wird die-

---

[516] Exemplarisch *Beck*, in: Schröter (Hrsg.), Handbuch Medienwissenschaft, S. 453 (456 f.) m.w.N.

[517] *Beck*, in: Schröter (Hrsg.), Handbuch Medienwissenschaft, S. 453 (459 f.).

[518] So entwirft etwa *Pfetsch*, in: Klingemann/Kaase (Hrsg.), Wahlen und politischer Prozeß, S. 201 (209 ff.), u.a. im Anschluss an *Luhmann*, PVS 11 (1970), 2 ff., ein mehrstufiges Thematisierungsmodell, das den Karriereverlauf des Themas der Volkszählung in den Medien (ausgehend von „Alternativmedien“ danach vor allem in überregionalen Tageszeitungen) in den Jahren 1982 und 1983 vom Exoten- zum Modethema nachzeichnet.

[519] Nach mehreren früheren Zeitschriftenbeiträgen monographisch entfaltet von *Noelle-Neumann*, Die Schweigespirale (1980). Zur Entstehungs- und Rezeptionsgeschichte dieser Theorie etwa *Kepplinger*, in: Potthoff (Hrsg.), Schlüsselwerke der Medienwirkungsforschung, S. 173 ff.

[520] *Beck*, in: Schröter (Hrsg.), Handbuch Medienwissenschaft, S. 453 (457).

ser Spiraleffekt der öffentlichen Meinung gezielt von einer Policy-Agenda instrumentalisiert, um bislang nicht mehrheitsfähige Ansichten zu bestimmten Themen mit Hilfe der Medien in Mehrheitsmeinungen umzuwandeln, drängt sich die Legitimationsfrage in aller Deutlichkeit auf. Ob die mit Blick auf die Massenmedien entwickelte Theorie der Schweigespirale unter den Bedingungen der heutigen medialen Vielfalt, die auch sogenannte Soziale Medien umfasst, noch uneingeschränkt Gültigkeit beanspruchen darf oder ob sich in fragmentierten und ggf. voneinander isolierten Kommunikationsräumen (Filter-Bubbles/Echo-Kammern[521]) „die" öffentliche Meinung ohnehin nicht mehr so eindeutig bilden kann, wie es die Theorie voraussetzt, so dass auch die Gefahr der Steuerung der öffentlichen Meinung schwindet, ist eine bisher nicht abschließend beantwortete Frage der aktuellen Medienwirkungsforschung.[522] Die Gefahr der Instrumentalisierbarkeit verweist jedenfalls auf die methodischen wie legitimatorischen Fallstricke des Rückgriffs auf die öffentliche Meinung zur Begründung eines Verfassungswandels und fordert eine empirisch hinreichend gesättigte Repräsentativität der öffentlichen Meinung.

7. Fachgerichte

Die Konstitutionalisierung der Rechtsordnung gebietet den Fachgerichten, jede einfachrechtliche Norm zugleich im Lichte der Grundrechte auszulegen.[523] Das Fachgericht kann dabei eine eigene, von der Bundesverfassungsgerichtsrechtsprechung wegen eines vermeintlichen Verfassungswandels abweichende Grundrechtsinterpretation als Auslegungsmaßstab zugrunde legen.[524] Bei einer Urteilsverfassungsbeschwerde gegen das letztinstanzliche Urteil der Fachgerichtsbarkeit hat das Bundesverfassungsgericht dann ggf. die Möglichkeit, zu überprüfen, ob und inwieweit (1.) die Auslegung und Anwendung des einfachen Rechts auf einer grundsätzlich unrichtigen Anschauung von der Bedeutung eines Grundrechts, insbesondere vom Umfang seines Schutzbereichs beruht[525] oder ob es sich (2.) dem vom Fachgericht konstatierten Verfassungswandel anzuschließen vermag.

Ist das Fachgericht dagegen auf der Grundlage einer eigenen Verfassungsinterpretation von der Verfassungswidrigkeit des entscheidungserheblichen Ge-

---

[521] Begriff gesetzt von *Pariser*, The Filter Bubble (2011).

[522] Neuere Studien legen nahe, dass die Schweigespirale auch in sogenannten Sozialen Medien wirkt, vgl. *Hampton u.a.*, Social Media and the ‚Spiral of Silence'; noch unentschieden demgegenüber *Stark/Magin/Jürgens*, Ganz meine Meinung?, S. 41 ff.

[523] Plastisch *Kunig*, VVDStRL 61 (2002), 34 (45 f.): „Fachgerichte als Verfassungsgerichte".

[524] *Bryde*, Verfassungsentwicklung, S. 319 ff., spricht von einer Verfassungskonkretisierungs- und Verfassungsentwicklungskompetenz der Fachgerichte.

[525] So die klassische Hecksche Formel, BVerfGE 18, 85 (93); zur Fortentwicklung und Kritik der Funktionsabgrenzung zwischen Bundesverfassungsgericht und Fachgerichtsbarkeit vgl. etwa *Voßkuhle*, in: von Mangoldt/Klein/Starck (Hrsg.), GG, Art. 94 Rn. 61 ff. m.w.N.; *Korioth*, in: FS 50 Jahre BVerfG I, S. 55 (60 ff.).

setzes überzeugt, hat es mangels eigener Normverwerfungskompetenz das Verfahren gemäß Art. 100 Abs. 1 GG auszusetzen und eine Entscheidung des Bundesverfassungsgerichts einzuholen. Im Rahmen der gemäß § 80 Abs. 2 S. 1 BVerfGG erforderlichen Begründung des Normenkontrollantrags muss das vorlegende Gericht eine sorgfältige Prüfung der Verfassungsmäßigkeit der Gesetzesnorm erkennen lassen[526] und sich dabei insbesondere mit der maßgeblichen Rechtsprechung des Bundesverfassungsgerichts auseinandersetzen.[527] Legt das Fachgericht einen verfassungsrechtlichen Prüfungsmaßstab zugrunde, der von der bisherigen Rechtsprechung des Bundesverfassungsgerichts abweicht, muss es dies in Auseinandersetzung mit der verfassungsgerichtlichen Rechtsprechung näher begründen. Das gilt insbesondere für den Fall, dass eine vom Bundesverfassungsgericht in einem früheren Verfahren für verfassungskonform erkannte Norm erneut zur Kontrolle gestellt wird. Hier muss die Vorlagebegründung die frühere Entscheidung des Bundesverfassungsgerichts als Ausgangspunkt seiner verfassungsrechtlichen Prüfung nehmen und darlegen, inwiefern sich die für die verfassungsrechtliche Beurteilung maßgebliche tatsächliche oder rechtliche Lage geändert haben soll.[528] Der Normenkontrollantrag kann somit Anlass für eine Rechtsprechungsänderung des Verfassungsgerichts sein, mit dem es einen Verfassungswandel letztverbindlich feststellt.

8. Zwischenergebnis

Ein phänomenologisches Verständnis reduziert den Verfassungswandel nicht auf die veränderte Interpretation einer textlich unveränderten Verfassungsnorm, sondern verortet ihn im Spannungsfeld von Verfassungstext, Verfassungspraxis und Verfassungspolitik[529]. Es nimmt die vielfältigen politischen, ökonomischen, sozialen und technischen Wirkungsbedingungen des Verfassungsrechts in den Blick, beschreibt strukturelle ebenso wie punktuelle Veränderungen des Verfassungsrechts, die aus einem Wandel dieser Wirkungsbedingungen resultieren, und formuliert mögliche Reaktionen auf und normative Grenzen für den Verfassungswandel.

Die vom politikwissenschaftlichen Ansatz des akteurszentrierten Neo-Institutionalismus ausbuchstabierte Erkenntnis, dass weder Verfassungsänderung noch Verfassungswandel Ergebnis des Wirkens eines rein technischen, objektiv urteilenden Neutrums sind, sondern das Resultat des Zusammenwir-

---

[526] BVerfGE 127, 335 (355).

[527] Vgl. BVerfGE 79, 240 (244 f.); 83, 111 (118); 136, 127 (142); ausführlich zu den im Normenkontrollantrag notwendigen Darlegungen zum Verfassungsrecht *Geißler*, in: Walter/Grünewald (Hrsg.), BVerfGG, Art. 80 Rn. 52 ff.

[528] BVerfGE 33, 199 (203 f.); 39, 169 (181); 65, 179 (181); 78, 38 (48); 87, 341 (346); 94, 315 (323).

[529] *Becker/Kersten*, AöR 141 (2016), 1 (16).

kens verschiedener Vetospieler mit eigenen Interessen und zeitgebundener Norminterpreten[530], verdient auch in der Rechtswissenschaft Gehör. Es besteht sogar ein genuin rechtswissenschaftliches und aus der Warte eines phänomenologischen Verfassungswandels nur folgerichtiges Interesse an dessen Akteuren, denn die Akteurskonstellation adressiert den Legitimationsaspekt des Verfassungswandels.

Da sich der Verfassungswandel entgegen des engen, rechtsdogmatischen Verständnisses nicht auf einen Interpretationswandel von Karlsruher Gnaden beschränkt, greift es zu kurz, nur nach der Berechtigung des Bundesverfassungsgerichts zur Rechtsprechungsänderung bzw. Rechtsfortbildung zu fragen. Im Verfassungsstaat des Grundgesetzes kommt dem Bundesverfassungsgericht das letzte, aber nicht das einzige Wort zur Verfassungsauslegung zu, und auch seine Verfassungsrechtserkenntnis ist nur eine Funktion der Zeit, die eben nur bis auf Weiteres gilt. So zeigen die vorstehenden Ausführungen, dass und inwieweit auch andere Akteure einen Verfassungswandel bewirken oder zumindest zu ihm beitragen können und auch dürfen. Sie entbinden freilich nicht davon, den Anteil der einzelnen Akteure an einem konkreten Verfassungswandel im Einzelnen auszuweisen und zu analysieren.

III. Leitbilder im Verfassungsrecht

Dem phänomenologischen Begriff des Verfassungswandels geht es darum, auch strukturelle Wandlungen der Verfassung zu erfassen, die sich gerade nicht in einem Interpretationswandel einer einzelnen Verfassungsnorm erschöpfen. Um solche strukturellen Wandlungen rechtswissenschaftlich analysieren zu können, bedarf es eines Ordnungsinstruments, das mindestens drei Funktionen erfüllen muss. In heuristischer Hinsicht soll es rückblickend strukturelle wie punktuelle Wandlungen begrifflich bündeln und vorausschauend künftigen Entwicklungen den Weg weisen. In methodischer Hinsicht muss es offen und anschlussfähig für Konkretisierungen sein, aus denen sich einzelne normative Handlungsanleitungen oder Rechtsfolgen ergeben können. In dogmatischer Hinsicht muss es schließlich die Auslegung einzelner betroffener Verfassungsnormen oder die Abwägung widerstreitender Prinzipien anleiten können.[531] Hierfür rücken Leitbilder in den Blick, denen unlängst eine Konjunktur in der Rechtswissenschaft attestiert wurde.[532] Und tat-

---

[530] Siehe S. 149.

[531] Ähnlich *Becker/Kersten*, AöR 141 (2016), 1 (23), die von Verfassungssignaturen sprechen, damit aber im Wesentlichen Staats- und Verfassungsbilder meinen.

[532] *Braun*, Leitbilder im Recht, S. 1, die die Konjunktur der Leitbilder mit deren Bildlichkeit erklärt, die in einer komplexer werdenden gesellschaftlichen Wirklichkeit mit medial bedingten Veränderungen auch des Rechts das Bedürfnis nach Vereinfachung, Eindeutigkeit und Orientierung befriedigt (S. 3 f.). Ähnlich zuvor schon *Volkmann*, AöR 134 (2009), 157 (178 f.); *Franzius*, in: Hoffmann-Riem/Schmidt-Aßmann/Voßkuhle (Hrsg.), GVwR I, § 4 Rn. 23. Frühe

sächlich sind Leitbilder seit einiger Zeit verstärkt Gegenstand rechtswissenschaftlicher Reflexionen, die sich mit dem Begriff und den Funktionen, den Ambivalenzen und der Operationalisierbarkeit von Leitbildern im Recht und insbesondere im Verfassungsrecht auseinandersetzen.

1. Begriff und Funktionen

a) Kontexte und Konnotationen

Über diesen Reflexionen zeichnet sich indes noch kein einheitlicher Begriff eines Leitbildes ab. Stattdessen finden Leitbilder in verschiedenen Kontexten mit verschiedenen Konnotationen Verwendung.[533]

So beschreiben sie in der Verwaltungspraxis – etwa als „Leitbild" einer Gemeinde oder einer Universität – die maßgeblichen Grundsätze, Werte und Ziele, mithin gleichsam das Selbstverständnis einer Institution, das Orientierung ermöglichen und handlungsleitend wirken soll.[534] Hierbei handelt es sich indes weniger um Leitbilder denn um ausformulierte Leitlinien.[535]

Greift die Rechtsprechung dagegen auf Leitbilder zurück, dienen sie meist dazu, Zielvorstellungen des verfassunggebenden bzw. verfassungsändernden sowie des einfachen Gesetzgebers, die bald durch eine subjektiv-historische, bald durch eine objektiv-teleologische Interpretation ermittelt werden und für die der Verfassungs- oder Gesetzestext einen mehr oder weniger eindeutigen Anknüpfungspunkt bietet, auf einen Begriff zu bringen und dadurch Prüfungsmaßstäbe zu entwickeln, ohne dass freilich eine einheitliche Verwendung des Begriffs „Leitbild" auszumachen wäre.[536] Das Bundesverfassungsgericht hat beispielsweise schon früh auf das „Menschenbild des Grundgesetzes" ab-

---

Ansätze etwa bei *Bryde*, Verfassungsentwicklung, S. 175, der das „Judizieren aus ‚Bildern'" als Instrument zur Öffnung der Verfassung versteht, mit dem eine noch abstraktere Ebene von Werten und Prinzipien jenseits ohnehin offener und auslegungsbedürftiger Verfassungsbestimmungen angestrebt wird, von der aus sich ein Fall dann noch flexibler und unkontrollierter lösen lässt; vgl. auch *Zippelius*, in: ders., Verhaltenssteuerung durch Recht und kulturelle Leitideen, S. 13 (29 ff.); auf Grundrechte bezogen und der *idée directrice* von *Maurice Hauriou* (Die Theorie der Institution, S. 35 ff.) verbunden *Häberle*, Die Wesensgehaltsgarantie des Art. 19 Abs. 2 GG, S. 104 ff. Die Karriere des Leitbildbegriffs in den Nachbarwissenschaften zeichnet *Giesel*, Leitbilder in den Sozialwissenschaften, S. 23 ff., nach.

[533] Zu den folgenden Verwendungskontexten *Baer*, „Der Bürger" im Verwaltungsrecht, S. 85 ff.; *Braun*, Leitbilder im Recht, S. 12 ff.

[534] Exemplarisch das Leitbild der Humboldt-Universität zu Berlin, beschlossen durch deren Konzil am 13. Februar 2002, abrufbar unter https://www.hu-berlin.de/de/ueberblick/humboldt-universitaet-zu-berlin/leitbild/standardseite (Abrufdatum: 14.6.2019).

[535] *Braun*, Leitbilder im Recht, S. 14, mit Verweis auf *Giesel*, Leitbilder in den Sozialwissenschaften, S. 82 ff.; vgl. auch *Karstens*, in: Eifert/Hoffmann-Riem (Hrsg.), Innovation und rechtliche Regulierung, S. 50 (53 ff.).

[536] *Baer*, in: Schmidt-Aßmann/Hoffmann-Riem (Hrsg.), Methoden der Verwaltungsrechtswissenschaft, S. 223 (235); *Franzius*, in: Hoffmann-Riem/Schmidt-Aßmann/Voßkuhle (Hrsg.), GVwR I, § 4 Rn. 23. Am Beispiel des Migrationsrechts *Gusy/Müller*, ZAR 2013, 265 ff.

gestellt, das sich aus einer Gesamtschau der Art. 1, 2, 12, 14, 15, 19 und 20 GG ergebe und das von der Gemeinschaftsbezogenheit und Gemeinschaftsgebundenheit der Person ausgehe, ohne dabei deren Eigenwert anzutasten. Damit verdeutlichte es die Schranken der allgemeinen Handlungsfreiheit, innerhalb derer sich das seinerzeit zur Prüfung stehende Investitionshilfegesetz nach Ansicht des Senats noch bewegte.[537] In jüngerer Zeit findet sich etwa wieder der Rekurs auf das Leitbild des Abgeordneten, in dem bestimmte Vorstellungen über die Rolle und die Funktionen des Abgeordneten kulminieren, die im Textbefund des Art. 38 Abs. 1 S. 2 GG kaum einen Anknüpfungspunkt finden, das das Bundesverfassungsgericht aber bemühte, um die Nebentätigkeit von Bundestagsabgeordneten verfassungsrechtlich beurteilen zu können.[538] An die Grenze unterschiedsloser Beliebigkeit reicht die Begriffsverwendung dort, wo die (Verfassungs-)Rechtsprechung Leitbilder von Spitzenpolitikern, von prominenten Personen, von einer gesetzlichen Gebührenordnung bei anwaltlichen Honorarvereinbarungen, von Vollzeitbeamten oder von einem fairen Verfahren bemüht.[539]

In der Rechtswissenschaft thematisiert insbesondere die Neue Verwaltungsrechtswissenschaft verwaltungspolitische Leitbilder wie den „schlanken" oder den „aktivierenden" Staat, den „Gewährleistungsstaat" oder die „lernende Verwaltung"[540], um den zentralen Perspektivwechsel von einer anwendungsbezogenen Interpretationswissenschaft zu einer rechtsetzungsorientierten Handlungs- und Entscheidungswissenschaft zu flankieren.[541]

Aber auch die für die Frage des Verfassungswandels einschlägige Verfassungsrechtswissenschaft versucht, eine leitbildorientierte Verfassungsanwendung zu etablieren, die verfassungstheoretische Grundannahmen zum Verhältnis von Verfassungsrecht und Verfassungswirklichkeit vermitteln sollen. Leitbilder bezeichnen hier „normativ-verfestigte Hintergrundvorstellungen zu Begriffen, Sätzen und Prinzipien der Verfassung, die an intuitive oder stärker reflektierte Gerechtigkeits- und Angemessenheitsvorstellungen anknüpfen und je nach ihrem Inhalt spezifische Steuerungsleistungen für die Rechtsan-

---

[537] BVerfGE 4, 7 (15 f.). Vgl. dazu *Häberle*, Das Menschenbild im Verfassungsstaat, S. 72 ff.; *Böckenförde*, in: ders., Recht, Staat, Freiheit, S. 58 ff.; *Becker*, Das „Menschenbild des Grundgesetzes" in der Rechtsprechung des Bundesverfassungsgerichts, S. 20 ff.; *Huber*, JURA 1998, 505 ff.; *Bumke*, in: Schuppert/Bumke (Hrsg.), Bundesverfassungsgericht und gesellschaftlicher Grundkonsens, S. 197 (198 ff.). Weitere Nachweise bei *Voßkuhle*, Der Staat 40 (2001), 495 (498 m. Fn. 20).

[538] BVerfGE 118, 277 (327 ff. bzw. – für das Sondervotum – S. 338 ff.); zuvor schon BVerfGE 40, 296 (301 ff.).

[539] Beispiele bei *Braun*, Leitbilder im Recht, S. 15, die einen intuitiven bis inflationären Gebrauch des Leitbildbegriffs diagnostiziert („Leitbildbegriff als leere Worthülse").

[540] Exemplarisch *Eifert*, in: Regulierte Selbstregulierung als Steuerungskonzept des Gewährleistungsstaates, S. 137 ff.

[541] Vgl. *Baer*, in: Schmidt-Aßmann/Hoffmann-Riem (Hrsg.), Methoden der Verwaltungsrechtswissenschaft, S. 223 (224); *Voßkuhle*, in: Hoffmann-Riem/Schmidt-Aßmann/Voßkuhle (Hrsg.), GVwR I, § 1 Rn. 15, 63 f.

wendung bringen"[542]. Eine ähnliche, aber stärker auf einen (vorgeblich) politisch-ideologischen Gehalt von Leitbildern abstellende und deren methodische Verbindung zum hermeneutischen Vorverständnis betonende Definition beschreibt Leitbilder als „reflektierte, sachbereichsspezifische und in die Sprache von Verfassungsdogmatik und -theorie übersetzte Präzisierungen eines bestimmten Vorverständnisses [...], die für die Verfassungsauslegung eine Steuerungs- und Orientierungsleistung erbringen, indem sie eine Verknüpfung zu bestimmten politischen Gerechtigkeits- und Freiheitsidealen herstellen", als „politisch-ideologische Ausschnitte [eines] allgemeineren, auch gänzlich ‚unpolitische' Erwartungen beinhaltenden Vorverständnisses".[543] Ob die These, dass Leitbilder mittlerweile den ungeschriebenen und eigentlichen Kern der Verfassung bilden, auf den die geschriebenen Normen sachlich und funktional bezogen sind, von dem sie ihrerseits abgeleitet erscheinen und im Verhältnis zu dem ihnen oft nur ein untergeordneter und dienender Charakter zukommt, tatsächlich keinen nennenswerten Widerspruch zu fürchten braucht, wie ihr Disputant es behauptet[544], erscheint jedoch mindestens zweifelhaft.[545]

b) Funktionen

Trotz der uneinheitlichen Begriffsverwendung lassen sich konsentierte funktionale Elemente von Leitbildern bestimmen, die ihren Bedeutungszuwachs auch in der Verfassungsrechtswissenschaft erklären und die begründen können, warum sich Leitbilder gerade zur Analyse eines phänomenologisch verstandenen Verfassungswandels eignen.

aa) Orientierungs- und Verständigungsfunktion

Verfassungsrechtliche Leitbilder entfalten zunächst eine Orientierungs- und Verständigungsfunktion.[546] Als gedankliche Konstrukte[547] bündeln sie übergeordnete normative Wert-, Ordnungs- oder Gerechtigkeitsvorstellungen, die

---

[542] *Volkmann*, AöR 134 (2009), 157 (175), mit Verweis auf den Begriff der „auslegungssteuernden Zwischenvorstellungen" von *Lerche*, in: Badura/Dreier (Hrsg.), FS 50 Jahre BVerfG I, S. 333 (343 ff.); vgl. auch *Volkmann*, VVDStRL 67 (2008), 57 (72 ff.).

[543] *Helleberg*, Leitbildorientierte Verfassungsauslegung, S. 20 f.

[544] *Volkmann*, AöR 134 (2009), 157 (158 f.); *ders*, VVDStRL 67 (2008), 57 (72 ff.).

[545] Von nennenswertem Widerspruch legen jedenfalls schon das Ko-Referat von *Hillgruber* sowie die Diskussionsbeiträge auf der Freiburger Staatsrechtslehrertagung 2007 Zeugnis ab (VVDStRL 67 [2008], 7 ff. und 94 ff.).

[546] Zum Folgenden mit unterschiedlichen Akzentuierungen *Volkmann*, AöR 134 (2009), 157 (178 ff.); *Voßkuhle*, Der Staat 40 (2001), 495 (506 ff.); *Helleberg*, Leitbildorientierte Verfassungsauslegung, S. 213 ff.; *Szczerbak*, in: Hein/Petersen/von Steinsdorff (Hrsg.), Die Grenzen der Verfassung, S. 121 (129 ff.); vgl. auch *Karstens*, in: Eifert/Hoffmann-Riem (Hrsg.), Innovation und rechtliche Regulierung, S. 50 (60).

[547] *Voßkuhle*, Der Staat 40 (2001), 495 (506); *Bryde*, FS 50 Jahre BVerfG I, S. 533 (560), spricht von „Konstruktionen, die weder Norm noch Tatsache sind, sondern ein mixtum compositum, ein normativ angeleitetes Bild der Wirklichkeit".

einzelne geschriebene Verfassungsrechtssätze transzendieren[548], in einem Begriff und artikulieren darin auch Vorverständnisse[549], an die eine Verständigung über das jeweilige Leitbild anknüpfen kann. Durch die damit bewirkte Reduktion von Komplexität[550] reagieren sie auf diverse Überlastungsphänomene, die im gesellschaftlichen Bereich von einer zunehmenden Individualisierung, Pluralisierung, Fragmentierung, Ökonomisierung und Digitalisierung[551], im recht(swissenschaft)lichen Bereich von einer Unsicherheit hinsichtlich der Leistungsfähigkeit der tradierten Dogmatik herrühren können – Leitbilder befriedigen hier das Bedürfnis nach einer Orientierung an bzw. Absicherung in höherrangigen Gerechtigkeits- und Ordnungsvorstellungen.[552]

bb) Legitimationsfunktion

Der Rekurs auf höherrangige, weithin akzeptierte Gerechtigkeits- und Ordnungsvorstellungen repräsentierende Leitbilder, die sich aus der Gesellschaft speisen und wieder auf diese zurückwirken, kann ferner eine Legitimationsfunktion erfüllen. Legitimitätsressourcen von Leitbildern werden etwa aktiviert, wenn das Bundesverfassungsgericht zur Begründung einer Entscheidung in umstrittenen Fällen auf das Leitbild des demokratischen Prozesses verweist, weil Gründe des positiven Verfassungsrechts nur noch begrenzt oder nicht mehr zu überzeugen vermögen.[553]

cc) Heuristische Funktion

Leitbilder erfüllen darüber hinaus eine heuristische Funktion[554], indem sie den weiteren Erkenntnisprozess über die mit ihnen bezeichneten komplexen Zusammenhänge strukturieren und durch ihre erstmalige Setzung Pfadabhängigkeiten des Diskurses erzeugen. Dabei lässt sich an eine Diskussion um Leitbil-

---

548 *Franzius*, in: Hoffmann-Riem/Schmidt-Aßmann/Voßkuhle (Hrsg.), GVwR I, § 4 Rn. 25, spricht vom durch Leitbilder ermöglichten „Blick hinter Regelungen".

549 Klassisch *Gadamer*, Hermeneutik I. Wahrheit und Methode, S. 270 ff.; *Esser*, Vorverständnis und Methodenwahl in der Rechtsfindung, S. 136 ff.

550 *Voßkuhle*, Der Staat 40 (2001), 495 (508).

551 Vgl. *Boehme-Neßler*, Unscharfes Recht, S. 225 ff.

552 So *Volkmann*, AöR 134 (2009), 157 (178 f.), mit Verweis auf *Schulze-Fielitz*, in: ders. (Hrsg.), Staatsrechtslehre als Wissenschaft, S. 11 (21 f.), der mit Blick auf die verfassungsgerichtliche Rechtsprechung einen Verlust an Stringenz dogmatischer Aussagen diagnostiziert.

553 *Volkmann*, AöR 134 (2009), 157 (179 f.), mit Verweis auf *Rossen-Stadtfeld*, in: Schuppert/Bumke (Hrsg.), Bundesverfassungsgericht und gesellschaftlicher Grundkonsens, S. 169 (193 ff.), der zum einen die normative Immunisierung von gesellschaftlichen Leitbildern gegen empirische Anfragen bzw. Irritationen beleuchtet, die stabile Normativität solcher Verfassungsleitbilder zum anderen aber als Reflexionsmaßstab gesellschaftlicher Entwicklungen zu würdigen weiß; weiter *Strauch*, KritV 2002, 311 (330 ff.); vgl. auch *Braun*, Leitbilder im Recht, S. 131 f.; kritisch *Helleberg*, Leitbildorientierte Verfassungsauslegung, S. 223 ff.

554 *Voßkuhle*, Der Staat 40 (2001), 495 (506), spricht – bildhaft – davon, dass Leitbilder dem Denken den Weg weisen; ausführlich *Braun*, Leitbilder im Recht, S. 161 ff.

der in zweierlei Hinsicht anknüpfen. Wegen ihres prinzipiell offenen und überschießenden Deutungsgehalts bzw. kreativen Moments[555] können Leitbilder einerseits neue Assoziationskräfte freisetzen. Insoweit Leitbilder aber eher intuitiv gewonnen und in affirmativ-suggestiver oder gar ideologischer Weise verwendet werden, können sie andererseits zum Gegenstand von Kritik und Protest werden, die letztlich in einer Schärfung oder Neujustierung des Leitbilds resultieren können.[556] Die beiden Rezeptionsmöglichkeiten verweisen zugleich auf den typischen Lebenslauf eines Leitbildes. Mag das Leitbild am Beginn eines Reform- oder Wandlungsprozesses noch völlig neue Forschungsenergien und Forschungserkenntnisse freisetzen und im weiteren Verlauf seiner Karriere als „wichtige Kontrastfolie" zur Analyse des Wandels dienen, wendet sich die anfängliche Komplexitätsreduktion doch bald gegen das Leitbild und der Ruf nach einer Verabschiedung des Leitbildes wird lauter.[557] Das spricht freilich nicht gegen die heuristische Leistungsfähigkeit des Leitbildes, zumal am Beginn der Analyse eines Wandels. Es verdeutlicht eher die sogleich darzustellende Notwendigkeit, die von Leitbildern ausgehenden Steuerungsimpulse aufzunehmen und in eine veränderte Auslegung und Anwendung der Verfassung einfließen zu lassen.

dd) Dynamisierungsfunktion

Leitbilder erlauben Öffnungen und entfalten dadurch eine Flexibilisierungs- oder Dynamisierungsfunktion.[558] Zum einen öffnen sie sich der sozialen, politischen, ökonomischen oder technischen Wirklichkeit, indem sie Ausschnitte dieser Wirklichkeit rezipieren und mit normativen Elementen kombinieren. Die Öffnung der Leitbilder zur Wirklichkeit hin bedingt aber auch die Abhängigkeit der Leitbilder von einem Wandel dieser Wirklichkeit, wiewohl Leitbilder gleichzeitig formale Kontinuität und Stabilität verbürgen.[559] Zum anderen halten sie die Verfassungsordnung offen, insoweit sie als offene Begriffe mit einem hohen Abstraktionsgrad einem flexiblen Judizieren aus Bildern den Weg bereiten.[560] Leitbilder „vermitteln also nicht nur zwischen Normativität und

[555] *Baer*, Der „Bürger" im Verwaltungsrecht, S. 87; *dies.*, in: Schmidt-Aßmann/Hoffmann-Riem (Hrsg.), Methoden der Verwaltungsrechtswissenschaft, S. 223 (232/249).

[556] Exemplarisch die Kontroverse um den auf das Bild der „Zerfaserung" gebrachten Wandel der Formidee Staat zwischen *Schuppert*, Der Staat 47 (2008), 325 ff., und *Genschel/Leibfried*, Der Staat 47 (2008), 359 ff., referiert bei *Braun*, Leitbilder im Recht, S. 142 ff. Als Diskursfunktion des Leitbildes bezeichnet und erörtert bei *Helleberg*, Leitbildorientierte Verfassungsauslegung, S. 215 ff.

[557] Zutreffend beschrieben bei *Voßkuhle*, Der Staat 40 (2001), 495 (523), mit Blick auf das Leitbild des Dienstleistungsstaats.

[558] *Volkmann*, AöR 134 (2009), 157 (180 ff.); *Braun*, Leitbilder im Recht, S. 129 f.; *Szczerbak*, in: Hein/Petersen/von Steinsdorff (Hrsg.), Die Grenzen der Verfassung, S. 121 (180).

[559] *Zippelius*, in: ders., Verhaltenssteuerung durch Recht und kulturelle Leitideen, S. 13 (31); *Braun*, Leitbilder im Recht, S. 132.

[560] *Bryde*, Verfassungsentwicklung, S. 175.

Rechtswirklichkeit, sondern sind selbst Ergebnis einer Vermittlung und als solche ein spezifisches Element rechtsanwendungsbezogener Wirklichkeitskonstruktion“[561]. Und schließlich sind Leitbilder auch offen für die Rezeption nachbarwissenschaftlicher Erkenntnisse.[562]

ee) Steuerungsfunktion

Leitbilder beeinflussen die Auslegung der Verfassung, üben mithin eine Steuerungsfunktion aus. Obwohl sie gedankliche Konstruktionen bisweilen unklarer Provenienz sind, kommt ihnen doch eine „normative Valenz“[563], also eine irgendwie geartete Bindungskraft zu. Hierauf verweist ihre Charakterisierung als „mächtige geistige Strömungen, die in alle Institute und Strukturen irgendwie einsickern“[564], oder als das „Sinnganze, von dem aus die herkömmliche Auslegungsarbeit ihre Impulse empfängt“[565]. Die Heranziehung von Leitbildern zur Auslegung der Verfassung kann implizit im Vorverständnis des Interpreten oder durch explizite Bezugnahme erfolgen, mittels derer die weitere Auslegung einer Verfassungsnorm gesteuert oder der Fall unmittelbar entschieden wird.[566] Aus der Verfassung werden dann Inhalte gewonnen, die sich nicht mehr mit dem klassischen Kanon der Auslegungsmethoden ableiten lassen.[567] Den Endpunkt der normativen Verdichtung erreicht das Leitbild dort, wo es selbst zu einem Verfassungsprinzip wird.[568] Die normative Valenz bringt die Einteilung der Verfassung in einen inneren und einen äußeren Kreis auf ein passendes Bild[569]: Danach besteht der äußere, formal-juristische Kreis aus den technischen, mehr oder weniger klaren Bestimmungen und Sätzen der Verfassung, die im konkreten Streitfall zur Anwendung gebracht werden; der innere Kreis enthält dagegen die zentralen, inhaltlich im Laufe der Zeit immer weiter angereicherten Leitbilder und Ordnungsideen, in denen sich die Vorstellungen einer Gesellschaft über die Bedingungen ihres Zusammenlebens normativ verfestigt haben. Seine Steuerungswirkung könne dieser innere Kreis aber nur dann effektiv entfalten, wenn auch die äußerlich-technischen Nor-

---

561 *Braun*, Leitbilder im Recht, S. 129.

562 Für die Verständigung mit den Kulturwissenschaften etwa *Baer*, in: Schmidt-Aßmann/Hoffmann-Riem (Hrsg.), Methoden der Verwaltungsrechtswissenschaft, S. 223 (242 ff.); zustimmend *Voßkuhle*, in: Hoffmann-Riem/Schmidt-Aßmann/Voßkuhle (Hrsg.), GVwR I, § 1 Rn. 42.

563 Begriff von *Voßkuhle*, Der Staat 40 (2001), 495 (509).

564 So die Einschätzung von *Starck*, FS Brohm, S. 567 (572), mit Bezug auf Europäisierung, Globalisierung, Individualisierung und Utilitarisierung, die auf Leitbilder gleichermaßen passt.

565 *Volkmann*, AöR 134 (2009), 157 (176).

566 *Braun*, Leitbilder im Recht, S. 125 ff.; *Volkmann*, AöR 134 (2009), 157 (175 f.).

567 *Volkmann*, AöR 134 (2009), 157 (177).

568 *Braun*, Leitbilder im Recht, S. 128, die allerdings Zweifel an der Dogmatisierbarkeit von Leitbildern aus Gründen ihrer Bildlichkeit und der damit verbundenen Offenheit anmeldet; *Voßkuhle*, Der Staat 40 (2001), 495 (507 f.).

569 Diese Unterscheidung bei *Volkmann*, VVDStRL 67 (2008), 57 (73).

men der Verfassung mit einbezogen werden, da die Sichtbarmachung der Leitbilder wesentlich in ihrer Anwendung und durch sie hindurch erfolge, so dass Leitbilder immer weiter kleingearbeitet werden müssten (und zwar vermittels der Auslegung der technischen Normen des äußeren Kreises; E.P.).[570]

ff) Funktionale Abgrenzungen

Anhand der genannten Funktionen lassen sich denn auch Leitbilder von vergleichbaren Erscheinungen abgrenzen.[571] Im Gegensatz zu Leitbildern sind Typen und Modelle deskriptiv-analytisch angelegt und erfüllen eine ausgrenzende und schließende Funktion, während Leitbilder zwingend deutungsoffen sind.[572] Und anders als Werte und Prinzipien sind Leitbilder nicht unmittelbare Gegenstände der Rechtsanwendung, die im Wege der Abwägung zur Geltung gebracht werden, sondern sie steuern die Rechtsanwendung im Hintergrund.[573] Von Paradigmen unterscheidet die Leitbilder schließlich ihre geringere epistemische, also wissenschaftsprägende Wirkungstiefe.[574]

gg) Leitbilder und Verfassungswandel

Der Blick auf ihre Funktionen und Wirkweisen erhellt, warum Leitbilder das geeignete Instrument zur Analyse eines phänomenologisch verstandenen Verfassungswandels sind. Leitbilder entfalten bei der Untersuchung des Verfassungswandels eine Deutungs-, Erklärungs- und Orientierungsfunktion, indem sie die Brücke zwischen Verfassungsrecht und Verfassungswirklichkeit schlagen und die Grundlage für den interdisziplinären Austausch über Wandlungsphänomene zwischen der Verfassungsrechtswissenschaft auf der einen, den Sozial- und Kulturwissenschaften auf der anderen Seite bilden.[575]

c) Bildlichkeit

Sofern Leitbilder als solche bislang überhaupt Gegenstand rechtswissenschaftlicher Untersuchungen waren, galten diese überwiegend dem Leiten durch Leitbilder, aber weniger dem Leitbild als Bild.[576] Erst allmählich wurde dage-

[570] *Volkmann*, VVDStRL 67 (2008), 57 (77 f.).

[571] Umfassend *Braun*, Leitbilder im Recht, S. 27 ff.

[572] *Baer*, in: Schmidt-Aßmann/Hoffmann-Riem (Hrsg.), Methoden der Verwaltungsrechtswissenschaft, S. 223 (231); *Franzius*, in: Hoffmann-Riem/Schmidt-Aßmann/Voßkuhle (Hrsg.), GVwR I, § 4 Rn. 28; *Braun*, Leitbilder im Recht, S. 32 ff.

[573] *Volkmann*, AöR 134 (2009), 157 (173 f.); ähnlich *Helleberg*, Leitbildorientierte Verfassungsauslegung, S. 24.

[574] *Braun*, Leitbilder im Recht, S. 35, anschaulich: „Paradigmen [sind] der ‚wissenschaftliche Zeitgeist', Leitbilder hingegen Ausdruck des ‚gesellschaftlichen Zeitgeistes'".

[575] So *Becker/Kersten*, AöR 141 (2016), 1 (23).

[576] Unterscheidung bei *Baer*, in: Schmidt-Aßmann/Hoffmann-Riem (Hrsg.), Methoden der Verwaltungsrechtswissenschaft, S. 223 (240).

gen versucht, den Analysefokus stärker auf die Bildlichkeit von Leitbildern zu verschieben, wobei weniger materielle, optisch wahrnehmbare Bilder *(„pictures")* als vielmehr mentale Bilder *(„images")*, vermittelt vor allem durch Metaphern, in Bezug genommen wurden.[577] Der Versuch, hierin zugleich den in den Nachbarwissenschaften zu beobachtenden *pictorial turn* – d.h. die Hinwendung des Faches zum Bild als Untersuchungsgegenstand und vor allem zum Bild als Erkenntnismittel, also dem Denken in Bildern[578] – auch in der Rechtswissenschaft nachzuvollziehen[579], stieß freilich auf Bedenken, die auf plausible Gründe für die Bilderfeindlichkeit (Ikonophobie) des Rechts verweisen konnten: Wo der *pictorial turn* in den Nachbarwissenschaften gerade den *linguistic turn*, der die Bedeutung der Sprache als Erkenntnismittel in den Blick nimmt, abzulösen oder zu relativieren sucht, vermag sich die Rechtswissenschaft nicht von der Verbindlichkeit von Sprache und Schrift zu lösen, die als zwingende Voraussetzung der Rechtsstaatlichkeit erscheint. Der Verheißung von Verlässlichkeit, Deutungssicherheit, mithin formaler Rationalität der Sprache wird die anarchische Deutungsvielfalt der Bilder entgegengehalten, mit der sich die Entscheidungs- und Argumentationsorientierung des Rechts nicht vertrage.[580]

Der ikonophobe Einwand muss sich indes fragen lassen, ob er nicht das Rationalitätsversprechen der Sprache über- und damit das Irritationspotential neuerer sprachtheoretischer Einsichten unterschätzt. Und selbst wenn die Offenheit der Bilder aus rechtsstaatlicher Perspektive auf den ersten Blick bedrohlich erscheint, kommt sie den heuristischen Zwecken von Leitbildern im Recht und seiner Wissenschaft doch gerade zupass. Auch rechtsdogmatische Konkretisierungen und Operationalisierungen der Bilder sind nicht von vornherein ausgeschlossen, sondern vielmehr aufgegeben. So überrascht denn auch der Befund nicht, dass Recht und Rechtswissenschaft trotz der vermeintlichen Ikonophobie durchaus Bilder verwenden, gleich ob offen oder verdeckt[581]. Wo die Rechtswissenschaft aber auf Bilder zurückgreift, muss sie sich bildwissenschaftlichen Erkenntnissen der Nachbarwissenschaften über die Leistungen, die Gefahren und die Grenzen von Bildern öffnen und diese für den Bereich

[577] Zu diesen und weiteren Spielarten des Bildbegriffs nur *Braun*, Leitbilder im Recht, S. 50 ff. m.w.N.; s. auch *Szczerbak*, in: Hein/Petersen/von Steinsdorff (Hrsg.), Die Grenzen der Verfassung, S. 121 (131 ff.).

[578] Im Überblick statt vieler *Bachmann-Medick*, Cultural Turns, S. 329 ff. m.w.N.

[579] Dazu – auch kritisch – *Röhl/Ulbrich*, ZfRSoz 21 (2000), 355 (358 ff.); *Röhl*, JZ 2003, 339; *Steinhauer*, in: Lerch (Hrsg.), Die Sprache des Rechts, Band 3, S. 439 ff.; *Boehme-Neßler*, BilderRecht, S. 55 ff.

[580] Vgl. *Baer*, in: Schmidt-Aßmann/Hoffmann-Riem (Hrsg.), Methoden der Verwaltungsrechtswissenschaft, S. 223 (238 ff.); *Boehme-Neßler*, BilderRecht, S. 94 ff., historischer Abriss der Bilderskepsis im Recht auf S. 109 ff.; ähnlich vgl. auch *Karstens*, in: Eifert/Hoffmann-Riem (Hrsg.), Innovation und rechtliche Regulierung, S. 50 (64).

[581] *Braun*, Leitbilder im Recht, S. 64, spricht von einer „gewisse[n] Bildtoleranz" im Recht.

des Rechts übersetzen.[582] Der Informations- und Transformationsbedarf ist umso größer, je stärker das Bildhafte des Leitbildes in den Vordergrund tritt, je wirkmächtiger also das Bild ist. Konstitutiv ist die Bildlichkeit indes nicht – Leitbilder müssen „nicht notwendig in einem wirklichen ‚Bild' bestehen [... denn ...] auch wo das nicht der Fall ist, geben Leitbilder die Richtung an, an der sich die Lösung eines Problems oder die Beantwortung einer verfassungsrechtlichen Frage zu orientieren hat".[583]

2. *Ambivalenzen*

Über den spezifischen Funktionen und Leistungen von verfassungsrechtlichen Leitbildern[584] dürfen freilich nicht die Gefahren und Ambivalenzen der Verwendung von Leitbildern aus dem Blick geraten.

Als Kehrseite der durch Leitbilder vermittelten Komplexitätsreduktion wurde zunächst die Entdifferenzierung in kognitiver, materieller und disziplinärer Hinsicht ausgemacht.[585] So können Leitbilder zu Rationalitätsverlusten führen, wenn ihre vordergründige Plausibilität Argumente ersetzt und rechtsdogmatisch erarbeitete Differenzierungen einebnet.[586] In dem Maße, in dem sich verfassungsrechtliche Leitbilder der Wirklichkeit öffnen, sieht sich auch die Normativität der Verfassung herausgefordert; andererseits kann das Leitbild delegitimierend und desintegrierend wirken, wenn es zu idealistisch formuliert ist, so dass die Wirklichkeit denknotwendig dahinter zurückbleibt.[587] Wer eine Eigenständigkeit der (Verfassungs-)Rechtswissenschaft im Sinne einer disziplinären Abschottung und einer reinen Methode propagiert, wird

---

582 Auch so lässt sich die Warnung von *Voßkuhle*, Der Staat 40 (2001), 495 (510), vor einem laxen Umgang mit (Staats-)Bildern verstehen. Wie hier *Baer*, in: Schmidt-Aßmann/Hoffmann-Riem (Hrsg.), Methoden der Verwaltungsrechtswissenschaft, S. 223 (240 ff.); *Voßkuhle*, in: Hoffmann-Riem/Schmidt-Aßmann/Voßkuhle (Hrsg.), GVwR I, § 1 Rn. 42; *Braun*, Leitbilder im Recht, S. 63 ff. Verstärkte Forschungsbemühungen um (Sprach-)Bilder im Recht dokumentieren aktuell etwa *Schindler*, Rechtsmetaphorologie (2016), und *Münkler*, Der Staat 55 (2016), 181 ff. Multidisziplinäre Zugänge zu Bildern (freilich im engeren Sinne, d.h. als materiell, in der Regel visuell wahrnehmbare, artifizielle und relativ dauerhafte Gegenstände) und die Orientierung an einem gemeinsamen, als Bildwissenschaft im Singular bezeichneten Theorierahmen demonstrieren die Beiträge in *Sachs-Hombach (Hrsg.)*, Bildwissenschaft, vgl. dort insb. die konzeptionellen Rahmenüberlegungen des Herausgebers zur interdisziplinären Bildwissenschaft, S. 11 ff.

583 So zutreffend *Volkmann*, AöR 134 (2009), 157 (175). *Helleberg*, Leitbildorientierte Verfassungsauslegung, thematisiert die Bildlichkeit von Leitbildern soweit ersichtlich überhaupt nicht.

584 Zusammenfassender Überblick bei *Braun*, Leitbilder im Recht, S. 172 ff.

585 *Braun*, Leitbilder im Recht, S. 174 ff.; *Helleberg*, Leitbildorientierte Verfassungsauslegung, S. 231 ff.

586 *Voßkuhle*, in: Hoffmann-Riem/Schmidt-Aßmann/Voßkuhle (Hrsg.), GVwR I, § 1 Rn. 42.

587 *Volkmann*, AöR 134 (2009), 157 (184).

schließlich auch die in den Leitbildern angelegte Öffnung zu den Nachbarwissenschaften als einen Verlust verbuchen.[588]

Mit der Öffnung der Leitbilder gegenüber gesellschaftlichen Wertvorstellungen und deren besonderer Suggestivkraft steigt auch die Anfälligkeit für eine manipulative Verwendung durch einseitige, ideologische Verkürzungen, wie die Bilder des „Jurisdiktionsstaates", des „fetten" oder „abgemagerten"[589] Staates oder der „Büro-kratie" exemplarisch verdeutlichen.[590] Hinzu kommen Herstellungs- und Begründungsdefizite, wenn Leitbilder nur eine notdürftige Anbindung an den Verfassungstext vorweisen können und die Unsicherheiten ihrer Herkunft durch rhetorische Floskeln zu überspielen suchen.[591]

3. Operationalisierbarkeit

Diese Ambivalenzen stehen dem Rückgriff auf Leitbilder zur Analyse eines Verfassungswandels nicht entgegen. Sieht man von Stimmen ab, die eine juristische Operationalisierbarkeit von Leitbildern grundsätzlich nicht oder allenfalls nur sehr bedingt anerkennen und eher auf eine heuristische Funktion reduzieren wollen[592], lassen sich im Wesentlichen zwei Ansätze unterscheiden, die bei der Antwort auf die Frage nach Umfang und Reichweite der Rationalisierung von Leitbildern stärker die Vorbehalte oder stärker die Möglichkeiten akzentuieren, aber in dem Ziel übereinstimmen, die Arbeit mit Leitbildern durch Angabe von Begründungs-, Anwendungs- und Schrankenregeln vom Vorwurf des Beliebigen und Ideologischen freizuzeichnen.[593]

a) Vorbehalte gegen eine Operationalisierung von Leitbildern

Der eher restriktive Ansatz weist darauf hin, dass eine Rationalisierung von Leitbildern nicht in ihrer vorschnellen bzw. unmittelbaren Dogmatisierung durch Rechtswissenschaft und Rechtsprechung liegen könne.[594] Mit der auf Öffnung und Flexibilisierung angelegten Funktion von Leitbildern vertrügen sich die Verengungen, Fixierungen und Festlegungen nicht, die mit der Über-

---

[588] Vgl. *Braun*, Leitbilder im Recht, S. 175 f.; erfrischend unbekümmert *Volkmann*, AöR 134 (2009), 157 (178), mit Blick auf einen methodischen Purismus im Verfassungsrecht, der auch schon gegen das Werte- und Prinzipiendenken oder gegen das topische Argumentationsverfahren in Stellung gebracht wurde: „Dieser Purismus prallt allerdings seit jeher an einer Praxis der Verfassungsanwendung ab, die sich um ihn gar nicht kümmert und ihn oft nicht einmal wahrzunehmen scheint.".

[589] Dieses Beispiel bei *Braun*, Leitbilder im Recht, S. 81 ff. m.w.N.

[590] Beispiele bei *Voßkuhle*, Der Staat 40 (2001), 495 (509), und *ders.*, in: Hoffmann-Riem/Schmidt-Aßmann/Voßkuhle (Hrsg.), GVwR I, § 1 Rn. 42 m. Fn. 239.

[591] So *Volkmann*, AöR 134 (2009), 157 (177).

[592] Für eine nur bedingte juristische Operationalisierbarkeit von Leitbildern etwa *Voßkuhle*, Der Staat 40 (2001), 495 (511).

[593] Begriff der Rationalisierung bei *Volkmann*, AöR 134 (2009), 157 (185).

[594] Die folgende Argumentation bei *Braun*, Leitbilder im Recht, S. 190 ff.

führung von Leitbildern in rechtsdogmatische Kategorien oder Begriffe einhergingen. Zwar seien die Übergänge vom Leitbild zur dogmatischen Rechtsfigur im Einzelfall fließend, so dass Leitbilder auch normative Verdichtungsprozesse anstoßen könnten. Ihre eigentliche Wirkkraft entfalteten Leitbilder aber ohnehin nicht durch Dogmatisierung, sondern indem sie als Kontrastierungs- und Reflexionsinstrument Veränderungen der gesellschaftlichen Wirklichkeit und der rechtlichen Strukturen sichtbar machten und sodann als Impulsgeber für („leitbildindizierte") Veränderungen auch der Dogmatik agierten. Die Transformation des Bildes in einen (Rechts-)Begriff bewirke hingegen, dass das Leitbild fortan der Eigenlogik des juristischen Systems gehorche.[595] Den größeren Erkenntnisgewinn verspreche das Leitbild indes, wenn es nicht als Begriff, sondern eben als Bild mit seinem konstruktivistischen Gehalt wahrgenommen werde. Das erfordere schließlich auch, dass sich Rechtswissenschaft und Rechtspraxis nachbarwissenschaftlichen Erkenntnissen über Bildanalyse und Bildkritik öffnen.[596]

b) Wege einer Operationalisierung

Diese Vorbehalte sind durchaus ernst zu nehmen. Der eher progressive Ansatz versucht denn auch, ihnen weitestgehend Rechnung zu tragen, aber gleichwohl Wege für eine leitbildorientierte Verfassungsanwendung[597] zu eröffnen, indem er Begründungs-, Anwendungs- und Schrankenregeln für die Arbeit an und mit Leitbildern formuliert[598].

aa) Entstehung und Begründung von Leitbildern

Hierzu zählen zunächst Vorgaben für die formale und die inhaltliche Begründung von verfassungsrechtlichen Leitbildern. Formal geboten seien Methodenehrlichkeit, Transparenz und Offenheit bei der Genese neuer Leitbilder, was insbesondere verlange, normative Anknüpfungspunkte einschließlich der

---

[595] Als einprägsamen Merksatz formuliert *Braun*, Leitbilder im Recht, S. 191, mit Blick auf das Leitbild: „[S]eine konstitutive Offenheit ist durch die konsentierte Bedeutungsfestlegung suspendiert."

[596] *Braun*, Leitbilder im Recht, S. 201 ff., die als Voraussetzung für eine interdisziplinäre Verständigung und ein arbeitsteiliges Vorgehen Verständlichkeit und Operationalisierbarkeit der Ergebnisse der Nachbarwissenschaften anmahnt (S. 204); als „Sicherung juristischer Verwendungstauglichkeit" erörtert bei *Hoffmann-Riem*, in: Schmidt-Aßmann/Hoffmann-Riem (Hrsg.), Methoden des Verwaltungsrechts, S. 9 (59 f.).

[597] So der Titel des Beitrags von *Volkmann*, AöR 134 (2009), 157, dort (S. 185 ff.) auch die nachfolgende Argumentation; für eine Operationalisierbarkeit zuvor schon *Baer*, in: Schmidt-Aßmann/Hoffmann-Riem (Hrsg.), Methoden der Verwaltungsrechtswissenschaft, S. 223 (249).

[598] Dem von *Volkmann* entwickelten Dreiklang aus Such-, Anwendungs- und Stoppregeln schließt sich auch *Braun*, Leitbilder im Recht, S. 193 ff., in ihren Ausführungen zur leitbildsensiblen Rechtserzeugung (gemeint: Rechtsprechung) an.

Interpretationsmethoden ebenso deutlich zu machen wie vorgenommene Theorieimporte und zugrunde gelegte Realbereichsannahmen. Hiervon entbindet auch nicht die Feststellung, dass bisherige verfassungsrechtliche Leitbilder allenfalls eine notdürftige Anbindung an den Verfassungstext aufwiesen, der Text selber also höchstens als Ausgangspunkt für seine eigene Anreicherung gelten könne; der Text ist immerhin „Anhalt für das Vorhandensein und die Ausstrahlungswirkung eines Leitbilds, ohne das er nicht wirklich verstanden werden kann, zu dem er sich selber aber kaum verhält"[599]. Wichtiger als diese ohnehin geltenden allgemeinen methodischen Postulate[600] sei es aber, Leitbilder so zu entwickeln, dass ihre Offenheit gewährleistet bleibe, was vor allem durch eine diskursive, die Vielzahl der Verfassungsinterpreten einbeziehende Begründung ermöglicht werde.

In inhaltlicher Hinsicht könne sich die Begründung von Leitbildern an den für Verfassungsprinzipien entwickelten Herleitungsstufen orientieren.[601] Dort werden ausgehend von einer Prinzipienhypothese potentiell einschlägige Verfassungsnormen zusammengetragen, deren gemeinsamer Weisungsgehalt überprüft und dieser dann ggf. zum Verfassungsprinzip verselbständigt. Mit Blick auf Leitbilder seien diese Arbeitsschritte indes zu modifizieren. Schon bei der Formulierung der Leitbildhypothese wie auch später des Leitbildes selbst sei darauf zu achten, dass dieses zum einen Raum für unterschiedliche Konkretisierungsmöglichkeiten lasse, also nicht zu eindeutig gefasst werden dürfe. Zudem müsse das Leitbild einer Vielzahl von Legitimitätsbausteinen und Richtigkeitsmaßstäben gegenüber offen sein, wozu neben der Einhaltung normativer Vorgaben etwa die Akzeptanz, die Problemangemessenheit, die Zukunftstauglichkeit, aber auch die Anschlussfähigkeit an reale Gegebenheiten zählten.[602]

bb) Leitbildorientierte Verfassungsanwendung

Die Gefahr der Beliebigkeit oder ideologischen Instrumentalisierbarkeit stellt sich nicht nur bei der Etablierung von Leitbildern, sondern ebenso bei deren Anwendung im Verfassungsrecht. Daher muss auch die Arbeit mit Leitbildern regelgeleitet und nachvollziehbar erfolgen. Einer Rationalitäts- und Fehlerkontrolle ist die leitbildorientierte Verfassungsanwendung nämlich nur dann zugänglich, wenn der Schluss von einem Leitbild zu einzelnen Rechtssätzen und konkreten Rechtsfolgen hinreichend deutlich gemacht, also transparent

---

599 *Volkmann*, AöR 134 (2009), 157 (170).

600 *Volkmann*, AöR 134 (2009), 157 (188), konzediert indes, dass diese Appelle schon seit langem bekannt und in ihrer Wirkung bislang sehr begrenzt geblieben sind.

601 Ausführlich für die Begründung von sogenannten impliziten Verfassungsprinzipien durch Induktion erörtert bei *Reimer*, Verfassungsprinzipien, S. 384 ff., insb. S. 412 ff.

602 Ähnlich für die Richtigkeitsmaßstäbe der Rechtsanwendung im Verwaltungsrecht schon *Hoffmann-Riem*, in: Schmidt-Aßmann/Hoffmann-Riem (Hrsg.), Methoden des Verwaltungsrechts, S. 9 (46 ff.).

vollzogen und unter Rückgriff auf das gesamte zur Verfügung stehende Methodenarsenal bei der Auslegung des Verfassungsrechts begründet wird.[603]

Sodann kann sich bei einem Wandel der gesellschaftlichen Verhältnisse, auf die das Leitbild Bezug nimmt, auch die Frage nach dem – grundsätzlich möglichen – Wandel des Leitbildes selbst stellen. Im Anschluss an methodische Überlegungen zur Ermittlung des Normprogrammgehalts bei einem Wandel im Realbereich[604] wäre zu prüfen, ob und inwieweit auf Grundlage einer detailgenauen Rekonstruktion des Normprogramms und der Überprüfung der dabei zugrunde gelegten Prämissen ein Revisionsbedarf für das Leitbild besteht.[605] Dabei muss die Anpassung des Leitbildes (deren Begründung demjenigen obliegt, der eine Anpassung einfordert) nicht notwendige Folge zuvor festgestellter Veränderungen im Realbereich sein. Vielmehr kann ein Leitbild seine Orientierungs- und Stabilisierungsfunktion auch und gerade dadurch entfalten, dass es trotz der Veränderungen der gesellschaftlichen Wirklichkeit, also kontrafaktisch aufrechterhalten wird. Möglich ist schließlich auch, gesellschaftliche Änderungen nicht durch eine Modifikation des einmal etablierten Leitbildes einzufangen, sondern durch Modifikationen bei der Anwendung der Leitbilder.

cc) Grenzen der leitbildorientierten Verfassungsanwendung

Für die Verfassungsanwendung, die sich an einem – in seiner konstitutiven Offenheit grundsätzlich vielfältigen, d.h. bisweilen auch divergenten Deutungen zugänglichen – Leitbild orientieren soll, werden schließlich (nicht zufällig[606]) die gleichen Grenzen gezogen wie für einen Verfassungswandel, so dass auch die dort erörterte Kritik an der hinreichenden Eignung der Grenzen übertragbar ist.[607] Zum einen soll die Deutungsvariabilität der Leitbilder an den äußeren Grenzen des Verfassungswortlauts enden – Leitbilder könnten nur dort ergänzend und unterstützend wirken, wo der Verfassungstext wegen seines fragmentarischen und offenen Charakters keine abschließenden Antworten zu geben vermag. Der Verfassungstext entfalte insofern eine Signal- und Grenzfunktion. Zum anderen formulierten funktional-rechtliche Erwägungen Vorbehalte gegen eine zu weitreichende leitbildorientierte Verfassungsanwendung und, als allgemeinen Grundsatz, ein Rückverweisungsgebot

---

[603] *Volkmann*, AöR 134 (2009), 157 (191).

[604] Näher ausgeführt bei *Hoffmann-Riem*, in: Schmidt-Aßmann/Hoffmann-Riem (Hrsg.), Methoden des Verwaltungsrechts, S. 9 (53 ff.).

[605] Zum Folgenden *Volkmann*, AöR 134 (2009), 157 (190 f.); vgl. auch *Braun*, Leitbilder im Recht, S. 16.

[606] *Volkmann*, AöR 134 (2009), 157 (194), fasst denn auch seine zuvor formulierten Such-, Argumentations- und Stoppregeln zu einem eigenen „Leitbild ‚guter', durch Argumente begründbarer und problemangemessener Verfassungsanwendung" zusammen und führt als Referenz mit feiner Subtilität ausgerechnet *Hillgruber*, VVDStRL 67 (2008), 7 (50), an.

[607] Siehe oben S. 116 ff. und 128 f.

an den politischen Prozess, wo eine extensive verfassungsgerichtliche Anwendung von Leitbildern nicht ausnahmsweise durch besondere sachliche Gründe gerechtfertigt sei.[608]

4. Pluralisierung von Verfassungsleitbildern

Der Befund einer Konjunktur von Leitbildern erhärtet sich in der historischen Rückschau. Sie offenbart eine Pluralisierung oder – je nach Sichtweise – eine Inflation von Verfassungsleitbildern.[609]

So dominierte das sozialwissenschaftliche Diskurse jener Zeit[610] widerspiegelnde Leitbild des „Staates der Industriegesellschaft" zunächst das Verfassungs- und Verwaltungsrecht der frühen Bundesrepublik. In diesem Leitbild kondensierte die Vorstellung eines Komplementärverhältnisses von Staat und Gesellschaft, bei dem mit der zunehmenden funktionellen Differenzierung der Gesellschaft zwar ein zunehmender Verlust hoheitlicher Steuerungsfähigkeit durch eine zentrale Instanz einhergeht, der durch Verteilungsmechanismen der industriellen Gesellschaft selbst teilweise kompensiert wird. Die Industriegesellschaft bleibt aber ebenso auf die Ausübung bestimmter hoheitlicher Funktionen durch den Staat angewiesen wie der Staat auf die Gewährleistung allgemeiner wirtschaftlicher Prosperität durch die Industriegesellschaft.[611] Je stärker sich – ohne wesentliche Änderungen des Verfassungstextes – „die Praxis des Sozialstaates aus der historischen Orientierung auf benachteiligte Gruppen und gegen Subnormalität [löste und] sich den Dimensionen der Allgemeinheit und der Normalität" zuwandte, desto mehr griff das Leitbild des Wohlfahrts- bzw. Wohlstandsstaates in den 1960er und 1970er Jahren in der Bundesrepublik Platz, wobei aber auch Krisendiagnosen des Wohlfahrtsstaates nicht lange haben auf sich warten lassen.[612] Die Deutungs- und Erklärungshoheit der Leitbilder des Industrie- und Wohlfahrtsstaates wurde spätestes seit den 1980er Jahren im Zuge von Europäisierung, Globalisierung, Ökonomisierung, Informationalisierung, Ökologisierung und Pluralisierung

---

[608] *Volkmann*, AöR 134 (2009), 157 (192 f.), der als ein Beispiel für eine Ausnahme vom Rückverweisungsgebot strukturelle Defizite des politischen Prozesses nennt, mit denen sich dieser selber vom für ihn entworfenen Leitbild entfernt, und konkret auf die notwendig gewordene Regelung der Parteienfinanzierung durch das Bundesverfassungsgericht mangels eines ausbleibenden Parteienwettbewerbs infolge gleicher Interessenlage der Parteien bei dieser Frage verweist. Zustimmend *Braun*, Leitbilder im Recht, S. 197.

[609] Zum Folgenden *Becker/Kersten*, AöR 141 (2016), 1 (24 ff.).

[610] Exemplarisch *Dahrendorf*, Soziale Klassen und Klassenkonflikt in der industriellen Gesellschaft (1957); *Gehlen*, Die Seele im technischen Zeitalter (1957); *Aron*, Die industrielle Gesellschaft (1964).

[611] Prägend *Forsthoff*, NJW 1960, 1273 ff.; *ders.*, Merkur Nr. 241 (1968), 401 ff.; *ders.*, Der Staat der Industriegesellschaft, S. 21 ff. Kontextualisierung bei *Meinel*, Der Jurist in der industriellen Gesellschaft, S. 448 ff.

[612] *Zacher*, in: Isensee/Kirchhof (Hrsg.), HStR II^3, § 28 Rn. 4 m.w.N. (dort auch das Zitat); vgl. auch *Enders*, VVDStRL 64 (2005), 7 (27 ff.).

relativiert, die in neuen Verfassungsleitbildern wie dem Dienstleistungsstaat, dem Gewährleistungsstaat, dem offenen Verfassungsstaat, dem ökologischen Verfassungsstaat oder dem transparenten Staat ihren Ausdruck fanden.[613]

Neben ihrem Deutungsmonopol verloren die verfassungsrechtlichen Leitbilder aber auch an Reichweite und überkommenen Referenzpunkten. Sie galten nun nicht mehr als singuläre Großformeln für die normative Rezeption allumfassender gesamtgesellschaftlicher Entwicklungen, sondern nahmen entweder nur Teilaspekte des gesellschaftlichen Wandels in den Blick oder lösten sich als abstrakte Leitbilder ganz von einem Gesellschaftsbezug.[614] Der Vorschlag, dem Verlust an Großformeln mit einem Ordnungskonzept aus Ober- und Unterleitbildern zu begegnen[615], wurde bislang jedoch noch nicht überzeugend umgesetzt.

Die Pluralisierung von Leitbildern auf Kosten des Deutungsmonopols einer Großformel muss indes nicht als Verlustgeschichte erzählt werden.[616] Ein verfassungsrechtliches Leitbild kann seine oben skizzierten Funktionen auch gänzlich ohne einen Alleinvertretungsanspruch erfüllen – das Deutungsmonopol ist keine *conditio sine qua non* eines Leitbildes. Möglich, wenn nicht sogar überzeugender erscheint gerade das Gegenteil: Die Funktionalität eines Leitbildes ist umso größer, je differenzierter das Leitbild formuliert wird. Auch steht es der Formulierung eines Leitbildes nicht entgegen, wenn es „in allen gesellschaftlichen Subsystemen präsent [ist], ohne diese jedoch vollkommen auf sich polarisieren zu können“[617]. Dass das Leitbild in diesen Fällen unvollständig bleiben muss bzw. nur Ausschnitte von Verfassungswandlungen beleuchten kann, mag kritisiert werden, stellt aber keinen überzeugenden Grund dar, auf das Erkenntnispotential von verfassungsrechtlichen Leitbildern zu verzichten.

---

[613] Beispiele bei *Becker/Kersten*, AöR 141 (2016), 1 (25 f.), dort jeweils m.w.N.

[614] Beispiele zu letzterem bei *Becker/Kersten*, AöR 141 (2016), 1 (26 f.), etwa der Nachhaltigkeitsstaat, der schlanke, kooperative oder aktivierende Staat.

[615] Angedeutet bei *Volkmann*, AöR 134 (2009), 157 (191).

[616] In diesem Sinne liest sich aber die Beschreibung der Entwicklungstendenz von Leitbildern bei *Becker/Kersten*, AöR 141 (2016), 1 (24 ff.).

[617] So aber *Becker/Kersten*, AöR 141 (2016), 1 (26), die mit dieser Begründung ein eigenständiges Leitbild für (den Staat der) Wissens- und Informationsgesellschaft ablehnen.

3. Kapitel

Verfassungsrechtliches Leitbild der digitalen Souveränität

A. Leitbilderwartungen

Der hier verfolgte Ansatz, die Reaktionen des Grundgesetzes auf die Digitalisierung als einen phänomenologisch verstandenen Verfassungswandel zu konzeptionalisieren und für diesen ein Leitbild zu prägen, das sodann punktuelle wie strukturelle Veränderungen der Verfassung sichtbar machen, deuten und anleiten kann, ist in mehrerlei Hinsicht voraussetzungsvoll. Er gebietet zunächst eine Perspektiverweiterung vom bislang engen rechtsdogmatischen Konzept hin zu einem phänomenologischen, politische, soziale und technologische Verfassungskontexte einbeziehenden, nichtsdestotrotz auch rechtsdogmatisch anschlussfähigen Verständnis des Verfassungswandels, wie sie der vorherige Abschnitt demonstriert hat. Nicht minder anspruchsvoll ist der mit diesem Abschnitt anstehende zweite Schritt: ein Leitbild zu prägen, das den Verfassungswandel durch Digitalisierung treffend charakterisiert. Das liegt weniger daran, dass Bilder „Glückssache" seien, wie ein damaliger Bundesverfassungsrichter mit Blick auf den Streit über ein passendes Bild für das Verhältnis von Richter und Gesetzgeber bemerkte.[1] Da ein Leitbild nicht nur im Sinne eines kognitiven Aktes „gefunden", sondern als voluntativer Akt auch „erfunden" werden kann[2], mag man die Setzung eines Leitbildes für geglückt halten oder nicht. Ob sich ein verfassungsrechtliches Leitbild im wissenschaftlichen Diskurs behaupten kann, ist aber weniger eine Frage des Glücks, sondern eher der Plausibilität des Leitbilds, die sich aus der Einbeziehung von normativen Vorgaben und Ausschnitten aus der Verfassungswirklichkeit speist und daran bemessen lässt, wie gut das zur Diskussion gestellte Leitbild seine Funktionen im Hinblick auf einen konkreten Verfassungswandel erfüllt.

Die mit der Digitalisierung verbundenen Verfassungswandlungen können am besten im verfassungsrechtlichen Leitbild der digitalen Souveränität eingefangen werden. Es steht für die Verantwortung und die Legitimität des Staates unter den Bedingungen der Digitalisierung (B.). Demgegenüber taugen räum-

---

[1] *Hassemer*, Rechtstheorie 39 (2008), 1 (2), zum Streit, ob das Verhältnis von Richter und Gesetzgeber treffend mit dem von *Hirsch*, ZRP 2006, 161, bemühten Bild des Pianisten und des Komponisten beschrieben ist (kritisch etwa *Möllers*, FAZ v. 26.10.2006, Nr. 249, S. 37).

[2] Ähnlich für die Bildung einer Prinzipienhypothese zur Begründung von Verfassungsprinzipien *Reimer*, Verfassungsprinzipien, S. 413.

liche Metaphern, die häufig zur Beschreibung von Internetsachverhalten herangezogen werden, nicht als Leitbilder eines Verfassungswandels durch Digitalisierung (C.).

B. Leitbild der digitalen Souveränität

Digitale Souveränität war zunächst ein politisch-programmatischer Begriff, der bald zum Gegenstand auch (nachbar-)wissenschaftlicher Reflexionen avancierte. Indem die Sozialwissenschaften digitale Souveränität als Ordnungsprinzip wiederentdecken, konfrontieren sie die teils utopischen Überhöhungen des Digitalen in den Anfangsjahren des Internet mit dessen zwischenzeitlicher Entwicklung und vermitteln so ein wirklichkeitsgetreueres Bild des Wandels von Staatlichkeit durch die Digitalisierung. Als verfassungsrechtliches Leitbild beschreibt digitale Souveränität die Verantwortung und die Legitimität des Staates unter den Bedingungen der Digitalisierung, die sich vor allem in einer infrastrukturellen und einer individualrechtlichen Dimension entfalten.

I. Digitale Souveränität als politisches Programm

1. Deutschland

In jüngerer Zeit taucht der Begriff der digitalen Souveränität verstärkt als Schlagwort in digitalpolitischen Debatten und Programmen auf. Seine Konjunktur dürfte unter anderem darauf zurückzuführen sein, dass es bislang an einer allgemein konsentierten, gehaltvollen Definition des Begriffs fehlt und er stattdessen unterschiedliche Bedeutungsfacetten aufweist, auf die sich unterschiedliche Akteure mit spezifischen Interessen berufen können.[3] In Anlehnung an die alltagssprachliche Verwendung des Begriffs der Souveränität wurde digitale Souveränität etwa als „die Fähigkeit zu selbstbestimmtem Handeln und Entscheiden im digitalen Raum“ bezeichnet, das sich auf einem „vernünftigen Mittelweg zwischen Abhängigkeit und Abschottung, zwischen Fremdbestimmung und Autarkie bewegt“.[4]

Bisherige politische Programme der Bundesregierungen hatten einzelne Aspekte digitaler Souveränität bereits thematisiert, ohne deren konzeptionellen Grundlagen aber ausdrücklich zu reflektieren. So findet sich im Koalitionsvertrag zwischen CDU, CSU und SPD für die 18. Legislaturperiode im Abschnitt „Moderner Staat, innere Sicherheit und Bürgerrechte“ das Ziel, die Internet-

[3] Vgl. die Einschätzung bei *Fox*, DuD 2018, 271.

[4] *BITKOM*, Digitale Souveränität, S. 7; *Bundesministerium für Wirtschaft und Energie*, Leitplanken Digitaler Souveränität, S. 1; gleichsinnig *Goldacker*, Digitale Souveränität, S. 3; ähnlich *Sachverständigenrat für Verbraucherschutz*, Digitale Souveränität, S. 3.

Infrastruktur Deutschlands und Europas als Vertrauensraum zu gestalten, um die Freiheit und die Sicherheit im Internet zu schützen. Hierzu wollte die Bundesregierung u.a. Maßnahmen zur Rückgewinnung der technologischen Souveränität ergreifen, den Einsatz national entwickelter IT-Sicherheitstechnologien bei den Bürgern zur Wahrung der technologischen Souveränität fördern und die Entwicklung vertrauenswürdiger IT- und Netz-Infrastruktur, sicherer Soft- und Hardware sowie sicherer Cloud-Technologie unterstützen.[5] Als ein Auslöser hierfür darf die im Zuge der Enthüllungen Edward Snowdens[6] in ein breiteres öffentliches Bewusstsein gerückte und als NSA-Affäre bezeichnete Überwachung der digitalen öffentlichen und privaten Kommunikation in Deutschland (und anderenorts) durch U.S.-Geheimdienste gelten.[7]

In ihrer im Koalitionsvertrag angekündigten Digitalen Agenda aus dem Jahr 2014 identifiziert die Bundesregierung mit Wachstum und Beschäftigung, Zugang und Teilhabe sowie Vertrauen und Sicherheit sechs strategische Kernziele als Orientierungspunkte ihrer künftigen Digitalpolitik.[8] Diese entfaltet sie auf sieben Handlungsfeldern, in denen jeweils Maßnahmen von unterschiedlichem Konkretisierungsgrad angekündigt werden. Die Felder erstrecken sich von den digitalen Infrastrukturen über digitale Wirtschaft und Arbeit, den innovativen Staat, digitale Lebenswelten in Gesellschaft, Wissenschaft, Kultur und Medien bis hin zu Sicherheit, Schutz und Vertrauen von Wirtschaft und Gesellschaft einschließlich der europäischen und der internationalen Dimension der Bundesdigitalpolitik.[9] Der Erhalt der bereits im Koalitionsvertrag betonten technologischen Souveränität wird hierbei als wichtiger Grundsatz der Digitalpolitik genannt, ebenso die Souveränität der Verbraucher auf den digitalen Märkten als weiteres Ziel des Regierungshandelns.[10] Ein eigenständiges Kernziel der Agenda, von dem sich alle weiteren Maßnahmen ableiten ließen, bildet die digitale Souveränität dagegen nicht. Gleiches gilt für die Digitale Strategie 2025, die an die Digitale Agenda der Bundesregierung anknüpft und mit der das Bundeswirtschaftsministerium im Jahr 2016 zehn Schritte in eine digitale Zukunft auch über die 18. Legislaturperiode hinaus – und schon deshalb verfassungsrechtlich in keiner Hinsicht bindend – festlegte, dabei aber stärker als die Digitale Agenda die Datensouveränität betonte. Individuelle Datensouveränität bedeute, dass Nutzer und Verbraucher souveräne Entscheidungen über die Verwendung ihrer Daten treffen können müssen. In ei-

[5] Koalitionsvertrag für die 18. Legislaturperiode (2013–2017), S. 147 f.

[6] Vgl. hierzu *Greenwald*, No Place to Hide; *Rosenbach/Stark*, Der NSA-Komplex.

[7] Vgl. auch die entsprechenden Ausführungen im Koalitionsvertrag für die 18. Legislaturperiode (2013–2017), S. 149.

[8] *Bundesregierung*, Digitale Agenda 2014–2017, S. 2 f. Der Legislaturbericht Digitale Agenda 2014–2017, S. 5, zählt dagegen drei strategische Kernziele, indem er „Wachstum und Beschäftigung“, „Zugang und Teilhabe“ sowie „Vertrauen und Sicherheit“ womöglich als Hendiadyoin verstanden wissen will.

[9] *Bundesregierung*, Digitale Agenda 2014–2017, S. 7 ff.

[10] *Bundesregierung*, Digitale Agenda 2014–2017, S. 4 und 32.

ner Zeit, in der Daten der zentrale Rohstoff der digitalen Wirtschaft seien, stehe die individuelle Datensouveränität gemeinsam mit der Datensicherheit für einen Paradigmenwechsel in der Datenpolitik, der die Vermeidung von Datenerhebung und Datenerfassung als Leitlinie ablöse.[11]

Auch der Legislaturbericht der Bundesregierung aus dem Jahr 2017, der über die Umsetzung der Digitalen Agenda informiert, greift die digitale Souveränität punktuell, aber nicht konzeptionell auf. So ist etwa die Rede von der Souveränität Deutschlands auch in Zeiten der Digitalisierung als Leitbild der verabschiedeten Cyber-Sicherheitsstrategie für Deutschland 2016[12], vom Erhalt der Datensouveränität als künftige Herausforderung[13], von digitaler Souveränität durch „[t]ransparente, einfache und performante Ende-zu-Ende-Sicherheit für die Regierungs- und Bürgerkommunikation"[14] oder von mehr Verbrauchersouveränität in der digitalen Welt[15].

Der Koalitionsvertrag für die 19. Legislaturperiode widmet der Digitalisierung ein eigenes Unterkapitel, in dem Fragen der flächendeckenden digitalen Infrastruktur, der Vermittlung von Fähigkeiten im Umgang mit digitaler Technik, der digitalen Arbeitswelt, der Cybersicherheit, der modernen Verwaltung und der digitalen Bürgerrechte angerissen werden. Digitale Souveränität wird dort als Aspekt der Forschungsförderung, in Form der Datensouveränität und als Fähigkeit im Umgang mit digitalen Technologien angesprochen, aber nicht in einem größeren Zusammenhang entfaltet.[16]

---

[11] *Bundesministerium für Wirtschaft und Energie*, Digitale Strategie 2025, S. 33. Einen entsprechenden Paradigmenwechsel hatte das Bundeswirtschaftsministerium auch schon ein Jahr zuvor im Sinn, als es in seinen „Leitplanken Digitaler Souveränität" forderte, dass datenbasierte digitale Geschäftsmodelle nicht durch ein „unzeitgemäßes Datensparsamkeitsdiktat" verhindert werden dürften und bisherige Grundprinzipien des Datenschutzes wie Datensparsamkeit und Zweckbindung überprüft und durch „Prinzipien der Datenvielfalt und des Datenreichtums" ergänzt und ersetzt werden müssten (*Bundesministerium für Wirtschaft und Energie*, Leitplanken Digitaler Souveränität, S. 5). Diese Forderung findet sich fast wortgleich im Positionspapier des Branchenverbandes *BITKOM*, Digitale Souveränität, S. 17, ohne dass freilich die wörtliche Übernahme in den Leitplanken des Bundeswirtschaftsministeriums ordnungsgemäß zitiert und belegt worden wäre. Diese wirtschaftspolitisch inspirierte Lesart der Datensouveränität blieb indes nicht unangefochten. So wurde aus verbraucherpolitischer Sicht darauf hingewiesen, dass eine die Datensouveränität integrierende digitale Souveränität auf der einen und Datensparsamkeit auf der anderen Seite keine einander ausschließenden Gegensätze seien, sondern Datensparsamkeit zu einer von Verbrauchern selbst bestimmten Ausprägung digitaler Souveränität werden könne (*Sachverständigenrat für Verbraucherschutz*, Digitale Souveränität, S. 2 f.); ähnlich zuvor *Maas*, DuD 2015, 579 f.

[12] *Bundesregierung*, Legislaturbericht Digitale Agenda 2014–2017, S. 7.

[13] *Bundesregierung*, Legislaturbericht Digitale Agenda 2014–2017, S. 46.

[14] *Bundesregierung*, Legislaturbericht Digitale Agenda 2014–2017, S. 84.

[15] *Bundesregierung*, Legislaturbericht Digitale Agenda 2014–2017, S. 107.

[16] Koalitionsvertrag für die 19. Legislaturperiode (2017–2021), Zeilen 1678 ff., 1742 f., 2174 f.; in Zeile 7437 f. stellt die Koalition zudem auf den Erhalt nationaler Souveränität bei Schlüsseltechnologien im militärischen Kontext ab, zu denen auch digitale Technologien zu zählen sein dürften.

Die punktuellen Erwähnungen der digitalen Souveränität in den genannten Regierungsprogrammen verweisen auf unterschiedliche Facetten des Begriffs der digitalen Souveränität, die in einzelnen regierungsamtlichen Publikationen oder Studien im Auftrag von Bundesministerien bereits näher konturiert worden sind.[17] Hierzu zählen mindestens eine infrastrukturelle, eine wirtschaftspolitische, eine individualrechtliche und eine wissenspraktische Dimension, die durchaus Überschneidungsbereiche aufweisen können.[18] In diesen Unterscheidungen spiegelt sich auch die Differenzierung zwischen verschiedenen Trägern digitaler Souveränität wider, die hier zunächst vereinfachend als Staat, Unternehmen und Bürger in den Blick genommen werden sollen. Die Deutungsvielfalt des Begriffs digitaler Souveränität verweist zum einen auf die grundsätzliche Eignung als ein verfassungsrechtliches Leitbild, macht zum anderen aber auch deutlich, dass eine Konkretisierung der digitalen Souveränität im jeweiligen Verwendungszusammenhang erforderlich ist.

a) Infrastrukturelle Dimension – Staat

Die infrastrukturelle Dimension digitaler Souveränität beschreibt zunächst das Vorhandensein eines flächendeckenden und leistungsfähigen Verbindungsnetzes als Grundvoraussetzung sämtlichen (staatlichen wie privaten) Handelns im digitalen Raum (Funktionalität). Die Digitalpolitik zielt dementsprechend schon länger auf den Ausbau von leitungsgebundenen sowie drahtlosen Hochgeschwindigkeitsnetzen, der vor allem privatwirtschaftlich im hoheitlich regulierten, Anreize vermittelnden Rahmen bewerkstelligt werden soll, für den aber letztlich der Staat verantwortlich zeichnet.[19]

Zudem ist hier die Gewährleistung von Cybersicherheit angesprochen (Integrität), die die Bundesregierung im Jahr 2016 in einem eigenen Strategiepapier dargelegt hat. Sie adressiert die einerseits durch die steigende Komplexität sowie Interdependenz der eingesetzten Technik und andererseits durch sich ständig wandelnde Bedrohungen gekennzeichnete Cyber-Gefahrenlage, bei

---

[17] Vgl. die „Leitplanken Digitaler Souveränität" des Bundesministeriums für Wirtschaft und Energie (2015), die Studie „Kompetenzen für eine digitale Souveränität" im Auftrag des Bundesministeriums für Wirtschaft und Energie (2017) und das Gutachten des Sachverständigenrates für Verbraucherfragen beim Bundesministerium der Justiz und für Verbraucherschutz über „Digitale Souveränität" (2017).

[18] Weitergehend *Friedrichsen/Bisa*, in: dies. (Hrsg.), Digitale Souveränität, S. 1 ff., die „den Begriff der digitalen Souveränität von der rein territorialen Ebene lösen und sie um eine inhaltliche, qualitative Dimension erweitern" wollen und hierzu eine politische Ebene (rechtliche Rahmenbedingungen) von einer wirtschaftlichen Ebene (Globalisierung, Wertschöpfung, Produkte), einer technischen Ebene (Datenschutz, Datensicherheit), einer gesellschaftlichen Ebene (Bildung, Nutzung), einer juristischen Ebene (Datenschutz Privatsphäre) und einer kulturell-medialen Ebene (Netzwerke, Informationsfluss, Psychologie des Handelns) unterscheiden (in der Kapitelüberschrift aber nur fünf Ebenen ankündigen).

[19] Vgl. *Bundesregierung*, Digitale Agenda 2014–2017, S. 9 f.; *Bundesministerium für Wirtschaft und Energie*, Leitplanken Digitaler Souveränität, S. 2.

der Schäden nicht nur im Cyber-Raum, sondern auch in der gesellschaftlichen, der wirtschaftlichen, der politischen oder der persönlichen Sphäre eintreten können.[20] Die staatliche Kernaufgabe der Gewährleistung von Freiheit und Sicherheit stelle sich daher auch im Cyber-Raum und ziele darauf, die Integrität von informations- und kommunikationstechnischen Infrastrukturen, Systemen und Anwendungen zu schützen und damit das Vertrauen von Staat, Wirtschaft und Gesellschaft in einen sicheren digitalen Raum zu ermöglichen.[21]

b) Wirtschaftspolitische Dimension – Unternehmen

In wirtschaftspolitischer Hinsicht meint digitale Souveränität die Beherrschung digitaler Schlüsseltechnologien und technologischer Schlüsselkompetenzen durch deutsche und europäische Wirtschaftsakteure. In entscheidenden Bereichen müssten Unternehmen etwa nach Ansicht des Bundeswirtschaftsministeriums sowohl wirtschaftlich als auch technologisch eine Marktposition besitzen, die es ihnen erlaube, ihre Geschäftsmodelle weiterzuentwickeln und neue Dienstleistungen sicher anzubieten. Dazu gehöre, dass bestimmte digitale Schlüsseltechnologien in Deutschland und Europa beherrscht oder wenigstens verstanden werden sollten. Dies setze den Erwerb relevanter Soft- und Hardwarekompetenzen voraus und müsse im Verbund von Staat, betroffenen Branchen und Stakeholdern vorangetrieben werden.[22]

Ähnlich formuliert der Branchenverband BITKOM, dass digitale Souveränität die Fähigkeit zu Selbstbestimmung im digitalen Raum im Sinne eigenständiger und unabhängiger Handlungsfähigkeit bedeute, ohne dass ausschließlich auf eigene Ressourcen zurückgegriffen werden müsste. Vielmehr müssten Unternehmen in Deutschland und Europa „bei digitalen Schlüsseltechnologien, entsprechenden Diensten und Plattformen über eigene Fähigkeiten auf internationalem Spitzenniveau verfügen und darüber hinaus in der Lage sein, selbstbestimmt und selbstbewusst zwischen Alternativen leistungsfähiger und vertrauenswürdiger Partner zu entscheiden, sie bewusst und verantwortungsvoll einzusetzen und sie im Bedarfsfall weiterzuentwickeln und zu veredeln“[23]. Dass die deutsche (Digital-)Wirtschaft hier tatsächlich Nachholbedarf besitzt und sich die digitale Leistungs- und Handlungsfähigkeit

---

[20] *Bundesministerium des Innern*, Cyber-Sicherheitsstrategie für Deutschland 2016, S. 7.

[21] Vgl. *Bundesregierung*, Digitale Agenda 2014–2017, S. 32 f.; *Bundesministerium für Wirtschaft und Energie*, Leitplanken Digitaler Souveränität, S. 2; *Bundesministerium des Innern*, Cyber-Sicherheitsstrategie für Deutschland 2016, S. 8, wo die Souveränität Deutschlands ausdrücklich als Leitlinie der Cyber-Sicherheitspolitik genannt ist.

[22] *Bundesministerium für Wirtschaft und Energie*, Leitplanken Digitaler Souveränität, S. 7. Ähnlich *Di Fabio*, Grundrechtsgeltung in digitalen Systemen, S. 23.

[23] *BITKOM*, Digitale Souveränität, S. 4, 7.

Deutschlands im europäischen sowie internationalen Vergleich eher im oberen Mittelfeld bewegt, belegen regelmäßig entsprechende Indizes.[24]

c) Individualrechtliche Dimension – Bürger

Als Träger digitaler Souveränität hat die Digitalpolitik nicht nur den Staat identifiziert, sondern auch und gleichermaßen den Einzelnen. Die individuelle digitale Souveränität bezeichne die Handlungs- und Entscheidungsfähigkeit des Einzelnen, „in der digitalen Welt in verschiedenen Rollen zu agieren, nämlich als Marktteilnehmer, als Konsumentenbürger einer Gesellschaft sowie als ‚Prosumer' in Netzwerken". Der Begriff verweise darüber hinaus auf die Rechte und Pflichten von Bürgern im staatlichen Ordnungsrahmen und unterstreiche die Rahmenbedingungen, unter denen das Individuum frei, kompetent und verantwortungsvoll digitale Medien und Dienste nutzen könne und somit in die Lage versetzt werde, aktiv als Bürger an einer digitalen Gesellschaft teilzuhaben.[25]

Rechtspolitischer Auftrag ist hier vor allem die Anpassung des Datenschutz- und Verbraucherschutzrechts, wobei als konkrete Maßnahmen etwa Vorgaben zur Vereinfachung von AGB und Datenschutzerklärungen, eine Pflicht zur Offenlegung von Algorithmen, eine Pflicht zur Implementierung datenschutz- und verbraucherfreundlicher Informations- und Kommunikationstechnik (durch technische Gestaltung *[privacy by design]* oder entsprechende Voreinstellungen *[privacy by default]*) gefordert werden.[26] Dass die politische Stoßrichtung dabei keineswegs einheitlich ist, belegt die Auseinandersetzung um zentrale Grundsätze des Datenschutzes unter dem Oberbegriff der Datensouveränität, bei der die wirtschaftspolitisch argumentierende Seite ein Ende des „unzeitgemäßen Datensparsamkeitsdiktats" fordert, die verbraucherpolitisch orientierte Seite auf die Vereinbarkeit von Datensparsamkeit und Datensouveränität verweist. Zunehmend rücken aber auch Fragen des effektiven Grundrechtsschutzes im digitalen Raum in den Blick.[27]

---

[24] Im Networked Readiness Index 2016 des World Economic Forum, der den Stand einer Volkswirtschaft im Bereich der Informations- und Kommunikationstechnologie anhand verschiedener Parameter bemisst (z.B. regulatorische und infrastrukturelle Voraussetzungen, Nutzung und Bereitschaft zur Nutzung von Informations- und Kommunikationstechnologie durch Staat, Wirtschaft und Gesellschaft), belegt Deutschland Platz 15 hinter Spitzenreiter Singapur, anderen EU-Mitgliedstaaten, den Vereinigten Staaten von Amerika oder Japan. Im Digital Economy and Society Index 2019 der Europäischen Kommission, der den Digitalisierungsfortschritt der EU-Mitgliedstaaten anhand von fünf Themenfeldern (Konnektivität, Humankapital/Internetkenntnisse, Internetnutzung, Integration der Digitaltechnik, digitale öffentliche Dienste) ausweist, belegt Deutschland den 12. Platz unter allen EU-Mitgliedstaaten und liegt knapp über dem EU-Durchschnitt.

[25] *Sachverständigenrat für Verbraucherschutz*, Digitale Souveränität, S. 3, dort auch das Zitat.

[26] *Sachverständigenrat für Verbraucherschutz*, Digitale Souveränität, S. 3.

[27] So kündigt der Koalitionsvertrag für die 19. Legislaturperiode (2017–2021), Zeile 2184 ff., an, dass die Bundesregierung das Projekt einer europäischen digitalen Grundrechtecharta, die Chancen und Risiken der Digitalisierung zu einem gerechten Ausgleich bringen soll, begleiten werde. Siehe hierzu ausführlich unten, S. 329 ff.

d) Wissenspraktische Dimension – Bürger

Einen ebenso individuellen, wenngleich nicht juridischen Bezug hat die wissenspraktische Dimension digitaler Souveränität. Aus dieser Warte bedeutet digitale Souveränität, dass sich jeder Einzelne auf Grundlage einer mit der technologischen Entwicklung Schritt haltenden digitalen Kompetenz[28] in der digitalen Gesellschaft selbstbestimmt verwirklichen kann.[29] Dementsprechend formuliert die Bildungspolitik auf nationaler wie supranationaler Ebene Kriterien- und Maßnahmenkataloge, die die Entwicklung individueller digitaler

[28] Digitale Kompetenz umfasst nach der Definition der Europäischen Kommission im Anhang ihres Vorschlags für eine Empfehlung des Rates zu Schlüsselkompetenzen für lebenslanges Lernen vom 17.1.2018 (KOM(2018) 24 endg.) „die sichere, kritische und verantwortungsvolle Nutzung von und Auseinandersetzung mit digitalen Technologien für die allgemeine und berufliche Bildung, die Arbeit und die Teilhabe an der Gesellschaft. Sie beinhaltet Informations- und Datenkompetenz, Kommunikation und Zusammenarbeit, die Erstellung digitaler Inhalte (einschließlich Programmieren), Sicherheit (einschließlich digitales Wohlergehen und Kompetenzen in Verbindung mit Cybersicherheit) und Problemlösung. [...] Der Einzelne sollte verstehen, wie digitale Technologien Kommunikation, Kreativität und Innovation fördern können, und sich der damit verbundenen Chancen, Grenzen, Wirkungen und Risiken bewusst sein. Er sollte die zugrundeliegenden allgemeinen Prinzipien, Regeln und die Logik der digitalen Technologien im Wandel verstehen und sich mit den grundlegenden Funktionen und der Nutzung verschiedener Geräte, Programme und Netzwerke auskennen. Der Einzelne sollte eine kritische Haltung gegenüber der Gültigkeit, Verlässlichkeit und Wirkung von digital verfügbaren Informationen und Daten entwickeln und sich der rechtlichen und ethischen Grundsätze bewusst sein, die mit dem Umgang mit digitaler Technologien verbunden sind. Der Einzelne sollte in der Lage sein, digitale Technologien für die aktive Bürgerschaft und soziale Inklusion, die Zusammenarbeit mit anderen und die Kreativität zur Verfolgung persönlicher, gesellschaftlicher oder kommerzieller Ziele zu nutzen. Zu den Fertigkeiten zählt die Fähigkeit, digitale Inhalte zu nutzen, aufzurufen, zu filtern, zu beurteilen, zu erstellen, zu programmieren und zu teilen. Der Einzelne sollte in der Lage sein, Informationen, Inhalte, Daten und digitale Profile zu verwalten und zu schützen sowie Programme, Geräte, künstliche Intelligenz oder Roboter zu erkennen und auf effektive Weise zu nutzen. Die Interaktion mit digitalen Technologien und Inhalten erfordert eine reflektierende, kritische und gleichzeitig neugierige und aufgeschlossene Einstellung gegenüber ihrer Entwicklung. Sie erfordert darüber hinaus einen ethischen, sicheren und verantwortungsvollen Umgang mit diesen Hilfsmitteln." Die Kommission stützt sich in ihrem Vorschlag auf Ergebnisse der von ihr in Auftrag gegebenen und im Institute for Prospective Technological Studies des Joint Research Centres entstandenen Studien zu digitalen Kompetenzen, die fünf Kompetenzbereiche identifizieren: information and data literacy; communication and collaboration; digital content creation; safety; problem solving – vgl. zuletzt *Carretero/Vuorikari/Punie*i, DigComp 2.1, S. 11. In ihrer Strategie „Bildung in der digitalen Welt" (2016), S. 15 ff., zählt die *Kultusministerkonferenz* sechs ganz ähnliche Kompetenzbereiche auf (Suchen, Verarbeiten und Aufbewahren von Informationen; Kommunizieren und Kooperieren; Produzieren und Präsentieren; Schützen und sicher Agieren; Problemlösen und Handeln; Analysieren und Reflektieren), die sich an den auf europäischer Ebene entwickelten Kompetenzen orientieren.

[29] Vgl. etwa die Formulierung in *Bundesregierung*, Digitale Agenda 2014–2017, S. 23; *Sachverständigenrat für Verbraucherschutz*, Digitale Souveränität, S. 14 f.

Kompetenzen fördern und den bislang regelmäßig diagnostizierten Nachholbedarf[30] beheben sollen.[31]

e) Institutionalisierte Politik digitaler Souveränität

Viele der in den politischen Programmen skizzierten Momente digitaler Souveränität können nur durch kohärente, kontinuierliche und koordinierte Maßnahmen verschiedener Akteure aus Staat, Wirtschaft und Gesellschaft umgesetzt werden. Erforderlich sind daher organisatorisch mehr oder weniger verfestigte Institutionalisierungen, die Kohärenz, Kontinuität und Koordinierung der Politik digitaler Souveränität verbürgen.

Hierzu zählt der früher unter der Bezeichnung Nationaler IT-Gipfel firmierende Digital-Gipfel, der die zentrale Plattform für die Zusammenarbeit von Politik, Wirtschaft, Wissenschaft und Gesellschaft zur Gestaltung des digitalen Wandels bildet, einmal jährlich stattfindet und ganzjährig vor- und nachbereitet wird.[32] Der Digital-Gipfel greift die sieben zentralen Handlungsfelder der Digitalen Agenda der Bundesregierung auf und ist in neun Plattformen mit verschiedenen thematischen Fokusgruppen und zwei Foren organisiert, die unter der Gesamtfederführung des Bundeswirtschaftsministeriums auf den Handlungsfeldern konkrete Projekte erarbeiten und Initiativen anstoßen[33].

Externe Expertise zur Digitalisierung erhofft sich die Bundesregierung zudem vom aus zehn Vertretern von Wissenschaft und Wirtschaft bestehenden sogenannten Digitalrat, der einen engen Austausch mit der Politik ermöglichen soll und im August 2018 auf Grundlage einer entsprechenden Vereinbarung im Koalitionsvertrag für die 19. Legislaturperiode[34] eingesetzt worden ist.[35]

Eine stärkere Institutionalisierung bedeutete die Einrichtung einer Bundesdigitalagentur, die das Bundeswirtschaftsministerium in seiner Digitalen Stra-

---

[30] Exemplarisch die Feststellungen der durch Beschluss der Bundesregierung im Jahr 2006 eingerichteten wissenschaftlichen *Expertenkommission Forschung und Entwicklung (EFI)*, Jahresgutachten 2018, S. 32 ff. Im Digital Economy and Society Index 2019 der Europäischen Kommission belegt Deutschland bei dem als Humankapital (Grundkompetenzen und Internetnutzung, fortgeschrittene Fertigkeiten und Entwicklung) bezeichneten Sub-Index den 10. Platz unter allen EU-Mitgliedstaaten.

[31] Vgl. die Nachweise in Fn. 28; s. auch *Bundesministerium für Wirtschaft und Energie*, Digitale Strategie 2025, S. 49 ff.; Koalitionsvertrag für die 19. Legislaturperiode (2017–2021), Zeile 1678 ff.

[32] Siehe https://www.de.digital/DIGITAL/Navigation/DE/Service/Digital-Gipfel/Digital-Gipfel.html (Abrufdatum: 14.6.2019).

[33] Zur Organisation des Digital-Gipfels siehe https://www.de.digital/DIGITAL/Redaktion/DE/Downloads/infopapier-neuausrichtung-it-gipfel-digitale-agenda.pdf?__blob=publicationFile&v=12 (Abrufdatum: 14.6.2019).

[34] Koalitionsvertrag für die 19. Legislaturperiode (2017–2021), Zeile 2030 f.

[35] https://www.bundesregierung.de/Content/DE/Artikel/2018/08/2018-08-21-digitalrat.html (Abrufdatum: 14.6.2019).

tegie 2025 in Aussicht stellt. Als „hochleistungsfähiges und international vernetztes Kompetenzzentrum des Bundes, das die Bundesregierung sowohl als Thinktank bei der Politikvorbereitung als auch als Servicestelle bei der Umsetzung kompetent, neutral und nachhaltig unterstützt und den Digitalisierungsprozess im Interesse von Wirtschaft und Verbrauchern flankiert", könnte die Digitalagentur die bisher auf verschiedene Bundesoberbehörden in den Geschäftsbereichen mehrerer Bundesministerien (z.B. Bundesnetzagentur, Bundesamt für Sicherheit in der Informationstechnik, Bundesanstalt für Finanzdienstleistungsaufsicht, Bundesamt für Verbraucherschutz und Lebensmittelsicherheit, Bundeskartellamt) verteilten Zuständigkeiten bündeln, die politische digitale Agenda unterstützen und nachhaltig Digitalisierungskompetenz in ökonomischer, rechtlicher und technischer Hinsicht aufbauen.[36] Das mögliche Aufgabenspektrum reichte etwa von der Analyse, Marktbeobachtung und Berichterstattung zur Digitalisierung über die Beratung und Aufklärung von Verbrauchern und Unternehmen, die Reduzierung gesamtwirtschaftlicher Informations- und Kommunikationskosten, die Unterstützung wichtiger Anwendersektoren bei der Nutzung von Digitalisierungspotenzialen, die Streitschlichtung und Behandlung von Verbraucherbeschwerden bis zur Kooperation mit Kommunen, Ländern, europäischen und internationalen Stellen sowie Unternehmen, Verbänden und sonstigen Stakeholdern.[37] Im Koalitionsvertrag für die 19. Legislaturperiode versprechen die Vertragsparteien einander, die Einrichtung einer solchen Digitalagentur, die die Bundesregierung als nachgeordnete Behörde in der Umsetzung ihrer digitalpolitischen Maßnahmen unterstützt, zu prüfen.[38]

2. *Europa*

a) Digitaler Binnenmarkt

Zentraler Begriff und konzeptioneller wie kompetentieller Rahmen der Digitalpolitik auf europäischer Ebene ist nicht die digitale Souveränität, sondern der digitale Binnenmarkt, dessen Verwirklichung sich die Europäische Kommission erstmals in ihrer Mitteilung „Eine Digitale Agenda für Europa" im

---

[36] *Bundesministerium für Wirtschaft und Energie*, Digitale Strategie 2025, S. 55 f.

[37] *Bundesministerium für Wirtschaft und Energie*, Digitale Strategie 2025, S. 57.

[38] Koalitionsvertrag für die 19. Legislaturperiode (2017–2021), Zeile 1674 ff. Dass eine Zuständigkeitszersplitterung für Anliegen der Digitalisierung auch auf Ebene der Bundesministerien festzustellen ist, belegt die Antwort der Bundesregierung auf eine schriftliche Frage vom 23.02.2018 (BT-Drs. 19/1039, S. 45 f.). Danach beschäftigen sich mit Stand vom 21.2.2018 in den 14 Bundesministerien insgesamt 482 Mitarbeiter, verteilt auf 76 Abteilungen und 244 Unterorganisationseinheiten („Teams") mit dem Thema Digitalisierung. Ob und inwieweit die Bestellung einer Staatsministerin für Digitalisierung im Bundeskanzleramt eine Zuständigkeitskonzentration („zu Lasten" anderer Bundesministerien und insoweit Gegenstand politischer Aushandlungsprozesse) bewirken kann, bleibt abzuwarten.

Jahr 2010 zum Ziel gesetzt und durch konkrete Rechtsetzungsinitiativen auf den Weg gebracht hat[39].

Mit ihrer Mitteilung „Eine Strategie für einen digitalen Binnenmarkt für Europa“ aus dem Jahr 2015 möchte die Kommission die Verwirklichung des digitalen Binnenmarktes in Europa weiter vorantreiben und legt hierzu ein ambitioniertes Programm vor, in dem sie – teils unter Fortschreibung der unter der „Digitalen Agenda für Europa“ begonnenen Maßnahmen – zahlreiche miteinander verknüpfte und nur auf Unionsebene sinnvoll zu verwirklichende Legislativvorschläge ankündigt.[40] Die Kommission versteht die Schaffung eines digitalen Binnenmarktes als einen wichtigen Teil der EU-Strategie, die auf die Zukunftsfähigkeit der EU und einen weiterhin hohen Lebensstandard für ihre Bevölkerung abzielt, indem die mit dem digitalen Wandel verbundenen „immense[n] Möglichkeiten für Innovation, Wachstum und Arbeitsplätze“ ausgeschöpft werden.[41] Im digitalen Binnenmarkt sollen der freie Verkehr von Waren, Personen, Dienstleistungen und Kapital gewährleistet sein und Privatpersonen und Unternehmen unter fairen Wettbewerbsbedingungen und auf der Grundlage hoher Verbraucher- und Datenschutzstandards ungeachtet ihrer Staatsangehörigkeit bzw. ihres Wohn- oder Geschäftssitzes nahtlos Online-Aktivitäten nachgehen und Internetanwendungen nutzen können.[42] Zugleich soll der digitale Binnenmarkt gewährleisten, dass Europa auch in Zukunft zu den Vorreitern der Digitalwirtschaft gehört und den europäischen Unternehmen zur Expansion auf den Weltmärkten verhelfen kann.[43] Dabei adressiert die Strategie für den Binnenmarkt die gleichen politischen, rechtlichen und ökonomischen Herausforderungen des digitalen Wandels, die auch die Mitgliedstaaten treffen, die diese aber aus der Perspektive der Kommission wegen der Beschränkung ihrer Befugnisse auf das jeweilige Hoheitsgebiet nicht oder jedenfalls nicht genauso gut wie die europäische Ebene zu bewältigen in der Lage sind.[44]

Die Strategie stützt ihre konkreten Rechtsetzungsvorschläge auf drei Säulen. Zunächst geht es um einen besseren Zugang für Verbraucher und Unternehmer zu digitalen Waren und Dienstleistungen, der etwa durch die weitere Harmonisierung verbraucher- und vertragsrechtlicher Vorschriften, das Ver-

[39] Die Mitteilung KOM(2010) 245 endg., S. 8 ff., benennt sechs Aktionsbereiche: 1.) die Überwindung fortbestehender Fragmentierungen der Online-Märkte durch die Schaffung eines neuen pulsierenden digitalen Binnenmarktes zur Steigerung der Wettbewerbsfähigkeit Europas; 2.) Interoperabilität und Normen; 3.) Vertrauen und Sicherheit; 4.) (ultra-)schneller Internetzugang; 5.) Verbesserung der digitalen Kompetenzen, Qualifikationen und Integration; 6.) IKT-gestützte Vorteile für die Gesellschaft in der EU.

[40] KOM(2015) 192 endg.

[41] KOM(2015) 192 endg., S. 3, 20. Eine ganz ähnliche Einschätzung präsentiert die Kommission auch im Weißbuch zur Zukunft Europas, KOM(2017) 2025 endg., S. 4.

[42] KOM(2015) 192 endg., S. 3.

[43] KOM(2015) 192 endg., S. 3.

[44] Vgl. KOM(2015) 192 endg., S. 3.

bot eines ungerechtfertigten Geoblockings durch Online-Händler oder den besseren Zugang zu Inhalten auf Grundlage eines moderneren Urheberrechts erreicht werden soll.[45] Sodann forciert die Strategie die Schaffung von optimalen Rahmenbedingungen für moderne digitale Netze und innovative Dienste durch eine Reform der Telekommunikationsvorschriften sowie der Mediengesetzgebung, eine stärkere Plattformregulierung und die Gewährleistung von Cybersicherheit und Datenschutz.[46] Und schließlich soll das Wachstumspotential der digitalen Wirtschaft bestmöglich ausgeschöpft werden, indem die Rahmenbedingungen für eine Datenwirtschaft, insbesondere im Hinblick auf die Nutzung von Big Data, europäische Cloud-Dienste und das Internet der Dinge geschaffen, die Wettbewerbsfähigkeit durch Interoperabilität und Normung gesteigert und eine inklusive digitale Gesellschaft durch die Förderung individueller digitaler Kompetenzen sowie des eGovernments gefördert werden.[47] Alle drei Pfeiler sind nach Ansicht der Kommission freilich nur dann umzusetzen, wenn die Legislativakte ein günstiges Investitionsklima für digitale Netze, Forschung und innovative Unternehmen schaffen und Handels- und Investitionshemmnisse nicht nur auf europäischer, sondern auch auf internationaler Ebene zugunsten eines offenen Marktes beseitigt werden können.[48] Hierauf weist die Kommission in ihrer Halbzeitüberprüfung der Strategie für einen digitalen Binnenmarkt noch einmal besonders hin.[49]

Im Zentrum des Konzepts des digitalen Binnenmarktes stehen mithin Maßnahmen mit vorrangig wirtschaftspolitischer Ausrichtung, nämlich die Beseitigung von Handels- und Investitionshemmnissen bei digitalen Waren und Dienstleistungen, um bei einem vollständig verwirklichten digitalen Binnenmarkt mit mehr als 500 Millionen Konsumenten einen zusätzlichen Beitrag zum europäischen Bruttoinlandsprodukt in Höhe von 415 Milliarden EUR zu erwirtschaften.[50] Dies erklärt sich mit Blick auf die Kompetenzverteilung zwischen der Europäischen Union und den Mitgliedstaaten. Als Rechtsgrundlage für die meisten der vorgeschlagenen Legislativakte ermächtigt Art. 114 Abs. 1 AEUV die Europäischen Union, solche Maßnahnen der Rechtsangleichung zu erlassen, die die Errichtung und das Funktionieren des Binnenmarktes zum Gegenstand haben.[51]

---

[45] KOM(2015) 192 endg., S. 4 ff.

[46] KOM(2015) 192 endg., S. 10 ff.

[47] KOM(2015) 192 endg., S. 15 ff.

[48] KOM(2015) 192 endg., S. 21.

[49] KOM(2017) 228 endg., S. 3. Den aktuellen Stand der Umsetzung der Strategie dokumentiert der Anhang I zu KOM(2017) 228 endg.

[50] Zahl in KOM(2015) 192 endg., S. 3; vgl. auch das Arbeitspapier der Kommissionsdienststellen „A Digital Single Market Strategy for Europe – Analysis and Evidence“, SWD(2015) 100, S. 5 m.w.N.

[51] Exemplarisch der Vorschlag für eine Verordnung zur Änderung der Verordnung (EU) Nr. 531/2012 in Bezug auf Vorschriften über Roamingvorleistungsmärkte – KOM(2016) 399; der Vorschlag für eine Verordnung über Maßnahmen gegen Geoblocking – KOM(2016) 289; der Vorschlag einer Richtlinie über bestimmte vertragsrechtliche Aspekte der Bereitstellung di-

Nur selten sind zusätzliche[52] oder (noch seltener) ausschließlich andere[53] Ermächtigungsgrundlagen einschlägig. Dass hiermit insgesamt aber auch Fragen der europäischen digitalen Souveränität verbunden sind, erschließt sich erst auf den zweiten Blick.

b) Europäische digitale Souveränität

In der Strategie für den digitalen Binnenmarkt werden auch Maßnahmen verhandelt, die auf der nationalen Ebene als Momente digitaler Souveränität erscheinen. Dies betrifft etwa die in der Strategie avisierten Maßnahmen zur Förderung des Breitbandausbaus, die Ankündigung einer europäischen Cloud-Initiative, Fragen von Cybersicherheit und Datenschutz ebenso wie die Förderung digitaler Kompetenz. Und so findet sich denn zunehmend auch auf europäischer Ebene die Rede von einer europäischen digitalen Souveränität. In ihrer Stellungnahme zur Evaluierung der Europäischen Cybersicherheitsstrategie des Jahres 2013[54] hat sich die Europäische Agentur für Netz-

gitaler Inhalte – KOM(2015) 634; bereits verabschiedet und auf Art. 114 AEUV gestützt wurde etwa die Richtlinie (EU) 2016/1148 über Maßnahmen zur Gewährleistung eines hohen gemeinsamen Sicherheitsniveaus von Netzen und Informationssystemen in der Union, ABl. 2016 L 194/1.

[52] Den Vorschlag einer Verordnung über die Achtung des Privatlebens und den Schutz personenbezogener Daten in der elektronischen Kommunikation (e-Privacy-Verordnung) – KOM(2017) 10, hat die Kommission auf Art. 114 und Art. 16 AEUV gestützt. Dem früheren Vorschlag, die den Schutz personenbezogener Daten betreffende Datenschutz-Grundverordnung (EU) Nr. 2016/679 neben Art. 16 AEUV auch auf Art. 114 AEUV zu stützen, ist der Verordnungsgeber dagegen zu Recht nicht gefolgt: Vor dem Vertrag von Lissabon musste die europäische Datenschutzgesetzgebung, insbesondere die Datenschutz-Richtlinie 95/46/EG mangels einer speziellen Datenschutzkompetenz der Europäischen Gemeinschaft auf die Binnenmarktkompetenz des Art. 100a EGV (später: Art. 95 EGV) gestützt werden (vgl. EuGH, Rs. C-465/00 [Rechnungshof/Österreichischer Rundfunk], ECLI:EU:C:2003:294, Rn. 41). Da mit Art. 16 Abs. 2 S. 1 AEUV nunmehr aber eine spezielle Rechtsgrundlage bereitsteht, die zum Erlass von Vorschriften über den Schutz personenbezogener Daten und zugleich über den freien Datenverkehr ermächtigt, war der Rückgriff auf die allgemeine Binnenmarktkompetenz des Art. 114 AEUV entbehrlich; vgl. nur *Sydow*, in: Sydow (Hrsg.), DSGVO, Art. 1 Rn. 16 ff.; *Schantz*, in: Wolff/Brink, Datenschutzrecht, Art. 1 DSGVO Rn. 2 f. Für den Vorschlag für eine Verordnung über die Einrichtung eines zentralen digitalen Zugangstors zu Informationen, Verfahren, Hilfs- und Problemlösungsdiensten und zur Änderung der Verordnung (EU) Nr. 1024/2012 – KOM(2017) 256 endg. führt die Kommission neben Art. 114 AEUV auch die Art. 21 Abs. 2, 48 AEUV als Rechtsgrundlage an.

[53] Den Vorschlag für eine Richtlinie zur Änderung der Richtlinie 2010/13/EU zur Koordinierung bestimmter Rechts- und Verwaltungsvorschriften der Mitgliedstaaten über die Bereitstellung audiovisueller Mediendienste im Hinblick auf sich verändernde Marktgegebenheiten – KOM(2016) 287 endg., hat die Kommission auf Art. 53 Abs. 1 AEUV i.V.m. Art. 62 AEUV gestützt.

[54] Gemeinsame Mitteilung der Europäischen Kommission und der Hohen Vertreterin der Europäischen Union für Außen- und Sicherheitspolitik an das Europäische Parlament, den Rat, den Europäischen Wirtschafts- und Sozialausschuss und den Ausschuss der Regionen „Cybersicherheitsstrategie der Europäischen Union – ein offener, sicherer und geschützter Cyberraum", JOIN(2013) 1 endg. Fortentwicklung durch die Gemeinsame Mitteilung der Europäi-

und Informationssicherheit (ENISA)[55] im Jahr 2017 als (soweit ersichtlich) erste offizielle europäische Einrichtung zur digitalen Souveränität in Europa verhalten.[56] Sie knüpft damit an frühere Diskussionen an.

Im Zuge der Aufdeckung der sogenannten NSA-Affäre zielte die Rede von einer europäischen digitalen Souveränität zunächst auf den Bereich von Cybersicherheit, insbesondere Datensicherheit und Datenschutz, durch deren Stärkung künftigen Ausspähversuchen der Geheimdienste begegnet und die digitale Souveränität Europas behauptet werden sollte.[57] In diesem Sinne versteht auch die ENISA unter digitaler Souveränität die Fähigkeit, die Vertraulichkeit, Integrität und Verfügbarkeit von Daten sowie die Zuverlässigkeit und Integrität der erforderlichen Hard- und Software zu kontrollieren.[58]

Bald fand der Begriff aber in einem breiteren Kontext Verwendung, der sich nicht nur auf die Abwehr von äußeren Gefahren beschränkte. So gebiete eine wirtschaftspolitische Perspektive, Europas Abhängigkeit von anderenorts entwickelter Informations- und Kommunikationstechnologie zu verringern. Dies sei indes nicht durch einen digitalen Protektionismus zu erreichen, sondern durch Maßnahmen, die zu einer größeren Vielfalt an digitalen Waren und Dienstleistungen in Europa führten und die Fähigkeit Europas, sich im globalen Wettbewerb zu behaupten, steigerten – Nachholbedarf gebe es hier vor allem bei Anwendersoftware, Sicherheitstools, Datenanalyse, Mobilgeräten und Cloud Computing.[59] Hinzu komme, dass die Europäische Union autonom über den Datenfluss und den Datenschutz in Europa entscheiden können müsse und so das für die wirtschaftliche Prosperität unabdingbare Vertrauen der Anwender digitaler Waren und Dienstleistungen befördern könne, zumal hier auch unionsverfassungsrechtlich garantierte Individualrechte betroffen sind.[60] Die mithin als Fähigkeit, die im 21. Jahrhundert zentralen Normen und Standards der Informationstechnologie selbst zu bestimmen, definierte digitale Souveränität Europas ziele dann nicht auf die Neuerrichtung von Grenzen im digitalen Raum, sondern trage einem demokratischen Bedürfnis der kollek-

schen Kommission und der Hohen Vertreterin der Europäischen Union für Außen- und Sicherheitspolitik an das Europäische Parlament, den Rat, den Europäischen Wirtschafts- und Sozialausschuss und den Ausschuss der Regionen „Abwehrfähigkeit, Abschreckung und Abwehr: die Cybersicherheit in der EU wirksam erhöhen", JOIN(2017) 450 endg.

[55] Vgl. nunmehr Verordnung (EU) 2019/881 über die ENISA (Agentur der Europäischen Union für Cybersicherheit) und über die Zertifizierung der Cybersicherheit von Informations- und Kommunikationstechnik und zur Aufhebung der Verordnung (EU) Nr. 526/2013 (Rechtsakt zur Cybersicherheit), ABl. 2019 L 151/15.

[56] *ENISA*, Principles and Opportunities for a Renewed EU Cybersecurity Strategy, S. 19.

[57] Vgl. *Rinas*, Digital Sovereignty; ähnlich *Poupard*, The European Files I/2016, S. 36.

[58] *ENISA*, Principles and Opportunities for a Renewed EU Cybersecurity Strategy, S. 19, dort aber schon mit Verweis auf den Zusammenhang zur gesellschaftlichen digitalen Selbstbestimmung.

[59] *Poupard*, The European Files I/2016, S. 36.

[60] *Reding*, Digital Sovereignty, S. 3 ff.; *Poupard*, The European Files I/2016, S. 36.

tiven Selbstbestimmung hinsichtlich das Schutzes von Daten und Diensten Rechnung und diene der Gewährleistung dieses Schutzes.[61] Das setze voraus, dass die beteiligten Stakeholder auf der Grundlage europäischer Werte gemeinsam voranschreiten, künftige Entwicklungen antizipieren und mit internationalen Partnern auf Grundlage einer kohärenten europäischen Politik auf Augenhöhe verhandeln können.[62]

Die Diskussion über eine europäische digitale Souveränität verdeutlicht zweierlei: (1.) Obwohl die Digitalpolitik der Europäischen Union kompetenzbedingt vor allem auf die Verwirklichung eines europäischen digitalen Binnenmarktes ausgerichtet ist, greift zunehmend das Konzept einer europäischen digitalen Souveränität Platz. Diese ist nicht nur auf Aspekte der Cybersicherheit beschränkt, auch wenn diese in ersten offiziellen Verlautbarungen der europäischen Organe, Einrichtungen und sonstigen Stellen der EU den konzeptionellen Anknüpfungs- bzw. Ausgangspunkt darstellt. Digitale Souveränität in Europa öffnet sich vielmehr auch jenen Dimensionen, die bereits auf mitgliedstaatlicher Ebene entfaltet worden sind. Insgesamt erweist sich das Konzept der digitalen Souveränität daher in zunehmendem Maße auch auf europäischer Ebene als anschlussfähig. (2.) Das Nebeneinander von deutscher und europäischer digitaler Souveränität bestätigt einmal mehr den Abschied vom überkommenen Souveränitätsbegriff, den die Europarechtslehre mit Blick auf das europäische Mehrebenensystem schon lange vollzogen hat. Der überholten Vorstellung eines exklusiven, ungeteilten staatlichen Souveränitätsanspruchs wird das Modell gemeinsamer Souveränität im Mehrebenensystem der Europäischen Union entgegengesetzt, dessen Inhalt durch die gleichberechtigte Partnerschaft von verfassungsrechtlich zu koordinierenden pluralen Herrschaftsgewalten und die gemeinsame Verantwortung bei einer geteilten, aber kohärenten Aufgabenerfüllung gekennzeichnet ist.[63] Digitale Souveränität ist daher immer als gemeinsame Souveränität der Mitgliedstaaten und der Europäischen Union zu denken. So nimmt es nicht Wunder, dass deutsche digitalpolitische Programme regelmäßig auf die Notwendigkeit eines europäisch koordinierten Vorgehens verweisen, etwa bei Fragen des Netzausbaus, des Datenschutzes, des Schutzes des geistigen Eigentums im Internet oder der Cybersicherheit.[64] Der am verfassungsrechtlichen Leitbild digitaler Souveränität orientierte Verfassungswandel wird denn auch unionsrechtliche Einflüsse zu integrieren haben. Das ist aber weder eine digitalisierungsspezifische

---

[61] *Poupard*, The European Files I/2016, S. 36.

[62] *Reding*, Digital Sovereignty, S. 3, die hierbei insbesondere den Datenschutz und den Ausbau digitaler Infrastrukturen hervorhebt.

[63] Umfassend *Schliesky*, Souveränität und Legitimität von Herrschaftsgewalt, S. 507 ff., zugleich mit der überzeugenden Absage an Forderungen nach einem Verzicht auf den Souveränitätsbegriff; vgl. auch *Grimm*, Souveränität, S. 106 ff. (insb. S. 114 f.).

[64] Exemplarisch *Bundesregierung*, Digitale Agenda 2014–2017, S. 35; *Bundesministerium für Wirtschaft und Energie*, Leitplanken Digitaler Souveränität, S. 1 ff.

Neuerung noch eine Entwicklung, die heutzutage noch auf ungläubiges Staunen oder ernsthaften Widerspruch treffen dürfte.

II. Digitale Souveränität in den Nachbarwissenschaften

Digitale Souveränität ist indes nicht nur eine digitalpolitische Programmformel, sondern zunehmend auch Gegenstand nachbarwissenschaftlicher Reflexionen. Das Nachdenken über digitale Souveränität erscheint dort vor allem als Renaissance-Projekt, als Wiedergeburt eines zuvor (einseitig) für tot erklärten Begriffes. Insbesondere die normativen und empirischen Sozialwissenschaften bemühen sich darum, die Überhöhungen des Digitalen in den Anfangsjahren des Internet wieder einzufangen und Souveränität als Prinzip politischer Ordnung sowie die Steuerungsfähigkeit von Recht (und anderen Instrumenten) im Internet zu rehabilitieren. Hierzu legen sie offen, dass die seinerzeit zugrunde gelegten Annahmen unterkomplex und häufig irreführend waren, zumal sich auch das Internet zwischenzeitlich fortentwickelt hat.[65] Dabei konzentrieren sie sich bislang jedoch meist nur auf den hoheitlichen Aspekt der in digitalpolitischen Programmen weiter verstandenen digitalen Souveränität, und dort auch nur auf die Rolle des Staates und nicht der Europäischen Union, während ein individuelles Moment digitaler Souveränität kaum thematisiert wird.

1. Illusion I: Digitale Utopien

Das Ende von (staatlicher) Souveränität als Ordnungsprinzip im und durch das Internet schien freilich schon besiegelt. Die Mitte der 1990er Jahre erfolgte Proklamation eines unabhängigen Cyberspace als andersartige Parallelwelt, in der sich jenseits staatlicher, d. h. territorial radizierter Hoheitsgebiete und Einflussmöglichkeiten Menschen unterschiedlicher Herkunft in virtuellen Gemeinschaften zusammenfinden,[66] fand auch in der internationalen sozialwis-

[65] Vgl. *Thiel*, in: Volk/Kuntz (Hrsg.), Der Begriff der Souveränität in der transnationalen Konstellation, S. 215 (227), an dessen Diskursanalyse sich die nachfolgenden Ausführungen eng anlehnen und auf die sie Bezug nehmen. Vgl. ebenso den Überblick bei *Hansel*, ZFAS 2010, 357 ff.

[66] *John Perry Barlow*, „A Cyberspace Independence Declaration“, im Volltext abrufbar unter https://www.eff.org/de/cyberspace-independence (Abrufdatum: 14.6.2019), auf deutsch abgedruckt und mit kritischen Anmerkungen versehen bei *Bollmann/Heibach (Hrsg.)*, Kursbuch Internet, S. 119 ff. Weitere Nachweise in Fn. 139. Dass auch „die deutsche Selbstbeschreibungssemantik [der Medientheorie, E.P.] dem machtpolitisch diskreditierten ‚Lebensraum‘ zu entfliehen trachtet“, legt *Werber*, Die Geopolitik der Literatur, S. 207 ff., offen und erklärt damit, warum die (vor allem deutsche) Medientheorie der Aufteilung des physischen Raums unter den Staaten im Cyberspace überhaupt keine Bedeutung mehr zumessen will und stattdessen „die nahe Zukunft einer gewaltfreien, unhierarchischen, atopischen Weltgesellschaft [suggeriert], die sich medientechnisch auf das Internet stützt“ (S. 208). Diese medientheoretischen Überlegun-

senschaftlichen Diskussion um einen digitalen Strukturwandel ihren Widerhall. Die von ihren Antagonisten als „kalifornische Ideologie“[67] bezeichnete Position behauptete, dass die digitale Vernetzung alternative Modelle politischer Ordnung oder gar Anarchie ermögliche und staatlich-hierarchische Formen der Koordinierung, hier vor allem auch das Recht, zum Rückzug dränge.[68] Eine postpolitische *digital nation* verspreche „a more civil society, a new politics based on rationalism, shared information, the pursuit of truth, and new kinds of community“[69]. Das Netzwerk sei nicht nur eine technische Beschreibung der nicht-hierarchischen Vernetzung von Rechnern, sondern ermögliche auf der Grundlage digitaler Kommunikation zugleich eine freie, gesellschaftliche Selbstorganisation, die Individuen aus der Abhängigkeit zentraler Koordinationsstellen befreie und die staatliche Ordnungsbildung letztlich als ein Relikt der analogen Welt erscheinen lasse.[70]

Die behauptete Transformation des Netzwerks vom technischen Begriff zum politischen Ordnungsmodell als Gegenentwurf zur Souveränität haben die Sozialwissenschaften freilich bald als Kurzschluss entlarvt. Hierzu konnten sie zum einen auf die als *digital divide* bezeichnete ungleiche Verteilung von technologischer Ausstattung und Kompetenz in der Gesellschaft verweisen[71], zum anderen auf die ökonomische Umformung des Internet in Richtung einer stärkeren Zentralisierung und Monopolisierung als Folge von Refinanzierungszwängen.[72] Beide Entwicklungen ließen „die normativ aufgeladene

---

gen verortet Werber letztlich im Rahmen der „systemtheoretische[n] Großthese, daß die Epoche der Weltgesellschaft das Zeitalter der ‚kontinentgroßen‘ Hegemonien abgelöst habe oder doch bald ablösen werde oder ablösen müsse“ (S. 210).

[67] Begriffsprägend *Barbrook/Cameron*, Science as Culture 6 (1996), 44, die die Verschmelzung der Gegensätze des "free-wheeling spirit of the hippies and the entrepreneurial zeal of the yuppies" auf den tiefreichenden Glauben an das emanzipatorische Potential der neuen Informationstechnologien zurückführen; vgl. zu den Ursprüngen auch *Turner*, From Counterculture to Cyberspace, S. 28 ff. und passim.

[68] Vgl. *Jacob/Thiel*, in: dies. (Hrsg.), Politische Theorie und Digitalisierung, S. 7 (11 f.); *Goldsmith/Wu*, Who Controls the Internet?, S. 13 ff. Dass der seinerzeitige Verwaltungsratsvorsitzende von Google *Eric Schmidt* das Internet immer noch als „das größte Anarchismusexperiment aller Zeiten“ und die Onlinewelt als kaum durch Gesetze beschränkt ansieht, dürfte kaum überraschen (*Schmidt/Cohen*, Die Vernetzung der Welt, S. 13; zur künftigen Rolle des Staates aber auch S. 18 f., 123 ff.).

[69] *Katz*, WIRED 5.04 (1997).

[70] Vgl. etwa *Rheingold*, The Virtual Community, S. 297 ff.; *Negroponte*, being digital, S. 230; s. auch *Shirky*, Here Comes Everybody, S. 164 ff.

[71] Vgl. nur *Zillien*, Digitale Ungleichheit, S. 82 ff. m. w. N.; den *digital divide* als Fortsetzung sozialer Ungleichheit erörtert *Ragnedda*, The Third Digital Divide, S. 46 ff., aus Sicht der Soziologie Max Webers.

[72] *Wu*, The Master Switch, S. 269 ff.; *Sassen*, in: Münker/Roesler (Hrsg.), Mythos Internet, S. 215 (225 ff., 231 ff.). Vgl. auch *Lanier*, Wem gehört die Zukunft?, S. 18 ff., der für die Zentralisierung der Macht in einem Netzwerk das Bild der „Sirenenserver“ prägt. Das sind gigantische Rechenzentren an entlegenen Orten mit einer eigenen Energieversorgung und enormen Rechenleistungen, die alle anderen Rechner im Netzwerk übertreffen und ihrem Inhaber die In-

Behauptung der Egalität horizontaler Netzwerke gegenüber vertikaler Souveränität naiv erscheinen"[73].

Wissenschaftliche Ernüchterung ist auch aus demokratietheoretischer Warte im Hinblick auf das politische Partizipationspotential netzwerkgestützter digitaler Kommunikation eingetreten. So ließ sich die These von der digitalen, vor allem durch soziale Netzwerke vermittelten Selbstorganisation als „emanzipatorische Alternative zur Organisation der Demokratie"[74] nicht aufrechterhalten, da sie zum einen eine Vielzahl von Risiken und Missbrauchsmöglichkeiten der Kommunikation in sozialen Netzwerken ausblendete.[75] Gegen sie wurde zum anderen an die allgemeinen empirischen Voraussetzungen partizipativer Demokratiemodelle[76] erinnert, die digitale Plattformen selbst nicht – und erst recht nicht dauerhaft – gewährleisten können. Wie in der analogen Welt auch hängt gelingende digitale Partizipation unter anderem von hinreichenden sozioökonomischen Ressourcen wie formaler Qualifikation, Berufsprestige, Einkommen, digitalen Kompetenzen oder Zeit ab, die jedoch sehr ungleich verteilt sind. Sie privilegieren eine Minderheit von besonders digital kompetenten, politisch interessierten und auch sonst ressourcenstarken Bürgern[77] – dies eine weitere Manifestation des *digital divide* – und leisten damit einem Verstoß gegen den Grundsatz strikt-formaler demokratischer Egalität Vorschub. Die dementsprechenden Vorzüge repräsentativer Demokratiemodelle werden dagegen kaum hinreichend reflektiert oder gänzlich überspielt.[78] Dass sich schließlich auch radikaldemokratische Ansätze, die die Organisation von Protest über das Internet bzw. die sozialen Netzwerke als demokratisches Mittel zur Überwindung autoritärer Regime konzeptionalisieren[79], an der harten empirischen Realität stoßen, belegen etwa die Kurzlebigkeit und letztliche Erfolglosigkeit der sogenannten Twitter-Revolutionen

formationshoheit im Netzwerk verschaffen. Zur zunehmenden Kommerzialisierung des Internet als Gefahr für sein demokratisches Potential *Sassen*, Indiana Journal of Global Legal Studies 5 (1998), 545 (546 ff.).

[73] *Thiel*, in: Volk/Kuntz (Hrsg.), Der Begriff der Souveränität in der transnationalen Konstellation, S. 215 (220).

[74] Vgl. etwa *Grossman*, The Electronic Republic, S. 46 ff. und passim; distanziert *Poster*, in: Münker/Roesler (Hrsg.), Mythos Internet, S. 147 (159 ff.); als Demokratisierungs-Theorem erörtert bei *Bühl*, Die virtuelle Gesellschaft des 21. Jahrhunderts, S. 294 ff.

[75] *Thiel*, in: Volk/Kuntz (Hrsg.), Der Begriff der Souveränität in der transnationalen Konstellation, S. 215 (222), dort auch das Zitat.

[76] Hierzu nur *Schmidt*, Demokratietheorien, S. 244 ff.

[77] Vgl. etwa mit Blick auf Blogger *Hindman*, The Myth of Digital Democracy, S. 102 ff. Die Verdoppelung der realen Ungleichheiten in der virtuellen Welt des Netzes fasst *Bühl*, Die virtuelle Gesellschaft des 21. Jahrhunderts, S. 297 ff., unter dem Stichwort des Reproduktions-Theorems.

[78] Vgl. die frühe Übersicht über den Diskussionsstand und die pessimistische Stellungnahme von *Buchstein*, Deutsche Zeitschrift für Philosophie 44 (1996), 583 (586 ff.).

[79] Demokratietheoretische Grundlagen im Sammelband von *Dahlberg/Siapera (Hrsg.)*, Radical Democracy and the Internet.

im Iran und anderenorts.[80] Und auch gemäßigtere Erwartungen, freie netzwerkgestützte Kommunikation werde per se geschlossene, autoritäre Regime zum Sturz bringen, bewahrheiteten sich kaum; vielmehr formen autoritäre Staaten durch leistungsfähige technische Filter oder die Inpflichtnahme kommerzieller Informations- und Kommunikationsplattformen ihren eigenen Cyberspace.[81]

2. *Illusion II: Internet Exceptionalism*

Widerlegt ist inzwischen auch die früher prominent vertretene These des *Internet Exceptionalism*, die die Unmöglichkeit rechtlicher Steuerung im Internet durch souveräne Staaten damit begründete, dass die Globalität und Anonymität des Internet Souveränitätsemanationen durch Rechtsetzung, Rechtsanwendung und Rechtsprechung in territorial abgegrenzten Hoheitsräumen unmöglich machten.[82] Die vermeintliche Entterritorialisierung durch die Entkoppelung von der realen Welt ließ sich nicht so trennscharf durchhalten wie von der These vorausgesetzt. Stattdessen beanspruchen die geographischen Grenzen der realen Welt als Anknüpfungspunkte für eine rechtliche Steuerung auch im Cyberspace ihre Relevanz.[83] Dies gilt zunächst mit Blick auf die Spra-

---

[80] Kritisch *Morozov*, The Net Delusion, S. 1 ff.; differenzierend *Lovink*, Das halbwegs Soziale, S. 199 ff.

[81] *Hansel*, ZFAS 2010, 357 (360 ff.) – auf die dort beschriebene Ambivalenz des Internet als Mittel einerseits der politischen Liberalisierung und Demokratisierung, andererseits der staatlichen Propaganda und Repression hat schon früh *Ronfeldt*, Cyberocracy, Cyberspace, and Cyberology, S. 57 ff., aufmerksam gemacht. Und so bemerken *Goldsmith/Wu*, Who Controls the Internet?, S. 90, mit Blick auf die chinesische Filterpraxis denn auch zutreffend: „the Internet enjoyed in the West is a choice – not fate, not destiny, and not natural law". Umfassend zur globalen Filterpraxis mit Regionalübersichten die Beiträge in *Deibert u.a. (Hrsg.)*, Access Denied.

[82] Vgl. etwa *Johnson/Post*, Standford Law Review 48 (1996), 1367 (1370 ff.); unmittelbar dagegen *Lessig*, Stanford Law Review 48 (1996) 1403 (1405 ff.); *Wu*, Harvard Journal of Law & Technology 10 (1997), 647 (649 ff.), und *Goldsmith*, University of Chicago Law Review 65 (1998), 1199 ff. *Lessig*, Code 2.0, S. 23, nennt Informationen über die Identität einer Person, über deren Aufenthaltsort und über deren konkretes Verhalten als Voraussetzungen einer rechtlichen Steuerung und beschreibt technische Optionen, um diese Informationen auch im Internet erheben zu können (S. 38 ff.), allerdings „not being architected by government […] instead being demanded by users and deployed by commerce". S. auch *Di Fabio*, Grundrechtsgeltung in digitalen Systemen, S. 17 ff.

[83] Als Anknüpfungspunkte für eine technische Steuerung dienen geographische Grenzen in dem Vorschlag eines auf das Bundes- bzw. das Schengengebiet begrenzten Routings (kurz: *Schengen Routing*). Dieser Vorschlag zielt auf die (Wieder-)Herstellung digitaler Souveränität, indem technisch sichergestellt wird, dass Datenpakete Deutschland bzw. den Schengenraum nicht verlassen, wenn sich Sender und Empfänger im selben Territorium befinden. Bislang folgen die Daten nach dem Internet Protocol unabhängig von geographischen Grenzen den jeweils besten verfügbaren Routen im globalen Internet. Befürworter versprechen sich hiervon einen besseren Schutz vor Privatheitsgefährdungen durch ausländische Geheimdienste oder nicht-staatliche Dritte – vgl. *Hoffmann-Riem*, JZ 2014, 53 (58); *Geminn*, MMR 2015, 98 ff. Gegner des als „Balkanisierung des Internet" gescholtenen Vorschlags verweisen auf den dro-

che und kulturellen Gewohnheiten als unmittelbare und wichtigste durch Grenzen repräsentierte Unterschiede[84], vor allem aber hinsichtlich der geographischen Lage der physischen Infrastrukturen bzw. des Sitzes der notwendigen Intermediäre. Und auch technische Lösungen wie die Geolokalisierung im Internet[85] verweisen auf die gleichbleibende Bedeutung von Grenzen der realen in der virtuellen Welt.[86] Je mehr der Cyberspace aber territorial radiziert ist, „desto wirkungsvoller bleiben [...] die traditionellen Herrschaftsinstrumente staatlicher – das heißt territorial gebundener – politischer Verbände“[87].

Selbst dort, wo sich Steuerungswirkungen nicht (allein) durch hoheitlich gesetztes Recht entfalten, sondern vor allem von privaten Akteuren ausgehen, wussten sich Staaten bislang regelmäßig alternative Steuerungsinstrumente zunutze zu machen. Dies gilt zunächst für den Code. Er bezeichnet die in Soft- und Hardware eingebetteten Instruktionen, „die den Cyberspace [bzw. das Internet, E.P.[88]] zu dem machen, was er [bzw. es] ist“.[89] Die eingängige These „code is law“ besagt hierbei, dass dem Code, d.h. der gestaltbaren Architektur des Internet bzw. Cyberspace selbst regulierende Wirkung zukommt, indem

---

henden Verlust der Offenheit des Internet sowie Konflikte mit dem Prinzip der Netzneutralität; ohnehin biete das *Schengen Routing* keinen Schutz, wenn die Nutzer auf global verfügbare Dienstleistungen etwa der großen amerikanischen Internet-Player zurückgriffen – vgl. *Goldacker*, Digitale Souveränität, S. 29 f.; *Geminn*, MMR 2015, 98 (100 ff.); *Hoffmann-Riem*, JZ 2014, 53 (58 m. Fn. 39), jeweils m.w.N. Den Verlauf der vorerst verstummten Diskussion über die Idee eines nationalen bzw. *Schengen Routings* zeichnen *Pitroff u.a.*, in: Buhr/Hammer/Schölzel (Hrsg.), Staat, Internet und digitale Gouvernementalität, S. 141 (145 ff.) nach.

[84] *Goldsmith/Wu*, Who Controls the Internet?, S. 50 ff.: “The most immediate and important difference reflected by borders is language.”; ähnlich *Weber*, Rechtstheorie 40 (2009), 516 (527 f.): „Re-Kontextualisierung [von Informationen, E.P.] mit Blick auf die individuellen sozialen und kulturellen Gegebenheiten”. *Engel*, BerDGVR 39 (2000), 353 (371), erkennt in der schnellen Ausdifferenzierung des Internet in Sprach- und Kulturräume einen Anreiz zum Englischlernen.

[85] Vgl. aus der deutschsprachigen Literatur etwa *Hoeren*, MMR 2007, 3 ff.

[86] *Goldsmith/Wu*, Who Controls the Internet?, S. 58 ff.; vgl. auch *Goldsmith*, Indiana Journal of Global Legal Studies 5 (1998), 475 (478 ff.); *ders.*, Chicago-Kent Law Review 73 (1998), 1119 (1121). Überblick über die deutsche Diskussion bei *Greve*, Access-Blocking, S. 106 ff., s. auch *Steinbicker*, in: Bach (Hrsg.), Der entmachtete Leviathan, S. 199 (210 ff.). Der Beitrag etwa von *Boehme-Neßler*, NJW 2017, 3031 (3032 ff.), zeigt freilich, dass sich die Vorstellung der völligen Bedeutungslosigkeit von Raum und Zeit im Cyberspace auch heute noch hartnäckig hält und zu einer künstlichen Überzeichnung des Verhältnisses von Digitalisierung und Recht als deren „extremes Gegenmodell“ führt, die letztlich die These von der Unschärfe des Rechts stützen soll (zuvor schon *ders.*, Unscharfes Recht, S. 655 ff.); zutreffend dagegen *Schmahl*, AVR 47 (2009), 284 (287 ff.), die die gleichwohl bestehenden Abgrenzungsprobleme in der zwischenstaatlichen Kompetenzordnung näher beleuchtet.

[87] *Hansel*, ZFAS 2010, 357 (359).

[88] *Lessig*, Code 2.0, S. 9 f., unterscheidet zwischen Internet und Cyberspace, erörtert Fragen ihrer Regulierbarkeit aber gemeinsam und im Wesentlichen gleich: „The Internet is that medium through which your e-mail is delivered and web pages get published. It’s what you use to order books on Amazon [...] But ‚cyberspace‘ is something more. Though built on top of the Internet, cyberspace is a richer experience. Cyberspace is something you get pulled ‚into‘“.

[89] *Lessig*, Code 2.0, S. 5 f./121.

er die Ausübung von Freiheiten ebenso wie die Ausübung von Kontrolle zulässt.[90] Der Code wird indes nicht schon vorgefunden, sondern erst hergestellt und bietet damit die Möglichkeit der Verhaltenssteuerung in Internet, ohne dass dies zwingend auf eine hoheitliche Verhaltenssteuerung hinauslaufen müsse. Gleichwohl behaupten auch Staaten im Internet ihre Souveränität, indem sie auf die Gestaltung des Codes Einfluss nehmen. Die neuere, unter dem Stichwort der Algorithmen fortgeführte Diskussion[91] widmet sich denn auch stärker der hoheitlichen Governance von Algorithmen, d.h. den Vorgaben für die Schaffung und Durchsetzung algorithmenbasierter Regeln, sowie dem Zusammenwirken der Steuerungsinstrumente „Recht" und „Algorithmen".[92]

Eng verwandt mit der Steuerung durch Algorithmen ist die Steuerung durch Setzung technischer Standards bzw. Protokolle.[93] Auch hier haben Staaten im Rahmen der globalen Internet Governance Einflussmöglichkeiten geschaffen oder verteidigt, wie sich an zwei Beispielen verdeutlichen lässt.[94] Das erste Beispiel ist die Vereinbarung des *Transmission Control Protocol/Internet Protocol* (TCP/IP) als offener, nicht proprietärer Standard für den Informationsaustausch zwischen verschiedenen Netzwerken, mit dem verhindert werden sollte, dass kommerzielle IT-Anbieter auf der Grundlage proprietärer Standards zu großen Einfluss auf die Standardsetzung im Internet bekommen. Das zweite Beispiel betrifft das *Domain Name System* (DNS), das den Namensraum des Internet verwaltet und die Zuordnung eines Domainnamens zu einer bestimmten IP-Adresse ermöglichen soll. Mit der Verwaltung des DNS,

---

[90] Ausführlich zur Steuerung durch Code/„Architektur" *Lessig*, Code 2.0, S. 120 ff. Ähnlich zuvor schon *Reidenberg*, Texas Law Review 76 (1998), 553 (568 ff.), mit seinem Konzept der „lex informatica". Vgl. zu beiden *Leube*, Die Rolle des Staates im Internet, S. 226 ff.

[91] Von Algorithmen zu sprechen ist *en vogue*. Dagegen bemerkt *Passig*, Merkur Nr. 823 (2017), 16: „Man könnte einfach ‚Software' sagen, aber das klingt eben nicht so sinister wie ‚Algorithmus', sondern nur ein bisschen nach angestaubten Disketten. Algorithmus bedeutet nicht ‚irgendwas, woran ein Computer beteiligt ist'. Das Wort bezeichnete eigentlich einmal ein klar umrissenes Rezept, zum Beispiel ein Sortierverfahren oder eine Anleitung zum Zusammenbau eines Ikea-Regals. [...] Aber was soll man machen, in der Umgangssprache verschwindet die Software zugunsten des Algorithmus, und wer gegen den Sprachwandel protestiert, der kann auch gleich gegen Ebbe und Flut demonstrieren." Ähnlich stellt *Eifert*, NJW 2017, 1450 (dort Fn. 6), fest, dass die Bezugnahme auf den „Algorithmus" als den maßgeblichen Zugriffsgegenstand üblich geworden ist, er selbst verwendet das Wort aber als Chiffre, bei der es der Sache nach über Algorithmen hinaus um sämtliche technischen und Designentscheidungen informationstechnischer Systeme und Infrastrukturen geht, also das, was *Lessig* als Code bezeichnet.

[92] Exemplarisch *Hoffmann-Riem*, AöR 142 (2017), 1 (25 ff.) m.w.N.; *Hofstetter*, Das Ende der Demokratie, S. 359 ff.; zuvor schon *Lessig*, Code 2.0, S. 294 ff.

[93] Hierzu *Mayer*, Das Internet im öffentlichen Recht, S. 60 ff.; *Delfs*, in: Eifert/Hoffmann-Riem (Hrsg.), Innovation und rechtliche Regulierung, S. 171 (173 ff.).

[94] Die folgenden Beispiele ausführlich erörtert bei *Drezner*, Political Science Quarterly 119 (2004), 477 (490 ff.) = *ders.*, All Politics Is Global, S. 106 ff., der damit auch die weit verbreitete Annahme widerlegt, dass die technischen Internetprotokolle allein durch eine Wissenschaftsgemeinschaft von Computerexperten geschaffen worden sind. Vgl. auch *Lehmkuhl*, in: Dunn/Krishna-Hensel/Mauer (Hrsg.), The Resurgence of the State, S. 85 ff.; *Mueller*, Networks and States, S. 55 ff.

insbesondere der Vergabe von Domainnamen, wurde die nichtstaatliche, nunmehr einem Multistakeholder-Ansatz verpflichtete *Internet Corporation of Assigned Names and Numbers* (ICANN) nach Intervention mehrerer Staaten betraut, die damit (wenngleich aus unterschiedlichen Gründen) verhindern wollten, dass andere internationale Nichtregierungsorganisationen oder Internationale Organisation zu großen Einfluss auf das DNS gewinnen.[95]

3. Reaktion I: Digitale Souveränität

In der hier nur höchst kursorisch referierten sozialwissenschaftlichen Debatte wird deutlich, dass der lange Arm staatlicher Souveränität entgegen früherer Prognosen auch in das Internet bzw. in den Cyberspace reicht. Wissenschaftliche Analysen registrieren zum einen die Wiederkehr des Staates im Netzdiskurs, „[d]essen Kompetenz zur Rechtsetzung, Regulierung und Ordnungsbildung [...] sich als beständiger und notwendiger erwiesen [hat] als von den Internetpionieren behauptet und dessen demokratietheoretischen Meriten [...] nicht so obsolet [sind] wie zunächst angenommen". Zum anderen diagnostizieren sie einen damit einhergehenden Wandel von Staatlichkeit[96], der sich etwa in der Vielzahl neuer Governance-Arrangements unter Einbeziehung technischer Experten und zivilgesellschaftlicher Akteure zeige, die in den Rechtswissenschaften beispielsweise unter dem Stichwort der regulierten Selbstregulierung verhandelt werden[97].

Die nachbarwissenschaftliche Debatte liefert mithin einen ersten Beleg für die Anschlussfähigkeit und die Potentiale eines Konzepts digitaler Souveränität auch in der Rechtswissenschaft. Sie benennt zugleich neuralgische Punkte, die im allgemeinen Topos des Wandels der Staatlichkeit bereits angeklungen sind und zu denen sich ein Konzept digitaler Souveränität verhalten muss, weil und insoweit es sich von überkommenen Souveränitätsvorstellungen unterscheidet. Es steht somit nicht mehr in Zweifel, dass Souveränität überhaupt ein Thema der Digitalisierungsdebatte sein kann. Vielmehr verdient genauere Betrachtung, wie sich Souveränität unter den Bedingungen der Digitalisierung

[95] Kritisch zur seinerzeit zu konstatierenden Dominanz der USA bei der Internet Governance aber etwa *Dederer*, AVR 47 (2009), 367 (377 ff.). Relativierender Verweis auf die Bedeutung privater Internetregulierung dagegen bei *Uerpmann-Wittzack*, AVR 47 (2009), 261 (279 ff.), vgl. auch *Knieper/Tonndorf/Wolf*, in: Bach (Hrsg.), Der entmachtete Leviathan, S. 217 (222 ff.). Seine Aufsichtsrolle über die ICANN hat die US-Telekommunikationsbehörde beim US-Handelsministerium 2016 an ein pluralistisch zusammengesetztes Selbstverwaltungsgremium der ICANN übertragen.

[96] So das Résumé der Untersuchung von *Thiel*, in: Volk/Kuntz (Hrsg.), Der Begriff der Souveränität in der transnationalen Konstellation, S. 215 (233).

[97] Dazu exemplarische Überblicke bei *Greve*, Access-Blocking, S. 108 ff.; *Hoffmann-Riem*, in: Fehling/Schliesky (Hrsg.), Neue Macht- und Verantwortungsstrukturen in der digitalen Welt, S. 27 (44 ff.).

näher entfaltet.[98] Das betrifft zunächst die Frage, wer überhaupt Zuordnungssubjekt der Souveränität ist. Waren dies herkömmlich nur die (das jeweilige Volk repräsentierenden) Staaten, wirft die sozialwissenschaftliche Diskussion auch ein Schlaglicht auf die IT-Unternehmen, die Infrastrukturen, Plattformen oder Anwendungen am Markt anbieten und dadurch potentiell verhaltenslenkend wirken, sowie vereinzelt auf supra- oder internationale Organisationen. Ebenso wird (wenngleich noch vereinzelt) die Stellung des Individuums unter den Vorzeichen digitaler Souveränität dekliniert.[99] Sodann wäre näher zu beleuchten, in welchen Ausprägungen, d.h. in welchen Feldern und in welchen Formen sich digitale Souveränität erweist.

4. Reaktion II: Digitale Gouvernementalität

Einen alternativen und zugleich modischen[100] Zugang zum Wandel von Staatlichkeit durch Digitalisierung bietet eine Foucault-Rezeption in der Politikwissenschaft, die sich mit dem Begriff der „digitalen Gouvernementalität" ausdrücklich von der digitalen Souveränität abgrenzen möchte und daher hier kurz Erwähnung finden soll. Die Gouvernementalitätsforschung versteht den Staat mit Foucault[101] als Ansammlung verschiedener Regierungs- und Staatsbildungsprozesse sowie als den auf den Staat hinführenden Effekt von Machtbeziehungen und beleuchtet dabei vor allem Techniken des Regierens. Das Konzept der digitalen Gouvernementalität ergänzt die Betrachtung der Regierungstechniken um eine medienwissenschaftliche, die Medien des Regierens thematisierende Perspektive. Es nimmt den „Zusammenhang von ‚Staat' und ‚Internet' im Sinne sowohl technischer als auch politischer Veränderungen" in den Blick und fragt etwa danach, „wie ein als Souverän verstandener Staat durch bestimmte (z.B. technische) Entwicklungen im Bereich der Regierungsverfahren oder durch Entgrenzungen und Ordnungsbildungen jenseits klassisch-territorialer Nationalstaaten infrage gestellt wird und sich selbst neu erfinden muss, um bestehen zu können"[102].

[98] Vgl. *Mueller*, Will the Internet Fragment?, S. 71 ff.; *Thiel*, in: Volk/Kuntz (Hrsg.), Der Begriff der Souveränität in der transnationalen Konstellation, S. 215 (228).

[99] Exemplarisch *Cohen*, Configuring the Networked Self, S. 223 ff.; *Baumann u.a.*, International Political Sociology 8 (2014), 121 (137 ff.). Vgl. neuerdings auch die „Karlsruher Thesen zur Digitalen Souveränität Europas" der im „Kompetenzzentrum für Angewandte Sicherheitstechnologie – KASTEL" vereinten Forschungseinrichtungen (Karlsruher Institut für Technologie – KIT, FZI Forschungszentrum Informatik und Fraunhofer Institut für Optronik, Systemtechnik und Bildauswertung – IOSB), vorgestellt bei *Beyerer/Müller-Quade/Reussner*, DuD 2018, 277 ff.

[100] *Röhl*, Rechtssoziologie-online.de, § 10, spricht treffend von einem um *Michel Foucault* aufgebauten „Gefolgschafts-Dispositiv, an dem nur noch Juristen vorbeikommen", an anderer Stelle vom „Multitool Gouvernementalität".

[101] Vgl. etwa *Foucault*, Geschichte der Gouvernementalität I, S. 160.

[102] *Buhr/Schölzel*, in: Buhr/Hammer/Schölzel (Hrsg.), Staat, Internet und digitale Gouvernementalität, S. 1 (7 f.).

Dass hier jene Vorstellungen einer digitalisierungsbedingten Entterritorialisierung und eines Verlusts der ordnungsbildenden Kraft souveräner Staatlichkeit aus der Frühzeit des Internet wiederkehren, die auch in der Politikwissenschaft eben noch überholt schienen, ist nicht der entscheidende Punkt, der es rechtfertigt, diesen Ansatz hier nicht weiterzuverfolgen. Schon eher ist es die überzeichnete Gegenüberstellung von (digitaler) Souveränität als vermeintlich statischer Definition und (digitaler) Gouvernementalität als dynamischer Prozess, in dem sich (digitale) Staatlichkeit durch verschiedene Techniken erst konstituieren soll[103]. Sie bleibt eine überzeugende Begründung schuldig, warum Souveränität nicht auch als dynamischer, wandelbarer Begriff gedacht werden kann. Wenn schließlich die große Anschlussfähigkeit Foucaults darauf zurückgeführt wird, „dass er weit- und scharfsichtig Stichworte in die Welt gesetzt hat, die sich mehr oder weniger überall, wo heute Gesellschaftskritik geübt wird, wiederfinden", und wenn es diese große Anschlussfähigkeit erlaubt, dass „Autoren aus allen wissenschaftlichen und politischen Lagern ihr eigenes Werk adeln [können], indem sie sich auf Foucaults Autorität berufen, ohne konkrete Aussagen übernehmen zu müssen"[104], werden zugleich Argumentationslasten verteilt. Die Foucault-Rezeption muss begründen können, welche Ergebnisse oder Einsichten sie beizusteuern vermag, die andere konzeptionelle Ansätze nicht zu liefern im Stande sind. Der Hinweis, Foucaults Werk selbst eröffne eine „Forschungsperspektive im wörtlichen Sinne: eine Art und Weise hineinzuschauen, eine spezifische Blickrichtung"[105] ohne systematisch-theoretischen Anspruch, genügt hierfür noch nicht. So erschöpfen sich denn auch die unter dem Stichwort der digitalen Souveränität versammelten Beiträge in einem „Doing Foucault"[106], ohne dass ein Distinktionsgewinn gegenüber anderen konzeptionellen Ansätzen recht erkennbar wäre.[107] Das spricht mitnichten gegen die sozialwissenschaftliche Analyse des Wandels von Staatlichkeit durch Digitalisierung aus der Warte digitaler Gouvernementalität, aber eben auch nicht zwingend gegen das Konzept digitaler Souveränität.

---

[103] Zur hier anklingenden Nähe der Gouvernementalitäts- zur Governanceperspektive vgl. *Sack*, in: Vasilache (Hrsg.), Gouvernementalität, Staat und Weltgesellschaft, S. 101 ff.; kritisch-pointiert *Röhl*, Rechtssoziologie-online.de, § 10: „Die große Governance-Gemeinde muss sich quälen, um überhaupt Unterschiede [zum Konzept der Gouvernementalität, E.P.] herauszustellen".

[104] Beide Zitate bei *Röhl*, Rechtssoziologie-online.de, § 10.

[105] *Bröckling/Krasmann*, in: Angermüller/van Dyk (Hrsg.), Diskursanalyse meets Gouvernementalitätsforschung, S. 23 (32).

[106] *Röhl*, Rechtssoziologie-online.de, § 10.

[107] Entsprechend defensiv liest sich die Einleitung der Herausgeber des einschlägigen Bandes *Buhr/Schölzel*, in: Buhr/Hammer/Schölzel (Hrsg.), Staat, Internet und digitale Gouvernementalität, S. 1 (5): „Nicht alle Beiträge dieses Bandes folgen explizit einer Perspektive der Gouvernementalität – ein Teil der Beiträge lässt sich eher der Governanceforschung zuordnen –, doch berühren sie ausnahmslos die skizzierte Problematik einer sich im Zeichen des ‚Internets' wandelnden Staatlichkeit unter besonderer Berücksichtigung sich wandelnder Regierungsprozesse."

III. Digitale Souveränität als verfassungsrechtliches Leitbild

1. Begriff der Souveränität

Im verfassungsrechtlichen Leitbild digitaler Souveränität schwingt der gesamte ideengeschichtliche Hintergrund des Begriffs der Souveränität einschließlich seiner Ambivalenzen und Aktualisierungen mit, der hier freilich nicht weiter zu erörtern ist.[108] Aus historischer Perspektive ist nur zu vermerken, dass sich der Souveränitätsbegriff als durchaus wandelbar erwiesen hat. Im Kern bezeichnete er dabei stets eine Eigenschaft von Herrschaftsgewalt, die bald der Nation, bald dem Volk, bald dem Recht, zuletzt auch supranationalen Organisationen zugeschrieben, als „Schlüsselbegriff im Entstehungsprozeß des modernen Staates“[109] aber vor allem mit Staatsgewalt verbunden, bisweilen sogar gleichgesetzt wurde.

Das moderne Begriffsverständnis unterscheidet zwischen innerer und äußerer Souveränität, trennt sie aber nicht voneinander, sondern verortet sie in einem wechselseitigen Bedingungsverhältnis.[110] Äußere Souveränität bezeichnet die Unabhängigkeit eines Staates von anderen Staaten, die einander als gleichberechtigte geborene Völkerrechtssubjekte in der internationalen Staatengemeinschaft begegnen. Innere Souveränität meint die rechtlich höchste, freilich nicht schrankenlose Gewalt nach innen, die in ihrer Suprematie (Zu-Höchst-Sein) durch die Merkmale der Einzigkeit, der Einseitigkeit und der Einheitlichkeit gekennzeichnet ist. Als solche ist sie „keine juristisch faßbare Kategorie des Rechts, sondern eine existentielle politische Kategorie der Macht“[111]. Sie realisiert sich zum einen in der Befugnis zur Rechtsetzung mit dem Anspruch auf Rechtsgehorsam, zum anderen in der Befugnis zur Kontrolle der Einhaltung des Rechts und schließlich in der Befugnis zur effektiven Rechtsdurchsetzung, die auf die faktische Komponente der (inneren) Souveränität verweist[112].

---

[108] Zu Begriff und Geschichte der Souveränität statt vieler, jeweils m. w. N., *Quaritsch*, Staat und Souveränität, S. 36 ff., 249 ff.; *ders.*, Souveränität, S. 13 ff.; *Grimm*, Souveränität, S. 16 ff.; *Schliesky*, Souveränität und Legitimität von Herrschaftsgewalt, S. 57 ff. Vgl. auch *Randelzhofer*, in: Isensee/Kirchhof (Hrsg.), HStR II^3, § 17 Rn. 1 f., der auf die fehlenden eindeutigen, allgemein anerkannten Konturen sowie die fehlende Präzision und die Unklarheiten des Begriffs der Souveränität verweist und diese auch in der „historischen Hypothek“ der Souveränität begründet sieht.

[109] *Dreier*, in: Görres-Gesellschaft (Hrsg.), Staatslexikon IV^7, Art. Souveränität, Sp. 1203; ähnlich *Di Fabio*, Das Recht offener Staaten, S. 2 („Kernidee des modernen Staates“).

[110] Vgl. nur *Randelzhofer*, in: Isensee/Kirchhof (Hrsg.), HStR II^3, § 17 Rn. 24.

[111] *Isensee*, in: Isensee/Kirchhof (Hrsg.), HStR XII^3, § 268 Rn. 97; vgl. auch *ders.*, in: Isensee/Kirchhof (Hrsg.), HStR II^3, § 15 Rn. 102.

[112] *Randelzhofer*, in: Isensee/Kirchhof (Hrsg.), HStR II^3, § 17 Rn. 39.

2. *Verfassungsrechtliches Leitbild der digitalen Souveränität*

a) Inhalt

Dieser verfassungstheoretische wie dogmengeschichtliche Hintergrund bildet den Resonanzraum für die Erörterung der digitalen Souveränität als verfassungsrechtliches Leitbild, das den Verfassungswandel durch die Digitalisierung überschreiben, beschreiben und anleiten soll. Vom verfassungstheoretischen Begriff unterscheidet sich das Leitbild aber durch seine konstitutive Deutungsoffenheit, die gerade im rechtswissenschaftlichen Verwendungszusammenhang spezifische Funktionen erfüllt. So will das Leitbild nicht Konturen schärfen, sondern Komplexität reduzieren. Es will noch kein konsistentes Theoriegebäude anbieten, sondern zunächst ein heuristisches Instrument zur Verfügung stellen, das rechtswissenschaftlichen Suchbewegungen eine Richtung gibt, mit denen etwa ein Wandel analysiert, mitunter aber auch forciert werden kann.[113] Wo verfassungsrechtliche Leitbilder entstehen bzw. gesetzt werden, eröffnen sie neue oder weitergehende Perspektiven und stoßen Debatten an, an deren Ende sich ein neues verfassungstheoretisches Konzept herauskristallisieren mag, jedenfalls aber veränderte verfassungsrechtsdogmatische Aussagen zu verzeichnen sein dürften.

In diesem Sinne soll das verfassungsrechtliche Leitbild digitaler Souveränität hier für die Verantwortung und die Legitimität des Staates unter den Bedingungen der Digitalisierung stehen. Aus der Warte des Verfassungsrechts interessieren dabei vor allem die infrastrukturelle sowie die individualrechtliche Dimension der digitalen Souveränität, die in der politischen Debatte bereits adressiert worden sind. Als Signatur eines Verfassungswandels verweist das Leitbild auf diejenigen punktuellen wie strukturellen Veränderungen des Verfassungsrechts, die die Digitalisierung angestoßen hat.

b) Normative Anknüpfungspunkte des Leitbilds

Ausdrückliche normative Anknüpfungspunkte des Leitbilds der digitalen Souveränität im Grundgesetz sind freilich schwer zu benennen. Eine „allenfalls notdürftig[e] Anbindung an den Text" ist andererseits auch nicht untypisch für verfassungsrechtliche Leitbilder.[114]

Hier rücken zunächst zwei im Wege der Verfassungsänderung eingefügte Normen in den Blick. Als materielle Grundsatznorm des Telekommunikationsrechts[115] bildet Art. 87f GG die verfassungsrechtliche Grundlage für die Privatisierung des vormals in bundeseigener Verwaltung geführten Post- und Telekommunikationswesens und erlegt dem Staat die Gewährleistungsverant-

---

[113] Vgl. nochmals *Braun*, Leitbilder im Recht, S. 160 ff., und oben, S. 178 f.

[114] *Volkmann*, AöR 134 (2009), 157 (170).

[115] *Masing*, in: Isensee/Kirchhof (Hrsg.), HStR IV^3, § 90 Rn. 29; *Gröpl*, in: Maunz/Dürig, GG, Art. 87f Rn. 1.

wortung hinsichtlich flächendeckend angemessener und ausreichender Dienstleistungen auf.[116] Art. 91c GG stellt im Wesentlichen die Kompetenz- und Koordinierungsnorm für die Verwaltungszusammenarbeit von Bund und Ländern bei der Planung, der Errichtung und dem Betrieb öffentlicher Informations- und Kommunikationstechnik dar. Beide Normen thematisieren die infrastrukturelle Dimension der digitalen Souveränität.

Digitale Souveränität verwirklicht sich aber auch in der Verpflichtung des Staates zum Schutz von Individualrechtsgütern unter den Bedingungen der Digitalisierung, die sich aus dem objektiv-rechtlichen Gehalt der jeweiligen Grundrechte ergeben kann, dort aber nicht ausdrücklich geregelt, sondern durch Auslegung zu ermitteln ist.[117] Digitalisierungsspezifische Grundrechte finden sich nicht im Verfassungstext, sondern wurden vom Bundesverfassungsgericht aus der Zusammenschau der Art. 2 Abs. 1 und Art. 1 Abs. 1 GG entwickelt. Das 1983 entdeckte Grundrecht auf informationelle Selbstbestimmung gilt auch der überkommenen Lehre vom Verfassungswandel als Paradebeispiel eines solchen Wandels, ebenso wahrt das 2008 erkannte Grundrecht auf Gewährleistung der Vertraulichkeit und Integrität informationstechnischer Systeme Distanz zum Verfassungstext.[118]

c) Abgrenzung zur Lehre von den Verfassungsvoraussetzungen

Der Textbefund bleibt also insgesamt äußerst schmal. Und so rückt das Leitbild digitaler Souveränität eher in die Nähe der Kategorie der Verfassungsvoraussetzungen. Damit werden der Verfassung zugrundeliegende, aber von der Verfassung selbst nicht normierte reale oder rechtliche Strukturen bezeichnet, die auf den dogmatischen Gehalt des Verfassungsrechts zurückwirken können.[119] Neben dem Menschenbild des Grundgesetzes, dem Geld, der Marktwirtschaft oder der Presse soll auch die innere Souveränität hierunter

---

[116] Dazu näher ab S. 253 ff.

[117] Insoweit ähnlicher Ansatz bei *Roßnagel*, in: Fehling/Schliesky (Hrsg.), Neue Macht- und Verantwortungsstrukturen in der digitalen Welt, 2016, S. 73 (75 ff.). Er subsumiert unter den Begriff der staatlichen Verantwortung für Teilhabe in der digitalen Zeit zum einen aus dem objektiven Gehalt der Grundrechte abgeleitete staatliche Schutzpflichten gegen Grundrechtsgefährdungen im Internet, zum anderen die staatliche Verpflichtung zur Gewährleistung der (bei Roßnagel vor allem technisch-infrastrukturellen) Rahmenbedingungen für einen tatsächlichen Grundrechtsgebrauch im Internet.

[118] Zum Ganzen unten S. 295 ff.

[119] Die beste Definition der Verfassungsvoraussetzungen stammt von einem ihrer schärfsten Kritiker: *Möllers*, Staat als Argument, S. 256 (noch prägnanter auf S. 271: „Kurzformel für die nichtrechtlichen Dependenzen des Verfassungsrechts"). *Krüger*, FS Scheuner, S. 285 (286), der den Begriff der Verfassungsvoraussetzungen geprägt hat, spricht zunächst wenig konkret von Verfassungsvoraussetzungen als „Umwelt [...], die für [die Verfassung], um nur das mindeste zu sagen, nicht bedeutungslos ist", und erörtert sie als verfassungsrechtliche Gegenstücke zur bürgerlich-rechtlichen Geschäftsgrundlage.

fallen.[120] Der normative wie methodische Status der Verfassungsvoraussetzungen ist freilich prekär. Die Kritik an dieser Kategorie knüpft zum einen am behaupteten Funktionszusammenhang zwischen der Verfassung und ihren Verfassungsvoraussetzungen, zum anderen an der methodischen Herleitung der Verfassungsvoraussetzungen sowie schließlich an der Begründung eines verfassungsrechtlichen Gebots zum Schutz der Verfassungsvoraussetzungen an.[121] So werde erstens nicht deutlich, wie der Funktionszusammenhang beschaffen sei, ob ein Wegfall der Verfassungsvoraussetzungen also die Geltung oder nur die Wirksamkeit der Verfassung bedrohe, zumal es nicht um die Funktionsfähigkeit einzelner Normen oder Institutionen, sondern um die der Verfassung im Ganzen gehe[122]. Sofern sich der Rekurs auf Verfassungsvoraussetzungen nicht als schlichte historische Verfassungsauslegung darstelle, bleibe zweitens fragwürdig, wie ein verfassungsrechtlicher Bezug gerade durch die Abwendung von der (geschriebenen) Verfassung methodisch begründet bzw. ein vorverfassungsrechtlicher Zustand in den Verfassungsrang gehoben werden könne. Drittens folge aus einer verfassungsrechtlichen Bezugnahme auf eine Verfassungsvoraussetzung nicht ohne weiteres, nämlich nicht ohne eine zusätzliche rechtliche Wertung auch ein verfassungsrechtlicher Schutzauftrag.[123] Verfassungsvoraussetzungen könnten daher im Ergebnis immer nur faktische („meta-rechtliche") Funktionsbedingungen der Verfassung sein, vermeintlich normative Verfassungsvoraussetzungen seien dagegen mit den herkömmlichen Auslegungsmethoden selbst zu ermittelnde verfassungsrechtliche Schutzgüter.[124]

---

[120] *Isensee*, in: Isensee/Kirchhof (Hrsg.), HStR XII^3, § 268 Rn. 97. Exemplarische Aufzählung mit einzelnen Nachweisen bei *Möllers*, Staat als Argument, S. 257; vgl. auch *Kirchhof*, in: Depenheuer u.a. (Hrsg.), Die Einheit des Staates, S. 51; *Wolff*, Ungeschriebenes Verfassungsrecht, S. 320 ff. (der Verfassungsvoraussetzungen vom ungeschriebenen Verfassungsrecht abgrenzt, S. 329 ff.).

[121] Das Folgende bei *Möllers*, Staat als Argument, S. 257 f. Vgl. auch die prägnante Zusammenfassung der Diskussion über die „Erosion von Verfassungsvoraussetzungen" auf der Erlanger Staatsrechtslehrertagung 2008 durch den damaligen Vorsitzenden *Engel*, VVDStRL 68 (2009), 475 ff.

[122] Deutlich *Möllers*, VVDStRL 68 (2009), 47 (52). Unentschieden dagegen *Isensee*, in: Isensee/Kirchhof (Hrsg.), HStR IX^3, § 190 Rn. 50, demzufolge sich Verfassungsvoraussetzungen für alle Elemente der Verfassung (z.B. demokratische oder bundesstaatliche) nachweisen ließen; auch wirke sich die „Defizienz" der Voraussetzungen eines einzelnen Grundrechts nicht notwendig auf die Wirksamkeit der Verfassung im Ganzen aus. Andererseits bezögen sich Verfassungsvoraussetzungen aber auch auf die Bedingung der Möglichkeit, dass die Verfassung im Ganzen effektive Geltung erreicht und das staatliche Leben steuert.

[123] Vgl. etwa *Kirchhof*, in: Depenheuer u.a. (Hrsg.), Die Einheit des Staates, S. 51 (62 f.): „Die Verfassungsvoraussetzungen sind dem Staat somit vorgegeben, aber auch aufgegeben. [...] Die Pflege der Verfassungsvoraussetzungen ist die Pflichtaufgabe des freiheitlich demokratischen Staates.", der diese Pflichtaufgabe freilich durch Auslegung einzelner, Schutz- oder Handlungspflichten begründender Verfassungsnormen herleitet.

[124] *Möllers*, Staat als Argument, S. 259.

Die kritischen Einwände sind durchaus beachtlich und münden in der Empfehlung, auf die Kategorie der Verfassungsvoraussetzungen zu verzichten.[125] Gegenüber dem hier verfolgten Ansatz, digitale Souveränität als Leitbild für einen Verfassungswandel zu etablieren, dringen sie jedoch nicht durch.[126] Digitale Souveränität wird hier gerade nicht als Verfassungsvoraussetzung konzeptionalisiert, sondern dient als Beobachtungs- und Reflexionsinstrument bei der Analyse von Verfassungswandlungen. Die methodischen Vorbehalte gegen die Kategorie der Verfassungserwartungen rufen jedoch noch einmal die Regeln für die Operationalisierbarkeit von Leitbildern in Erinnerung. Die Begründung und die Anwendung von Leitbildern im Verfassungsrecht müssen sich daran messen lassen, inwieweit sie den Geboten der Transparenz, der Methodenehrlichkeit und der Offenheit Rechnung tragen.[127]

C. Raumbezogene Leitbilder der Digitalisierung

Die Vermutung, den Verfassungswandel durch Digitalisierung mit Hilfe eines raumbezogenen Leitbildes beschreiben zu können – etwa als Staat im virtuellen Raum oder als Cyberdemokratie bzw. Cyberrepublik –, geht auf zwei Beobachtungen zurück. Zunächst fällt die Häufigkeit raumbezogener Metaphern bei der Beschäftigung mit Digitalisierungssachverhalten ins Auge. Dies könnte ein Indiz für eine besondere heuristische Deutungskraft raumbezogener Leitbilder zur Beschreibung der Auswirkungen der Digitalisierung sein (I.). Zum anderen ist die „Verräumlichung" Ausdruck einer disziplinenübergreifenden Entwicklung, die als Raumwende oder *spatial turn* bezeichnet worden ist (II.). Doch auch wenn der Rechtswissenschaft die Kategorie des Raumes nicht ganz fremd ist (III.), eignen sich raumbezogene Leitbilder nicht, um einen digitalisierungsbedingten Verfassungswandel zu erklären (IV.).

---

[125] *Möllers*, Staat als Argument, S. 257: „Konstruktion der Verfassungsvoraussetzung kaum haltbar"; zustimmend *Baer*, VVDStRL 68 (2009), 290 (300 f.).

[126] *Krüger*, FS Scheuner, S. 285 (292), stößt bei der Erörterung des Wegfalls von Verfassungsvoraussetzungen interessanterweise als erstes auf das Institut des Verfassungswandels (im damals freilich engen normdogmatischen Sinne), stellt aber sogleich deutliche Unterschiede fest: Gegen die Gleichsetzung des Problems des Wegfalls von Verfassungsvoraussetzungen mit dem Institut des Verfassungswandels spreche, „daß dieses Institut auf geschriebene Verfassungen zielt, die Verfassungsnormen und die Verfassungswirklichkeit miteinander vergleicht und im Falle einer Abweichung der Praxis sich über deren Verbindlichkeit äußert. Vor allem aber fehlt diesem Institut dasjenige Gewicht, das erforderlich ist, um so schwerwiegende Vorgänge wie den Wegfall oder die Zersetzung einer Verfassungsvoraussetzung erfassen zu können." Bei *Helleberg*, Leitbildorientierte Verfassungsauslegung, S. 64 ff., der sich an einer „[l]eitbildorientierten Würdigung" der Lehre der Verfassungsvoraussetzungen versucht, bleibt das Verhältnis von verfassungsrechtlichem Leitbild und Verfassungsvoraussetzungen letztlich unklar.

[127] Siehe oben, S. 185 ff.

I. Raummetaphorik des Digitalen

Wenn Alltags- und Wissenschaftssprache Digitalisierungs-, insbesondere Internetsachverhalte beschreiben, greifen sie meist auf Metaphern zurück.[128] Das Surfen oder Navigieren im Internet, das Speichern von Daten in einer Cloud, die Homepage, Computernetzwerke als digitale Stadt oder globales Dorf – die exemplarische Aufzählung ließe sich beliebig erweitern. Die Metaphernaffinität des Internet überrascht freilich nicht. Ebenso wenig ist sie ein Spezifikum des Internet. Vielmehr erklärt sie sich aus dem erkenntnistheoretisch nachvollziehbaren Bestreben, durch Metaphern erste sprachliche Beschreibungen für neuartige Phänomene zu finden, dadurch deren Komplexität zu reduzieren und ihnen letztlich den Nimbus des Neuen zu nehmen.[129] Neben dieser heuristischen Funktion können Metaphern als positiv konnotierte Leitbilder auch darauf abzielen, die gesellschaftliche Akzeptanz der technologischen Entwicklung zu sichern.[130]

Der Rückgriff auf Metaphern zur Beschreibung neuartiger Internetphänomene ist allerdings voraussetzungsvoll und gefahrenträchtig zugleich. Die eben angedeutete „Beliebigkeit der Metaphernwahl" als Folge „der unbestimmten Verwendbarkeit des digitalen Mediums"[131] geht einher mit der medientheoretischen Erkenntnis, dass es *den* Computer ebenso wenig gibt wie *das* Internet, sondern sich das spezifische, mit einer Metapher zu versehende Medium erst im konkreten Gebrauch der technischen Möglichkeiten generiert.[132] Die Vorstellung, dass eine einzelne Metapher im Sinne eines *one-fits-all* für das ganze Internet passen könnte, trügt also. Schwerer noch scheint der Einwand zu wiegen, Metaphern für das Internet seien überhaupt kontraproduktiv, weil sie verhinderten, dass das neue Medium auch hinsichtlich seiner neuen Möglichkeiten erkannt und genutzt werde.[133] Bei näherem Hinsehen

---

[128] Beispiele für Internetmetaphern und deren Analyse bei *Bühl*, Die virtuelle Gesellschaft des 21. Jahrhunderts, S. 21 ff.

[129] Vgl. nur *Beck*, in: Funken/Löw (Hrsg.), Raum – Zeit – Medialität, S. 119; *Becker*, in: Budke/Kanwischer/Pott (Hrsg.), Internetgeographien, S. 109 (121). Zum (schwierigen, weil ambivalenten) Verhältnis von Begriffen und Metaphern im juristischen Diskurs exemplarisch *Steinhauer*, in: I. Augsberg/Lenski (Hrsg.), Innenwelt der Außenwelt der Innenwelt des Rechts, S. 43 (46 ff.); zur Funktion von Metaphern exemplarisch *Münkler*, Der Staat 55 (2016), S. 181 (202 f.). Pointiert und positiv konnotiert bei *I. Augsberg*, JZ 2017, 109 (111): „Für eine Wissenschaft, die sich auf die Präzision ihrer Begriffsbildung so viel einbildet, ist der Metaphernreichtum der Jurisprudenz bemerkenswert."

[130] Vgl. *Bühl*, Die virtuelle Gesellschaft des 21. Jahrhunderts, S. 21 f. Zur Legitimationsfunktion von Leitbildern siehe oben S. 178.

[131] Beide Zitate bei *Tholen*, Die Zäsur der Medien, S. 20.

[132] Darauf weist *Münker*, Philosophie nach dem „Medial Turn", S. 108 f., zutreffend hin.

[133] *Münker*, Philosophie nach dem „Medial Turn", S. 97 f., spricht von einer „metaphorische[n] Überfrachtung" des Internet, die „in ihrer durchaus widersprüchlichen Vielfalt am Ende zugleich doch nur die Hilflosigkeit beleg[t], die noch unverstandene Medialität des Mediums Internet zu begreifen".

verpflichtet dieser Einwand den Verwender einer Metapher aber nur, deren Plausibilität – auch in Abgrenzung zu anderen Metaphern – zu begründen. In diesem Sinne sprechen daher auch Metaphernkritiker von einem grundsätzlich offenen Spiel der Bedeutungszuschreibungen, in dem notwendig sei, „jede Beschreibung immer wieder auf ihre Angemessenheit, jede Metapher auf ihre Triftigkeit zu überprüfen und schiefe Metapher [sic] oder falsche Beschreibungen gegebenenfalls, wenn schon nicht durch eindeutig richtige, so doch durch bessere, weil plausiblere zu ersetzen“[134]. Genauere Beachtung verdient mithin, welche Metapher von wem in welcher Weise und aus welchen Gründen verwendet wird, um die mit dem Gebrauch der Metapher verbundenen Vorstellungen über das Internet zu entschlüsseln.[135] Das gilt umso mehr, wenn sie als verfassungsrechtliches Leitbild installiert und für die Verfassungsanwendung konkretisiert werden soll.[136]

Besonders häufig sind raumbezogene Metaphern des Internet zu verzeichnen.[137] So „navigiert“ der Anwender etwa auf der „Datenautobahn“ durch den „virtuellen Raum“, das „globale Dorf“ oder den „Cyberspace“ und „surft“ mittels eines „Browsers“ durch verschiedene „Portale“, um auf „Marktplätze“, „Foren“ oder in „Chatrooms“ zu gelangen. Rechtsprechung und Rechtswissenschaft diskutieren seit einiger Zeit über Grund und Grenzen eines „virtuellen Hausrechts“, das Betreibern von Internetforen parallel zum Hausrecht in realen Räumen ermöglichen soll, ungebührliches Verhalten zu unterbinden (etwa Foreneinträge zu löschen) oder Besucher des konkreten Ortes zu verweisen (z.B. Forennutzer zu sperren).[138] Raumvorstellungen vom Internet waren schließlich sogar so wirkmächtig, dass Internetpioniere in den Anfangsjahren des Internet im Cyberspace eine andersartige Parallelwelt zur realen Welt vorzufinden glaubten, die jenseits staatlicher Hoheitsgebiete und Einflussmöglichkeiten liege und eine körperlose, neue geistige Heimat biete.[139]

---

[134] *Münker*, Philosophie nach dem „Medial Turn“, S. 109.

[135] So *Schroer*, in: Funken/Löw (Hrsg.), Raum – Zeit – Medialität, S. 217 (219).

[136] Zu den vergleichbaren Ambivalenzen verfassungsrechtlicher Leitbilder siehe oben, S. 183.

[137] Vgl. nur *Pott/Budke/Kanwischer*, in: Budke/Kanwischer/Pott (Hrsg.), Internetgeographien, S. 9 (12 f.); *Löw*, Raumsoziologie, S. 94 f.

[138] Ein virtuelles Hausrecht bejaht BSG, MMR 2013, 675 (676), m. abl. Anm. *Rixen*, SGb 2014, 360 ff.; OLG Köln, CR 2000, 843; LG München, CR 2007, 264; dagegen OLG Frankfurt, MMR 2009, 400; vgl. aus der Literatur *Ladeur*, in: Eifert/Hoffmann-Riem (Hrsg.), Innovation und rechtliche Regulierung, S. 339 (345 ff.); *Kohl*, Haftung der Betreiber von Kommunikationsforen, S. 198 ff.; *Kunz*, Rechtsfragen des Ausschlusses aus Internetforen, S. 120 ff.; *Maume*, MMR 2007, 620 ff.; *Roggenkamp/Stadler* in: Heckmann (Hrsg.), jurisPK-Internetrecht, 10. Kap, Rn. 532 m.w.N.; *Schulze*, JZ 2015, 381 (390 f.) mit Erwiderung von *Baldus*, JZ 2016, 449 (451); *Tassi*, DuD 2017, 175 (177 f.); *Kalscheuer/Jacobsen*, NJW 2018, 2358 (2359 ff.); ablehnend *Piras*, Virtuelles Hausrecht?, S. 209 ff.

[139] Exemplarisch die von *John Perry Barlow* als Reaktion auf den US-amerikanischen *Telecommunications Reform Act* im Jahre 1996 im schweizerischen Davos proklamierte „A Cyberspace Independence Declaration“, im Volltext abrufbar unter https://www.eff.org/de/cyber-

Die Dominanz der Raummetaphern ist keineswegs zufällig. Neben der bereits angesprochenen allgemeinen Strategie, neue Phänomene mit alten Begriffen erfassbar und beschreibbar zu machen, wird Raummetaphern eine spezifische Ordnungs- und Systematisierungsleistung zugeschrieben, die auf ein spezifisches Ordnungs- und Systematisierungsbedürfnis beim Umgang mit Internetphänomenen reagiert.[140] Ähnlich wie der reale Raum durch Begrenzungen seine Struktur erhält und Relationen zwischen einzelnen Personen und/oder Gegenständen im Raum erlaubt, zielt die Raummetaphorik des Virtuellen darauf ab, Internetphänomene – im Wortsinne – zu verorten, das Virtuelle zu territorialisieren und damit das schwer fassbare Immaterielle zu materialisieren.[141] Sie soll das scheinbar grenzenlose Internet gleichsam parzellieren, damit die verschiedenen Wissenschaften jeweils ihr Feld bestellen können. Der prominente Platz, den die See- und Meeresmetaphorik (Surfen, Navigieren, Cyberspace) dabei einnimmt, verweist nicht von ungefähr auf die großen Seeexpeditionen der frühen Neuzeit, in deren Folge die Weltkarte neu gezeichnet werden musste.[142]

II. Raum als soziale Konstruktion

Die räumliche Konzeptionalisierung von Internetsachverhalten ist Ausdruck eines disziplinübergreifenden Trends, der unter der Überschrift „Raumwende" oder *„spatial turn"* firmiert. Angestoßen von Arbeiten der postmo-

---

space-independence (Abrufdatum: 14.6.2019), auf deutsch abgedruckt und mit kritischen Anmerkungen versehen bei *Bollmann/Heibach (Hrsg.)*, Kursbuch Internet, S. 119 ff. Näher dazu oben, S. 206. Versuch einer medientheoretischen Erklärung der Schwäche des Rechts im Cyberspace unter Verweis auf Kompensationen durch die juristische Struktur des Computers selbst bei *Vismann/Krajewski*, Grey Room 29 (Winter 2008), 90 (91 ff.). Mit ähnlichem Überschwang die 1994 von *Esther Dyson u.a.* vorgelegte Magna Carta for the Knowledge Age, auf deutsch abgedruckt und mit Anmerkungen versehen bei *Bollmann/Heibach (Hrsg.)*, Kursbuch Internet, S. 104 ff. Vgl. dazu auch *Flichy*, The Internet Imaginaire, S. 163 ff. Zur Renaissance des medienkulturellen Cyberspace-Optimismus nach der Jahrtausendwende *Hellige*, artec-paper Nr. 205, S. 9; kritische Einordnung bei *Werber*, Die Geopolitik der Literatur, S. 28 ff., 204 ff.

[140] *Becker*, in: Budke/Kanwischer/Pott (Hrsg.), Internetgeographien, S. 109 (112); *Beck*, in: Funken/Löw (Hrsg.), Raum – Zeit – Medialität, S. 119; ähnlich *Cancik*, in: Hill/Schliesky (Hrsg.), Die Vermessung der virtuellen Welt, S. 29 (35).

[141] Vgl. *Beck*, in: Funken/Löw (Hrsg.), Raum – Zeit – Medialität, S. 119; *Schroer*, in: Funken/Löw (Hrsg.), Raum – Zeit – Medialität, S. 217 (227); *Funken/Löw*, in: dies. (Hrsg.), Raum – Zeit – Medialität, S. 7 (11 f.).

[142] *Schroer*, in: Funken/Löw (Hrsg.), Raum – Zeit – Medialität, S. 217 (223), bemerkt mit Blick auf den Cyberspace, dass „das Surfen nur dann zielgerichtet [erfolgt], wenn man die Steuermannskunst, das Navigieren und Steuern (= ‚cyber', von griech. kybernetike) beherrscht; das Anhängsel ‚space' deutet darauf hin, dass man es beim Cyberspace mit einem Raum von unbegrenzter Weite (lateinisch ‚Spatium') zu tun hat, der erst noch zu entdecken und zu erkunden ist, wie einst das reale Meer". Der Begriff des Cyberspace findet sich wohl erstmalig in *William Gibsons* Erzählung „Burning Chrome" aus dem Jahr 1982, größere Aufmerksamkeit erfuhr er aber durch *Gibsons* Roman „Neuromancer" aus dem Jahr 1984.

dernen und postkolonialen Geographie, die in kritischer Absicht auf eine räumliche Restrukturierung der Weltgesellschaft zielen und sich dabei von einem territorial radizierten Raumverständnis lösen[143], verzeichnen verschiedene Wissenschaftsdisziplinen ein wieder zunehmendes Interesse am Raum.[144] Sie versuchen, ihn dort als Untersuchungsgegenstand und Analysekategorie fruchtbar zu machen, wo er zuvor als ganz selbstverständlich bzw. natürlich gegeben vorausgesetzt und – jenseits der Geographie – daher kaum thematisiert wurde.[145] Der Raumwende geht es aber nicht vorrangig darum, Räume als Untersuchungsgegenstände (wieder) zu entdecken, sondern mittels räumlichen Denkens einen neuen methodischen Problemzugriff in der jeweiligen Wissenschaftsdisziplin zu etablieren.

Die diagnostizierte Renaissance des Raumes ging allerdings einher mit einem Wandel des Raumbegriffs selbst.[146] Raum wurde nicht mehr nur als natürlich vorgegebener, physisch-materieller Container aufgefasst, als ein Behälter, in dem Menschen und Objekte als in einer bestimmten Anordnung zum Raum stehend wahrgenommen werden können und der klare Differenzierungen zwischen Innen und Außen ermöglicht, mithin als ein Synonym für Erdboden, Territorium oder Ort.[147] Das Interesse gilt vielmehr der Produktion von Räumen durch soziale Handlungen bzw. Kommunikation. Anders als bei

---

[143] Begriffsprägend *Jameson*, Utopia post Utopia, S. 11, aufgegriffen bei *dems.*, Postmodernism, S. 154 f.; kurz danach *Soja*, Postmodern Geographies, S. 39 ff.; vgl. dazu *Döring/Thielmann*, in: dies. (Hrsg.), Spatial Turn, S. 7 ff., die die Begriffsgeschichte mit Sojas Werk im Jahr 1989 beginnen lassen und sodann auf das 1991 erschienene Werk von *Jameson*, Postmodernism, verweisen, wiewohl Jameson den Begriff jedenfalls schon 1988 in dem Werk ‚Utopia post Utopia', S. 11, verwendet; vgl. außerdem *Bachmann-Medick*, Cultural turns, S. 290 m.w.N. Zum Wandel des Raumbegriffs sogleich.

[144] *Döring/Thielmann*, in: dies. (Hrsg.), Spatial Turn, S. 7 (10), weisen darauf hin, dass die einzelnen Wissenschaftsdisziplinen „ihren" *spatial turn* zwar innerfachlich diskutieren, dabei aber auf ein transdisziplinäres Raumparadigma rekurrieren, das sich „nirgends so recht begründet findet". Sie registrieren zudem, dass der *spatial turn* an einer regelrechten Inflation kulturwissenschaftlicher Wende-Behauptungen teilhabe, die im Verdacht stünden, aus rein forschungsstrategischen Gründen lanciert zu werden (S. 12).

[145] Im Überblick *Bachmann-Medick*, Cultural turns, S. 302 ff.; *Schroer*, in: Döring/Thielmann (Hrsg.), Spatial Turn, S. 125 (126). Gegen die Redeweise von einer „Renaissance des Raumes" erinnern *Lippuner/Lossau*, in: Mein/Rieger-Ladich (Hrsg.), Soziale Räume und kulturelle Praktiken, S. 47 ff., indes daran, dass räumliche Kategorien auch schon vor der Raumwende in der sozialwissenschaftlichen Beobachtung und Beschreibung von Gesellschaften präsent waren, und kritisieren, dass die analytische Trennung von geographischem und sozialem Raum in den Sozialwissenschaften nicht konsequent auseinander- und ausgehalten wird.

[146] Es muss nicht eigens betont werden, dass es seit jeher eine Vielzahl von Raumbegriffen gab und gibt; vgl. ausführlich zu Raumkonzepten in Philosophie, Physik und Soziologie *Schroer*, Räume, Orte, Grenzen, S. 29 ff. Im Folgenden werden gleichwohl (nur) zwei idealtypische Raumbegriffe einander gegenübergestellt, um den Perspektivwechsel im Zuge der Raumwende zu illustrieren.

[147] *Schroer*, in: Döring/Thielmann (Hrsg.), Spatial Turn, S. 125 (136); *Löw*, Raumsoziologie, S. 264.

klassischen oder „absolutistischen"[148] Vorstellungen sind Räume hier nicht vorgegeben, sondern werden prozessual konstituiert. Der „relationale" Raumbegriff stellt darauf ab, dass Räume erst aus der relationalen Anordnung von Menschen und sozialen Gütern abgeleitet werden und somit in Handlungskontexte eingebunden sind, also gerade nicht lediglich als starrer Hintergrund von Handlungen dienen.[149] Räume werden denn auch als prozedural, variabel oder dynamisch charakterisiert. Vorbehalten gegen eine räumliche Konzeption des Internet, die auf die fehlende feste Basis und die fehlenden konstanten Grenzen des Internet verweisen[150], liegt ausschließlich die klassische Raumperspektive zugrunde, deren Exklusivität heute längst überholt ist.[151]

Aus dem Nebeneinander dieser beiden Raumbegriffe erklärt sich das vermeintliche Paradoxon, dass Globalisierung und Digitalisierung gleichzeitig zum Verschwinden wie auch zur Wiederkehr des Raumes als relevante Kategorie geführt haben sollen.[152] Beide Diagnosen treffen – isoliert betrachtet – zu: Einerseits schmälert die Globalisierung die Bedeutung von Grenzen und Entfernungen, die von Personen, Waren, Dienstleistungen oder Kapital nunmehr scheinbar mühelos überwunden werden können und die von der klassischen Containerraumvorstellung thematisiert werden. Andererseits schafft sie aber neue Kommunikationsräume, die eine relationale Raumperspektive näher beleuchten kann. Gleiches gilt mit Blick auf die Digitalisierung: computernetzwerkgestützte Information und Kommunikation finden zwar losgelöst von realen (klassischen) Räumen statt, schaffen aber zugleich neue Räume sozialer Interaktion[153]. Das Verschwinden des Raumes als relevante Kategorie trifft damit aus der klassischen Raumperspektive zu, eine relationale Raumvorstellung registriert dagegen die Wiederkehr des Raumes.

Ein voreiliger Abschied vom klassischen Raumbegriff ist gleichwohl nicht angezeigt. Vorstellungen vom Raum als physisch-materieller Behälter sind auch weiterhin wirkmächtig und bilden auch weiterhin einen Anknüpfungspunkt bzw. eine Kontrastfolie für soziale Raumvorstellungen, so dass die jeweiligen Wissenschaftsdisziplinen ein Neben- bzw. Miteinander von physi-

---

[148] Begriff bei *Löw*, Raumsoziologie, S. 24 ff.

[149] *Löw*, Raumsoziologie, S. 158 ff.; *Paetau*, in: Funken/Löw (Hrsg.), Raum – Zeit – Medialität, S. 173 (201).

[150] *Münker*, in: ders./Roesler (Hrsg.), Mythos Internet, S. 108 (123); *Geser*, in: Honegger/Hradil/Traxler (Hrsg.), Grenzenlose Gesellschaft?, S. 202 (204).

[151] *Schroer*, in: Funken/Löw (Hrsg.), Raum – Zeit – Medialität, S. 217 (222). Eine kurze Kulturgeschichte des physikalischen Raums bei *Koubek*, in: Warnke/Coy/Tholen (Hrsg.), HyperKult II, S. 174 ff.

[152] Zum Folgenden nur *Schroer*, in: Döring/Thielmann, Spatial Turn, S. 125 (131 ff.); *Bachmann-Medick*, Cultural turns, S. 286 ff.; *Döring/Thielmann*, in: dies. (Hrsg.), Spatial Turn, S. 7 (14).

[153] Vgl. *Niedermaier/Schroer*, in: Budke/Kanwischer/Pott (Hrsg.), Internetgeographien, S. 125 (128 ff.); schon früher zum „globalen Dorf", in dem ‚Zeit' aufgehört habe und ‚Raum' verschwunden sei, *McLuhan*, The Medium is the Message, S. 63.

schen und sozialen Raumvorstellungen konzedieren sollten.[154] Die Verbindung von Internet und physischem Raum ist daher noch immer ein veritabler Untersuchungsgegenstand der Geistes- und Sozialwissenschaften.[155]

Für diese Wissenschaften erscheint eine relationale Raumperspektive auf das Internet aber deshalb besonders reizvoll, weil es ihnen weniger auf die physisch-räumliche Verteilung der Infrastruktur des Internet ankommt (also Rechner, mobile Endgeräte, Verbindungsleitungen etc.), sondern vor allem auf die netzwerkgestützte Information und Kommunikation selbst, die neue soziale Räume eröffnen kann. Damit wird zugleich deutlich, dass das Internet nicht ein einziger allumfassender sozialer Raum ist. Vielmehr erzeugen die unterschiedlichen internetgestützten Anwendungen wie E-Mail, Chatforen oder das World Wide Web je unterschiedliche Kommunikationsräume. Da es sich hierbei jedoch regelmäßig um dynamische, also veränderliche Räume handelt, gehen etwa Vorstellungen einer endgültigen Vermessung des virtuellen Raumes fehl.[156]

Damit ist freilich noch nicht geklärt, warum Internetsachverhalte überhaupt räumlich konzeptionalisiert werden sollten, worin also die oben angedeutete spezifische Ordnungs- und Systematisierungsleistung eines räumlichen Den-

---

[154] Exemplarisch für die Soziologie *Schroer*, in: Döring/Thielmann (Hrsg.), Spatial Turn, S. 125 (133): „Dennoch ist unübersehbar, dass sich bisher noch jeder soziologische Versuch zum physisch-materiellen Raum irgendwie verhält. Statt ihn im Laufe der Geschichte hinter sich lassen zu können, wie sie es durchaus erhofft hatte, muss auch die Soziologie seine Persistenz zur Kenntnis nehmen." Zu dieser Persistenz auch *Lossau*, in: Günzel (Hrsg.), Topologie, S. 53 (54 f.). Ähnlich mit Blick auf den „Verwaltungs- und Rechtskontext" *Cancik*, in: Hill/Schliesky (Hrsg.), Die Vermessung der virtuellen Welt, S. 29 (53 m. Fn. 110). Vgl. auch *Döring/Thielmann*, in: dies. (Hrsg.), Spatial Turn, S. 7 (26), die anhand dieses Aufeinanderbezogenseins des physischen und des sozialen Raumes eine vorsichtige Rehabilitierung des geographischen Materialismus diagnostizieren.

[155] Vgl. die überzeugende Dreiteilung der Diskussion über Internet und Raum in den Sozialwissenschaften, die von *Drüeke*, Politische Kommunikationsräume im Internet, S. 43, mit Verweis – freilich ohne nähere Seitenangabe – auf den Beitrag von *Beck*, in: Funken/Löw (Hrsg.), Raum – Zeit – Medialität, S. 119 (dort wohl S. 120 ff., insb. 124) referiert wird. Danach können drei Diskursstränge voneinander unterschieden werden: (1.) die Diskussion über die räumliche Konzeptionalisierung des Internet; (2.) die Diskussion über das Verhältnis von Internet und physischem Raum, die die gesellschaftliche Relevanz der materiellen Bestandteile des Internet in den Blick nimmt; (3.) die Diskussion über das Veränderungspotential von Räumen.

[156] Vgl. aber den Titel des Tagungsbandes von *Hill/Schliesky (Hrsg.)*, Die Vermessung der virtuellen Welt, der im Beitrag von *Cancik* in diesem Band (*Cancik*, in: Hill/Schliesky (Hrsg.), Die Vermessung der virtuellen Welt, S. 29 [32 m. Fn. 14]) kritisch reflektiert wird. Demgegenüber spricht *Schroer*, in: Funken/Löw (Hrsg.), Raum – Zeit – Medialität, S. 217 (233), mit Blick auf die permanente Bewegung von Entgrenzung und Begrenzung, Grenzaufbau und Grenzabbau, Enträumlichung und Verräumlichung von hybriden Räumen im Internet, das eben kein einmal gegebener Raum sei, der irgendwann vollständig vermessen und kartographiert sein wird. Wie Internetkartographie, die mittels kartographischer Darstellungen die Verbindung von Internet und physischem Raum sichtbar macht, gleichwohl sinnvoll möglich ist und welche Potentiale der Internetkartographie innewohnen, demonstriert *Heinze*, in: Budke/Kanwischer/Pott (Hrsg.), Internetgeographien, S. 41 (42 ff.), anschaulich.

kens liegt. Aufschluss hierüber gibt der relationale Raumbegriff. Danach ist ein Raum das Ergebnis eines Prozesses, in dem zunächst soziale Güter und Menschen in einem bestimmten und skalierbaren Verhältnis zueinander angeordnet werden und diese Anordnung sodann über Wahrnehmungs-, Vorstellungs- oder Erinnerungsprozesse als Raum zusammengefasst wird.[157] Eine relationale Raumperspektive kann dadurch Hierarchien, das Verhältnis von Zentrum und Peripherie, Nähe und Distanz oder Inklusionen und Exklusionen thematisieren.[158] Kommunikation auf Grundlage internetgestützter Anwendungen räumlich zu konzipieren heißt dann, sie anhand der beteiligten Akteure, der einzelnen Themen, der Modi der Sinnvermittlung und der Zeitdimension zu strukturieren, um in dem hierdurch entstehenden multidimensionalen Raum die Dynamik und den Wandel der Kommunikation und der Kommunikationsräume entlang der verschiedenen Dimensionen sichtbar zu machen.[159] Eine raumwissenschaftliche Erkenntnisse rezipierende Theorie der Kommunikationsräume bietet in den Nachbarwissenschaften mithin ein geeignetes Analyseinstrument, das dynamische Kommunikationszusammenhänge im Internet in den Blick nehmen kann. Inwieweit räumliches Denken auch einer rechtswissenschaftlichen Beschäftigung mit Internetsachverhalten weiterzuhelfen vermag, ist damit aber noch nicht entschieden.

III. Rechtswissenschaft und Raum

Für die Rechtswissenschaft ist Raum keine fremde Kategorie. Ob als abgegrenzter Teil der Erdoberfläche wie bei dem Staatsgebiet, dem räumlichen Geltungsbereich von Rechtsnormen, der Raumordnung und Landesplanung, dem Verwaltungsraum oder dem unionalen Raum der Sicherheit, der Freiheit und des Rechts auf der einen Seite, ob als dreidimensionaler Behälter, auf den bauordnungsrechtliche oder strafrechtliche Normen Bezug nehmen, auf der anderen Seite – Völker-, Unions- und nationales Recht kennen je unterschiedliche Raumbegriffe, die von der Rechtswissenschaft aber meist als evident vorausgesetzt und daher regelmäßig nicht weiter theoretisch entfaltet werden.[160] Wie in den Nachbarwissenschaften auch mag in der Rechtswissenschaft zu-

---

157 Prozessbeschreibung bei *Löw*, Raumsoziologie, S. 158 f., die diese Vorgänge „Spacing" und „Syntheseleistung" nennt.

158 Referierend *Drüeke*, Politische Kommunikationsräume im Internet, S. 70.

159 Diese Theorie der Kommunikationsräume skizziert *Beck*, in: Funken/Löw (Hrsg.), Raum – Zeit – Medialität, S. 119 (129 ff.), der die Sozial- oder Beziehungsdimension (Akteure), die Sach- oder Referenzdimension (Themen), die Vermittlungsdimension (Modi der Sinnvermittlung) und die Zeitdimension der Kommunikationsräume als Analysekategorien vorschlägt und anhand dieser Dimensionen sodann exemplarisch den Wandel von Kommunikationsräumen nachzeichnet.

160 Vgl. die Einteilung mit exemplarischer Aufzählung sowie die Problemschilderung bei *Dreier/Wittreck*, in: Günzel (Hrsg.), Raumwissenschaften, S. 338 f., 346 ff.

dem die historische Belastung des Raumbegriffs, der den Nationalsozialisten auf dem Weg etwa zum „Lebensraum" für das „Volk ohne Raum" als ein ideologischer Grundpfeiler diente, die lange Zeit zurückhaltende Thematisierung des Raumes erklären.[161]

Wenn Recht und Rechtswissenschaft von Räumen sprechen, liegt dem aber eben regelmäßig die Vorstellung vom Raum als natürlich vorgegebener Container zugrunde. Zwar ist nicht zu übersehen, dass beispielsweise rechtlich determinierte Grenzziehungen zwischen verschiedenen Staaten (gelegentlich sogar mit dem Lineal) erst Räume herstellen, sofern sie denn nicht an natürliche Gegebenheiten wie Flussverläufe, Gebirgszüge o.ä. anknüpfen oder später durch Grenzanlagen manifestiert werden. Im Vordergrund stehen bei einer rechtlichen Betrachtung jedoch zumeist physisch-materielle Räume.

Erst in jüngerer Zeit gibt es demgegenüber Versuche, eine neue Raumperspektive in die Rechtswissenschaft einzubringen und Rechtsfragen durch räumliches Denken zu rekonstruieren, mithin der Rechtswissenschaft zu ihrem *spatial turn* zu verhelfen.[162] Eine solche Herangehensweise soll sich besonders für relationale, dynamische und hybride Rechtskonstellationen eig-

---

[161] Die „historische Kontamination des Terminus ‚Raum' durch NS-Ideologoumena wie ‚Großraum', ‚Lebensraum' oder eben ‚Volk ohne Raum'" betonen *Dreier/Wittreck*, in: Günzel (Hrsg.), Raumwissenschaften, S. 338, 341 ff., die die genannten Termini auch näher explizieren; vgl. auch *Siehr*, Das Recht am öffentlichen Raum, S. 58 ff.

[162] Die dezidierteste (und konsequenteste) Entfaltung eines räumlichen Problemzugriffs in der deutschen Rechtswissenschaft findet sich bei *Müller-Mall*, in: Debus u.a. (Hrsg.), Verwaltungsrechtsraum Europa, S. 9 ff., und monographisch *dies.*, Legal Spaces, passim, deren Konzeption nachfolgend vorgestellt und auf deren Ausführungen im Wesentlichen Bezug genommen wird. Vgl. aber auch *Cancik*, in: Hill/Schliesky (Hrsg.), Die Vermessung der virtuellen Welt, S. 29 ff.; *Glaser*, in: Debus u.a. (Hrsg.), Verwaltungsrechtsraum Europa, S. 285 ff. In ihrer Habilitationsschrift wendet sich *Siehr*, Das Recht am öffentlichen Raum, S. 75 f., gegen eine schlichte Übertragung sozialwissenschaftlicher Raumkonzeptionen auf das Recht und fordert eine dem „Proprium einer normativen Wissenschaft entsprechende Umformung", derzufolge sich „‚Räume' [...] aus einer rechtswissenschaftlichen Perspektive über rechtlich relevante Interaktionen im Zusammenspiel mit der rechtlich geordneten Herrschaft über oder der Nutzung von (unbeweglichen) Sachen [konstituieren]" (S. 100). Den *„spatial turn"* in der Rechtswissenschaft beschränkt sie aber ausdrücklich auf die erhöhte Aufmerksamkeit speziell am öffentlichen Raum (den sie in ihrer Arbeit theoretisch konzeptionalisiert) und insbesondere den Schutz der räumlichen Dimension von Freiheitsbetätigungen im öffentlichen Raum (S. 658). Die mit dem *spatial turn* verbundene Hinwendung zum Raumdenken als Erkenntnismittel, auf dem die sozialwissenschaftliche Theorie der *turns* als konstitutives Element insistiert, vollzieht Siehr soweit ersichtlich nicht. In der internationalen Diskussion, die unter den Überschriften „Law and Geography" oder „Legal Geography" firmiert, geht es weniger um die räumliche Rekonstruktion von Rechtsfragen als vielmehr darum, das Verhältnis von Sozialraum, Rechtsraum und physischem Raum näher zu beleuchten – sie beschäftigt sich mit Räumen, denkt aber nicht notwendig räumlich; vgl. hierzu im Überblick *Blomley*, Law, Space, and the Geographies of Power; sowie die Beiträge in der Stanford Law Review 48/5 (1996), 1037 ff.; *Blomley/Delaney/Fort (Hrsg.)*, The Legal Geographies Reader; *Holder/Harrison (Hrsg.)*, Law and Geography; *Braverman u.a. (Hrsg.)*, The Expanding Spaces of Law. Aus rechtsanthropologischer Sicht *F. von Benda-Beckmann/K. von Benda-Beckmann/Griffiths*, in: dies. (Hrsg.), Spatializing Law, S. 1 ff.

nen, die also mehrere miteinander verbundene (Relationalität) und jeweils veränderliche (Dynamik) Elemente aus mehreren, miteinander verbundenen Rechtsordnungen bzw. Rechtsebenen (Hybridität) umfassen.[163] Zu diesen Elementen sollen Normen ebenso zählen wie Gerichtsentscheidungen, die Normen und Rechtsprechung anderer Rechtsordnungen und Rechtsebenen rezipieren, und schließlich sogar rechtstheoretische Einsichten.[164] Da rein begriffliche oder dogmatische Deduktionen diese Relationalität, Dynamik und Hybridität von Recht aber nicht in den Blick nehmen könnten, biete sich eine räumliche Methode an. Sie definiere zunächst (dynamische und relationale) Räume, die durch gegenseitige Rezeptionen der Elemente entstehen und über deren Rezeptionen erschlossen werden können, und beleuchte dann die (hybride) räumliche Anordnung der einzelnen Elemente als ein Ausschnitt aus dem zuvor definierten Raum näher. Hierdurch sollen eine Perspektive und ein Untersuchungsmaßstab gewonnen werden, die Aussagen über Nähe und Distanz der einzelnen Elemente zulassen.

Der Anspruch eines solchen räumlichen rechtswissenschaftlichen Denkens, eine Perspektive und zugleich einen Maßstab für die rechtswissenschaftliche Analyse von dynamischen, relationalen und hybriden Rechtskonstellationen bereitzustellen, unterscheide es gerade von anderen theoretischen Zugängen wie Netzwerkmodellen oder systemtheoretischen Ansätzen, denen entweder eine adäquate Untersuchungsperspektive für die Dynamik und Relationalität oder ein Maßstab für die Hybridität von Rechtskonstellationen fehle.[165]

Dieser Anspruch wird freilich relativiert, wenn etwa mit einem exemplarischen Blick auf die Bedeutung des subjektiv-öffentlichen Rechts für den Rechtsschutz im Europäischen Verwaltungsrecht konzediert wird, dass es „natürlich keineswegs ausgeschlossen [ist], diese Hybridität verwaltungsrechtlicher Systeme in einer Entscheidung und gleichzeitig im Vergleich mit anderen Entscheidungen[166] auch ohne Rückgriff auf eine derartige Raumkonzeption zu beschreiben."[167] Ähnlich defensiv wirkt das Zugeständnis, dass sich

> „[m]it einer derartigen räumlichen Betrachtung […] keine eindeutigen Aussagen im Sinne einer herrschenden Definition des Begriffs subjektiv-öffentlicher Rechte etwa

[163] *Müller-Mall*, in: Debus u.a. (Hrsg.), Verwaltungsrechtsraum Europa, S. 9 (11 ff.), exemplifiziert diese drei Kriterien anhand des Europäischen Verwaltungsrechts; ausführlicher *dies.*, Legal Spaces, S. 12 ff.

[164] *Müller-Mall*, Legal Spaces, S. 96 ff., die damit an ihr in *Müller-Mall*, Performative Rechtserzeugung, vorgestelltes Konzept der performativen Rechtserzeugung anknüpft.

[165] *Müller-Mall*, in: Debus u.a. (Hrsg.), Verwaltungsrechtsraum Europa, S. 9 (17 f.).

[166] Müller-Mall meint in diesem Beispiel verschiedene Gerichtsentscheidungen im verwaltungsgerichtlichen Instanzenzug, die eine teilweise unterschiedliche Rechtsschutzkonzeption zugrunde legen.

[167] *Müller-Mall*, in: Debus u.a. (Hrsg.), Verwaltungsrechtsraum Europa, S. 9 (30); ähnlich *dies.*, Legal Spaces, S. 128.

oder einer eindeutigen Beschreibung des systematischen Grundansatzes europäischen Verwaltungsrechts treffen [lassen].“[168]

Und tatsächlich scheint sich der Ertrag räumlichen rechtswissenschaftlichen Denkens darin zu erschöpfen, Hybriditäten offenzulegen[169], die sich aber auch einem anderen methodischen Zugriff nicht zwingend verschließen.[170]

IV. Rechtswissenschaftlicher Ertrag raumbezogener Leitbilder

1. Raumbegriff

Eine raumwissenschaftlich informierte Rechtswissenschaft sollte zunächst terminologische Sensibilität entwickeln. Vor dem Hintergrund der unterschiedlichen Raumbegriffe ist eine begriffliche Präzisierung angezeigt, die Fehlvorstellungen nicht nur beim Reden über internetgestützte Information und Kommunikation vorbeugt. Wenn Internetsachverhalte räumlich konzipiert werden, erfolgt das vorrangig auf der Grundlage eines relationalen Raumbegriffs, wobei die relationalen, dynamischen Räume gleichwohl an Strukturen natürlicher Räume rückgebunden sein können.[171] Hier liegt denn auch der Anknüpfungspunkt für eine (Re-)Territorialisierung von Internetsachverhalten, die insbesondere für deren rechtliche Beurteilung im Hinblick etwa auf Zuständigkeitsfragen relevant sein können. Vorstellungen eines von realen Räumen (und den dortigen Rechtsregimen) völlig losgelösten „Cyberspace“ ist damit gleichsam „der Boden entzogen“.[172] Gegen die undifferenzierte Rede vom Internet als Raum ist weiterhin daran zu erinnern, dass das Internet vielmehr ganz unterschiedliche (Kommunikations-)Räume eröffnet, deren Dynamik keine endgültigen Aussagen über ihre Beschaffenheit zulässt.

Raumterminologische Differenzierungen und die grundlegende Unterscheidung zwischen Metaphern und Begriffen sollten eine raumwissenschaftliche Erkenntnisse rezipierende Rechtswissenschaft zudem zur Vorsicht gegenüber allzu hemmungslosen Analogien zwischen analoger und digitaler Welt gemahnen, die Rechtsbegriffe, Rechtsinstitute und rechtliche Wertungen ohne näheres Hinsehen auf räumlich konzipierte Internetsachverhalte über-

---

168 *Müller-Mall*, in: Debus u.a. (Hrsg.), Verwaltungsrechtsraum Europa, S. 9 (30).

169 So *Müller-Mall*, in: Debus u.a. (Hrsg.), Verwaltungsrechtsraum Europa, S. 9 (30).

170 Skeptisch auch *Cancik*, in: Hill/Schliesky (Hrsg.), Die Vermessung der virtuellen Welt, S. 29 (51 m. Fn. 99).

171 Exemplarisch *Mayer*, NJW 1996, 1782 (1783 ff.). Gegen eine Grenzziehung zwischen (virtueller) Medienwelt und Realwelt deutlich *Paetau*, in: Honegger/Hradil/Traxler (Hrsg.), Grenzenlose Gesellschaft? – Teil II, S. 270 ff. Für eine Differenzierung von realen und virtuellen Räumen dagegen *Siehr*, Das Recht am öffentlichen Raum, S. 97 f.

172 Zur Entgrenzung als vermeintlich neues Paradigma in der virtuellen Welt des 21. Jahrhunderts aber *Hobe*, in: Isensee/Kirchhof (Hrsg.), HStR XI^3, § 231 Rn. 1 ff.; ähnlich zuvor schon *Mayer*, NJW 1996, 1782 (1789 ff.); vgl. dagegen *Schmahl*, AVR 47 (2009), 284 (287 ff.).

tragen wollen.[173] Metaphern sind zunächst heuristische Platzhalter, die im juristischen Diskurs trotz ihrer Eingängigkeit Argumente jedenfalls nicht ohne Weiteres ersetzen sollten.[174] So wäre etwa die Diskussion über ein virtuelles Hausrecht aus der Warte der Raumwissenschaften noch einmal genauer und kritisch zu beleuchten.

2. *Raumdenken*

Abgesehen von der terminologischen Sensibilisierung bleibt der Ertrag eines spezifisch räumlichen Problemzugriffs auf Internetsachverhalte für die Rechtswissenschaft jedoch schmal. Zwar stellt das Raumdenken eine mögliche deskriptive Methode dar, die Veränderungen in Rechtskonstellationen durchaus sichtbar machen kann. Insoweit gibt es der ohnehin methodenpluralen[175] Rechtswissenschaft, insbesondere ihren sogenannten Grundlagenfächern ein zusätzliches Reflexionsinstrument an die Hand. Seine Protagonisten verorten das Raumdenken in der Rechtswissenschaft denn auch als Beitrag zur rechtswissenschaftlichen Theoriebildung auf der Beschreibungsebene des Rechts.[176] Alternativlos ist das Raumdenken zu diesem Zwecke aber keineswegs.

Das rechtswissenschaftliche Kernfach der Rechtsdogmatik scheint sich dagegen einer Raumwende völlig zu verschließen. Aus der räumlichen Konzeptionalisierung von Internetsachverhalten können jedenfalls unmittelbar keine normativen Aussagen abgeleitet werden. Nähe und Distanz sind in diesem Zusammenhang keine normativen Begriffe.[177] Einer am Maßstab des positiven Rechts orientierten Rechtsdogmatik ist und bleibt räumliches Denken fremd.

---

[173] So könnte man aber die Ausführungen bei *Schulz*, in: Hill/Schliesky (Hrsg.), Die Vermessung der virtuellen Welt, S. 265, verstehen, wenn er infrastrukturrechtliche Erwägungen allein auf die Metapher der Datenautobahn stützt (S. 265 ff.) oder staatliche Gewährleistungsansprüche für öffentliche Räume auf das Internet überträgt, weil hierfür die Metapher des Cyberspace geprägt worden sei (S. 277 ff.).

[174] Dass etwa das BVerfG (und vermutlich auch die übrige Rechtsprechung jenseits reiner Routinetexte) an den „argumentarmen" und „juristisch entscheidenden" Stellen der Urteilsbegründung gleichwohl dazu neigt, nicht die Zahl der Argumente, sondern die Zahl der rhetorischen Figuren zu erhöhen, hat *Sobota*, JZ 1992, 231 (237), exemplarisch nachgewiesen, die damit das „rechtspositivistische, logo-lexikalische Modell der ‚Gesetzesanwendung' [...] endgültig in den Bereich der juristischen Selbstdarstellung [verwiesen]" wissen will. Ähnlich *Baer*, in: Schmidt-Aßmann/Hoffmann-Riem (Hrsg.), Methoden der Verwaltungsrechtswissenschaft, S. 223 (241; mit zumindest missverständlichem Verweis auf *Sobota*, a.a.O.); *Anter*, in: Collin/Lutterbeck (Hrsg.), Eine intelligente Maschine?, S. 25 (26 f. m. Fn. 7).

[175] Vgl. nur *von Arnauld*, VVDStRL 74 (2015), 39 (41 f.) m.w.N.

[176] Exemplarisch *Müller-Mall*, in: Debus u.a. (Hrsg.), Verwaltungsrechtsraum Europa, S. 9 (10 m. Fn. 3), die gleichwohl aus solchen Beschreibungen und Erklärungen des Rechts konkrete Anwendungsbezüge herstellen möchte.

[177] Ähnlich *Rixen* SGb 2014, S. 360 (363), der mit Blick auf die Metapher des virtuellen Hausrechts von einem Holzweg spricht, da sie jenseits ihrer Eingängigkeit keine eigenständige normative Wirkung insinuieren könne.

Die Resistenz der Rechtsdogmatik gegenüber dem Raumdenken verweist auf die allgemeinen Voraussetzungen und Grenzen der Rezeption extradisziplinärer Methoden und Erkenntnisse, die seit längerer Zeit und stetig wiederkehrend anhand des Verhältnisses der Rechtswissenschaft zu den Sozialwissenschaften exemplarisch diskutiert werden.[178] Jenseits der völligen Ablehnung einer Rezeption fremddisziplinärer Methoden dürfte breiter Konsens darüber herrschen, dass das für eine solche Rezeption erforderliche „informierte Schnittstellenmanagement"[179] die jeweiligen Erkenntnisinteressen und Erkenntniskontexte der Nachbardisziplinen berücksichtigen und auf ihre Verwertbarkeit in rechtswissenschaftlichen Zusammenhängen hin überprüfen muss. Erst eine Übersetzungsleistung, die auch die aus Funktion und Aufgabe des (Öffentlichen) Rechts resultierenden Rezeptionsgrenzen beachtet[180], erlaubt es sodann, nachbarwissenschaftliche Methoden und Erkenntnisse für rechtsdogmatisches Arbeiten fruchtbar zu machen.[181] Dies fällt freilich umso schwerer, je mehr man sich auf das nachbarwissenschaftliche Methoden- und Theorieangebot einlässt.[182]

Der Blick auf die Rezeptionsvoraussetzungen erhellt, warum Raumdenken und Rechtsdogmatik nicht miteinander ins Gespräch kommen: Sie teilen keine gemeinsamen Erkenntnisinteressen. Mögen auch Rechtsnormen und Gerichtsentscheidungen unterschiedlicher Rechtskreise und Rechtsebenen äußerlicher Anknüpfungspunkt für die Konstitution von Räumen sein, anhand derer sichtbar gemacht werden kann, dass sich das Verhältnis der einzelnen Elemente zueinander verändert – welche normativen Gründe und Funktionsweisen hinter solchen Veränderungen stehen, vermag das Raumdenken nicht zu erklären.

Diese Erkenntnis stünde räumlichen Verfassungsleitbildern nicht grundsätzlich entgegen. Das Leitbild ist keine dogmatische Kategorie, sondern ein am Verfassungstext anknüpfendes, dabei auch Ausschnitte aus der Verfassungswirklichkeit rezipierendes Erkenntnisinstrument, das bestimmte Funk-

[178] Vgl. zu dieser Diskussion umfassend *Peuker*, Bürokratie und Demokratie in Europa, S. 99 ff. Unter dem Stichwort der Interdisziplinarität etwa erörtert bei *Trute*, in: Schulze-Fielitz (Hrsg.), Staatsrechtslehre als Wissenschaft, S. 115 ff.; vgl. auch *Möllers*, in: Hoffmann-Riem/Schmidt-Aßmann/Voßkuhle (Hrsg.), Grundlagen I, § 3 Rn. 42; *Bumke*, in: Schmidt-Aßmann/Hoffmann-Riem (Hrsg.), Methoden der Verwaltungsrechtswissenschaft, S. 73 (128 f.).

[179] Begriff bei *von Arnauld*, VVDStRL 74 (2015), 39 (54), der sich damit gegen eine Amalgamierung rechtswissenschaftlicher und fremddisziplinärer Methoden wendet und stattdessen Responsivität als die Fähigkeit und Bereitschaft einfordert, sich auf fremde Methoden und Denkschemata einzulassen, ohne sich diese anzueignen.

[180] Darauf weist *von Arnauld*, VVDStRL 74 (2015), 39 (77), hin.

[181] Vgl. *Luhmann*, Die soziologische Beobachtung des Rechts, S. 44 ff. Zum „Filter juristischer Verwendungstauglichkeit" *Hoffmann-Riem*, in: Giehring u.a. (Hrsg.), Juristenausbildung, S. 75 (89 ff.).

[182] *Trute*, in: Schulze-Fielitz (Hrsg.), Staatsrechtslehre als Wissenschaft, S. 115 (121); skeptisch auch *Lepsius*, EuGRZ 2004, 370 (376).

tionen erfüllt.[183] Zu diesen Funktionen der Leitbilder können zwar auch solche zählen, die traditionell der Dogmatik obliegen, wenn Leitbilder etwa als

> „Speicher für richtige, d.h. im Rahmen der geltenden Rechtsordnung vernünftig begründbare Lösungen [...] den Rechtsanwender von Problemen der Rechtfertigung getroffener Entscheidungen [entlasten], weil das, was einmal in ihnen abgelegt ist, nicht in jedem Einzelfall neu diskutiert werden muss [... oder ...] die normativen Aussagen ihres Gegenstandes ordnungsbildend und handlungsanleitend zum Ausdruck [bringen]“[184].

Der entscheidende Punkt, der gegen räumlich konnotierte Verfassungsleitbilder spricht, ist indes ein anderer: Die Differenzierungen, die das Raumdenken ermöglicht – die Kategorien etwa von Zentrum und Peripherie, Nähe und Distanz oder Inklusionen und Exklusionen – können die „normative Valenz“[185] der Leitbilder nicht begründen. Räumliche Vorstellungen steuern nicht, senden also keine Impulse zur Auslegung und Anwendung der Verfassung.[186]

D. Weiteres Programm

Die folgenden Kapitel beleuchten daher verschiedene punktuelle wie strukturelle Verfassungswandlungen, die mit dem verfassungsrechtlichen Leitbild der digitalen Souveränität beschrieben werden und an dem sich künftige Wandlungen orientieren können. Hierdurch gewinnt das Leitbild selbst zugleich schärferen Kontrast. Mehr noch:

> „Da die Sichtbarmachung der Leitbilder wesentlich in ihrer Anwendung durch sie hindurch erfolgt, muss sichergestellt werden, dass sie, wenn es tatsächlich einmal ernst werden sollte, auch ‚greifen‘ können. Sie müssen deshalb immer weiter kleingearbeitet werden, um die Suggestion aufrechtzuerhalten, dass die Verfassung als solche gerade für die großen Fragen Orientierung und Richtungsweisung bereithält.“[187]

Digitale Souveränität ist somit nicht nur bloße Signatur, sondern Orientierungs- und Leitpunkt der im Einzelnen zu untersuchenden Verfassungswand-

---

[183] Siehe oben S. 177 ff.

[184] *Volkmann*, AöR 134 (2009), 157 (186).

[185] *Voßkuhle*, Der Staat 40 (2001), 495 (509).

[186] Das Konzept der digitalen Gouvernementalität (dazu oben, S. 213) ergänzt die Betrachtung von Staatlichkeit konstituierenden Regierungstechniken um eine medienwissenschaftliche, die Medien des Regierens thematisierende Perspektive, aus der heraus sodann erkennbar werde, dass Räume Medien des Regierens sein könnten und dass gouvernementales Regieren nicht nur im Raum stattfinde, sondern selbst Räume produziere – so *Buhr/Schölzel*, in: Buhr/Hammer/Schölzel (Hrsg.), Staat, Internet und digitale Gouvernementalität, S. 1 (8), mit Zitat von *Muhle*, in: dies. (Hrsg.), Räume und Medien des Regierens, S. 18.

[187] *Volkmann*, VVDStRL 67 (2008), 57 (77 f.), der zugleich darauf hinweist, dass „[a]lle zunächst nur allgemein und ideal formulierten Gehalte [...] deshalb früher oder später ein dogmatisches oder inhaltliches Nachfassen aus[lösen], durch das sie zugleich justiziabilisiert werden“.

lungen einschließlich deren Grenzen. Dabei beschränkt sich die vorliegende Arbeit auf verfassungsrechtliche Aspekte der digitalen Infrastrukturen sowie auf den Grundrechtsschutz in der digitalen Welt. Diese Auswahl beschreibt den Verfassungswandel durch Digitalisierung nicht abschließend und schon gar nicht für alle Zeit. Es geht vielmehr darum, anhand der wichtigsten aktuellen technischen und gesellschaftlichen Entwicklungen das Konzept des phänomenologischen Verfassungswandels zu verdeutlichen. Die gemeinsame Erörterung von hoheitlichen und individualbezogenen Momenten der digitalen Souveränität mag dabei auch der bei Leitbildern nicht auszuschließenden Gefahr einer ideologischen Vereinnahmung oder entsprechender Fehlvorstellungen[188] entgegenwirken.

---

[188] Siehe oben, S. 183 f.

4. Kapitel

Digitale Infrastrukturen

A. Verfassungsrechtliche Relevanz von (digitalen) Infrastrukturen

Allen Vorbehalten gegenüber einer organologischen Metaphorologie in der Staatsrechtslehre zum Trotz mag man von Infrastrukturen als Lebensadern des modernen Staates[1] sprechen. Die Metapher weist auf die konstitutive Bedeutung von Infrastrukturen als eine Voraussetzung moderner Staatlichkeit hin, die ein verfassungsrechtliches Leitbild der digitalen Souveränität daher zwangsläufig zu adressieren hat. Dementsprechend heben politische Stellungnahmen denn auch regelmäßig die Rolle leistungsfähiger und sicherer digitaler Infrastrukturen als Basis der digitalen Souveränität hervor.[2] Solche Hinweise sind zunächst wirtschaftspolitisch motiviert – sie identifizieren Fragen der Errichtung, des Ausbaus, der Unterhaltung von digitalen Infrastrukturen und des Zugangs zu ihnen als Voraussetzung für das Wachstum und die Wettbewerbsfähigkeit der deutschen (und europäischen) Digitalwirtschaft. Zugleich verweisen sie aber auf die besonderen Funktionen von Infrastrukturen, die diese seit jeher erfüllen und die erklären, warum Infrastrukturen auch Gegenstand einer verfassungsrechtlichen Betrachtung sein müssen.

Zum einen sind Infrastrukturen durch die Überwindung von Entfernungen im Raum ein unabdingbares Mittel der sozialen, wirtschaftlichen und politischen Integration eines Gemeinwesens. Dahinter steht die triviale Erkenntnis, „daß ohne funktionsfähige [I]nfrastrukturen Menschen nicht zusammenkommen können, die räumlich voneinander entfernt leben".[3] Das gilt für die Vor-

[1] Für Verkehr und Post etwa *Steiner*, in: Isensee/Kirchhof (Hrsg.), HStR III^2, § 81 Rn. 1; Historisierung bei *Kloepfer*, Technik und Recht im wechselseitigen Werden, S. 54, 80 f.; *Trute*, VVDStRL 57 (1998), 216 (224), spricht mit Blick auf die Telekommunikationsinfrastruktur von „Nervenbahnen eines zunehmend globalen Kommunikationsraumes"; *Dörr*, VVDStRL 73 (2014), 323 (361). Vgl. hinsichtlich transeuropäischer Infrastrukturnetze *Calliess/Lippert*, in: Wegener (Hrsg.), EnzEuR VIII, § 2 Rn. 1 f.

[2] Exemplarisch *Bundesministerium für Wirtschaft und Energie*, Leitplanken Digitaler Souveränität, S. 2; zuvor schon *BITKOM*, Digitale Souveränität, S. 18.

[3] Vgl. das Zitat und die näheren Ausführungen bei *Hermes*, Staatliche Infrastrukturverantwortung, S. 324 ff., dort zu Recht bezogen auf Netzinfrastrukturen; aufgegriffen etwa bei *Schoch*, VVDStRL 57 (1998) 158 (198 m. Fn. 192); ebenso *Dörr*, VVDStRL 73 (2014), 323 (337 f.); als „das geheime Telos der Infrastrukturentwicklungen" bezeichnet *van Laak*, Archiv für Begriffsgeschichte 41 (1999), 280 (290), aus begriffshistorischer Perspektive die Leitvorstel-

haltung eines öffentlichen Straßen- und Wegenetzes als notwendige Voraussetzung staatlicher Existenz[4] ebenso wie für die leitungsgebundene Übertragung von Energie oder die Telekommunikation.[5] Die Integrationsaufgabe wurde früher stärker als ein Aspekt der äußeren wie der inneren Souveränität des Staates formuliert. So lagen die Hauptmotive für die Einrichtung eines staatlichen Telegraphenwesens in der Sicherung des Territoriums nach außen und der Aufrechterhaltung der Ordnung nach innen.[6]

Verfassungsrechtliche Relevanz erhalten Infrastrukturen neben dieser Integrationsfunktion zum anderen als Bedingung für die Möglichkeit der Verwirklichung individueller, verfassungsrechtlich verbürgter Freiheitsrechte.[7] Das wird etwa am Beispiel der Kommunikationsfreiheiten des Grundgesetzes augenscheinlich, zu deren Ausübung der Grundrechtsträger auf eine funktionierende Kommunikationsinfrastruktur angewiesen ist. Die Staatsrechtslehre erörtert diesen Zusammenhang unter dem Stichwort der faktischen Grundrechtsvoraussetzungen (als Unterfall der Verfassungsvoraussetzungen)[8] und diskutiert kontrovers, ob und inwieweit sich aus den Grundrechten eine Pflicht des Staates zur Gewährleistung der realen Grundrechtsvoraussetzungen ableiten lässt.[9] Unabhängig von der umstrittenen grundrechtlichen Rekonstruktion dieser Gewährleistungspflicht gewinnt der moderne Verfassungsstaat jedenfalls auch aus der Gewährleistung der tatsächlichen infrastrukturellen Voraussetzungen seine Legitimität.[10]

Ist denn auch die verfassungsrechtliche Relevanz von Infrastrukturen im Allgemeinen unbestritten, besteht doch große Unklarheit über den Inhalt des (Rechts-)Begriffs der Infrastrukturen, der zumal im Grundgesetz selbst nicht

lungen über die Möglichkeiten einer Integration von Raum, Zeit und Gesellschaft durch Infrastrukturen. Am Beispiel des Postwesens *Masing*, in: Isensee/Kirchhof (Hrsg.), HStR IV³, § 90 Rn. 2 ff.

[4] Schon früh *Krüger*, Marktwirtschaftliche Ordnung und öffentliche Vorhaltung der Verkehrswege, S. 4 ff.; vgl. auch *Fehling*, AöR 121 (1996), 59 (80 f.).

[5] S. auch *Forsthoff*, Verwaltung als Leistungsträger, S. 4 ff.

[6] *Eidenmüller*, DÖV 1985, 522 (525); *Ossenbühl*, FS Lukes, S. 525 (540 f.); *Kloepfer*, Technik und Recht im wechselseitigen Werden, S. 133 ff.; *Freund*, Infrastrukturgewährleistung in der Telekommunikation, S. 9 f.; vgl. auch *Hermes*, Staatliche Infrastrukturverantwortung, S. 271 f.; *Eifert*, Grundversorgung mit Telekommunikationsleistungen im Gewährleistungsstaat, S. 32 ff. (zu frühen Privatisierungsforderungen anlässlich des Aufkommens des Telefons aber S. 52 f.).

[7] Diesen Aspekt betont etwa *Wißmann*, VVDStRL 73 (2014), 369 (371, 385, 421); zuvor schon *Kersten*, DVBl. 2006, 942 (944), mit Rekurs auf das von *Durkheim*, Über soziale Arbeitsteilung, S. 82, beschriebene Steigerungsphänomen der industriellen Moderne.

[8] Exemplarisch *Greve*, K&R 2013, 87 (89); allgemein zu Grundrechtsvoraussetzungen *Isensee*, in: Isensee/Kirchhof (Hrsg.), HStR IX³, § 190 Rn. 49 ff.

[9] Vgl. dazu *Häberle*, VVDStRL 30 (1972), 43 (80 ff., 96); mit zurückhaltender Einschätzung etwa *Ruffert*, Vorrang der Verfassung und Eigenständigkeit des Privatrechts, S. 265 ff.; ablehnend *Cornils*, Die Ausgestaltung der Grundrechte, S. 640 f. Zur verfassungsrechtlichen Gewährleistungsverantwortung im Telekommunikationsbereich aber sogleich unter S. 253 ff.

[10] *Kersten*, DVBl. 2006, 942 (944).

vorkommt. Ungeklärt ist auch, ob das „Infrastrukturrecht" ein eigenständiges Rechtsgebiet oder allenfalls eine Bezeichnung für eine disparate Rechtsmaterie darstellt (B.). Mit der Gewährleistungsstaatlichkeit hat die Staatsrechtslehre gleichwohl ein Konzept entwickelt, das den terminologischen Unsicherheiten trotzt und das als Modifikation des überkommenen Konzepts der Daseinsvorsorge der verfassungsrechtlichen Ausgestaltung der meisten Infrastrukturbereiche zugrunde liegt (C.I.). So ist die dem Gewährleistungsstaat obliegende Infrastrukturverantwortung im Bereich der Telekommunikation in Art. 87f Abs. 1 GG verankert. Diese Vorschrift erweist sich bei näherem Hinsehen als durchaus offen für einen dynamischen Wandel im Telekommunikationssektor. Wo die Infrastrukturverantwortung jedoch mit der bisher vorherrschenden Lesart auf die Vorgabe eines Universaldienstes verengt wird, kann das Verfassungsrecht keinen Beitrag zum Ausbau und zur Aufrechterhaltung zukunftsfähiger digitaler Infrastrukturen leisten, sondern bleibt dem telekommunikativen *status quo* am Maßstab des verfassungsrechtlichen Untermaßverbots verhaftet (C.II.). Eine am Leitbild digitaler Souveränität orientierte gewandelte Auslegung des Art. 87f Abs. 1 GG als Optimierungsrecht richtet die staatliche Infrastrukturverantwortung dagegen auf die infrastrukturelle Versorgung in der Gegenwart wie auf die Vorsorge für die Zukunft gleichermaßen aus, was die Untersuchung am Beispiel des Breitbandausbaus sowie der IT-Sicherheit nachweist (C.III. und IV.).

B. Begriff und Recht der Infrastrukturen

I. Historische Semantik

Kaum eine wissenschaftliche Arbeit zu Infrastrukturen kommt ohne den einleitenden Hinweis aus, dass es einen allgemein konsentierten Begriff der Infrastrukturen nicht gibt. Tatsächlich zeigt die Forschung zur historischen Semantik des Begriffs, wie sich seine Verwendung im Laufe der Zeit gewandelt hat. So verhalf dem ursprünglich im französischen Sprachraum entstandenen neulateinischen Neologismus „Infrastruktur" *(„infrastructure")*, der dort den Unterbau von Eisenbahn-Konstruktionen im Gegensatz zur *„superstructure"* bezeichnete, insbesondere seine Rezeption durch NATO und EWG im Zuge der militärischen und wirtschaftlichen Integration zu größerer, auch lexikalischer Prominenz, zugleich aber auch zu einem größeren Bedeutungsspektrum.[11]

[11] Ein 1950 verabschiedetes Programm des NATO-Rates betraf etwa den Ausbau von Flughäfen, Öl-Pipelines, Treibstoffreservoiren sowie Kommunikations- und Luftverteidigungssystemen zwecks Standardisierung dieser Anlagen innerhalb des Verteidigungsbündnisses. Ausführlich zur Begriffsgeschichte *van Laak*, Archiv für Begriffsgeschichte 41 (1999), 280 ff.

Dieses Spektrum weitete sich noch einmal im Zuge der Planungseuphorie der sechziger und siebziger Jahre des 20. Jahrhunderts, so dass Infrastruktur bald „zu einem recht unkonkreten Schlagwort der Raumplanung, der Geographie, der Sozialwissenschaften und nicht zuletzt der Politik – und zugleich zu einer Lieblings-Vokabel des ‚social engineering'" wurde, das „nicht mehr allein die Ver- und Entsorgung menschlicher Grundbedürfnisse sowie ihre technische Organisation bezeichnet, sondern nicht selten [den] Gesamtbereich der materiellen und immateriellen Leistungs- und Umverteilungsfunktionen des Staates"[12]. In wissenschaftlichen Kontexten erscheint der Begriff der Infrastrukturen denn auch häufig als bloßer Sammelbegriff für verschiedene Anwendungsbeispiele, worunter klassischerweise die sächlichen Grundlagen von Verkehr, Kommunikation, Energie- und Wasserversorgung sowie Entsorgung gefasst werden.[13]

II. Definition der Infrastruktur

Wo sich die Rechtswissenschaft gleichwohl an einer definitorischen Eingrenzung versucht, nimmt sie bisweilen Anleihen bei der ökonomischen Theorie, die technische, ökonomische und institutionelle Eigenschaften der Infrastrukturen beschrieben hat.[14] Diese versteht Infrastrukturen als immobile, unteilbare Anlagen mit einer hohen Lebensdauer und einer standortgebundenen Nutzung, die durch eine Kostendegression, ausgeprägte externe Effekte, eine Nutzenstreuung, einen hohen Fix- und Gemeinkostenanteil und einen großen Investitionsumfang mit hohem Investitionsrisiko ebenso gekennzeichnet sind wie durch eine defizitäre Betriebsführung und eine zentral organisierte Planung, Herstellung und Betriebsführung.[15]

Die in dieser Charakterisierung als zentral erkannten Merkmale der Allgemeinnützigkeit, des Versorgungszwecks und der Ortsgebundenheit werden sodann zu einer Definition zusammengefasst, die Infrastrukturen als „orts-

m.w.N. Dort (S. 282 f.) auch das Zitat von Winston Churchill anlässlich der britischen Parlamentsdebatte zum Schuman-Plan im Jahr 1950: „In dieser Debatte haben wir wieder einmal das übliche Kauderwelsch über ‚die Infra-Struktur einer supra-nationalen Behörde' gehört. Die Herkunft des Wortes liegt im Dunkeln; es ist aber wahrscheinlich, daß diese Worte ‚infra' und ‚supra' durch jene hochgestochenen Intellektuellen in unseren politischen Wortschatz eingeführt wurden, die natürlich darauf bedacht sind, die britische Arbeiterklasse mit ihrer Latein-Bildung aus Winchester zu beeindrucken. Wenn wir die Worte auch nicht mögen, wird doch keiner von uns diesen Beiträgern alter Schule ihre läßliche Schwäche für Klassenbewußtsein vorwerfen wollen."

[12] *van Laak*, Archiv für Begriffsgeschichte 41 (1999), 280 (289).

[13] Vgl. nur *Dörr*, VVDStRL 73 (2014), 323 (327).

[14] So bei *Dörr*, VVDStRL 73 (2014), 323 (329).

[15] *Simonis*, Zeitschrift für Ganzheitsforschung 27 (1983), 119 (120); vgl. aus der ökonomischen Theorie der Infrastrukturen auch *Jochimsen*, Theorie der Infrastruktur, S. 103 ff., der zwischen der (hier in Bezug genommenen) materiellen, der institutionellen und der personalen Infrastruktur unterscheidet; *Frey*, Infrastruktur, S. 26 ff.

feste Anlagen und Einrichtungen" bezeichnet, „welche der Versorgung der Bevölkerung mit lebensnotwendigen Gütern und Dienstleistungen dienen (z.B. mit Wasser, Energie, Mobilität, Kommunikation, Bildung, Gesundheits- und Sozialdiensten, wohl auch mit Bargeld und Finanzdienstleistungen), im Prinzip jedermann zugänglich sind und deren Betrieb von der öffentlichen Hand verantwortet wird"[16].

Zu unterscheiden sind die Infrastrukturen als ortsfeste Anlagen und Einrichtungen von den auf Grundlage der (dann häufig netzförmigen) Infrastrukturen erbrachten Dienstleistungen („Dienste"). Zwar wird kontrovers beurteilt, ob die Dienste nicht auch unter einem weiten Infrastrukturbegriff gefasst werden sollten. Gegen den Einwand, dass der Begriff traditionell vornehmlich den Basisinfrastrukturen selbst vorbehalten gewesen sei und eine Einbeziehung der sämtlicher auf Infrastrukturen angebotenen Dienste daher kontraintuitiv oder problematisch erscheine[17], mag daran erinnert werden, dass die Trennung von Infrastruktur und Diensten etwa in der Anfangszeit der Eisenbahnlinien oder der Energieversorgungsleitungen nicht vorstellbar bzw. technisch nicht umsetzbar war und darüber hinaus das Ergebnis einer wirtschaftsordnungspolitischen Entscheidung ist und kein „Naturgesetz"[18]. An der analytischen und systematischen Funktion der Unterscheidung ändert das freilich nichts. Das deutsche und europäische Recht greift diese Unterscheidung jedenfalls an verschiedenen Stellen auf, zumal der europäische Gesetzgeber eine entsprechende Entflechtung von Infrastrukturnetzen und Diensten als Grundlage des Wettbewerbs in den Netzen forciert hat. Damit sind zugleich die Infrastrukturen als Rechtsbegriff angesprochen.

---

[16] *Dörr*, VVDStRL 73 (2014), 323 (330); vgl. auch die exemplarische Aufzählung in BVerfGE 38, 258 (270 f.). Ähnlich, wenngleich allgemeiner *Hermes*, Staatliche Infrastrukturverantwortung, S. 329: „Als Infrastruktur läßt sich die Gesamtheit aller Mittel begreifen, die der Überwindung von Entfernungen dienen und dadurch die Integration eines Raumes bewirken. Aus ihrer Basisfunktion für die Herstellung sozialer, wirtschaftlicher und politischer Einheit folgt, daß Infrastruktur notwendig darauf angelegt ist, allen Interessierten zugänglich und deshalb flächendeckend ausgelegt zu sein." Nicht einen festliegenden Gegenstand, sondern eine spezifische Fragestellung fokussiert *Wißmann*, VVDStRL 73 (2014), 369 (375), dem es bei Infrastrukturen um die Planung, die Bereitstellung und die Pflege von Einrichtungen geht, die unmittelbar von der Allgemeinheit genutzt werden können oder für weitere Dienste zur Verfügung stehen, die sich grundsätzlich an die Allgemeinheit richten; in diesem Sinne wohl auch *Kühling*, DVBl. 2013, 1093 (1094).

[17] *Kühling*, DVBl. 2013, 1093 (1094); zuvor schon *ders.*, Sektorspezifische Regulierung in den Netzwirtschaften, S. 45.

[18] So zutreffend *Hermes*, Staatliche Infrastrukturverantwortung, S. 332 f.

III. Rechtsbegriff der Infrastruktur

Infrastrukturen sind vor allem ein Begriff des einfachen Rechts, das ihn freilich meist nicht definiert, sondern in den einzelnen sektorspezifischen Gesetzen ohne nähere Begriffsbestimmungen verwendet.[19]

Das Unionsrecht übt sich in vergleichbarer definitorischer Zurückhaltung. Zwar findet sich der Begriff der Infrastrukturen im Primär- wie Sekundärrecht. So sieht Art. 170 Abs. 1 AEUV einen Beitrag der Europäischen Union zum Auf- und Ausbau transeuropäischer Netze in den Bereichen der Verkehrs-, Telekommunikations- und Energieinfrastruktur zwecks Verwirklichung des Binnenmarktes und der europäischen Kohäsionspolitik vor, den die Europäische Union gemäß Art. 171 Abs. 1 AEUV durch das Aufstellen von Leitlinien, die Durchführung von Aktionen zur Gewährleistung der Interoperabilität der Netze oder durch die (auch finanzielle) Unterstützung von mitgliedstaatlichen Infrastrukturvorhaben von gemeinsamem Interesse leisten kann.[20] Art. 170 Abs. 1 AEUV bezieht sich mithin auf bestimmte netzförmige Infrastrukturen, zielt damit aber nicht auf eine Einengung des Infrastrukturbegriffs. Auch das für gewöhnlich an einleitenden Definitionen überreiche Sekundärrecht enthält in den einzelnen sektorspezifischen Rechtsakten meist keine nähere Bestimmung des Infrastrukturbegriffs selbst.[21] Und so fällt es der Europarechtslehre zu, einen unionsrechtlichen Begriff der Infrastruktur zu prägen. Sie versteht darunter alle für die Beförderung von Personen, Gütern, Daten, Signalen oder Energie zwischen zwei Orten erforderlichen, ortsfesten, dauerhaften Einrichtungen, nicht aber die Nutzung dieser Infrastrukturen[22], und weiß sich damit im Einklang mit den allgemeinen Definitionsansätzen im Hinblick auf das deutsche Recht.

Das Grundgesetz verwendet den Begriff der Infrastruktur dagegen weder im Singular noch im Plural. Es spricht einzelne Infrastrukturbereiche als solche an, etwa in den Gesetzgebungs- oder Verwaltungskompetenztiteln über den Luftverkehr (Art. 73 Abs. 1 Nr. 6, 87d GG), den Eisenbahnverkehr (Art. 73 Abs. 1 Nr. 6a, 87e GG), Post und Telekommunikation (Art. 73 Abs. 1 Nr. 7, 87f GG), den Verkehr auf Straßen und Binnenwasserstraßen (Art. 74 Abs. 1 Nr. 21 und 22 GG), die Abfallwirtschaft (Art. 74 Abs. 1 Nr. 24 GG)

---

[19] Vgl. etwa § 1 TKG (s. aber auch die neu eingeführte, auf Art. 2 Nr. 2 der Kostensenkungsrichtlinie 2014/61/EU [ABl. 2014 L 155/1], beruhende Legaldefinition „passiver Netzinfrastrukturen“ in § 3 Nr. 17b TKG); weitere Nachweise bei *Dörr*, VVDStRL 73 (2014), 323 (328).

[20] Zur Bedeutung der Infrastrukturen als Rückgrat des Binnenmarktes etwa *Schäfer/Schröder*, in: Streinz (Hrsg.), EUV/AEUV, Art. 170 AEUV Rn. 7.

[21] Vgl. aber etwa Art. 2 Nr. 1 der Verordnung Nr. 347/2013 zu Leitlinien für die transeuropäische Energieinfrastruktur (ABl. EU 2013 L 115/39), die Energieinfrastrukturen als „jede materielle Ausrüstung oder Anlage“ zur Energieübertragung definiert.

[22] *Calliess*, in: Calliess/Ruffert (Hrsg.), EUV/AEUV, Art. 170 AEUV Rn. 7; *Schäfer/Schröder*, in: Streinz (Hrsg.), EUV/AEUV, Art. 170 AEUV Rn. 4; vgl. auch *Lecheler*, in: Grabitz/Hilf/Nettesheim (Hrsg.), Das Recht der Europäischen Union, Art. 170 AEUV Rn. 12 ff.

oder in der Vorschrift des Art. 7 GG das öffentliche und private Schulwesen. Ein eigener verfassungsrechtlicher Begriff der Infrastrukturen ergibt sich daraus indes nicht.

IV. Infrastrukturrecht als Rechtsgebiet

Die Weite des Infrastrukturbegriffs, die auch die rechtswissenschaftlichen Definitionsbemühungen nicht recht einzugrenzen vermochten, korrespondiert mit der Feststellung, dass das Infrastrukturrecht kein eigenständiges, klar abgrenzbares Rechtsgebiet sei. Obwohl sich in einzelnen Umsetzungsgesetzen „ähnliche Regelungsmuster und gleichlautende Begrifflichkeiten" wegen der Vorformung durch das Unionsrecht fänden, fehle es an einer „dogmatisch stringente[n] Durchformung, die trotz unterschiedlicher Gegenstände auf gemeinsame und doch spezielle Rechtsgrundsätze hinwiese und das ‚Infrastrukturrecht' von anderen Bereichen des Verwaltungsrechts abhöbe"[23].

Ein eher dynamisches Verständnis ordnet das Infrastrukturrecht dagegen nicht nur als „deskriptive Sammelbezeichnung für eine Teilmenge des Rechts der Daseinsvorsorge" ein, „deren Regeln verschiedenen, überwiegend spezialgesetzlich kodifizierten Teilrechtsgebieten entstammen"[24]. Stattdessen soll es sich um ein „Querschnittsrechtsgebiet im Werden" handeln, dessen fehlende Kanonisierung gerade auf den Querschnittscharakter und die Vielzahl der betroffenen Gesetze zurückzuführen sei, das durch Aufsätze, Monographien, Handbücher sowie eigene Zeitschriften als wissenschaftliches Rechtsgebiet aber zunehmend an Kontur gewinne und durch universitäre Schwerpunktbereiche, Lehrstuhldenominationen sowie Institutsbezeichnungen auch eine gewisse Institutionalisierung erfahre[25].

Die Frage nach dem Rechtsgebietscharakter des Infrastrukturrechts ist hier nicht abschließend zu beantworten. Die Entscheidung hängt davon ab, welche Funktion man dem Ausweis einer Rechtsmaterie als eigenständiges Rechtsgebiet zuschreibt. Wer den systematischen Gedanken eines Rechtsgebiets stark macht, das mit kohärenten, von anderen Rechtsgebieten unterscheidbaren Regelungsstrukturen, Regelungskonzepten und Leitgedanken für das Rechtsgebiet typische Problemlagen adressiert, wird dem Infrastrukturrecht die Einordnung als Rechtsgebiet mit Verweis auf das heterogene Regelungsgefüge und die ungleichen Regelungssachverhalte absprechen. Wer dagegen die programmatische Funktion der Proklamation eines Rechtsgebiets in den Mittel-

[23] *Dörr*, VVDStRL 73 (2014), 323 (332), der das Infrastrukturrecht als „verkürzende Chiffre für jene – disparaten – Teile der Rechtsordnung [betrachtet], die sich auf ortsfeste Anlagen mit einem staatlich verantworteten Versorgungszweck beziehen".

[24] So *Dörr*, VVDStRL 73 (2014), 323 (332).

[25] *Kühling*, DVBl. 2013, 1093 (1094 f.); die Gemeinsamkeiten der einzelnen infrastrukturabhängigen Wirtschaftsbereiche betonte zuvor schon *Theobald*, NJW 2003, 324 (330 f.), mit einem Plädoyer für den „Blick fürs Ganze".

punkt rückt und auch eine damit ggf. verbundene extrem hohe Komplexität nicht scheut[26], kann diejenigen Regeln, die auf die „Bereitstellung von Infrastrukturen in hinreichendem Ausmaß und angemessener Qualität"[27], mithin auf die Erfüllung eines infrastrukturellen Gewährleistungsauftrags[28] zielen, im Rechtsgebiet „Infrastrukturrecht" zusammenfassen. Die Qualifikation als Rechtsgebiet stünde dann freilich unter Bewährungsvorbehalt. Denn auch ein erst „im Werden" begriffenes Rechtsgebiet wird einmal erweisen müssen, ob mit seinem Ausweis mehr verbunden ist als nur die Orientierung an einer gemeinsamen Aufgabe oder das (nachvollziehbare) Ziel forschungspolitisch motivierter Distinktionsgewinne bzw. eine auf Mandantenakquise ausgerichtete anwaltliche Strategie. Die Beurteilung eines möglichen Wandels von verfassungsrechtlichen Vorgaben zu digitalen Infrastrukturen kann indes unabhängig davon erfolgen, ob das Infrastrukturrecht ein eigenständiges Rechtsgebiet ist oder nicht.

V. Digitale Infrastrukturen

Wenn im Folgenden von einem Verfassungswandel hinsichtlich der digitalen Infrastrukturen die Rede ist, meint dies die Telekommunikationsinfrastrukturen sowie die auf ihnen erbrachten Dienste. Den im Grundgesetz an verschiedenen Stellen[29] gleichsinnig verwendeten Begriff der Telekommunikation sieht das Bundesverfassungsgericht als Nachfolger des verfassungsrechtlichen Begriffs des Fernmeldewesens an und definiert ihn als die Übermittlung von Informationen auf fernmeldetechnischem Weg, also mittels elektromagnetischer Wellen oder Signale, gleich ob sie leitungsgebunden oder drahtlos, analog oder digital, offen oder verdeckt erfolgt. Unerheblich sei die Länge des Übermittlungswegs, die sinnliche Wahrnehmbarkeit des Übermittelten oder die Frage, ob Massen-, Individual- oder Maschinenkommunikation vorliegt. Entscheidend sei vielmehr die fehlende Verkörperung der zunächst übermittelten, dann empfangenen und schließlich wiedererzeugten Information. Der Begriff umfasse die technische Seite aller gegenwärtigen und künftigen Formen der Individual- und Massenkommunikation einschließlich aller Zwischenformen wie Abruf- und Zugriffsdienste und die sogenannten „neuen" Medien.[30]

---

[26] Vgl. *Schmidt-Aßmann*, Das allgemeine Verwaltungsrecht als Ordnungsidee, 3. Kap. Rn. 6 f., der die Entwicklung eines übergreifenden Regelungsgefüges zum Schutz der als Wirkungsgefüge verstandenen Umwelt als den programmatischen Charakter der Zusammenfassung verschiedener Rechtsgebiete unter der gemeinsamen Bezeichnung Umweltrecht ausweist.

[27] *Kühling*, DVBl. 2013, 1093 (1094).

[28] Dazu sogleich unter S. 247 ff.

[29] Art. 73 Abs. 1 Nr. 7, Art. 80, Art. 87f Abs. 1 und 2 GG.

[30] Diese umfassende Definition bei BVerfG (K), NJW 2016, 3508 (3509), mit weiteren Rechtsprechungsnachweisen. Vgl. auch ausführlich *Windthorst*, Der Universaldienst im Bereich der Telekommunikation, S. 46 ff.

Das verfassungsrechtliche Leitbild digitaler Souveränität soll nunmehr den Blick auf verfassungsrechtliche Vorgaben zu digitalen Infrastrukturen lenken, die an Art. 87f GG und weitere Verfassungsnormen anknüpfen können und dabei entweder einem Wandlungsprozess unterliegen oder noch gar nicht als verfassungsrechtliche Gehalte erörtert worden, wegen eines Verfassungswandels aber als solche zu klassifizieren sind.

C. Wandel der verfassungsrechtlichen Infrastrukturverantwortung

Wenn auch über den Inhalt des Begriffs der Infrastruktur und über die Eigenschaft des Infrastrukturrechts als eigenständiges Rechtsgebiet kein abschließender Konsens herzustellen ist, so zeichnet sich aus verfassungsrechtlicher Perspektive doch ein gesicherter Erkenntnisstand im Hinblick auf Infrastrukturen ab. Das gilt zum einen für die staatstheoretische Konzeption des Gewährleistungsstaats, die als – vor allem durch die unionsrechtliche Überformung forcierte – Modifikation des überkommenen Konzepts der Daseinsvorsorge der verfassungsrechtlichen Ausgestaltung der meisten Infrastrukturbereiche zugrunde liegt. Es gilt zum anderen für die Infrastrukturgewährleistung im Telekommunikationssektor in Form des Art. 87f GG als spezifische, positivrechtliche Ausprägung der Gewährleistungsstaatlichkeit. Anhand der Frage der Reichweite einer verfassungsrechtlichen Verpflichtung zum Breitbandausbau sowie zur IT-Sicherheit soll exemplarisch erörtert werden, ob unter dem Blickwinkel digitaler Souveränität ein Verfassungswandel bei der Infrastrukturgewährleistung im Telekommunikationssektor beobachtet werden kann.

I. Konzept des Gewährleistungsstaats

1. Daseinsvorsorge und Gewährleistungsstaat

Das Konzept des Gewährleistungsstaats steht für die gewandelte Rolle des Staates bei der Vorhaltung lebensnotwendiger Infrastrukturen und wird bald als Gegenentwurf[31], bald als Modifikation[32] des maßgeblich von Ernst Forsthoff geprägten und fortentwickelten Konzepts der Daseinsvorsorge verstanden.

Wo Forsthoff den Staat – und das heißt bei ihm vor allem: eine selbständige Verwaltung – in der Pflicht sah, diejenige Vorsorge für Lebensnotwendigkei-

---

[31] Exemplarisch *Knauff*, Der Gewährleistungsstaat, S. 59 ff.
[32] Für ein Festhalten an der Daseinsvorsorge *Dörr*, VVDStRL 73 (2014), 323 (332 ff.).

ten[33] zu betreiben, zu deren selbständiger Erfüllung der moderne Mensch im Zuge der industriell-technischen Entwicklung nicht mehr in der Lage ist[34], entlässt das Konzept des Gewährleistungsstaats den Staat aus seiner Daseinsverantwortung. Leistungen der Daseinsvorsorge müssen nun nicht mehr notwendig durch den Staat, sondern können ebenso gut durch private Unternehmen nach den Regeln des Wettbewerbs erbracht werden. Der Staat behält stattdessen eine Gewährleistungsverantwortung für den Fall, dass die private Leistungserbringung unzureichend ist oder gänzlich ausfällt. Die Annahme einer staatlichen Gewährleistungsverantwortung bedeutet also nicht zwingend, dass der Staat mit seiner Verwaltung die Leistungen der Daseinsvorsorge auch selbst bereitzustellen habe. Kennzeichen der Gewährleistungsstaatlichkeit ist vielmehr die „Entkoppelung von staatlicher Ergebnisverantwortung und primär gesellschaftlicher oder korporatistischer Aufgabenwahrnehmung"[35]. Der Grad dieser Entkoppelung unterscheidet sich allerdings je nach Sachbereich der Daseinsvorsorge.

Die vielfältigen Ursachen für diesen Paradigmenwechsel vom Leistungs- zum Gewährleistungsstaat[36], der sich auch als ein Funktionswandel der öffent-

[33] Zu den „Leistungen, auf welche der in die modernen massentümlichen Lebensformen verwiesene Mensch lebensnotwendig angewiesen ist", zählt *Forsthoff*, Die Verwaltung als Leistungsträger, S. 7, – nicht abschließend – „die Versorgung mit Wasser, Gas und Elektrizität, [...] die Bereitstellung der Verkehrsmittel jeder Art, die Post, Telephonie und Telegraphie, die hygienische Sicherung, die Vorsorge für Alter, Invalidität, Krankheit, Arbeitslosigkeit und vieles andere mehr". Vom Begriff der Daseinsvorsorge unterscheidet er dagegen Hoheitsaufgaben ebenso wie einseitige Leistungsverhältnisse der Verwaltung, die Gerichtsbarkeit und „zweiseitige Rechtsbeziehungen, wie sie sich aus der Zugehörigkeit zu berufsständischen oder sonstigen Gliederungen der Volksordnung ergeben" (S. 41).

[34] *Forsthoff*, Die Verwaltung als Leistungsträger, S. 4 ff., erklärt das Bedürfnis nach staatlicher Daseinsvorsorge mit der Differenz zwischen dem „effektiven" und dem „beherrschten" Lebensraum des Menschen. Der effektive Lebensraum, in dem sich das Dasein des Menschen tatsächlich abspiele, habe sich im Zuge der industriell-technischen Entwicklung (und der Urbanisierung) über den beherrschten Lebensraum, über den der Einzelne Verfügungs- und Gestaltungsmacht habe, ausgedehnt, wodurch die Abhängigkeit des Menschen von seinen Mitmenschen zugenommen habe. Die Befriedigung der als „soziale Bedürftigkeit" bezeichneten „Notwendigkeit, sich die Lebensgüter nicht durch Nutzung einer eigenen Sache", sondern im Wege der „Approbation" zu verschaffen, sei zwar theoretisch auch individuell möglich, wegen der sozialen Lage aber dem Staat aufgegeben, der sich durch die Übernahme der Daseinsvorsorge legitimiere. Den Preis für die Teilhabe an staatlichen Leistungen der Daseinsvorsorge bildet nach Forsthoff der Verzicht auf individuelle, durch Grundrechte verbürgte Freiheiten, an deren Stelle nicht subjektive, sondern die Gemeinschaft konstituierende und legitimierende Teilhaberechte treten. Rekonstruktion dieser sozialpsychologischen Herleitung des Begriffs der Daseinsvorsorge als Verwaltungsaufgabe etwa bei *Kersten*, Der Staat 55 (2005), 543 (552 ff.); vgl. auch *Knauff*, Der Gewährleistungsstaat, S. 38 ff. Zu den ideengeschichtlichen Hintergründen umfassend *Scheidemann*, Der Begriff Daseinsvorsorge, S. 17 ff.

[35] *Eifert*, Grundversorgung mit Telekommunikationsleistungen im Gewährleistungsstaat, S. 18.

[36] Vgl. *Franzius*, Der Staat 43 (2003), 493 (498 ff.); *Möstl*, in: Maunz/Dürig (Hrsg.), GG, Art. 87f Rn. 73.

lichen Verwaltung von der Leistungs- zur Regulierungsverwaltung beschreiben lässt[37], sind hier nur insofern kurz anzureißen, als sie für einen möglichen Verfassungswandel auf dem Gebiet der digitalen Infrastrukturen von Interesse sind. Relevant erscheinen vor allem drei Beobachtungen: 1.) Forsthoffs zunächst „auf die Situation des Jahres 1938 hin formuliert[es]", später von ihm selbst aber fortentwickeltes Konzept der Daseinsvorsorge[38] konzentrierte sich ganz auf die Leistungserbringung durch den Staat bzw. durch „indienstgenommene" Private in den Formen des Öffentlichen Rechts. Dass der zur Begründung der staatlichen Daseinsverantwortung herangezogene Autonomieverlust des Einzelnen „in einer modernen ausdifferenzierten Gesellschaft [...] keineswegs notwendigerweise durch staatliche Leistungen kompensiert werden muss, [... sondern] daseinsnotwendige Leistungen auch von privaten Unternehmen nach den Regeln des Wettbewerbs dargeboten werden"[39] können, kam für Forsthoff indes nicht in Betracht. Im Gegenteil: Er machte gerade das Ungenügen des Ideals gesellschaftlicher Steuerung und eines autonomen Marktmechanismus zum Ausgangspunkt seiner Überlegungen.[40] Damit wandte sich der bei Forsthoff gegen die liberal-rechtsstaatliche Verwaltungsrechtsdogmatik des 19. Jahrhunderts gerichtete Vorwurf der Inkongruenz mit der staatlichen und sozialen Wirklichkeit[41] aber bald gegen ihn selbst. Denn sein Ansatz war nicht mehr in der Lage, die großen Privatisierungs- und Liberalisierungswellen des ausgehenden 20. Jahrhunderts in vielen Bereichen der Daseinsvorsorge konzeptionell überzeugend zu erfassen. Infolge der auch unionsrechtlich gebotenen, auf die Beseitigung von Monopolen und die Schaffung von Marktzutrittschancen gerichteten Liberalisierung weiter Bereiche der Daseinsvorsorge[42], die den in Deutschland seit der Wiedervereinigung ohnehin schon vorhandenen Trend der Privatisierung weiter verstärkte[43], verschiebt sich die Aufgabe des Staates von der Leistung auf die Lenkung[44] und

---

[37] Vgl. nur *Ruffert*, AöR 124 (1999), 237 (244 ff.); *Masing*, Die Verwaltung 36 (2003), 1 (4 ff.; vor allem zum Regulierungsverwaltungsrecht); konzeptionelle Entfaltung der Herstellung regulierten Wettbewerbs als Verwaltungsaufgabe bei *Kersten*, VVDStRL 69 (2010), 288 (316 ff. m.w.N.).

[38] Vgl. zur Entwicklung des Konzepts der Daseinsvorsorge im Werk von Ernst Forsthoff den gleichnamigen Beitrag von *Kersten*, Der Staat 55 (2005), 543 (544 ff.), dort auch das Zitat aus dem Vorwort von *Forsthoff*, Rechtsfragen der leistenden Verwaltung; s. auch *Krajewski*, Grundstrukturen des Rechts öffentlicher Dienstleistungen, S. 16 ff.; zuvor schon umfassend *Scheidemann*, Der Begriff Daseinsvorsorge, S. 172 ff.

[39] *Hermes*, Staatliche Infrastrukturverantwortung, S. 341; vgl. auch *Krajewski*, Grundstrukturen des Rechts öffentlicher Dienstleistungen, S. 25.

[40] Vgl. *Badura*, DÖV 1966, 624 (628).

[41] *Forsthoff*, Die Verwaltung als Leistungsträger, S. 4; vgl. auch *Badura*, DÖV 1966, 624 (626).

[42] Hierzu exemplarisch *Schmidt*, Der Staat 52 (2003), 225 (228 ff.); *Voßkuhle*, VVDStRL 62 (2003), 266 (286 ff.).

[43] *Wieland*, Die Verwaltung 28 (1995), 315 ff.; *ders.*, in: Dreier (Hrsg.), GG, Art. 87f Rn. 4.

[44] Wendung bei *Badura*, DÖV 1966, 624 (629 f.).

wandelt sich seine Verantwortung von einer Erfüllungs- in eine Gewährleistungsverantwortung. 2.) Forsthoffs vorkonstitutionell entwickeltes Konzept der Daseinsvorsorge musste sich nach 1949 mit dem Grundgesetz arrangieren. Sein Ziel einer von verfassungsrechtlichen Vorgaben jenseits eines formal verstandenen Rechtsstaatsprinzips möglichst freigestellten Verwaltung auf dem Gebiet der Daseinsvorsorge konnte er freilich nur erreichen, indem er den Grundrechten und dem Sozialstaatsprinzip eine unmittelbare Bedeutung für die Verwaltung absprach.[45] Dadurch verwandelte sich die Daseinsvorsorge aber „zu einem parakonstitutionellen Gegenbegriff zum verfassungsrechtlichen Sozialstaatsgrundsatz“[46]. Ebenso verkannte er die Bedeutung und die Reichweite grundrechtlicher Bindungen der Verwaltung im freiheitlichen Verfassungsstaat des Grundgesetzes.[47] 3.) Forsthoffs Konzept der Daseinsvorsorge hat als sozialpolitische Legitimationstheorie unbestreitbare Verdienste[48]. Daher mag man auch am Begriff der Daseinsvorsorge als

> „deskriptive[n] Sammelbegriff für von der öffentlichen Hand durchgeführte oder veranlasste Tätigkeiten [...], die der Befriedigung von Bedürfnissen breiter Bevölkerungsmassen hinsichtlich ihrer sozialen Einbindung in die Gesamtgesellschaft und ihrer Versorgung mit bestimmten, für eine zeitgemäße Lebensführung unerlässlichen Gütern und Leistungen dienen und auf die diese mangels eigener Erschaffungsmöglichkeit angewiesen sind“[49],

festhalten können, insofern er auf diese Legitimationsleistung verweist. Um ein voll entfaltetes rechtsdogmatisches Programm handelt es sich bei Forsthoffs Konzept indes nicht[50], und auch die Eignung zum Rechtsbegriff wird für die Daseinsvorsorge regelmäßig mit Verweis auf die begriffliche Weite und unklare Rechtsfolgenableitungen bestritten.[51]

Das Konzept der Daseinsvorsorge gilt heute als überholt, der Begriff selbst hat aber überlebt. Auch wenn er nicht als Rechtsbegriff anzusehen sein sollte – die Verwendung in deutschen Gesetzestexten[52] schafft hier freilich entspre-

---

[45] *Kersten*, Der Staat 55 (2005), 543 (557 f.), mit Verweis auf *Forsthoff*, VVDStRL 12 (1954), 8 ff.

[46] *Kersten*, Der Staat 55 (2005), 543 (558).

[47] Vgl. nur *Schweitzer*, Daseinsvorsorge, „service public“, Universaldienst, S. 77 ff.

[48] *Kersten*, Der Staat 55 (2005), 543 (565); vgl. zuvor schon *Ipsen*, AöR 97 (1972), 375 (392).

[49] *Knauff*, Der Gewährleistungsstaat, S. 47 m. w. N.

[50] Vgl. *Kersten*, Der Staat 55 (2005), 543 (565).

[51] Vgl. zum frühen Diskussionsstand *Badura*, DÖV 1966, 624 (628). Als „pauschalisierend[e] Grobformel“ bezeichnet bei *Pielow*, Grundstrukturen öffentlicher Versorgung, S. 353; vgl. auch *Knauff*, Der Gewährleistungsstaat, S. 52; *Krajewski*, Grundstrukturen des Rechts öffentlicher Dienstleistungen, S. 26 ff. *Forsthoff*, Der Staat der Industriegesellschaft, S. 77, konzediert in seinem Spätwerk selbst, „daß der Begriff der Daseinsvorsorge, gemessen an der Prägnanz rechtsstaatlicher Begriffe, eine gewisse Unschärfe aufweist“, sieht darin aber keinen durchschlagenden Einwand, „weil die Daseinsvorsorge im Begriffssystem der rechtsstaatlichen Verfassung von vornherein nicht unterzubringen ist“.

[52] Vgl. die Nachweise der Verwendung der Daseinsvorsorge als deskriptiver Rechts- und Gesetzesbegriff bei *Dörr*, VVDStRL 73 (2014), 323 (334 m. Fn. 53).

chende Begründungslasten –, ist ihm jedenfalls eine sprachliche Prägnanz zu bescheinigen, die das wohlfahrtsstaatliche mit dem existentiellen Moment in einer Weise verbindet, die von anderen Begriffsschöpfungen wie „öffentliche Versorgung" oder „öffentliche Dienstleistungen" nicht erreicht wird[53] und die daher neben seiner inhaltlichen Entwicklungsoffenheit die fortwährende Karriere des Begriffs zu begründen vermag.[54] Konzeptionell wurde die Daseinsvorsorge inzwischen von der Gewährleistungsstaatlichkeit abgelöst. So können denn auch Versuche, der Daseinsvorsorge „in der modernen, von Verantwortungstypologien geprägten Rechtsdogmatik [...] ihren Platz" zuzuweisen, in der Daseinsvorsorge nicht mehr sehen als die deskriptive Bezeichnung einer öffentlichen Aufgabe zur Bereitstellung der für das menschliche Dasein notwendigen Güter und Leistungen ohne rechtsdogmatische Folgerungen.[55]

2. *Infrastrukturverantwortung im Gewährleistungsstaat*

a) Gewährleistungsverantwortung

Das Konzept des Gewährleistungsstaats reflektiert die gewandelte Rolle des Staates bei der Vorhaltung von Infrastrukturen sowie der Erbringung öffentlicher Leistungen der Daseinsvorsorge und stellt zugleich ein ausdifferenziertes normatives Modell dar, das zunächst zwischen der regelmäßig dem Staat zugewiesenen grundlegenden Aufgabenverantwortung und der Aufgabenwahrnehmung unterscheidet und auf dessen Grundlage sodann die Aufteilung der Wahrnehmung öffentlicher Versorgungsaufgaben zwischen Staat und Privaten sachbereichsspezifisch analysiert werden kann.

Gewährleistungsstaatlichkeit bedeutet hiernach die grundsätzliche Privatisierung der Erbringung öffentlicher Leistungen unter gleichzeitigem Vorbehalt staatlicher Ingerenzmöglichkeiten[56], die erforderlichenfalls auch auf die Selbstvornahme der Leistungserbringung hinauslaufen können[57]. Der Staat bestimmt somit die Versorgungsaufgaben und stellt ihre Erfüllung mit hoheitlichen Mitteln wie der legislativen Regulierung oder der administrativen Aufsicht über die Leistungserbringung sicher. Die Leistungserbringung selbst soll durch private oder öffentliche Akteure erfolgen, die zueinander im Wettbewerb stehen.[58] Im Kern geht es beim Konzept der Gewährleistungsstaatlich-

---

[53] Zutreffend bemerkt bei *Dörr*, VVDStRL 73 (2014), 323 (333).

[54] Exemplarisch der Beitrag von *Luch/Schulz*, MMR 2009, 19 (21 f.), die anhand der Frage der Zugehörigkeit der Breitbandversorgung zur „eDaseinsvorsorge" die Wandelbarkeit des Begriffs unter Berücksichtigung der technischen Entwicklung demonstrieren.

[55] *Dörr*, VVDStRL 73 (2014), 323 (335; Zitat auf S. 333).

[56] Vgl. die Definition bei *Knauff*, Der Gewährleistungsstaat, S. 66.

[57] Hierauf weist etwa *Cornils*, AöR 131 (2006), 378 (405), hin, der sich damit gegen die strikte dichotomische Funktionentrennung zwischen staatlicher Gewährleistungsverantwortung und gesellschaftlich-privater Erfüllungsverantwortung wendet.

[58] Vgl. nur *Knauff*, Der Gewährleistungsstaat, S. 67.

keit darum, „einerseits Gemeinwohlbeiträge staatlicher und nicht-staatlicher Akteure zu koordinieren, dabei andererseits aber die Eigenrationalitäten des staatlichen wie des privaten Sektors zu wahren, um auf diese Weise aus am individuellen Nutzenkalkül orientierten Handlungsbeiträgen nicht-staatlicher Akteure Gemeinwohlbeiträge Privater werden zu lassen"[59].

Gewährleistungsverantwortung meint dabei die Verantwortung der Verwaltung zur Gewährleistung einer ordnungsgemäßen, ganz oder teilweise durch Private erfolgenden Aufgabenwahrnehmung. Die von der (Verwaltungs-)Rechtswissenschaft entwickelte Typologie von Verantwortungsstufen[60], die zwischen Gewährleistungs-, Erfüllungs- und Auffangverantwortung unterscheidet, ist jedoch in zweierlei Hinsicht problematisch. Zum einen verdeckt sie, dass in den einzelnen fachgesetzlich geregelten Sachbereichen eine Vielzahl von Erscheinungsformen der staatlichen Gewährleistungsverantwortung besteht, die sich eher graduell denn kategorisch unterscheiden.[61] Zum anderen gerät die Zuordnung bzw. Benennung der einzelnen Stufen selbst uneinheitlich. Bald soll die Gewährleistungsverantwortung als Oberbegriff für die Erfüllungsverantwortung (d.h. die Leistungserbringung durch den Staat selbst) und die – nicht zuletzt durch grundrechtliche Schutzpflichten gebotene – Auffangverantwortung (d.h. eine subsidiäre staatliche Zuständigkeit bei Nicht- oder Schlechterfüllung sowie die Aufgabe der Regelsetzung) dienen[62], bald als eigenständige Bezeichnung für die Regulierungs- und Aufsichtsverantwortung bei der Leistungserbringung durch Private die Kategorie der Auffangverantwortung entbehrlich machen.[63] Insofern solche Typologisierungen Missverständnissen Vorschub leisten, bleibt ihr heuristischer Wert überschaubar. Vorzugswürdig erscheint stattdessen, die konkrete Zuordnung der Aufgabenwahrnehmung und die verbleibenden

---

[59] *Schuppert*, in: Hoffmann-Riem/Schmidt-Aßmann/Voßkuhle (Hrsg.), GVwR I, § 16 Rn. 18; vgl. auch *Schulze-Fielitz*, in: Hoffmann-Riem/Schmidt-Aßmann/Voßkuhle (Hrsg.), GVwR I, § 15 Rn. 161.

[60] Vgl. *Schmidt-Aßmann*, in: Hoffmann-Riem/Schmidt-Aßmann/Schuppert (Hrsg.), Reform des Allgemeinen Verwaltungsrechts, S. 11 (43 f.); s. auch *Butzer*, in: Isensee/Kirchhof (Hrsg.), HStR IV[3], § 74 Rn. 10 ff.; kritisch *Kämmerer*, Privatisierung, S. 433 ff.; *Bauer*, VVDStRL 54 (1995), 243 (277 ff.).

[61] Zutreffend *Schulze-Fielitz*, in: Hoffmann-Riem/Schmidt-Aßmann/Voßkuhle (Hrsg.), GVwR I, § 15 Rn. 158, der exemplarisch von Beobachtungs-, Überwachungs-, Förderungs-, Finanzierungs-, Beratungs-, Organisations-, Regulierungs-, Koordinierungs-, Infrastruktur-, Rahmen-, Grund-, Begleit-, Auffang-, Einstands-, Residual-, Sicherstellungs-, sozialer Abfederungs-, Folgen- oder Legitimationsverantwortung spricht, als Konkretisierungen der Gewährleistungsverantwortung aber die Überwachungs-, die Regulierungs- und die Finanzierungs-, Förderungs- und Beratungsverantwortung skizzenhaft benennt.

[62] In diesem Sinne *Hermes*, Staatliche Infrastrukturverantwortung, S. 338.

[63] Vgl. nur *Knauff*, Der Gewährleistungsstaat, S. 75 m.w.N., der als dritte Kategorie neben der Gewährleistungs- und der Erfüllungsverantwortung die Finanzierungsverantwortung vorschlägt.

staatlichen Aufgaben und Zuständigkeiten im jeweiligen fachgesetzlich geregelten Bereich spezifisch zu benennen.[64]

b) Infrastrukturverantwortung

Wo sich die Gewährleistungsverantwortung auf Infrastrukturen bezieht, heißt sie Infrastrukturverantwortung.[65] Diese bezeichnet dann die Verantwortung für die Errichtung, den Erhalt und die Funktionsfähigkeit der für die Grundversorgung notwendigen Infrastrukturen.[66] Im Hinblick auf netzgebundene Infrastrukturen bieten sich weitere Differenzierungen an.[67] So zielt die Netzverantwortung auf die flächendeckende Bereitstellung und den Betrieb der Netze, wobei wegen des Monopolcharakters vieler Netze ein hoher staatlicher Regulierungsbedarf besteht und private Netzbetreiber wegen des hohen Raumbedarfs für die Errichtung der Netze von staatlichen Zuweisungen, vor allem durch die Enteignung von Grundstücken abhängig sind. Die Verantwortung für Dienste hat die ausreichende Versorgung mit Diensten im Blick, wobei hier anders als beim Netzbetrieb größere Spielräume für private Initiative und Wettbewerb „in der Infrastruktur"[68] bestehen. Schließlich kann die Infrastrukturverantwortung auch die Verantwortung für sonstige öffentliche Interessen im Zusammenhang mit Infrastrukturen wie den Umweltschutz umfassen.

c) Verfassungsrechtliche Determinanten

Die staatliche Infrastrukturverantwortung stützt sich auf mehrere verfassungsrechtliche Säulen. Neben infrastrukturspezifischen Verfassungsnormen wie Art. 87e Abs. 4 GG für den Eisenbahnverkehr oder Art. 87f Abs. 1 GG

---

[64] In eine ähnliche Richtung zielt der Hinweis von *Schulze-Fielitz*, in: Hoffmann-Riem/Schmidt-Aßmann/Voßkuhle (Hrsg.), GVwR I, § 15 Rn. 159, dass mit der oben genannten Typologisierung nicht erkennbar mehr gewonnen wird als mit der herkömmlichen dreigliedrigen Unterscheidung zwischen Verwaltung und Privaten als Pole, zwischen denen in der Sphäre des Öffentlichen Staat und Private zur Gemeinwohlverwirklichung zusammenwirken.

[65] *Fehling*, AöR 121 (1996), 59 (81); *Hermes*, Staatliche Infrastrukturverantwortung, S. 338 ff.

[66] *Hermes*, Staatliche Infrastrukturverantwortung, S. 338; *Dörr*, VVDStRL 73 (2014), 323 (337/343).

[67] Die folgende Differenzierung bei *Hermes*, Staatliche Infrastrukturverantwortung, S. 344 ff.

[68] Begrifflichkeit von *Theobald*, NJW 2003, 324 (325 ff.), der neben dem Wettbewerb „in der Infrastruktur" (gleichzeitige Benutzung einer einzigen Infrastruktur durch mehrere Diensteanbieter – z.B. Schifffahrt, Eisenbahnen, Telekommunikation, Energieversorgung, Straßenverkehr, Flughafennutzung) den Wettbewerb „um die Infrastruktur" (Konzessionierung der Nutzung einer einzigen Infrastruktureinrichtung durch ein einziges Unternehmen – z.B. ÖPNV) und den Wettbewerb „zwischen Infrastrukturen" (Vorhaltung mehrerer Infrastruktureinrichtungen desselben Typs durch mehrere Anbieter – z.B. Mobilfunknetze; ausgewählte Postdienste) unterscheidet.

für das Postwesen und die Telekommunikation[69] sind es zunächst das Sozialstaatsprinzip und die Grundrechte, die die Infrastrukturverantwortung des Staates verfassungsrechtlich konturieren, Inhalt und Umfang dieser Verantwortung aber kaum näher konkretisieren.[70] Keinen nennenswerten Ertrag verspricht dagegen der Rekurs auf eine Staatsaufgabenlehre.

aa) Sozialstaatsprinzip

Das Sozialstaatsprinzip des Art. 20 Abs. 1 GG verpflichtet den Staat zur vorsorgenden Sicherung der sozialen Existenzbedingungen des Menschen, zu denen nach dem oben Ausgeführten auch Infrastrukturen zählen.[71] Verfassungsrechtlich geboten ist dann ein Leistungsminimum in Gestalt einer dauerhaften, flächendeckenden Grundversorgung mit allgemein zugänglichen Infrastrukturen und für die Allgemeinheit erschwinglichen Dienstleistungen, wobei ein dynamisches Verständnis des Leistungsminimums zugrunde zu legen ist, das auf technischen Wandel reagiert.[72] Damit ist freilich nur eine untere Grenze abgesteckt: Der Sozialstaat muss dort von Verfassung wegen tätig werden, wo ganze Räume innerhalb des Bundesgebiets keine Infrastrukturen mehr haben, von grundlegenden infrastrukturbasierten Dienstleistungen ausgeschlossen sind oder nicht mehr zu erschwinglichen Tarifen versorgt werden.[73] Konkretere Vorgaben zu Inhalt und Umfang der Bereitstellung von Infrastrukturen und Dienstleistungen als Leistungen der Daseinsvorsorge lassen sich aus dem Sozialstaatsprinzip indes nicht ableiten, so dass Gesetzgebung und Verwaltung hier einen sehr weiten Konkretisierungs- bzw. Gestaltungsspielraum besitzen. Das Sozialstaatsprinzip trifft insbesondere keine Aussagen zum Modus der Infrastrukturleistung, ob also der Staat Leistungen der Daseinsvorsorge selbst vorhalten muss oder durch Private erbringen lassen kann.[74] Im Fall der Leistungserbringung durch Private begründet das Sozialstaatsprinzip aber zumindest eine Gewährleistungs- und also eine Infrastrukturverantwortung des

---

[69] Dazu sogleich näher unter S. 253 ff.

[70] Allgemeiner Überblick zur verfassungsrechtlichen Begründung von Sicherstellungsaufträgen bei *Butzer*, in: Isensee/Kirchhof (Hrsg.), HStR IV^3, § 74 Rn. 39 ff.

[71] Vgl. schon *Badura*, DÖV 1966, 624 (631); *Gröschner*, in: Dreier (Hrsg.), GG^2, Art. 20 (Sozialstaat) Rn. 54. Das Bundesverfassungsgericht hat in seiner Rechtsprechung verschiedene Leistungen der Daseinsvorsorge (Wasserversorgung; Energieversorgung) als Leistungen erkannt, derer der Bürger zur Sicherung einer menschenwürdigen Existenz unumgänglich bedarf, ohne die Daseinsvorsorge aber ausdrücklich im Sozialstaatsprinzip zu verankern – BVerfGE 38, 258 (270 f.); 45, 63 (78 f.), 66, 248 (258).

[72] *Kämmerer*, Privatisierung, S. 429 f.; *Knauff*, Der Gewährleistungsstaat, S. 194 f.; *Dörr*, VVDStRL 73 (2014), 323 (338 f.); *Wittreck*, in: Dreier (Hrsg.), GG, Art. 20 (Sozialstaat) Rn. 32.

[73] Zutreffend *Kämmerer*, Privatisierung, S. 430; *Butzer*, in: Isensee/Kirchhof (Hrsg.), HStR IV^3, § 74 Rn. 44.

[74] Vgl. auch *Bauer*, VVDStRL 54 (1995), 243 (264).

Staates.[75] Die inhaltliche Determinationskraft des Sozialstaatsprinzips im Hinblick auf die Infrastrukturverantwortung ist mithin begrenzt.

bb) Grundrechte

Das gilt gleichermaßen für die grundrechtliche Verankerung der Infrastrukturverantwortung. Zwar lässt sich die Infrastrukturverantwortung sowohl in der leistungsrechtlichen Dimension der Grundrechte als auch in deren Schutzpflichtendimension verorten.[76] Im Sinne eines Grundrechtsvoraussetzungsschutzes[77] ist der Staat verpflichtet, für die infrastrukturellen Grundlagen einer menschenwürdigen Existenz bzw. der realen Freiheitsbetätigung der Grundrechtsträger Sorge zu tragen. Hierbei ist ihm indes ein sehr großer Gestaltungsspielraum zuzugestehen[78], der einem originären Leistungsanspruch des Grundrechtsträgers auf Infrastrukturleistungen grundsätzlich entgegensteht und der auch nicht wesentlich durch die Aussage eingegrenzt wird, dass die staatliche Gewähr für die ordnungsgemäße Funktionserfüllung umso größer sein müsse, je stärker sich der Staat bei der Leistungserbringung auf Private verlasse.[79] Das aus der Schutzpflichtendimension der Grundrechte entwickelte Untermaßverbot[80] markiert eine nicht zu unterschreitende Grenze des staatlichen Gestaltungsspielraums, die die Sicherstellung eines Mindestangebots an Infrastrukturleistungen vorgibt[81] bzw. dem Staat ein Mindestmaß an Überwachungs-, Regulierungs- und sonstigen Einwirkungsmöglichkeiten bei der privaten Leistungserbringung abverlangt. Über diesen allgemeinen Rahmen hinaus enthalten somit auch die Grundrechte keine weitergehenden verfassungsrechtlichen Vorgaben hinsichtlich der Art, des Umfangs oder des Modus der Bereitstellung von Infrastrukturen und des Angebots von Dienstleistungen.[82]

[75] *Knauff*, Der Gewährleistungsstaat, S. 195 f.; *Wittreck*, in: Dreier (Hrsg.), GG, Art. 20 (Sozialstaat) Rn. 32; *Wieland*, FS Steiner, S. 932 (942).

[76] Zum Folgenden mit freilich unterschiedlichen Akzentuierungen *Hermes*, Staatliche Infrastrukturverantwortung, S. 353 ff.; ausführlich *Kämmerer*, Privatisierung, S. 449 ff.; *Knauff*, Der Gewährleistungsstaat, S. 185 ff.; *Weiß*, Privatisierung und Staatsaufgaben, S. 149 ff.; *Butzer*, in: Isensee/Kirchhof (Hrsg.), HStR IV^3, § 74 Rn. 40 ff.; *Dörr*, VVDStRL 73 (2014), 323 (339).

[77] *Schoch*, VVDStRL 57 (1998), 158 (187 f.).

[78] Exemplarisch *Gramm*, Privatisierung und notwendige Staatsaufgaben, S. 71. Zur Zurückhaltung des Bundesverfassungsgerichts gegenüber einer eigenständigen, von der Abwehrfunktion losgelösten Schutzpflichtendimension der Grundrechte *Lepsius*, in: Fehling/Ruffert (Hrsg.), Regulierungsrecht, § 4 Rn. 33 f., mit Rechtsprechungsnachweisen.

[79] *Schoch*, NVwZ 2008, 241 (244), mit Verweis auf *Eifert*, Die Verwaltung 39 (2006), 309 (319).

[80] BVerfGE 88, 203 (254 f.).

[81] In diesem Sinne etwa *Eifert*, Grundversorgung mit Telekommunikationsleistungen im Gewährleistungsstaat, S. 196.

[82] Vgl. nur *Voßkuhle*, VVDStRL 62 (2003), 266 (297 f.); ähnlich *Eifert*, in: Hoffmann-Riem/Schmidt-Aßmann/Voßkuhle (Hrsg.), GVwR I, § 19 Rn. 161. Zu den durch die Privatisierung entstehenden mehrpoligen Grundrechtsverhältnissen, in denen sowohl der Leistungserbringer als auch der Leistungsempfänger grundrechtsberechtigt sind und sich die grundrechtliche

cc) Staatsaufgabenlehre

Präzisere verfassungsrechtliche Vorgaben für die Infrastrukturverantwortung vermag schließlich auch der Rekurs auf eine allgemeine Staatsaufgabenlehre nicht beizusteuern[83], zumal es eine geschlossene Staatsaufgabenlehre nach allgemeiner und zutreffender Einschätzung bislang nicht gibt[84]. Insoweit „immer noch Entwicklungsland der deutschen Staatsrechtslehre“[85], sieht sie sich denn auch grundlegenden Einwänden ausgesetzt: Wo sie als formale Staatsaufgabenlehre all diejenigen im öffentlichen Interesse liegenden Aufgaben zu Staatsaufgaben erklärt, derer sich der Staat annimmt, leistet sie bloße Deskription ohne normative Verbindlichkeit.[86] Wo sie als materiale Staatsaufgabenlehre diejenigen Aufgaben als Staatsaufgaben identifiziert, die explizit oder implizit von der Verfassung in Form von Kompetenzvorschriften, Verfahrens- und Organisationsrecht vorgegeben sind[87], formuliert sie Selbstverständlichkeiten ohne einen normativen Mehrwert. Wo sie als metaverfassungsrechtlicher Ansatz einen Kernbestand an (sogenannten „notwendigen“) Aufgaben behauptet, die den Staat erst zum Staat machten und etwa Ausdruck des staatlichen Gewaltmonopols seien, bleibt sie ein staatstheoretisches Konstrukt ohne tragfähige normative Rückanbindung[88], das zudem durch den Wandel der (Verfassungs-)Wirklichkeit selbst unter Veränderungsdruck gerät, wie die Diskussion um die Privatisierung der Gefahrenabwehr exemplarisch belegt.[89] Von besonderem Gewicht ist freilich ein letzter Einwand, der gegen die Heranziehung einer Staatsaufgabenlehre zur näheren Konkretisierung der Infrastrukturverantwortung spricht: Sie erlaubt keine Aussagen über die Modalitäten der Wahrnehmung öffentlicher Aufgaben, insbesondere über Privatisierungsgrenzen.[90]

Schutzpflicht des Staates im (vor allem durch den Gesetzgeber zu bewerkstelligenden) Ausgleich widerstreitender Grundrechtspositionen bewähren muss, *Knauff*, Der Gewährleistungsstaat, S. 190 ff.; *Kämmerer*, Privatisierung, S. 449 ff.; *Weiß*, Privatisierung und Staatsaufgaben, S. 156 ff.; *Kühling*, Sektorspezifische Regulierung in den Netzwirtschaften, S. 501 f.

[83] Ein solcher Versuch etwa umfassend bei *Weiß*, Privatisierung und Staatsaufgaben, S. 53 ff.; ausdrücklich bezogen auf Infrastrukturgüter *Gramm*, Privatisierung und notwendige Staatsaufgaben, S. 285 f.

[84] Exemplarische Einschätzung bei *Schmidt-Aßmann*, Das allgemeine Verwaltungsrecht als Ordnungsidee, 3. Kap. Rn. 80.

[85] *Isensee*, in: Isensee/Kirchhof (Hrsg.), HStR IV^3, § 73 Rn. 1.

[86] *Hermes*, Staatliche Infrastrukturverantwortung, S. 135 ff.; *Brüning*, JZ 2014, 1026 (1027).

[87] *Lepsius*, in: Fehling/Ruffert (Hrsg.), Regulierungsrecht, § 4 Rn. 102.

[88] Ausführliche Kritik bei *Kämmerer*, Privatisierung, S. 153 ff.; vgl. auch *Möllers*, Staat als Argument, S. 317 ff.; zuvor schon *Schulze-Fielitz*, in: Grimm (Hrsg.), Wachsende Staatsaufgaben, S. 11 ff.; *Burgi*, Funktionale Privatisierung und Verwaltungshilfe, S. 31 ff.

[89] *Voßkuhle*, VVDStRL 62 (2003), 266 (275); vgl. hierzu *Gramm*, Privatisierung und notwendige Staatsaufgaben, S. 395 ff.

[90] *Voßkuhle*, VVDStRL 62 (2003), 266 (275); *Schmidt-Aßmann*, Das allgemeine Verwaltungsrecht als Ordnungsidee, 3. Kap. Rn. 81; *Lepsius*, in: Fehling/Ruffert (Hrsg.), Regulierungsrecht, § 4 Rn. 103. Demgegenüber erkennt *Schulze-Fielitz*, in: Grimm (Hrsg.), Wachsende

dd) Sektorspezifische Determination

Maßgeblich für die Beurteilung eines möglichen Verfassungswandels hinsichtlich der Infrastrukturverantwortung bleibt nach alledem deren Ausgestaltung durch konkrete sektorspezifische Verfassungsnormen, nicht abstrakte konzeptionelle Überlegungen zur Infrastrukturverantwortung und deren allgemeinen verfassungsrechtlichen Determinanten[91]. Geboten ist daher im Weiteren ein Blick auf die Ausgestaltung der Infrastrukturverantwortung in der Telekommunikation durch Art. 87f Abs. 1 GG.

II. Infrastrukturverantwortung im Bereich der Telekommunikation

1. Entstehungsgeschichtliche Vorbemerkungen

Der verfassungsändernde Gesetzgeber hat das staatstheoretische Konzept des Gewährleistungsstaats für den Bereich der Telekommunikation in die positivrechtliche Form des Art. 87f Abs. 1 und Abs. 2 GG gegossen. Hiernach gewährleistet der Bund nach Maßgabe eines zustimmungspflichtigen Bundesgesetzes im Bereich des Postwesens und der Telekommunikation flächendeckend angemessene und ausreichende Dienstleistungen, die gemäß Abs. 2 S. 1 privatwirtschaftlich, d.h. in einem (regulierten[92]) Wettbewerb zu erbringen sind.

Die Verfassungsänderung erfolgte 1994 im Rahmen der sogenannten „Postreform II".[93] Der verfassungsändernde Gesetzgeber schuf damit die Grundlage für die Privatisierung der Deutschen Bundespost, die zuvor gemäß Art. 87 Abs. 1 S. 1 GG a.F. in bundeseigener Verwaltung mit eigenem Verwaltungsunterbau geführt wurde und sich bereits 1989 im Zuge der „Postreform I" in die drei öffentlichen Unternehmen Deutsche Bundespost Postdienst, Deutsche Bundespost Postbank und Deutsche Bundespost Telekom aufgegliedert hatte.[94] So sieht Art. 87f Abs. 2 GG nunmehr vor, dass die in Abs. 1 genannten, vom Bund zu gewährleistenden Dienstleistungen als privatwirtschaftliche Tätigkeiten durch die aus dem Sondervermögen Deutsche Bundes-

Staatsaufgaben, S. 11 (17), den eigentlichen Kern der Staatsaufgabendiskussion in den Abstufungen der öffentlich-rechtlichen Organisationsrahmen für die private Freiheitsbetätigung im öffentlichen Interesse; kritisch dagegen *Hermes*, Staatliche Infrastrukturverantwortung, S. 139 ff.; skeptisch auch *Eifert*, in: Hoffmann-Riem/Schmidt-Aßmann/Voßkuhle (Hrsg.), GVwR I, § 19 Rn. 161.

[91] Ähnlich schon *Eifert*, Grundversorgung mit Telekommunikationsleistungen im Gewährleistungsstaat, S. 21 f.

[92] Vgl. *Kersten*, VVDStRL 69 (2010), 288 (316 ff.).

[93] BGBl. I 1994, 2245.

[94] Vgl. zur Entstehungsgeschichte *Kühling*, in: Kahl/Waldhoff/Walter (Hrsg.), BK GG, Art. 87f Rn. 3 ff.; *Wieland*, in: Dreier (Hrsg.), GG, Art. 87f Rn. 2 f.; *Gramlich*, NJW 1994, 2785 ff.; ausführlicher *Windthorst*, Der Universaldienst im Bereich der Telekommunikation, S. 388 ff.

post hervorgegangenen Unternehmen und durch andere private Anbieter erbracht werden (S. 1)[95], wobei Hoheitsaufgaben des Postwesens und der Telekommunikation, zu denen nach der Gesetzesbegründung etwa Fragen der Standardisierung und Normierung, die Funkfrequenzverwaltung, die Erteilung von Genehmigungen für Funkanlagen und die Vorsorge für den Krisen- und Katastrophenfall zählen[96], gemäß S. 2 (weiterhin) in bundeseigener Verwaltung ausgeführt werden. Die aus Anlass der Privatisierung und der zeitlich gestuften Liberalisierung des Post- und Telekommunikationswesens gebotene Verfassungsänderung ergänzte die bisherige Regelung somit um Aufgaben-, Organisations- und Ermächtigungsgehalte, die die Staatsrechtslehre bis dato im Wege der Interpretation der ausdrücklich lediglich eine Verwaltungszuständigkeit des Bundes festschreibenden Norm zu begründen versuchte, ohne dass dies konkretere und allgemein konsentierte Ergebnisse gezeitigt hätte.[97]

Den neuen Art. 87f GG flankiert der ebenfalls mit der „Postreform II" eingeführte Art. 143b GG. Dieser enthält neben einer ausschließlichen Gesetzgebungskompetenz des Bundes für die Privatisierung der Deutschen Bundespost und alle sich hieraus ergebenden Angelegenheiten in Abs. 1 S. 2 auch Regelungen zum Schicksal der bei der Deutschen Bundespost beschäftigten Bundesbeamten nach der Privatisierung (Abs. 3). Noch wichtiger ist indes die Übergangsregelung, die zum einen eine zwingende Kapitalmehrheit des Bundes an den Nachfolgeunternehmen der Deutschen Bundespost für mindestens fünf Jahre nach Inkrafttreten des Umwandlungsgesetzes vorschrieb (Abs. 2 S. 2) und zum anderen die Möglichkeit einer Übertragung von vormaligen Monopolrechten des Bundes auf die Nachfolgeunternehmen der Deutschen Bundespost für eine (im GG nicht näher benannte) Übergangszeit durch Bundesgesetz vorsah (Abs. 2 S. 1).

Insbesondere die Einführung der Infrastrukturverantwortung in Art. 87f Abs. 1 GG war jedoch Gegenstand verfassungssystematischer Kritik.[98] Diese bestritt die Notwendigkeit der Regelung und verwies zur Begründung zum ei-

---

[95] Kritisch zur Systematik des Art. 87f GG *Windthorst*, in: Sachs (Hrsg.), GG, Art. 87f Rn. 3: „Zweckmäßigerweise hätte die Kernforderung nach Privatisierung (Abs. 2 S. 1) statt der sie voraussetzenden staatlichen Universaldienstgewährleistung (Abs. 1) an die Spitze der Vorschrift gestellt werden müssen. Dies sah Art. 87f I 1 RegE auch vor. Die spätere Umstellung sollte der Privatisierung einen eigenen Absatz zuweisen; rechtssystematisch betrachtet, ist dies missglückt."; ähnlich *Wolff*, in: Hömig/Wolff (Hrsg.), GG, Art. 87f Rn. 2. Anders dagegen *Kühling*, in: Kahl/Waldhoff/Walter (Hrsg.), BK GG, Art. 87f Rn. 16 („zentrale[r] Regelungsgehalt folgerichtig im ersten Absatz").

[96] BT-Drs. 12/7269, S. 5; vgl. auch BVerfGE 108, 169 (183).

[97] Hierzu *Eifert*, Grundversorgung mit Telekommunikationsleistungen im Gewährleistungsstaat, S. 128 ff. m.w.N., der rückblickend auf den eigentümlichen Kontrast zwischen der Rigorosität hinsichtlich der formalen Organisationsformen auf der einen Seite und der Gleichgültigkeit hinsichtlich einer rechtlichen Absicherung der Angemessenheit der realen Aufgabenerfüllung auf der anderen Seite hinweist.

[98] Die folgende Kritik bei *Freund*, Infrastrukturgewährleistung in der Telekommunikation, S. 53 ff.

nen auf generelle Bedenken gegenüber der Aufnahme von Staatszielbestimmungen, die zu einer „Verwässerung“ des normativen Gehalts der Verfassung sowie zu schädlichen Kompetenzverlagerungen führen könnten. Zum anderen solle die Gewährleistung eines Mindestmaßes an Kommunikationsmöglichkeiten schon aus einem dynamisch-zukunftsoffen verstandenen Sozialstaatsprinzip abgeleitet werden können. Dagegen ist jedoch an die bereits angesprochene nur begrenzte inhaltliche Determinationskraft des Sozialstaatsprinzip im Hinblick auf die Infrastrukturverantwortung zu erinnern.[99] Stattdessen rechtfertigt sich die Neuregelung des Art. 87f Abs. 1 GG gerade durch ihren im Vergleich zum Sozialstaatsprinzip (und zu anderen Staatszielbestimmungen) deutlich höheren Konkretisierungsgrad, der die Bedeutung der Telekommunikationsinfrastruktur für das wirtschaftliche und soziale Zusammenleben unterstreicht und zudem mit gemeinschaftsrechtlichen Vorgaben der Liberalisierung des Telekommunikationsmarktes korrespondiert.[100] Wer Art. 87f Abs. 1 GG von einer „sozialpolitischen Dimension […] im Sinne der Subventionierung bedürftiger Nutzergruppen“ freizeichnet, weil sie weder in den Gesetzgebungsmaterialien noch im Text des Art. 87f Abs. 1 GG einen Niederschlag gefunden habe, und sie allein dem Sozialstaatsprinzip zuweist[101], gewinnt mit dieser funktionalen Differenzierung zwischen der Infrastrukturverantwortung des Art. 87f Abs. 1 GG und dem Sozialstaatsprinzip ein zusätzliches Argument gegen den Einwand fehlender Regelungsnotwendigkeit. Die Regelung der Infrastrukturverantwortung, die der Überlieferung nach schließlich erst die erforderliche verfassungsändernde Mehrheit sicherte[102], erscheint nach alledem auch in den Augen ihrer Kritiker als verfassungspolitisch „durchaus vertretbar“[103].

2. *Gewährleistungsinhalt*

a) Staatszielbestimmung

Gemäß Art. 87f Abs. 1 GG gewährleistet der Bund flächendeckend angemessene und ausreichende Dienstleistungen im Bereich der Telekommunikation.

---

[99] Siehe oben S. 250 f.

[100] So *Freund*, Infrastrukturgewährleistung in der Telekommunikation, S. 55; ähnlich *Möstl*, in: Maunz/Dürig (Hrsg.), GG, Art. 87f Rn. 68.

[101] Diese funktionale Differenzierung bei *Kühling*, in: Kahl/Waldhoff/Walter (Hrsg.), BK GG, Art. 87f Rn. 64, mit dem einprägsamen Bild, dass die Absicherung einer flächendeckenden Versorgung insoweit sozial blind sei, als sie den weit abgelegenen Schlossbesitzer ebenso finanziere wie den armen Einödbauern und in verteilungspolitischer Perspektive der Bewohner einer Hochhaussiedlung in der Großstadt durchaus den Schlossbesitzer auf dem Land querfinanzieren könne; ähnliche Differenzierungsüberlegungen schon bei *Eifert*, Grundversorgung mit Telekommunikationsleistungen im Gewährleistungsstaat, S. 181 ff.

[102] *Stern/Bauer*, in: Stern (Hrsg.), Postrecht der Bundesrepublik Deutschland, Art. 87f Rn. 28; ähnlich *Kühling*, in: Kahl/Waldhoff/Walter (Hrsg.), BK GG, Art. 87f Rn. 8.

[103] *Freund*, Infrastrukturgewährleistung in der Telekommunikation, S. 56.

Hierbei handelt es sich nach ganz überwiegender Lesart und in Übereinstimmung mit der Begründung des verfassungsändernden Gesetzes[104] um eine Staatszielbestimmung[105], die den Staat verfassungsrechtlich verbindlich auf ein bestimmtes Ziel – die flächendeckende telekommunikative Grundversorgung – festlegt, dabei die Mittel zur Zielerreichung aber nicht vorgibt. Die Infrastrukturverantwortung adressiert ausweislich des Verfassungswortlauts („Nach Maßgabe eines Bundesgesetzes, das der Zustimmung des Bundesrats bedarf ...") vor allem den Gesetzgeber, der einen erheblichen Gestaltungsspielraum bei der Wahrnehmung dieses Gewährleistungsauftrags besitzt und hierbei nicht auf bestimmte Mittel festgelegt ist. Daneben trifft die Infrastrukturverantwortung aber auch die Verwaltung und die Rechtsprechung bei der Anwendung der zur Gewährleistung der Grundversorgung verabschiedeten Gesetze.[106] Die verfassungsrechtliche Infrastrukturverantwortung begründet eine objektive Rechtspflicht des Staates, aber kein damit korrespondierendes subjektives Recht des Einzelnen auf eine telekommunikative Grundversorgung.[107]

b) Dienstleistungen im Bereich der Telekommunikation

Mit den Dienstleistungen im Bereich der Telekommunikation ist der Gegenstand der Gewährleistungsverantwortung bezeichnet. Anders, als die weite Formulierung „im Bereich der Telekommunikation" vermuten lassen könnte, bezieht sich der Dienstleistungsbegriff zunächst nur auf technische Dienstleistungen der Telekommunikation, nicht aber auf inhaltliche Dienstleistungen durch Kommunikation. Dies folgt einerseits aus dem lediglich auf den technischen Vorgang der Informationsübermittlung abstellenden verfassungsrechtlichen Begriff der Telekommunikation[108], zum anderen aus der Entstehungsgeschichte der Norm, in der inhaltliche Aspekte der Telekommunikation nie eine Rolle gespielt haben, und schließlich aus kompetenzrechtlichen Bedenken gegenüber einer grundsätzlich den Ländern vorbehaltenen Regelung von Telekommunikationsinhalten durch den Bundesgesetzgeber.[109]

---

[104] BT-Drs. 12/7269, S. 5.

[105] *Windthorst*, Der Universaldienst im Bereich der Telekommunikation, S. 341 ff., dort auch zu alternativen verfassungsdogmatischen Kategorisierungsansätzen; *Freund*, Infrastrukturgewährleistung in der Telekommunikation, S. 39 ff.; *Gersdorf*, in: von Mangoldt/Klein/Starck (Hrsg.), GG, Art. 87f Rn. 30 m. w. N.

[106] Vgl. nur *Cannivé*, Infrastrukturgewährleistung in der Telekommunikation zwischen Staat und Markt, S. 56 ff.

[107] *Windthorst*, Der Universaldienst im Bereich der Telekommunikation, S. 309 ff.

[108] Siehe oben S. 242; ebenso *Gersdorf*, in: von Mangoldt/Klein/Starck (Hrsg.), GG, Art. 87f Rn. 13.

[109] Vgl. die Unterscheidung und Begründung bei *Freund*, Infrastrukturgewährleistung in der Telekommunikation, S. 59 f., im Anschluss an *Windthorst*, Der Universaldienst im Bereich der Telekommunikation, S. 263 ff.

Zugleich umfasst der Dienstleistungsbegriff in Art. 87f Abs. 1 (und Abs. 2 S. 1) GG aber „als logisch vorgelagerte Frage“[110] auch Telekommunikationsinfrastrukturen, deren ausreichendes Vorhandensein und deren Auf- sowie Ausbau der Staat soweit erforderlich ebenfalls zu gewährleisten hat, was nicht zuletzt das Regulierungsziel der Beschleunigung des Ausbaus von hochleistungsfähigen öffentlichen Telekommunikationsnetzen in § 2 Abs. 2 Nr. 5 TKG einfachgesetzlich bekräftigt.

Obwohl sich der Gewährleistungsauftrag des Art. 87f Abs. 1 GG somit nicht nur auf Telekommunikationsinfrastrukturen, sondern auch auf Dienstleistungen der Telekommunikation bezieht, ist es nicht angezeigt, den Begriff der Infrastrukturverantwortung im Kontext des Art. 87f GG aufzugeben und durch den Begriff des Universaldienstes zu ersetzen.[111] Zwar mag der Begriff der Infrastrukturverantwortung bei oberflächlicher Betrachtung eine Beschränkung auf Infrastrukturfragen nahelegen. Eine solche begriffliche Engführung ist aber keineswegs zwingend. Außerdem verdeutlicht der Begriff der Infrastrukturverantwortung die dogmatische Anbindung an das sektorenübergreifende Konzept der Gewährleistungsstaatlichkeit und erlaubt damit Vergleiche zur Ausgestaltung der Infrastrukturverantwortung in anderen Sektoren.[112] Schließlich sind Begriff und Konzept des Universaldienstes aus sogleich noch näher auszuführenden Gründen enger als die Infrastrukturverantwortung, so dass letztere hier weiterhin für die Kennzeichnung des Untersuchungsgegenstands dienen soll.

c) Merkmale der zu gewährleistenden Dienstleistungen

Besondere Bedeutung kommt den Merkmalen der Dienstleistungen zu, die der Bund zu gewährleisten hat. Diese müssen flächendeckend, vor allem aber angemessen und ausreichend sein. Schon die Begründung des verfassungsändernden Gesetzes weist darauf hin, dass der Gewährleistungsauftrag nicht auf den Ausbau einer optimalen Infrastruktur ausgerichtet sei, sondern auf eine flächendeckende Grundversorgung durch Sicherung der aus Sicht der Benutzer angemessenen und ausreichenden Dienstleistungen ziele. Die Ausrichtung auf eine telekommunikative Grund- statt auf eine Optimalversorgung solle vermeiden, das Staatsziel der Infrastrukturverantwortung unangemessen gegenüber anderen Ausprägungen des Sozialstaatsgebots, die ebenfalls nur auf

[110] Zutreffend *Möstl*, in: Maunz/Dürig (Hrsg.), GG, Art. 87f Rn. 33 m.w.N.; ähnlich *Sommer*, Staatliche Gewährleistung im Verkehrs-, Post- und Telekommunikationsbereich, S. 93; gegen die Einbeziehung von Netzinfrastrukturen aber *Gramlich*, NJ 2009, 274 (278).

[111] Dieser Vorschlag aber bei *Kühling*, in: Kahl/Waldhoff/Walter (Hrsg.), BK GG, Art. 87f Rn. 61 und 66.

[112] Dieser dogmatischen Kohärenz tragen etwa die Titel der Dissertationen von *Freund*, Infrastrukturgewährleistung in der Telekommunikation, und *Cannivé*, Infrastrukturgewährleistung in der Telekommunikation zwischen Staat und Markt, Rechnung, die gleichwohl den Universaldienst in das Zentrum ihrer Untersuchungen stellen.

eine Grundversorgung mit für ein menschenwürdiges Dasein elementaren Gütern und Leistungen gerichtet sind, hervortreten zu lassen.[113] Dieses vom verfassungsändernden Gesetzgeber artikulierte Regelungsziel ist bei der Auslegung der einzelnen Dienstleistungsmerkmale zugrunde zu legen.

aa) Flächendeckend

Das Merkmal „flächendeckend" verweist auf die räumliche Komponente des sozialstaatlichen Infrastrukturauftrags und ist darin dem in Art. 72 Abs. 2 GG verankerten verfassungsrechtlichen Leitbild der gleichwertigen Lebensverhältnisse im gesamten Bundesgebiet verpflichtet.[114] Zwar galt der Zielwert einer flächendeckenden Versorgung schon vor der Verfassungsänderung und auch ohne gesetzliche Grundlage als eine der Gemeinwirtschaftslehre entlehnte „Leitgröße für die Praxis der wohlfahrtstaatlichen Parameter im Telekommunikationssektor"[115]. Im politischen Prozess der Verfassungsänderung wurde aber die Gefahr eines „Rosinenpickens", die sich in der Konzentration der Dienstleistungserbringer auf kommerziell lukrative Ballungsräume und in der Benachteiligung strukturschwacher oder dünnbesiedelter und daher kaum kosteneffizient zu erschließender Räume realisieren könnte, gerade als eine Folge der angestrebten privatwirtschaftlichen Leistungserbringung beschworen[116], so dass das Kriterium der Flächendeckung Aufnahme in die Verfassungsnorm gefunden hat und als Regulierungsziel der Sicherung einer flächendeckenden gleichartigen Grundversorgung in städtischen und ländlichen Räumen mit Telekommunikationsdiensten nunmehr auch einfachgesetzlich in § 2 Abs. 2 Nr. 4 TKG verankert ist.

Die einfachgesetzliche Formulierung deutet indes auf die Frage, ob die verfassungsrechtlich aufgegebene flächendeckende Grundversorgung auch als flächengleiche Grundversorgung mit Telekommunikationsdienstleistungen zu interpretieren ist. Verschiedene Entwicklungen, die sich als solche auf der Angebots- und der Nachfrageseite gruppieren lassen, laufen dem Ansatz einer flächengleichen Grundversorgung zuwider. Auf der Angebotsseite ist eine für den Telekommunikationsbereich typische Dynamik und Diversifizierung der technischen Entwicklung festzustellen. Sie schreitet regelmäßig schneller voran als der flächendeckende Netzausbau und benötigt zunächst einen eher kleinflächigen Raum für die gleichsam experimentelle Erprobung von Innovationen (etwa in Ballungszentren), wodurch auch ökonomischen Eigenrationa-

---

[113] Vgl. BT-Drs. 12/7269, S. 5.

[114] So *Möstl*, in: Maunz/Dürig (Hrsg.), GG, Art. 87f Rn. 71; vgl. auch BVerwG, DVBl. 2001, 1373.

[115] *Eifert*, Grundversorgung mit Telekommunikationsleistungen im Gewährleistungsstaat, S. 124.

[116] Vgl. sektorenübergreifend *Fehling*, VerwArch 86 (1995), 600 (608 f.); für die Telekommunikation *Windthorst*, Der Universaldienst im Bereich der Telekommunikation, S. 268 ff.; *Freund*, NVwZ 2003, 408 (411).

litäten der Dienstleistungserbringer hinreichend Rechnung getragen werden könnte.[117] Sie widerlegt zudem die Vorstellung eines einzigen Universalnetzes für Telekommunikationsdienstleistungen, die im technikhistorischen Rückblick allenfalls als Momentaufnahme Gültigkeit besaß[118], was heutzutage etwa die Möglichkeit eines Internetzugangs über verschiedene Festnetze (VDSL, HFC, FTTB), Funk oder Satellit beweist.[119] Auf der Nachfrageseite trifft die Forderung nach einer flächengleichen Versorgung einerseits auf (sektorenübergreifende) Überlegungen zu einer räumlich differenzierten Daseinsvorsorge in einer schrumpfenden Gesellschaft[120], andererseits auf womöglich unterschiedliche Bedarfe typisierter bzw. typisierbarer Nutzergruppen (z.B. Wirtschaft, Universitäten etc.) jenseits einer für alle gleichen Grundversorgung[121]. Die Auslegung des Art. 87f Abs. 1 GG streitet gegen die verfassungsrechtliche Vorgabe flächengleicher Dienstleistungen.[122] Der Wortlaut stellt allein auf die Flächendeckung ab und ist im Übrigen technologieneutral formuliert, so dass unterschiedliche technische Ausgestaltungen der Dienstleistungen denkbar und verfassungsrechtlich zulässig sind. In historischer Perspektive blieb die flächengleiche Versorgung der Ausnahmefall und auch aus den Verhandlungen über die Verfassungsänderung, in denen die Flächengleichheit keine Rolle spielte, lässt sich kein genetisches Argument für die Einbeziehung der Flächengleichheit gewinnen. Ungleichbehandlungen in der Fläche kann außerdem in gewissem Maße durch die Merkmale der angemessenen und ausreichenden Dienstleistungen entgegengewirkt werden, die in systematischem Zusammenhang zum Merkmal „flächendeckend“ stehen. Teleologische Erwägungen haben schließlich den Zweck der Regelung in den Blick zu nehmen, die die privatwirtschaftliche Leistungserbringung im Wettbewerb umhegen, Innovationen und deren Erprobung zunächst im kleineren Maßstab aber nicht unmöglich machen, sondern dynamischen Entwicklungen Raum geben soll.

[117] Vgl. *Cannivé*, Infrastrukturgewährleistung in der Telekommunikation zwischen Staat und Markt, S. 66 f.; *Möstl*, in: Maunz/Dürig (Hrsg.), GG, Art. 87f Rn. 71.

[118] *Eifert*, Grundversorgung mit Telekommunikationsleistungen im Gewährleistungsstaat, S. 187 ff. mit Blick auf das ISDN-Netz.

[119] Hierzu exemplarisch der Jahresbericht der Bundesnetzagentur 2017, S. 50 ff.

[120] Die demographische Herausforderung der Daseinsvorsorge erörtert *Kersten*, DVBl. 2006, 942, der für den Bereich der Telekommunikation zwar die Alternativlosigkeit einer Grundversorgung betont, dabei aber Differenzierungsmöglichkeiten wie die technische Versorgungsart, die Preisgestaltung oder eine staatliche Finanzierungsoption zulassen will (S. 947 ff.); ähnlich *Dörr*, VVDStRL 73 (2014), 323 (350 f.).

[121] Das Argument der Segmentierung der Nutzerinteressen bei *Eifert*, Grundversorgung mit Telekommunikationsleistungen im Gewährleistungsstaat, S. 186 f., der darauf einen Abschied „von dem noch zu sehr dem alten Leitbild verhafteten rein geographisch-räumlichen Verständnis“ des Merkmals „flächendeckend“ stützen will; dagegen ausdrücklich *Cannivé*, Infrastrukturgewährleistung in der Telekommunikation zwischen Staat und Markt, S. 66.

[122] Zum Folgenden *Windthorst*, Der Universaldienst im Bereich der Telekommunikation, S. 270 f.

bb) Angemessen und ausreichend

Die Merkmale „angemessen“ und „ausreichend“ beziehen sich auf die Qualität (angemessene Beschaffenheit) und die Quantität (ausreichende Menge) der bereitzustellenden Dienstleistungen.[123] Sie beschreiben damit das Niveau der vom Bund zu gewährleistenden Grundversorgung, für das eine objektive Betrachtung aus Sicht der Benutzer, nicht der Dienstleistungserbringer[124] maßgeblich ist[125]. Zu den konkreten Qualitätsparametern schweigt die Verfassung. In Betracht kommen etwa der technische Standard, die Art und Weise der Erbringung der Dienstleistung, aber auch der für die Dienstleistung zu entrichtende Preis, der im Rahmen des Erschwinglichen liegen muss.[126]

Bei diesen Merkmalen ist eine – für Staatszielbestimmungen ohnehin charakteristische[127] – dynamische Auslegung geboten, da nicht ein *status quo* zur Zeit der Verfassungsänderung bzw. der vollständigen Liberalisierung des Telekommunikationsmarktes festgeschrieben, sondern eine sich an Nutzerinteressen orientierte telekommunikative Grundversorgung gewährleistet werden sollte.[128] Die nähere Konkretisierung der Dienstleistungsmerkmale obliegt dem Gesetzgeber, der insoweit prozedural zur fortwährenden Kontrolle des Grundversorgungsniveaus verpflichtet ist, inhaltlich aber einen weitreichenden Gestaltungsspielraum besitzt, dessen verfassungsjustiziablen Grenzen erst dort erreicht sind, wo die legislativen Maßnahmen gänzlich ungeeignet bzw. unzulänglich sind, um die telekommunikative Grundversorgung zu gewährleisten, oder wo sie ganz ausbleiben[129].

---

[123] Diese Klarstellung zum Verständnis der beiden Begriffe, das sich nicht ohne Weiteres aus dem Wortlaut der Verfassungsnorm ergibt, findet sich in der Gegenäußerung der Bundesregierung zur Stellungnahme des Bundesrats im Verfahren der Verfassungsänderung zur Einführung des Art. 87f GG, BT-Drs. 12/7269, S. 10, sowie in der Beschlussempfehlung und dem Bericht des Rechtsausschusses, BT-Drs. 12/8108, S. 6, und wurde von Literatur und Rechtsprechung unverändert rezipiert. Dabei wird aber regelmäßig betont, dass sich beide Begriffe oftmals nicht trennscharf voneinander abgrenzen lassen, vgl. etwa *Möstl*, in: Maunz/Dürig (Hrsg.), GG, Art. 87f Rn. 72; *Uerpmann-Wittzack*, in: von Münch/Kunig (Hrsg.), GG, Art. 87f Rn. 9; s. auch *Gersdorf*, in: von Mangoldt/Klein/Starck (Hrsg.), GG, Art. 87f Rn. 20.

[124] *Freund*, Infrastrukturgewährleistung in der Telekommunikation, S. 64.

[125] BT-Drs. 12/7269, S. 5; BVerfGE 108, 169 (183).

[126] *Windthorst*, Der Universaldienst im Bereich der Telekommunikation, S. 272; *Möstl*, in: Maunz/Dürig (Hrsg.), GG, Art. 87f Rn. 72; differenzierend zur Zuordnung des Verhältnisses von Leistung und Gegenleistung *Gersdorf*, in: von Mangoldt/Klein/Starck (Hrsg.), GG, Art. 87f Rn. 20.

[127] Vgl. nur *Scheuner*, FS Forsthoff, S. 325 (336), demzufolge Staatszielbestimmungen „einen dynamischen Zug tragen, […] auf künftige noch zu gestaltende soziale Fragen hinweisen und der staatlichen Aktivität weniger Grenzen ziehen als vielmehr die Bahn weisen“.

[128] *Windthorst*, Der Universaldienst im Bereich der Telekommunikation, S. 277 f.; *Freund*, Infrastrukturgewährleistung in der Telekommunikation, S. 65; *Lindner*, Die Gewährleistung des Internetzugangs im Grundgesetz, S. 106 f.

[129] *Butzer*, in: Isensee/Kirchhof (Hrsg.), HStR IV^3, § 74 Rn. 49, mit Verweis auf BVerfGE 79, 174 (202); 85, 191 (212).

3. Gewährleistungsinstrumente

a) Instrumentenvielfalt

Der legislative (und exekutive) Gestaltungsspielraum erstreckt sich auch auf die von der Verfassung nicht vorgegebenen Instrumente zur Wahrnehmung der Infrastrukturverantwortung. Die Staatsrechtslehre hat im Konzept der Gewährleistungsstaatlichkeit eine breite Palette von Gewährleistungsinstrumenten bzw. von Feldern staatlicher Sicherstellungsaktivitäten[130] benannt. Diese reichen von der sorgfältigen Auswahl der privaten Kooperationspartner[131] einschließlich Maßnahmen einer nachhaltigen Qualifikationssicherung des privaten Akteurs über die individuell-vertragliche Festlegung eines Pflichtenprogramms zur Sicherstellung ebenfalls festgelegter Gemeinwohlziele, finanzielle Förderungen, weiter abstrakt-generelle Vorgaben in unterschiedlicher Regelungsform und mit unterschiedlicher Regelungsdichte, ebenso die Schaffung privater intermediärer Organisationen oder Maßnahmen der Ergebnis- und Qualitätssicherung und schließlich die Selbstvornahme im Rahmen der staatlichen Auffangverantwortung. Diese Instrumente dienen der regulativen Einhegung der privatwirtschaftlichen Leistungserbringung in einem gemeinwohlverpflichteten Wettbewerb.

Die Vielfalt möglicher Gewährleistungsinstrumente gilt grundsätzlich auch für den Bereich der Telekommunikation.[132] Sie wird insbesondere nicht dadurch eingeschränkt, dass die Infrastrukturverantwortung gemäß Art. 87f Abs. 1 GG nach Maßgabe eines zustimmungspflichtigen Bundesgesetzes wahrzunehmen ist. Der Verweis auf das Bundesgesetz erfüllt eine dreifache Funktion: Er enthält erstens eine ausschließliche Gesetzgebungskompetenz des Bundes, die der ausschließlichen Gesetzgebungskompetenz für das Postwesen und die Telekommunikation aus Art. 73 Abs. 1 Nr. 7 GG als speziellere Norm vorgeht.[133] Die Zustimmungspflicht des Bundesrates trägt dabei dem Umstand Rechnung, dass der Auftrag zur flächendeckenden Sicherstellung einer Grundversorgung in erheblichem Maße auch Länderinteressen be-

---

[130] Terminologie von *Butzer*, in: Isensee/Kirchhof (Hrsg.), HStR IV, § 74 Rn. 51 f., dort auch die nachfolgend aufgeführten Beispiele; vgl. auch *Reents*, Ausbau und Finanzierung einer flächendeckenden Breitbandversorgung in Deutschland, S. 52 ff.

[131] *Dörr*, VVDStRL 73 (2014), 323 (351 f.).

[132] Im Überblick *Windthorst*, Der Universaldienst im Bereich der Telekommunikation, S. 350 ff.; *Ruge*, in: Schmidt-Bleibtreu/Hofmann/Henneke (Hrsg.), GG, Art. 87f Rn. 15 ff.; *Möstl*, in: Maunz/Dürig (Hrsg.), GG, Art. 87f Rn. 76 ff.

[133] Zur Abgrenzung von Art. 87f Abs. 1 GG und Art. 73 Abs. 1 Nr. 7 GG, der keinen Zustimmungsvorbehalt des Bundesrates enthält, nur *Kühling*, in: Kahl/Waldhoff/Walter (Hrsg.), BK GG, Art. 87f Rn. 99 ff.; *Gersdorf*, in: von Mangoldt/Klein/Starck (Hrsg.), GG, Art. 87f Rn. 35/41 ff., und unten, S. 277 f. Nicht überzeugende Gleichsetzung der beiden Kompetenzgrundlagen dagegen bei *Uerpmann-Wittzack*, in: von Münch/Kunig (Hrsg.), GG, Art. 87f Rn. 12.

rührt.[134] Zweitens formuliert er einen Gesetzgebungsauftrag an den Bund zur Ausgestaltung, dynamischen Überprüfung und kontinuierlichen Anpassung von Inhalt und Umfang der telekommunikativen Grundversorgung.[135] Insoweit drittens die Erwähnung des Bundesgesetzes als besonderer Gesetzesvorbehalt gelesen wird, unterscheiden sich die damit verbundenen Rechtsfolgen kaum von denen des nach der Wesentlichkeitslehre für Grundrechtseingriffe erforderlichen allgemeinen Gesetzesvorbehalts.[136] Der deklaratorische Gesetzesvorbehalt des Art. 87f As. 1 GG steht exekutiven Steuerungsformen bei der Wahrnehmung der Infrastrukturverantwortung somit nicht grundsätzlich entgegen. Zu diesen Maßnahmen zählen beispielsweise solche der Wirtschaftsaufsicht, der Infrastrukturplanung, der Frequenzverwaltung beim Mobilfunk, aber auch der finanziellen Förderung, etwa durch Leistungseinkauf oder Subventionierung[137]. Im Zentrum der rechtswissenschaftlichen Aufmerksamkeit steht gleichwohl das legislative Regulierungsinstrument des Universaldienstes, auf dessen Gewährleistung die verfassungsrechtliche Infrastrukturverantwortung dann nicht selten verengt wird[138].

b) Universaldienst

aa) Unionsrechtlicher Rahmen

Anknüpfend an die in der US-amerikanischen Telekommunikationspolitik unter dem Schlagwort *„universal service"* firmierende Forderung nach einer flächendeckenden Verbreitung einer vor allem einheitlichen Telefoninfra-

---

[134] *Möstl*, in: Maunz/Dürig (Hrsg.), GG, Art. 87f Rn. 90.

[135] *Windthorst*, in: Sachs (Hrsg.), GG, Art. 87f Rn. 20; *Möstl*, in: Maunz/Dürig (Hrsg.), GG, Art. 87f Rn. 89; *Holznagel/Beine*, MMR 2015, 567 (569).

[136] So *Möstl*, in: Maunz/Dürig (Hrsg.), GG, Art. 87f Rn. 93. Dagegen sieht *Kühling*, in: Kahl/Waldhoff/Walter (Hrsg.), BK GG, Art. 87f Rn. 98, im Gesetzesvorbehalt des Art. 87f Abs. 1 GG eine Anreicherung der Wesentlichkeitslehre des Bundesverfassungsgerichts dahingehend, dass der parlamentarische Gesetzgeber selbst die Grundzüge der Universaldienstleistung bestimmen müsse, was Begriff, Gegenstand und Umfang des Universaldienstes ebenso betreffe wie das Verfahren seiner Erbringung, was insgesamt über das grundrechtliche Konkretisierungsmaß hinausgehe, einer näheren Konkretisierung im Rahmen der materiellen Gesetzgebung durch die Exekutive angesichts der dynamischen Entwicklung der Telekommunikationswirtschaft aber nicht entgegenstehe.

[137] Hinsichtlich der Subventionierung ist freilich umstritten, inwieweit sie legislativ strukturierter Steuerungsmechanismen bedarf, auf die etwa *Kühling*, in: Kahl/Waldhoff/Walter (Hrsg.), BK GG, Art. 87f Rn. 98, insistiert; dagegen mit Verweis auf die nach allgemeinen Lehren gesetzesfrei zulässige und auch nach der Staatspraxis als gesetzesfrei übliche Subventionierung *Möstl*, in: Maunz/Dürig (Hrsg.), GG, Art. 87f Rn. 93.

[138] Exemplarisch *Kühling*, in: Kahl/Waldhoff/Walter (Hrsg.), BK GG, Art. 87f Rn. 61/66, der den Begriff der Infrastrukturgewährleistung durch den Begriff des Universaldienstauftrags ersetzen will; ähnlich *Kugelmann*, VerwArch 95 (2004), 515 (522); vgl. auch *Uerpmann-Wittzack*, in: von Münch/Kunig (Hrsg.), GG, Art. 87f Rn. 10.

struktur sowie eines Telefonanschlusses[139] griff die Europäische Kommission das Universaldienstkonzept im Zuge der Liberalisierung der Telekommunikationsmärkte auf und entwickelte es in mehreren begleitenden Harmonisierungsrichtlinien fort.[140] In der heute gültigen Fassung verdeutlicht Art. 1 der Universaldienstrichtlinie[141] exemplarisch das Anliegen des Universaldienstmodells: Es zielt auf die Bereitstellung eines Mindestangebots an Diensten mit definierter Qualität, zu denen alle Endnutzer unter Berücksichtigung der spezifischen nationalen Gegebenheiten zu einem erschwinglichen Preis und unter Vermeidung von Wettbewerbsverzerrungen Zugang haben (Art. 1 Abs. 2 S. 2, Art. 3 Abs. 1).[142]

Zu den Universaldienstleistungen zählt gemäß Art. 4 Abs. 1 und 2 der Richtlinie vor allem der standortgebundene Anschluss an ein öffentliches Kommunikationsnetz, der Gespräche, Telefaxübertragungen und die Datenkommunikation mit Übertragungsraten, die für einen funktionalen Internetzugang ausreichen, ermöglichen muss, wobei die von der Mehrzahl der Teilnehmer vorherrschend verwendeten Technologien und die technische Durchführbarkeit zu berücksichtigen sind. Eine Festlegung bestimmter Bandbreiten als Übertragungsraten enthält die Universaldienstrichtlinie dagegen nicht. Zwar begrenzte Erwägungsgrund 8 der Universaldienstrichtlinie in ihrer Ursprungsfassung des Jahres 2002 den funktionalen Internetzugang noch auf ei-

---

139 Vgl. nur *Mueller*, Telecommunications Policy 17 (1993), 352 (353 ff.); vergleichende Perspektive bei *Kubicek*, CR 1997, 1 ff.

140 Exemplarisch zur US-amerikanischen universal service-Debatte und deren Rezeption durch die Europäische Kommission *Schweitzer*, Daseinsvorsorge, „service public", Universaldienst, S. 237 ff.

141 Richtlinie 2002/22/EG über den Universaldienst und Nutzerrechte bei elektronischen Kommunikationsnetzen und -diensten, ABl. 2002 L 108/51, in der Fassung der Richtlinie 2009/136/EG zur Änderung der Richtlinie 2002/22/EG über den Universaldienst und Nutzerrechte bei elektronischen Kommunikationsnetzen und -diensten, der Richtlinie 2002/58/EG über die Verarbeitung personenbezogener Daten und den Schutz der Privatsphäre in der elektronischen Kommunikation und der Verordnung (EG) Nr. 2006/2004 über die Zusammenarbeit im Verbraucherschutz, ABl. 2009 L 337/11, sowie der Verordnung (EU) Nr. 2015/2120 über Maßnahmen zum Zugang zum offenen Internet und zur Änderung der Richtlinie 2002/22/EG über den Universaldienst und Nutzerrechte bei elektronischen Kommunikationsnetzen und -diensten sowie der Verordnung (EU) Nr. 531/2012 über das Roaming in öffentlichen Mobilfunknetzen in der Union, ABl. 2015, L 310/1. Schon vor der Neuorganisation des gemeinschaftlichen Rechtsrahmens für die Telekommunikation im Jahr 2002 waren die Mitgliedstaaten durch eine Entschließung des Rates vom 7. Februar 1994 über die Grundsätze für den Universaldienst im Bereich der Telekommunikation (ABl. (EG) 1994 Nr. C 48/1) aufgefordert, in ihrem Hoheitsgebiet einen Universaldienst sicherzustellen. Zur weiteren Rechtslage bis 2002 *Cornils*, in: Geppert/Schütz (Hrsg.), Beck'scher TKG-Kommentar, Vor § 78 Rn. 12. Vgl. zum Folgenden nunmehr die Entsprechungstabelle in Anhang XIII der Richtlinie (EU) 2018/1972 über den europäischen Kodex für die elektronische Kommunikation, ABl. 2018 L 321/36.

142 Vgl. auch die Legaldefinition des Universaldienstes in Art. 2 lit. j der Richtlinie 2002/21/EG des Europäischen Parlaments und des Rates vom 7. März 2002 über einen gemeinsamen Rechtsrahmen für elektronische Kommunikationsnetze und -dienste (Rahmenrichtlinie), ABl. 2002 L 108/33, auf die Art. 2 Abs. 1 der Universaldienstrichtlinie verweist.

nen Schmalbandnetzanschluss und stellte eine damalige regelmäßige Datenübertragungsrate von 56 kbit/s fest. Indem die Änderungsrichtlinie 2009/136/EG das notwendig leitungsvermittelte Telefonnetz durch das technologieneutrale Kommunikationsnetz als Anschlussobjekt in Art. 4 Abs. 1 der Universaldienstrichtlinie ersetzte, ermöglichte sie erst potentiell höhere Übertragungsraten im Universaldienst, bestimmte diese aber nicht selbst, sondern eröffnete im Erwägungsgrund 5 stattdessen den Mitgliedstaaten die Möglichkeit, die Übertragungsraten für Breitbandanschlüsse festzulegen.[143] Maßgebliche Parameter bei der Festlegung von Mindestübertragungsraten im Universaldienst sind entsprechend Art. 4 Abs. 2 der Universaldienstrichtlinie die von der überwiegenden Mehrheit der Nutzer im jeweiligen Mitgliedstaat verwendete Bandbreite und die technische Durchführbarkeit. Hinzu kommen nach den Erwägungsgründen 4 und 5 der Änderungsrichtlinie 2009/136/EG noch die Grundsätze der Technologieneutralität sowie der Minimierung der Marktverzerrung.[144] Als weitere Universaldienste sind auch sonstige Zusatzdienste wie Auskunftsdienste und Teilnehmerverzeichnisse (Art. 5) oder öffentliche Münz- oder Kartentelefone oder andere Zugangspunkte für den öffentlichen Sprachtelefondienst (Art. 6) zu gewährleisten. Die gemäß Art. 15 der Universaldienstrichtlinie anhand der sozialen, wirtschaftlichen und technischen Entwicklung vorzunehmende regelmäßige Überprüfung des Universaldienstumfangs durch die Kommission soll die dynamische Anpassung des Universaldienststandards sicherstellen.

Neben der Festlegung bestimmter flächendeckender Mindestleistungen ist das Universaldienstmodell aber auch durch die Möglichkeit gekennzeichnet, private Dienstleister zur Erbringung des Universaldiensts zu verpflichten (Art. 8). Zwar geht die Richtlinie gemäß Art. 1 Abs. 1 S. 2 davon aus, dass die Verfügbarkeit gemeinschaftsweiter hochwertiger, öffentlich zugänglicher Dienste vorrangig durch wirksamen Wettbewerb und Angebotsvielfalt zu ge-

---

[143] Vgl. *Cornils*, in: Geppert/Schütz (Hrsg.), Beck'scher TKG-Kommentar, Vor § 78 Rn. 4a, § 78 Rn. 34; *Gerpott*, CR 2011, 568 (569). Hieran ändert auch die Richtlinie (EU) 2018/1972 über den europäischen Kodex für die elektronische Kommunikation, ABl. 2018 L 321/36 im Wesentlichen nichts. Die Richtlinie hält in Art. 84 Abs. 1 an einem erschwinglichen angemessenen Breitbandinternetzugangsdienst als Universaldienst fest und verweist in Abs. 3 zur näheren Bestimmung des angemessenen Breitbandinternetzugangsdienstes auf die von der Mehrheit der Endnutzer im Hoheitsgebiet eines Mitgliedstaats genutzten Dienste, die ein Mindestangebot von im Anhang V der Richtlinie aufgezählten Dienste unterstützen können müssen.

[144] Vgl. *Schumacher*, MMR 2011, 711 (713 f.). Dass Art. 32 der Universaldienstrichtlinie den Mitgliedstaaten eine quantitative Ausweitung des Universaldienstes in einem Mitgliedstaat über die in der Universaldienstrichtlinie genannten Leistungen hinaus („zusätzlich zu den Diensten im Rahmen der Universaldienstverpflichtung nach Kapitel II"), nicht jedoch eine qualitative Ausweitung der bereits in der Richtlinie selbst geregelten Universaldienste ermöglicht, d.h. von den für die Bestimmung eines funktionalen Internetzugangs relevanten Kriterien keinen Dispens zur Festlegung einer deutlich höheren Bandbreite erteilt, begründet *Fetzer*, MMR 2011, 707 (708 f.), überzeugend.

währleisten ist. Für die Fälle, in denen die Bedürfnisse der Endnutzer durch den Markt nicht ausreichend befriedigt werden können, hält die Richtlinie aber das Instrument der Universaldienstverpflichtung bereit. Kann ein Unternehmen die ihm auferlegte Universaldienstverpflichtung nachweislich nur mit Verlust oder zu außerhalb der üblichen geschäftlichen Standards liegenden Nettokosten erfüllen, sieht Art. 13 Abs. 1 der Richtlinie eine Entschädigung aus öffentlichen Mitteln oder aus Entgelten der Betreiber von elektronischen Kommunikationsnetzen und -diensten vor.[145] Spezifische Vorgaben zur Berechnung der Kosten der Universaldienstverpflichtung in Art. 12 der Richtlinie sollen dabei sicherstellen, dass deren Finanzierung nach Art. 13 der Richtlinie möglichst geringe verfälschende Auswirkungen auf den Markt und die Unternehmen hat und mit den Vorgaben des europäischen Wettbewerbs, insbesondere des Subventionsrechts im Einklang steht.[146]

bb) Umsetzung im TKG

Die unionsrechtlichen Vorgaben werden heute durch die §§ 78 ff. TKG umgesetzt. § 78 Abs. 1 TKG definiert den Universaldienst gleichsinnig mit der unionsrechtlichen Begriffsbestimmung als ein Mindestangebot an Diensten für die Öffentlichkeit, für die eine bestimmte Qualität festgelegt ist und zu denen alle Endnutzer unabhängig von ihrem Wohn- oder Geschäftsort zu einem erschwinglichen Preis Zugang haben müssen und deren Erbringung für die Öffentlichkeit als Grundversorgung unabdingbar geworden ist. § 78 Abs. 2 Nr. 1 TKG bestimmt in Übereinstimmung mit der Richtlinienvorgabe auch den Anschluss an ein öffentliches Kommunikationsnetz, der die Datenübertragung mit für einen funktionalen Internetzugang ausreichenden Übertragungsraten ermöglicht, als Universaldienstleistung. Von der den Mitgliedstaaten in Erwägungsgrund 5 der Änderungsrichtlinie 2009/136/EG eingeräumten Option, bestimmte Bandbreiten als Universaldienst festzulegen, hat der deutsche Gesetzgeber im Unterschied zu anderen Mitgliedstaaten[147] bislang keinen Gebrauch gemacht. Die Bestimmung der als Universaldienst gebotenen Mindestbandbreite ist daher durch die Auslegung des Begriffs der für einen funktionalen Internetzugang ausreichenden Übertragungsrate vorzunehmen. Die §§ 80 ff. TKG regeln sodann ein mehrstufiges, hier nicht in seinen Einzelheiten zu erörterndes Verfahren der Ausschreibung, Auferlegung und Finanzierung von Universaldienstleistungsverpflichtungen für den Fall, dass die bislang gemäß § 150 Abs. 9 TKG durch die Deutsche Telekom AG erbrachten

[145] Zur Ausgestaltung der Universaldienstfinanzierung nach Maßgabe des europäischen Wettbewerbsrechts, insb. Art. 86 Abs. 2 S. 1 EGV (nunmehr Art. 106 Abs. 2 S. 1 AEUV) *Schweitzer*, Daseinsvorsorge, „service public", Universaldienst, S. 250 ff.

[146] Vgl. Erwägungsgrund 18 der Universaldienstrichtlinie 2002/22/EG.

[147] Überblick bei *Reents*, Ausbau und Finanzierung einer flächendeckenden Breitbandversorgung in Deutschland, S. 143 ff.

Universaldienstleistungen nicht mehr ausreichend und angemessen durch den Markt erbracht werden oder erbracht zu werden drohen.[148]

III. Verfassungswandel am Beispiel des Breitbandausbaus

1. Infrastrukturverantwortung und Breitbandausbau

a) Begriff und Bedeutung des Breitbandes

Der Begriff des Breitbandes stellt nicht auf eine bestimmte Art der Datenübertragung, sondern auf die Übertragungsrate, d.h. die Menge der übertragenen Daten pro Zeiteinheit ab.[149] In Abgrenzung zum Schmalband, zu dem vor allem ältere Zugangstechniken wie das Telefonmodem oder die ISDN-Einwahl mit Übertragungsraten von 56 kbit/s gezählt werden, erlaubt das Breitband ein Vielfaches der Übertragungsraten des Schmalbandes, ohne dass eine Mindestübertragungsrate für das Breitband konsentiert wäre.[150] Die maximal erreichbare Übertragungsrate ist im Down- und Upstream häufig unterschiedlich und hängt dabei im Wesentlichen von den jeweiligen Übertragungstechnologien ab, die durch unterschiedliche sogenannte Kanalkapazitäten[151] gekennzeichnet sind. Die hier in Bezug genommenen Übertragungsraten bezeichnen die Downstreamraten.

Als Breitbandtechnologien kommen zum einen leitungsgebundene Übertragungswege in Betracht.[152] Das umfasst zunächst Kupfer- und Glasfaseranschlüsse, bei denen allen Nutzern gleichzeitig die gesamte Bandbreite zur Verfügung gestellt wird. Wo die Glasfaser nicht bis in die Wohnung[153], sondern nur bis zum Hauptverteiler[154], bis zum Straßenverteiler[155] oder bis an das Haus[156] reicht, wird der Anschluss des Nutzers über ein Kupferkabel, d.h. als Hybridlösung aus Glasfaser- und Kupferkabel realisiert. Leitungsgebunden

---

[148] Kritisch zur Belastbarkeit des Universaldienstmodells wegen dessen unsicherer Finanzierung infolge einer vermeintlichen Verfassungswidrigkeit der Universaldienstabgabe *Franzius*, ZG 2010, 66 (70 f.).

[149] Maßeinheit der Datenübertragungsrate ist „Bit pro Sekunde" – kurz: bit/s, die üblicherweise mit einem Dezimalpräfix (k oder M) angegeben wird.

[150] Vgl. hierzu nur *Lindner*, Die Gewährleistung des Internetzugangs im Grundgesetz, S. 97 ff.; *Reents*, Ausbau und Finanzierung einer flächendeckenden Breitbandversorgung in Deutschland, S. 7 ff., jeweils m.w.N.

[151] Kanalkapazität bezeichnet in der Informationstechnik die größtmögliche Datenübertragungsrate, die noch fehlerfrei über einen Kanal übertragen werden kann.

[152] Zum Folgenden *Reents*, Ausbau und Finanzierung einer flächendeckenden Breitbandversorgung in Deutschland, S. 19 ff. m.w.N., dort auch zu den Vor- und Nachteilen, insbesondere den erreichbaren Übertragungsraten jeder Technologie. Vgl. auch Fraunhofer FOKUS (Hrsg.), Netzinfrastrukturen für die Gigabitgesellschaft, S. 77 ff.

[153] FTTH – Fiber To The Home.

[154] FTTN – Fiber To The Node.

[155] FTTC – Fiber To The Curb.

[156] FTTB – Fiber To The Building.

sind aber auch Koaxial- bzw. TV-Kabel- und Stromleitungsanschlüsse, bei denen mehrere Nutzer die gleiche Leitung nutzen und sich die Bandbreite mit zunehmender Nutzerzahl verringert. Zum anderen ermöglichen die Funklösungen verschiedener Generationen (3G, 4G, demnächst: 5G), die von WiMAX I und II über UMTS, LTE, LTE-Advanced, WLAN und HSPA bis zur Satellitenübertragung reichen, eine nicht leitungsgebundene Breitbandübertragung. Sie erscheinen vor allem für den Breitbandanschluss ländlicher Regionen als Alternative zu einer wirtschaftlich unrentablen, weil äußerst kostenintensiven Erschließung mit leitungsgebundenen Technologien (zumeist Glasfaser), sind aber nur begrenzt verfügbar und haben eine nur begrenzte Reichweite, zumal die Übertragungsrate mit zunehmender Entfernung vom Funkmast sinkt.

Im Leitbild digitaler Souveränität nehmen hochleistungsfähige Infrastrukturen einen prominenten Platz ein. Als Grundbedingung sämtlichen staatlichen, wirtschaftlichen und privaten Handelns im digitalen Raum[157] liegt die Bedeutung breitbandiger Infrastrukturen auf der Hand: (1.) Aus staatlicher Perspektive ermöglichen breitbandige Internetverbindungen umfangreiche Anwendungen im Bereich des eGovernment sowie der Online-Partizipation und tragen dabei zur Integration vor allem des ländlichen Raumes[158] bei. Im Leitbild der *„Smart City"* bündeln sich die Erwartungen an breitbandige Internetinfrastrukturen in hochaggregierter Form. (2.) Durch die Schaffung eines digitalen Binnenmarktes auf der Grundlage hochleistungsfähiger digitaler Infrastrukturen verspricht sich die Europäische Kommission ein zusätzliches Wirtschaftswachstum von 250 Mrd. EUR.[159] Neue Anwendungsformen wie Cloud Computing, Industrie 4.0, Telemedizin/eHealth, autonomes vernetztes Fahren oder die Präzisionslandwirtschaft verlangen nach immer größeren Bandbreiten für die Wirtschaft.[160] (3.) Schließlich steigt auch in Privathaushalten die Nachfrage nach immer schnelleren Internetverbindungen, die ein breites Spektrum von Anwendungsgebieten wie UHD- und Smart-TV, Smart Home, Virtual und Augmented Reality, Online-Spiele, Social Media oder Video-Telefonie in hochauflösender Qualität ermöglichen.

Der Breitbandausbau, der vor allem privatwirtschaftlich im hoheitlich regulierten, Anreize vermittelnden Rahmen bewerkstelligt werden soll, ist daher seit einiger Zeit zentraler Gegenstand deutscher und europäischer digitalpolitischer Agenden. Die Bundesregierung setzte sich in ihrer Digitalen Agenda 2014–2017 das Ziel, mittels eines effizienten Technologiemixes bis 2018 eine flächendeckende Breitbandinfrastruktur mit einer Downloadgeschwindigkeit

---

[157] Vgl. nur *Bundesministerium für Wirtschaft und Energie*, Leitplanken Digitaler Souveränität, S. 2.

[158] Diesen Aspekt betonen *Holznagel/Deckers*, DVBl. 2009, 482 (483).

[159] KOM(2015) 192 endg., S. 2.

[160] Vgl. zu möglichen Anwendungsbereichen und -szenarien auch Fraunhofer FOKUS (Hrsg.), Netzinfrastrukturen für die Gigabitgesellschaft, S. 24 ff.

von mindestens 50 Mbit/s aufzubauen, um damit zugleich die Voraussetzungen für gleichwertige Lebensbedingungen in Stadt und Land zu schaffen.[161] Im Koalitionsvertrag für die 19. Legislaturperiode haben die Regierungsparteien einander den flächendeckenden Ausbau von Gigabit-Netzen bis 2025 durch den Netzinfrastrukturwechsel zur Glasfaser sowie den dynamischen Aufbau eines flächendeckenden 5G-Mobilfunknetzes versprochen.[162] Die deutsche Digitalpolitik fügt sich damit in das europäische Breitbandkonzert ein. In der „Digitalen Agenda für Europa" des Jahres 2010 betonte die Europäische Kommission die große Bedeutung der Bereitstellung von Breitbandanschlüssen und formulierte das Ziel, dass „bis 2020 alle Europäer Zugang zu viel höheren Internetgeschwindigkeiten von über 30 Mbit/s haben und [...] mindestens 50% aller europäischen Haushalte Internetzugänge mit über 100 Mbit/s haben"[163]. Noch ambitionierter gerät die Vision einer Gigabit-Gesellschaft[164], die die Kommission in ihrer Mitteilung „Konnektivität für einen wettbewerbsfähigen Binnenmarkt – Hin zu einer europäischen Gigabit-Gesellschaft" aus dem Jahr 2016 entfaltet und die sie mit drei strategischen Zielsetzungen bis 2025 umzusetzen sucht. So soll für „Wachstum und Beschäftigung in Europa" die Gigabit-Anbindung an Orten gewährleistet werden, von denen Impulse für sozioökonomische Entwicklungen ausgehen. Die Versorgung aller Stadtgebiete und aller wichtigen Landverkehrsstrecken mit 5G-Technik dient dem Ziel der Wettbewerbsfähigkeit Europas. Für den Zusammenhalt Europas sollen schließlich alle europäischen Privathaushalte über eine Internetverbindung mit mindestens 100 Mbit/s verfügen, die auf Gigabit-Geschwindigkeit aufgerüstet werden kann.[165]

Hinter den ambitionierten politischen Zielsetzungen bleibt der tatsächliche Fortgang des Breitbandausbaus oft zurück. Der vom Bundesministerium für Verkehr und digitale Infrastruktur besorgte Breitbandatlas gibt einen regelmäßig aktualisierten Überblick über die prozentuale Breitbandverfügbarkeit in Privathaushalten und im Gewerbe. Hier zeigt sich gleichsam bildhaft, wie weit der Weg zu sehr schnellen Internetzugängen noch ist. Diesen Befund bestätigt der europäische Blick auf den Ausbaustand in Deutschland. So verzeichnet der jährliche Länderbericht Deutschland des europäischen „Index für digitale Wirtschaft und Gesellschaft" (Digital Economy and Society Index – DESI) für das Jahr 2018 hinsichtlich der Konnektivität im Vergleich zu anderen Mit-

---

[161] *Bundesregierung*, Digitale Agenda 2014–2017, S. 9.

[162] Koalitionsvertrag für die 19. Legislaturperiode (2017–2021), Zeile 1594 ff. Die Koalition hält damit am in der „Zukunftsoffensive Gigabit-Deutschland" vom Bundesverkehrsminister mit der sogenannten „Netzallianz Digitales Deutschland" vereinbarten Ziel des Ausbaus einer gigabitfähigen konvergenten Netzinfrastruktur bis 2025 fest.

[163] KOM(2010) 245 endg., S. 22.

[164] Koalitionsvertrag für die 19. Legislaturperiode (2017–2021), Zeile 1595, greift das von der Kommission geprägte Leitbild der Gigabit-Gesellschaft auf.

[165] KOM(2016) 587 endg., S. 1 f., 5 ff.

gliedstaaten nur langsame Fortschritte.[166] Zwar sei Deutschland bei der Festnetzbreitbandnutzung und den diesbezüglichen Preisen gut aufgestellt, vor allem habe sich die NGA-Breitbandversorgung des ländlichen Raums seit 2017 mit einer Steigerung von 54 % auf 66 % erheblich verbessert. Die digitale Kluft zwischen Stadt und Land bezüglich der Versorgung mit schnellen Internetanschlüssen von 30 Mbit/s und mehr sei jedoch nach wie vor offensichtlich. Die Versorgung mit ultraschnellen Breitbandverbindungen von deutlich mehr als 100 Mbit/s liege mit 66 % zwar über den EU-Durchschnitt, sei aber über die Jahre unverändert geblieben, da an aufgerüsteten Altinfrastrukturen (gemeint: die Vectoring-Technik der Deutschen Telekom AG) festgehalten werde.

Es ist innerhalb eines überschaubaren Zeitraums von 10–15 Jahren mithin zu einem enormen Bedeutungszuwachs von breitbandigen Infrastrukturen gekommen, der weiter anhalten wird und den das Leitbild digitaler Souveränität artikuliert. Somit stellt sich die Frage, wie die verfassungsrechtliche Infrastrukturverantwortung auf solche dynamischen Entwicklungen reagiert.

b) Art. 87f Abs. 1 GG als Wandelrezeptor

Dabei erscheint Art. 87f Abs. 1 GG auf den ersten Blick als idealer Rezeptor für einen solchen dynamischen Wandel. Die verfassungsrechtlich verankerte Infrastrukturverantwortung ist in mindestens dreierlei Hinsicht darauf eingestellt, Entwicklungen im Bereich der digitalen Infrastrukturen zu verarbeiten.

Zum einen erlaubt die offene Tatbestandsformulierung der „angemessenen" und „ausreichenden" Dienstleistungen, flexibel auf den technischen Fortschritt und daran anknüpfende, sich wandelnde Bedarfe auf Nutzerseite zu reagieren. Der verfassungsändernde Gesetzgeber wollte mit der Einführung der Infrastrukturverantwortung gerade keinen *status quo* der telekommunikativen Grundversorgung zum Zeitpunkt der Verfassungsänderung zementieren, sondern hat mit der konkreten Formulierung des Abs. 1 ein dynamisches Verständnis der Infrastrukturverantwortung implementiert. Aus verfassungsrechtlicher Warte geboten ist daher eine regelmäßige Aktualisierung des Inhalts der Begriffe der angemessenen und ausreichenden Dienstleistungen.

Dieses dynamische Verständnis flankiert Art. 87f Abs. 1 GG („Nach Maßgabe eines Bundesgesetzes") zum anderen in institutionell-prozeduraler Hinsicht mit einer Beobachtungspflicht des Gesetzgebers, der zur kontinuierlichen Überprüfung und dynamischen Fortentwicklung der Grundversorgung im Bereich der Telekommunikation angehalten ist.[167] Der *telos* der legislativen Beobachtungspflicht liegt anders als etwa bei der Krisengesetzgebung nicht

---

[166] Die folgenden Angaben im Länderbericht Deutschland des Index für die digitale Wirtschaft und Gesellschaft (DESI) 2019, S. 5.

[167] *Eifert*, Grundversorgung mit Telekommunikationsleistungen im Gewährleistungsstaat, S. 204 ff.; *Möstl*, in: Maunz/Dürig (Hrsg.), GG, Art. 87f Rn. 89; *Windthorst*, in: Sachs (Hrsg.), GG, Art. 87f Rn. 20.

darin, dass im Zeitpunkt des Gesetzesbeschlusses eine unsichere Tatsachengrundlage vorhanden wäre oder die Folgen des Gesetzes nicht verlässlich abzuschätzen seien und der Gesetzgeber daher als Ausgleich für krisenbedingte Wissensdefizite im Gesetzgebungsverfahren eine durch verschiedene Instrumente der Gesetzesgestaltung sicherzustellende Selbstkontrolle schuldet.[168] Stattdessen geht es um die adäquate Befriedigung der stetig wachsenden telekommunikativen Grundbedürfnisse der Bevölkerung, auf die die Infrastrukturverantwortung des Bundes ausgerichtet ist und deren Wachstum sich aus dem dynamischen Charakter des geregelten Sachbereichs der Telekommunikationsinfrastrukturen und -dienste ergibt. Insoweit kann auch hier von einer Zukunftsverantwortung[169] des Gesetzgebers gesprochen werden, die aber nicht wie bei der Krisengesetzgebung aus dem Gedanken der Ingerenz wegen eines gleichsam unsicheren Produkts[170], sondern aus dem Ziel einer zeitgemäßen Daseinsvorsorge herrührt.

Und schließlich stellt die Koppelung der Infrastrukturverantwortung in Art. 87f Abs. 1 GG mit dem aus Wortlaut, Genese und Zweck des Art. 87f Abs. 2 S. 1 GG abzuleitenden verfassungsrechtlichen Wettbewerbsprinzip in der Telekommunikation[171] ein zusätzliches dynamisierendes Element dar. Die staatliche Verpflichtung zur Gewährleistung eines offenen und fairen Wettbewerbs bei der Erbringung von Telekommunikationsdienstleistungen zielt auf einen regulatorischen Rahmen für Innovationsförderung und Leistungssteigerung hinsichtlich der Telekommunikationsdienstleistungen.[172] Die einfachgesetzliche Konkretisierung des Wettbewerbsprinzips in § 2 Abs. 2 Nr. 2 TKG bringt das noch klarer auf den Punkt: Die Regulierung ist hiernach auszurichten auf die Sicherstellung eines chancengleichen Wettbewerbs und die Förderung nachhaltig wettbewerbsorientierter Märkte der Telekommunikation im Bereich der Telekommunikationsdienste und -netze sowie der zugehörigen Einrichtungen und Dienste, auch in der Fläche. Insoweit hat die Bundesnetzagentur auch sicherzustellen, dass für die Nutzer der größtmögliche Nutzen in Bezug auf Auswahl, Preise und Qualität erbracht wird. Der Wettbewerb soll mithin die technische Entwicklung im Nutzerinteresse befördern, was als

---

[168] Hierzu umfassend *Schwerdtfeger*, Krisengesetzgebung, S. 313 ff.

[169] *Schwerdtfeger*, Krisengesetzgebung, S. 314, mit Verweis auf *Pitschas*, Verwaltungsverantwortung und Verwaltungsverfahren, S. 273.

[170] Den Gedanken der Ingerenz führt *Schwerdtfeger*, Krisengesetzgebung, S. 315, auf *Mayer*, Die Nachbesserungspflicht des Gesetzgebers, S. 47, zurück.

[171] *Windthorst*, in: Sachs (Hrsg.), GG, Art. 87f Rn. 25; *Gersdorf*, in: von Mangoldt/Klein/Starck (Hrsg.), GG, Art. 87f Rn. 60 f.

[172] In diesem Sinne stellt etwa BVerwGE 109, 282 (302 f.), klar, dass Art. 87f Abs. 2 S. 1 GG nicht nur die zum Zeitpunkt der Privatisierung am Markt bereits angebotenen Dienstleistungen erfasst, sondern Wettbewerber des marktbeherrschenden Unternehmens auch in die Lage versetzt werden sollen, neue Telekommunikationsdienstleistungen anzubieten und mit diesen in den bislang monopolistisch geprägten Markt einzutreten.

„Wettbewerb zwischen Infrastrukturen"[173] auch den Breitbandausbau in Deutschland über Kabel und/oder Funk betrifft.

2. *Breitbandausbau und Universaldienst*

Der Offenheit des Art. 87f Abs. 1 GG für einen dynamischen Wandel wird indes nicht gerecht, wer die darin geregelte Infrastrukturverantwortung auf den Universaldienst verengt.[174] Wo sich das Verfassungsrecht kraft Interpretation auf die Vorgabe eines Universaldienstes im Bereich der Telekommunikation zurückzieht, entfaltet es kaum Steuerungswirkung für einen Breitbandausbau, der den telekommunikativen Bedürfnissen der Benutzer auch in Zukunft noch gerecht werden kann.[175] Dabei hatte der Universaldienstmechanismus in der Praxis bislang ohnehin keine bedeutende Rolle gespielt, da zum einen die Marktakteure die telekommunikative Grundversorgung hinsichtlich des Netzanschlusses und der Dienste sowie darüber hinausgehende Leistungen stets aus eigenem Antrieb (und nach eigenem Kalkül) erbracht haben[176] und zum anderen der Universaldienstmechanismus – wie sogleich noch näher zu zeigen sein wird – nur als gleichsam nachlaufendes Regulierungsinstrument funktioniert.[177] Hiervon zeugt nicht zuletzt die Tatsache, dass das Universaldienstregime seinen prominenten Platz in den §§ 17 ff. des Zweiten Teils des TKG 1996 räumen musste und sich seit dem TKG 2004 in §§ 78 ff. TKG wiederfindet. Mit dem Bedeutungsschwund kontrastiert freilich die Aufmerksamkeit, die die Literatur dem Universaldienstmechanismus bei der Erörterung der verfassungsrechtlichen Infrastrukturverantwortung schenkt.[178]

---

[173] Begrifflichkeit von *Theobald*, NJW 2003, 324 (325 ff.).

[174] Auch der differenzierte Vorschlag von *Eifert*, Grundversorgung mit Telekommunikationsleistungen im Gewährleistungsstaat, S. 191 ff., Art. 87f GG als prinzipielle Zielbestimmung mit zwei Gewährleistungsschichten zu verstehen, bei der ein eng zu fassender materieller Garantiegehalt (Versorgungspflicht mit Blick auf Minimalversorgung) von einem Ausgestaltungsauftrag an den Gesetzgeber zur Konkretisierung des Grundversorgungsniveaus durch prozedurale und organisatorische Vorkehrungen zu unterscheiden sei, bleibt im Kern dem Universaldienstgedanken verhaftet.

[175] Ähnliche Einschätzung bei *Kühling*, in: Kahl/Waldhoff/Walter (Hrsg.), BK GG, Art. 87f Rn. 75.

[176] Vgl. *Möstl*, in: Maunz/Dürig (Hrsg.), GG, Art. 87f Rn. 82; *Uerpmann-Wittzack*, in: von Münch/Kunig (Hrsg.), GG, Art. 87f Rn. 29.

[177] Aus diesem Grund verzichtet etwa *Schneider*, in: Fehling/Ruffert (Hrsg.), Regulierungsrecht, § 8 Rn. 67, in seinem Beitrag über das Regulierungsrecht im Bereich der Telekommunikation ganz auf die nähere Erörterung des Universaldienstmechanismus.

[178] Zutreffend bemerkt *Möstl*, in: Maunz/Dürig (Hrsg.), GG, Art. 87f Rn. 80, dass das Universaldienstkonzept traditionell als Herzstück des staatlichen Grundversorgungsauftrags in Art. 87f Abs. 1 GG angesehen (so etwa bei *Freund*, NVwZ 2003, 408 [411]; *Franzius*, ZG 2010, 66 [67]) oder sogar völlig mit ihm gleichgesetzt wird (so etwa bei *Windthorst*, in: Sachs [Hrsg.], GG, Art. 87f Rn. 8 ff.; wohl auch *Brosius-Gersdorf*, DÖV 2002, 275 [277]; *Kühling*, in: Kahl/Waldhoff/Walter (Hrsg.), BK GG, Art. 87f Rn. 59).

Das Universaldienstkonzept scheint hinsichtlich des Breitbandausbaus aber noch nicht ganz in der Bedeutungslosigkeit verschwunden zu sein. So könnte es nach Ansicht einiger Beobachter wieder an Relevanz gewinnen, „wenn sich aufgrund veränderter Nutzungsgewohnheiten ein Verständnis einer unabdingbaren Grundversorgung mit Breitbandinternet zu bestimmten Mindestübertragungsraten (‚Breitband für Alle') etabliert, mit dem die auf dem Markt für Breitbandinternet tätigen Unternehmen nicht mehr ohne weiteres Schritt halten könnten, weil sie aus wirtschaftlichen oder technischen Gründen zu einer freiwilligen flächendeckenden Bereitstellung von Hochgeschwindigkeitsinternet zu den als Mindestangebot verstandenen Übertragungsraten nicht in der Lage wären"[179]. Dass der Gesetzgeber zur Umsetzung seiner ehrgeizigen Breitbandausbauziele von der unionsrechtlich bislang noch ausdrücklich offengehaltenen Möglichkeit der Mitgliedstaaten, eine Mindestübertragungsrate festzulegen[180], Gebrauch macht, ist mit Blick auf den tatsächlichen, hinter den politischen Vorgaben zurückbleibenden Ausbaustand nicht ganz fernliegend.[181] So wird denn auch der im Koalitionsvertrag für die 19. Legislaturperiode zum 1. Januar 2025 angekündigte rechtlich abgesicherte Anspruch für alle auf Zugang zum schnellen Internet[182] von den einschlägigen Branchenverbänden als Ankündigung eines Universaldienstes verstanden – und kritisiert.[183]

Die Diskussion um die Festlegung einer Mindestbandbreite als Universaldienst hat freilich bereits schon einmal Anlauf genommen. Im Vorfeld der Novellierung des Telekommunikationsgesetzes 2012 wurde erörtert, ob das Ziel eines flächendeckenden Breitbandausbaus durch den freien Wettbewerb der Telekommunikationsunternehmen oder durch die von der Politik vorgeschlagene Einführung einer gesetzlich im TKG 2012 zu verankernden Übertragungsgeschwindigkeit von zunächst 2 oder 6 und dann – zeitlich gestaffelt – 16 bzw. 50 Mbit/s als Universaldienst erreicht werden kann.[184] Dem in der juristischen Debatte überwiegend als noch zulässig erachteten Vorschlag zur Ein-

---

179 *Cornils*, in: Geppert/Schütz (Hrsg.), Beck'scher TKG-Kommentar, Vor § 78 Rn. 1.

180 Erwägungsgrund 5 der Richtlinie 2009/136/EG.

181 Den schleppenden Breitbandausbau im ländlichen Raum als Auslöser der Diskussion um hoheitliche Interventionen in Form von Universaldienstfestlegungen führt *Kühling*, in: Kahl/Waldhoff/Walter (Hrsg.), BK GG, Art. 87f Rn. 115, auf die zögerliche Nachfrage nach breitbandigen Angeboten für schnelles Internet zurück: Der Netzausbau in ländlichen Regionen lohne sich für die Netzbetreiber wegen der nur begrenzten Zahlungsbereitschaft der Nutzer für hochbreitbandige Angebote und der geringen Dichteeffekte betriebswirtschaftlich nicht.

182 Koalitionsvertrag für die 19. Legislaturperiode (2017–2021), Zeile 1628 ff.

183 Vgl. die Pressemitteilung des Bundesverbandes Informationswirtschaft, Telekommunikation und neue Medien e.V. (BITKOM) vom 2.2.2018, abrufbar unter https://www.bitkom.org/Presse/Presseinformation/Bitkom-warnt-vor-Universaldienstverpflichtung-beim-Breitbandausbau.html (Abrufdatum: 14.6.2019).

184 Vgl. hierzu *Gerpott*, CR 2011, 568 (569 ff.); *Fetzer*, MMR 2011, 707 ff.; *Schumacher*, MMR 2011, 711 ff.; *Kühling/Biendl*, DÖV 2012, 409 (410 ff.); zuvor schon *Holznagel/Deckers*, DVBl. 2009, 482 (488).

führung einer Mindestbandbreite von 2 Mbit/s[185] ist der Gesetzgeber indes nicht gefolgt – er hat ganz auf die Festlegung einer Mindestbandbreite verzichtet und fordert in § 78 Abs. 2 Nr. 1 TKG 2012 stattdessen weiterhin nur Übertragungsraten, die für einen funktionalen Internetzugang ausreichen.

Der Argumentationsgang, der in der wissenschaftlichen Auseinandersetzung zu Tage getreten ist, beansprucht auch heute noch Gültigkeit, wenngleich er wegen der technischen Entwicklung heute zu einem anderen konkreten Ergebnis (d.h. zu einer höheren als Universaldienst zulässigen Bandbreite) führt: So setzt das Unionsrecht mit der Universaldienstrichtlinie, die sich bisher einer konkreten Breitbandvorgabe enthält, zunächst den Rahmen für die gesetzliche Festlegung einer Mindestbandbreite als Universaldienst durch die Mitgliedstaaten, der in Deutschland nicht durch verfassungsrechtliche Vorgaben modifiziert wird. Die Bestimmung einer für einen funktionalen Internetzugang ausreichenden Übertragungsrate hat sich gemäß Art. 4 Abs. 2 Universaldienstrichtlinie an den von der Mehrheit der Teilnehmer vorherrschend verwendeten Technologien und der technischen Durchführbarkeit zu orientieren, ergänzt um die Grundsätze der Technologieneutralität sowie der Minimierung von Wettbewerbsverzerrungen nach den Erwägungsgründen 4 und 5 der Änderungsrichtlinie 2009/136/EG, die einer beliebig hohen Festsetzung von Universaldienstbandbreiten entgegenstehen. In seinen Auslegungshinweisen zur Interpretation des Art. 4 Abs. 2 der Universaldienstrichtlinie führt das Communications Committee (COCOM)[186] diese Kriterien zusammen und nennt konkrete Schwellenwerte[187], die sich die Kommission in einer Mitteilung zu den Ergebnissen einer Überprüfung des Universaldienstumfangs zu eigen gemacht hat[188]. Hiernach könnten die Mitgliedstaaten – rechtlich freilich nicht verbindlich – gebeten werden, eine Einbeziehung von Breitbandanschlüssen mit einer Mindestgeschwindigkeit in den Universaldienst in Betracht zu ziehen, wenn auf nationaler Ebene mindestens die Hälfte aller Haushalte über einen Breitbandanschluss verfügt und zur Vermeidung von Wettbewerbsverzerrungen im Hinblick auf die Universaldienstfinanzierung die betreffende Übertragungsrate von mindestens 80 % der Haushalte mit Breitbandanschluss genutzt wird.

Die unter Beachtung dieses Rahmens im Jahr 2011 für zulässig erachtete Universaldienstbandbreite von 2 Mbit/s hat sich heute deutlich nach oben ver-

[185] *Gerpott*, CR 2011, 568 (573); *Fetzer*, MMR 2011, 707 (708); zustimmend *Lindner*, Die Gewährleistung des Internetzugangs im Grundgesetz, S. 221 f.; vgl. auch *Cornils*, in: Geppert/Schütz (Hrsg.), Beck'scher TKG-Kommentar, § 78 Rn. 36.

[186] Das Communications Committee („Kommunikationsausschuss“) wurde durch Art. 22 Abs. 1 der Rahmenrichtlinie 2002/21/EG als Komitologieausschuss zur Unterstützung der Kommission eingesetzt.

[187] *Communications Committee*, Implementation of the revised Universal Service Directive: internet-related aspects of Article 4, COCOM10–31 final, S. 3 f.

[188] KOM(2011) 795 endg., S. 11.

schoben, ohne freilich mit den ambitionierten Breitbandausbauzielen Schritt halten zu können. Der Länderbericht Deutschland des Digital Economy and Society Index 2019 verzeichnet zwar für das Jahr 2018 eine Festnetzbreitbandversorgung von 98 % aller Haushalte und eine Festnetzbreitbandnutzung von 87 % aller Haushalte. Die Nutzung eines schnellen Breitbandes von 30 Mbit/s und mehr machte (trotz signifikant steigender Nachfrage) indes nur 44 % der Breitbandverträge aus (bei einer Netzabdeckung von 88 % aller Haushalte), die Nutzung eines ultraschnellen Breitbandes von 100 Mbit/s und mehr sogar nur 15 % der Verträge (bei einer Netzabdeckung von 66 % aller Haushalte). Nach diesen Zahlen käme die Festsetzung eines Breitbandanschlusses mit einer Übertragungsrate von 30 Mbit/s und mehr als Universaldienst derzeit mithin nicht in Betracht. Die Nutzung von Mobilfunk-Breitbanddiensten überschreitet die 80 %-Grenze seit 2018 dagegen knapp (81 % bei einer 4G-Netzabdeckung von 90 % aller Haushalte).

Diese Überlegungen und Kennzahlen verdeutlichen, warum sich der Universaldienstmechanismus nicht als Motor für den Ausbau eines zukunftsfähigen Breitbandnetzes eignet. Die Festlegung einer bestimmten Bandbreite eines Internetzugangs als Universaldienst kann nur darauf abzielen, eine ohnehin schon mehrheitlich genutzte Bandbreite flächendeckend auszuweiten (und zu erschwinglichen Preisen anzubieten). Dem Universaldienst geht es um die Erstreckung des telekommunikativen *status quo* in der Fläche.[189] So endete denn auch die Debatte anlässlich der Novellierung des Telekommunikationsgesetzes im Jahre 2012 mit der Feststellung, dass die unionsrechtlichen Vorgaben die Funktion des Universaldienstmechanismus „auf einen nachlaufenden Lückenschließungsmechanismus [limitieren] und [...] dessen Umfunktionierung zu einem proaktiven Förderinstrument [verwehren]"[190]. Diese Einschätzung hat auch unter dem neuen europäischen Kodex für elektronische Kommunikation noch Bestand, der an der Ausgestaltung des Universaldienstmechanismus festhält und auch weiterhin keine Mindestbandbreite vorschreibt[191]. Sie wird zusätzlich getragen von ökonomischen Erwägungen, die die Folgen einer mit dem Universaldienst verbundenen Abkehr vom Wettbewerbsprinzip für den weiteren Breitbandausbau näher beleuchten.[192] Zum einen beseitige das Universaldienstregime Anreize für Investitionen in den Auf- bzw. Ausbau einer neuen Breitbandinfrastruktur, wenn ein Unternehmen kraft des Universaldienstmechanismus zum Auf-/Ausbau der Infrastruktur verpflichtet werden könne, ohne dass seine Kontrahenten eigene kostenintensive Eigenleistungen zum Netzausbau erbracht haben

189 Ähnlich *Fetzer*, MMR 2011, 707 (708).

190 *Kühling/Biendl*, DÖV 2012, 409 (416).

191 Siehe Art. 84 der Richtlinie (EU) 2018/1972 über den europäischen Kodex für die elektronische Kommunikation, ABl. 2018 L 321/36.

192 Exemplarisch *Fetzer*, MMR 2011, 707 (709 f.).

müssten.[193] Zum anderen binde eine Universaldienstabgabe zur Finanzierung der Universaldienstverpflichtung Investitionsmittel, die anderenfalls für den Netzausbau zur Verfügung stünden.

3. *Gewandelte Auslegung des Art. 87f GG*

Wer die grundgesetzliche Infrastrukturverantwortung also auf die Vorgabe eines Universaldienstes reduziert, verweist das Verfassungsrecht im Zukunftsspiel um den Breitbandausbau auf die Zuschauertribüne. Wo der Infrastrukturverantwortung des Art. 87f Abs. 1 GG aber im Lichte des verfassungsrechtlichen Leitbilds digitaler Souveränität eine gewandelte Auslegung als Optimierungsrecht[194] zugrunde gelegt wird, kann auch das Verfassungsrecht eine normative Steuerungswirkung beim Ausbau leistungsfähiger digitaler Infrastrukturen entfalten. Stark zu machen ist damit ein Verständnis, das den Gedanken der am telekommunikativen *status quo* orientierten, staatlich zu gewährleistenden Grundversorgung nach dem verfassungsrechtlichen Maßstab des Untermaßverbots ergänzt um den Gedanken einer staatlichen Verantwortung für den Ausbau digitaler Infrastrukturen, die auch technologischen Neuentwicklungen und künftigen Bedürfnissen ihrer Benutzer gerecht werden können, gleich ob es sich bei ihnen um natürliche Personen oder juristische Personen des Privat- wie des öffentlichen Rechts handelt. Staatliche Infrastrukturverantwortung zielt dann auf infrastrukturelle *Ver*-Sorgung in der Gegenwart wie auf *Vor*-Sorge für die Zukunft gleichermaßen. Art. 87f Abs. 1 GG wirkt somit nicht nur als Untermaßverbot, sondern auch als eine

> „auf Optimierung drängende Zielbestimmung, die nicht schon dann verletzt ist, wenn ein bestimmtes (wünschenswertes) Niveau nicht erreicht ist […], sondern nur dann, wenn der Staat in Bezug auf das Ziel einer möglichst guten […] Versorgung gänzlich untätig bleibt oder so untaugliche oder gar kontraproduktive Mittel einsetzt, dass von keiner ernsthaften Zielverfolgung mehr gesprochen werden kann“[195].

a) Auslegungsrahmen

Die Deutung der Infrastrukturverantwortung als Optimierungsmandat bewegt sich im Rahmen einer methodisch zulässigen Auslegung des Art. 87f Abs. 1 GG. Der sehr offene Wortlaut der Norm, der insbesondere auf ange-

---

[193] Allgemein zu den ökonomischen Auswirkungen einer Regulierung des dynamischen Telekommunikationsmarkts im Hinblick auf den Breitbandausbau *Fetzer*, Staat und Wettbewerb in dynamischen Märkten, S. 345 ff.

[194] Das wurde – soweit ersichtlich – zuerst von *Möstl*, in: Maunz/Dürig (Hrsg.), GG, Art. 87f Rn. 66, vertreten; ihm zustimmend *Reents*, Ausbau und Finanzierung einer flächendeckenden Breitbandversorgung in Deutschland, S. 217; ebenso *Holznagel/Beine*, MMR 2015, 567 (569).

[195] *Möstl*, in: Maunz/Dürig (Hrsg.), GG, Art. 87f Rn. 71.

messene Dienstleistungen abstellt, ohne irgendwelche Anhaltspunkte für eine einschränkende Auslegung der Angemessenheit zu enthalten, steht einer solchen Interpretation als Befugnis zur Optimierung jedenfalls nicht entgegen. Auch ein zukunftsorientierter, vorsorgender Infrastrukturausbau in der Fläche kann sich als angemessene Dienstleistung darstellen, die der Staat zu gewährleisten hat. Die häufig als Grenze eines Verfassungswandels problematisierte Wortlautgrenze[196] ist hier noch nicht in Sicht und erst recht nicht überschritten.

Zwar trifft es zu, dass der verfassungsändernde Gesetzgeber den staatlichen Handlungsauftrag nicht auf den Ausbau einer optimalen Infrastruktur, sondern auf die Gewährleistung einer flächendeckenden Grundversorgung ausgerichtet wissen wollte, damit das Staatsziel nicht unangemessen gegenüber anderen Ausprägungen des Sozialstaatsprinzips hervortreten möge.[197] Der entstehungsgeschichtliche Hinweis auf einen entgegenstehenden Willen des verfassungsändernden Gesetzgebers trägt aber aus zwei Gründen nicht sehr weit. Zum einen dürfte dem verfassungsändernden Gesetzgeber im konkreten Fall die Dynamik der technischen Entwicklung und der damit verbundene exponentielle Bedeutungszuwachs leistungsfähiger digitaler Infrastrukturen vor nunmehr über 20 Jahren nicht vor Augen gestanden haben. Zum anderen ist der Verfassungswandel häufig gerade dadurch gekennzeichnet, dass er einen entgegenstehenden Willen des Verfassunggebers zu überwinden vermag. Hinzu kommt ein historisch-systematisches Argument. Die verfassungsrechtliche Verankerung der Infrastrukturverantwortung in Art. 87f Abs. 1 GG ist Folge der Privatisierungs- bzw. Liberalisierungsentscheidung in Abs. 2 S. 1. Es ist aber kein Grund erkennbar, warum sich der Bund durch die Privatisierung bzw. Liberalisierung jener Möglichkeit, auf ein über die bloße Grundversorgung hinausreichendes infrastrukturelles Versorgungsniveau hinzuwirken, begeben haben sollte, die er vor der Privatisierung ganz unstreitig besaß. Art. 87f Abs. 1 GG ist daher verfassungsrechtlicher Anknüpfungspunkt auch für solche Gewährleistungsmaßnahmen, die auf eine Infrastrukturoptimierung durch die privaten Dienstleister zielen.

Die ein Optimierungsrecht des Gesetzgebers begründende Auslegung der Infrastrukturverantwortung, deren Einordnung als Staatszielbestimmung vom verfassungsändernden Gesetzgeber ausdrücklich betont wurde und in Literatur und Rechtsprechung auch unwidersprochen blieb, wahrte auch die systematische Kohärenz mit anderen Staatszielbestimmungen, zumal dem eng verwandten Sozialstaatsprinzip, die ebenfalls zu einer möglichst guten Zielverwirklichung berechtigen.[198] Art. 87f Abs. 1 GG gebietet dann nicht nur das

[196] Siehe S. 117 f.

[197] BT-Drs. 12/7269, S. 5.

[198] *Möstl*, in: Maunz/Dürig (Hrsg.), GG, Art. 87f Rn. 66; ausführlich *Sommermann*, Staatsziele und Staatszielbestimmungen, S. 359 ff.

„sozialstaatlich Unerlässliche“, sondern erlaubt auch die Orientierung am „sozialstaatlich Wünschenswerten“[199], soweit dadurch nicht die Grenzen der kollidierenden Grundrechte Dritter (insbesondere der Dienstleister) sowie des Privatwirtschaftlichkeitsgebots überschritten werden.

Eine Auslegung, die die Infrastrukturverantwortung des Art. 87f Abs. 1 GG nicht nur auf ein Untermaßverbot bezieht, sondern auch als Optimierungsrecht versteht, nimmt zudem den verfassungsrechtlich verankerten Gesetzgebungsauftrag ernst, der den Gesetzgeber nicht auf den bloßen Nachvollzug eines verfassungsrechtlich ohnehin vorgegebenen Mindestversorgungsniveaus verpflichtet, sondern ihm einen echten politischen Gestaltungsspielraum eröffnet. So käme auch die durch den Bundesrat vermittelte und im Verfassungsänderungsverfahren vom Bundesrat nachdrücklich hervorgehobene Rolle der Länder, die „im Rahmen der Politik der Bundesrepublik Deutschland Mitverantwortung bei der Verwirklichung des Sozialstaatsgebots des Grundgesetzes [tragen]“[200], stärker zum Vorschein.[201]

Aus dieser Warte trägt die bislang überwiegend vertretene These einer dem Art. 87f Abs. 1 GG immanenten Obergrenze der staatlichen Infrastrukturverantwortung nicht mehr. Sie beschränkt die Reichweite des Kompetenztitels des Art. 87f Abs. 1 GG auf die Sicherungsaufgabe und betont den Pflichtcharakter dieser Sicherungsaufgabe. Das verfassungsrechtlich gebotene Grundversorgungsniveau umschreibe dann zugleich den Maximalstandard dessen, was der Gesetzgeber nach Art. 87f Abs. 1 GG anzuvisieren berechtigt sei, Untergrenze und Obergrenze des Art. 87f Abs. 1 GG seien in diesem Sinne deckungsgleich.[202] Der Streit über eine Obergrenze bzw. um die Identität von Unter- und Obergrenze erscheint dabei im Kern als eine Auseinandersetzung um die Reichweite des Gesetzgebungskompetenztitels in Art. 87f Abs. 1 GG und die damit verbundenen prozeduralen Folgen. Die Befürworter einer Art. 87f Abs. 1 GG immanenten Obergrenze, die den Bedeutungsgehalt der Norm auf das Untermaßverbot beschränkt wissen wollen, sprechen dem Bundesgesetzgeber die Kompetenz zur Überschreitung der telekommunikativen Grundversorgung zwar nicht ab. Kompetenzgrundlage sei hierfür dann aber nicht mehr Art. 87f Abs. 1 GG, sondern der allgemeinere Kompetenztitel des Art. 73 Abs. 1 Nr. 7 GG für das Postwesen und die Telekommunikation, der zwar ebenfalls eine ausdrückliche Gesetzgebungskompetenz des Bundes, aber

---

[199] Beide Begriffe bei *Möstl*, in: Maunz/Dürig (Hrsg.), GG, Art. 87f Rn. 66.

[200] BT-Drs. 12/7269, S. 7.

[201] *Möstl*, in: Maunz/Dürig (Hrsg.), GG, Art. 87f Rn. 66.

[202] So dezidiert *Gersdorf*, in: von Mangoldt/Klein/Starck (Hrsg.), GG, Art. 87f Rn. 35 f.; *Kühling*, in: Kahl/Waldhoff/Walter (Hrsg.), BK GG, Art. 87f Rn. 102, sieht den Streit dadurch relativiert, dass der Gesetzgeber über einen erheblichen Spielraum bei der Bestimmung dessen verfüge, was „angemessen“ und „ausreichend“ sei. Dadurch sei ein großzügig fixierter Mindeststandard abgedeckt, eine auf grundlegende Modernisierung angelegte „High-End-Versorgung“ will er hingegen auch nicht unter Art. 87f Abs. 1 GG zulassen.

kein Zustimmungserfordernis des Bundesrates vorsieht.[203] Der vermeintlich gebotene Wechsel der Kompetenzgrundlage überzeugt nach dem bisher Ausgeführten indes kaum. Wo sich eine legislative Maßnahme jenseits der telekommunikativen Grundversorgung als Fortwirkung der Privatisierungs- und Liberalisierungsentscheidung erweist, der Bund also im Hinblick auf die Infrastrukturversorgung das beschließt, was er vor der Privatisierung auch hätten entscheiden können, ist die Anknüpfung an Art. 87f Abs. 1 GG besser begründbar als der Rückgriff auf Art. 73 Abs. 1 Nr. 7 GG. Insoweit ließe sich auch ein Gleichlauf herstellen zwischen der Reichweite der Infrastrukturverantwortung nach Abs. 1 und der Reichweite des Wettbewerbsprinzips nach Abs. 2 S. 1, das selbst nach Ansicht der Befürworter einer Obergrenze „auch jenseits der Grundversorgung i.S.d. Art. 87f Abs. 1 auf Verwirklichung [drängt]“[204]. Ein institutionelles Argument tritt hinzu: Die „herausragende[...] Bedeutung [...] für die gesellschaftliche und wirtschaftliche Entwicklung in den Ländern“, die Befürworter einer Obergrenze der Infrastrukturgrundversorgung zuschreiben und damit die durch die Zustimmungspflicht erweiterten Mitwirkungsbefugnisse der Länder im Bundesrat begründen[205], kommt gleichermaßen dem zukunftsorientierten Infrastrukturausbau zu, wie das Leitbild digitaler Souveränität hervorhebt. So ist kein Grund ersichtlich, warum die mit der Zustimmungspflicht verbundenen und über den Bundesrat vermittelten politischen Mitwirkungs- und Gestaltungsmöglichkeiten der Länder beim Breitbandausbau entfallen sollten.

Von der Frage einer Art. 87f Abs. 1 GG immanenten Obergrenze zu unterscheiden ist die Frage nach den Grenzen des Optimierungsrechts. Zwar enthält Art. 87f Abs. 1 GG eine verfassungsrechtliche Grundentscheidung für die staatliche Infrastrukturgewährleistung, die zur Rechtfertigung von Grundrechtseingriffen herangezogen werden kann.[206] Kollidierende Grundrechte Dritter, hier insbesondere der Dienstleistungserbringer, bilden gleichwohl Kompetenzausübungsschranken und sind mit der staatlichen Infrastrukturverantwortung durch Herstellung praktischer Konkordanz in Ausgleich zu bringen.[207] Gleiches gilt für das bei der Wahrnehmung der Infrastrukturverantwortung zu berücksichtigende, in Art. 87f Abs. 2 S. 1 GG verankerte Wettbewerbsprinzip.

---

[203] *Uerpmann-Wittzack*, in: von Münch/Kunig (Hrsg.), GG, Art. 87f Rn. 12; *Gersdorf*, in: von Mangoldt/Klein/Starck (Hrsg.), GG, Art. 87f Rn. 35.

[204] *Gersdorf*, in: von Mangoldt/Klein/Starck (Hrsg.), GG, Art. 87f Rn. 61.

[205] *Gersdorf*, in: von Mangoldt/Klein/Starck (Hrsg.), GG, Art. 87f Rn. 35.

[206] Vgl. nur *Uerpmann-Wittzack*, in: von Münch/Kunig (Hrsg.), GG, Art. 87f Rn. 7.

[207] Ähnlich *Gersdorf*, in: von Mangoldt/Klein/Starck (Hrsg.), GG, Art. 87f Rn. 34.

b) Optimierungsinstrumente

Art. 87f Abs. 1 GG verweist den Staat somit nicht nur auf die Möglichkeit eines Universaldienstes, sondern gibt ihm andere Instrumente an die Hand, mit denen er den Ausbau zukunftstauglicher Breitbandinfrastrukturen durch private Dienstleistungserbringer proaktiv befördern kann.[208] Hier verdienen neben der legislativen Regelung von Wege- und Mitbenutzungsrechten sowie exekutiven Maßnahmen der Frequenzverwaltung insbesondere staatliche Förderprogramme zum Breitbandausbau als Form der Subventionierung besondere Beachtung. Den genannten hoheitlichen Optimierungsinstrumenten ist gemeinsam, dass sie die Leistungserbringung im privaten Wettbewerb behutsam steuern, dabei aber nicht an einer telekommunikativen Grundversorgung ausgerichtet sind, sondern sich auf eine am Leitbild digitaler Souveränität orientierte gewandelte Auslegung des Art. 87f Abs. 1 GG stützen.

aa) Wege- und Mitbenutzungsrechtsregime

Ein Mittel zur staatlichen Förderung des Ausbaus von breitbandigen Telekommunikationsinfrastrukturen liegt in der Ausgestaltung eines Regimes von Wege- und Mitbenutzungsrechten zugunsten der Infrastrukturbetreiber. Diese Erkenntnis ist nicht neu, sondern vorkonstitutionellen Ursprungs. Bereits im Telegraphenwegegesetz aus dem Jahr 1899 finden sich Regelungen zum Wegerecht für Telekommunikationsinfrastrukturen, die zunächst wortgleich in das TKG übernommen, anlässlich der Privatisierung und Liberalisierung des Telekommunikationsmarktes sowie des Breitbandausbaus aber reformiert wurden.[209] Die nunmehr in §§ 68 ff. TKG verorteten Vorschriften bilden ein geschlossenes System von Benutzungsregeln, die im Kern darauf abzielen, den Infrastrukturbetreibern ein unentgeltliches bzw. grundsätzlich entschädigungsfreies Recht auf Benutzung öffentlicher Verkehrswege (§§ 68 f. TKG) bzw. privater Grundstücke (§ 76 TKG) einzuräumen.[210]

Wo die Neuverlegung von Telekommunikationsinfrastrukturen dagegen nicht oder nur mit unverhältnismäßigem Aufwand möglich war, gewährte das TKG 2012 verschiedene Mitbenutzungsrechte an schon vorhandenen Infrastrukturen[211], die zuletzt 2016 durch das Gesetz zur Erleichterung des Ausbaus digitaler Hochgeschwindigkeitsnetze (DigiNetzG) in Umsetzung der sogenannten europäischen Kostensenkungsrichtlinie 2014/61/EU[212] erheblich modifiziert worden sind. Hintergrund dieser letzten Reform war die Einsicht, dass 80 % der Kosten für den Breitbandausbau auf Hoch- und Tiefbauarbeiten

---

[208] Zum Folgenden im Überblick *Möstl*, in: Maunz/Dürig (Hrsg.), GG, Art. 87f Rn. 85.

[209] Zur Kontinuität des TKG-Wegerechts nur *Reichert*, in: Scheurle/Mayen (Hrsg.), TKG, Vor §§ 68 Rn. 2.

[210] *Reichert*, in: Scheurle/Mayen (Hrsg.), TKG, Vor §§ 68 Rn. 1a.

[211] Überblick bei *Beine*, MMR 2013, 290 (291 ff.); ausführlich *Biendl*, Rechtliche Herausforderungen beim Auf- und Ausbau von Next-Generation-Access-Networks, S. 205 ff.

entfallen und sich eine Kostenreduzierung erreichen lässt, wenn Ineffizienzen beim Infrastrukturausbau (z.B. durch mangelnde Koordinierung von Bauarbeiten und aufwendige Genehmigungsverfahren) beseitigt und Chancen zur Nutzung existierender passiver Netzinfrastrukturen verbessert werden.[213] Mit dem Ziel, den flächendeckenden Ausbau von digitalen Hochgeschwindigkeitsnetzen[214] insgesamt zu erleichtern, enthält die Kostensenkungsrichtlinie daher im Wesentlichen Regelungen über die Mitbenutzung physischer passiver öffentlicher Infrastrukturen[215] zu fairen und angemessenen Bedingungen (das betrifft vor allem die Nutzungsentgelte) und entsprechende Versagungsgründe, über die Transparenz von Versorgungsinfrastrukturen, die in Deutschland durch den von der Bundesnetzagentur besorgten Infrastrukturatlas sowie durch Informationspflichten von Betreibern öffentlicher Versorgungsnetze hergestellt wird, weiter über Informationen zu und die Koordinierung von Bauarbeiten an öffentlichen Versorgungsnetzen und schließlich über die Errichtung einer nationalen Streitbeilegungsstelle sowie einer zentralen Informationsstelle zu allgemeinen Bedingungen und Verfahren von Baugenehmigungen. Die Umsetzung der Richtlinienvorgaben erfolgte vor allem durch die Neufassung (bzw. Einführung) der §§ 70 und 77a bis 77p TKG.[216]

Die konkrete legislative Ausgestaltung des Rechts der Mitbenutzung öffentlicher Versorgungsnetze im TKG ist nicht nur der unionsrechtlichen Umsetzungspflicht bei Richtlinien geschuldet, sondern zugleich Ausdruck einer

---

[212] Richtlinie 2014/61/EU des Europäischen Parlaments und des Rates über Maßnahmen zur Reduzierung der Kosten des Ausbaus von Hochgeschwindigkeitsnetzen für die elektronische Kommunikation, ABl. 2014 L 155/1.

[213] Vgl. Erwägungsgründe 7 und 8 Richtlinie 2014/61/EU sowie die Begründung des Regierungsentwurfs des DigiNetzG, BT-Drs. 18/8332, S. 1; Überblick und Bewertung des Gesetzesentwurfs bei *Ufer*, MMR 2016, 12 ff.

[214] Die Mindestbandbreite für digitale Hochgeschwindigkeitsnetze legt § 3 Nr. 7a TKG auf 50 Mbit/s fest und weicht damit von den in Art. 2 Abs. 2 Nr. 3 Richtlinie 2014/61/EU vorgesehenen 30 Mbit/s mit Blick auf „die ambitionierteren Zielsetzungen der deutschen Digitalen Agenda" ab; zugleich wird der unbestimmte Rechtsbegriff der „Netze nächster Generation" (NGN), der in den bisherigen Mitbenutzungsansprüchen nach den §§ 77a bis 77e TKG 2012 enthalten war, durch den Begriff der digitalen Hochgeschwindigkeitsnetze ersetzt – BT-Drs. 18/8332, S. 34.

[215] Das sind gemäß Art. 2 Nr. 2 der Richtlinie 2014/61/EU Komponenten eines Netzes, die andere Netzkomponenten aufnehmen sollen, selbst jedoch nicht zu aktiven Netzkomponenten werden, beispielsweise Fernleitungen, Masten, Leitungsrohre, Kontrollkammern, Einstiegsschächte, Verteilerkästen, Gebäude und Gebäudeeingänge, Antennenanlagen, Türme und Pfähle, und zwar nicht nur hinsichtlich eines bestehenden öffentlichen Kommunikationsnetzes, sondern gemäß Art. 2 Nr. 1 Richtlinie 2014/61/EU auch Netze, die dazu bestimmt sind, entweder a) Erzeugungs-, Leitungs- oder Verteilungsdienste für Gas, Strom, Fernwärme oder Wasser oder b) Verkehrsdienste zu erbringen. Öffentliche Infrastrukturen sind solche Infrastrukturen, auf denen öffentlich zugängliche Dienstleistungen erbracht werden, vgl. Art. 2 Abs. 1 Richtlinie 2014/61/EU i.V.m. Art. 2 lit. d Richtlinie 2002/21/EG.

[216] Dazu im Überblick *Scheurle/Kaienburg*, in: Scheurle/Mayen (Hrsg.), TKG, § 1 Rn. 53 ff.; zu beihilferechtlichen Aspekten des DigiNetzG *Holtmann*, EuZW 2017, 589 ff.

auf Optimierung der Versorgung mit zukunftsfähigen Breitbandverbindungen zielenden Infrastrukturverantwortung des Staates. Die Bundesregierung hat ihren Entwurf des DigiNetzG daher zurecht (auch) auf Art. 87f Abs. 1 GG gestützt und in der Begründung auf die Pflicht des Bundes zur flächendeckenden Gewährleistung angemessener und ausreichender Dienstleistungen verwiesen.[217]

Insoweit die Wegerechts- und Mitbenutzungsregeln als Inhalts- und Schrankenbestimmungen gemäß Art. 14 Abs. 1 S. 2 GG in das Eigentum privater Grundstückseigentümer oder Versorgungsnetzbetreiber eingreifen, tragen sie dem staatlichen Gewährleistungsauftrag aus Art. 87f Abs. 1 GG Rechnung und sind verfassungsrechtlich nicht zu beanstanden. So hat das Bundesverfassungsgericht mit Blick auf die Pflicht des privaten Grundstückseigentümers, den Betrieb und die Erneuerung von Telekommunikationslinien auf seinem Grundstück gemäß § 57 Abs. 1 TKG 1996 zu dulden, wiederholt festgestellt, dass der Gesetzgeber hinsichtlich der Nutzung von Grund und Boden zu Telekommunikationszwecken die schutzwürdigen Interessen der Grundstückseigentümer und die betroffenen Belange des Gemeinwohls abgewogen und dabei auch dem Grundsatz der Verhältnismäßigkeit Rechnung getragen habe.[218] Aus Art. 87f Abs. 1 GG ergebe sich, dass der Telekommunikationssektor im Rahmen der Volkswirtschaft eine herausgehobene Bedeutung habe. Soweit für Zwecke der Telekommunikation Grund und Boden benötigt würden, müsse daher im Rahmen der gesetzlichen Neuregelung des Telekommunikationssektors zwischen dieser in Art. 87f Abs. 1 GG zum Ausdruck kommenden Wertentscheidung und einschlägigen Rechtspositionen an Grund und Boden abgewogen werden. Im Telekommunikationsgesetz geschehe dies durch eine Reihe von Differenzierungen, die von Verfassung wegen nicht zu beanstanden seien. Die auf die Nutzung privater Grundstücke bezogene bundesverfassungsgerichtliche Rechtsprechung kann ohne Weiteres auf die Mitbenutzung vorhandener öffentlicher Versorgungsnetze privater Netzbetreiber zum Zwecke des Ausbaus digitaler Hochgeschwindigkeitsnetze übertragen werden. Die Verhältnismäßigkeit der Inhalts- und Schrankenbestimmung wird hier wie dort durch entsprechende Ansprüche auf Ausgleichszahlungen gewahrt.[219]

bb) Frequenzordnung als Planungsinstrument

Zur Flankierung der kabelgebundenen Breitbandversorgung kommt insbesondere in ländlichen Regionen, in denen der Glasfaser-Breitbandausbau nur zögerlich voranschreitet, die Versorgung mit mobilem schnellen Breitband in

---

[217] BT-Drs. 18/8332, S. 31.

[218] BVerfG (K), NJW 2000, 798 (799); NJW 2003, 196 (198); NJW-RR 2005, 741 (742 f.).

[219] Vgl. §§ 76 Abs. 2, 77d Abs. 2 S. 2 Nr. 1 TKG; im Falle einer Streitbeilegung durch die Bundesnetzagentur auch § 77n Abs. 2 TKG.

Betracht. Die Frequenzregulierung nach den §§ 52 ff. TKG gibt der Bundesnetzagentur ein geeignetes Mittel an die Hand, um auf Grundlage einer Planung, die sowohl eine funktechnisch störungsfreie und effiziente Frequenznutzung für eine Vielzahl unterschiedlicher Nutzungen ermöglichen als auch einen chancengleichen und funktionsfähigen Wettbewerb auf den Telekommunikationsmärkten sicherstellen muss, konkrete Frequenzzuteilungsentscheidungen zu treffen.[220] §§ 52 ff. TKG setzen u.a. die Vorgaben des Art. 9 Abs. 1 der Rahmenrichtlinie 2002/21/EG um, der die Mitgliedstaaten dazu verpflichtet, die effiziente Verwaltung der Funkfrequenzen sicherzustellen und die Zuteilung und Zuweisung dieser Frequenzen durch die nationalen Regulierungsbehörden nach objektiven, transparenten, nichtdiskriminierenden und angemessenen Kriterien zu gewährleisten. Die Frequenzverwaltung erweist sich zugleich als ein exekutives Instrument zur Wahrnehmung der als Optimierungsrecht verstandenen staatlichen Infrastrukturverantwortung nach Art. 87f Abs. 1 GG.

Die Zuteilung der Funkfrequenzen an Telekommunikationsunternehmen fördert den Breitbandausbau in Deutschland auf direkte und auf indirekte Weise. Die für die Frequenznutzung gemäß § 55 Abs. 3 S. 1 TKG erforderliche Frequenzzuteilung an die Telekommunikationsunternehmen kann die Bundesnetzagentur gemäß § 60 Abs. 2 S. 1 TKG (ggf. i.V.m. § 61 Abs. 6 TKG) mit Nebenbestimmungen versehen, um die in § 2 TKG genannten Regulierungsziele sicherzustellen. Zu diesen Regulierungszielen gehört gemäß § 2 Abs. 2 Nr. 4 TKG auch eine flächendeckende gleichartige Grundversorgung mit Telekommunikationsdiensten in städtischen und ländlichen Räumen. Dementsprechend hat die Bundesnetzagentur den Telekommunikationsunternehmen im Rahmen der bisherigen Zuteilungsrunden Versorgungsauflagen für den ländlichen Raum erteilt, um bestehende Versorgungslücken mit mobilem schnellen Breitbandinternet stufenweise zu schließen.[221] Neben diesem direkten Beitrag zur Förderung des mobilen Breitbandausbaus in ländlichen Regionen hat die deutsche Digitalpolitik wiederholt bekundet, die Erlöse aus der Versteigerung von Mobilfunkfrequenzen zur finanziellen Förderung des (vor allem kabelgebundenen) Breitbandausbaus verwenden zu wollen.[222] Hat die Bundesnetzagentur gemäß § 55 Abs. 10 TKG angeordnet, dass der Zuteilung

---

[220] Vgl. *Bundesnetzagentur*, Strategische Aspekte zur Verfügbarkeit von Frequenzen für den Breitbandausbau in Deutschland, S. 8 f.

[221] Zur Frage, ob die Vorgabe einer Frequenzmitbenutzung durch Diensteanbieter im Rahmen der 5G-Frequenzvergabe eine zulässige Nebenbestimmung i.S.d. § 60 Abs. 1 S. 1 TKG sein kann, *Wagner*, CR 2017, 604 (607 ff.), sowie das Gutachten für ein Telekommunikationsunternehmen von *Fetzer*, MMR 2018, 63 (64 ff.).

[222] Vgl. zuletzt die Ankündigung der Bereitstellung der Erlöse aus der Vergabe der UMTS- und 5G-Lizenzen in einem Gigabitinvestitionsfonds im Koalitionsvertrag für die 19. Legislaturperiode (2017–2021), Zeile 1603 ff., dessen öffentliche Fördermittel ausschließlich Ausbauabschnitten zugute kommen sollen, die mit Glasfasertechnologie ausgebaut werden.

der Frequenzen ein Vergabeverfahren nach § 61 voranzugehen hat, findet dieses gemäß § 61 Abs. 2 S. 1 TKG als Versteigerungsverfahren statt. Das Versteigerungsverfahren dient insofern zur Ermittlung des Marktwerts der Frequenznutzungsrechte.[223] Nach den finanziell sehr ertragreichen Versteigerungsrunden in den Jahren 2010 und 2015 hat die Bundesnetzagentur zuletzt im Mai 2018 angekündigt, auch die Frequenzen in den Bereichen 2 GHz und 3,6 GHz wegen Frequenzknappheit erst nach der Durchführung eines Versteigerungsverfahrens zuzuteilen, um insbesondere mit der frühzeitigen bundesweiten Bereitstellung der 3,6-GHz-Frequenzen „das Potential des Bandes für 5G bzw. Spitzendatenraten im Gigabitbereich sowie Datenraten je Nutzer mit durchschnittlich 100 Megabit pro Sekunde voll [auszuschöpfen] (sog. Enhanced Mobile Broadband, eMBB)“ und „im Einklang mit [den] breitbandpolitischen Zielen der Bundesregierung und der 5G-Strategie für Deutschland [...] durch die Bereitstellung geeigneter Frequenzressourcen Planungs- und Investitionssicherheit für den Breitbandausbau in Deutschland zu schaffen“[224].

cc) Subventionierung

Mit der Bereitstellung von öffentlichen Fördermitteln für den Breitbandausbau ist ein weiteres Instrument angesprochen, mit dem der Staat seiner Infrastrukturverantwortung jenseits einer Beschränkung auf die telekommunikative Grundversorgung nachkommen kann. Die Steuerungskraft des Verfassungsrechts ist hier freilich begrenzt, da es wesentlich vom europäischen Wettbewerbsrecht überlagert wird, das das Feld einer zulässigen staatlichen Subventionierung des Breitbandausbaus absteckt.[225]

Die insoweit einschlägigen primärrechtlichen Vorgaben des Art. 107 AEUV hat die Europäische Kommission in einer Mitteilung über die „Leitlinien der EU für die Anwendung der Vorschriften über staatliche Beihilfen im Zusammenhang mit dem schnellen Breitbandausbau“ konkretisiert.[226] Hierin erörtert sie, wann beim Einsatz staatlicher Mittel wie direkte Zuschüsse, Steuervergünstigungen, Finanzierungsinstrumente aber auch Sachleistungen für den

---

[223] Der EuGH hat in mehreren Entscheidungen festgestellt, dass die Durchführung eines Versteigerungsverfahrens eine geeignete Methode für die Ermittlung des Werts der Funkfrequenzen darstellen kann, der Ausgangspreis bei der Versteigerung aber nicht so hoch bemessen werden darf, dass er neue Betreiber am Markteintritt hindert; vgl. zuletzt EuGH, Rs. C-560/15 (Europa Way und Persidera), ECLI:EU:C:2017:593, Rn. 68 m.w.N.

[224] Entscheidung der Präsidentenkammer der Bundesnetzagentur vom 14. Mai 2018 über Anordnung und Wahl des Verfahrens zur Vergabe von Frequenzen in den Bereichen 2 GHz und 3,6 GHz für den drahtlosen Netzzugang, Az. BK1–17/001, S. 1 f.

[225] Zum Folgenden im Überblick *Reents*, Ausbau und Finanzierung einer flächendeckenden Breitbandversorgung in Deutschland, S. 305 ff.; *Kühling*, in: Kahl/Waldhoff/Walter (Hrsg.), BK GG, Art. 87f Rn. 50 ff.

[226] Mitteilung der Kommission „Leitlinien der EU für die Anwendung der Vorschriften über staatliche Beihilfen im Zusammenhang mit dem schnellen Breitbandausbau“ (im Folgenden: Breitbandleitlinien 2013), ABl. 2013 C 25/1.

Breitbandausbau vom Vorliegen oder Nichtvorliegen einer Beihilfe auszugehen ist und wann Ausnahmetatbestände vom grundsätzlichen Beihilfenverbot einschlägig sein können. Solche Ausnahmen kommen etwa in Betracht, wenn die zu finanzierende Breitbandausbaumaßnahme eine „Dienstleistung von allgemeinem Interesse“ gemäß Art. 106 Abs. 2 AEUV darstellt, was anhand der Kriterien der Altmark Trans-Rechtsprechung des EuGH[227] zu beurteilen ist[228], oder wenn die Beihilfe gemäß Art. 107 Abs. 3 lit. c AEUV als vereinbar mit dem Binnenmarkt angesehen werden kann, weil die Breitbandförderung die Handelsbedingungen im Breitbandsektor nicht in einer den gemeinsamen Interessen zuwiderlaufenden Weise verändert[229]. Dabei betont die Kommission, dass staatliche Beihilfen Marktinvestitionen nicht ersetzen, sondern nur ergänzen sollen, unter bestimmten Voraussetzungen aber ein Marktversagen beheben oder ein besseres Marktergebnis im Sinne der Gleichheitsziele erreichen können. So könne gezieltes staatliches Handeln im Bereich der Breitbandversorgung insbesondere dazu beitragen, die „digitale Kluft“ zu verringern, wenn in bestimmten Gebieten erschwingliche Breitbanddienste zu Wettbewerbsbedingungen angeboten würden, in anderen Gebieten hingegen nicht.[230] Für die Frage der Genehmigungsfähigkeit differenziert die Kommission nach dem regionalen Stand des (NGA-)Breitbandausbaus anhand der Übertragungsraten und der Wettbewerbssituation. Unterschieden werden weiße Flecken ohne Breitbandnetze, die grundsätzlich beihilfefähig sind, graue Flecken mit nur einem Breitbandnetzbetreiber, in denen die Genehmigungsfähigkeit einer Beihilfe streng zu prüfen ist, und schwarze Flecken mit mindestens zwei Breitbandnetzbetreibern, bei denen grundsätzlich keine Beihilfengenehmigung möglich ist[231].

---

[227] EuGH, Rs. C-280/00 (Altmark Trans), ECLI:EU:C:2003:415.

[228] Die Kommission nennt in den Breitbandleitlinien 2013, S. 6, den Fall, dass einem mit der Erbringung einer Dienstleistung von allgemeinem wirtschaftlichen Interesse beauftragten Unternehmen eine Ausgleichszahlung gewährt werden kann, wenn private Investoren nicht in der Lage sind, innerhalb von drei Jahren eine angemessene Breitbandabdeckung für alle Bürger oder Nutzer bereitzustellen, und somit ein beträchtlicher Teil der Bevölkerung nach wie vor nicht über einen Breitbandanschluss verfügen würde.

[229] Für die Vereinbarkeit einer staatlichen Breitbandförderung mit dem Binnenmarkt prüft die Kommission, ob der positive Beitrag der Beihilfemaßnahme zur Erreichung eines Ziels von gemeinsamem Interesse die potentiellen negativen Auswirkungen wie Wettbewerbsverzerrungen oder Handelsbeeinträchtigungen überwiegt. Hierzu untersucht sie zunächst, ob sieben Voraussetzungen – (1.) Beitrag zur Erreichung von Zielen von gemeinsamem Interesse, (2.) unzufriedenstellendes Marktergebnis aufgrund von Marktversagen oder wesentlichen Ungleichheiten, (3.) Eignung des Instruments der staatlichen Beihilfe, (4.) Vorliegen eines Anreizeffekts, (5.) Beschränkung der Beihilfe auf das erforderliche Minimum, (6.) begrenzte negative Auswirkungen, (7.) Transparenz – erfüllt sind und wägt sodann den positiven Beitrag der Beihilfemaßnahme zur Erreichung des Ziels von gemeinsamem Interesse gegen die potentiellen negativen Auswirkungen ab (Breitbandleitlinien 2013, S. 8 ff.).

[230] Kommission, Breitbandleitlinien 2013, S. 2.

[231] Kommission, Breitbandleitlinien 2013, S. 14 ff.

Die Kommission zielt in ihrer Mitteilung aus dem Jahr 2013 vorrangig auf den Ausbau einer NGA-Versorgung mit Angeboten von 30 – 100 Mbit/s und gestattet eine staatliche Beihilfe als Maßnahme zur Behebung eines Marktversagens, wenn ein gewerblicher Ausbau hochleistungsfähiger Netze nicht stattfindet. Da den Mobilfunkanbietern im Rahmen der Versteigerung von Mobilfunkfrequenzen jedoch Versorgungsauflagen gerade für den ländlichen Raum erteilt wurden und auch das mobile Breitband wegen des Grundsatzes der Technologieneutralität bei der Beurteilung des Ausbaustands zu berücksichtigen ist[232], dürfte die Genehmigungsfähigkeit von Beihilfen zum Ausbau von NGA-Netzen zunehmend schwinden. Gleichwohl betont die Kommission in ihrer Mitteilung zur Gigabitgesellschaft aus dem Jahr 2016, dass die Breitbandleitlinien 2013 auch auf weitere wesentliche Verbesserungen bis zu ultraschnellen Breitbandnetzen mit 100 Mbit/s und darüber zielten, indem beispielsweise durch Nachrüstungen die Glasfaserleitungen näher an die Räumlichkeiten der Endnutzer herangeführt würden, sofern überprüft worden sei, ob trotz eines bestehenden oder geplanten Basis-NGA-Netzes eine ungedeckte Nachfrage bestehe. Daher sagt die Kommission zu, die absehbare Entwicklung der langfristigen Nachfrage in Verbindung mit den in der Mitteilung zur Gigabit-Gesellschaft genannten strategischen Zielen[233] bei der Anwendung des in den Breitbandleitlinien vorgesehenen Grundsatzes der „wesentlichen Verbesserung" zu berücksichtigen und eine effiziente Kombination von Finanzinstrumenten, die die Intensität staatlicher Eingriffe und die Risiken der Wettbewerbsverzerrung verringern, im Rahmen der Bewertung der staatlichen Beihilfen wohlwollend in Betracht zu ziehen.[234]

Das europäische Wettbewerbsrecht steht einer staatlichen Förderung des Breitbandausbaus somit nicht grundsätzlich entgegen, knüpft sie aber an strenge Kriterien, die eine Wettbewerbsverzerrung durch die staatliche Intervention minimieren sollen. Das Verfassungsrecht enthält hier keine weitergehenden spezifischen Einschränkungen. Insbesondere eine Steuerfinanzierung des Breitbandausbaus begegnet keinen verfassungsrechtlichen Bedenken.[235]

c) Infrastrukturverantwortung im Bundesstaat

Art. 87f Abs. 1 GG weist die nach Maßgabe eines Bundesgesetzes wahrzunehmende Infrastrukturverantwortung ausdrücklich dem Bund zu. Auf den ersten Blick scheint die Aufgaben- und Kompetenzverteilung damit eindeutig und abschließend geregelt. Bei näherem Hinsehen schwindet die vermeintli-

---

[232] Vgl. Kommission, Breitbandleitlinien 2013, S. 13 mit Fn. 71.

[233] Siehe oben, S. 268.

[234] KOM(2016) 587 endg., S. 15.

[235] Vgl. nur *Reents*, Ausbau und Finanzierung einer flächendeckenden Breitbandversorgung in Deutschland, S. 366 ff. m. w. N., auch zu vereinzelt gebliebenen (allerdings auf die steuerbasierte Universaldienstfinanzierung bezogenen) Gegenstimmen.

che Klarheit jedoch. So wirft die Verantwortungszuweisung aus föderaler Perspektive die Fragen auf, ob ihr erstens auch Schutzgehalte zugunsten der Länder entnommen werden können und ob sie zweitens Raum für begleitende oder zusätzliche Maßnahmen von Ländern (und Kommunen) zur Förderung des Breitbandausbaus lässt.

Die Frage nach einem föderalen Schutzgehalt der Infrastrukturverantwortung des Bundes ist in der Literatur kaum behandelt und bislang auch theoretischer Natur geblieben. Eine Auslegung des Art. 87f Abs. 1 GG, die die normative Kraft und die Durchsetzungsfähigkeit des Infrastrukturauftrags stärken möchte, wird der Norm einen föderalen Schutzgehalt beilegen und Rechte der Länder dort bejahen, wo die Infrastrukturverantwortung als Staatszielbestimmung subjektive Rechte der Bürger ausschließt.[236] Die Rechte der Länder sollen dann verletzt sein, wenn der Bund im Rahmen seiner Gewährleistungspflicht untätig bleibt oder das verfassungsrechtlich gebotene Mindestmaß unterschreitet.[237] Dogmatischer Anknüpfungspunkt für eigene Rechtspositionen der Länder mit Blick auf die Infrastrukturverantwortung des Bundes ist das Kriterium der flächendeckend sicherzustellenden Dienstleistungen, das dem in Art. 72 Abs. 2 GG verankerten Ziel gleichwertiger Lebensverhältnisse im gesamten Bundesgebiet verpflichtet und darin gerade den Interessen der Länder zu dienen bestimmt ist, die auch im Verfahren der Verfassungsänderung artikuliert worden sind[238]. Aus der Warte des verfassungsrechtlichen Leitbilds digitaler Souveränität ist gegen eine solche Auslegung nichts zu erinnern – im Gegenteil: Das Ziel leistungsfähiger digitaler Infrastrukturen erfährt hierdurch auch eine verfassungsprozessuale Absicherung.

Praktisch ungleich relevanter ist jedoch die Frage, ob die Infrastrukturverantwortung des Bundes ergänzenden eigenen Maßnahmen von Ländern und Kommunen zur Förderung des Breitbandausbaus entgegensteht. Die Staatspraxis hat diese Frage jedenfalls für sich bereits beantwortet und verzeichnet schon länger eine rege Fördertätigkeit von Ländern und Kommunen.[239] Auch das Verfassungsrecht gibt solchen ergänzenden Fördermaßnahmen Raum, beschreibt jedoch zugleich Voraussetzungen und Grenzen derartiger Aktivitäten. Das gilt zunächst unabhängig von der umstrittenen Reichweite der Infrastrukturverantwortung des Bundes. Wird die ausschließliche Bundeskompetenz des Art. 87f Abs. 1 GG auf die Grundversorgung beschränkt, können die Länder im allgemeinen Kompetenzgefüge der Art. 30, 83 ff. GG für Fördermaßnahmen jenseits der Grundversorgung auf ihre regionale Wirtschaftsförderkompetenz verweisen – ebenso die Kommunen auf die durch Art. 28

---

[236] So ausdrücklich *Möstl*, in: Maunz/Dürig (Hrsg.), GG, Art. 87f Rn. 92.

[237] *Möstl*, in: Maunz/Dürig (Hrsg.), GG, Art. 87f Rn. 92; zustimmend *Holznagel/Beine*, MMR 2015, 567 (569).

[238] Siehe BT-Drs. 12/7269, S. 10.

[239] Exemplarisch *Franzius*, ZG 2010, 66 (69), der eine „konzertierte Aktion von Bund, Ländern, Kommunen und Wirtschaft“ beim Breitbandausbau anmahnt.

Abs. 2 GG verbürgte Garantie der kommunalen Selbstverwaltung, die Maßnahmen der lokalen Wirtschaftsförderung einschließt.[240] Doch auch eine wie hier als Optimierungsrecht verstandene Infrastrukturverantwortung, bei der der Bund eine möglichst gute und zukunftsfähige Breitbandversorgung fördert, lässt Platz für Länderzuständigkeiten, solange und soweit der Bund die Förderung des Breitbandausbaus nicht selbst „gesetzlich geregelt und als Verwaltungsaufgabe des Bundes ausgestaltet hat"[241]. Art. 87f Abs. 1 GG entfaltet somit grundsätzlich keine Sperrwirkung gegenüber einer Förderung des Breitbandausbaus durch Länder und Kommunen.[242] Die von Art. 87f Abs. 2 S. 2 GG vorgeschriebene bundeseigene Verwaltung gilt nur für Hoheitsaufgaben im Bereich der Telekommunikation. Der verfassungsändernde Gesetzgeber verstand hierunter etwa Fragen der Standardisierung und Normierung, der Funkfrequenzverwaltung, der Erteilung von Genehmigungen für Funkanlagen und die Vorsorge für den Krisen- und Katastrophenfall.[243] Die Förderung des Breitbandausbaus stellt dagegen keine hoheitliche Aufgabe in diesem Sinne dar, so dass Art. 87f Abs. 2 S. 2 GG Fördermaßnahmen von Ländern und Kommunen ebenfalls nicht sperrt.[244] Das verfassungsrechtliche Leitbild digitaler Souveränität streitet somit dafür, alle Förderungen im Sinne einer optimalen Breitbandversorgung zu bündeln, rechtfertigt es aber nicht, dass För-

---

[240] In diesem Sinne etwa *Kühling*, in: Kahl/Waldhoff/Walter (Hrsg.), BK GG, Art. 87f Rn. 80; *Ruge*, in: Schmidt-Bleibtreu/Hofmann/Henneke (Hrsg.), GG, Art. 87f Rn. 18. Davon zu unterscheiden ist die nach dem Kommunalrecht der Länder zu beurteilende Frage nach der Zulässigkeit einer privatwirtschaftlichen Betätigung der Kommunen beim Breitbandausbau, vgl. hierzu etwa *Pünder*, DVBl. 1997, 1353 ff.; *Haack*, VerwArch 99 (2008), 197 (199 ff.); *Reents*, Ausbau und Finanzierung einer flächendeckenden Breitbandversorgung in Deutschland, S. 96 ff.; differenzierend auf Grundlage eines zu engen Dienstleistungsbegriffs, der die Vorhaltung passiver Breitbandinfrastrukturen ausschließen soll, *Ruge*, in: Schmidt-Bleibtreu/Hofmann/Henneke (Hrsg.), GG, Art. 87f Rn. 22a ff.

[241] So *Möstl*, in: Maunz/Dürig (Hrsg.), GG, Art. 87f Rn. 91, der in Bezug auf die Sicherstellung ausreichender Infrastrukturen von einer freiwilligen und ergänzenden Residualverantwortung von Ländern und Kommunen spricht; zustimmend *Kühling*, in: Kahl/Waldhoff/Walter (Hrsg.), BK GG, Art. 87f Rn. 81.

[242] Vgl. *Holznagel/Beine*, MMR 2015, 567 (570 f.).

[243] BT-Drs. 12/7269, S. 5.

[244] Ähnlich *Kühling*, in: Kahl/Waldhoff/Walter (Hrsg.), BK GG, Art. 87f Rn. 80, der die Anordnung der bundeseigenen Verwaltung sogar nur auf die Eingriffsverwaltung beschränkt wissen will. Dezidiert a. A. dagegen bei *Gersdorf*, in: von Mangoldt/Klein/Starck (Hrsg.), GG, Art. 87f Rn. 28, der auch die gesetzesungebundene Verwaltung von Art. 87f Abs. 2 S. 2 GG erfasst sieht, so dass Länder und Kommunen kompetenziell nicht berechtigt seien, innerhalb oder jenseits der Grundversorgung Fördermaßnahmen zum Ausbau von Telekommunikationsinfrastrukturen zu ergreifen, wenn nicht der Bund, dessen ausschließliche Gesetzgebungskompetenz sich für Maßnahmen jenseits der Grundversorgung aus Art. 73 Abs. 1 Nr. 7 GG ergebe, die Länder in einem Delegationsgesetz gemäß Art. 71 GG, das den Umfang der von den Ländern zu bewirkenden Breitbandversorgung jenseits der Grundversorgung regelt, zum Erlass eigener Gesetze ermächtigt habe, die dann als Landesrecht auch von den Ländern zu vollziehen seien.

dermaßnahmen der Länder diejenigen des Bundes konterkarieren.[245] Die Koordinierung der Fördermaßnahmen von Bund und Ländern wird im Übrigen normativ durch den ungeschriebenen Verfassungsgrundsatz der Bundestreue angeleitet. Hiernach bestehen wechselseitige Abstimmungs-, Mitwirkungs-, Verständigungs- und Rücksichtnahmepflichten bei der Ausgestaltung entsprechender Förderprogramme.[246]

IV. Verfassungswandel am Beispiel der IT-Sicherheit

Der mit der Digitalisierung im weiten Sinne beschriebene allgegenwärtige Bedeutungszuwachs vernetzter informationstechnischer Systeme lässt sich auch an der stetigen Zunahme der gegen sie gerichteten Angriffe ablesen, von denen Parlamente, Regierungen und Verwaltungen, Telekommunikations- oder Energieunternehmen wie Privatanwender gleichermaßen betroffen sind.[247] IT-Sicherheit ist daher seit einiger Zeit Gegenstand digitalpolitischer Agenden und legislativer Maßnahmen auf nationaler und europäischer Ebene. Sie wird dort jeweils als ein Aspekt digitaler Souveränität begriffen und rückt als solcher auch stärker in das öffentliche Bewusstsein.[248]

Die Verfassung indes schweigt auf den ersten Blick zu diesen Fragen. Und tatsächlich findet sich im Grundgesetz keine ausdrückliche Verankerung der IT-Sicherheit. Literatur und Rechtsprechung haben auf IT-Sicherheit bezogene staatliche Schutzpflichten daher vor allem als objektiv-rechtliche Gehalte von Grundrechten entwickelt, vorrangig gestützt auf die Kommunikations- und Medienfreiheiten des Art. 5 Abs. 1 sowie das Fernmeldegeheimnis des Art. 10 Abs. 1 Var. 3 GG.[249] Mit dem aus Art. 2 Abs. 1 i.V.m. Art. 1 Abs. 1 GG abgeleiteten Grundrecht auf Gewährleistung der (Vertraulichkeit und) Integrität informationstechnischer Systeme hat das Bundesverfassungsgericht dem Einzelnen sogar ein subjektives Abwehrrecht gegen die staatliche Infiltration seiner informationstechnischen Systeme an die Hand gegeben.[250] Den im verfassungsrechtlichen Leitbild digitaler Souveränität thematisierten Bedeutungswandel der IT-Sicherheit spiegelt jedoch auch eine dynamische Auslegung der Infrastrukturverantwortung des Art. 87f Abs. 1 GG wider.

---

[245] Zutreffend *Kühling*, in: Kahl/Waldhoff/Walter (Hrsg.), BK GG, Art. 87f Rn. 82 (gleichsinnig Rn. 85: „im Zweifel […] Ausgestaltungsvorrang des Bundes").

[246] *Kühling*, in: Kahl/Waldhoff/Walter (Hrsg.), BK GG, Art. 87f Rn. 84; *Möstl*, in: Maunz/Dürig (Hrsg.), GG, Art. 87f Rn. 100; *Holznagel/Beine*, MMR 2015, 567 (570).

[247] Aktuelle Übersicht über die Gefährdungslage der IT-Sicherheit in Verwaltung, Wirtschaft und Gesellschaft bei *Bundesamt für Sicherheit in der Informationstechnik (BSI)*, Die Lage der IT-Sicherheit in Deutschland 2018, S. 7 ff., und in der 2. Auflage des Deutsch-französischen IT-Sicherheitslagebilds des BSI und der Agence nationale de la sécurité des systèmes d'informaton (ANSSI) vom Mai 2019, S. 4 ff.

[248] Siehe oben, S. 192 ff.

[249] Vgl. nur *Sonntag*, IT-Sicherheit kritischer Infrastrukturen, S. 106 ff. m.w.N.

[250] BVerfG 120, 274; dazu ausführlich unten, S. 322 ff.

1. Begriff und Bedeutung der IT-Sicherheit

IT-Sicherheit ist zunächst kein politisches oder juristisches, sondern ein technisches Konzept, das durch (internationale) technische Standardisierung genormt und konkretisiert wird.[251] Dort zielt IT-Sicherheit auf die Verfügbarkeit, die Authentizität, die Integrität und die Vertraulichkeit von Informationen und beschreibt die Fähigkeit von informationstechnischen Systemen und Netzen, einen auf die Beeinträchtigung der vorgenannten Kriterien gerichteten Angriff abzuwehren. Der deutsche und der europäische Gesetzgeber haben die technischen Definitionen rezipiert und den technischen Begriff der IT-Sicherheit damit zu einem Rechtsbegriff gemacht.[252]

Wegen der Ausweitung der Informations- und Kommunikationstechnik in allen möglichen Lebensbereichen[253] lässt sich der Schutz der IT-Sicherheit nicht primär über ein spezifisches Schutz- bzw. Rechtsgut konzeptionalisieren; regulatorische Maßnahmen sind vielmehr entlang der möglichen Angriffspunkte bei vernetzten IT-Systemen auszurichten.[254] Dementsprechend umfasst die IT-Sicherheit vor allem (1.) Maßnahmen des Systemschutzes, die die Betreiber informationstechnischer Systeme adressieren, (2.) Maßnahmen der Produktsicherheit, die sich an die Hersteller von Hard- und Software richten und die dem Systemschutz vorgelagert sind, (3.) Maßnahmen zum Schutz von Kommunikationsvorgängen zwischen IT-Systemen und schließlich (4.) Maßnahmen zum Schutz von Kommunikationsarchitekturen wie dem Internet. Wer die funktionale Einheit von legislativen und exekutiven Maßnahmen in diesen Bereichen betont, kann das Informationssicherheitsrecht als ein neues Rechtsgebiet (im Werden) mit einem insofern programmatischen Charakter definieren, das durch das integrierte Zusammenwirken von Teilrechtsordnungen sowie das Wechselspiel von nationaler und europäischer Ebene zur Erfüllung der Querschnittsaufgabe IT-Sicherheit gekennzeichnet ist.[255]

Besonders dringlich stellt sich die Sicherheitsfrage dort, wo sogenannte Kritische Infrastrukturen von einer funktionierenden IT und dem Internet abhängen. Das sind Einrichtungen, Anlagen oder Teile davon, die bestimmten Sektoren wie Energie, Informationstechnik und Telekommunikation, Transport und Verkehr, Gesundheit, Wasser, Ernährung sowie Finanz- und Versicherungswesen angehören und die von hoher Bedeutung für das Funktionie-

---

[251] Siehe https://www.iso.org/isoiec-27001-information-security.html (Abrufdatum: 14.6. 2019).

[252] Vgl. § 2 Abs. 2 BSIG; Art. 4 Nr. 2 NIS-Richtlinie (Richtlinie (EU) 2016/1148 über Maßnahmen zur Gewährleistung eines hohen gemeinsamen Sicherheitsniveaus von Netz- und Informationssystemen in der Union, ABl. 2016 L 194/1).

[253] Siehe S. 22 f.

[254] Das Folgende bei *Wischmeyer*, Die Verwaltung 50 (2017), 155 (158 f.).

[255] So der Ansatz von *Wischmeyer*, Die Verwaltung 50 (2017), 155 (158 ff.).

ren des Gemeinwesens sind, weil durch ihren Ausfall oder ihre Beeinträchtigung erhebliche Versorgungsengpässe oder Gefährdungen für die öffentliche Sicherheit eintreten würden.[256] Den Betreibern Kritischer Infrastrukturen obliegen daher besondere, einfachgesetzlich verankerte Sicherungs-, Nachweis- und Meldepflichten im Hinblick auf die Einhaltung der IT-Sicherheit.[257] Insofern können die Regelungen für die IT-Sicherheit Kritischer Infrastrukturen als ein Motor der Entwicklung der IT-Sicherheit gelten.[258]

2. *IT-Sicherheit und staatliche Infrastrukturverantwortung*

Der Wortlaut des Art. 87f Abs. 1 GG enthält keinen unmittelbaren Hinweis auf die IT-Sicherheit als Gegenstand der staatlichen Infrastrukturverantwortung. Auch ein Blick auf die Entstehungsgeschichte der Vorschrift zeigt, dass dem verfassungsändernden Gesetzgeber bei der Einführung des Art. 87f GG im Jahr 1994 vor allem die Gefahr einer Unterversorgung mit telekommunikativen Dienstleistungen als eine mögliche Folge der Privatisierung und Liberalisierung des vormals staatlich verantworteten Telekommunikationssektors vor Augen stand, nicht aber Fragen der IT-Sicherheit, die ohnehin erst später in das Blickfeld der Öffentlichkeit rücken sollten.[259] Dementsprechend wurde in der zeitgenössischen Literatur die technische Sicherheit von Telekommunikationsnetzen als Aspekt der Infrastrukturverantwortung häufig gar nicht erörtert oder bewusst ausgeklammert.[260]

Eine am verfassungsrechtlichen Leitbild digitaler Souveränität orientierte dynamische Auslegung des Art. 87f Abs. 1 GG ermöglicht aber nicht nur, ein auf den Ausbau von zukunftstauglichen, leistungsfähigen Infrastrukturen gerichtetes Optimierungsrecht des Gesetzgebers verfassungsrechtlich zu begründen. Es erlaubt auch, die IT-Sicherheit stärker als einen Gegenstand der staatlichen Infrastrukturverantwortung zu akzentuieren und damit dem vom verfassungsändernden Gesetzgeber nicht vorhersehbaren Bedeutungszuwachs der IT-Sicherheit Rechnung zu tragen.[261] Dogmatischer Anknüpfungspunkt für eine solche Auslegung ist das Merkmal der Angemessenheit der Dienstleistung. Dessen offener Wortlaut ist nicht nur auf die Qualität der Dienstleistung im Sinne einer bestimmten Übertragungsbandbreite zu reduzieren. Vielmehr gehört „[z]u einer angemessenen Qualität […] auch ein

[256] Vgl. die Legaldefinition in § 2 Abs. 10 S. 1 BSIG. Zum Internet als kritische Infrastruktur *Schulz/Tischer*, ZG 2013, 339 (354 ff.).

[257] Exemplarisch §§ 8a Abs. 1 S. 1, 8b Abs. 4 S. 1 BSIG.

[258] Ähnlich *Hornung*, NJW 2015, 3334 (3335).

[259] Vgl. BT-Drs. 12/7269, S. 5, 10.

[260] So etwa bei *Freund*, Infrastrukturgewährleistung in der Telekommunikation, S. 67 m. Fn. 2, der gleichwohl eine Verankerung in der Infrastrukturgewährleistung andeutet.

[261] Einen entsprechenden Verfassungswandel deutet *Hoffmann-Riem*, JZ 2014, 53 (58), an.

Schutz vor Ausspähung, Manipulation oder sonstigen durch die Telekommunikation ermöglichten Beeinträchtigungen."[262]

Organisatorisch-prozeduraler Ausdruck der so verstandenen Infrastrukturverantwortung ist vor allem ein dauerhafter Steuerungs- und Sicherungsauftrag an den Gesetzgeber (Art. 87f Abs. 1 GG: „Nach Maßgabe eines Bundesgesetzes"), einen Rahmen bereitzustellen, der eine kontinuierliche Beobachtung der Entwicklung der IT-Sicherheit und die Vornahme ggf. erforderlicher Nachbesserungs- und Korrekturmöglichkeiten gewährleistet.[263] Wie schon beim Breitbandausbau kann auch hier von einer Zukunftsverantwortung des Gesetzgebers gesprochen werden, die aus dem Ziel einer zeitgemäßen Daseinsvorsorge herrührt.[264]

Eine Institutionalisierung der Infrastrukturverantwortung stellt der Nationale Cyber-Sicherheitsrat dar. Das auf Grundlage der Cyber-Sicherheitsstrategie 2011 der Bundesregierung eingesetzte Gremium zur Koordinierung von IT- und Cybersicherheitsfragen zwischen Staat, Wirtschaft und Wissenschaft setzt sich aus Vertretern mehrerer Bundesministerien, der Länder, der Wirtschaft und gelegentlich der Wissenschaft zusammen. Unter dem Vorsitz des Beauftragten der Bundesregierung für die Informationstechnik soll der Rat gemeinsam präventive Instrumente und übergreifende Politikansätze für Cyber-Sicherheit entwickeln.[265] Er wird unterstützt und beraten vom Nationalen Cyberabwehrzentrum (NCAZ), das ebenfalls 2011 zur Optimierung der operativen Zusammenarbeit aller staatlichen Stellen und zur besseren Koordinierung von Schutz- und Abwehrmaßnahmen gegen IT-Vorfälle eingerichtet worden ist und sich aus Vertretern verschiedener Bundesbehörden zusammensetzt.[266] Eine deutlich breiter aufgestellte, offene Plattform für die gegenseitige Information und den Erfahrungsaustausch bietet die im Jahr 2012 vom Bundesamt für Sicherheit in der Informationstechnik (BSI) und dem Bran-

[262] Überzeugend *Hoffmann-Riem*, JZ 2014, 53 (58); zustimmend *Wolff*, in: Hömig/Wolff, GG, Art. 87f Rn. 3; ebenso *Leisterer*, Internetsicherheit in Europa, S. 39 f.; ohne nähere Ausführungen *Hornung*, NJW 2015, 3334. Ähnlich zuvor bereits *Möstl*, in: Maunz/Dürig (Hrsg.), GG, Art. 87f Rn 86, demzufolge sich der Auftrag des Art. 87f Abs. 1 zur Gewährleistung „angemessener Dienstleistungen" nicht allein auf ein bestimmtes sozialstaatliches Versorgungsniveau reduzieren lasse, sondern letztlich auf die umfassende Vereinbarkeit der Dienstleistungen mit Anforderungen des öffentlichen Wohls abziele, wozu er auch Regelungen zur Gefahrenabwehr oder zur Wahrung des Post- und Fernmeldegeheimnisses zählt. Deutlich zurückhaltender (und ohne nähere Begründung) *Stinner*, Staatliche Schutzpflichten im Rahmen informationstechnischer Systeme, S. 133.

[263] So schon *Sonntag*, IT-Sicherheit kritischer Infrastrukturen, S. 131; ebenso *Leisterer*, Internetsicherheit in Europa, S. 39 f.

[264] Siehe oben, S. 270.

[265] Vgl. *Bundesministerium des Innern*, Cyber-Sicherheitsstrategie für Deutschland 2016, S. 45.

[266] Siehe https://www.bsi.bund.de/DE/Themen/Cyber-Sicherheit/Aktivitaeten/Cyber-Abwehrzentrum/cyberabwehrzentrum_node.html (Abrufdatum: 14.6.2019); dazu *Fremuth*, AöR 139 (2014), 32 (64 f.); *Linke*, DÖV 2015, 128 ff.

chenverband BITKOM e.V. gegründete Initiative „Allianz für Cybersicherheit", an der sich knapp 4.000 Institutionen sowie über 200 Partner und Multiplikatoren aus Staat, Wirtschaft und Gesellschaft beteiligen.[267] Verbindliche Vorgaben für die Sicherheit der IT von Bund und Ländern erarbeitet schließlich der auf Grundlage des 2009 neu in das Grundgesetz eingeführten Art. 91c Abs. 1 und 2 GG durch einen Staatsvertrag[268] eingesetzte IT-Planungsrat.[269]

3. Unionsrechtliche und einfachgesetzliche Konkretisierung

Die Konkretisierung der verfassungsrechtlich u.a. durch Art. 87f Abs. 1 GG aufgegebenen Gewährleistung eines hinreichenden Maßes an IT-Sicherheit erfolgt im Zusammenwirken von unionsrechtlichen und einfachgesetzlichen Vorgaben, die in jüngerer Zeit erlassen worden sind und bisherige Regulierungsdefizite der IT-Sicherheit kompensieren sollen.[270]

So zielt die europäische NIS-Richtlinie aus dem Jahr 2016 auf ein hohes gemeinsames Sicherheitsniveau von Netz- und Informationssystemen in der Europäischen Union, um das Funktionieren des Binnenmarktes zu verbessern.[271] Hierzu verpflichtet sie die Mitgliedstaaten zur Festlegung einer nationalen Sicherheitsstrategie für Netz- und Informationssysteme sowie zur Benennung zuständiger Behörden und zentraler Anlaufstellen; außerdem setzt sie eine Kooperationsgruppe aus Vertretern der Mitgliedstaaten, der Kommission und der – bereits seit 2004 mit Informations-, Beratungs- und Koordinierungsaufgaben im Bereich der Netz- und Informationssicherheit betrauten – europäischen Agentur für Netz- und Informationssicherheit ENISA[272] für die strategische Zusammenarbeit, den Informationsaustausch und die Vertrauensbildung unter dem Mitgliedstaaten ein und schafft ein Netzwerk aus nationalen Computer-Notfallteams (CERTs – Computer Emergency Response Teams), das ebenfalls zur Vertrauensbildung der Mitgliedstaaten beitragen und eine rasche und wirksame operative Zusammenarbeit fördern soll; schließlich sieht sie für die – von den Mitgliedstaaten jeweils in ihrem Hoheitsgebiet zu ermit-

[267] Siehe https://www.allianz-fuer-cybersicherheit.de/ACS/DE/Ueber_uns/ueber_uns.html;jsessionid=82DDB084A4152A3412DB6159378072E3.2_cid351 (Abrufdatum: 14.6.2019). Ein vergleichbares Pendant auf europäischer Ebene bildet die 2016 gegründete European Cybersecurity Organisation (ESCO), vgl. dazu *Sparenberg/Pohlmann*, DuD 2018, 220 (221 f.).

[268] Vertrag über die Errichtung des IT-Planungsrats und über die Grundlagen der Zusammenarbeit beim Einsatz der Informationstechnologie in den Verwaltungen von Bund und Ländern – Vertrag zur Ausführung von Artikel 91c GG, veröffentlicht u.a. in BGBl. 2010 I 662 (663).

[269] Dazu nur *Peuker*, in: Hill/Schliesky (Hrsg.), Auf dem Weg zum digitalen Staat, S. 59 (78 ff.).

[270] Vgl. dazu *Wischmeyer*, Die Verwaltung 50 (2017), 155 (161 ff.).

[271] Art. 1 Abs. 1 der NIS-Richtlinie (s. Fn. 252).

[272] Seit dem Rechtsakt zur Cybersicherheit (Verordnung (EU) 2019/881, ABl. 2019 L 151/15) nunmehr „Agentur der Europäischen Union für Cybersicherheit".

telnden – Betreiber sogenannter wesentlicher Dienste und die Anbieter digitaler Dienste Sicherheitsanforderungen und Meldepflichten vor.[273] Die Richtlinie enthält somit zum einen materielle Vorgaben, die zu einer Mindestharmonisierung des IT-Sicherheitsniveaus vor allem mit Blick auf Kritische Infrastrukturen in den Mitgliedstaaten beitragen sollen. Zum anderen stärkt sie europäische Verwaltungsverbundstrukturen im Bereich des Informationssicherheitsrechts.[274] Leitidee eines Verwaltungsverbundes ist der kohärente Vollzug des Unionsrechts, der durch Governance verwirklicht wird.[275] Die gegenseitigen Informations- und Koordinierungspflichten der Mitgliedstaaten bei Sicherheitsvorfällen, die Bildung des Netzwerks aus nationalen Computer-Notfallteams sowie die Einrichtung einer Kooperationsgruppe aus Vertretern der Mitgliedstaaten sowie der Kommission unter Einschluss der ENISA sind Ausweis dieser Governance im europäischen Informationssicherheitsrecht.

Die Bundesrepublik Deutschland hat bestimmte Anforderungen der Richtlinie schon vor deren Inkrafttreten erfüllt. So hatte die Bundesregierung bereits 2011 eine Cyber-Sicherheitsstrategie beschlossen, deren Aufstellung Art. 7 Abs. 1 NIS-Richtlinie nunmehr von allen Mitgliedstaaten fordert. Mit dem 2015 in Kraft getretenen IT-Sicherheitsgesetz[276] wurden Sektoren Kritischer Infrastrukturen beschrieben[277] und den Betreibern Kritischer Infrastrukturen Sicherungs- und Nachweispflichten im Hinblick auf die Einhaltung näher definierter Vorgaben der IT-Sicherheit sowie Meldepflichten bei relevanten Sicherheitsvorfällen auferlegt.[278] Erst mit dem NIS-Richtlinien-Umsetzungsgesetz[279] hat der deutsche Gesetzgeber dagegen Anforderungen an die Anbieter digitaler Dienste in das BSIG übernommen, die Nachweis- und Meldepflichten der Betreiber Kritischer Infrastrukturen modifiziert und die Aufgaben und Befugnisse des BSI angepasst.[280]

---

[273] Vgl. Art. 1 Abs. 2 NIS-Richtlinie; dazu im Überblick *Dürig/Fischer*, DuD 2018, 209 ff.

[274] Vgl. auch *Wischmeyer*, Die Verwaltung 50 (2017), 155 (173 f.).

[275] *Peuker*, Bürokratie und Demokratie in Europa, S. 1 ff.

[276] BGBl. I 2015, 1324. Das Artikelgesetz ändert im Wesentlichen das BSIG und darüber hinaus Vorschriften für spezialgesetzlich regulierte kritische Infrastrukturen im AtomG, EnWG, TMG und TKG.

[277] Die konkrete Bestimmung der kritischen Infrastrukturen erfolgte in der auf § 10 Abs. 1 (i. V. m. § 2 Abs. 10 S. 2) BSIG gestützten „Verordnung zur Bestimmung Kritischer Infrastrukturen nach dem BSI-Gesetz" (BGBl. I 2016, 958).

[278] Zum IT-SiG im Überblick *Hornung*, NJW 2015, 3334 (3335 ff.); *Roos*, MMR 2015, 636 (637 ff.); *Roßnagel*, DVBl. 2015, 1206 ff.

[279] BGBl. I 2017, 1885.

[280] Dazu kurz *Dürig/Fischer*, DuD 2018, 209 (213).

5. Kapitel

„Digitale Grundrechte"

A. Grundrechtswandel durch Digitalisierung

I. Grundrechte als Wandelrezeptoren

Unter denjenigen Verfassungsnormen, die als Rezeptoren eines Verfassungswandels in Betracht kommen, nehmen die Grundrechte eine besondere Stellung ein. Das liegt zunächst an ihrer sprachlich offenen Formulierung, die gerade keine strikten Konditionalprogramme oder technischen Einzelheiten abbildet, sondern eher abstrakte, offene, auf Optimierung angelegte Prinzipien enthält.[1] Doch auch wenn die Möglichkeit eines Verfassungswandels in dem Maße steigt, in dem die sprachliche Offenheit der Norm verschiedene Auslegungsvarianten zulässt, kommt der sprachlichen Offenheit allenfalls eine Indizwirkung für ihre Wandelbarkeit zu.[2] Entscheidend sind vielmehr normative Anhaltspunkte, die für eine interpretatorische Öffnung der Verfassung sprechen.[3]

So gebietet die Gewährleistung eines effektiven Grundrechtsschutzes eine dynamische Auslegung der Schutzbereiche, aber auch der Eingriffsschwellen sowie der Schranken von Grundrechten, die Veränderungen im Realbereich der Grundrechte angemessen verarbeiten können.[4] Das Zusammenwirken von sprachlicher Struktur und funktionaler Ausrichtung der Grundrechte erlaubt es somit, sie im Hinblick auf veränderte Realbereichsbedingungen fortzuentwickeln – und gerade hier bewährt sich die normative Kraft der Verfassung durch eine flexible Anpassung an veränderte politische, wirtschaftliche, soziale oder technische Rahmenbedingungen.

II. Digitalisierung und Grundrechte

Das Leitbild (individueller) digitaler Souveränität thematisiert solche Grundrechtsentwicklungen unter den Bedingungen der Digitalisierung. Es zielt dar-

---

[1] Ähnlich *Hornung*, Grundrechtsinnovationen, S. 118 ff.

[2] Siehe oben, S. 109 f. m.w.N.

[3] *Bryde*, Verfassungsentwicklung, S. 263 ff.; differenzierend *Höfling*, Offene Grundrechtsinterpretation, S. 80 ff., 93 ff.

[4] *Bryde*, Verfassungsentwicklung, S. 274 ff.

auf ab, die Handlungs- und Entscheidungsfähigkeit des Einzelnen auch in der digitalen Welt aufrechtzuerhalten und ihn mit entsprechenden wehrfähigen Grundrechtspositionen auszustatten, die – den allgemeinen Grundrechtslehren folgend – zugleich Anknüpfungspunkte für staatliche Schutzpflichten sein können.[5]

Dass grundlegende technische Innovationen im Realbereich der Grundrechte zu einer Grundrechtsentwicklung führen können, ist weder eine neue noch eine ernsthaft bestrittene Erkenntnis. So finden sich in der Rechtsprechung des Bundesverfassungsgerichts denn auch zahlreiche Entscheidungen, die eine Aktualisierung des überkommenen Grundrechtsschutzes als Antwort auf technologische Innovationen und die damit verbundenen neuen Gefahren vornehmen.[6] Das gilt auch mit Blick auf neue Gefährdungsszenarien durch die Entwicklung der Informations- und Kommunikationstechnik, gegen die das Bundesverfassungsgericht bereits 1983 das Grundrecht auf informationelle Selbstbestimmung in Stellung gebracht hat.[7] Perspektiven, die den Einfluss technologischer Innovationen – und hier vor allem von Interesse: der Digitalisierung – über punktuelle Grundrechtsentwicklungen hinaus beleuchten, finden sich in Rechtsprechung und Wissenschaft dagegen seltener.[8] Für die Rechtsprechung, die letztlich doch der konkreten Fallentscheidung verpflichtet ist, ist dies verständlich. Für die Rechtswissenschaft legt dagegen erst ein phänomenologisches Verständnis des Verfassungswandels den Blick auf strukturelle Herausforderungen des Grundrechtsschutzes durch die Digitalisierung jenseits punktueller Grundrechtsentwicklungen frei.

Zwar hat der Arbeits- und Sozialminister des Landes Nordrhein-Westfalen bereits im Jahr 1990 eine Studie herausgegeben, deren Titel „Digitalisierung der Grundrechte? Zur Verfassungsverträglichkeit der Informations- und Kommunikationstechnik“[9] zumindest eine umfassendere Perspektive verspricht. Die Studie selbst enthält allerdings nur wenige Hinweise für die hier verfolgte Fragestellung. Stattdessen dienen die Grundrechte dort lediglich als Aufhänger, um viel allgemeiner die „Verträglichkeit der sozialen Voraussetzungen und Folgen technischer Veränderungen mit den Zielen des Grundgesetzes“[10] zu untersuchen – gemeint sind hier die Staatsstrukturprinzipien der Demokratie, des Rechtsstaats und des Sozialstaats. Immerhin stellt die Arbeit fest, dass

> „nicht Starrheit, sondern Elastizität [der Grundrechte] gefordert [ist], um im Wandel der Verhältnisse Beständigkeit zu bewahren. Diese Dynamik kann zu einer Effektivie-

---

[5] Siehe oben, S. 197 f.

[6] Vgl. BVerfGE 49, 89 (141 f.); 53, 30 (57 f.).

[7] Dazu sogleich unter S. 313 ff.

[8] Vgl. aber die innovationstheoretisch inspirierte, allgemeine Studie von *Hornung*, Grundrechtsinnovationen (2015); *Hoffmann-Riem*, Innovation und Recht – Recht und Innovation, S. 533 ff.

[9] *Roßnagel u.a.*, Digitalisierung der Grundrechte? (1990).

[10] *Roßnagel u.a.*, Digitalisierung der Grundrechte?, S. 7.

rung, aber immer auch zu einer restriktiveren Auslegung von Grundrechten führen, je nachdem was zum Schutz ‚höherer Werte', der ‚sozialen Gerechtigkeit', des ‚demokratischen Prozesses' oder der ‚politischen Gemeinschaftsbildung' als erforderlich angesehen wird. Die Elastizität, die für die Grundrechte selbst gilt, gilt ebenso für deren Grenzen."[11]

Einen weitergehenden verfassungstheoretischen oder verfassungsrechtsdogmatischen Ansatz, der Grundrechtsentwicklungen durch die Digitalisierung verarbeiten könnte, bietet die Studie dagegen nicht. Er wäre in den nun fast 30 Jahren, die seit dem Erscheinen der Studie vergangen sind, ohnehin auf seine fortwährende Tragfähigkeit zu überprüfen gewesen – nicht zuletzt wegen der seit 1990 zu verzeichnenden rasanten technologischen Entwicklung.[12]

III. Drei-Stufen-Modell der Grundrechtsentwicklung

Für eine punktuelle Grundrechtsveränderungen transzendierende Beschreibung der Grundrechtsentwicklung durch die Digitalisierung bietet ein phänomenologisches Verständnis des Verfassungswandels eine geeignete Perspektive. Denn dieses ist gerade nicht auf ein einzelnes Grundrecht fokussiert, sondern bezeichnet alle Entwicklungen des rechtlichen Sinngehalts von Verfassungsnormen, Verfassungsprinzipien, Verfassungsinstitutionen oder Verfassungsstrukturen durch eine neue Verfassungsinterpretation, eine neue Verfassungspraxis oder einen neuen Verfassungskontext.[13] Es erkennt zudem den Beitrag auch anderer Akteure als das Bundesverfassungsgericht als konstitutiv für den Verfassungswandel an und bietet mit dem hier entwickelten Leitbild digitaler Souveränität einen geeigneten Fluchtpunkt für die im Zusammenhang mit der Digitalisierung stehenden Grundrechtsentwicklungen, die insgesamt in einen breiteren Analyserahmen eingepasst werden können.

Die digitalisierungsbedingten Grundrechtsentwicklungen sollen nachfolgend in einem Drei-Stufen-Modell verortet werden. Auf der ersten Stufe steht die Interpretation, gefolgt von der Innovation und schließlich der Kodifikation. Dabei handelt es sich zunächst um heuristische Kategorien, die gestufte Antworten auf einen steigenden grundrechtlichen Entwicklungsbedarf als Folge der Digitalisierung formulieren. Sie bauen in dem Sinne aufeinander auf, als der Schritt auf die nächsthöhere Stufe erst dort angezeigt ist, wo die Möglichkeiten der jeweils unteren Stufe enden.

---

[11] *Roßnagel u.a.*, Digitalisierung der Grundrechte?, S. 4.

[12] 1990 war das Jahr, in dem die Öffnung des World Wide Web für ein breiteres Publikum unmittelbar bevorstand.

[13] Definition bei *Becker/Kersten*, AöR 141 (2016), 1 (14 f.); siehe oben, S. 139 f.

1. *Interpretation*

Bei der Interpretation ist die „digitale Dimension“ bestehender Grundrechte durch Auslegung zu ermitteln.[14] Die Auslegung der Grundrechte soll ergeben, ob und inwieweit etwa der Schutzbereich eines Grundrechts Sachverhalte mit einem „besonderen Bezug zur Informationstechnik bzw. zum Internet“[15] erfasst oder wie Schrankenregelungen mit Blick auf neuartige digitale Sachverhalte zu beurteilen sind. Das bedeutet kleinteilige grundrechtsdogmatische Arbeit, die Rechtsprechung und Wissenschaft bereits in Angriff genommen haben. Sie zielt darauf, den Schutz von digitalen Sachverhalten durch Grundrechte zu erkunden, die zu einer Zeit in Kraft getreten sind, als solche digitalen Sachverhalte noch jenseits des Vorstellbaren lagen. Die zulässige Grundrechtsinterpretation endet an den methodischen Auslegungsgrenzen, d.h. insbesondere am Wortlaut des jeweiligen Grundrechts und seiner Schranken.

2. *Innovation*

Wo die Auslegungsmöglichkeiten der Eröffnung eines Schutzbereichs oder der Anwendung von Schranken bzw. Schranken-Schranken entgegenstehen, kann sich der Bedarf nach einer Grundrechtsinnovation als eine Form der Rechtsfortbildung auf der zweiten Stufe des Modells ergeben. Nicht selten sind die Grenzen zwischen Interpretation und Innovation fließend, und nicht selten lassen Auslegung und Anwendung des Verfassungsrechts solche Grenzen bewusst im Fluiden. So weist etwa die methodische Kritik an bundesverfassungsgerichtlichen Rechtsfortbildungen darauf hin, dass das Gericht seine Rechtsfortbildungen traditionell nicht ausweise und der Begriff der Rechtsfortbildung selbst in den großen „Klassikern“ der Rechtsfortbildung wie den Entscheidungen zum Recht auf informationelle Selbstbestimmung oder dem Grundrecht auf Gewährleistung der Vertraulichkeit und Integrität informationstechnischer Systeme nicht auftauche – geschweige denn, dass dort die Anforderungen an eine methodisch gebundene Rechtsprechung problematisiert würden oder man sich überhaupt mit irgendwelchen methodischen Grenzen der Rechtsfortbildung auseinandersetzte.[16] Die Kritik benennt auch überzeugende Gründe, die einer scharfen Grenzziehung entgegenstehen: Zum einen bestehe zwischen Auslegung und Rechtsfortbildung ohnehin ein Kontinuum, zwischen dessen Polen sich mit wenig argumentativem Aufwand bewegen lasse, zum anderen trage vermeintlich normgebundenes Entscheiden zu einer

---

[14] Vgl. *Hoffmann u.a.*, Die digitale Dimension der Grundrechte (2015); ähnlich der Ansatz von *Di Fabio*, Grundrechtsgeltung in digitalen Systemen, S. 6, „betroffene Grundrechte mit ihrem Geltungsanspruch in digitalen Systemen durchzumustern“.

[15] *Hoffmann u.a.*, Die digitale Dimension der Grundrechte, S. 20.

[16] *Volkmann*, in: Hoffmann-Riem (Hrsg.), Innovationen im Recht, S. 63 (78) m.w.N.

größeren Akzeptanz der Entscheidung bei, während normfreies Entscheiden schnell unter Willkürverdacht gerate.[17]

Die Innovationen müssen sich freilich nicht auf Schutzbereiche, Eingriffe, Schranken oder Schranken-Schranken bei einem einzelnen Grundrecht beschränken, sondern können auch grundrechtsübergreifende Wirkungen entfalten.[18] Dies verdeutlicht etwa der Vorschlag, internetbasierten, sozial emergenten Kollektivitätsformen dort Grundrechtsschutz durch eine Neukonfiguration juristischer Personalität in Art. 19 Abs. 3 GG zu gewähren, wo eine Zurechnung zu einzelnen Individuen nicht mehr und eine Zurechnung zum Kollektiv selbst mangels hinreichender organisatorischer Verfestigung[19] noch nicht möglich ist.[20]

3. Kodifikation

Die dritte Stufe des Modells bilden Kodifikationen, die mehrere Grundrechtsinnovationen in einem Textkorpus versammeln. Kodifikation meint hier weniger die Verschriftlichung von durch Rechtsprechung oder Wissenschaft entwickelten Grundrechtsinterpretationen oder singulären Grundrechtsinnovationen, die auf die textliche Aktualität des Grundrechtekatalogs abzielt. Stattdessen geht es um umfangreiche Grundrechtsneuschöpfungen, die aus der Feder des Verfassunggebers bzw. verfassungsändernden Gesetzgebers, der Wissenschaft oder der Zivilgesellschaft stammen können. Solche Kodifikationen legitimieren sich inhaltlich durch einen Innovationsbedarf im Hinblick auf neue, besonders drängende Freiheitsgefährdungen, der nicht (mehr nur) durch Grundrechtsinterpretationen oder eine einzelne Grundrechtsinnovation zu decken ist.

Normative Verbindlichkeit erhalten solche Kodifikationen freilich erst als ein Akt der Verfassunggebung bzw. Verfassungsänderung. Gleichwohl verdienen wissenschaftliche, politische oder zivilgesellschaftliche Vorschläge für eine Kodifikation von digitalen Grundrechten auch aus der Warte eines phänomenologischen Verständnisses des Verfassungswandels genauere Beachtung, weil in der Verfassungsänderung bzw. der Kodifikation digitaler Grund-

---

[17] *Volkmann*, in: Hoffmann-Riem (Hrsg.), Innovationen im Recht, S. 63 (78 f.). Mit *Hornung*, Grundrechtsinnovationen, S. 562, ist freilich nicht die Innovation, sondern ihre Verhinderung legitimationsbedürftig, wenn ein solcher Innovationsbedarf als Antwort auf eine relevante Veränderung der sozialen Wirklichkeit einmal festgestellt ist.

[18] Bei grundrechtsübergreifenden Innovationen spricht *Hornung*, Grundrechtsinnovationen, S. 178, von „Meta-Innovationen“ (mit Beispielen auf S. 183 ff.); vgl. auch *Hoffmann-Riem*, Innovation und Recht – Recht und Innovation, S. 534.

[19] Treffend *Hoffmann-Riem*, JZ 2012, 1081 (1082): „Kollektivität ohne geformte Kollektive“.

[20] *Ingold*, Der Staat 53 (2014), 193 (194 ff.); vgl. hierzu *Franzius*, JZ 2016, 650 (656 ff.); mit verfassungspolitischen Erwägungen *Kersten*, Schwarmdemokratie, S. 101 ff.

rechte eine verfassungspolitische Reaktionsmöglichkeit auf einen Verfassungswandel liegen kann, die zu reflektieren ein phänomenologisches Verständnis des Verfassungswandels in der Lage ist.[21] In der Möglichkeit, künftige Verfassungsentwicklungen vorzuzeichnen, liegt denn auch eine der spezifischen Funktionen eines verfassungsrechtlichen Leitbildes, das einen Verfassungswandel adressiert.[22]

In der Verfassungsvergleichung sind Verfassungsentwicklungen, die sich an Verfassungstexten anderer Staaten oder früherer Zeiten orientieren, ein vertrauter Befund. Mit der historischen und kontemporären Textstufen-Analyse hat die Verfassungsvergleichung ein methodisches Instrument zur Hand, das ihr anhand des „sich wandelnde(n) Textbild(es) der einzelnen Problemfelder verfassungsstaatlicher Verfassungen“ Prognosen über künftige Entwicklungen einer Verfassungsordnung erlaubt.[23] Die Verfassungsvergleichung war damit schon früh für jenes Spannungsverhältnis von Verfassungstext, Verfassungspraxis und Verfassungspolitik sensibilisiert, in dem sich auch ein phänomenologisches Verständnis des Verfassungswandels entfaltet[24]. Denn

> „(m)ag auch nicht alles etwa von einem nationalen Verfassungsgericht oder von der Wissenschaft als materielles Verfassungsrecht ausgewiesenes Ideen- und Wirklichkeitsgut zu Verfassungstexten ‚gerinnen‘: Potentiell kann es im Kreise der ‚Familie‘ der Verfassungsstaaten zu solchen werden, bald früher, bald später. […] Selbst Texte von Programmen politischer Parteien kommen mittelfristig als ‚Lieferanten‘ für neue vom Verfassunggeber oder Verfassungsänderer normierte Verfassungstexte in Frage.“[25]

Für den am Leitbild digitaler Souveränität orientierten Verfassungswandel sind daher auch Kodifikationsvorschläge „digitaler Grundrechte“ von Bedeutung.

B. Interpretation

Auf der ersten Stufe des Modells ist durch Auslegung der jeweiligen Grundrechtsnormen zu ermitteln, inwieweit sie auch auf digitale Sachverhalte anwendbar sind, die zum Zeitpunkt des Inkrafttretens des Grundgesetzes noch nicht absehbar waren. Eine solche durch Interpretation des Grundrechts festgestellte Bedeutungsveränderung, die sich durch die Rezeption von tatsächlichen Veränderungen im Normbereich des Grundrechts ergibt, hat auch das enge, normdogmatische Verständnis des Verfassungswandels als den eigentli-

---

21 Deutlich *Becker/Kersten*, AöR 141 (2016), 1 (16).

22 Siehe oben, S. 174 ff.

23 *Häberle*, FS Partsch, S. 555 (556).

24 Noch einmal: *Becker/Kersten*, AöR 141 (2016), 1 (16).

25 *Häberle*, FS Partsch, S. 555 (557 f.; s. auch S. 563 f.).

chen bzw. einzigen Fall eines Verfassungswandels ausgewiesen.[26] Ob dagegen durch die Digitalisierung ausgelöste Veränderungen der Grundrechtswirklichkeit rechtfertigen, die „digitale Dimension" der Grundrechte als „eigene Kategorie" einzuführen, erscheint zweifelhaft.[27] Die „digitale Dimension" soll keine eigenständige Grundrechtsfunktion darstellen, sondern „eine zusammenfassende Beschreibung eines Teilbereichs des jeweiligen Schutzgehalts, der sich durch den besonderen Bezug zur Informationstechnik bzw. zum Internet auszeichnet"[28]. Einen heuristischen Mehrwert lässt diese Kategorisierung freilich nicht erkennen.

Das unter dem Label „digitale Dimension der Grundrechte" aufgegebene Programm, „betroffene Grundrechte mit ihrem Geltungsanspruch in digitalen Systemen durchzumustern"[29] und dadurch mögliche Verfassungswandlungen einschließlich ihrer Grenzen bei den Grundrechten zu identifizieren, verdient dagegen Zustimmung. Es kommt auch ohne die Überhöhung zu einer eigenen Kategorie der „digitalen Dimension" aus und soll hier anhand der grundrechtlich geschützten Versammlungsfreiheit sowie des Fernmeldegeheimnisses exemplarisch durchgeführt werden. Die Ausführungen verdeutlichen, wie eine durch das Leitbild digitaler Souveränität angeleitete zeitgemäße Auslegung des Grundrechts die normative Kraft der Grundrechte auch unter den Bedingungen der Digitalisierung bewahren kann.

I. Virtuelle Versammlungen

Art. 8 Abs. 1 GG verbürgt allen Deutschen das Recht, sich ohne Anmeldung oder Erlaubnis friedlich und ohne Waffen zu versammeln. Rechtsprechung und Wissenschaft definieren Versammlungen im Wesentlichen übereinstimmend als die Zusammenkunft von mehreren Personen an einem Ort zur gemeinsamen Zweckverfolgung[30], wobei der gemeinsame Zweck – zumindest nach der jüngeren bundesverfassungsgerichtlichen Rechtsprechung und der ihr folgenden Literatur – in der auf die Teilhabe an der öffentlichen Meinungsbildung gerichteten Erörterung oder Kundgebung liegen muss[31], ohne dass das Anliegen der Versammlungsteilnehmer ausdrücklich verbalisiert werden müsste[32].

---

[26] Siehe oben, S. 104 ff.

[27] So aber *Hoffmann u.a.*, Die digitale Dimension der Grundrechte, S. 20.

[28] *Hoffmann u.a.*, Die digitale Dimension der Grundrechte, S. 20; zuvor schon *Schliesky u.a.*, Schutzpflichten und Drittwirkung im Internet, S. 89 ff. („digitale Dimension als Absicherung aktiver ‚Online-Handlungen'").

[29] *Di Fabio*, Grundrechtsgeltung in digitalen Systemen, S. 6.

[30] Statt aller *Gusy*, in: von Mangoldt/Klein/Starck (Hrsg.), GG, Art. 8 Rn. 15 ff. m.w.N.

[31] BVerfGE 104, 92 (104); 128, 226 (250); exemplarisch die Nachweise zur wohl herrschenden Literaturmeinung bei *Schulze-Fielitz*, in: Dreier (Hrsg.), GG, Art. 8 Rn. 28, der aber die Gegenansicht vertritt; ausführlich *Hoffmann-Riem*, in: Merten/Papier (Hrsg.), HGR IV, § 106 Rn. 40 ff.

[32] Vgl. BVerfGE 69, 315 (345); *Schneider*, in: Epping/Hillgruber (Hrsg.), GG, Art. 8 Rn. 9.

Das Versammlungsgrundrecht registriert nunmehr neuartige digitale Kollektivitätsformen, die sich an den einzelnen (selbst erst durch Auslegung gewonnenen) Merkmalen des Versammlungsbegriffs messen lassen müssen und womöglich eine veränderte Auslegung dieser Definitionsmerkmale, mithin einen Wandel des Versammlungsgrundrechts nahelegen.[33] Neben hybriden Formen wie die Zuschaltung von Versammlungsteilnehmern per Videokonferenz, bei denen die Grenzen zwischen physischer und virtueller Präsenz zunehmend verschwimmen[34], zählen hierzu „virtuelle Sit-Ins" in Form von sogenannten (Distributed) Denial-of-Service-Attacken sowie vor allem Zusammenkünfte in rein virtuellen Welten. Das Versammlungsgrundrecht des Art. 8 Abs. 1 GG scheint solchen digitalen Kollektivitätsformen wegen seiner vermeintlich analogen Ausrichtung auf die physische Zusammenkunft der Versammlungsteilnehmer auf den ersten Blick den Schutz zu versagen. Geboten ist aber eine differenzierte rechtliche Analyse der einzelnen digitalen Kollektivitätsformen, die anhand des Merkmals der funktionalen Äquivalenz zu „klassischen" Versammlungen[35] überprüft, ob und inwieweit der Schutzbereich des Versammlungsgrundrechts auch diese Formen erfasst.

Von einer solchen Prüfung entbindet der Hinweis, dass gar keine Schutzlücken entstünden, wenn man den Schutzbereich der Versammlungsfreiheit nicht auf digitale Kollektivitätsformen erstreckte, da doch zumindest die individuellen Kommunikationsfreiheiten Schutz böten, jedenfalls nicht.[36] Der Einwand überzeugt bereits aus systematischen Gründen nicht, da die individuelle Meinungs- und Informationsfreiheit sowie die Versammlungsfreiheit eigenständig normierte Grundrechte bilden, die zwar in einem komplementä-

---

[33] Zum Folgenden ausführlich *Möhlen*, MMR 2013, 221 (223 ff.).

[34] Die Digitalisierung ermöglicht auch neue Formen der Organisation und des Ablaufs „klassischer" physischer Versammlungen, indem etwa Demonstrationen über Social-Media-Plattformen schnell und kostengünstig organisiert, koordiniert oder kommentiert werden. Diese stellen noch keine Hybridformen dar, sondern digitale Unterstützungs- bzw. Vorbereitungshandlungen für „klassische" Demonstrationen, die ohne Weiteres in den Schutzbereich des Art. 8 Abs. 1 GG fallen – so ausdrücklich BVerfG, NJW 2015, 2485 (2486); vgl. auch *Schulze-Fielitz*, in: Dreier (Hrsg.), GG, Art. 8 Rn. 28. Zum Schutz von äußerlich spontan wirkenden Flashmobs und Smartmobs, die über soziale Medien verabredet werden, durch das Versammlungsgrundrecht etwa *Ernst*, DÖV 2011, 539 (539); differenzierter dagegen *Neumann*, NVwZ 2011, 1171 (1172 f.); phänomenologische Beschreibung bei *Vogelsang*, Kommunikationsformen des Internetzeitalters, S. 17 ff., die Flashmobs definiert als „Zusammenkünfte, bei denen teilnehmende Personen für unbeteiligte Dritte unvermittelt aus dem Alltagsgeschehen ausbrechen, indem sie überraschende oder irritierende Handlungen durchführen und nach kurzer Dauer reaktionslos den Ort des Geschehens wieder verlassen" (S. 17), während Smartmobs „nicht primär der bloßen Unterhaltung der Teilnehmer halber veranstaltet [werden, sondern ...] vielmehr einem darüber hinausgehenden Ziel [dienen]" (S. 22); vgl. auch *Lenski*, VerwArch 103 (2012), 539 (540 ff.).

[35] So überzeugend *Möhlen*, MMR 2013, 221 (229).

[36] So aber etwa *Kraft/Meister*, K&R 2005, 458 (461); *Bröhmer*, in: Dörr/Grote/Marauhn (Hrsg.), EMRK/GG, Kap. 19 Rn. 25.

ren Verhältnis zueinander stehen[37] und deren Schutzbereiche sich bisweilen überschneiden, aber dennoch voneinander unterscheiden.[38] Die Meinungs- und Informationsfreiheit schützt die Individualkommunikation, die Versammlungsfreiheit dagegen die Gruppenkommunikation, die sich noch nicht in einer für die Vereinigungsfreiheit des Art. 9 Abs. 1 GG charakteristischen Weise organisatorisch verfestigt hat. Zurecht wird das Argument einer fehlenden Schutzlücke daher auch nicht gegen „klassische" Versammlungen ins Feld geführt. Es ist indes kein Grund ersichtlich, warum virtuelle Versammlungen eine abweichende systematische Bewertung rechtfertigen sollten.

1. Hybride Formen

Hybride Versammlungsformen, bei denen etwa Personen von einem anderen Ort aus auf einer Videoleinwand zugeschaltet werden, um zu den Versammlungsteilnehmern zu sprechen, waren in jüngster Zeit Anlass für gerichtliche Auseinandersetzungen. Im vorläufigen Rechtsschutzverfahren gegen eine versammlungsrechtliche Auflage, mit der eine vom Versammlungsanmelder beabsichtigte Aufstellung einer Videoleinwand zur Liveübertragung von Reden ausländischer Staatsoberhäupter und Regierungsmitglieder untersagt wurde, haben die Gerichte jedoch eine eindeutige Stellungnahme zum grundrechtlichen Schutz hybrider Versammlungsformen vermieden und stattdessen grundrechtliche Fragen des Schutzbereichs mit staatsorganisationsrechtlichen Kompetenzfragen bei der Pflege der auswärtigen Beziehungen vermengt und durch (für den zu entscheidenden Fall völlig irrelevante) Ausführungen zur fehlenden Grundrechtsberechtigung ausländischer Hoheitsträger verklärt.

So verwies das OVG Münster zwar zunächst auf die vom Bundesverfassungsgericht geprägte[39] idealtypische Ausformung von Demonstrationen als die gemeinsame körperliche Sichtbarmachung von Überzeugungen, wobei die Teilnehmer einerseits in der Gemeinschaft mit anderen eine Vergewisserung dieser Überzeugungen erführen und andererseits nach außen – schon durch die bloße Anwesenheit, die Art des Auftretens und des Umgangs miteinander oder die Wahl des Ortes – im eigentlichen Sinne des Wortes Stellung nähmen und ihren Standpunkt bezeugten. Der vom Antragsteller verfolgte Anspruch, die Liveübertragung der Ansprache eines ausländischen Staatspräsidenten an die Versammlungsteilnehmer zu ermöglichen, liege jedoch erkennbar außerhalb dieses Schutzzwecks. Art. 8 Abs. 1 GG sei kein Instrument dafür, ausländischen Staatsoberhäuptern oder Regierungsmitgliedern ein Forum zu eröffnen, sich auf öffentlichen Versammlungen im Bundesgebiet in ihrer Eigen-

[37] Ausdrücklich *Hesse*, Grundzüge, Rn. 404.

[38] Widerlegung des Schutzlückenarguments bei *Möhlen*, MMR 2013, 221 (228), ausführlich wiedergegeben von *Hoffmann u.a.*, Die digitale Dimension der Grundrechte, S. 172 f.

[39] BVerfGE 69, 315 (345); 128, 226 (250).

schaft als Hoheitsträger amtlich zu politischen Fragestellungen zu äußern.[40] Die vom Äußerungsrecht ausländischer Staatsoberhäupter zu unterscheidende Frage des Grundrechts des Versammlungsleiters (und der anderen Teilnehmer) auf eine Übertragung per Videoleinwand als ein Beitrag zum Versammlungszweck erörterte das Gericht dabei nicht weiter.[41]

Der weiterführende dogmatische Anknüpfungspunkt wäre hier die Frage gewesen, ob auch eine von dem vom OVG Münster bemühten Idealtypus der Demonstration abweichende Ausgestaltung, bei der nicht alle Demonstrationsteilnehmer physisch am Versammlungsort zusammenkommen, in den Schutzbereich des Art. 8 Abs. 1 GG fällt. Ein Indiz für die funktionale Äquivalenz von hybriden Formen im Vergleich zu klassischen Versammlungen enthält die Begründung des versammlungsrechtlichen Auflagenbescheids durch die Versammlungsbehörde. Diese hatte darauf hingewiesen, dass die Gefahr bestehe, dass sich die Teilnehmer insbesondere bei der Liveschaltung des Staatspräsidenten emotionalisieren ließen und es dann zu Straftaten sowohl durch Versammlungsteilnehmer als auch durch Gegendemonstranten kommen könne.[42] Das verdeutlicht, dass „virtuelle Teilnehmer“ ebenso wie die vor Ort Anwesenden Einfluss auf den Ablauf und den Inhalt der Versammlung haben können[43] und somit eine funktionale Äquivalenz gut begründbar erscheint. Als Kontrollüberlegung könnte der Fall herangezogen werden, dass nicht ein ausländisches Regierungsmitglied, sondern eine inländische prominente Person per Videoübertragung spricht – hier könnte die Versammlungsbehörde die Zuschaltung wohl nicht mangels physischer Präsenz der Person untersagen und so könnte für die Eröffnung des Schutzbereichs auch kaum verlangt werden, dass die Person erst anreisen und ihre Rede vor den versammelten Teilnehmern wiederholen muss.[44]

---

[40] OVG Münster, NVwZ 2017, 648 (Rn. 8 ff.).

[41] Berechtigte Kritik trotz aller sonstigen Polemik bei *Jungbluth*, NVwZ 2017, 604 (605). Das erstinstanzliche VG Köln, Beschl. v. 29.7.2016, Az. 20 L 1790/16 (juris), hat das Aufstellen der Videoleinwand zu den vom Antragsteller beabsichtigten Zwecken immerhin nach summarischer Prüfung als teilweise nicht vom Grundrecht der Versammlungsfreiheit gedeckt angesehen. Das nach dem Beschluss des OVG Münster um den Erlass einer einstweiligen Anordnung ersuchte Bundesverfassungsgericht hat den Antrag in einer mit drei Randnummern begründeten Kammerentscheidung mangels einer den Anforderungen des § 22 Abs. 2 S. 2 BVerfGG entsprechenden Vollmacht als unzulässig abgelehnt und vermochte auch im Übrigen keine Grundrechtsverletzung durch die angegriffene Entscheidung zu erkennen – BVerfG (K), Beschl. v. 30.7.2016, 1 BvQ 29/16, Rn. 1 und 2 (juris).

[42] Formulierung der Pressemitteilung des VG Köln v. 29.7.2016 zum Verfahren 20 L 1790/16 (juris); Volltext des Auflagenbescheids des Polizeipräsidiums Köln abrufbar unter https://www.felser.de/wp-content/uploads/2016/08/Auflagenbescheid_PP_Köln_geschw_2016–08–06_.pdf (Abrufdatum: 14.6.2019).

[43] *Möhlen*, MMR 2013, 221 (223); zustimmend *Hoffmann u. a.*, Die digitale Dimension der Grundrechte, S. 170 f.

[44] Hinweis von *Jungbluth*, NVwZ 2017, 604 (605); vgl. auch die Zweifel bei *Schneider*, in: Epping/Hillgruber (Hrsg.), GG, Art. 8 Rn. 11.4.

2. „Virtuelle Sit-Ins" in Form von Denial-of-Service-Attacken

Weniger eindeutig scheint indes die rechtliche Beurteilung von „virtuellen Sit-Ins" in Form von Denial-of-Service-Attacken (DoS) im Lichte der Versammlungsfreiheit. Hierbei handelt es sich um Überlastungsangriffe auf einen Server mittels eines Computerprogramms, „bei denen die Dienste eines Servers durch eine Vielzahl von Anfragen derart belastet werden, dass dessen Aufnahme- und Verarbeitungskapazität nicht ausreicht und somit der Zugang für berechtigte Kontaktaufnahmen mit dem Server [z.B. zum Abruf einer auf dem Server gespeicherten Website, E.P.] blockiert oder zumindest erschwert wird"[45]. Erfolgt der Angriff koordiniert durch mehrere Systeme, z.B. über ein Botnetz, spricht man von Distributed-Denial-of-Service-Attacken (DDoS). Wo solche Angriffe als Mittel des politischen Protests dienen, die auf konkrete Anliegen aufmerksam machen sollen, werden sie als „virtuelle Sit-Ins"[46] oder „Internet-Demonstrationen" bezeichnet.[47]

Als kollektive Aktionen reklamieren sie den Schutz der Versammlungsfreiheit für sich. So hatten etwa die Veranstalter einer DDoS-Attacke auf die Lufthansa-Website, die während der Hauptversammlung der Lufthansa AG stattfinden und die Beteiligung der Lufthansa an Abschiebungen öffentlich anprangern sollte, ihre Aktion im Jahr 2001 beim Ordnungsamt Köln angemeldet und sich dabei auf eine verfassungsrechtlich verbürgte „Demonstrationsfreiheit" berufen.[48] Die im daraufhin gegen die Veranstalter eingeleiteten Strafverfahren vom AG Frankfurt vorgenommene verfassungsrechtliche Auseinandersetzung mit dem Schutzbereich der Versammlungsfreiheit[49] hat das (im Rahmen der Sprungrevision angerufene) OLG Frankfurt nicht aufgegriffen, sondern die Strafbarkeit eines Aufrufs zu einer Internetdemonstration als Nötigung i.S.d. § 240 Abs. 1 StGB mangels Gewalt und mangels Drohung mit einem empfindlichen Übel verneint[50].

Dabei enthielt die verfassungsrechtliche Würdigung des erstinstanzlichen Gerichts bereits diejenigen entscheidenden Argumente, auf die auch die Literatur abstellt und die der Eröffnung des Schutzbereichs der Versammlungsfreiheit mangels Vorliegens einer Versammlung letztlich entgegenstehen. Zwar ließe sich

---

[45] BT-Drs. 16/3656, S. 13.

[46] *Kraft/Meister*, MMR 2003, 366; *Klutzny*, RDV 2006, 50.

[47] Vgl. auch Beschlussempfehlung und Bericht des Rechtsausschusses des Deutschen Bundestages vom 23.5.2007 hinsichtlich des Gesetzentwurfs zur strafrechtlichen Bekämpfung der Computerkriminalität, BT-Drs. 16/5449, S. 6. DDoS-Attacken können freilich auch ersichtlich kriminelle Zwecke verfolgen, etwa um die Netzpräsenz von wirtschaftlichen Konkurrenten zu beeinträchtigen oder um Unternehmen finanziell zu erpressen, vgl. *Giesen/Kersten*, NZA 2018, 1 (6).

[48] Vgl. *Kraft/Meister*, MMR 2003, 366 f., und die Feststellungen des AG Frankfurt, MMR 2005, 863 f.

[49] AG Frankfurt, MMR 2005, 863 (866 f.).

[50] OLG Frankfurt, MMR 2006, 547.

mit Blick auf die informationstechnische Entwicklung durchaus vertreten, dass eine Zusammenkunft mehrerer Personen an einem gemeinsamen Ort vorliegt, obwohl sich nicht Menschen, sondern „[l]ediglich die durch verschiedene Menschen ausgelösten elektronischen Signale […] in den Leitungen zum Server zusammengefunden [haben]“[51]. Es fehlt bei solchen DDoS-Attacken jedoch an einem gemeinsamen Zweck. Stattdessen handelt es sich um eine Personenmehrheit, wobei jeder für sich den gleichen Zweck verfolgt, wie das AG Frankfurt zutreffend feststellte. Es bestehe ein Nebeneinander, kein Miteinander der Aktionsteilnehmer. Der Versammlungszweck der gemeinsamen Meinungsbildung und -äußerung setze aber voraus, dass die Teilnehmer die Möglichkeit haben, untereinander zu kommunizieren und eine so gebildete Meinung ggf. nach außen zu vermitteln. Beides sei bei DDoS-Attacken – anders als bei „klassischen“ Sit-Ins – indes nicht möglich, da zum einen die einzelnen Teilnehmer mangels Kenntnis voneinander nicht untereinander kommunizieren können und zum anderen außenstehende Nutzer der Website keine Kenntnis von der Online-Demonstration erlangen, sondern lediglich die Verzögerung bzw. die Unmöglichkeit des Website-Zugriffs feststellen, so dass auch keine Vermittlung der Meinung der Versammlungsteilnehmer nach außen möglich sei.[52]

Insoweit fehlt es hier an einer funktionalen Äquivalenz zu klassischen Versammlungen, die eine Öffnung des Versammlungsbegriffs für derartige digitale Protestformen rechtfertigen könnte.

3. Versammlungen in virtuellen Umgebungen

Anders sind dagegen Treffen in virtuellen Welten zu beurteilen, bei denen Menschen ihre Avatare (digitale Stellvertreter) durch virtuelle Umgebungen steuern und – für Dritte wahrnehmbar – gleichzeitig[53] entweder durch Schrift oder Sprache miteinander zum Zwecke der öffentlichen Meinungsbildung kommunizieren oder gemeinsam nonverbal virtuelle Präsenz zeigen können.[54] Hier

[51] AG Frankfurt, MMR 2005, 863 (866), das einer solchen Auslegung aber nicht folgen will; ebenso wenig *Ronellenfitsch*, DÖV 2016, 229 (231); offen gelassen bei *Möhlen*, MMR 2013, 221 (224). Für einen entsprechenden vom Merkmal der physischen Zusammenkunft abstrahierenden Verfassungswandel dagegen *Giesen/Kersten*, NZA 2018, 1 (6). Dazu und zu Fragen einer Privatrechtswirkung der Versammlungsfreiheit sogleich.

[52] Vgl. AG Frankfurt, MMR 2005, 863 (866), das sich hierbei (ohne Zitat) auf die Ausführungen von *Kraft/Meister*, MMR 2003, 366 (368) stützt; dort auch der instruktive Vergleich mit einer Postkarten-Protestaktion, bei der Teilnehmer völlig unabhängig voneinander eine gleiche, aber nicht gemeinsame Handlung, nämlich das Versenden zumeist vorgefertigter Postkarten unternehmen, was keine Versammlung i.S.d. Art. 8 Abs. 1 GG darstellt. Zustimmend *Möhlen*, MMR 2013, 221 (224), der aus den genannten Gründen bereits eine Zusammenkunft ablehnt; ähnlich *Hoffmann u.a.*, Die digitale Dimension der Grundrechte, S. 168 f.; *Vogelsang*, Kommunikationsformen des Internetzeitalters, S. 136 ff.

[53] Das Merkmal der Gleichzeitigkeit/Synchronität betont *Möhlen*, MMR 2013, 221 (229) zutreffend.

[54] Vgl. *Möhlen*, MMR 2013, 221 (227).

drängt der technische und kulturelle Wandel darauf, den vormals auf die physische Zusammenkunft mehrerer Personen an einem Ort reduzierten und vom Verfassunggeber wohl auch nicht anders vorstellbaren verfassungsrechtlichen Versammlungsbegriff für solche virtuellen Zusammenkünfte als neue Kollektivitätsformen zu öffnen.[55] Der offene Wortlaut des Art. 8 Abs. 1 GG steht einer solchen gewandelten Interpretation jedenfalls nicht entgegen, zumal die Versammlungsfreiheit keinen numerus clausus an Versammlungsformen kennt.[56] In systematischer Hinsicht ginge das Verfassungsrecht damit denjenigen Weg, den der deutsche Gesetzgeber mit der Anerkennung virtueller Versammlungen im Aktien- oder Genossenschaftsrecht bereits vorgezeichnet hat.[57] Da sich die kollektive Meinungsbildung und -äußerung durch virtuelle Versammlungen ebenso gut wie durch „klassische" physische Versammlungen vollziehen kann, spricht kein Grund dafür, die beiden Formen verfassungsrechtlich unterschiedlich zu behandeln. Vielmehr legt es die funktionale Äquivalenz nahe, auch Versammlungen in virtuellen Umgebungen dem Schutz des Art. 8 Abs. 1 GG zu unterstellen, sofern sie die übrigen dort normierten Voraussetzung wie die Friedlichkeit der Versammlung[58] erfüllen. Für ein vergleichbares Ergebnis hinsichtlich der konventionsrechtlich durch Art. 11 Abs. 1 Var. 1 EMRK geschützten Versammlungsfreiheit streiten schließlich entsprechende Empfehlungen und Stellungnahmen des Europarates[59], die rechtlich zwar unverbind-

---

[55] Deutlich *Möhlen*, MMR 2013, 221 (227); ebenso *Hoffmann u.a.*, Die digitale Dimension der Grundrechte, S. 171 f.; *Pötters/Werkmeister*, Jura 2013, 5 (9); *Krisor-Wietfeld*, Rahmenbedingungen der Grundrechtsausübung, S. 185 ff.; *Kersten*, JuS 2017, 193 (198); *Vogelsang*, Kommunikationsformen des Internetzeitalters, S. 110 ff. mit umfangreichen Nachweisen zur Gegenansicht; a.A. etwa mit Verweis auf die bei virtuellen Versammlungen fehlende besondere Gefährdungslage, die gerade in der körperlichen Präsenz der Teilnehmer begründet liege, *Kingreen/Poscher*, Grundrechte, Rn. 813; ohne nähere Begründung *Gusy*, in: von Mangoldt/Klein/Starck (Hrsg.), GG, Art. 8 Rn. 21; *Blanke*, in: Stern/Becker (Hrsg.), Grundrechte, Art. 8 Rn. 19; unentschieden *Schneider*, in: Epping/Hillgruber (Hrsg.), GG, Art. 8 Rn. 11.3.

[56] *Möhlen*, MMR 2013, 221 (228); ausführliche Auslegung bei *Vogelsang*, Kommunikationsformen des Internetzeitalters, S. 115 ff.

[57] Vgl. § 118 Abs. 1 S. 2 AktG, § 43 Abs. 7 S. 2 GenG – Hinweis bei *Möhlen*, MMR 2013, 221 (227).

[58] Hierzu *Vogelsang*, Kommunikationsformen des Internetzeitalters, S. 139 f.

[59] Exemplarisch Nr. 5 der Declaration of the Committee of Ministers on the protection of freedom of expression and freedom of assembly and association with regard to privately operated Internet platforms and online service providers, adopted by the Committee of Ministers on 7 December 2011 at the 1129th meeting of the Ministers' Deputies; Nr. 1 und 6 der Recommendation CM/Rec(2012)4 of the Committee of Ministers to member States on the protection of human rights with regard to social networking services, adopted by the Committee of Ministers on 4 April 2012 at the 1139th meeting of the Ministers' Deputies; Art. 1 Spstr. 8 der Recommendation CM/Rec(2007)16 of the Committee of Ministers to member states on measures to promote the public service value of the Internet, adopted by the Committee of Ministers on 7 November 2007 at the 1010th meeting of the Ministers' Deputies. Weitere Nachweise zu ähnlichen Empfehlungen internationaler Organisationen bei *Vogelsang*, Kommunikationsformen des Internetzeitalters, S. 109 f.

lich sind, aber in einem phänomenologischen Verständnis des Verfassungswandels einen gleichwohl zu berücksichtigenden Kontext darstellen.

Wo sich der Schutzbereich der Versammlungsfreiheit für virtuelle Versammlungen öffnet, ist auch deren Privatrechtswirkung in den Blick zu nehmen. Schließlich gewährleistet Art. 8 Abs. 1 GG grundsätzlich nicht das Recht, sich auf fremden Eigentum zu versammeln, und seien es private Server, auf denen entsprechende virtuelle Plattformen betrieben werden. Eine Ausnahme von diesem Grundsatz erkannte das Bundesverfassungsgericht in seinem Beschluss zum Passauer „Bierdosen-Flashmob“ im Verfahren auf Erlass einer einstweiligen Anordnung allerdings für solche Fälle an, in denen die Kommunikationsfunktion der öffentlichen Straßen, Wege und Plätze zunehmend durch weitere Foren wie Einkaufszentren, Ladenpassagen oder durch private Investoren geschaffene und betriebene Plätze als – für den Publikumsverkehr offene – Orte des Verweilens, der Begegnung, des Flanierens, des Konsums und der Freizeitgestaltung ergänzt wird. Hier müssten Private im Wege der mittelbaren Drittwirkung nach den Grundsätzen praktischer Konkordanz zwischen ihren Eigentumsrechten und der Versammlungsfreiheit in Anspruch genommen werden können.[60] Wird die funktionelle Äquivalenz von „klassischen“ und virtuellen Versammlungen ernst genommen, sind auch die bundesverfassungsgerichtlich entwickelten Grundsätze zur Kommunikationspflichtigkeit privaten Eigentums auf virtuelle Versammlungen zu übertragen. Überall dort, wo die virtuellen Umgebungen öffentliche Foren bereitstellen, entfaltet sich die Privatrechtswirkung der Versammlungsfreiheit und bindet den Serverbetreiber an die Versammlungsfreiheit der Teilnehmer.[61]

II. Fernmeldegeheimnis

Ohne nennenswerte Kontroversen hat sich dagegen die grundrechtliche Dynamik bei dem durch Art. 10 Abs. 1 Var. 3 GG verbürgten Fernmeldegeheimnis entfaltet. Dieses schützt die private Kommunikation auf räumliche Distanz, wobei das Fernmeldegeheimnis für die unkörperliche Nachrichtenübermittlung, das ebenfalls in Art. 10 Abs. 1 GG gewährleistete Brief- und Postgeheimnis dagegen für die körperliche Nachrichtenübermittlung gilt. Auf den technischen Wandel des (mit dem Fernmeldeverkehr identischen) Telekommunikationswesens reagiert das Bundesverfassungsgericht in ständiger Rechtsprechung mit einer dynamischen Interpretation des Schutzbereichs des Fernmeldegeheimnisses. Das Grundrecht sei entwicklungsoffen und umfasse nicht nur die bei Entstehung des Grundgesetzes bekannten Arten der Nachrichtenübermittlung, sondern auch neuartige Übertragungstechniken. Die

[60] BVerfG, NJW 2015, 2485 f., unter Fortführung von BVerfGE 128, 226 (251); vgl. dazu *Frau*, RW 2016, 625 (631 ff.).

[61] Vgl. *Kersten*, JuS 2017, 193 (200) = *Giesen/Kersten*, NZA 2018, 1 (7).

Reichweite des Grundrechts beschränke sich daher nicht auf die früher von der Deutschen Bundespost angebotenen Fernmeldedienste, sondern erstrecke sich auf jede Übermittlung von Informationen mit Hilfe der verfügbaren Telekommunikationstechniken, wobei es auf die konkrete Übermittlungsart (Kabel oder Funk, analog oder digital) und Ausdrucksform (Sprache, Bilder, Töne, Zeichen oder sonstige Daten) nicht ankomme.[62] Das grundrechtlich verbürgte Fernmeldegeheimnis ist somit in der Lage, den Wandel der technischen Rahmenbedingungen privater Kommunikation auf Distanz zu verarbeiten[63], wenngleich die Grenzen zwischen Individual- und Massenkommunikation wegen der durch die Digitalisierung im technischen Sinne bedingten Konvergenz zunehmend verschwimmen[64].

Der technische Wandel führt nicht nur zu einer Dynamisierung des Schutzbereichs des Fernmeldegeheimnisses, sondern auch zu einem Bedeutungszuwachs objektiv-rechtlicher Gehalte des Grundrechts in Form von Schutzpflichten gegen Zugriffe von fremden Staaten[65] wie von nicht-staatlichen Dritten auf die private Kommunikation.[66] Solche Schutzpflichten wurden dem Grunde nach auch schon bei der Vorgängernorm des Art. 117 WRV überwiegend vertreten.[67] Vor allem das Bundesverfassungsgericht hat sie unter den Bedingungen der Digitalisierung näher konturiert.[68] So entfaltet das Fernmeldegeheimnis seine Wirkung nicht mehr nur als Abwehrrecht, das mit Blick auf die hohe Zahl staatlicher Überwachungsmaßnahmen des Telekommunikationsverkehrs gleichwohl nicht an Bedeutung verliert[69] und auch für die extraterritoriale Telekommunikationsüberwachung durch die deutsche Hoheitsgewalt unabhängig von Nationalität und Standort der Kommunikationsteilnehmer Geltung beansprucht, wenn „eine im Ausland stattfindende Telekommunikation

[62] BVerfGE 115, 166 (182 f.); vgl. auch BVerfGE 46, 120 (144); 124, 43 (54).

[63] Vgl. – jeweils m.w.N. – nur *Gusy*, in: von Mangoldt/Klein/Starck (Hrsg.), GG, Art. 10 Rn. 20 ff.; *Durner*, in: Maunz/Dürig (Hrsg.), GG, Art. 10 Rn. 4, 47.

[64] Vgl. *Stettner*, in: Merten/Papier (Hrsg.), HGR IV, § 92 Rn. 33; *Hermes*, in: Dreier (Hrsg.), Art. 10 Rn. 40.

[65] Dazu etwa *Neubert*, AöR 140 (2015), 267 (273 ff., dort auch zu Inhalt und Umfang der Schutzpflichten – S. 278 ff.); aus völkerrechtlicher Perspektive *Aust*, AVR 52 (2014), 375 (378 ff.).

[66] In diesem Zusammenhang *Papier*, NJW 2017, 3025 (3026 f.).

[67] Vgl. die Nachweise von *Hermes*, in: Dreier (Hrsg.), Art. 10 Rn. 92 Fn. 400, zum Streitstand bei Art. 117 WRV.

[68] Ein Defizit hinsichtlich der Wandelbarkeit der Wirkungsdimensionen von Grundrechten im Netz sowie ein „auffällig uninnovativ[es]“ Wirken von „Verfassungsrecht, Verfassungsrechtsprechung und Verfassungsrechtswissenschaft“ angesichts der Herausforderungen für die Wirkungsdimension der Grundrechte im Netz konstatieren dagegen *Schliesky u.a.*, Schutzpflichten und Drittwirkung im Internet, S. 119 (freilich relativiert für „rein nationale Sachverhalte“).

[69] Exemplarisch die Telekommunikationsüberwachungsstatistiken des Bundesamts für Justiz für Maßnahmen nach §§ 100a sowie 100g StPO, abrufbar unter https://www.bundesjustizamt.de/DE/Themen/Buergerdienste/Justizstatistik/Telekommunikation/Telekommunikationsueberwachung.html (Abrufdatum: 14.6.2019).

durch Erfassung und Auswertung im Inland hinreichend mit einem inländischen staatlichen Handeln verknüpft ist"[70]. Art. 10 Abs. 1 GG enthalte auch „einen Auftrag an den Staat, Schutz auch insoweit vorzusehen, als private Dritte sich Zugriff auf die Kommunikation verschaffen", wobei sich „[d]er Schutzauftrag [...] nach der [...] Liberalisierung des Telekommunikationswesens auch auf die von Privaten betriebenen Telekommunikationsanlagen [bezieht]"[71]. Der Gesetzgeber hat demnach mit den Mitteln des Straf-, Zivil- und Verwaltungsrechts Vorsorge gegen Beeinträchtigungen des Geheimnisschutzes durch private Dritte zu treffen[72] – nicht nur infolge der Privatisierung und Liberalisierung des vormals staatlichen Telekommunikationswesens[73]. Das Leitbild digitaler Souveränität rückt diesen Funktionswandel des Fernmeldegeheimnisses in ein prominenteres Licht und adressiert damit gewandelte Gefährdungslagen, die durch „die Verfügbarkeit der Daten und deren Nutzung [sowie] die Zahl der eingeschalteten Netzbetreiber und Diensteanbieter, der Nutzungs- und Zugriffsmöglichkeiten befugter wie unbefugter Dritter"[74] verursacht werden und denen Teile der Forschung mit einem Konzept der *e-Privacy* begegnen wollen[75].

Wo der Schutzbereich des Fernmeldegeheimnisses trotz einer dynamischen Interpretation endet, weil etwa personenbezogene Daten betroffen sind, die zwar im Zusammenhang mit einem Kommunikationsvorgang stehen, diesen aber nicht konkret betreffen[76], oder weil es um den Zugriff auf Daten geht, die nach Abschluss des Kommunikationsvorgangs im alleinigen Herrschaftsbereich eines Kommunikationsteilnehmers gespeichert sind[77], bringt das Bundesverfassungsgericht die allgemeineren Grundrechte auf Schutz der informationellen Selbstbestimmung bzw. auf Gewährleistung der Vertraulichkeit und

---

[70] BVerfGE 100, 313 (363 f.; 2. Leitsatz), mit Verweis auf die „technisch-informationelle Beziehung zu den jeweiligen Kommunikationsteilnehmern und ein[en] – den Eigenarten von Daten und Informationen entsprechende[n] – Gebietskontakt", die durch die „auf deutschem Boden stationierten Empfangsanlagen des Bundesnachrichtendienstes" hergestellt werden. Das Bundesverfassungsgericht hat in dieser Entscheidung aber ausdrücklich offen gelassen, ob überhaupt ein Gebietskontakt erforderlich ist; vgl. m.w.N. zum Streitstand etwa *Durner*, in: Maunz/Dürig (Hrsg.), GG, Art. 10 Rn. 65; *Hoffmann-Riem*, JZ 2014, 53 (55 f.); außerdem *Papier*, NVwZ-Extra 15/2016, 1 (5 f.).

[71] BVerfGE 106, 28 (37); ebenso BVerfG (K), NJW 2007, 3055.

[72] *Hermes*, in: Dreier (Hrsg.), Art. 10 Rn. 92 m.w.N.; vgl. auch *Stettner*, in: Merten/Papier (Hrsg.), HGR IV, § 92 Rn. 89 ff.; *Gusy*, in: von Mangoldt/Klein/Starck (Hrsg.), GG, Art. 10 Rn. 38 ff.

[73] In diesem Zusammenhang etwa *Groß*, JZ 1999, 326 (332 ff.); *Badura*, FS Amelung, S. 529 (531 ff.).

[74] *Gusy*, in: von Mangoldt/Klein/Starck (Hrsg.), GG, Art. 10 Rn. 23; vgl. auch *J. Eichenhofer*, Der Staat 55 (2016), 41 (46 f.).

[75] Vgl. nur *Gusy/Eichenhofer/Schulte*, JÖR 64 (2016), 385 (387 ff.).

[76] Vgl. zum verfassungsrechtlichen Schutz sogenannter Bestandsdaten BVerfGE 130, 151 (179 ff.).

[77] BVerfGE 120, 274 (306 ff.); anders bei der Beschlagnahme von E-Mails auf dem Server des Providers, BVerfGE 124, 43 (56 f.).

Integrität informationstechnischer Systeme in Stellung.[78] Hierbei mag eine genaue Abgrenzung der grundrechtlichen Schutzbereiche im Einzelfall schwierig erscheinen. Sie ist jedoch schon wegen des Zitiergebots des Art. 19 Abs. 1 S. 2 GG, das für gesetzliche Einschränkungen des Fernmeldegeheimnisses gilt, unabdingbar.[79] Jenseits dessen relativiert das Bundesverfassungsgericht die Unterschiede zwischen den genannten Grundrechten in gewissem Maße, soweit personenbezogene Daten betroffen sind. Dann sind nach ständiger Rechtsprechung die Anforderungen, die für Eingriffe in das Grundrecht auf informationelle Selbstbestimmung gelten, grundsätzlich auf Eingriffe in das speziellere Grundrecht aus Art. 10 Abs. 1 GG zu übertragen, so dass sich etwa die Voraussetzungen und der Umfang der Beschränkungen aus dem Gesetz klar und für den Bürger erkennbar ergeben und Anlass, Zweck und Grenzen des Eingriffs in das Fernmeldegeheimnis in der Ermächtigung bereichsspezifisch und präzise bestimmt sein müssen.[80] Das Fernmeldegeheimnis erfährt insofern durch die Übertragung von Schranken-Schranken eine Schutzverstärkung durch das Grundrecht auf informationelle Selbstbestimmung.[81] Gegen eine Kritik am „Rechtsprechungsaktivismus" des Bundesverfassungsgerichts im Bereich des Brief-, Post- und Fernmeldegeheimnisses wurde mit Recht daran erinnert, dass die vom Gericht unternommene dynamische Entwicklung die grundrechtlichen Gewährleistungen effektiviert, eine Reihe erheblicher Abgrenzungsfragen am Rande der Schutzbereiche des Art. 10 entschärft und auch den Anschluss der grundgesetzlichen Gewährleistungen an den breiten Schutzbereich der völkerrechtlichen Kommunikationsgrundrechte sowie zahlreicher jüngerer westlicher Verfassungen garantiert.[82]

C. Innovation

Grundrechtsinnovationen treten auf den Plan, wenn die Möglichkeiten der Interpretation vorhandener Grundrechte nicht ausreichen, um neuen Freiheitsgefährdungen wirksam zu begegnen. Sie sollen dementsprechend festgestellte Lücken des Grundrechtsschutzes schließen. Als Reaktion auf Freiheitsgefährdungen ist die Kreation von Grundrechten zunächst nichts Ungewöhnliches, wie ein verfassungshistorischer Rückblick verdeutlicht: Denn „regelmäßig [waren] es die in bestimmten historischen Situationen virulent gewordenen konkreten Gefährdungen der körperlichen Unversehrtheit und persönlichen Freiheit oder der unterschiedlichen Ausdrucksformen der Autonomie des

---

[78] Vgl. *Hermes*, in: Dreier (Hrsg.), Art. 10 Rn. 44 f.

[79] Vgl. BVerfGE 130, 151 (205); *Hermes*, in: Dreier (Hrsg.), Art. 10 Rn. 46.

[80] BVerfGE 100, 313 (359 f.); 110, 33 (53); 115, 166 (189); 124, 43 (60); 125, 260 (310).

[81] Dogmatische Kritik etwa bei *Durner*, in: Maunz/Dürig (Hrsg.), GG, Art. 10 Rn. 137 ff.

[82] So *Durner*, in: Maunz/Dürig (Hrsg.), GG, Art. 10 Rn. 4.

Menschen […], die als Negativ für die anschließende Gewährleistung entsprechender Rechte fungierten“[83]. Zum Thema des Verfassungswandels werden Grundrechtsinnovationen aber dort, wo bereits ein geschriebener Grundrechtskatalog existiert, dessen Gewährleistungen in Anbetracht neuer, bei Inkrafttreten des Grundrechtskatalogs nicht vorhersehbarer Entwicklungen jedoch zu kurz greifen.

Das Bundesverfassungsgericht hat mit dem Grundrecht auf informationelle Selbstbestimmung[84] sowie dem Grundrecht auf Gewährleistung der Vertraulichkeit und Integrität informationstechnischer Systeme[85] zwei Grundrechtsinnovationen anerkannt, die es als verfassungsrechtliche Antwort auf neuartige Freiheitsgefährdungen infolge des technologischen Fortschritts versteht und verfassungsrechtsdogmatisch als – selbständige – Ausprägungen des durch Art. 2 Abs. 1 i.V.m. Art. 1 Abs. 1 GG geschützten Allgemeinen Persönlichkeitsrecht konzeptionalisiert, das selbst eine (durch die innovative Rechtsprechung des BGH beförderte) Grundrechtsinnovation darstellte[86]. Dabei mag die Frage, ob das Gericht die Grundrechte – wie die Anknüpfung an das Allgemeine Persönlichkeitsrecht nahelegt – im Wege der Konkretisierung nur gefunden[87] oder tatsächlich erfunden hat, auf den ersten Blick nebensächlich erscheinen. Hinter dieser nur scheinbar belanglosen Spielerei mit Worten verbirgt sich jedoch das alte, gleichwohl drängende Problem der Legitimation des Bundesverfassungsgerichts zur Fortbildung des Verfassungsrechts in Form von Grundrechtsinnovationen.[88] Bei der Fokussierung auf die oben bereits erörterte[89] Frage nach der verfassungsgerichtlichen Legitimation für die Rechtsfortbildung gerät jedoch allzu schnell jene Pluralität der Akteurskonstellation eines Verfassungswandels aus dem Blick, auf die ein phänomenologisches Ver-

[83] *Siehr*, Das Recht am öffentlichen Raum, S. 29.

[84] BVerfGE 65, 1.

[85] BVerfGE 120, 274.

[86] Vgl. nur *Hornung*, Grundrechtsinnovationen, S. 258 ff. m.w.N.

[87] *Di Fabio*, Grundrechtsgeltung in digitalen Systemen, S. 45; vgl. auch *Voßkuhle*, JZ 2009, 917 (920 f.), der die Erfindung neuer offener Grundrechte in Anführungsstriche setzt und als grundrechtserweiternde Rechtsprechung bezeichnet.

[88] Zur Innovationskompetenz ausführlich *Hornung*, Grundrechtsinnovationen, S. 387 ff. Dessen von der innovationstheoretischen Diskussion übernommene Unterscheidung in zeitlicher und qualitativer Hinsicht zwischen Basisinnovationen („grundsätzliche und abrupte Neuschöpfungen“) und inkrementellen Innovationen („schrittweise Veränderungen, deren Neuerungsgrad im Detail viel geringer ausfällt, die bei einem Vergleich von Anfangs- und Endpunkt nach einer gewissen Zahl von Iterationen aber ähnlich wie Basisinnovationen eine signifikante Neuerung zutage fördern“) spiegelt die unterschiedlichen Legitimationsanforderungen an das Bundesverfassungsgericht an der bisweilen prekären Grenze zwischen Auslegung und Fortbildung des Verfassungsrechts wider (Unterscheidung und Zitate auf S. 145). Komprimierte Verteidigung des Bundesverfassungsgerichts gegen die Kritik bei *Hoffmann-Riem*, Innovation und Recht – Recht und Innovation, S. 550 ff.

[89] Zum legitimatorischen Aspekt des Verfassungswandels durch die Verfassungsgerichtsbarkeit siehe oben, S. 125 ff.

ständnis des Verfassungswandels aufmerksam macht und ohne die vor allem das Grundrecht auf informationelle Selbstbestimmung wohl nicht Einzug in das Volkszählungsurteil des Bundesverfassungsgerichts gefunden hätte.[90]

In den nunmehr über 35 bzw. 10 Jahren seit Verkündung der verfassungsgerichtlichen Entscheidungen waren beide Grundrechtsinnovationen Gegenstand ausführlicher verfassungsrechtsdogmatischer wie verfassungstheoretischer Erörterungen.[91] Die nachfolgenden Ausführungen beschränken sich deshalb darauf, die beiden Grundrechtsinnovationen aus der Perspektive eines phänomenologisch verstandenen Verfassungswandels zu beleuchten, der sich unter dem Leitbild digitaler Souveränität vollzieht. Besonderes Augenmerk gilt dabei den Akteuren und den Gründen des Verfassungswandels.

I. Grundrecht auf informationelle Selbstbestimmung

1. Vorarbeit der Wissenschaft

Die bundesverfassungsgerichtliche Anerkennung des Grundrechts auf informationelle Selbstbestimmung ist maßgeblich durch wissenschaftliche Vorarbeiten geprägt, ohne dass die bisweilen wortgleichen Übernahmen im Volkszählungsurteil ausgewiesen worden wären.[92] Die rechtswissenschaftliche Forschung hat diesen Umstand inzwischen gleichwohl zweifelsfrei offengelegt und entsprechende Verbindungs- und Einflusslinien nachgezeichnet.[93]

Der Begriff der informationellen Selbstbestimmung findet sich erstmals in einem für das Bundesministerium des Innern im Jahr 1971 erstatteten Gutachten zu Grundfragen des Datenschutzes, das zur Vorbereitung der künftigen

---

[90] Vgl. etwa *Hoffmann-Riem*, Innovation und Recht – Recht und Innovation, S. 533.

[91] Monographisch etwa *Vogelgesang*, Grundrecht auf informationelle Selbstbestimmung? (1987); *Höfelmann*, Das Grundrecht auf informationelle Selbstbestimmung (1997); *Albers*, Informationelle Selbstbestimmung (2005); *Drallé*, Das Grundrecht auf Gewährleistung der Vertraulichkeit und Integrität informationstechnischer Systeme (2010); *Herrmann*, Das Grundrecht auf Gewährleistung der Vertraulichkeit und Integrität informationstechnischer Systeme (2010); *Heinemann*, Grundrechtlicher Schutz informationstechnischer Systeme (2015); *Hauser*, Das IT-Grundrecht (2015).

[92] Die Gründe sind freilich Spekulation: Ob die Verfasser der einschlägigen wissenschaftlichen Stellungnahmen wegen eines entsprechenden internen Beschlusses der Senatsmitglieder nicht zitiert wurden (so *Podlech*, Leviathan 12 [1984], 85 [91]), vielleicht auch „weil man sich wohl über die geistige Urheberschaft innerhalb des Gerichts [scil. zwischen dem Präsidenten des Bundesverfassungsgerichts *Benda* und dem Berichterstatter *Heußner*] nicht einig war" (so *Wihl*, Die Vorbereitung „neuer Grundrechte", S. 12 m. w. N.), oder „um die Akzeptanz der Entscheidung im Richterkollegium angesichts der teils als ‚links' bekannten Beschwerdeführer nicht zu gefährden" (so *Steinmüller*, RDV 2007, 158 [161]), lässt sich nicht aufklären.

[93] Vgl. hierzu mit umfassender Einordnung in den zeitgenössischen rechts- und sozialwissenschaftlichen Diskurs *Wihl*, Die Vorbereitung „neuer Grundrechte", S. 4 ff.; siehe auch *Bull*, Informationelle Selbstbestimmung, S. 22 ff.; *Hornung*, Grundrechtsinnovationen, S. 266 ff. Aus Beteiligtenperspektive *Steinmüller*, RDV 2007, 158 ff.

Datenschutzgesetzgebung des Bundes in Auftrag gegeben wurde.[94] Da das von der Zivilgerichtsbarkeit konturierte Allgemeine Persönlichkeitsrecht zu dieser Zeit noch nicht vom Bundesverfassungsgericht in den Rang eines Grundrechts erhoben worden war[95], hat das Gutachten datenschutzrechtliche Grundsätze unter Rückgriff auf kommunikationstheoretische und soziologisch-kybernetische Theorien[96] entwickelt, wobei es das informationelle Selbstbestimmungsrecht im Recht auf freie Persönlichkeitsentfaltung nach Art. 2 Abs. 1 GG verortete[97]. Dieses garantiere „das Selbstbestimmungsrecht des Bürgers über sein informationelles Personenmodell“ bzw. darüber, „welche Individualinformationen er unter welchen Umständen an wen abgibt“[98].

Neben anderen wissenschaftlichen Beiträgen[99] war es dann vor allem die Kommentierung eines der Beschwerdeführer zu Art. 2 Abs. 1 GG, die dem Bundesverfassungsgericht vor seiner Entscheidung in den Druckfahnen vorgelegen[100] und die es in den wesentlichen Stellen bisweilen wortgleich rezipiert hat. Hier findet sich jene berühmte Feststellung, die das Bundesverfassungsgericht in das Zentrum seiner Argumentation im Volkzählungsurteil stellen sollte: Danach wäre mit Art. 2 Abs. 1 „eine tatsächliche Gesellschaftsordnung und eine diese ermöglichende Rechtsordnung nicht vereinbar, in der Bürger nicht mehr wissen können, wer was wann wo und bei welcher Gelegenheit über sie weiß“[101], „da [ihnen] diese Unsicherheit bereits die Möglichkeit nimmt, Handlungen in die Zukunft hinein und aus eigener Verantwortung zu planen und zu entscheiden. Diesen Schutzbereich des Art. 2 Abs. 1 nennt man das informationelle Selbstbestimmungsrecht“[102]. Vorgezeichnet war darin auch die Abkehr von dem bisher in der bundesverfassungsgerichtlichen

---

[94] *Steinmüller u.a.*, Grundfragen des Datenschutzes, veröffentlicht in BT-Drs. VI/3826, S. 5 ff.

[95] Dies geschah erst 1973 im Soraya-Beschluss – BVerfGE 34, 269 (281 f.).

[96] Zu Verbindungslinien des Gutachtens zur grundrechtstheoretischen Arbeit von *Luhmann*, Grundrechte als Institution (1965), siehe *Kaiser*, Die Kommunikation der Verwaltung, S. 180 ff.; *Wihl*, Die Vorbereitung „neuer Grundrechte“, S. 6 ff.

[97] Die Verfasser des Gutachtens ergänzen ihr Modell zwar durch eine Auslegung des Begriffs der Persönlichkeitsentfaltung mit Hilfe des Art. 1 Abs. 1 GG, gestehen der ergänzenden Auslegung aber nur „Unterstützungswert [zu]; sie ist nach unserer Auffassung nicht in der Lage, eine neue Theorie zu Artikel 2 Abs. 1 zu tragen“ (*Steinmüller u.a.*, Grundfragen des Datenschutzes, BT-Drs. VI/3826, S. 5 [88]).

[98] Beide Zitate bei *Steinmüller u.a.*, Grundfragen des Datenschutzes, BT-Drs. VI/3826, S. 5 (88). Ähnliche Formulierung zuvor schon bei der grundlegenden Abhandlung von *Westin*, Privacy and Freedom, S. 7: „Privacy is the claim of individuals, groups, or institutions to determine for themselves when, how, and to what extent information about them is communicated to others“.

[99] Vgl. etwa *Podlech*, DVR 1 (1972), 149; *ders.*, in: Perels (Hrsg.), Grundrechte als Fundament der Demokratie, S. 50 ff.; *Schwan*, VerwArch 66 (1975), 120; *Mallmann*, Datenschutz in Verwaltungs-Informationssystemen, S. 47 ff.; *Gallwas*, Der Staat 18 (1979), 507.

[100] So *Podlech*, in: AK GG², Art. 2 Abs. 1 Rn. 45; *Steinmüller*, RDV 2007, 158 (160).

[101] *Podlech*, in: AK GG, Art. 2 Abs. 1 Rn. 45; fast wortgleich in BVerfGE 65, 1 (43).

[102] Ebd. und wiederum ähnlich in BVerfGE 65, 1 (43).

Rechtsprechung[103] vertretenen, eher an der Sphärentheorie und einem substanzhaft-räumlichen absoluten Eigentumsmodell des Persönlichkeitsschutzes orientierten Paradigma der Privatheit hin zu einem kommunikationsbasierten Ansatz, bei dem Privatheit nicht als Zustand isolierten Alleinseins von Individuen, sondern als eine mögliche Eigenschaft des Umgangs mit anderen, als soziale Eigenschaft einer Person gedacht wird.[104] Insgesamt ergibt sich im Rückblick das Bild einer „hoch komplexen, stark wirklichkeitswissenschaftlich angeleiteten Vorbereitung durch die Rechtswissenschaft über mehr als ein Jahrzehnt", bei der sich „[a]llgemein-öffentliche Diskussionen um EDV, Planung und Terrorabwehr [...] mit dem Aufschwung der Kybernetik, Soziologie, Sozialpsychologie und Kommunikationswissenschaften und der Öffnung eines Teils der eher westernisierten Verfassungsrechtslehre für US-amerikanische Impulse und ‚nachbarwissenschaftliche' Perspektiven [verbanden]"[105].

2. *Zivilgesellschaftliche Bewegung*

Den Kontext der Volkzählungsentscheidung bilden nicht nur die „Bedingungen moderner Informationsverarbeitungstechnologien"[106], sondern ebenso eine breite gesellschaftliche Debatte, unter deren Eindruck das Bundesverfassungsgericht sein Urteil zu fällen hatte, auch wenn diese sich nicht unmittelbar in rechtsdogmatischen Aussagen des Gerichts niedergeschlagen hat.[107] So stellte das Gericht gleich zu Beginn der Urteilsgründe fest, dass die durch das Volkszählungsgesetz angeordnete Datenerhebung „Beunruhigung auch in solchen Teilen der Bevölkerung ausgelöst [hat], die als loyale Staatsbürger das Recht und die Pflicht des Staates respektieren, die für rationales und planvolles staatliches Handeln erforderlichen Informationen zu beschaffen", zumal

> „[d]ie Möglichkeiten der modernen Datenverarbeitung [...] weithin nur noch für Fachleute durchschaubar [sind] und [...] beim Staatsbürger die Furcht vor einer unkontrollierbaren Persönlichkeitserfassung selbst dann auslösen [können], wenn der Gesetzgeber lediglich solche Angaben verlangt, die erforderlich und zumutbar sind".[108]

Dabei nahm die Debatte ihren Ausgang gar nicht im Protest gegen staatlichen Datenmissbrauch. Vielmehr sollte der Widerstand gegen die Volkszählung zunächst für den Protest aus den Reihen der Ökologie- und Friedensbewegung gegen die Nachrüstung mit Mittelstreckenraketen und „gegen eine Politik der

---

[103] Vgl. BVerfGE 27, 1 (6 f.); 35, 202 (219 ff.).

[104] *Podlech*, in: AK GG^2, Art. 2 Abs. 1 Rn. 35 ff., 53; vgl. auch *Wihl*, Die Vorbereitung „neuer Grundrechte", S. 7.

[105] *Wihl*, Die Vorbereitung „neuer Grundrechte", S. 11.

[106] Vgl. BVerfGE 65, 1 (42).

[107] Vgl. hierzu auch die Einschätzung des Urteils vor dem Hintergrund von George Orwells Dystopie „1984" bei *Hufen*, JZ 1984, 1072 f.

[108] BVerfGE 65, 1 (3 f.).

Selbstvernichtung“ instrumentalisiert werden.[109] Nachdem aber bald durch Datenschutzbeauftrage und datenschutzrechtlich versierte Juristen vorgetragene (verfassungs-)rechtliche Bedenken gegen das Volkszählungsgesetz die Diskussion dominierten, die sich die zahlreichen Verfassungsbeschwerden von Initiativen und einzelnen Bürgern denn auch zu eigen machten, sah sich das Gericht genötigt, mit Blick auf die bisherige „nur [...] lückenhafte verfassungsgerichtliche Rechtsprechung [...] die verfassungsrechtlichen Grundlagen des Datenschutzes umfassender zu prüfen“.[110] Zur Entscheidung mag letztlich auch der Eindruck beigetragen haben, den der seinerzeitige Bundesinnenminister Friedrich Zimmermann in der mündlichen Verhandlung geboten haben soll, als er – gleichsam sinnbildlich für die aufgeheizte politische Stimmung jener Tage – die „dort anwesende vollständige Riege der Datenschutzbeauftragten des Bundes und der Länder zusammen mit den Beschwerdeführern als Verfassungsfeinde apostrophierte“[111].

3. Rezeption durch das Bundesverfassungsgericht

Das Gericht erklärte das durch Art. 2 Abs. 1 i.V.m. Art. 1 Abs. 1 GG geschützte allgemeine Persönlichkeitsrecht zum einschlägigen Prüfungsmaßstab und stellte mit Blick auf seine bisherige Rechtsprechung fest, dass die dort vorgenommenen Konkretisierungen den Inhalt des Persönlichkeitsrechts nicht abschließend umschreiben. Zwar verbürge das Allgemeine Persönlichkeitsrecht in seiner Ausformung durch die bisherige Rechtsprechung die aus dem Gedanken der Selbstbestimmung folgende Befugnis des Einzelnen, grundsätzlich selbst zu entscheiden, wann und innerhalb welcher Grenze persönliche Lebenssachverhalte offenbart werden. Durch die Möglichkeiten der automatischen Datenverarbeitung entstünde aber eine neuartige Gefährdungslage, da bei Entscheidungsprozessen nun nicht mehr auf manuell zusammengetragene Karteien oder Akten zurückgegriffen werden müsse, sondern personenbezogene Daten unbegrenzt speicherbar und jederzeit abrufbar seien und mit anderen Datensammlungen zu einem teilweise oder weitgehend vollständigen Persönlichkeitsbild zusammengefügt werden könnten, ohne dass der Betroffene die Richtigkeit und Verwendung der Daten hinreichend kontrollieren könne.

Hiergegen sei das Recht auf informationelle Selbstbestimmung in Stellung zu bringen, das dem Einzelnen auch unter den Bedingungen moderner Informationsverarbeitungstechnologien die Freiheit sichere, sich für ein künftiges Tun oder Unterlassen zu entscheiden und sich der Entscheidung entsprechend auch tatsächlich zu verhalten. Diese Planungs- und Entscheidungsfrei-

[109] So *Busch/Jakobi*, in: Hönnige/Kneip/Lorenz (Hrsg.), Verfassungswandel im Mehrebenensystem, S. 297 (300); das Zitat bei *Pfetsch*, in: Klingemann/Kaase (Hrsg.), Wahlen und politischer Prozeß, S. 201 (216, 229 f.).

[110] Beide Zitate BVerfGE 65, 1 (4).

[111] Im Rückblick *Steinmüller*, RDV 2007, 158 (161).

heit aus eigener Selbstbestimmung könne wesentlich gehemmt sein, wenn der Einzelne nicht mit hinreichender Sicherheit überschauen könne, welche ihn betreffenden Informationen in bestimmten Bereichen seiner sozialen Umwelt bekannt sind, und das Wissen möglicher Kommunikationspartner nicht einigermaßen abzuschätzen vermag. Das Recht auf informationelle Selbstbestimmung schütze den Einzelnen daher gegen die unbegrenzte Erhebung, Speicherung, Verwendung und Weitergabe seiner persönlichen Daten und gewährleiste die Befugnis des Einzelnen, grundsätzlich selbst über die Preisgabe und Verwendung seiner personenbezogenen Daten zu entscheiden. Dabei gebe es wegen der der Informationstechnologie eigenen Verarbeitungs- und Verknüpfungsmöglichkeiten auch kein belangloses Datum mehr.[112]

Aus dem Blickwinkel eines phänomenologisch verstandenen Verfassungswandels ist neben der vordergründigen Anerkennung eines neuen Grundrechts auf informationelle Selbstbestimmung mindestens dreierlei an der Entscheidung bemerkenswert: (1.) Das Gericht sichert seine Grundrechtsinnovation zunächst in zweifacher Hinsicht argumentativ ab. Zum einen verweist es auf den Schutz vor Beeinträchtigungen der individuellen Entfaltungsmöglichkeiten des Einzelnen, zum anderen legt es dem Grundrecht einen zusätzlichen, gleichsam objektivierten Schutzgehalt als Beitrag zur Sicherung des Gemeinwohls bei, da „Selbstbestimmung eine elementare Funktionsbedingung eines auf Handlungsfähigkeit und Mitwirkungsfähigkeit seiner Bürger begründeten freiheitlichen demokratischen Gemeinwesens ist“[113]. Innovativ war mithin nicht nur die Entdeckung, sondern auch die Begründung des Grundrechts, die die individuelle mit einer kollektiven Schutzdimension in einer Weise verbindet, die die Wissenschaft freilich schon vorgezeichnet hatte – der vom Gericht bemühte Hinweis auf die Dysfunktionalität einer Gesellschaftsordnung, „in der Bürger nicht mehr wissen können, wer was wann und bei welcher Gelegenheit über sie weiß“[114], stammte aus fremder Feder. (2.) Ebenfalls wissenschaftlich vorgezeichnet war sodann der Abschied des Verfassungsgerichts vom Sphärenmodell des Persönlichkeitsschutzes, den das Gericht – zumindest im Hinblick auf den Schutz der informationellen Selbstbestimmung – mit der Entscheidung vollzogen hat. Es erkannte, dass der Einzelne nicht ein Recht im Sinne einer absoluten, uneinschränkbaren Herrschaft über seine Daten habe, sondern eine sich innerhalb der sozialen Gemeinschaft entfaltende und auf Kommunikation angewiesene Persönlichkeit sei. Hinweise auf die Gemeinschaftsbezogenheit und Gemeinschaftsgebundenheit der Person finden sich zwar schon in der früheren Rechtsprechung.[115] Indem das Gericht Informationen aber als ein Abbild sozialer Realität anerkannte, das nicht ausschließlich

[112] BVerfGE 65, 1 (41 ff.).
[113] BVerfGE 65, 1 (43).
[114] BVerfGE 65, 1 (43); zuvor bei *Podlech*, in: AK GG, Art. 2 Abs. 1 Rn. 45.
[115] Vgl. die Nachweise bei BVerfGE 65, 1 (44).

dem Betroffenen zugeordnet werden könne, machte es sich konkludent entsprechende rechts- und sozialwissenschaftliche Vorarbeiten zu eigen und eröffnete zugleich die Möglichkeit, das Recht auf informationelle Selbstbestimmung aus Gründen eines überwiegenden Allgemeininteresses auf gesetzlicher, dem Gebot der Normenklarheit entsprechender Grundlage einzuschränken[116]. (3.) Im Zusammenhang mit der Einschränkbarkeit des Grundrechts auf informationelle Selbstbestimmung erhob das Gericht schließlich jene Grundsätze des Datenschutzes in den Verfassungsrang, die der einfache Datenschutzgesetzgeber in Bund und Ländern bereits zuvor in Gesetzesform gegossen und die Wissenschaft entsprechend kommentiert hatte und die auch heute noch national wie international zum Kernbestand des Datenschutzrechts gehören. Hierzu zählen etwa die Zweckfestlegung, Zweckbindung und Zweckbegrenzung, der Grundsatz der Datenminimierung, die Gewährleistung von Betroffenenrechten, die vom Gericht aus dem Verhältnismäßigkeitsgrundsatz abgeleitete Pflicht zu organisatorischen und verfahrensrechtlichen Datenschutzvorkehrungen, insbesondere die Kontrolle durch unabhängige Stellen, oder das Prinzip informationeller Gewaltenteilung.[117]

Das Recht auf informationelle Selbstbestimmung bildet mithin eine Grundrechtsinnovation, die auf den technologischen Wandel und die damit verbundenen Risiken reagiert und die das Bundesverfassungsgericht in der Folgezeit aufgegriffen und fortentwickelt hat, ohne aber die grundlegenden Aussagen des Volkszählungsurteils zu revidieren.[118]

4. *Fortentwicklung durch die Wissenschaft*

Dass das Volkszählungsurteil nicht den Schlusspunkt der Diskussion um das Grundrecht auf informationelle Selbstbestimmung bildete, sondern lediglich eine Zwischenstation der dynamischen Fortentwicklung der Grundrechtsinnovation darstellt, belegt die wissenschaftliche Auseinandersetzung mit der Entscheidung des Gerichts. Ihr geht es vor allem um „eine sachgemäße und gegenstandsadäquate Erfassung der Struktur des Rechts auf informationelle Selbstbestimmung"[119], die ihren Ausgang in einer begrifflichen Unterschei-

---

[116] So ausdrücklich BVerfGE 65, 1 (44).

[117] Vgl. BVerfGE 65, 1 (44, 46, 69).

[118] Vgl. etwa BVerfGE 84, 192 (194 f.); 96, 171 (181); 103, 21 (32 f.); 113, 29 (45 ff.); 115, 320 (341 ff.); 118, 168 (183 ff.); 120, 351 (359 ff.); 120, 378 (397 ff.); 125, 260 (307 ff.); 130, 151 (183 f.); 141, 220 (264 ff.). *Hoffmann-Riem*, Innovation und Recht – Recht und Innovation, S. 570, bezeichnet die Entdeckung des Rechts auf informationelle Selbstbestimmung – auch mit Blick auf die einfachgesetzliche Ausgestaltung und die internationale Rezeption – als „eine der folgenreichsten Innovationen der Grundrechtsjudikatur". Kritisch zur Folgerechtsprechung *Nettesheim*, VVDStRL 70 (2011), 7 (25 ff.).

[119] *Dreier*, in: Dreier (Hrsg.), GG, Art. 2 I Rn. 80. Für einen ersten Überblick über die Literaturkonzeptionen siehe *Drackert*, Die Risiken der Verarbeitung personenbezogener Daten, S. 239 ff.

dung zwischen Daten und Informationen nimmt[120]. Wenn die grundrechtsdogmatischen Bemühungen dabei als „außerordentlich filigran" beschrieben werden, bei denen „sich die dabei auftretenden Differenzen nicht immer im konkreten Ergebnis voneinander unterscheiden werden"[121], relativiert das vielleicht die „Erfolgsaussichten" für einen angestrebten Verfassungswandel, nicht aber die wissenschaftliche Leistung als solche. Und tatsächlich zeigt sich das Bundesverfassungsgericht von den wissenschaftlichen Versuchen, „das klassisch abwehrrechtlich angelegte Grundrecht zu dekonstruieren und in andere Regulierungs- und Schutzmechanismen zu überführen", auf den ersten Blick relativ unbeeindruckt.[122]

Die wissenschaftliche Kritik verfolgt dabei im Wesentlichen zwei Anliegen. In konzeptioneller Hinsicht wendet sie sich gegen die eigentumsanaloge Konstruktion des Rechts auf informationelle Selbstbestimmung durch das Gericht als „Befugnis [des Einzelnen], grundsätzlich selbst über die Preisgabe und Verwendung ‚seiner' persönlichen Daten zu bestimmen"[123]. Da die auf Daten basierenden Informationen aber nur als sozialer Vorgang angemessen zu begreifen seien, würden mit einer solchen Konzeption weder die realen Bedingungen des staatlichen und gesellschaftlichen Umgangs mit Daten und Informationen im Informationszeitalter noch die materielle Zielrichtung des Datenschutzes sinnvoll erfasst.[124] In dogmatischer Hinsicht müsse die abwehrrechtliche Konstruktion des Grundrechts durch eine objektiv-rechtliche Pflicht des Gesetzgebers zur organisations- und verfahrensrechtlichen Strukturierung des Umgangs mit personenbezogenen Daten und Informationen ersetzt oder jedenfalls maßgeblich ergänzt werden, ohne dass Einigkeit darüber bestünde, wie diese objektiv-rechtliche Dimension im Einzelnen zu entfalten sei[125]. Statt über einen eigenen Schutzbereich des Rechts auf informationelle Selbstbestimmung sollen Eingriffsabwehr und Freiheitsschutz im Hinblick auf die in-

[120] Daten sind Zeichen, die auf einem Datenträger festgehalten sind und als Informationsgrundlage dienen können; Informationen sind hingegen Sinnelemente, die in einem bestimmten sozialen Kontext aus Beobachtungen, Mitteilungen oder Daten erzeugt und dann genutzt werden – Definitionen bei *Albers*, in: Hoffmann-Riem/Schmidt-Aßmann/Voßkuhle (Hrsg.), GVwR II, § 22 Rn. 11 f.; vgl. zuvor schon *dies.*, Rechtstheorie 33 (2002), 61 (67 ff.).

[121] So *Dreier*, in: Dreier (Hrsg.), GG, Art. 2 I Rn. 80.

[122] So die treffende Einschätzung von *Britz*, in: Hoffmann-Riem, Offene Rechtswissenschaft, S. 561 (562), an deren konzisen Überblick zum Streitstand sich die nachfolgenden Ausführungen eng anlehnen. Vgl. zur wissenschaftlichen „Nachbereitung" des Volkszählungsurteils und seiner Grundrechtsinnovation auch *Wihl*, Die Vorbereitung „neuer Grundrechte", S. 12 ff.

[123] BVerfGE 65, 1 (43).

[124] *Britz*, in: Hoffmann-Riem, Offene Rechtswissenschaft, S. 561 (562 m.w.N. in Fn. 2 und 3, 566 ff.). Stellvertretend und grundlegend für diesen Ansatz *Albers*, Informationelle Selbstbestimmung, S. 280 ff.; zusammenfassend *dies.*, in: Hoffmann-Riem/Schmidt-Aßmann/Voßkuhle (Hrsg.), GVwR II, § 22 Rn. 69 ff.; vgl. auch *Hoffmann-Riem*, AöR 123 (1998), 513 (520 f.); *Eifert*, in: Bumke/Röthel (Hrsg.), Autonomie im Recht, S. 365 (370 ff.).

[125] Vgl. *Eifert*, Electronic Government, S. 300 ff.

formationelle Selbstbestimmung als Annex zu thematisch spezielleren Grundrechtsgewährleistungen wie Art. 5, 8, 10 oder 13 GG erfolgen.[126]

Auch wenn die verfassungsgerichtliche Rechtsprechung entgegen den wissenschaftlichen Forderungen nach einer Neukonzeptionalisierung weiterhin an der Eigenständigkeit des Schutzbereichs des Rechts auf informationelle Selbstbestimmung festhält und die Pflicht des Staates zur organisatorischen und verfahrensrechtlichen Strukturierung der Daten- und Informationsverarbeitung nicht in einer eigenen objektiv-rechtlichen Dimension des Grundrechts, sondern im Verhältnismäßigkeitsgrundsatz verortet, können doch Konvergenzbewegungen zwischen jüngerer Rechtsprechung und Wissenschaft beobachtet werden. Sie machen sich in einer Feinjustierung der Rechtsprechung – etwa durch die Ausweitung des Schutzes auf bloße Grundrechtsgefährdungen im Vorfeld konkreter Bedrohungen[127] – einerseits und einem nachlassenden Drängen der Wissenschaft auf eine umfassende Neukonzeptionalisierung andererseits bemerkbar und mögen den Hinweis auf selten vorhandene Ergebnisdifferenzen tragen.[128]

5. *Impulse durch die Datenschutzgesetzgebung*

Weitgehend unabhängig von der kontrovers diskutierten Konzeptionalisierung des verfassungsrechtlichen Schutzes der informationellen Selbstbestimmung hat die Datenschutzgesetzgebung in Bund und Ländern den Umgang mit personenbezogenen Daten allgemein sowie vor allem bereichsspezifisch ausgestaltet. Die typischen Strukturmerkmale wie die Normierung zentraler datenschutzrechtlicher Grundsätze, die Regulierung der einzelnen Verarbeitungsphasen (z.B. Erheben, Speichern, Verändern, Verknüpfen oder Übermitteln der Daten), die Gewährleistung von Betroffenenrechten (z.B. Auskunft, Berichtigung und Löschung von Daten) oder die Überwachung durch unabhängige Stellen finden sich auch in der seit Mai 2018 anwendbaren europä-

---

[126] *Albers*, in: Hoffmann-Riem/Schmidt-Aßmann/Voßkuhle (Hrsg.), GVwR II, § 22 Rn. 71 ff.

[127] Vgl. BVerfGE 115, 320 (342); 118, 168 (184 f.); 120, 274 (312); 120, 351 (360). Vgl. auch *Böckenförde*, JZ 2008, 925 (938).

[128] *Britz*, in: Hoffmann-Riem, Offene Rechtswissenschaft, S. 561 (564 f.), mit Ausführungen zu Divergenz- und Konvergenzbewegungen auf S. 592 ff. Für eine behutsame Fortentwicklung der überkommenen Dogmatik, die am abwehrrechtlichen Charakter des Grundrechts auf informationelle Selbstbestimmung festhält und die Freiheit des Einzelnen im Privatrechtsverkehr nur vorsichtig durch staatliche Schutzpflichten umhegen will, *Schoch*, FS Stern (2012), S. 1491 (1500, 1506 ff.). Für einen Neuansatz des grundrechtlichen Schutzes der Privatheit als Schutz vor freiheitsbeeinträchtigender Vergegenbildlichung, der auch das Recht auf informationelle Selbstbestimmung „als eine Übergangserscheinung der frühen Zeit der Datenverarbeitung wieder in der Versenkung verschwinden lassen" könnte, *Nettesheim*, VVDStRL 70 (2011), 7 (33 ff., Zitat auf S. 43).

ischen Datenschutzgrundverordnung[129], die die Datenschutz-Richtlinie[130] aus dem Jahr 1995 ablöst. Als unmittelbar anwendbare Verordnung (Art. 288 Abs. 2 AEUV) zielt sie auf eine unionsweite Harmonisierung des Datenschutzrechts[131] und zwingt die nationalen Datenschutzgesetzgeber zur Anpassung der Rechtslage an die Vorschriften der DSGVO[132]. Die DSGVO ist im Lichte des europäischen Datenschutzgrundrechts aus Art. 8 GRCh auszulegen, das ausdrücklich den Schutz der eine Person betreffenden Daten verbürgt und in der Literatur als Ausgestaltungsauftrag an den Datenschutzgesetzgeber konturiert worden ist.[133]

Schon wegen des im Vergleich zum deutschen Verfassungsrecht eindeutigen textlichen Befundes verbieten sich unmittelbare Übertragungen von der Interpretation des europäischen Datenschutzgrundrechts auf die Auslegung des deutschen Grundrechts auf informationelle Selbstbestimmung. Gleichwohl sind Parallelen in der wissenschaftlichen Deutung als legislativer Ausgestaltungsauftrag unverkennbar. Alternative Datenschutzansätze in der DSGVO jenseits der tradierten Datenschutzgrundsätze (Art. 5 ff. DSGVO), Betroffe-

---

[129] Verordnung (EU) 2016/679 zum Schutz natürlicher Personen bei der Verarbeitung personenbezogener Daten, zum freien Datenverkehr und zur Aufhebung der Richtlinie 95/46/EG (Datenschutz-Grundverordnung), ABl. 2016 L 119/1, i.d.F. der Berichtigung in ABl. 2018 L 127/2.

[130] Richtlinie 95/46/EG zum Schutz natürlicher Personen bei der Verarbeitung personenbezogener Daten und zum freien Datenverkehr, ABl. 1995 L 281/31.

[131] Erklärtes Ziel der DSGVO ist es, ein gleichwertiges und hohes Schutzniveau für die Rechte und Freiheiten von natürlichen Personen bei der Verarbeitung personenbezogener Daten in der Union und allen Mitgliedstaaten zu gewährleisten (Erwägungsgrund 10). Dass auch schon die Datenschutz-Richtlinie von 1995 auf eine grundsätzlich umfassende Harmonisierung der nationalen Datenschutzvorschriften abzielte, hat der EuGH mehrfach betont, vgl. nur EuGH, Rs. C-101/01 (Lindqvist), ECLI:EU:C:2003:596 Rn. 96; Rs. C-524/06 (Huber), ECLI:EU:C:2008:724 Rn. 51; Rs. C-468/10 und 469/10 (ASNEF), ECLI:EU:C:2011:777 Rn. 29; Rs. C-473/12 (IPI), ECLI:EU:C:2013:715 Rn. 31; vgl. auch *Schneider* in: Wolff/Brink (Hrsg.), Datenschutzrecht, Syst. B Rn. 63. Indem verschiedene Öffnungsklauseln wie Art. 23 DSGVO gleichwohl unterschiedliche nationale Beschränkungen der europäischen Datenschutzregeln ermöglichen (um die Konsensfähigkeit hinsichtlich der DSGVO unter den Mitgliedstaaten zu sichern), relativiert sie den Harmonisierungsanspruch der DSGVO auch auf Kosten der Rechtsklarheit – vgl. nur *Peuker*, in: Sydow (Hrsg.), DSGVO, Art. 23 Rn. 1 ff.

[132] Vgl. etwa das ebenfalls seit Mai 2018 anwendbare neue BDSG.

[133] Der EuGH zitiert in st. Rspr. bei der Prüfung der Verarbeitung personenbezogener Daten das Datenschutzgrundrecht des Art. 8 GRCh gemeinsam mit dem Grundrecht auf Achtung der Privatsphäre gemäß Art. 7 GRCh, obwohl Art. 8 GRCh lex specialis zu Art. 7 GRCh ist, vgl. EuGH, Rs. C-92/09 und 93/09 (Schecke und Eifert), ECLI:EU:C:2010:662 Rn. 52; Rs. C-291/12 (Schwarz), ECLI:EU:C:2013:670 Rn. 24 f.; Rs. C-293/12 und C-594/12 (Digital Rights Ireland), ECLI:EU:C:2014:238 Rn. 29; Rs. C-131/12 (Google Spain), ECLI:EU:C:2014:317 Rn. 81, 97; Rs. C-362/14 (Schrems I), ECLI:EU:C:2015:650 Rn. 39. Zu Bedeutung und Funktion dieser Grundrechtskombination statt vieler *Marsch*, Das europäische Datenschutzgrundrecht, S. 205 ff., der nur in der Kombination beider Grundrechte ein Abwehrrecht gegen Datenverarbeitungen mit besonderem Gefährdungspotential sieht und Art. 8 GRCh im Übrigen als die Pflicht des Unionsgesetzgebers zur Ausgestaltung eines grundrechtsadäquaten Datenschutzrechts rekonstruiert (S. 128 ff.).

nenrechte (Art. 12 ff. DSGVO) und organisatorischen Ausgestaltung (Art. 37 ff., 51 ff. DSGVO) verdienen daher auch aus der Perspektive eines nationalen phänomenologisch verstandenen Verfassungswandels Beachtung, insoweit sie zur Interpretation des nationalen Grundrechtsschutzes beitragen können. Hierzu zählt etwa die in Art. 25 DSGVO verankerte Verpflichtung des für die Datenverarbeitung Verantwortlichen, die Rechte des Betroffenen durch eine datenschutzfreundliche Technikgestaltung *(privacy by design)* und eine datenschutzfreundliche Voreinstellung *(privacy by default)* zu schützen.[134] Sie adressiert nicht die abwehrrechtliche, sondern jene objektiv-rechtliche Schutzdimension des Grundrechts, die die wissenschaftliche Konzeptionalisierung in den Vordergrund stellt, und kann damit gleichsam als einfachgesetzlicher Vorstoß zu einem gewandelten Verständnis auch des deutschen Grundrechts auf informationelle Selbstbestimmung beitragen.[135] Gleiches gilt mit Blick auf die umfassenden Transparenz- bzw. Rechenschaftspflichten, die die DSGVO dem Verantwortlichen auferlegt.[136]

II. Grundrecht auf Gewährleistung der Vertraulichkeit und Integrität informationstechnischer Systeme

1. Bundesverfassungsgerichtliche Innovation

Die Entscheidung zur Online-Durchsuchung, mit der das Bundesverfassungsgericht das Grundrecht auf Gewährleistung der Vertraulichkeit und Integrität informationstechnischer Systeme als neue Konkretisierung des Allgemeinen Persönlichkeitsrechts in Art. 2 Abs. 1 i.V.m. Art. 1 Abs. 1 GG aus der Taufe gehoben hat, folgte dem selben Muster wie das Volkszählungsurteil, in dem das Gericht 25 Jahre zuvor das Grundrecht auf informationelle Selbstbestimmung anerkannt hatte. Der Argumentationsgang ist schnell skizziert: Das Gericht stellte zunächst den Bedeutungszuwachs von informationstechnischen Systemen für die Lebensführung vieler Bürger fest und verwies hierbei zum einen auf die Allgegenwart von Personalcomputern und sonstigen Gegenständen mit informationstechnischen Komponenten, zum anderen auf die zunehmende Vernetzung dieser Komponenten, vor allem über das Internet.[137] Die Kehrseite der durch die zunehmende Verbreitung vernetzter informations-

[134] Vgl. zur Geschichte dieser alternativen Datenschutzansätze *Pohle*, Datenschutz und Technikgestaltung, S. 218 ff.; *ders.*, FIfF 2015, 41 f.; s. auch *Mantz*, in: Sydow (Hrsg.), DSGVO, Art. 25 Rn. 1 ff.

[135] Paternalistische Deutung bei *Krönke*, Der Staat 55 (2016), 319 (329).

[136] Siehe Art. 5 Abs. 2, Art. 12 ff. DSGVO. Im deutschen Kontext weist etwa *Albers*, Informationelle Selbstbestimmung, S. 177, darauf hin, dass nach Herleitung und Begründung des informationellen Selbstbestimmungsrechts nicht das Abwehrrecht, sondern vor allem die Rechte der Grundrechtsträger auf Kenntnis der sie betreffenden Informations- und Datenverarbeitungsvorgänge zu den Essentialia der Gewährleistung zählen müssten.

[137] BVerfGE 120, 274 (303 f.).

technischer Systeme begründeten Möglichkeiten der Persönlichkeitsentfaltung bildeten aber neue Persönlichkeitsgefährdungen, etwa durch die Vielzahl der bei der Nutzung von informationstechnischen Systemen anfallenden Daten, die bei einer Auswertung durch Dritte weitreichende Rückschlüsse auf die Persönlichkeit des Nutzers bis zu einer Profilbildung ermöglichten. Dabei steigerten die Intensität des Datenanfalls und die Infiltrationsanfälligkeit des Systems durch die Vernetzung das Gefährdungspotential zusätzlich.[138] Aus diesen neuen Persönlichkeitsgefährdungen infolge des wissenschaftlich-technischen Fortschritts und der gewandelten Lebensverhältnisse resultiere dort ein grundrechtliches Schutzbedürfnis, wo das Grundrecht auf informationelle Selbstbestimmung sowie die grundrechtlichen Gewährleistungen der Art. 10 und 13 GG keinen bzw. keinen hinreichenden Schutz böten. Insoweit schließe das Grundrecht auf Gewährleistung der Vertraulichkeit und Integrität informationstechnischer Systeme, das als weitere Ausprägung des Allgemeinen Persönlichkeitsrechts aus Art. 2 Abs. 1 i.V.m. Art. 1 Abs. 1 GG zu den eben genannten Grundrechten hinzutritt, eine Schutzlücke.[139]

Den neuralgischen Punkt in der Herleitung der erneuten Grundrechtsinnovation bildet mithin die Begründung der Schutzlücke „hinsichtlich der mit Blick auf die ungehinderte Persönlichkeitsentfaltung berechtigten Erwartungen [des Einzelnen] an die Integrität und Vertraulichkeit der informationstechnischen Systeme“[140]. Sie erhellt mit Blick auf die Beschwerdegegenstände der Verfassungsbeschwerden. Diese wandten sich u.a. gegen eine Norm des nordrhein-westfälischen Verfassungsschutzgesetzes, die dem Verfassungsschutz den heimlichen Zugriff auf ein informationstechnisches System erlaubte, indem die Sicherheitslücken des Zielsystems ausgenutzt werden oder ein Spähprogramm im Zielsystem installiert wird (technische Infiltration), um dessen Nutzung zu überwachen, Speichermedien durchzusehen oder das Zielsystem fernzusteuern.[141] Vor den damit verbundenen Persönlichkeitsgefährdungen sei der Einzelne nur unzureichend grundrechtlich geschützt: der Schutz des Fernmeldegeheimnisses des Art. 10 Abs. 1 GG erschöpfe sich im laufenden Kommunikationsvorgang, erstrecke sich aber nicht auf die Nutzung des informationstechnischen Systems als solches (etwa zur Datenspeicherung)[142]; der raumbezogene Schutz des Art. 13 Abs. 1 GG sei nicht in der Lage, die spezifische Gefährdung des informationstechnischen Systems abzuwehren, da der Eingriff unabhängig vom Standort des Systems erfolgen könne[143]; das Recht auf informationelle Selbstbestimmung schütze schließlich nur vor einzelnen Datenerhebungen und greife nicht, wo der Zugriff auf ein

[138] BVerfGE 120, 274 (305 f.).
[139] BVerfGE 120, 274 (302 f.).
[140] BVerfGE 120, 274 (306).
[141] BVerfGE 120, 274 (276).
[142] BVerfGE 120, 274 (306 ff.).
[143] BVerfGE 120, 274 (310).

informationstechnisches System einen potentiell äußerst großen und aussagekräftigen Datenbestand über den Nutzer ohne weitere Datenerhebungs- oder Datenverarbeitungsmaßnahmen erschließt.[144]

Das nach Abzug dieser Grundrechtsgewährleistungen verbleibende, grundrechtlich erhebliche Schutzbedürfnis adressiere das – insoweit subsidiäre – Grundrecht auf Gewährleistung der Vertraulichkeit und Integrität informationstechnischer Systeme. Dieses schütze zunächst das Interesse des Nutzers, dass die Daten, die ein vom Schutzbereich des Grundrechts erfasstes informationstechnisches System[145] erzeugt, verarbeitet oder speichert, auch vertraulich bleiben. Neben dieser Vertraulichkeitserwartung ist auch die Erwartung des Einzelnen hinsichtlich der Integrität seines informationstechnischen Systems geschützt, die verletzt wird, wenn Dritte Leistungen, Funktionen und Speicherinhalte des Systems nutzen können.[146] Eingriffe in das Grundrecht seien nur dann gerechtfertigt, wenn sie auf einer den Geboten der Normenklarheit und Normenbestimmtheit folgenden gesetzlichen Grundlage stattfinden und für die Verhältnismäßigkeit im engeren Sinne tatsächliche Anhaltspunkte einer konkreten Gefahr für ein überragend wichtiges Rechtsgut vorliegen, wobei heimliche Eingriff zusätzlich einem Richtervorbehalt unterstellt werden.[147]

2. *Wissenschaftliche Rezeption*

Der Beitrag der Wissenschaft zum Verfassungswandel durch die neuerliche Grundrechtsinnovation unterscheidet sich in mehrfacher Hinsicht von ihrer Rolle bei der Entdeckung des Grundrechts auf informationelle Selbstbestimmung.

Anders als dort wurde das Grundrecht auf Gewährleistung der Vertraulichkeit und Integrität informationstechnischer Systeme als solches überhaupt nicht vorher in der Wissenschaft diskutiert. Die wissenschaftliche Auseinandersetzung drehte sich stattdessen um die Frage, wie die Fälle der Online-Durchsuchung auf Grundlage der bis dato bekannten Grundrechte verfassungsrechtlich zu beurteilen seien.[148]

---

[144] BVerfGE 120, 274 (312 f.).

[145] Nicht in den Schutzbereich des Grundrechts fallen nach Auffassung des Gerichts solche informationstechnischen Systeme, die nach ihrer technischen Konstruktion allenfalls Daten mit punktuellem Bezug zu einem bestimmten Lebensbereich des Betroffenen enthalten (das Gericht nennt als Beispiel nicht vernetzte elektronische Steuerungsanlagen der Haustechnik), so dass sich ein staatlicher Zugriff auf den dort vorhandenen Datenbestand qualitativ nicht von anderen Datenerhebungen unterscheidet und das Grundrecht auf informationelle Selbstbestimmung hiergegen hinreichenden Schutz vermittelt – BVerfGE 120, 274 (313).

[146] BVerfGE 120, 274 (314).

[147] BVerfGE 120, 274 (315 ff., 328, 331).

[148] Exemplarisch die anhand der Reichweite des Schutzes von Art. 13 GG bei Online-Durchsuchungen entfachte Kontroverse zwischen *Rux*, JZ 2007, 285, und *Hornung*, JZ 2007,

Und anders als beim Volkszählungsurteil stand weniger die Konzeption des neuen Grundrechts in der Kritik als vielmehr die Notwendigkeit der Grundrechtsinnovation überhaupt. Zwar zielt der Einwand, das Bundesverfassungsgericht habe ein apersonales technikorientiertes Grundrecht mit allenfalls mittelbaren und instrumentellen Bezügen zum Schutz der Persönlichkeit geschaffen[149], auf die konzeptionelle Ausrichtung des Grundrechts auf einen System- bzw. Integritätsschutz. Mittelbare und instrumentelle Bezüge zum Persönlichkeitsschutz weisen indes auch Art. 13 und Art. 10 GG auf, die vordergründig einen Raum und ein Kommunikationsmittel schützen[150]; und eine Deutung, die den Schutz systembezogenen Vertrauens als effektiven Freiheitsschutz ausweist[151], könnte sich mit Blick auf die auch in der neueren Datenschutzgesetzgebung betonten Ansätze des Datenschutzes durch Technikgestaltung als durchaus zukunftsfähig erweisen, da „der Betroffene nur begrenzt Herr der System- und Technikgestaltung ist“[152]. Ungleich lauter waren indes die Stimmen, die das Vorhandensein einer Schutzlücke und damit die Notwendigkeit des neuen Grundrechts in Frage stellten. Sie verweisen insbesondere auf das Potential des in der Gerichtsentscheidung zu Unrecht auf den Schutz vor einzelnen Datenerhebungen verengten Grundrechts auf informationelle Selbstbestimmung, bei dem als Annex zugleich ein Systemschutz bewirkt werden könne, und erkennen keinen qualitativ unterschiedlichen Schutzbedarf.[153]

828, mit Schlusswort von *Rux*, JZ 2007, 831. Überblick zum Meinungsstand vor Verkündung der Bundesverfassungsgerichtsentscheidung bei *Wihl*, Die Vorbereitung „neuer Grundrechte“, S. 19 ff.

[149] *Eifert*, NVwZ 2008, 521 (522); ähnlich *Lepsius*, in: Roggan (Hrsg.), Online-Durchsuchungen, S. 21 (32 ff.); vgl. auch *Volkmann*, DVBl. 2008, 590 (592).

[150] Hinweis von *Bäcker*, in: Rensen/Brink (Hrsg.), Linien der Rechtsprechung des Bundesverfassungsgerichts, S. 99 (126).

[151] *Hoffmann-Riem*, JZ 2008, 1009 (1013).

[152] *Hoffmann-Riem*, JZ 2008, 1009 (1013). Ähnlich der Hinweis von *dems.*, Innovation und Recht – Recht und Innovation, S. 573, dass die Begriffe Vertraulichkeit und Integrität nicht nur auf die technische, sondern auch auf die soziale Funktionsfähigkeit verweisen. Die Bürger sollten grundsätzlich darauf vertrauen dürfen, dass die informationstechnischen Systeme nicht manipuliert werden und dass die Vertraulichkeit der Kommunikation gesichert ist, was angesichts neuer technologischer Entwicklungen und Vernetzungen wie der Cloud oder dem Internet der Dinge künftig vermehrt von Bedeutung sei, da die betroffenen informationstechnischen Systeme weit über den Personalcomputer und die auf seiner Festplatte enthaltenen Informationen hinausreichten. Für die Notwendigkeit eines Integritätsschutzes auch *Drallé*, Das Grundrecht auf Gewährleistung der Vertraulichkeit und Integrität informationstechnischer Systeme, S. 58 ff.

[153] Deutlich etwa *Britz*, DÖV 2008, 411 (413): „als habe das Bundesverfassungsgericht einer etablierten […] Freiheitsgewährleistung hier mutwillig die Flügel gestutzt, um ihr dann die erforderliche Flughöhe abzusprechen und die Notwendigkeit eines neuen Grundrechts behaupten zu können“; vgl. auch *Eifert*, NVwZ 2008, 521 f.; *Lepsius*, in: Roggan (Hrsg.), Online-Durchsuchungen, S. 21 (28 ff.); *Bull*, Informationelle Selbstbestimmung, S. 56; im Überblick *Drallé*, Das Grundrecht auf Gewährleistung der Vertraulichkeit und Integrität informationstechnischer Systeme, S. 39 ff. Dagegen aber *Hoffmann-Riem*, JZ 2008, 1009 (1015 ff.); *Bäcker*, in: Rensen/Brink (Hrsg.), Linien der Rechtsprechung des Bundesverfassungsgerichts, S. 99 (119 ff.); *T. Böckenförde*, JZ 2008, 925 (928).

Das Bundesverfassungsgericht hält freilich in seiner Folgerechtsprechung an der Unterscheidung zwischen den beiden Ausprägungen des Allgemeinen Persönlichkeitsrechts fest.[154] Wenn der seinerzeitige Berichterstatter aber in der gleichsam offiziellen Erläuterung und Verteidigung „seines“ Urteils für die Fachwelt konzediert, dass „das BVerfG bei der Bestimmung des Schutzbedarfs, insbesondere der Ermittlung der Eingriffsintensität, auch auf Umstände zurückgegriffen hat, die nicht auf die Qualität der betroffenen Daten bezogen sind, wie etwa die Streubreite oder die Massenhaftigkeit von Eingriffen“[155], deuten sich künftige Modifikationen durch das Gericht im Hinblick auf die Kritik im Schrifttum an.[156] Auch hier erweist sich der Verfassungswandel somit als ein von mehreren Akteuren zu verantwortender Prozess.

III. Medienfreiheit und Internetdienstefreiheit

Anderen Grundrechtsinnovationen durch die Wissenschaft blieb die bundesverfassungsgerichtliche Anerkennung bislang versagt. Auch sie verstehen sich als Reaktion auf die mit bestehenden Grundrechten nicht zu bewältigenden verfassungsrechtlichen, insbesondere grundrechtlichen Schutzbedürfnisse durch die Digitalisierung.

Das gilt zum einen für den Vorschlag einer umfassenden, einheitlichen Medienfreiheit.[157] Als Antwort auf die Konvergenz der Medien transzendiert die Medienfreiheit die bisherige, im Wortlaut des Art. 5 Abs. 1 S. 2 GG angelegte Abgrenzung zwischen den dort genannten Einzelmedien, die sich etwa bei den presseähnlichen Angeboten öffentlich-rechtlicher Rundfunksender in Telemedien („Tagesschau-App“[158]) noch als problematisch erwiesen hat, um so den Grundrechtsschutz auch auf „neue Medien“ übertragen zu können. Sie findet ein Vorbild in Art. 11 Abs. 2 GRCh, der nicht zwischen einzelnen Medien unterscheidet, sondern ihre Pluralität gewährleistet.[159]

Demgegenüber zielt der Vorschlag einer eigenständigen Internetdienstefreiheit für nicht-lineare elektronisch vermittelte Kommunikationsinhalte darauf, Formen der many-to-many-Kommunikation[160] zu erfassen und damit Rund-

---

[154] Vgl. BVerfGE 133, 277; 141, 220 (264; 303 ff.); BVerfG (K), NJW 2016, 3508 (3510).

[155] *Hoffmann-Riem*, JZ 2008, 1009 (1016, Fn. 73).

[156] Hinweis von *Wihl*, Die Vorbereitung „neuer Grundrechte“, S. 28.

[157] Vgl. *Lenski*, Personenbezogene Massenkommunikation als verfassungsrechtliches Problem, S. 70 ff.; *Bronsema*, Medienspezifischer Grundrechtsschutz der elektronischen Presse, S. 172 ff.; *Koreng*, Zensur im Internet, S. 98 ff.; *Greve*, Access-Blocking, S. 77 ff.; *Hain*, K&R 2012, 98 (103); *Fechner*, in: Stern/Becker (Hrsg.), Grundrechte, Art. 5 Rn. 134 ff.; zurückhaltend *Schemmer*, in: Epping/Hillgruber (Hrsg.), GG, Art. 5 Rn. 43.1; vgl. auch *Grabenwarter*, in: Maunz/Dürig (Hrsg.), GG, Art. 5 Abs. 1 Rn. 255 ff.

[158] Siehe oben, S. 22.

[159] Vgl. nur *Calliess*, in: Calliess/Ruffert (Hrsg.), EUV/AEUV, Art. 11 GRCh Rn. 16 ff.

[160] *Hoffmann-Riem*, JZ 2012, 1081 (1082), spricht von der „Einbindung des kommunikativen Handelns von Einzelnen in einen kollektiven Zusammenhang“.

funk und Presse zu ergänzen.[161] Er kann immerhin auf jüngere landesverfassungsrechtliche Vorbilder verweisen, bei denen „andere (Massen-)Medien" ausdrücklich neben der Presse, dem Rundfunk oder dem Film genannt sind.[162]

D. Kodifikation

I. Kodifikationsspektrum

Die Kodifikation bildet dritte Stufe des Modells. Sie kann in Anlehnung an große Vorbilder auf einfachgesetzlicher Ebene zunächst als die Vertextlichung der von Rechtsprechung und Wissenschaft entwickelten Interpretationen oder Innovationen verstanden werden. Und tatsächlich finden sich in der politisch-parlamentarischen Diskussion Vorschläge, die etwa auf die Aufnahme eines Datenschutzgrundrechts oder des Grundrechts auf Gewährleistung der Vertraulichkeit und Integrität informationstechnischer Systeme in das Grundgesetz zielen und damit dem Beispiel der Verankerung eines informationellen Selbstbestimmungsrechts bzw. Datenschutzgrundrechts in einigen Landesverfassungen folgen.[163] Anders als bei den einfachgesetzlichen Vorbildern ist hier aber nicht die Idee der Systematisierung ganzer Regelungsbereiche unter Berücksichtigung der Rechtsprechung leitend.[164] Stattdessen zielen solche Vorschläge auf die textliche Aktualität des Grundrechtskatalogs im Sinne von Verfassungsklarheit und Verfassungswahrheit[165] sowie auf die Stabilisierung der Grundrechtsinnovation.[166] Bei der textlichen Verselbständigung von auf anderer Rechtsgrundlage entwickelten Grundrechtsinnovationen – z.B. die Verselbständigung des Grundrechts auf Gewährleistung der Vertraulichkeit und Integrität informationstechnischer Systeme gegenüber Art. 2 Abs. 1 i.V.m. Art. 1 Abs. 1 GG – sind jedoch auch Nebenwirkungen im Blick zu behalten. Hierzu zählen etwa neu auftretende Abgrenzungsschwierigkeiten, Flexibili-

[161] Vorschlag bei *Mecklenburg*, ZUM 1997, 525; *Holznagel*, AfP 2011, 532; *ders.*, MMR 2011, 1; kritisch mit Verweis auf die Grenzen der zulässigen Auslegung des Art. 5 Abs. 1 S. 2 GG und eine fehlende Schutzlücke *Greve*, Access-Blocking, S. 75 ff.

[162] Vgl. Art. 19 Abs. 2 VerfBrb; Art. 11 Abs. 2 ThürVerf; dazu *Fechner*, in: Linck u.a. (Hrsg.), ThürVerf, Art. 11 Rn. 39 ff.

[163] Vgl. zu einem entsprechenden Gesetzesentwurf der Fraktion Bündnis 90/Die Grünen aus dem Jahr 2008 (BT-Drs. 16/9607; dazu *Künast*, ZRP 2008, 201 [203 ff.]) etwa *Kloepfer/Schärdel*, JZ 2009, 453 ff.; *Schulz*, ZG 2010, 358 ff. In den Ländern sehen etwa Art. 33 Verf BE, Art. 11 Verf Brb, Art. 6 Verf MP, Art. 4 Abs. 2 Verf NRW oder Art. 33 SächsVerf das Recht auf informationelle Selbstbestimmung vor.

[164] Vgl. nur *Hornung*, Grundrechtsinnovationen, S. 518 m.w.N. in Fn. 51.

[165] *Dreier*, in: Dreier (Hrsg.), GG, Art. 79 I Rn. 43; zustimmend *Voßkuhle*, Der Staat 43 (2004), 450 (458).

[166] Hierzu *Hornung*, Grundrechtsinnovationen, S. 530 ff.

tätseinbußen und Dekontextualisierungsprobleme[167] sowie – im speziellen Fall – die mögliche Abwertung anderer Ausprägungen des Allgemeinen Persönlichkeitsrechts.[168]

Vorliegend sind aber eigenständige Grundrechtskodifikationen von Interesse, die mehrere Grundrechtsinnovationen in einem separaten Textkorpus versammeln. Als wissenschaftliche oder zivilgesellschaftliche Kodifikationsentwürfe können sie einen phänomenologisch verstandenen Verfassungswandel artikulieren bzw. dokumentieren, der auf jene Schutzlücken reagiert, die etwa durch technologische und soziale Entwicklungen entstanden sind und nicht mehr durch Interpretation oder Innovation einzelner Grundrechte geschlossen werden können. Gewiss: Erst der Verfassunggeber bzw. der verfassungsändernde Gesetzgeber verleiht solchen Kodifikationen normative Verbindlichkeit. Im Verfassungsstaat des Grundgesetzes ist eine selbständige, d.h. neben dem Grundgesetz stehende Grundrechtskodifikation wegen des in Art. 79 Abs. 1 S. 1 GG verankerten Inkorporationsgebots indes ausgeschlossen, der gerade der Entstehung von Nebenverfassungsrecht entgegenwirken soll. Zu einer Kodifikation anstelle des Grundgesetzes verhält sich das Grundgesetz jenseits des Art. 146 GG dagegen nicht – sie bleibt allein aus Gründen der Kodifikation „digitaler“ Grundrechte wohl auch ein theoretisches Szenario. Als verfassungspolitische Reaktionsmöglichkeiten verdienen wissenschaftliche, politische oder zivilgesellschaftliche Kodifikationsvorschläge aber auch ohne normative Verbindlichkeit Beachtung, weil sie künftige Entwicklungen des Verfassungstextes vorzeichnen können und dementsprechend eine wissenschaftliche Reflexion aufgeben – hierauf weist die Verfassungsvergleichung mit der Lehre von den Textstufen schon seit Längerem hin.[169]

Seit einiger Zeit sind verschiedene Initiativen zur Kodifikation digitaler Grundrechte auf nationaler und internationaler Ebene zu beobachten. Dabei findet sich der Ansatz, grundlegende Rechte für den Cyberspace bzw. das Internet zu verschriftlichen, schon in den Entwürfen digitaler Utopien aus der Frühzeit des Internet wieder.[170] Als erste normativ verbindliche Internet-Verfassung der Welt wird gelegentlich der brasilianische Marco Civil da Internet („Zivilrechtlicher Rahmen des Internet“) vom 23. April 2014 bezeichnet.[171] Er

[167] *Jestaedt*, in: Depenheuer u.a. (Hrsg.), Nomos und Ethos, S. 183 (217 f.), weist darauf hin, dass eine Übernahme dynamisch-kasuistischen Verfassungsrechts in eine geschrieben-statische Verfassungsurkunde nicht ohne Inhalts- und Wesensänderung zu bewerkstelligen sei. Zur vergleichbaren Situation bei der Revision einer bundesverfassungsgerichtlichen Rechtsprechung durch den verfassungsändernden Gesetzgeber oben, S. 113 m. Fn. 241.

[168] Vgl. *Schulz*, ZG 2010, 358 (367 f.); *Schliesky u.a.*, Schutzpflichten und Drittwirkung im Internet, S. 151; *Hornung*, Grundrechtsinnovationen, S. 532 ff.

[169] *Häberle*, FS Partsch, S. 555 (556).

[170] Vgl. den Überblick bei *Oates*, in: Floridi (Hrsg.), The Onlife Manifesto, S. 229 (230 ff.); siehe auch oben, S. 206 f.

[171] Gesetz Nr. 12.965 vom 23. April 2014; englische Übersetzung unter https://www.cgi.br/pagina/marco-civil-law-of-the-internet-in-brazil/180 (Abrufdatum: 14.6.2019).

regelt die Grundsätze der Internetnutzung (z.B. Garantie der Meinungsfreiheit, Schutz der Privatsphäre, Schutz personenbezogener Daten, Gewährleistung der Netzneutralität, Gewährleistung von IT-Sicherheit), die Garantien sowie die Rechte und Pflichten für die Internetnutzung in Brasilien und legt hierfür die Richtlinien für das Vorgehen von Bund, Bundesstaaten, Bundesdistrikt und Gemeinden fest (vgl. Art. 1). Soweit ersichtlich hat das brasilianische Internetgesetz aber keinen übergesetzlichen Verfassungsrang, der Voraussetzung für einen effektiven Grundrechtsschutz ist. Inhaltlich weist das Internetgesetz viele Parallelen zu dem Entwurf einer „Charta der Digitalen Grundrechte der Europäischen Union" auf, der 2016 veröffentlicht und 2018 in einer überarbeiteten Fassung vorgelegt worden ist und der in Deutschland eine breitere mediale Aufmerksamkeit gefunden hat.[172] Da dieser zivilgesellschaftlich verantwortete Entwurf bereits die europäische politische Arena betreten hat und damit auf eine Ebene zielt, die jenseits eines bloßen Textstufen-Vergleichs auch normative Relevanz für das deutsche Verfassungsrecht besitzt[173], soll er im Zentrum der nachfolgenden Ausführungen stehen.

II. Charta der Digitalen Grundrechte der EU

1. Initiative und Inhalt

Urheberin des Entwurfs der Digitalcharta ist nach eigener Auskunft eine auf Anregung der gemeinnützigen „ZEIT-Stiftung Ebelin und Gerd Bucerius" zusammengetretene „Gruppe von Bürgerinnen und Bürgern, denen die Gestaltung der digitalen Welt am Herzen liegt"[174]. Zum Kreis der Initiatoren zählen neben dem damaligen Präsidenten des Europäischen Parlaments Martin Schulz weitere bekannte Politiker, Professoren und Publizisten aus Deutschland. Der Entwurf aus privater Feder wurde wohl zunächst im Umlaufverfahren unter den Initiatoren abgestimmt und steht nun nach einer zweijährigen öffentlichen Diskussions- und internen Revisionsphase in einer überarbeiteten Fassung zur weiteren Erörterung und „Mitzeichnung" für jedermann online.[175]

Die Charta wird eingeleitet von einer Präambel, die die angeborene Würde und die gleichen und unveräußerlichen Rechte aller Menschen als Grundlage von Freiheit, Gerechtigkeit und Frieden in der Welt anerkennt und feststellt, dass sich die Grundlagen der menschlichen Existenz durch die Zunahme der Digitalisierung verändern und dass im digitalen Zeitalter enorme Machtver-

---

172 Beide Fassungen abrufbar unter https://digitalcharta.eu (Abrufdatum: 14.6.2019).

173 Zum Verfassungswandel durch Unionsrecht und Unionsorgane siehe oben, S. 155 ff.

174 Siehe https://digitalcharta.eu (Abrufdatum: 14.6.2019).

175 Soweit nicht anders angegeben, beziehen sich die nachfolgenden Ausführungen auf die überarbeitete Fassung des Jahres 2018.

schiebungen zwischen Einzelnen, Staat und Unternehmen stattfinden. Ziel der Charta ist es, Grundrechte und demokratische Prinzipien auch in der digitalen Welt durch die Herrschaft des Rechts zu schützen, staatliche und nichtstaatliche Akteure auf die Geltung der Grundrechte in der digitalen Welt zu verpflichten und das Fundament einer rechtsstaatlichen Ordnung im digitalen Zeitalter zu schaffen, um letztlich das Digitale als Chance für ein gutes Leben in einer globalen Zukunft zu erfassen.

Hierzu zählt die Charta verschiedene Rechte, Freiheiten und Grundsätze auf. Das umfasst zum einen die digitalen Dimensionen klassischer Grundrechte wie die Menschenwürdegarantie (Art. 1), die Gleichheit (Art. 3), die Kommunikations- und Meinungsfreiheiten (Art. 2, 4) oder die Unversehrtheit der Wohnung (Art. 7 Abs. 5). Zum anderen enthält die Charta auch neue bzw. neuere Grundrechtsverbürgungen, etwa den Schutz vor algorithmischen Entscheidungen mit erheblicher Bedeutung für die Lebensführung (Art. 5), ein Recht auf Internet als Bestandteil der Grundversorgung (Art. 10), ein Recht auf Privatsphäre, Vertraulichkeit und Datenschutz, insbesondere Vergessenwerden (Art. 7 Abs. 1–4 und 6–8) sowie die Gewährleistung von Netzneutralität, Pluralität und Wettbewerb (Art. 11, 12). Schließlich kommen noch politische Rechte und sozialstaatliche Zielbestimmungen hinzu, etwa das Recht, stets auch analog wählen und abstimmen zu können (Art. 9), oder ein Recht auf Bildung und Arbeit in der digitalen Welt (Art. 14, 15).

Die einzelnen Grundrechtsgewährleistungen sind hier ebenso wenig zu erörtern wie sprachliche und systematische Schwächen des Entwurfs (auch in seiner überarbeiteten Fassung)[176] oder die Spezifika des Grundrechtsschutzes im Mehrebenensystem[177]. Stattdessen wollen die nachfolgenden Ausführungen anhand des Entwurfs Möglichkeiten und Grenzen einer Grundrechtskodifikation im digitalen Zeitalter diskutieren.

Zum Bestandteil des europäischen Primärrechts würde der Entwurf jedenfalls nur über ein Vertragsänderungsverfahren. Art. 48 Abs. 1 und Abs. 3 UAbs. 2 EUV verweist für bedeutende Primärrechtsänderungen, zu denen die Einführung „neuer" Grundrechte auf Unionsebene ohne Weiteres zählt, auf das ordentliche Vertragsänderungsverfahren in Form eines europäischen Konvents. Hierbei legt die Regierung eines Mitgliedstaates, das Europäische Parlament oder die Kommission dem Rat den Chartaentwurf vor, der diesen an den Europäischen Rat weiterleitet und den nationalen Parlamenten zur Kenntnis bringt (Art. 48 Abs. 2 S. 1, 3 EUV). Wenn der Europäische Rat nach Anhörung des Europäischen Parlaments und der Kommission mit einfacher Mehrheit eine Prüfung des Chartaentwurfs beschließt, beruft der Präsident des Europäischen Rates einen Konvent ein (Art. 48 Abs. 2 UAbs. 1 S. 1 EUV). Der Konvent besteht aus Vertretern der nationalen Parlamente, der Staats- und Re-

---

[176] Zur Erstfassung etwa *Bull*, RuP 2017, 9 (10 f.).

[177] Dazu umfassend jüngst *Kleinlein*, Grundrechtsföderalismus (i. E.).

gierungschefs der Mitgliedstaaten, des Europäischen Parlaments und der Kommission; er prüft gemäß Art. 48 Abs. 2 UAbs. 1 S. 3 EUV die Änderungsempfehlungen und nimmt im Konsensverfahren eine – gemäß Art. 288 Abs. 5 AEUV rechtlich unverbindliche – Empfehlung an, die an die Konferenz der Vertreter der Regierungen der Mitgliedstaaten gerichtet ist. Vereinbart die Regierungskonferenz die vorgeschlagenen Änderungen, können diese nach ihrer Ratifikation durch alle Mitgliedstaaten gemäß Art. 48 Abs. 4 S. 2 EUV in Kraft treten.

2. *Distinktion durch Innovation*

Im Drei-Stufen-Modell der Grundrechtsentwicklung setzt die Kodifikation dort an, wo ein spezifischer grundrechtlicher Schutzbedarf nicht mehr durch Interpretation oder punktuelle Innovation gedeckt werden kann. Die Kodifikation soll gerade jene Schutzlücken schließen, die Interpretation oder Innovation noch offengelassen haben.

Diese Differenzierungen bildet der Chartaentwurf jedoch nicht sauber ab. Er enthält eine Vielzahl von Grundrechten, deren Schutz bereits an anderer Stelle – nämlich in der GRCh – gewährleistet ist, und ergänzt sie lediglich durch einen Verweis auf ihre Geltung auch in der „digitalen Welt“ bzw. „digitalen Sphäre“. Das betrifft etwa die Menschenwürdegarantie (Art. 1 GRCh), die Informations- und Kommunikationsfreiheit (Art. 11 Abs. 1 GRCh), die Gleichheit (in Art. 3 Abs. 1 S. 2 des Chartaentwurfs sogar ein ausdrücklicher Verweis auf das Diskriminierungsverbot der GRCh [Art. 21]), die Unversehrtheit der Wohnung (Art. 7 GRCh), den Datenschutz (Art. 8 GRCh), ebenso das Wahlrecht (Art. 39 GRCh), das Recht auf Bildung (Art. 14 GRCh) oder auf Arbeit (Art. 15 GRCh). Die Doppelungen mögen mit Ziel, einen kohärenten und systematisch halbwegs stimmigen Gesamtentwurf vorlegen zu können, gerechtfertigt werden. Insoweit entfaltete der Entwurf eher symbolische Wirkung, mit der er die Bedeutung eines effektiven Grundrechtsschutzes auch unter den Bedingungen der Digitalisierung in das öffentliche Bewusstsein rückt.[178] Nicht ganz von der Hand zuweisen ist freilich der Einwand, eine solche Verdoppelung des Grundrechte erwecke den „falschen Anschein, als sei[en] diese[...] Recht[e] bisher in der ‚digitalen Welt‘ gar nicht anwendbar“, so dass „die gutgemeinte Verfassungsergänzung sogar als eine Schwächung des geltenden Rechts verstanden werden“ könnte.[179] Es erschließt sich jedenfalls nicht, inwieweit sie ein höheres Schutzniveau gegenüber bestehenden Grund-

[178] Positive Deutung der nur symbolischen Wirkung einer Verfassungsänderung unter Rückgriff auf die Smendsche Integrationslehre bei *Hornung*, Grundrechtsinnovationen, S. 541 f.

[179] *Bull*, RuP 2017, 9 (18), mit Blick auf die (freilich weder im Erstentwurf noch in der überarbeiteten Fassung vorhandene) Erwähnung einer „digitalen Privatsphäre“.

rechtsverbürgungen vermitteln soll. Dass etwa die Kommunikations- und Informationsgrundrechte oder der Datenschutz auch bei Sachverhalten „in der digitalen Welt“ Geltung beanspruchen, ist unbestritten. Insoweit irritiert denn auch die Bezeichnung als digitale Grundrechte. Das ist zwar schneidiger Begriff. Er impliziert aber einen Unterschied zwischen analogen und digitalen Grundrechten und hält damit an einer Trennung von analoger und digitaler Welt fest, die selbst die einstigen Verfechter einer völligen Unabhängigkeit des Cyberspace heute nicht mehr ernsthaft vertreten. Eine sorgfältige dogmatische Vorarbeit kann solche unnötigen Doppelungen vermeiden. Indem sich die Kodifikation stattdessen auf die wirklichen Grundrechtsinnovationen beschränkt, gewinnt sie an Sichtbarkeit und Selbstständigkeit.

Wo der Entwurf dagegen bereits echte Grundrechtsinnovationen für die digitale Sphäre vorsieht, bringt er nicht unerhebliche Auslegungs- und Anwendungsprobleme mit sich. Das lässt sich exemplarisch am „Recht auf Vergessenwerden“ verdeutlichen, mit dem Art. 18 des Erstentwurfs noch überschrieben war und dessen Regelungsinhalt sich jetzt wortgleich in Art. 7 Abs. 4 der überarbeiteten Fassung wiederfindet. Danach hat jeder Mensch das Recht auf einen digitalen Neuanfang, wobei dieses Recht seine Grenzen in den berechtigten Informationsinteressen der Öffentlichkeit findet. Die Aufnahme dieses Grundrechts ist ersichtlich von der Entscheidung des EuGH in der Rechtssache „Google Spain“[180] sowie der Verankerung eines mit „Recht auf Vergessenwerden“ apostrophierten datenschutzrechtlichen Löschungsrechts des Betroffenen in Art. 17 DSGVO inspiriert. In beiden Fällen handelte es sich indes um die gerichtliche Auslegung[181] bzw. legislative Normierung eines sekundärrechtlichen Löschungsrechts mit spezifischen Tatbestandsvoraussetzungen und Einschränkungsmöglichkeiten. Als primärrechtliche Grundrechtsverbürgung begegnet die Rede von einem Recht auf Vergessenwerden und einem digitalen Neuanfang dagegen durchgreifenden Einwänden.[182] Insoweit mit „Recht auf Vergessenwerden“ oder „digitalem Neuanfang“ nichts anderes als das herkömmliche Löschungsrecht gemeint ist, besteht kein Bedarf für die Einführung eines Synonyms. Der technische Vorgang, den der Begriff Datenlöschung bereits präzise bezeichnet, wird überhöht, wenn er mit Begriffen wie Vergessen oder Vergessenwerden einschließlich ihrer anthropologischen, psychologischen und sozialen Konnotationen beschrieben wird. Das elaborierte Konzept des Vergessenwerdens und seine Kritik[183] spiegelt die Regelung je-

---

180 EuGH, Rs. C-131/12 (Google Spain), ECLI:EU:C:2014:317.

181 In dem Vorabentscheidungsverfahren ging es u. a. um die Auslegung des Art. 12 lit. b der Richtlinie 95/46/EG, der ein Recht des Betroffenen auf Löschung von personenbezogenen Daten bei unrechtmäßiger Datenverarbeitung vorsah.

182 Zum Folgenden *Peuker*, in: Sydow (Hrsg.), DSGVO, Art. 17 Rn. 33 ff.

183 Grundlegend *Mayer-Schönberger*, Delete, S. 99 ff.; ausführlich zum Diskussionsstand *Spiecker gen. Döhmann* KritV 2014, 28 (34 ff.); *Floridi*, in: Jacob/Thiel (Hrsg.), Politische Theorie und Digitalisierung, S. 113 (116 ff.).

denfalls nicht wider. Schließlich verklärt die Rede vom „Recht auf" Vergessenwerden, dass es gar kein Recht gegenüber Dritten geben kann, von diesen vergessen zu werden.[184] Erschöpft sich der Begriff des „Rechts auf Vergessenwerden" deshalb in einem Anspruch auf Löschung personenbezogener Daten, mag er als Metapher eine heuristische Funktion entfalten, zum Rechtsbegriff taugt er dagegen nicht[185] – Gleiches gilt für den „digitalen Neuanfang"[186].

3. Technikoffenheit und Zeitgeistiges

Will eine Grundrechtskodifikation nicht als Momentaufnahme, gleichsam als grundrechtliches Stimmungsbild erscheinen, sondern auf Beständigkeit auch bei technischem Wandel zielen, dann sollte sie möglichst technikneutral formuliert sein. Dieses Ziel hat sich etwa der europäische Gesetzgeber beim Erlass der Datenschutz-Grundverordnung ausdrücklich zu eigen gemacht.[187] Der Chartaentwurf spiegelt indes eher die Technologiedebatten und Schlagworte der letzten und der nächsten 5–10 Jahre wider, anstatt zukunftstaugliche Schutzbereiche und Eingriffsszenarien zu formulieren.[188] So sah Art. 1 Abs. 2 des Erstentwurfs die Menschenwürde insbesondere bedroht durch Big Data, künstliche Intelligenz, Einsatz von Algorithmen, Robotik und Mensch-Maschine-Verschmelzungen und ließ sie zur kleinen Münze verkümmern, indem sie dort auch gegen die Machtkonzentration bei privaten Unternehmen in Stellung gebracht wurde. Diese Beschreibungen der Herausforderungen durch die technische Entwicklung finden sich nunmehr überwiegend in der überarbeiteten Fassung der Präambel wieder. Auch die Regelung des Art. 5 Abs. 2 des Erstentwurfs, die eine Schranke der Meinungsfreiheit normierte und zugleich eine eigentümliche aktive Verhinderungspflicht öffentlicher und privater Stellen im Hinblick auf digitale Hetze, Mobbing und Rufschädigung vorsah, atmete den Zeitgeist und erinnerte eher an die jüngste öffentliche Erregung über „hate speech" – die auch in Deutschland mit dem „Gesetz zur

---

[184] Eindringlich *Masing*, NJW 2012, 2305 (2307): „Daten sind nicht unveräußerbare Partikel des Selbst, deren Nutzung leihweise an Dritte überlassen und dann nach Belieben wieder zurückgefordert werden kann: Niemand hat ein prinzipielles Recht, dass sein Kommunikationspartner auf Wunsch wieder vergisst, was ihm mitgeteilt wurde." Vgl. auch *Ausloos*, Computer Law & Security Review 28 (2012), 143 (144); *Markou* in: Gutwirth u.a. (Hrsg.), Reforming European Data Protection Law, S. 203 (211 ff.).

[185] Ähnlich *Koreng/Feldmann* ZD 2012, 311 (312); vgl. auch *Weismantel*, Das „Recht auf Vergessenwerden" im Internet nach dem „Google-Urteil" des EuGH, S. 134 ff.

[186] Vgl. auch *Bull*, RuP 2017, 9 (19).

[187] Siehe Erwägungsgrund 15 der DSGVO.

[188] Ähnlich die journalistisch-feuilletonistische Einschätzung des Chartaentwurfs, etwa bei *Kreye*, SZ v. 1.12.2016, S. 15 („wie ein Twitter-Kompendium der digitalen Feuilletons der letzten fünf Jahre"), oder *Wieduwilt*, FAZ.NET v. 24.4.2018 („Thesensammlung im Gewand einer Verfassung").

Verbesserung der Rechtsdurchsetzung in sozialen Netzwerken (Netzwerkdurchsetzungsgesetz – NetzDG)“ einen einfachgesetzlichen Niederschlag gefunden hat[189] – als an eine auf Dauer angelegte Schrankenregelung. Sie wurde daher zu Recht in der überarbeiteten Fassung gestrichen. Der Zeitgeist ist jedenfalls kein guter Ratgeber für eine grundsätzlich auf längere Dauer angelegte Grundrechtskodifikation.

4. Grundrechtliche Regelung und gesetzliche Konkretisierung

Die überarbeitete Fassung des Chartaentwurfs profitiert von einer im Vergleich zur Erstfassung konsequenteren Unterscheidung zwischen dem, was zwingend grundrechtlich geschützt werden muss, und dem, was einfachgesetzlich konkretisiert werden kann. So enthält Art. 5 Abs. 6 der überarbeiten Fassung beispielsweise einen Regulierungsauftrag für den Gesetzgeber hinsichtlich des Einsatzes von künstlicher Intelligenz und Robotik, auch wenn unklar bleibt, wie genau die dort ebenfalls geforderte „gesellschaftliche Begleitung“ in diesen Bereich aussehen soll. Zurecht gestrichen wurde demgegenüber die Verankerung der datenschutzrechtlichen Konzeptionen der *privacy by design* und der *privacy by default* im reformulierten Grundrecht auf Datenschutz gemäß Art. 7, da die DSGVO die Verantwortlichen für die Datenverarbeitung bereits hinreichend auf diese Grundsätze verpflichtet. Wer dagegen jeden objektiv-rechtlichen Regulierungsansatz zu einem eigenen Grundrecht erhebt, entwertet das Anliegen einer Grundrechtskodifikation und verstellt den Blick auf ihre zentralen Innovationen. Die genauere Differenzierung zwischen grundrechtlichem Regelungsbedarf und einfachgesetzlicher Konkretisierungsmöglichkeit vermeidet stattdessen eine Überfrachtung des Grundrechtekatalogs.

5. Grundrechtsverpflichtung

Besondere Beachtung verdient schließlich die Regelung der Grundrechtsverpflichtung in Art. 17 des überarbeiteten Chartaentwurfs. Das gilt weniger deshalb, weil sich in Abs. 1 – anders als bei allen sonstigen deutschen Unionsrechtstexten – ein Genitiv-s in die Mitte der Mitgliedstaaten gedrängt hat. Schon eher, weil die Mitgliedstaaten umfassend grundrechtsgebunden sein sollen und nicht nur „ausschließlich bei der Durchführung des Rechts der Union“, wie es Art. 51 Abs. 1 GRCh vorsieht. Auch wenn die Rechtsprechung des EuGH den Begriff der Durchführung des Unionsrechts über die Auslegung des einschlägigen Sekundärrechts immer weiter

[189] BGBl. I 2017, 3352; vgl. hierzu nur nur *Eifert*, NJW 2017, 1450 ff.

auszudehnen scheint[190], besteht hier noch ein normativ durchaus relevanter Unterschied.

Vollends ungewöhnlich ist die Regelung der Grundrechtsverpflichtung jedoch mit Blick auf nichtstaatliche Akteure. Gemäß Art. 17 Abs. 2 des Chartaentwurfs sollen die Rechte und Prinzipien der Charta auch ihnen gegenüber gelten. Diese ausdrückliche Anordnung einer allgemeinen unmittelbaren Privatrechtswirkung sucht in deutschen und europäischen Grundrechtskatalogen ihresgleichen. Sie bricht mit der überkommenen deutschen Vorstellung, dass eine unmittelbare Drittwirkung von Grundrechten und anderen subjektiven Verfassungsrechtspositionen nur auf wenige ausdrücklich benannte Fälle – z.B. Art. 9 Abs. 3 S. 2, 48 Abs. 1 und 2 GG – beschränkt ist und im Übrigen mit guten Gründen ausgeschlossen wird.[191] Sie entscheidet auch den bei Art. 51 Abs. 1 GRCh geführten Streit über die Drittwirkung der Unionsgrundrechte im Privatrechtsverkehr[192] kurzerhand zugunsten einer allgemeinen Privatrechtswirkung. Der Verweis der Präambel auf die „enormen Machtverschiebungen zwischen Einzelnen, Staat und Unternehmen" verdeutlicht denn auch die eigentliche Stoßrichtung dieser Adressatenbestimmung.[193]

Die in der wissenschaftlichen Auseinandersetzung ausgetauschten Argumente gegen eine allgemeine Privatrechtswirkung von Grundrechten beanspruchen auch hier Geltung: Grundrechte mit Privatrechtswirkung entfalten immer auch eine freiheitsbeschränkende Wirkung, die nicht zwischen mächtigen Konzernen und Individuen unterscheidet. Sie führen zu einem Freiheitsverlust vormals grundsätzlich privatautonom agierender Subjekte. Zugleich verlagert die Privatrechtswirkung schwierige verfassungsrechtliche Abwägungsentscheidungen in mehrpoligen Grundrechtsverhältnissen auf Private, was eigentlich Sache der Gerichte und zuvörderst des Gesetzgebers wäre. So müssen nach der Konzeption der Charta etwa Suchmaschinenbetreiber in jedem Einzelfall und ohne das Recht auf eigene Beweiserhebung[194] entscheiden, ob das Grundrecht auf einen „digitalen Neuanfang" aus Art. 7 Abs. 4 S. 1 des Chartaentwurfs überwiegt gegenüber dem ebenfalls grundrechtlich geschützten Informationsinteresse Dritter aus Art. 2 S. 1 des Chartaentwurfs und dem eigenen wirtschaftlichen Grundrecht des Suchmaschinenbetreibers aus Art. 15 und 16 GRCh. Es ist nicht unwahrscheinlich, dass es hier zu einem *chilling effect* kommen wird, die privaten Grundrechtsadressaten also pauschal einer

---

[190] Vgl. zur aktuellen Rechtsprechungsentwicklung nur *Kingreen*, in: Calliess/Ruffert (Hrsg.), EUV/AEUV, Art. 51 GRCh Rn. 8 ff.; *Jarass*, GRCh, Art. 51 Rn. 18 ff.

[191] Vgl. statt vieler die konzise Zusammenfassung des Meinungsstands bei *Ruffert*, Vorrang der Verfassung und Eigenständigkeit des Privatrechts, S. 12 f.

[192] Exemplarisch zum Streitstand in Literatur und EuGH-Rechtsprechung *Borowsky*, in: Meyer (Hrsg.), GRCh, Art. 51 Rn. 31 f.; *Jarass*, GRCh, Art. 51 Rn. 36 ff., jeweils m.w.N.

[193] Noch deutlicher war Art. 1 Abs. 2 der Erstfassung des Entwurfs, der die Machkonzentration bei privaten Unternehmen als neue Gefährdung der Menschenwürde klassifizierte.

[194] Vgl. *Bull*, RuP 2017, 9 (22).

Grundrechtsposition gegenüber eigenen und dritten Positionen den Vorzug geben.[195]

Von den dogmatischen wie rechtspolitischen Untiefen einer allgemeinen Privatrechtswirkung lassen sich die Initiatoren der Charta indes nicht irritieren: „Unbestritten war und ist in unserem Kreis, dass zeitgenössische Probleme nur durch eine radikale Ausweitung von grundrechtlicher Drittwirkung zu lösen sind.“[196] Ein solcher Lösungsansatz verweist auf ein radikal individualistisches Grundrechtsverständnis, das konkurrierende Grundrechtspositionen und die Bedingungen praktischer Konkordanz zu überspielen scheint.[197] Die hiergegen gerichtete Kritik versteht demgegenüber Grundrechte als Phänomene kollektiver Ordnung; sie erinnert an „die Eigenrationalität der kollektiven Ordnungsbildung der Gesellschaft, die sich über die Selbstorganisation sozialer Normen, Prozeduren und Handlungsmuster vollzieht [und die] hinter einer über den Staat prozessierten Justizialisierung von Grundrechten verlorenzugehen [droht].“[198] Diese Kritik sollte zumindest zur Kenntnis nehmen, wer eine unterschiedslose unmittelbare Drittwirkung installieren möchte.

Der verfassungstheoretische Hinweis erhärtet sich freilich zu einem handfesten verfassungsrechtsdogmatischen Einwand, der den Verfassungswandel in Form der Ausweitung der Privatrechtswirkung der Grundrechte im Verfassungsstaat des Grundgesetzes in seine Grenzen weist. Dabei kommt es nicht darauf an, ob man diese Grenzen mit dem engen normdogmatischen Verständnis in Art. 79 Abs. 3 GG[199] oder mit einem weiten phänomenologischen Verständnis in den normativen Tiefenstrukturen der Verfassung[200] verortet. Denn zum einen würde eine allgemeine Privatrechtswirkung der Grundrechte die in (Art. 79 Abs. 3 i.V.m.) Art. 1 Abs. 3 GG vorgesehene Beschränkung der Bindungswirkung der Grundrechte auf die staatlichen Gewalten – und gerade nicht auf Private – nicht bloß systemimmanent modifizieren[201], sondern unzulässig erweitern. Zum anderen wären die normativen Tiefenstrukturen des

---

[195] Das scheint der Wirtschaftsanwalt *Graf von Westphalen*, BB 2018, 899 (902), zu übersehen, wenn er von einem „durchaus beträchtlichen Gewinn“ für den Fall einer unmittelbaren Drittwirkung der Grundrechte gegenüber Unternehmen spricht. Zur vergleichbaren datenschutzrechtlichen Problemkonstellation *Peuker*, in: Sydow (Hrsg.), DSGVO, Art. 17 Rn. 59 ff.

[196] *Juli Zeh*, Beitrag vom 8.12.2016 unter https://digitalcharta.eu/juli-zeh-zur-digitalcharta/ (Abrufdatum: 14.6.2019).

[197] Deutliche Warnung etwa von *Dreier*, FAZ v. 12.12.2016, Nr. 290, S. 6, vor einer „völlig verfehlte[n] Logik eines hypertrophen Konkretismus subjektiver Rechtsansprüche“ (im Zusammenhang mit der Kruzifix- und Kopftuch-Debatte).

[198] *Vesting/Korioth/I. Augsberg*, in: dies. (Hrsg.), Grundrechte als Phänomen kollektiver Ordnung, S. 9.

[199] Siehe oben, S. 119 f.

[200] Siehe oben, S. 141 f.

[201] Zum Merkmal des Berührens der Grundsätze in Art. 79 Abs. 3 GG BVerfGE 30, 1 (24 f.).

Grundgesetzes betroffen, da der Vorschlag einer allgemeinen Privatrechtswirkung die Funktion der Grundrechte als transsubjektives Ordnungsprinzip der Gesellschaft überschätzt und die auf den freiheitssichernden und Differenzierungen zugänglichen Ausgleich kollidierender Grundrechtspositionen am Maßstab praktischer Konkordanz gerichtete Funktion des demokratisch legitimierten Gesetzgebers unterschätzt.[202] In beiderlei Hinsicht liegt somit der Vorschlag einer allgemeinen Privatrechtswirkung der Grundrechte in der digitalen Welt jenseits der Grenzen eines zulässigen Verfassungswandels.

6. Perspektiven des Entwurfs und der Grundrechtsentwicklung

Kritiker mögen in der Charta das letzte Ausrufezeichen eines scheidenden europäischen Spitzenpolitikers sehen, der bereits früher mit entsprechenden Vorschlägen[203] in die Öffentlichkeit getreten ist. Es griffe aber zu kurz, die Charta als den Versuch eines Vermächtnisses oder einen einmaligen symbolisch-feuilletonistischen Akt mit einigen handwerklichen Mängeln abzutun, auch wenn die Erfolgsaussichten einer rein deutschen Initiative im europäischen Kontext derzeit begrenzt erscheinen. Der Entwurf sollte durchaus ernst genommen werden. Er nennt das Problem des grundrechtlichen Innovationsbedarfs durch die Digitalisierung beim Namen und stellt einen ersten Lösungsansatz zur öffentlichen Diskussion. Außerdem hat er bereits die institutionell-politische Arena betreten: Am 5. Dezember 2016 stellten einige Initiatoren den Entwurf im Ausschuss für bürgerliche Freiheiten, Justiz und Inneres (LIBE) des Europäischen Parlaments vor.[204] Der Koalitionsvertrag für die 19. Legislaturperiode kündigt zudem die Begleitung des Projekts einer europäischen digitalen Grundrechtecharta durch die Bundesregierung an.[205]

Die Charta enthält einige Grundrechtsinnovationen und einige Brüche mit der etablierten Grundrechtsdogmatik. Sie benötigt daher eine Legitimationsgrundlage, die breiter aufgestellt ist als die Gruppe von 14 interessierten Bürgerinnen und Bürgern. Als zivilgesellschaftlicher Impuls für einen Verfassungswandel, der eine breite öffentliche Diskussion auslösen möchte, ist die Initiative gleichwohl nicht geringzuschätzen. Allen juristisch-handwerklichen

---

[202] Vgl. dazu *Rupp*, in: Isensee/Kirchhof (Hrsg.), HStR II^3, § 31 Rn. 34 ff., 42 f. Als diametrale Veränderung des Rechtssystems bezeichnet bei *Schliesky u. a.*, Schutzpflichten und Drittwirkung im Internet, S. 154, die sich freilich nicht abschließend zu einer Vereinbarkeit mit Art. 79 Abs. 3 GG verhalten. Eine „digitale Grundrechtswirkung", die auf das Ordnungsbildungspotential des privaten Sektors verweist und sich gegen die Degradierung der privaten Akteure „zu schieren Objekten richterlicher oder gesetzgeberischer Schutzpolitik" wendet, propagiert *Karavas*, Digitale Grundrechte, S. 166 ff. (Zitat auf S. 196), unter Rückgriff auf Arbeiten von Gunther Teubner und Karl-Heinz Ladeur.

[203] *Schulz*, in: Schirrmacher (Hrsg.), Technologischer Totalitarismus, S. 15 ff.

[204] https://digitalcharta.eu/bericht-aus-bruessel (Abrufdatum: 14.6.2019).

[205] Koalitionsvertrag für die 19. Legislaturperiode (2017–2021), Zeilen 2229 ff.

Unzulänglichkeiten zum Trotz dokumentiert der Chartaentwurf einen rechtspolitischen Handlungsbedarf, den ein phänomenologisches Verständnis eines Verfassungswandels registrieren kann und muss. Im Spannungsfeld von Verfassungstext, Verfassungspraxis und Verfassungspolitik[206] verweisen solche Vorschläge auf Entwicklungswege, die rechtswissenschaftlicher Reflexion bedürfen.

Hierfür – wie auch für weitere, hier nicht behandelte Themenfelder der Digitalisierung[207] – bietet das am verfassungsrechtlichen Leitbild digitaler Souveränität ausgerichtete phänomenologische Verständnis des Verfassungswandels ein geeignetes Instrument.

[206] *Becker/Kersten*, AöR 141 (2016), 1 (16).
[207] Vgl. S. 8.

Zusammenfassende Thesen

1. *Die allgegenwärtige Verwendung des Begriffs der Digitalisierung entbindet nicht von seiner terminologischen Präzisierung.*

In terminologischer Hinsicht lassen sich mindestens zwei Begriffsfacetten unterscheiden. Der enge technische Begriff der Digitalisierung bezeichnet die Überführung messbarer analoger Größen in diskrete, häufig binär codierte und damit „computerlesbare" Werte.[1]

Der Arbeit liegt indes ein weiter phänomenologischer Begriff der Digitalisierung zugrunde. Er dient als Chiffre für einen umfassenden gesellschaftlichen und kulturellen Wandel, der durch die Entwicklung neuer digitaler informations- und kommunikationstechnischer Systeme angestoßen wurde und sich im Bedeutungszuwachs dieser Systeme für die öffentliche und private Kommunikation manifestiert. Kennzeichen der Digitalisierung im weiten Sinne sind die Dynamik der technischen Entwicklung, die Vernetzung der digitalen Endgeräte, die Konvergenz von Infrastrukturen, Endgeräten und Diensten, die Ubiquität der Informations- und Kommunikationstechnik sowie die Datafizierung.[2]

Zwischen der Digitalisierung im weiten Sinne und dem früher geläufigen, mit dieser verwandten Begriff der Informatisierung besteht ein qualitativer Unterschied, den die Sozialwissenschaften phänomenologisch beschreiben und medien- bzw. kommunikationstheoretisch erklären können.[3]

Der in den Diskursen der Kunst und der Geisteswissenschaften aufscheinende Begriff der Post-Digitalisierung trägt zur Entzauberung der Digitalisierung und zu einer terminologischen Sensibilisierung mit Blick auf überholte analog-digital-Dichotomien bei, ohne dass damit eine grundlegende Neuausrichtung des Forschungsprogramms zur Digitalisierung einherginge.[4]

---

[1] S. 15 ff.
[2] S. 17 ff.
[3] S. 25 ff.
[4] S. 30 ff.

2. *Für den epistemischen Wandel durch die Digitalisierung, den die Nachbarwissenschaften in Gestalt der Digital Humanities registrieren, gibt es in der Rechtswissenschaft erste Anhaltspunkte. Diese betreffen sowohl die Erkenntnis- als auch die Kommunikationswege der Rechtswissenschaft.*

Die Suche nach einem methodisch angeleiteten Umgang mit massenhaft digital verfügbaren Informationen führt die meisten Autoren trotz der Forderung nach einer neuen Methode dazu, sich der klassischen juristischen Techniken und Tugenden zu besinnen.[5] Dagegen verspricht die Analyse juristischer Texte mit den Mitteln der computergestützten Korpuslinguistik, der Netzwerkanalyse und der Statistik neue Erkenntnismöglichkeiten. Diese in den Nachbarwissenschaften etablierten Methoden haben im rechtswissenschaftlichen Anwendungskontext das Experimentier- und Erprobungsstadium jedoch meist noch nicht verlassen.[6]

Durch die Digitalisierung treten neue Publikations- und Diskussionsformate in einen Aufmerksamkeitswettbewerb mit etablierten Publikationsmedien der Rechtswissenschaft.[7]

3. *Die zentrale Frage nach den Reaktionsmöglichkeiten der Verfassung auf die Digitalisierung impliziert ein dynamisches Verständnis von Verfassung und Verfassungsrecht, das heute allgemein konsentiert ist. Kontroversen bestehen jedoch noch immer darüber, wie diese Dynamik zu entfalten ist.*

a) Die Verfassungsdynamik entfaltet sich in einem Spannungsverhältnis unterschiedlicher Prinzipien. Stabilität und Flexibilität stehen dabei ebenso in einem Verweisungszusammenhang wie Normativität und Faktizität bzw. Verfassungsrecht und Verfassungswirklichkeit. Dieser Verweisungszusammenhang gibt einen Ausgleich zwischen den widerstreitenden Prinzipien auf, der die Dynamik der Verfassung durch hinreichende, aber maßvolle Anpassungen an geänderte Verhältnisse ermöglicht und damit die ordnungsstiftende Funktion der Verfassung auch bei einem Wandel der Verfassungswirklichkeit aufrechterhält.[8]

b) Die Antwort auf die Frage, wie solche Anpassungen vorgenommen werden können, hängt indes vom zugrunde liegenden Verfassungsverständnis ab.[9] Eher dezisionistische Verfassungsverständnisse betonen die Bedeutung der ursprünglichen Grundentscheidung des Verfassunggebers, auf die die Verfassungsinterpretation verpflichtet werde. Wo eine streng der juristischen Methodik folgende Verfassungsinterpretation nicht mehr als Entfaltung des ursprünglichen Gehalts einer Verfassungsnorm dargestellt werden könne, sei

[5] S. 38 ff.
[6] S. 59 ff.
[7] S. 60 ff.
[8] S. 68 ff.
[9] S. 78 ff. und S. 102 f.

eine Verfassungsänderung zur Rezeption gewandelter Verhältnisse geboten, die im Verfassungsstaat des Grundgesetzes über eine spezifische Rationalität und Legitimation verfüge; für einen Verfassungswandel sei hingegen unter dem Grundgesetz kein Raum. Demgegenüber ist eine wirklichkeitsrezipierende Verfassungsinterpretation für ein eher integratives Verfassungsverständnis nicht die begründungsbedürftige Ausnahme, sondern eine konstitutive Bedingung für die Integration und Einheitsbildung als Aufgabe der Verfassung. Dieses Verfassungsverständnis lässt allerdings das Verhältnis der topisch-problemorientierten, wirklichkeitsrezipierenden Verfassungsinterpretation zu Begriff und Konzept des Verfassungswandels im Dunkeln.

c) Da mit Art. 87f GG und Art. 91c GG bislang nur zwei Verfassungsänderungen als Reaktion auf die Digitalisierung zu verzeichnen sind, konzentriert sich die Arbeit auf die Bedeutung des Verfassungswandels für die Verfassungsdynamik.

4. *In der Dogmatisierung des Verfassungswandels als Inhaltsänderung einer Norm durch Interpretationsänderung ohne Textänderung liegen die Verdienste, aber mehr noch die Versäumnisse des durch die Staatsrechtslehre in der Bonner Republik etablierten engen Verständnisses des Verfassungswandels begründet.*

Während sich Arbeiten zum Verfassungswandel vor Inkrafttreten des Grundgesetzes zunächst auf eine empirische Bestandsaufnahme von Fällen beschränkten, in denen der Verfassungszustand vom Verfassungstext abwich, und später typologische Zuordnungen einzelner Fälle leisteten[10], unternahm die Staatsrechtslehre in der Bonner Republik eine Dogmatisierung des Verfassungswandelbegriffs. Gestützt auf die normtheoretische Unterscheidung zwischen Normprogramm und Normbereich konzeptionalisierte sie den Verfassungswandel als norminternen, textbezogenen Vorgang, der im Kontext einer spezifischen Verfassungsordnung steht. Dadurch erhielt sie einen juristisch operationalisierbaren Begriff für politisch-rechtliche Veränderungen des Verfassungszustands eines Staates.[11] Dieses enge Verständnis des Verfassungswandels gewährleistete den Anschluss an die allgemeinen Grundsätze der Rechtsauslegung und der Rechtsquellenlehre sowie die Kompatibilität zum gesicherten Bestand verfassungsrechtlicher Methodik und Dogmatik.

Die Kontextualität verweist zugleich auf die Kehrseite der starken Normfixierung des engen Verfassungswandelbegriffs: strukturelle Entwicklungen jenseits einer einzelnen Verfassungsnorm geraten aus dem Blick, der sich zudem auf den Beitrag des Bundesverfassungsgerichts zum Verfassungswandel und auf die Berechtigung des Gerichts zur Rechtsfortbildung verengt.[12]

---

[10] S. 92 ff.
[11] S. 104 ff.
[12] S. 134 ff.

5. *Die hier vorgeschlagene Perspektiverweiterung löst sich von der engen Normfixierung des Verfassungswandels und nimmt vor allem strukturelle Veränderungen in den Blick, die sich außerhalb einer einzelnen Verfassungsnorm vollziehen, aber gleichwohl Rückwirkungen für deren Auslegung und Anwendung zeitigen können.*

a) Der weite phänomenologische Begriff des Verfassungswandels bezeichnet alle Veränderungen im Sinn der Verfassung, die nicht förmliche Verfassungsänderung sind, d.h. alle Entwicklungen des rechtlichen Sinngehalts von Verfassungsnormen, -prinzipien, -institutionen und -strukturen durch eine neue Verfassungsinterpretation, eine neue Verfassungspraxis oder einen neuen Verfassungskontext.[13] Ein Programm, das die Phänomenologie des Verfassungswandels ernst nimmt, sich dabei aber nicht auf eine bloß empirische Bestandsaufnahme von Verfassungswandlungen beschränkt, kann gerade auch strukturelle Wandlungen jenseits einer einzelnen Verfassungsnorm aus rechtswissenschaftlicher Warte analysieren und dabei die methodischen, legitimatorischen und dogmatischen Desiderate des engen rechtsdogmatischen Verständnisses erfüllen. In methodischer Hinsicht bringt es den strukturellen Verfassungswandel mit Hilfe eines verfassungsrechtlichen Leitbilds auf einen Begriff, der durch Verfassungsinterpretation zu konkretisieren ist; in legitimatorischer Hinsicht erkennt es die Beiträge auch anderer Akteure als das Bundesverfassungsgericht als konstitutiv für den Verfassungswandel an; in dogmatischer Hinsicht bemüht es sich um die Angabe von Grenzen des weit verstandenen Verfassungswandels.[14]

b) Für eine komplexere Akteursskizze des Verfassungswandels sind neben dem Bundesverfassungsgericht vor allem die Beiträge des einfachen Gesetzgebers, der anderen Verfassungsorgane und ihrer Staatspraxis, der Rechtswissenschaft, der Zivilgesellschaft und der Fachgerichte zu berücksichtigen, wegen der Einwirkungen des Unions- und Konventionsrechts auf das Grundgesetz aber auch die Handlungen europäischer Organe.[15]

c) Bei der Analyse eines Verfassungswandels entfalten Leitbilder eine Deutungs-, Erklärungs- und Orientierungsfunktion, indem sie eine Brücke zwischen Verfassungsrecht und Verfassungswirklichkeit schlagen und eine Grundlage für den interdisziplinären Austausch über Wandlungsphänomene bilden.[16] In den Rationalitätsverlusten durch Komplexitätsreduktion, der manipulativen Verwendung, den Herleitungs- und Begründungsdefiziten bei einer nur notdürftigen Anbindung an den Verfassungstext und der Beliebigkeit in der Rechtsanwendung liegen die Gefahren und Ambivalenzen der Arbeit mit verfassungsrechtlichen Leitbildern. Durch Begründungs-, Anwendungs-

[13] S. 139 f. m.w.N.
[14] S. 140 ff.
[15] S. 145 ff.
[16] S. 174 ff.

und Schrankenregeln ist gleichwohl der Weg zu einer leitbildorientierten Verfassungsanwendung eröffnet.[17]

6. *Die Untersuchung etabliert ein verfassungsrechtliches Leitbild digitaler Souveränität, das für die Verantwortung und Legitimität des Staates unter den Bedingungen der Digitalisierung steht. Demgegenüber eignet sich die Raummetaphorik des Digitalen nicht für ein Leitbild, das den digitalisierungsbedingten Verfassungswandel erfassen soll.*

Erstmals als Reaktion auf die Überwachungsskandale im Internet geprägt, tauchte der Begriff der digitalen Souveränität bald als Schlagwort in digitalpolitischen Debatten und Programmen auf, wo er – ohne eine Reflexion konzeptioneller Grundlagen – in infrastruktureller, wirtschaftspolitischer, individualrechtlicher und wissenspraktischer Hinsicht entfaltet wurde.[18]

In den Nachbarwissenschaften, insbesondere den normativen und empirischen Sozialwissenschaften, zielt das Nachdenken über digitale Souveränität darauf, die Überhöhungen des Digitalen in den Anfangsjahren des Internet wieder einzufangen und Souveränität als Prinzip politischer Ordnung sowie die Steuerungsfähigkeit von Recht und anderen Instrumenten im Internet zu rehabilitieren.[19]

Der verfassungstheoretische und dogmengeschichtliche Hintergrund des Souveränitätsbegriffs bildet den Resonanzraum für die Erörterung der digitalen Souveränität als verfassungsrechtliches Leitbild. Vom verfassungstheoretischen Begriff unterscheidet sich das Leitbild aber durch seine konstitutive Deutungsoffenheit. Es will nicht Konturen schärfen, sondern Komplexität reduzieren. Es will noch kein konsistentes Theoriegebäude anbieten, sondern zunächst ein heuristisches Instrument zur Verfügung stellen, das rechtswissenschaftlichen Suchbewegungen eine Richtung gibt, die sich in der vorliegenden Untersuchung auf Verfassungswandlungen im Bereich der (digitalen) Infrastrukturen und der Grundrechte konzentrieren.[20]

Die verfassungsrechtlichen Leitbildern inhärente Orientierungs- und Steuerungsfunktion vermag die Raummetaphorik des Digitalen nicht zu erbringen. Die räumliche Konzeptionalisierung von Internetsachverhalten ist Ausdruck eines disziplinenübergreifenden Trends, der unter der Überschrift „Raumwende“ oder „*spatial turn*“ firmiert und einen neuen methodischen Problemzugriff durch räumliches Denken propagiert. Die durch das Raumdenken ermöglichten Differenzierungen zwischen Zentrum und Peripherie, Nähe und Distanz, Inklusion und Exklusion können die normative Valenz von Leitbildern aber nicht begründen. Räumliche Vorstellungen steuern bzw. leiten nicht,

17 S. 183 ff.
18 S. 192 ff.
19 S. 206 ff.
20 S. 215 ff.

senden also anders als Leitbilder keine Impulse zur Auslegung und Anwendung der Verfassung.[21]

7. *Ein gewandeltes Verständnis der staatlichen Infrastrukturverantwortung des Art. 87f Abs. 1 GG als Optimierungsrecht reflektiert den enormen Bedeutungszuwachs digitaler (breitbandiger) Infrastrukturen, auf den das verfassungsrechtliche Leitbild digitaler Souveränität verweist. Ebenso führt der Bedeutungszuwachs der IT-Sicherheit zu einem Wandel der staatlichen Infrastrukturverantwortung.*

a) Digitale Infrastrukturen (Telekommunikationsinfrastrukturen und die auf ihnen erbrachten Dienste) sind ein unabdingbares Mittel der sozialen, wirtschaftlichen und politischen Integration eines Gemeinwesens und zugleich Bedingung der Möglichkeit der Verwirklichung individueller Freiheitsrechte.[22]

b) Art. 87f Abs. 1 GG weist dem Staat die Gewährleistungsverantwortung für die Telekommunikationsinfrastruktur zu, nachdem dieser infolge der Privatisierung und Liberalisierung des Telekommunikationssektors aus der unmittelbaren Erfüllungsverantwortung entlassen wurde. Als Staatszielbestimmung legt die Norm den Staat verfassungsrechtlich verbindlich auf ein bestimmtes Ziel – die Gewährleistung von flächendeckend angemessenen und ausreichenden Dienstleistungen im Bereich der Telekommunikation – fest, ohne konkrete Gewährleistungsinstrumente vorzugeben.[23]

c) Durch die offene Tatbestandsformulierung, die Verankerung einer Beobachtungspflicht des Gesetzgebers und die Koppelung mit dem Wettbewerbsprinzip in Abs. 2 S. 1 ist Art. 87f Abs. 1 GG ein idealer Rezeptor für den in den letzten 10–15 Jahren zu konstatierenden Bedeutungszuwachs breitbandiger Infrastrukturen.[24] Dieser Offenheit des Art. 87f Abs. 1 GG für einen dynamischen Wandel wird jedoch nicht gerecht, wer die Infrastrukturverantwortung durch Verfassungsinterpretation auf einen Universaldienst verengt. Als nachlaufendes Regulierungsinstrument, das auf eine am telekommunikativen *status quo* orientierte Grundversorgung zielt, entfaltet der Universaldienstmechanismus kaum Anreiz- und Steuerungswirkung für einen nachhaltigen Breitbandausbau, der den telekommunikativen Grundbedürfnissen der Benutzer auch in Zukunft noch gerecht werden kann.[25]

d) Eine gewandelte Auslegung der Infrastrukturverantwortung in Art. 87f Abs. 1 GG als Optimierungsrecht ergänzt den Gedanken der am telekommunikativen *status quo* orientierten, staatlich zu gewährleistenden Grundversor-

[21] S. 219 ff.
[22] S. 235 ff.
[23] S. 253 ff.
[24] S. 269 ff.
[25] S. 271 ff.

gung am verfassungsrechtlichen Maßstab des Untermaßverbots um den Gedanken einer staatlichen Verantwortung für den Ausbau digitaler Infrastrukturen, die auch technologischen Neuentwicklungen und künftigen Bedürfnissen ihrer Benutzer gerecht werden können. Diese Deutung bewegt sich im Rahmen einer methodisch zulässigen Auslegung des Art. 87f Abs. 1 GG und richtet die staatliche Infrastrukturverantwortung auf die infrastrukturelle Versorgung in der Gegenwart wie auf die Vorsorge für die Zukunft gleichermaßen aus. Als Optimierungsinstrumente kommen die legislative Ausgestaltung eines Wege- und Mitbenutzungsrechtsregimes, die exekutive Regulierung von Mobilfunkfrequenzen, die Subventionierung des Breitbandausbaus in den Grenzen des europäischen Beihilfenrechts und die Koordinierung ergänzender Fördermaßnahmen von Ländern und Kommunen in Betracht.[26]

e) Die Angemessenheit der vom Bund gemäß Art. 87f Abs. 1 GG zu gewährleistenden Dienstleistungen wird inzwischen auch durch ein hinreichendes Maß an IT-Sicherheit definiert. Dem Gesetzgeber obliegt ein dementsprechender dauerhafter Steuerungs- und Sicherungsauftrag, den er, teils vorgezeichnet durch unionsrechtliche Vorgaben, auch schon wahrgenommen hat. Verschiedene institutionalisierte Foren zielen auf Information und Koordination hinsichtlich aktueller Entwicklungen der IT-Sicherheit zwischen Bund, Ländern, Wirtschaft und Gesellschaft.[27]

8. *Das verfassungsrechtliche Leitbild digitaler Souveränität thematisiert Grundrechtsentwicklungen unter den Bedingungen der Digitalisierung, die sich in einem Drei-Stufen-Modell kategorisieren lassen.*

Die Reaktionen von Rechtsprechung und Wissenschaft auf digitalisierungsbedingte Veränderungen beim Grundrechtsschutz sind eher durch punktuelle Suchbewegungen gekennzeichnet als durch ein theoretisch oder dogmatisch kohärentes Konzept. Für eine punktuelle Veränderungen transzendierende Beschreibung der Grundrechtsentwicklung bietet ein phänomenologisches Verständnis des Verfassungswandels eine geeignete Perspektive. Die Grundrechtswandlungen durch die Digitalisierung können mit einem Drei-Stufen-Modell aus Interpretation, Innovation und Kodifikation strukturiert werden, das es erlaubt, Wandlungen und innovative Lösungsansätze konzeptionell zu ordnen und differenziert zu bewerten. Dabei handelt es sich um heuristische Kategorien, die gestufte Antworten auf einen steigenden grundrechtlichen Entwicklungsbedarf als Folge der Digitalisierung formulieren.[28]

a) Auf der Stufe der Interpretation ist durch Auslegung zu ermitteln, inwieweit Grundrechte auf digitale Sachverhalte anwendbar sind, die zum Zeitpunkt des Inkrafttretens des Grundgesetzes noch nicht absehbar waren.

---

[26] S. 275 ff.
[27] S. 288 ff.
[28] S. 295 ff.

So registriert etwa das Versammlungsgrundrecht neuartige digitale Kollektivitätsformen, die sich an den einzelnen Merkmalen des verfassungsrechtlichen Versammlungsbegriffs messen lassen müssen und die eine veränderte Auslegung, mithin einen Wandel des Grundrechts nahelegen, wenn sie funktional äquivalent zu ihren „analogen Pendants" sind. Eine solche funktionale Äquivalenz ist nach hier vertretener Ansicht zwar nicht bei virtuellen Sit-Ins in Form von Distributed-Denial-of-Service-Attacken gegeben, wohl aber bei virtuellen Treffen in virtuellen Welten zum Zwecke der öffentlichen Meinungsbildung und -kundgabe.[29]

Ohne größere Kontroversen hat sich dagegen die grundrechtliche Dynamik bei dem Fernmeldegeheimnis des Art. 10 Abs. 1 Var. 3 GG entfaltet. Der technische Wandel führt hier nicht nur zu einer Dynamisierung des Schutzbereichs, der damit auch neuartige Übertragungstechniken umfasst, sondern ebenso zu einem Bedeutungszuwachs objektiv-rechtlicher Gehalte des Grundrechts in Form von Schutzpflichten gegen Zugriffe von fremden Staaten oder nicht-staatlichen Dritten auf die private Kommunikation.[30]

b) Grundrechtsinnovationen treten auf den Plan, wenn die Möglichkeiten der Interpretation vorhandener Grundrechte nicht ausreichen, um neuen Freiheitsgefährdungen zu begegnen. Ein phänomenologisches Verständnis des Verfassungswandels kann dabei insbesondere die Pluralität der Akteurskonstellation in den Blick nehmen. So war etwa das Volkszählungsurteil, in dem das Bundesverfassungsgericht das Grundrecht auf informationelle Selbstbestimmung erkannte, maßgeblich durch wissenschaftliche Vorarbeiten geprägt und von einer breiten zivilgesellschaftlichen Debatte begleitet; auch bildete es nur eine Zwischenstation der dynamischen Fortentwicklung des Grundrechts in wissenschaftlichen Kontroversen und durch einfachgesetzliche Ausgestaltung, aber auch durch das Bundesverfassungsgericht selbst.[31] Offen ist, ob und inwieweit das Bundesverfassungsgericht die wissenschaftliche Kritik an seiner zweiten Grundrechtsinnovation, dem Grundrecht auf Gewährleistung der Vertraulichkeit und Integrität informationstechnischer Systeme künftig rezipieren wird.[32] Anderen wissenschaftlichen Innovationen wie der Medienfreiheit oder der Internetdienstefreiheit blieb die bundesverfassungsgerichtliche Anerkennung bislang versagt.[33]

c) Unter dem Grundgesetz sind eigenständige Grundrechtskodifikationen, die mehrere Grundrechtsinnovationen in einem separaten Textkorpus versammeln, wegen des Inkorporationsgebots des Art. 79 Abs. 1 S. 1 GG ausgeschlossen. Als verfassungspolitische Reaktionsmöglichkeiten verdienen wis-

---

[29] S. 301 ff.
[30] S. 308 ff.
[31] S. 313 ff.
[32] S. 322 ff.
[33] S. 326 ff.

senschaftliche, politische oder zivilgesellschaftliche Kodifikationsentwürfe aus der Warte eines phänomenologisch verstandenen Verfassungswandels gleichwohl Beachtung, weil sie künftige Entwicklungen des Verfassungstexts vorzeichnen können und dementsprechend eine wissenschaftliche Reflexion aufgeben.[34] Am Beispiel der „Charta der Digitalen Grundrechte der Europäischen Union“ werden die theoretischen, dogmatischen und redaktionellen Herausforderungen sowie Grenzen einer selbständigen Grundrechtskodifikation deutlich.[35]

[34] S. 327 ff.
[35] S. 329 ff.

Literaturverzeichnis

Abbate, Janet, Inventing the Internet, Cambridge/Mass. 1999

Ackerman, Bruce, The Living Constitution, Harvard Law Review 120 (2007), 1737–1812

Adrian, Axel, Der Richterautomat ist möglich – Semantik ist nur eine Illusion, Rechtstheorie 48 (2017), 77–121

Albers, Marion, Information als neue Dimension im Recht, Rechtstheorie 33 (2002), 61–89

dies., Informationelle Selbstbestimmung, Baden-Baden 2005

dies., Umgang mit personenbezogenen Informationen und Daten, in: Wolfgang Hoffmann-Riem/Eberhard Schmidt-Aßmann/Andreas Voßkuhle (Hrsg.), Grundlagen des Verwaltungsrechts. Band II: Informationsordnung, Verwaltungsverfahren, Handlungsformen, 2. Aufl., München 2012, § 22

Anderson, Chris, Das Ende der Theorie. Die Datenschwemme macht wissenschaftliche Methoden obsolet (übersetzt von Heinrich Geiselberger), in: Heinrich Geiselberger/Tobias Moorstedt (Hrsg.), Big Data. Das neue Versprechen der Allwissenheit, Frankfurt/M. 2013, S. 124–130

Anschütz, Gerhard/Thoma, Richard (Hrsg.), Handbuch des Deutschen Staatsrechts. Zweiter Band, Tübingen 1932

Anter, Andreas, Verwaltung und Verwaltungsmetaphorik. Der lange Weg der Maschine, in: Peter Collin/Klaus-Gert Lutterbeck (Hrsg.), Eine intelligente Maschine? Handlungsorientierungen moderner Verwaltungen (19./20. Jh.), Baden-Baden 2009, S. 35–56

Arnauld, Andreas von, Öffnung der öffentlich-rechtlichen Methode durch Internationalität und Interdisziplinarität. Erscheinungsformen, Chancen, Grenzen, VVDStRL 74 (2015), 39–87

Aron, Raymond, Die industrielle Gesellschaft. 18 Vorlesungen, Frankfurt/M. 1964

Augsberg, Ino, Blogozentrismus, in: Andreas Funke/Konrad Lachmayer (Hrsg.), Formate der Rechtswissenschaft, Weilerswist 2017, S. 101–116

ders., Die Lesbarkeit des Rechts. Texttheoretische Lektionen für eine postmoderne juristische Methodologie, Weilerswist 2009

ders., Über die Grenzen des Rechts, JZ 2017, 109–115

Augsberg, Steffen, Das verfassungsändernde Gesetz, in: Winfried Kluth/Günter Krings (Hrsg.), Gesetzgebung. Rechtsetzung durch Parlamente und Verwaltungen sowie ihre gerichtliche Kontrolle, Heidelberg u.a. 2014, § 28

Ausloos, Jef, The „Right to be Forgotten“ – Worth remembering?, Computer Law & Security Review 28 (2012), 143–152

Aust, Helmut Philipp, Verfassungswandel in der Europäischen Union?, in: Gunther Schnabl/Rupert Scholz (Hrsg.), Aufgeschlossen für den Wandel – verankert in gemeinsamen Grundwerten: Demokratie und Wirtschaft in Deutschland und in der Europäischen Union. Interdisziplinärer Förder-Kongress der Hanns Martin Schleyer-Stiftung und der Robert Bosch Stiftung, 14. bis 15. Juni 2012, Medien-Campus Leipzig, Köln 2013, S. 179–186

ders., Spionage im Zeitalter von Big Data – Globale Überwachung und der Schutz der Privatsphäre im Völkerrecht, AVR 52 (2014), 375–406

Bachmann-Medick, Doris, Cultural turns. Neuorientierungen in den Kulturwissenschaften, 4. Aufl., Reinbek 2010

Bäcker, Matthias, Die Vertraulichkeit der Internetkommunikation, in: Hartmut Rensen/Stefan Brink (Hrsg.), Linien der Rechtsprechung des Bundesverfassungsgerichts. Erörtert von den wissenschaftlichen Mitarbeitern. Band I, Berlin 2009, S. 99–136

Badura, Peter, Der Schutz des Brief-, Post- und Fernmeldegeheimnisses durch Verfassung und Gesetz, in: Martin Böse/Detlef Sternberg-Lieben (Hrsg.), Grundlagen des Straf- und Strafverfahrensrechts. Festschrift für Knut Amelung zum 70. Geburtstag, Berlin 2009, S. 529–541

ders., Die Daseinsvorsorge als Verwaltungszweck der Leistungsverwaltung und der soziale Rechtsstaat, DÖV 1966, 624–633

ders., Verfassung und Verfassungsgesetz, in: Horst Ehmke u.a. (Hrsg.), Festschrift für Ulrich Scheuner zum 70. Geburtstag, Berlin 1973, S. 19–39

ders., Verfassungsänderung, Verfassungswandel, Verfassungsgewohnheitsrecht, in: Josef Isensee/Paul Kirchhof (Hrsg.), Handbuch des Staatsrechts der Bundesrepublik Deutschland. Band VII: Normativität und Schutz der Verfassung – Internationale Beziehungen, 1. Aufl., Heidelberg 1992, § 160; aktualisiert in: Josef Isensee/Paul Kirchhof (Hrsg.), Handbuch des Staatsrechts der Bundesrepublik Deutschland. Band XII: Normativität und Schutz der Verfassung, 3. Aufl., Heidelberg 2014, § 270

Baecker, Dirk, Niklas Luhmann in der Gesellschaft der Computer, Merkur Nr. 627 (2001), 597–609

ders., Studien zur nächsten Gesellschaft, Frankfurt/M. 2007

ders., Wie verändert die Digitalisierung unser Denken und unseren Umgang mit der Welt? Ausgangspunkte einer Theorie der Digitalisierung, in: Rainer Gläß/Bernd Leukert (Hrsg.), Handel 4.0. Die Digitalisierung des Handels – Strategien, Technologien, Transformation, Berlin/Heidelberg 2017, S. 3–23

Baer, Susanne, „Der Bürger" im Verwaltungsrecht. Subjektkonstruktion durch Leitbilder vom Staat, Tübingen 2006

dies., Braucht das Grundgesetz ein Update? Demokratie im Internetzeitalter, Blätter für deutsche und internationale Politik 2011, 90–100

dies., Demografischer Wandel und Generationengerechtigkeit, VVDStRL 68 (2009), 290–354

dies., Schlüsselbegriffe, Typen und Leitbilder als Erkenntnismittel und ihr Verhältnis zur Rechtsdogmatik, in: Eberhard Schmidt-Aßmann/Wolfgang Hoffmann-Riem (Hrsg.), Methoden der Verwaltungsrechtswissenschaft, Baden-Baden 2004, S. 223–251

Baldus, Christian, Das private Hausrecht: ein Phantom, JZ 2016, 449–543

Balkin, Jack M., Living Originalism, Cambridge 2011

Barbrook, Richard/Cameron, Andy, The Californian Ideology, Science as Culture 6 (1996), 44–72

Barry, Carol L./Schamber, Linda, User's Criteria for Relevance Evaluation: A Cross-situational Comparison, Information Processing and Management 34 (1998), 219–236

Bauer, Friedrich L., Die Lage der Informatik in der Bundesrepublik Deutschland, in: Arthur Kaufmann (Hrsg.), Münchner Ringvorlesung EDV und Recht – Möglichkeiten und Probleme, Berlin 1973, S. 9–12

ders., Historische Notizen zur Informatik, Berlin/Heidelberg 2009

ders., Informatik und Rechtswissenschaft, in: Dieter Grimm (Hrsg.), Rechtswissenschaft und Nachbarwissenschaften, Band 2: Geschichte, Logik, Linguistik, Informatik, Friedensforschung, Finanzen, Didaktik, München 1976, S. 162–175

Bauer, Hartmut, Privatisierung von Verwaltungsaufgaben, VVDStRL 54 (1995), 243–286

Bauer, Thorsten, Die produktübergreifende Bindung des Bundesgesetzgebers an Entscheidungen des Bundesverfassungsgerichts. Zugleich ein Beitrag zur Prozeduralisierung des Rechts, Berlin 2003

Baumann, Zygmunt u.a., After Snowden: Rethinking the Impact of Surveillance, International Political Sociology 8 (2014), 121–144

Beater, Axel, Medienrecht als eigenständiges Rechtsgebiet, JZ 2005, 822–829

Beck, Klaus, Art. Kommunikationsforschung/Medienwirkungsforschung, in: Jens Schröter (Hrsg.), Handbuch Medienwissenschaft, Stuttgart 2014, S. 453–460

ders., No sense of place? Das Internet und der Wandel von Kommunikationsräumen, in: Christiane Funken/Martina Löw (Hrsg.), Raum – Zeit – Medialität. Interdisziplinäre Studien zu neuen Kommunikationstechnologien, Opladen 2003

Beck, Volker/Tometten, Christoph, Ehe für alle – Ein verfassungsrechtliches Gebot im Lichte ausländischer Gerichtsentscheidungen, DÖV 2016, 581–587

Becker, Cornelia, Raum-Metaphern als Brücke zwischen Internet-Wahrnehmung und Internetkommunikation, in: Alexandra Budke/Detlef Kanwischer/Andreas Pott (Hrsg.), Internetgeographien. Beobachtungen zum Verhältnis von Internet, Raum und Gesellschaft, Stuttgart 2004, S. 109–122

Becker, Peter, Formulare als „Fließband" der Verwaltung? Zur Rationalisierung und Standardisierung von Kommunikationsbeziehungen, in: Peter Collin/Klaus-Gert Lutterbeck (Hrsg.), Eine intelligente Maschine? Handlungsorientierungen moderner Verwaltung (19./20. Jh.), Baden-Baden 2009, S. 291–308

Becker, Ulrich, Das „Menschenbild des Grundgesetzes" in der Rechtsprechung des Bundesverfassungsgerichts, Berlin 1996

Becker, Ulrich/Kersten, Jens, Phänomenologie des Verfassungswandels. Eine verfassungstheoretische und rechtsdogmatische Perspektiverweiterung anlässlich der demografischen Entwicklung, AöR 141 (2016), 1–39

Behnert, Christiane/Borst, Timo, Neue Formen der Relevanz-Sortierung in bibliothekarischen Informationssystemen: Das DFG-Projekt LibRank, BIBLIOTHEK – Forschung und Praxis 39 (2015), 384–393

Beine, Heinrich, Neues Wegerecht für den Breitbandausbau. Maßgebliche Änderungen durch die TKG-Novelle 2012 insbesondere für TK-Unternehmen, MMR 2013, 290–293

Benda-Bleckmann, Franz von/Benda-Bleckmann, Keebet von/Griffiths, Anne, Space and Legal Pluralism: An Introduction, in: dies. (Hrsg.), Spatializing Law. An Anthropological Geography of Law in Society, Farnham u.a. 2009, S. 1–29

Beniger, James Ralph, The Control Revolution. Technological and Economic Origins of the Information Society, Cambridge (Mass.)/London 1986

Benz, Arthur u.a., Einleitung, in: Arthur Benz u.a. (Hrsg.), Handbuch Governance. Theoretische Grundlagen und empirische Anwendungsfelder, Wiesbaden 2007, S. 9–25

Benz, Arthur, Das Zusammenspiel der Ebenen beim expliziten und impliziten Verfassungswandel, in: Christoph Hönnige/Sascha Kneip/Astrid Lorenz (Hrsg.), Verfassungswandel im Mehrebenensystem, Wiesbaden 2011, S. 21–40

Bergmann, Gustav, Logic and Reality, Madison 1964

Berkemann, Jörg, Das Bundesverfassungsgericht und „seine" Fachgerichtsbarkeiten. Auf der Suche nach Funktion und Methodik, DVBl. 1996, 1028–1040

ders., Juris als öffentlich-rechtlich „beliehener Unternehmer". Geschichte, Funktion und Status der zentralen Rechtsprechungsdatenbank, VerwArch 87 (1996), 362–394

Berlinghoff, Marcel, „Totalerfassung" im „Computerstaat". Computer und Privatheit in den 1970er und 1980er Jahren, in: Ulrike Ackermann (Hrsg.), Im Sog des Internets. Öffentlichkeit und Privatheit im digitalen Zeitalter, Frankfurt/M. 2013, S. 93–110

Berry, David M., Die Computerwende – Gedanken zu den Digital Humanities, in: Ramón Reichert (Hrsg.), Big Data. Analysen zum digitalen Wandel von Wissen, Macht und Ökonomie, Bielefeld 2014, S. 47–64

ders., Introduction: Understanding the Digital Humanities, in: ders. (Hrsg.), Understanding Digital Humanities, Houndmills u.a. 2012, S. 1–20

ders., The Postdigital Constellation, in: ders./Michael Dieter (Hrsg.), Postdigital Aesthetics. Art, Computation and Design, Basingstoke u.a. 2015, S. 44–57

Berry, David M./Dieter, Michael, Thinking Postdigital Aesthetics: Art, Computation and Design, in: dies. (Hrsg.), Postdigital Aesthetics. Art, Computation and Design, Basingstoke u.a. 2015, S. 1–11

Bethge, Herbert, Staatsrechtslehre als Wissenschaft, Die Verwaltung 43 (2010), 429–447

Beyerer, Jürgen/Müller-Quade, Jörn/Reussner, Ralf, Karlsruher Thesen zur Digitalen Souveränität Europas, DuD 2018, 277–280

Bickenbach, Christian, Die Einschätzungsprärogative des Gesetzgebers. Analyse einer Argumentationsfigur in der (Grundrechts-)Rechtsprechung des Bundesverfassungsgerichts, Tübingen 2014

Bieber, Roland, Verfassungsgebung und Verfassungsänderung in der Europäischen Union, in: ders./Pierre Widmer (Hrsg.), L'espace constitutionnel européen – Der Europäische Verfassungsraum – The European constitutional area, Zürich 1995, S. 313–327

Biendl, Michael, Rechtliche Herausforderungen beim Auf- und Ausbau von Next-Generation-Access-Networks. Telekommunikations-Infrastrukturrecht nach der TKG-Novelle 2012, Berlin 2015

Bilfinger, Carl, Verfassungsumgehung. Betrachtungen zur Auslegung der Weimarer Verfassung, AöR 11 (1926), 163–191

Birkenkötter, Hannah/Steinbeis, Maximilian, Rechtswissenschaftliche Blogs in Deutschland – zu den Möglichkeiten und Grenzen eines neuen Formats in den Rechtswissenschaften, Jura 2015, 23–29

BITKOM Bundesverband Informationswirtschaft, Telekommunikation und neue Medien e. V., Digitale Souveränität. Positionsbestimmung und erste Handlungsempfehlungen für Deutschland und Europa, Berlin 2015

ders., Big Data im Praxiseinsatz – Szenarien, Beispiele, Effekte, Berlin 2012

Bizer, Johann, Vom Eros der Fragestellung: Die Rechtsinformatik auf der Suche nach ihrem Gegenstand, in: Jürgen Taeger/Andreas Wiebe (Hrsg.), Informatik – Wirtschaft – Recht. Regulierung der Wissensgesellschaft. Festschrift für Wolfgang Kilian zum 65. Geburtstag, Baden-Baden 2004, S. 39–58

Blankenagel, Alexander, Tradition und Verfassung. Neue Verfassung und alte Geschichte in der Rechtsprechung des Bundesverfassungsgerichts, Baden-Baden 1987

Blankenburg, Erhard/Treiber, Hubert, Die geschlossene Gesellschaft der Verfassungsinterpreten, JZ 1982, 543–551

Blomley, Nicholas, Law, Space, and the Geography of Power, New York u.a. 1994

Blomley, Nicholas/Delaney, David/Ford, Richard T. (Hrsg.), The Legal Geographies Reader. Law, Power, and Space, Oxford u.a. 2001

Böckenförde, Ernst-Wolfgang, Anmerkungen zum Begriff Verfassungswandel, in: Peter Badura/Rupert Scholz (Hrsg.), Wege und Verfahren des Verfassungslebens. Festschrift für Peter Lerche zum 65. Geburtstag, München 1993, S. 3–14

ders., Das Bild vom Menschen in der Perspektive der heutigen Rechtsordnung, in: ders., Recht, Staat, Freiheit. Studien zur Rechtsphilosophie, Staatstheorie und Verfassungsgeschichte, Frankfurt/M. 1991, S. 58–66

ders., Die Methoden der Verfassungsauslegung – Bestandsaufnahme und Kritik, NJW 1976, 2089–2099

ders., Die verfassunggebende Gewalt des Volkes – Ein Grenzbegriff des Verfassungsrechts, Frankfurt/M. 1986

ders., Verfassungsgerichtsbarkeit: Strukturfragen, Organisation, Legitimation, NJW 1999, 9–17

Böckenförde, Thomas, Auf dem Weg zur elektronischen Privatsphäre. Zugleich Besprechung von BVerfG, Urteil v. 27.2.2008 – „Online-Durchsuchung“, JZ 2008, 925–939

Boehme-Neßler, Volker, BilderRecht. Die Macht der Bilder und die Ohnmacht des Rechts. Wie die Dominanz der Bilder im Alltag das Recht verändert, Berlin/Heidelberg 2010

ders., Die Macht der Algorithmen und die Ohnmacht des Rechts. Wie die Digitalisierung das Recht relativiert, NJW 2017, 3031–3037

ders., Unscharfes Recht. Überlegungen zu einer Relativierung des Rechts in der digitalisierten Welt, Berlin 2008

Bogdandy, Armin von, Grundprinzipien, in: Armin von Bogdandy/Jürgen Bast (Hrsg.), Europäisches Verfassungsrecht. Theoretische und dogmatische Grundzüge, 2. Aufl., Berlin/Heidelberg 2009, S. 13–71

Böhm, Monika, Dynamische Grundrechtsdogmatik von Ehe und Familie?, VVDStRL 73 (2014), 211–255

Bollmann, Stefan/Heibach, Christiane (Hrsg.), Kursbuch Internet. Anschlüsse an Wirtschaft und Politik, Wissenschaft und Kultur, Reinbek 1998

Bork, Robert H., Neutral Principles and Some First Amendment Problems, Indiana Law Journal 47 (1971), 1–35

Bornhak, Conrad, Wandlungen der Reichsverfassung, AöR 26 (1910), 373–400

Borowski, Martin, Subjekte der Verfassungsinterpretation, in: Josef Isensee/Paul Kirchhof (Hrsg.), Handbuch des Staatsrechts der Bundesrepublik Deutschland. Band XII: Normativität und Schutz der Verfassung, 3. Aufl., Heidelberg 2014, § 274

boyd, danah/Crawford, Kate, Big Data als kulturelles, technologisches und wissenschaftliches Phänomen. Sechs Provokationen, in: Heinrich Geiselberger/Tobias Moorstedt (Hrsg.), Big Data. Das neue Versprechen der Allwissenheit, Frankfurt/M. 2013, S. 187–218

Braun Binder, Nadja, Elektronische Verkündung von Gesetzen und Rechtsverordnungen in Deutschland, in: Hermann Hill/Utz Schliesky (Hrsg.), Auf dem Weg zum Digitalen Staat – auch ein besserer Staat?, Baden-Baden 2015, S. 115–127

Braun, Johanna, Leitbilder im Recht, Tübingen 2015

Braverman, Irus u. a. (Hrsg.), The Expanding Spaces of Law. A Timely Legal Geography, Stanford 2014

Brennen, J. Scott/Kreiss, Daniel, Art. Digitalization, in: Klaus Bruhn Jensen u. a. (Hrsg.), The International Encyclopedia of Communication Theory and Philosophy, Chichester u. a. 2016

Brenner, Michael, Die neuartige Technizität des Verfassungsrechts und die Aufgabe der Verfassungsrechtsprechung, AöR 120 (1995), 248–268

Britz, Gabriele, Elektronische Verwaltung, in: Wolfgang Hoffmann-Riem/Eberhard Schmidt-Aßmann/Andreas Voßkuhle (Hrsg.), Grundlagen des Verwaltungsrechts. Band II: Informationsordnung, Verwaltungsverfahren, Handlungsformen, 2. Aufl., München 2012, § 26

dies., Informationelle Selbstbestimmung zwischen rechtswissenschaftlicher Grundsatzkritik und Beharren des Bundesverfassungsgerichts, in: Wolfgang Hoffmann-Riem, Offene Rechtswissenschaft. Ausgewählte Schriften von Wolfgang Hoffmann-Riem mit begleitenden Analysen, Tübingen 2010, S. 561–596

dies., Vertraulichkeit und Integrität informationstechnischer Systeme. Einige Fragen zu einem „neuen Grundrecht“, DÖV 2008, 411–415

Bröckling, Ulrich/Krasmann, Susanne, Ni méthode, ni approche. Zur Forschungsperspektive der Gouvernementalitätsstudien – mit einem Seitenblick auf Konvergenzen und Divergenzen zur Diskursforschung, in: Johannes Angermüller/Silke van Dyk (Hrsg.), Diskursanalyse meets Gouvernementalitätsforschung. Perspektiven auf das Verhältnis von Subjekt, Sprache, Macht und Wissen, Frankfurt/New York 2010, S. 23–42

Bronsema, Frauke, Medienspezifischer Grundrechtsschutz der elektronischen Presse. Darstellung des Grundrechtsschutzes in der Europäischen Union und Entwicklung eines Lösungsansatzes für den Grundrechtsschutz aus Art. 5 Abs. 1 GG, Berlin 2008

Brosius-Gersdorf, Frauke, Die Ehe für alle durch Änderung des BGB. Zur Verfassungsmäßigkeit der Ehe für gleichgeschlechtliche Paare, NJW 2015, 3557–3561

dies., Wettbewerb auf der Schiene? Zu den verfassungsrechtlichen Rahmenbedingungen für den Eisenbahnsektor im Vergleich zum Post- und Telekommunikationssektor, DÖV 2002, 275–283

Brüning, Christoph, Infrastrukturverantwortung zwischen Bürgern, Kommunen und Staat, JZ 2014, 1026–1031

Bryde, Brun-Otto, Integration durch Verfassungsgerichtsbarkeit und ihre Grenzen, in Hans Vorländer (Hrsg.), Integration durch Verfassung, Wiesbaden 2002, S. 329–342 *ders.*, Tatsachenfeststellungen und soziale Wirklichkeit in der Rechtsprechung des Bundesverfassungsgerichts, in: Peter Badura/Horst Dreier (Hrsg.), Festschrift 50 Jahre Bundesverfassungsgericht. Erster Band: Verfassungsgerichtsbarkeit – Verfassungsprozeß, Tübingen 2001, S. 533–561

ders., Verfassungsentwicklung. Stabilität und Dynamik im Verfassungsrecht der Bundesrepublik Deutschland, Baden-Baden 1982

Brynjolfsson, Erik/McAfee, Andrew, The Second Machine Age. Work, Progress, and Prosperity in a Time of Brilliant Technologies, New York/London 2014

Buchstein, Hubertus, Bittere Bytes: Cyberbürger und Demokratietheorie, Deutsche Zeitschrift für Philosophie 44 (1996), 583–607

Buck, Sebastian, Liquid Democracy – eine Realisierung deliberativer Hoffnungen? Zum Selbstverständnis der Piratenpartei, ZParl 43 (2012), 626–635

Bühl, Achim, Die virtuelle Gesellschaft des 21. Jahrhunderts. Sozialer Wandel im digitalen Zeitalter, 2. Aufl., Wiesbaden 2000

Buhr, Lorina/Schölzel, Hagen, Einleitung: Staat, Internet und digitale Gouvernementalität, in: Lorina Buhr/Stefanie Hammer/Hagen Schölzel (Hrsg.), Staat, Internet und digitale Gouvernementalität, Wiesbaden 2017, S. 1–15

Bull, Hans Peter, Der „digitale Staat" und seine rechtliche Ordnung. Verfassungsänderung als Antwort auf neue Probleme?, ZRP 2015, 98–101

ders., Digitale Grundrechte für Europa. Eine rechtspolitische Initiative zur Einhegung des Internets: symbolische Politik oder effektive Rechtsetzung?, Recht und Politik 2017, 9–25

ders., Informationelle Selbstbestimmung – Vision oder Illusion? Datenschutz im Spannungsverhältnis von Freiheit und Sicherheit, 2. Aufl., Tübingen 2011

ders., Netzpolitik: Freiheit und Rechtsschutz im Internet, Baden-Baden 2013

ders., Über die rechtliche Einbindung der Technik. Juristische Antworten auf Fragen der Technikentwicklung, Der Staat 58 (2019), 57–100

ders., Verwaltung durch Maschinen. Rechtsprobleme der Technisierung der Verwaltung, 2. Aufl., Köln/Berlin 1964

Bullwinkel, Bastian/Probst, Lothar, Innerparteiliche Willensbildung und Entscheidungsprozesse durch digitale Partizipation. Ein Praxistest der Liquid Democracy, ZParl 45 (2014), 382–401

Bumke, Christian, Der gesellschaftliche Grundkonsens im Spiegel der Rechtsprechung des Bundesverfassungsgerichts, in: Gunnar Folke Schuppert/Christian Bumke (Hrsg.), Bundesverfassungsgericht und gesellschaftlicher Grundkonsens, Baden-Baden 2000, S. 197–223

ders., Die Entwicklung der verwaltungsrechtswissenschaftlichen Methodik in der Bundesrepublik Deutschland, in: Eberhard Schmidt-Aßmann/Wolfgang Hoffmann-Riem (Hrsg.), Methoden der Verwaltungsrechtswissenschaft, Baden-Baden 2004, S. 73–130

ders., Konzepte der Verfassungsentwicklung, in: Matthias Jestaedt/Hidemi Suzuki (Hrsg.), Verfassungsentwicklung I. Auslegung, Wandlung und Änderung der Verfassung. Deutsch-japanisches Verfassungsgespräch 2015, Tübingen 2017, S. 39–76

Bundesministerium des Innern, Cyber-Sicherheitsstrategie für Deutschland 2016 (abrufbar unter https://www.bmi.bund.de/SharedDocs/downloads/DE/publikationen/themen/it-digitalpolitik/cybersicherheitsstrategie-2016.pdf?__blob=publicationFile&v=3 – Abrufdatum: 14.6.2019)

Bundesministerium für Wirtschaft und Energie, Leitplanken Digitaler Souveränität. Papier anlässlich des Nationalen IT-Gipfels 2015 (abrufbar unter https://www.de.digital/DIGITAL/Redaktion/DE/Downloads/it-gipfel-2015-leitplanken-digitaler-souveraenitaet.pdf?__blob=publicationFile&v=1 – Abrufdatum: 14.6.2019)

Bunz, Mercedes, Die stille Revolution. Wie Algorithmen Wissen, Arbeit, Öffentlichkeit und Politik verändern, ohne dabei viel Lärm zu machen, 2. Aufl., Berlin 2012

Burckhardt, Martin, Eine kleine Geschichte der Digitalisierung, Merkur Nr. 816 (2017), 47–61

Burdick, Anne u. a., Digital_Humanities, Cambridge 2012

Burgi, Martin, Funktionale Privatisierung und Verwaltungshilfe. Staatsaufgabendogmatik – Phänomenologie – Verfassungsrecht, Tübingen 1999

Busch, Andreas/Jakobi, Tobias, Die Erfindung eines neuen Grundrechts. Zu Konzept und Auswirkungen der „informationellen Selbstbestimmung“, in: Christoph Hönnige/Sascha Kneip/Astrid Lorenz (Hrsg.), Verfassungswandel im Mehrebenensystem, Wiesbaden 2011, S. 297–320

Bushart, Christoph, Verfassungsänderung in Bund und Ländern, München 1989

Busse, Dietrich, Juristische Semantik. Grundfragen einer juristischen Interpretationstheorie in sprachwissenschaftlicher Hinsicht, 2. Aufl., Berlin 2010

Butzer, Hermann, Sicherstellungsauftrag, in: in: Josef Isensee/Paul Kirchhof (Hrsg.), Handbuch des Staatsrechts der Bundesrepublik Deutschland. Band IV: Aufgaben des Staates, 3. Aufl., Heidelberg 2006, § 74

Cabral, James E., Using Technology to Enhance Access to Justice, Harvard Journal of Law & Technology 26 (2012), 243–324

Calliess, Christian, Zum Denken im europäischen Staaten- und Verfassungsverbund. Abschließende Reflexion und (Re-) Konstruktion eines Konzepts im Lichte der vorstehenden Beiträge, in: ders. (Hrsg.), Verfassungswandel im europäischen Staaten- und Verfassungsverbund. Beiträge der Ersten Göttinger Gespräche zum deutschen und europäischen Verfassungsrecht vom 15. bis 17. Juni 2006, Tübingen 2007, S. 187–238

Calliess, Christian/Lippert, André, Transeuropäische Netze, in: Bernhard W. Wegener (Hrsg.), Enzyklopädie Europarecht. Band VIII: Europäische Querschnittspolitiken, Baden-Baden 2014, § 2

Calliess, Christian/Ruffert, Matthias (Hrsg.), EUV/AEUV. Das Verfassungsrecht der Europäischen Union mit Europäischer Grundrechtecharta. Kommentar, 5. Aufl., München 2016

Campbell-Kerry, Martin/Garcia-Swartz, Daniel D., The history of the internet: the missing narratives, Journal of Information Technology 28 (2013), 18–33

Campenhausen, Axel Freiherr von, Verfassungsgarantie und sozialer Wandel – Das Beispiel von Ehe und Familie, VVDStRL 45 (1987), 7–54

Cancik, Pascale, Verwaltung, Raum, Verwaltungsraum – eine historische Annäherung, in: Herrmann Hill/Utz Schliesky (Hrsg.), Die Vermessung des virtuellen Raums, Baden-Baden 2012, S. 29–54

Cannivé, Klaus, Infrastrukturgewährleistung in der Telekommunikation zwischen Staat und Markt. Eine verfassungsrechtliche Analyse des Universaldienstkonzepts im TKG, Berlin 2001

Carretero, Stephanie/Vuorikari, Riina/Punie, Yves, DigComp 2.1. The Digital Competence Framework for Citizens. With eight proficiency levels and examples of use, Luxemburg 2017

Cascone, Kim, The Aesthetics of Failure: „Post-Digital“ Tendencies in Contemporary Computer Music, Computer Music Journal, 24:4, Winter 2000, 12–18

Castells, Manuel, The Information Age: Economy, Society, and Culture. Volume I: The Rise of the Network Society, 2. Aufl., Chichester 2010

Ceruzzi, Paul E., Computing. A Concise History, Cambridge 2012

Cohen, Julie E., Configuring the Networked Self. Law, Code, and the Play of Everyday Practice, New Haven 2012

Cole, Mark D., Einleitung, in: Dieter Dörr/Johannes Kreile/ders. (Hrsg.), Handbuch Medienrecht. Recht der elektronischen Massenmedien, 2. Aufl., Frankfurt/M. 2011, S. 1–14

Cornils, Matthias, Die Ausgestaltung der Grundrechte. Untersuchungen zur Grundrechtsbindung des Ausgestaltungsgesetzgebers, Tübingen 2005

ders., Staatliche Infrastrukturverantwortung und kontingente Marktvoraussetzungen. Unter besonderer Berücksichtigung des Universaldienstes für Telekommunikationsdienstleistungen, AöR 131 (2006), 378–422

Coupette, Corinna, Juristische Netzwerkforschung. Modellierung, Quantifizierung und Visualisierung relationaler Daten im Recht, Tübingen 2019

Cox, Geoff, Postscript on the Post-digital and the Problem of Temporality, in: David M. Berry/Michael Dieter (Hrsg.), Postdigital Aesthetics. Art, Computation and Design, Basingstoke u.a. 2015, S. 151–162

Cramer, Florian, What is ‚Post-Digital‘?, in: David M. Berry/Michael Dieter (Hrsg.), Postdigital Aesthetics. Art, Computation and Design, Basingstoke u.a. 2015, S. 12–26

Dahlberg, Lincoln/Siapera, Eugenia (Hrsg.), Radical Democracy and the Internet. Interrogating Theory and Practice, Basingstoke u.a. 2007

Dahrendorf, Ralf, Der moderne soziale Konflikt. Essay zur Politik der Freiheit, Stuttgart 1992

ders., Die zweite Stufe der Währungsunion oder die normative Ohnmacht des Faktischen, in: Hans Oswald (Hrsg.), Macht und Recht. Festschrift für Heinrich Popitz zum 65. Geburtstag, Opladen 1990, S. 51–61

ders., Law and Order, London 1985

ders., Soziale Klassen und Klassenkonflikt in der industriellen Gesellschaft, Stuttgart 1957

Dau-Lin, Hsü, Die Verfassungswandlung, Berlin/Leipzig 1932

Dederer, Hans-Georg, ICANN und die Dominanz der USA, AVR 47 (2009), 367–398

Degenhart, Christoph, Medienkonvergenz zwischen Rundfunk- und Pressefreiheit, in: Michael Sachs/Helmut Siekmann (Hrsg.), Der grundrechtsgeprägte Verfassungsstaat. Festschrift für Klaus Stern zum 80. Geburtstag, Berlin 2012, S. 1299–1315

Dehousse, Renaud, The European Union, in: Dawn Oliver/Carlo Fusaro (Hrsg.), How Constitutions Change. A Comparative Study, Oxford/Portland 2011, S. 69–86

Deibert, Ronald u.a. (Hrsg.), Access Denied. The Practice and Policy of Global Internet Filtering, Cambridge/London 2008

Delfs, Sören, Standardisierung, in: Martin Eifert/Wolfgang Hoffmann-Riem (Hrsg.), Innovation und rechtliche Regulierung. Schlüsselbegriffe und Anwendungsbeispiele rechtswissenschaftlicher Innovationsforschung, Baden-Baden 2002, S. 171–213

Denninger, Erhard u.a. (Hrsg.), Kommentar zum Grundgesetz der Bundesrepublik Deutschland (Reihe Alternativkommentare), 3. Aufl., Neuwied u.a. 2001, Loseblatt Stand: 2. Lieferung 2002 (zitiert: AK-GG)

Depenheuer, Otto, Der Wortlaut als Grenze. Thesen zu einem Topos der Verfassungsinterpretation, Heidelberg 1988

Dethloff, Nina, Ehe für alle, FamRZ 2016, 351–354

Di Fabio, Udo, Das Recht offener Staaten. Grundlinien einer Staats- und Rechtstheorie, Tübingen 1998

ders., Der Verfassungsstaat in der Weltgesellschaft, Tübingen 2001

ders., Grundrechtsgeltung in digitalen Systemen. Selbstbestimmung und Wettbewerb im Netz, München 2016

Dickel, Sascha/Schrape, Jan-Felix, Dezentralisierung, Demokratisierung, Emanzipation. Zur Architektur des digitalen Technikutopismus, Leviathan 43 (2015), 442–463

Döring, Jörg/Thielmann, Tristan, Einleitung: Was lesen wir im Raume? Der Spatial Turn und das geheime Wissen der Geographen, in: dies. (Hrsg.), Spatial Turn. Das Raumparadigma in den Kultur- und Sozialwissenschaften, 2. Aufl., Bielefeld 2009, S. 7–45

Dörr, Oliver, Die Anforderungen an ein zukunftsfähiges Infrastrukturrecht, VVDStRL 73 (2014), 323–367

Dörr, Oliver/Grote, Rainer/Marauhn, Thilo (Hrsg.), EMRK/GG. Konkordanzkommentar zum europäischen und deutschen Grundrechtsschutz, 2. Aufl., Tübingen 2013

Drackert, Stefan, Die Risiken der Verarbeitung personenbezogener Daten. Eine Untersuchung zu den Grundlagen des Datenschutzrechts, Berlin 2014

Drallé, Lutz, Das Grundrecht auf Gewährleistung der Vertraulichkeit und Integrität informationstechnischer Systeme, Kiel 2010

Dreier, Horst, Art. Souveränität, in: Görres-Gesellschaft (Hrsg.), Staatslexikon – Recht, Wirtschaft, Gesellschaft. Band IV: Naturschutz und Landschaftspflege – Sozialhilfe, 7. Aufl., Freiburg i. Br. u.a. 1988, Sp. 1203–1209

ders., Gilt das Grundgesetz ewig? Fünf Kapitel zum modernen Verfassungsstaat, München 2009

ders. (Hrsg.), Grundgesetz. Kommentar, Tübingen, 3. Aufl., Band I: 2013, Band II: 2015, Band III: 2018

ders., Unter dem Kreuz?, FAZ v. 12.12.2016, Nr. 290, S. 6

Dreier, Horst/Wittreck, Fabian, Rechtswissenschaft, in: Stephan Günzel (Hrsg.), Raumwissenschaften, Frankfurt/M. 2009, S. 338–353

Drüeke, Ricarda, Politische Kommunikationsräume im Internet. Zum Verhältnis von Raum und Öffentlichkeit, Bielefeld 2013

Druey, Jean Nicolas, Information als Gegenstand des Rechts. Entwurf einer Grundlegung, Zürich 1995

Drezner, Daniel W., All Politics Is Global. Explaining International Regulatory Regimes, Princeton/Oxford 2007

ders., The Global Governance of the Internet: Bringing the State Back In, Political Science Quarterly 119 (2004), 477–498

Dürig, Markus/Fischer, Matthias, Cybersicherheit in Kritischen Infrastrukturen. Europäische und deutsche Regulierung – ein Überblick, DuD 2018, 209–213

Durkheim, Emile, Über soziale Arbeitsteilung. Studie über die Organisation höherer Gesellschaften, 2. Aufl., Frankfurt/M. 1988

Ehmke, Horst, Prinzipien der Verfassungsinterpretation, VVDStRL 20 (1963), 53–102

ders., Verfassungsänderung und Verfassungsdurchbrechung, AöR 79 (1953/54), 385–418

Eichenberger, Kurt, Realitätsgebundene Verfassungsrevision, Neue Züricher Zeitung v. 12.5.1986, S. 19

Eichenhofer, Johannes, Privatheit im Internet als Vertrauensschutz. Eine Neukonstruktion der Europäischen Grundrechte auf Privatleben und Datenschutz, Der Staat 55 (2016), 41–67

Eidenmüller, Alfred, Fernmeldehoheitsrecht und Grundgesetz – Die Deutsche Bundespost und ihr Anlagenmonopol, DÖV 1985, 522–530

Eidenmüller, Horst, The Rise of Robots and the Law of Humans, Oxford Legal Studies Research Paper No. 27/2017 (abrufbar im SSRN: https://ssrn.com/abstract=2941001 – Abrufdatum: 14.6.2019)

Eidenmüller, Horst/Engel, Martin, Die Schlichtungsfalle: Verbraucherrechtsdurchsetzung nach der ADR-Richtlinie und der ODR-Verordnung der EU, ZIP 2013, 1704–1710

Eifert, Martin, Autonomie und Sozialität: Schwierigkeiten rechtlicher Konzeptionalisierung ihres Wechselspiels am Beispiel der informationellen Selbstbestimmung, in: Christian Bumke/Anne Röthel (Hrsg.), Autonomie im Recht. Gegenwartsdebatten über einen rechtlichen Grundbegriff, Tübingen 2017, S. 365–384

ders., Die geteilte Kontrolle. Die Beteiligung Privater an der Rechtsverwirklichung, Die Verwaltung 39 (2006), 309–334

ders., Electronic Government. Das Recht der elektronischen Verwaltung, Baden-Baden 2006

ders., Grundversorgung mit Telekommunikationsleistungen im Gewährleistungsstaat, Baden-Baden 1998

ders., Informationelle Selbstbestimmung im Internet. Das BVerfG und die Online-Durchsuchungen, NVwZ 2008, 521–523

ders., Innovationen im Recht – Methodische Zugriffe, in: Wolfgang Hoffmann-Riem (Hrsg.), Innovationen im Recht, Baden-Baden 2016, S. 35–61

ders., Innovationen in und durch Netzwerkorganisationen: Relevanz, Regulierung und staatliche Einbindung, in: ders./Wolfgang Hoffmann-Riem (Hrsg.), Innovation und rechtliche Regulierung. Schlüsselbegriffe und Anwendungsbeispiele rechtswissenschaftlicher Innovationsforschung, Baden-Baden 2002, S. 88–133

ders., Rechenschaftspflichten für soziale Netzwerke und Suchmaschinen. Zur Veränderung des Umgangs von Recht und Politik mit dem Internet, NJW 2017, 1450–1454

ders., Regulierte Selbstregulierung und die lernende Verwaltung, in: Regulierte Selbstregulierung als Steuerungskonzept des Gewährleistungsstaates. Ergebnisse des Symposiums aus Anlaß des 60. Geburtstages von Wolfgang Hoffmann-Riem (= Die Verwaltung Beiheft 4), Berlin 2001, S. 137–158

Enders, Christoph, Sozialstaatlichkeit im Spannungsfeld von Eigenverantwortung und Fürsorge, VVDStRL 64 (2005), 7–52

Engel, Christoph, Das Internet und der Nationalstaat, in: Deutsche Gesellschaft für Völkerrecht (Hrsg.), Völkerrecht und Internationales Privatrecht in einem sich globalisierenden internationalen System – Auswirkungen der Entstaatlichung transnationaler Rechtsbeziehungen = BerDGVR 39 (2000), 353–425

Engel, Martin, Algorithmisierte Rechtsfindung als juristische Arbeitshilfe, JZ 2014, 1096–1100

Enzensberger, Hans Magnus, Wehrt Euch!, in: Frank Schirrmacher (Hrsg.), Technologischer Totalitarismus. Eine Debatte, Berlin 2014, S. 70–74 (zuvor abgedruckt in FAZ v. 1.3.2014, Nr. 51, S. 9)

Epping, Volker/Hillgruber, Christian (Hrsg.), Grundgesetz, Beck'scher Online-Kommentar, München, 41. Edition, Stand: 15.5.2019

Erlin, Matt/Tatlock, Lynne, Introduction: ‚Distant Reading' and the Historiography of Nineteenth-Century German Literature, in: dies. (Hrsg.), Distant Readings. Topologies of German Culture in the Long Nineteenth Century, Rochester 2014, S. 1–28

Ernst, Christian, Die öffentlich-rechtliche Behandlung von Flashmobs und die Zurechnung von Informationsflüssen, DÖV 2011, 537–545

Ernst, Wolfgang, Gelehrtes Recht – Die Jurisprudenz aus der Sicht des Zivilrechtslehrers, in: Christoph Engel/Wolfgang Schön (Hrsg.), Das Proprium der Rechtswissenschaft, Tübingen 2007, S. 3–49

Esser, Josef, Vorverständnis und Methodenwahl in der Rechtsfindung. Rationalitätsgrundlagen richterlicher Entscheidungspraxis, 2. Aufl., Frankfurt/M. 1972

Europäische Agentur für Netz- und Informationssicherheit (ENISA), Principles and opportunities for a renewed EU cyber security strategy, Athen 2017, abrufbar unter https://www.enisa.europa.eu/publications/enisa-position-papers-and-opinions/enisa-input-to-the-css-review-b – Abrufdatum: 14.6.2019

Europäische Kommission, Grünbuch zur Konvergenz der Branchen Telekommunikation, Medien und Informationstechnologie und ihren ordnungspolitischen Auswirkungen. Ein Schritt in Richtung Informationsgesellschaft, KOM(97) 623 endg.

dies., Mitteilung der Kommission an das Europäische Parlament, den Rat, den Europäischen Wirtschafts- und Sozialausschuss und den Ausschuss der Regionen „Eine Digitale Agenda für Europa", KOM(2010) 245 endg.

dies., Mitteilung der Kommission an das Europäische Parlament, den Rat, den Europäischen Wirtschafts- und Sozialausschuss und den Ausschuss der Regionen „Universaldienst im Bereich der elektronischen Kommunikation: Bericht über die Ergebnisse der öffentlichen Konsultation und die dritte regelmäßige Überprüfung des Universaldienstumfangs entsprechend Artikel 15 der Richtlinie 2002/22/EG", KOM(2011) 795 endg.

dies., Grünbuch über die Vorbereitung der vollständigen Konvergenz der audiovisuellen Welt: Wachstum, Schöpfung und Werte, KOM(2013) 231 endg.

dies., Mitteilung der Kommission an das Europäische Parlament, den Rat, den Europäischen Wirtschafts- und Sozialausschuss und den Ausschuss der Regionen „Strategie für einen digitalen Binnenmarkt für Europa", KOM(2015) 192 endg.

dies., Mitteilung der Kommission an das Europäische Parlament, den Rat, den Europäischen Wirtschafts- und Sozialausschuss und den Ausschuss der Regionen „Konnektivität für einen wettbewerbsfähigen Binnenmarkt – Hin zu einer europäischen Gigabit-Gesellschaft", KOM(2016) 587 endg.

dies., Mitteilung der Kommission an das Europäische Parlament, den Rat, den Europäischen Wirtschafts- und Sozialausschuss und den Ausschuss der Regionen über die Halbzeitprüfung der Strategie für einen digitalen Binnenmarkt „Ein vernetzter digitaler Binnenmarkt für alle", KOM(2017) 228 endg.

dies., Weißbuch zur Zukunft Europas „Die EU der 27 im Jahr 2025 – Überlegungen und Szenarien", KOM(2017) 2025 endg.

Europäischer Datenschutzbeauftragter, Stellungnahme 7/2015 v. 19.11.2015: Bewältigung der Herausforderungen in Verbindung mit Big Data. Ein Ruf nach Transparenz, Benutzerkontrolle, eingebautem Datenschutz und Rechenschaftspflicht

Expertenkommission Forschung und Innovation (EFI), Gutachtung zu Forschung, Innovation und technologischer Leistungsfähigkeit Deutschlands 2018, Berlin 2018

Farahat, Anuscheh, Das Bundesverfassungsgericht, in: Armin von Bogdandy/Christoph Grabenwarter/Peter M. Huber (Hrsg.). Handbuch Ius Publicum Europaeum. Band VI: Verfassungsgerichtsbarkeit in Europa: Institutionen, Heidelberg 2016, § 97

Fehling, Michael, Diskussionsbeitrag, VVDStRL 67 (2008), 115–116

ders., Mitbenutzungsrechte Dritter bei Schienenwegen, Energieversorgungs- und Telekommunikationsleitungen vor dem Hintergrund staatlicher Infrastrukturverantwortung, AöR 121 (1996), 59–93

Fetzer, Thomas, Breitbandinternetzugang als Universaldienst? Rechtliche Zulässigkeit und ökonomische Angemessenheit einer Universaldienstverpflichtung, MMR 2011, 707–711

ders., Diensteanbieterverpflichtung für Mobilfunknetzbetreiber. Rechtmäßigkeit der Auferlegung bei Frequenzneuvergabe, MMR 2018, 63–68

ders., Staat und Wettbewerb in dynamischen Märkten. Eine juristisch-ökonomische Untersuchung unter besonderer Berücksichtigung der sektorspezifischen Telekommunikationsregulierung in Deutschland und den USA, Tübingen 2013

Fiedler, Herbert, Automatisierung im Recht und juristische Informatik, Teil I: JuS 1970, 432–436, Teil II: JuS 1970, 552–556, Teil III: JuS 1970, 603–607, Teil IV: JuS 1971, 67–71, Teil V: JuS 1971, 228–233

ders., Rechenautomaten in Recht und Verwaltung, JZ 1966, 689–696

Fiedler, Wilfried, Sozialer Wandel, Verfassungswandel, Rechtsprechung, Freiburg/München 1972

Fischer, Peter/Hofer, Peter, Lexikon der Informatik, 15. Aufl., Berlin/Heidelberg 2011

Fleming, James E., Living Originalism and Living Constitutionalism as Moral Readings of the American Constitution, Boston University Law Review 92 (2012), 1171–1185

Flichy, Patrice, The Internet Imaginaire. Translated by Liz Carey-Libbrecht, Cambridge/London 2007

Floridi, Luciano (Hrsg.), The Onlife Manifesto. Being Human in a Hyperconnected Era, Cham u.a. 2015

Floridi, Luciano, „Das Recht auf Vergessenwerden" – Eine philosophische Betrachtung, in: Daniel Jacob/Thorsten Thiel (Hrsg.), Politische Theorie und Digitalisierung, Baden-Baden 2017, S. 113–137

ders., A Look into the Future Impact of ICT on Our Lives, The Information Society 23 (2007), 59–64

ders., Die 4. Revolution. Wie die Infosphäre unser Leben verändert. Aus dem Englischen von Axel Walter, Berlin 2015

Forsthoff, Ernst, Begriff und Wesen des sozialen Rechtsstaats, VVDStRL 12 (1954), 8–36
ders., Der Jurist in der industriellen Gesellschaft, NJW 1960, 1273–1277
ders., Der Staat der Industriegesellschaft. Dargestellt am Beispiel der Bundesrepublik Deutschland, 2. Aufl., München 1971
ders., Die Umbildung des Verfassungsgesetzes, in: Hans Barion (Hrsg.), Festschrift für Carl Schmitt zum 70. Geburtstag dargebracht von Freunden und Schülern, Berlin 1959, S. 35–62
ders., Die Verwaltung als Leistungsträger, Stuttgart/Berlin 1938
ders., Verfassung und Verfassungswirklichkeit der Bundesrepublik, Merkur Nr. 241 (1968), 401–414
Foucault, Michel, Geschichte der Gouvernementalität I. Sicherheit, Territorium, Bevölkerung. Vorlesungen am Collège de France, 1977–1978. Hrsg. v. Michel Sennelart. Aus dem Französischen von Claudia Brede-Konersmann und Jürgen Schröder, Frankfurt/M. 2004
Fowler, James H./Jeon, Sangick, The Authority of Supreme Court Precedent, Social Networks 30 (2008), 16–30
Fox, Dirk, Digitale Souveränität, DuD 2018, 271
Franzius, Claudio, Das Internet und die Grundrechte, JZ 2016, 650–659
ders., Wo bleibt der Staat? Das Modell der Universaldienste und seine Alternativen, ZG 2010, 66–77
ders., Modalitäten und Wirkungsfaktoren der Steuerung durch Recht, in: Wolfgang Hoffmann-Riem/Eberhard Schmidt-Aßmann/Andreas Voßkuhle (Hrsg.), Grundlagen des Verwaltungsrechts. Band I: Methoden, Maßstäbe, Aufgaben, Organisation, 2. Aufl., München 2012, § 4
Frau, Robert, Versammlungsfreiheit und Privateigentum, RW 2016, 625–651
Fraunhofer-Institut für offene Kommunikationssysteme FOKUS (Hrsg.), Netzinfrastrukturen für die Gigabitgesellschaft, Berlin 2016
Fremuth, Michael Lysander, Wächst zusammen, was zusammengehört? Das Trennungsgebot zwischen Polizeibehörden und Nachrichtendiensten im Lichte der Reform der deutschen Sicherheitsarchitektur, AöR 139 (2014), 32–79
Frese, Yorck, Recht im zweiten Maschinenzeitalter, NJW 2015, 2090–2092
Freund, Matthias, Infrastrukturgewährleistung in der Telekommunikation. Staatliche Gewährleistungsverantwortung, Universaldienst, Wegerechte, München 2002
ders., Infrastrukturgewährleistung in der Telekommunikation, NVwZ 2003, 408–415
Frey, René L., Infrastruktur. Grundlagen der Planung öffentlicher Investitionen, 2. Aufl., Tübingen 1972
Friauf, Karl Heinrich/Höfling, Wolfram (Hrsg.), Berliner Kommentar zum Grundgesetz, Berlin, Stand: 53. EL September 2017 (zitiert: BKGG)
Friedewald, Michael u. a., Ubiquitäres Computing. Das „Internet der Dinge“ – Grundlagen, Anwendungen, Folgen, Berlin 2010 [= Studien des Büros für Technik-Folgenabschätzung beim Deutschen Bundestag, Band 31]
Friedrich, Manfred, Der Methoden- und Richtungsstreit. Zur Grundlagendiskussion der Weimarer Staatsrechtslehre, AöR 102 (1977), 161–209
ders., Geschichte der deutschen Staatsrechtswissenschaft, Berlin 1997

Friedrichsen, Mike/Bisa, Peter-J., Einführung – Analyse der digitalen Souveränität auf fünf Ebenen, in: dies. (Hrsg.), Digitale Souveränität. Vertrauen in der Netzwerkgesellschaft, Wiesbaden 2016, S. 1–6

Fries, Martin, PayPal Law und Legal Tech – Was macht die Digitalisierung mit dem Privatrecht?, NJW 2016, 2860–2865

ders., Staatsexamen für Roboteranwälte? Optionen für die Regulierung von Legal-Tech-Dienstleistern, ZRP 2018, 161–166

Friesen, Norm/Cressman, Darryl/Schröter, Jens, Art. Die Kanadische Schule, in: Jens Schröter (Hrsg.), Handbuch Medienwissenschaft, Stuttgart 2014, S. 69–78

Fromme, Friedrich Karl, „Totalrevision" des Grundgesetzes, ZfP 17 (1970), 87–117

Fumy, Walter, Quantencomputer und die Zukunft der Kryptographie, DuD 2017, 13–16

Funken, Christiane/Löw, Martina, Einleitung, in: dies. (Hrsg.), Raum – Zeit – Medialität. Interdisziplinäre Studien zu neuen Kommunikationstechnologien, Opladen 2003, S. 7–20

Gadamer, Hans-Georg, Hermeneutik I. Wahrheit und Methode. Grundzüge einer philosophischen Hermeneutik, 5. Aufl., Tübingen 1986

Gallwas, Hans-Ullrich, Verfassungsrechtliche Grundlagen des Datenschutzes, Der Staat 18 (1979), 507–520

Gantner, Felix, Theorie der juristischen Formulare. Ein Beitrag zur Methodenlehre der Rechtsanwendung, Berlin 2010

Gärditz, Klaus Ferdinand, Der digitalisierte Raum des Netzes als emergente Ordnung und die repräsentativ-demokratische Herrschaftsform, Der Staat 54 (2015), 113–139

ders., Die Lehrfreiheit – Wiederentdeckung oder Rückbau? Zugleich Besprechung von Ann-Katrin Kaufhold „Die Lehrfreiheit – ein verlorenes Grundrecht?", WissR 40 (2007), 67–93

Garstka, Hansjürgen, EAID: Informatisierung der Welt. Steinmüller Workshop 2016, ZD-Aktuell 2016, 04201

Geertz, Clifford, Dichte Beschreibungen. Bemerkungen zu einer deutenden Theorie von Kultur, in: ders., Dichte Beschreibung. Beiträge zum Verstehen kultureller Systeme, Frankfurt/M. 1983, S. 7–43

Gehlen, Arnold, Die Seele im technischen Zeitalter. Sozialpsychologische Probleme in der industriellen Gesellschaft, Reinbek 1957

Geminn, Christian Ludwig, Die Debatte um nationales Routing – eine Scheindebatte? Eine kritische Analyse der Argumentationslinien, MMR 2015, 98–103

Genschel, Philipp/Leibfried, Stephan, Schupperts Staat. Wie beobachtet man den Wandel einer Formidee?, Der Staat 47 (2008), 359–380

Geppert, Martin/Schütz, Raimund (Hrsg.), Beck'scher TKG-Kommentar, 4. Aufl., München 2013

Gerhardt, Uta, Idealtypus. Zur methodologischen Begründung der modernen Soziologie, Frankfurt/M. 2001

Germann, Michael, Dynamische Grundrechtsdogmatik von Ehe und Familie?, VVDStRL 73 (2014), 257–295

Gerpott, Torsten J., Erweiterung potentieller Universaldienstleistungen im neuen Telekommunikationsgesetz, CR 2011, 568–575

Geser, Hans, Metasoziologische Implikationen des „Cyberspace", in: Claudia Honegger/Stefan Hadril/Franz Traxler (Hrsg.), Grenzenlose Gesellschaft? Verhandlungen des 29. Kongresses der Deutschen Gesellschaft für Soziologie, des 16. Kongresses der Österreichischen Gesellschaft für Soziologie, des 11. Kongresses der Schweizerischen Gesellschaft für Soziologie in Freiburg i.Br. 1998. Teil II, Opladen 1999, S. 202–219

Gießmann, Sebastian, Art. Internet, in: Jens Schröter (Hrsg.), Handbuch Medienwissenschaft, Stuttgart 2014, S. 334–343

ders., Internet- und Digitalisierungsforschung nach der Desillusionierung, Navigationen 15 (2015), 117–135

Giesel, Katharina D., Leitbilder in den Sozialwissenschaften. Begriffe, Theorien und Forschungskonzepte, Wiesbaden 2007

Giesen, Richard/Kersten, Jens, Der Arbeitskampf in der digitalisierten Arbeitswelt, NZA 2018, 1–8

Gilder, George, Metcalfe's Law and Legacy, Forbes ASAP (September 13, 1993), S. 158

Goldacker, Gabriele, Digitale Souveränität, hrsg. vom Kompetenzzentrum Öffentliche Informationstechnologie des Fraunhofer-Instituts für Offene Kommunikationssysteme FOKUS, Berlin 2017

Göldner, Detlef, Integration und Pluralismus im demokratischen Rechtsstaat. Bemerkungen zur Doppelfunktion von Einheit und Gegensatz im System des Bonner Grundgesetzes, Tübingen 1977

Goldsmith, Jack L., Against Cyberanarchy, University of Chicago Law Review 65 (1998), 1199–1250

ders., Regulation of the Internet: Three Persistent Fallacies, Chicago-Kent Law Review 73 (1998), 1119–1131

ders., The Internet and the Abiding Significance of Territorial Sovereignty, Indiana Journal of Global Legal Studies 5 (1998), 475–491

Goldsmith, Jack L./Wu, Timothy S., Who Controls the Internet? Illusions of a Borderless World, New York 2006

Grabitz, Eberhard/Hilf, Meinhard/Nettesheim, Martin (Hrsg.), Das Recht der Europäischen Union, München, Loseblatt Stand: 66. EL Februar 2019

Graf von Westphalen, Friedrich, Digital Charta – Erweiterung der europäischen Grundrechte für das digitale Zeitalter, BB 2018, 899–907

Gramlich, Ludwig, Breitbandzugang für alle: „Anreizorientierter" Ansatz oder staatlicher Netzbetrieb?, NJ 2009, 274–280

ders., Von der Postreform zur Postneuordnung. Zur erneuten Novellierung des Post- und Telekommunikationswesens, NJW 1994, 2785–2793

Gramm, Christof, Privatisierung und notwendige Staatsaufgaben, Berlin 2001

Gratzl, Norbert, Normative Argumente aus logischer Perspektive, in: Erich Schweighofer u.a. (Hrsg.), Effizienz von e-Lösungen in Staat und Gesellschaft. Aktuelle Fragen der Rechtsinformatik. Tagungsband des 8. Internationalen Rechtsinformatik Symposions (IRIS) 2005, Stuttgart u.a. 2005, S. 66–70

Gräwe, Svenja Lena, Die Entstehung der Rechtsinformatik. Wissenschaftsgeschichtliche und -theoretische Analyse einer Querschnittsdisziplin, Hamburg 2011

Grawert, Rolf, Konstitutiven von Konstitutionen, Der Staat 52 (2013), 503–533

Greenwald, Glenn, No Place to Hide. Edward Snowden, the NSA, and the U.S. Surveillance State, New York 2014

Greve, Holger, Access-Blocking – Grenzen staatlicher Gefahrenabwehr im Internet, Berlin 2012

ders., Netzinfrastruktur und Kommunikationsfreiheit, K&R 2013, 87–92
Grimm, Dieter, Art. Verfassung, in: Görres-Gesellschaft (Hrsg.), Staatslexikon. Recht – Wirtschaft – Gesellschaft, Band V, 7. Aufl. 1989, Sp. 633–643
ders., Die Verfassung und die Politik. Einsprüche in Störfällen, München 2001
ders., Souveränität. Herkunft und Zukunft eines Schlüsselbegriffs, Berlin 2009
ders., Verfassungsfunktion und Grundgesetzreform, AöR 97 (1972), 489–537
Gröpl, Christoph/Georg, Yves, Die Begriffe „Eltern" und „Familie" in der neueren Rechtsprechung des Bundesverfassungsgerichts aus methodischer und verfassungstheoretischer Sicht. Zu den Grenzen zwischen Verfassungsauslegung und Verfassungsrevision, AöR 139 (2014), 125–151
Gröschner, Rolf, Judiz – was ist das und wie lässt es sich erlernen?, JZ 1987, 903–908
Gröschner, Rolf u.a., Rechts- und Staatsphilosophie. Ein dogmenphilosophischer Dialog, Berlin u.a. 2000
Grossman, Lawrence K., The Electronic Republic. Reshaping Democracy in the Information Age, New York u.a. 1995
Groß, Thomas, Die Schutzwirkung des Brief-, Post- und Fernmeldegeheimnisses nach der Privatisierung der Post, JZ 1999, 326–335
Grupp, Michael, Legal Tech – Impulse für Streitbeilegung und Rechtsdienstleistung. Informationstechnische Entwicklung an der Schnittstelle von Recht und IT, AnwBl 2014, 660–665
Guckelberger, Annette, Der Übergang zur (ausschließlich) elektronischen Gesetzesverkündung. Dargestellt am Amtsblatt des Saarlandes unter Einbeziehung der Bundes- und Gemeindeebene sowie anderer E-Government-Prozesse, Baden-Baden 2009
dies., Übergang zur elektronischen Gesetzesverkündung?, DVBl. 2007, 985–993
dies., Zum Grundrechtsschutz ausländischer juristischer Personen, AöR 129 (2004), 618–638
Guggenberger, Bernd/Stein, Tine (Hrsg.), Die Verfassungsdiskussion im Jahr der deutschen Einheit. Analysen – Hintergründe – Materialien, München/Wien 1991
Günther, Frieder, Denken vom Staat her. Zur bundesdeutschen Staatsrechtslehre zwischen Dezision und Integration 1949–1970, München 2004
Gusy, Christoph, Die Verfassungsbeschwerde, in: Peter Badura/Horst Dreier (Hrsg.), Festschrift 50 Jahre Bundesverfassungsgericht. Zweiter Band: Klärung und Fortbildung des Verfassungsrechts, Tübingen 2001, S. 641–671
Gusy, Christoph/Eichenhofer, Johannes/Schulte, Laura, e-privacy. Von der Digitalisierung der Kommunikation zur Digitalisierung der Privatsphäre, JöR 64 (2016), 385–409
Gusy, Christoph/Müller, Sebastian, Leitbilder im Migrationsrecht, ZAR 2013, 265–272
Haack, Stefan, Kommunales W-LAN als Daseinsvorsorge, VerwArch 99 (2008), 197–218
ders., Verfassungswandel durch Migration, JZ 2017, 213–221
Häberle, Peter, Das Menschenbild im Verfassungsstaat, Berlin 1988
ders., Die Abhörentscheidung des Bundesverfassungsgerichts vom 15.12.1970. Analyse und Kritik des Urteils sowie des Minderheitenvotums vom 4. Januar 1971, JZ 1971, 145–156
ders., Die offene Gesellschaft der Verfassungsinterpreten. Ein Beitrag zur pluralistischen und „prozessualen" Verfassungsinterpretation, JZ 1975, 297–305

ders., Die Wesensgehaltsgarantie des Art. 19 Abs. 2 Grundgesetz. Zugleich ein Beitrag zum institutionellen Verständnis der Grundrechte und zur Lehre vom Gesetzesvorbehalt, 3. Aufl., Karlsruhe 1983

ders., Grundrechte im Leistungsstaat, VVDStRL 30 (1972), 43–141

ders., Textstufen als Entwicklungswege des Verfassungsstaates. Arbeitsthesen zur Verfassungslehre als juristischer Text- und Kulturwissenschaft, in: Jürgen Jekewitz u.a. (Hrsg.), Des Menschen Recht zwischen Freiheit und Verantwortung. Festschrift für Karl Josef Partsch zum 75. Geburtstag, Berlin 1989, S. 555–579

ders., Zeit und Verfassung, in: ders., Verfassung als öffentlicher Prozeß. Materialien zu einer Verfassungstheorie der offenen Gesellschaft, 2. Aufl., Berlin 1996 (=Wiederabdruck des gleichnamigen Beitrags in ZfP 21 (1974), 111–137 mit Nachtrag [1978])

Haft, Fritjof, Juristen und die Informationsgesellschaft, in: Jörg Tauss/Johannes Lollbeck/Jan Mönikes (Hrsg.), Deutschlands Weg in die Informationsgesellschaft. Herausforderungen und Perspektiven für Wirtschaft, Wissenschaft, Recht und Politik, Baden-Baden 1996, S. 538–567

Hain, Karl-Eberhard, Ist die Etablierung einer Internetdienstefreiheit sinnvoll?, K&R 2012, 98–103

ders., Medienmarkt im Wandel: Technische Konvergenz und Anbieterkonkurrenz als Herausforderung an Verfassungsrecht und Regulierung, AfP 2012, 313–328

Haltern, Ulrich, Recht und soziale Imagination, in: Werner Gephart (Hrsg.), Rechtsanalyse als Kulturforschung, Frankfurt/M. 2012, S. 89–102

Hamann, Hanjo / Vogel, Friedemann, The Fabric of Language and Law. Towards an International Research Network for Computer Assisted Legal Linguistics (CAL^2), International Journal of Language and Law 6 (2017), 101–109

Hampton, Keith N. u.a., Social Media and the 'Spiral of Silence', 26. August 2014 (abrufbar unter http://www.pewinternet.org/2014/08/26/social-media-and-the-spiral-of-silence/ – Abrufdatum: 14.6.2019)

Hansel, Mischa, Neue und alte Barrieren. Herrschaft und politische Partizipation im Cyberspace, Zeitschrift für Außen- und Sicherheitspolitik 2010, 357–378

Hassemer, Winfried, Juristische Methodenlehre und richterliche Pragmatik, Rechtstheorie 39 (2008), 1–22

Hatschek, Julius, Konventionalregeln oder über die Grenzen der naturwissenschaftlichen Begriffsbildung im öffentlichen Recht, JöR 3 (1909), 1–67

Haug, Hans, Die Schranken der Verfassungsrevision. Das Postulat der richtigen Verfassung als normative Schranke der souveränen verfassunggebenden Gewalt (Betrachtung zum Wiederaufbau einer materialen Rechtslehre), Zürich 1947

Hauriou, Maurice, Die Theorie der Institution und zwei andere Aufsätze, Berlin 1965

Hauser, Markus, Das IT-Grundrecht. Schnittfelder und Auswirkungen, Berlin 2015

Heckel, Martin, Die Legitimation des Grundgesetzes durch das deutsche Volk, in: Josef Isensee/Paul Kirchhof (Hrsg.), Handbuch des Staatsrechts der Bundesrepublik Deutschland. Band VIII: Die Einheit Deutschlands – Entwicklung und Grundlagen, 1. Aufl., Heidelberg 1995, § 197

Heilmann, Till A., Art. Computer als Schriftmedium, in: Jens Schröter (Hrsg.), Handbuch Medienwissenschaft, Stuttgart 2014, S. 316–322

Heinemann, Marcus, Grundrechtlicher Schutz informationstechnischer Systeme. Unter besonderer Berücksichtigung des Grundrechts auf Gewährleistung der Vertraulichkeit und Integrität informationstechnischer Systeme, Berlin 2015

Heinig, Hans Michael, Verfassung im Nationalstaat: Von der Gesamtordnung zur europäischen Teilordnung?, VVDStRL 75 (2016), 65–104

Heintschel von Heinegg, Wolff, Cyberspace – Ein völkerrechtliches Niemandsland?, in: Roman Schmidt-Radefeldt/Christine Meissler (Hrsg.), Automatisierung und Digitalisierung des Krieges. Drohnenkrieg und Cyberwar als Herausforderungen für Ethik, Völkerrecht und Sicherheitspolitik, Baden-Baden 2012, S. 159–174

Heinze, Inga, Methoden und Anwendungsgebiete der Internetkartographie, in: Alexandra Budke/Detlef Kanwischer/Andreas Pott (Hrsg.), Internetgeographien. Beobachtungen zum Verhältnis von Internet, Raum und Gesellschaft, Stuttgart 2004, S. 41–55

Held, Klaus, Einleitung, in: Edmund Husserl, Die phänomenologische Methode. Ausgewählte Texte I, hrsg. v. Klaus Held, Stuttgart 1985, S. 5–52

Helleberg, Max, Leitbildorientierte Verfassungsauslegung. Bestandsaufnahme und Kritik unter besonderer Würdigung der Versammlungsfreiheit, Berlin 2016

Heller, Hermann, Art. Staat, in: Alfred Vierkandt (Hrsg.), Handwörterbuch der Soziologie, Stuttgart 1931, S. 608–616; abgedruckt in und zitiert nach Hermann Heller, Gesammelte Schriften. Dritter Band: Staatslehre als politische Wissenschaft, hrsg. v. Christoph Müller, 2. Aufl., Tübingen 1992, S. 3–23

ders., Die Souveränität. Ein Beitrag zur Theorie des Staats- und Völkerrechts, Berlin/Leipzig 1924; abgedruckt in und zitiert nach Hermann Heller, Gesammelte Schriften. Zweiter Band: Recht, Staat, Macht, hrsg. v. Christoph Müller, 2. Aufl., Tübingen 1992, S. 31–202

ders., Staatslehre, hrsg. v. Gerhart Niemeyer, Leiden 1934; abgedruckt in und zitiert nach Hermann Heller, Gesammelte Schriften. Dritter Band: Staatslehre als politische Wissenschaft, hrsg. v. Christoph Müller, 2. Aufl., Tübingen 1992, S. 79–395

Hellige, Hans Dieter, Die Geschichte des Internet als Lernprozess, in: Hans-Jörg Kreowski (Hrsg.), Informatik und Gesellschaft. Verflechtungen und Perspektiven, Berlin u.a. 2008, S. 121–170 (zugleich online abrufbar als artec-paper Nr. 138, November 2006, unter https://www.uni-bremen.de/fileadmin/user_upload/sites/artec/Publikationen/artec_Paper/138_paper.pdf – Abrufdatum: 14.6.2019)

ders., Von der Hypermedia-Culture zur Cloud-Media-Culture. Der medieninformatische Diskurs im Wandel der digitalen Medienlandschaft, artec-paper Nr. 205, Oktober 2015 (abrufbar unter https://www.uni-bremen.de/fileadmin/user_upload/sites/artec/Publikationen/artec_Paper/205_paper.pdf – Abrufdatum: 14.6.2019)

Hennis, Wilhelm, Integration durch Verfassung? Rudolf Smend und die Zugänge zum Verfassungsproblem nach 50 Jahren unter dem Grundgesetz, JZ 1999, 485–495

ders., Verfassung und Verfassungswirklichkeit. Ein deutsches Problem (Freiburger Antrittsvorlesung vom 5. Juli 1968), Tübingen 1968

Herbst, Tobias, Legitimation durch Verfassunggebung. Ein Prinzipienmodell der Legitimität staatlicher und supranationaler Herrschaft, Baden-Baden 2003

Hermes, Georg, Staatliche Infrastrukturverantwortung. Rechtliche Grundstrukturen netzgebundener Transport- und Übertragungssysteme zwischen Daseinsvorsorge und Wettbewerbsregulierung am Beispiel der leitungsgebundenen Energieversorgung in Europa, Tübingen 1998

ders., Verfassungsrecht und einfaches Recht – Verfassungsgerichtsbarkeit und Fachgerichtsbarkeit, VVDStRL 61 (2002), 119–154

Herrmann, Christoph, Das Grundrecht auf Gewährleistung der Vertraulichkeit und Integrität informationstechnischer Systeme. Entstehung und Perspektiven, Frankfurt/M. 2010

Herrmann, Dietrich, Akte der Selbstautorisierung als Grundstock institutioneller Macht von Verfassungsgerichten, in: Hans Vorländer (Hrsg.), Die Deutungsmacht der Verfassungsgerichtsbarkeit, Wiesbaden 2006, S. 141–173

Hesse, Konrad, Die normative Kraft der Verfassung. Freiburger Antrittsvorlesung, Tübingen 1959

ders., Funktionelle Grenzen der Verfassungsgerichtsbarkeit, in: Jörg Paul Müller (Hrsg.), Recht als Prozess und Gefüge. Festschrift für Hans Huber zum 80. Geburtstag, Bern 1981, S. 261–272

ders., Grenzen der Verfassungswandlung, in: Horst Ehmke u.a. (Hrsg.), Festschrift für Ulrich Scheuner zum 70. Geburtstag, Berlin 1973, S. 123–141

ders., Grundzüge des Verfassungsrechts der Bundesrepublik Deutschland, Neudruck der 20. Aufl., Heidelberg 1999

ders., Rezension vom Wilhelm Hennis: Verfassung und Verfassungswirklichkeit. Ein deutsches Problem, Tübingen 1968, AöR 96 (1971), 137–140; hier zitiert in der Fassung von: Konrad Hesse. Ausgewählte Schriften, hrsg. von Peter Häberle und Alexander Hollerbach, Heidelberg 1984, S. 24–27

ders., Verfassungsrechtsprechung im geschichtlichen Wandel, JZ 1995, 265–273

Heun, Werner, Der staatsrechtliche Positivismus in der Weimarer Republik, Der Staat 28 (1989), 377–403

ders., Funktionell-rechtliche Schranken der Verfassungsgerichtsbarkeit. Reichweite und Grenzen einer dogmatischen Argumentationsfigur, Baden-Baden 1992

ders., Original Intent und Wille des historischen Verfassungsgebers. Zur Problematik einer Maxime im amerikanischen und deutschen Verfassungsrecht, AöR 116 (1991), 185–209

Heydte, F.A. Freiherr von der, Stiller Verfassungswandel und Verfassungsinterpretation, ARSP 39 (1950/1951), 461–476

Hildebrandt, Mireille, Smart Technologies and the End(s) of Law, Cheltenham 2016

ders., The Meaning and the Mining of Legal Texts, in: David M. Berry (Hrsg.), Understanding Digital Humanities, Houndmills u.a. 2012, S. 145–160

Hilf, Meinhard, Die sprachliche Struktur der Verfassung, in: Josef Isensee/Paul Kirchhof (Hrsg.), Handbuch des Staatsrechts der Bundesrepublik Deutschland. Band XII: Normativität und Schutz der Verfassung, 3. Aufl., Heidelberg 2014, § 262

Hill, Hermann, Aus Daten Sinn machen: Analyse- und Deutungskompetenzen in der Datenflut, DÖV 2014, 213–222

ders., Digitalisierung – Veränderungen und Herausforderungen, in: Jörn von Lucke/Klaus Lenk (Hrsg.), Verwaltung, Informationstechnik & Management. Festschrift für Heinrich Reinermann zum 80. Geburtstag, Baden-Baden 2017, S. 101–118

Hill, Herrmann/Schliesky, Utz (Hrsg.), Die Vermessung des virtuellen Raums, Baden-Baden 2012

Hillgruber, Christian, Anmerkung zu BVerfGE 129, 78, JZ 2011, 1118–1121

ders., Verfassungsrecht zwischen normativem Anspruch und politischer Wirklichkeit, VVDStRL 67 (2008), 7–56

Hindman, Matthew, The Myth of Digital Democracy, Princeton/Oxford 2009

Hirsch, Günter, Zwischenruf – Der Richter wird's schon richten, ZRP 2006, 161

Hobe, Stephan, Cyberspace – der virtuelle Raum, in: Josef Isensee/Paul Kirchhof (Hrsg.), Handbuch des Staatsrechts der Bundesrepublik Deutschland. Band XI: Internationale Bezüge, 3. Aufl., Heidelberg 2013, § 231

Höchstötter, Nadine/Koch, Martina, Standard parameters for searching behaviour in search engines and their empirical evaluation, Journal of Information Science 35 (2009), 45–65

Höchstötter, Nadine/Lewandowski, Dirk, What users see – Structures in search engine results pages, Information Sciences 179 (2009), 1796–1812

Hoeren, Thomas, Von Judge Judy zum Beck-Blog: Die Rechtswissenschaft der Berliner Republik im medialen Wandel, in: Thomas Duve/Stefan Ruppert (Hrsg.), Rechtswissenschaft in der Berliner Republik, Berlin 2018, S. 212–237

ders., Zoning und Geolocation – Technische Ansätze zu einer Reterritorialisierung des Internet, MMR 2007, 3–6

ders., Zur Einführung: Informationsrecht, JuS 2002, 947–953

Hoeren, Thomas/Gräwe, Lena, Der Aufbau von juris – Ein Motor für die Entwicklung des Informationsrechts?, in: Helmut Rüßmann (Hrsg.), Festschrift für Gerhard Käfer, Saarbrücken 2009, S. 165–180

Höfelmann, Elke, Das Grundrecht auf informationelle Selbstbestimmung anhand der Ausgestaltung des Datenschutzrechts und der Grundrechtsnormen der Landesverfassungen, Frankfurt/M. 1997

Hoffmann, Christian u. a., Die digitale Dimension der Grundrechte. Das Grundgesetz im digitalen Zeitalter, Baden-Baden 2015

Hoffmann-Riem, Wolfgang, Der grundrechtliche Schutz der Vertraulichkeit und Integrität eigengenutzter informationstechnischer Systeme, JZ 2008, 1009–1022

ders., Freiheitsschutz in den globalen Kommunikationsinfrastrukturen, JZ 2014, 53–63

ders., Informationelle Selbstbestimmung in der Informationsgesellschaft. Auf dem Weg zu einem neuen Konzept des Datenschutzes, AöR 123 (1998), 513–540

ders., Innovation und Recht – Recht und Innovation. Recht im Ensemble seiner Kontexte, Tübingen 2016

ders., Kohärenz europäischer und nationaler Grundrechte, EuGRZ 2002, 473–483

ders., Methoden einer anwendungsorientierten Verwaltungsrechtswissenschaft, in: Eberhard Schmidt-Aßman/Wolfgang Hoffmann-Riem (Hrsg.), Methoden der Verwaltungsrechtswissenschaft, Baden-Baden 2004, S. 9–72

ders., Neue Kollektivität im World Wide Web als Herausforderung für das Recht, JZ 2012, 1081–1087

ders., Selbstregelung, Selbstregulierung und regulierte Selbstregulierung im digitalen Kontext, in: Michael Fehling/Utz Schliesky (Hrsg.), Neue Macht- und Verantwortungsstrukturen in der digitalen Welt, Baden-Baden 2016, S. 27–51

ders., Verhaltenssteuerung durch Algorithmen – Eine Herausforderung für das Recht, AöR 142 (2017), 1–42

ders., Versammlungsfreiheit, in: Detlef Merten/Hans-Jürgen Papier (Hrsg.), Handbuch der Grundrechte in Deutschland und Europa, Band IV: Grundrechte in Deutschland – Einzelgrundrechte I, Heidelberg u.a. 2011, § 106

ders., Zur Verwendungstauglichkeit der Sozialwissenschaften für die Juristenausbildung, in: Heinz Giehring u.a. (Hrsg.), Juristenausbildung – erneut überdacht, Baden-Baden 1990, S. 75–108

Hoffmann-Riem, Wolfgang/Schulz, Wolfgang/Held, Thorsten, Konvergenz und Regulierung. Optionen für rechtliche Regelungen und Aufsichtsstrukturen im Bereich Information, Kommunikation und Medien, Baden-Baden 2000

Höfling, Wolfram, Offene Grundrechtsinterpretation. Grundrechtsauslegung zwischen amtlichem Interpretationsmonopol und privater Konkretisierungskompetenz, Berlin 1987

Hofmann, Hasso, Die Entwicklung des Grundgesetzes von 1949 bis 1990, in: Josef Isensee/Paul Kirchhof (Hrsg.), Handbuch des Staatsrechts der Bundesrepublik Deutschland. Band I: Historische Grundlagen, 3. Aufl., Heidelberg 2003, § 9

ders., Legitimität gegen Legalität. Der Weg der politischen Philosophie Carl Schmitts, 5. Aufl., Berlin 2010

Hofstetter, Yvonne, Das Ende der Demokratie. Wie die künstliche Intelligenz die Politik übernimmt und uns entmündigt, 2. Aufl., München 2016

Holder, Jane/Harrison, Carolyn (Hrsg.), Law and Geography, Oxford u.a. 2002

Holtmann, Clemens, Beihilferechtliche Aspekte des DigiNetzG, EuZW 2017, 589–593

Holtorf, Christian, Der erste Draht zur Neuen Welt. Die Verlegung des transatlantischen Telegrafenkabels, Göttingen 2013

Holubek, Reinhard, Allgemeine Staatslehre als empirische Wissenschaft. Eine Untersuchung am Beispiel von Georg Jellinek, Bonn 1961

Holznagel, Bernd, Die Zukunft der Mediengrundrechte in Zeiten der Konvergenz, MMR 2011, 1–2

ders., Internetdienstefreiheit und Netzneutralität, AfP 2011, 532–329

ders., Konvergenz der Medien – Herausforderungen an das Recht, NJW 2002, 2351–2356

Holznagel, Bernd/Beine, Heinrich, Rechtsrahmen staatlicher Breitbandförderung. Herausforderungen für Bund, Länder und Kommunen im „Regelungsgestrüpp", MMR 2015, 567–571

Holznagel, Bernd/Deckers, Sebastian, Breites Band im weiten Land. Neue Herausforderungen für die Daseinsvorsorge im föderalen Bundesstaat, DVBl. 2009, 482–489

Hömig, Dieter/Wolff, Heinrich Amadeus (Hrsg.), Grundgesetz für die Bundesrepublik Deutschland. Handkommentar, 12. Aufl., Baden-Baden 2018

Hönnige, Christoph/Kneip, Sascha/Lorenz, Astrid (Hrsg.), Verfassungswandel im Mehrebenensystem, Wiesbaden 2011

Hönnige, Christoph/Kneip, Sascha/Lorenz, Astrid, Formen, Ebenen und Interaktionen – eine erweiterte Analyse des Verfassungswandels, in: dies. (Hrsg.), Verfassungswandel im Mehrebenensystem, Wiesbaden 2011, S. 8–20

Hopt, Klaus J., Rechtswissenschaft und Informatik, in: Dieter Grimm (Hrsg.), Rechtswissenschaft und Nachbarwissenschaften. Zweiter Band: Geschichte, Logik, Linguistik, Informatik, Friedensforschung, Finanzen, Didaktik, München 1976, S. 143–161

Hörisch, Jochen, Eine Geschichte der Medien: von der Oblate zum Internet, Frankfurt/M. 2004

Hornsby Jr., William E., Gaming the System: Approaching 100% Access to Legal Service Through Online Games, Chicago-Kent Law Review 88 (2013), 917–944

Hornung, Gerrit, Die Festplatte als Wohnung? Erwiderung auf Johannes Rux, JZ 2007, 825, JZ 2007, 828–831

ders., Grundrechtsinnovationen, Tübingen 2015

ders., Neue Pflichten für Betreiber kritischer Infrastrukturen: Das IT-Sicherheitsgesetz des Bundes, NJW 2015, 3334–3340

Huber, Hans, Über die Konkretisierung der Grundrechte, in: Peter Saladin (Hrsg.), Der Staat als Aufgabe. Gedenkschrift für Max Imboden, Basel u.a. 1972, S. 191–209

Huber, Peter Michael, Das Menschenbild im Grundgesetz, JURA 1998, 505–511

ders., Europäische Verfassungs- und Rechtsstaatlichkeit in Bedrängnis. Zur Entwicklung der Verfassungsgerichtsbarkeit in Europa, Der Staat 56 (2017), 389–414

Hubig, Christoph, Historische Wurzeln der Technikphilosophie, in: Christoph Hubig/Alois Huning/Günter Ropohl (Hrsg.), Nachdenken über Technik. Die Klassiker der Technikphilosophie und neuere Entwicklungen, 3. Aufl., Berlin 2013, S. 19–40

Hufeld, Ulrich, Die Verfassungsdurchbrechung. Rechtsproblem der Deutschen Einheit und der europäischen Einigung. Ein Beitrag zur Dogmatik der Verfassungsänderung, Berlin 1997

Hufen, Friedhelm, Das Volkszählungsurteil des Bundesverfassungsgerichts und das Grundrecht auf informationelle Selbstbestimmung – eine juristische Antwort auf „1984"?, JZ 1984, 1072–1078

ders., Entstehung und Entwicklung der Grundrechte, NJW 1999, 1504–1510

Hughes, Charles Evans, Speech before the Elmira Chamber of Commerce, May 3, 1907, in: ders., Addresses and Papers of Charles Evans Hughes, Governor of New York, 1906–1908. With an Introduction by Jacob Gould Schurman, New York/London 1908, S. 133–146

Husserl, Edmund, Philosophie als strenge Wissenschaft (1911), in: Husserliana – Edmund Husserl. Gesammelte Werke, Band XXV: Aufsätze und Vorträge (1911–1921), Dordrecht u.a. 1987, S. 3–62

Ingold, Albert, Digitalisierung demokratischer Öffentlichkeiten, Der Staat 56 (2017), 491–533

ders., Grundrechtsschutz sozialer Emergenz. Eine Neukonfiguration juristischer Personalität in Art. 19 Abs. 3 GG angesichts webbasierter Kollektivitätsformen, Der Staat 53 (2014), 193–226

Innis, Harold A., Empire and Communications, ed. by David Godfrey, Victoria 1986

Ipsen, Hans Peter, 50 Jahre deutsche Staatsrechtswissenschaft im Spiegel der Verhandlungen der Vereinigung der Deutschen Staatsrechtslehrer. II. Die Verhandlungen von 1949 (Heidelberg) bis 1971 (Regenburg), AöR 97 (1972, 375–417)

ders., Diskussionsbeitrag, VVDStRL 20 (1963), 120–121

ders., Die Verfassungsrolle des Europäischen Gerichtshofs für die Integration, in: Jürgen Schwarze (Hrsg.), Der Europäische Gerichtshof als Verfassungsgericht und Rechtsschutzinstanz. Referate und Diskussionsberichte der Tagung des Arbeitskreises Europäische Integration e.V. in Hamburg vom 2. bis 4. Juni 1983, Baden-Baden 1983, S. 29–62

Ipsen, Jörn, Ehe für alle – verfassungswidrig?, NVwZ 2017, 1096–1099

Isensee, Josef, Das Volk als Grund der Verfassung. Mythos und Relevanz der Lehre von der verfassunggebenden Gewalt, Opladen 1995

ders., Der Selbstand der Verfassung in ihren Verweisungen und Öffnungen, AöR 138 (2013), 325–362

ders., Legitimation des Grundgesetzes, in: ders./Paul Kirchhof (Hrsg.), Handbuch des Staatsrechts der Bundesrepublik Deutschland. Band XII: Normativität und Schutz der Verfassung, 3. Aufl., Heidelberg 2014, § 254

ders., Staat und Verfassung, in: ders./Paul Kirchhof (Hrsg.), Handbuch des Staatsrechts der Bundesrepublik Deutschland. Band II: Verfassungsstaat, 3. Aufl., Heidelberg 2004, § 15

ders., Staatsaufgaben, in: Josef Isensee/Paul Kirchhof (Hrsg.), Handbuch des Staatsrechts der Bundesrepublik Deutschland. Band IV: Aufgaben des Staates, 3. Aufl., Heidelberg 2006, § 73

ders., Staatseinheit und Verfassungskontinuität, VVDStRL 49 (1990), 39–69

ders., Verfassungsrecht als „politisches Recht", in: Josef Isensee/Paul Kirchhof (Hrsg.), Handbuch des Staatsrechts der Bundesrepublik Deutschland. Band XII: Normativität und Schutz der Verfassung, 3. Aufl., Heidelberg 2014, § 268

ders., Vom Stil der Verfassung. Eine typologische Studie zu Sprache, Thematik und Sinn des Verfassungsgesetzes, Opladen/Wiesbaden 1999

ders., Wer definiert die Freiheitsrechte? Selbstverständnis der Grundrechtsträger und Grundrechtsauslegung des Staates, Heidelberg 1980

Jacob, Daniel/Thiel, Thorsten, Einleitung, in: dies. (Hrsg.), Politische Theorie und Digitalisierung, Baden-Baden 2017, S. 7–25

Jacobi, Erwin, Die Diktatur des Reichspräsidenten nach Art. 48 der Reichsverfassung, VVDStRL 1 (1924), 105–136

Jameson, Frederic, Postmodernism, or, The Cultural Logic of Late Capitalism, Durham 1991

ders., Utopia post Utopia: configurations of nature and culture in recent sculpture and photography, January 29-March 27, 1988, hrsg. vom Institute of Contemporary Art Boston/Mass., Cambridge 1988

Jandach, Thomas, Juristische Expertensysteme. Methodische Grundlagen ihrer Entwicklung, Berlin u.a. 1993

Jansen, Bernard J./Spink, Amanda, How are we searching the World Wide Web? A comparison of nine search engine transaction logs, Information Processing and Management 42 (2006), 248–263

Jarass, Hans D., Charta der Grundrechte der Europäischen Union unter Einbeziehung der vom EuGH entwickelten Grundrechte, der Grundrechtsregelungen der Verträge und der EMRK, 3. Aufl., München 2016

Jarass, Hans D./Pieroth, Bodo, Grundgesetz für die Bundesrepublik Deutschland. Kommentar, 15. Aufl., München 2018

Jellinek, Georg, Allgemeine Staatslehre, 7. Neudruck der 3. Aufl., Darmstadt 1960

ders., Verfassungsänderung und Verfassungswandlung. Eine staatsrechtlich-politische Abhandlung, Berlin 1906, hier zitiert nach der von Walter Pauly 1996 im Goldbacher Keip-Verlag als Band 1 der Bibliothek des Öffentlichen Rechts herausgegebenen Fassung

Jellinek, Walter, Über die normative Kraft des Faktischen. Zu Georg Jellineks 100. Geburtstag am 16. Juni 1951, JZ 1951, 347–348

Jestaedt, Matthias, Der „Europäische Verfassungsgerichtsverbund“ in (Verfahrens-kenn-)Zahlen, JZ 2011, 872–879

ders., Der Europäische Verfassungsverbund. Verfassungstheoretischer Charme und rechtstheoretische Insuffizienz einer Unschärferelation, in: Rüdiger Krause/Winfried Veelken/Klaus Vieweg (Hrsg.), Recht der Wirtschaft und der Arbeit in Europa. Gedächtnisschrift für Wolfgang Blomeyer, Berlin 2004, S. 637–674; wieder abgedruckt in: Christian Calliess (Hrsg.), Verfassungswandel im europäischen Staaten- und Verfassungsverbund. Beiträge der Ersten Göttinger Gespräche zum deutschen und europäischen Verfassungsrecht vom 15. bis 17. Juni 2006, Tübingen 2007, S. 93–127

ders., Herr und Hüter der Verfassung als Akteure des Verfassungswandels. Betrachtungen aus Anlass von 60 Jahren Grundgesetz, in: Helmut Niehaus (Hrsg.), 60 Jahre Bundesrepublik Deutschland. Atzelsberger Gespräche 2009, Erlangen 2010

ders., Phänomen Bundesverfassungsgericht. Was das Gericht zu dem macht, was es ist, in: Matthias Jestaedt u.a. (Hrsg.), Das entgrenzte Gericht. Eine kritische Bilanz nach sechzig Jahren Bundesverfassungsgericht, Berlin 2011, S. 77–157

ders., Verfassungsgerichtspositivismus. Die Ohnmacht des Verfassungsgesetzgebers im verfassungsgerichtlichen Jurisdiktionsstaat, in: Otto Depenheuer u.a. (Hrsg.), Nomos und Ethos. Hommage an Josef Isensee zum 65. Geburtstag von seinen Schülern, Berlin 2002, S. 183–228

ders., Wissenschaft im Recht. Rechtsdogmatik im Wissenschaftsvergleich, JZ 2014, 1–12

Jochimsen, Reimut, Theorie der Infrastruktur. Grundlagen der marktwirtschaftlichen Entwicklung, Tübingen 1966

Johnson, David R./Post, David, Law and Borders. The Rise of Law in Cyberspace, Stanford Law Review 48 (1996), 1367–1402

Jungbluth, David, Die „Erdoğan-Entscheidung“. Oder: Die Deutsche Justiz als Affirmationsorgan der politisch-medialen Mehrheitsmeinung, NVwZ 2017, 604–608

Kägi, Werner, Die Verfassung als rechtliche Grundordnung des Staates. Untersuchungen über die Entwicklungstendenzen im modernen Verfassungsrecht, Zürich 1945

Kahl, Wolfgang/Waldhoff, Christian/Walter, Christian (Hrsg.), Bonner Kommentar zum Grundgesetz, Heidelberg, Loseblatt, Stand: 198. EL Mai 2019

Kaiser, Anna-Bettina, Die Kommunikation der Verwaltung. Diskurse zu den Kommunikationsbeziehungen zwischen staatlicher Verwaltung und Privaten in der Verwaltungsrechtswissenschaft der Bundesrepublik Deutschland, Baden-Baden 2009

dies., Intelligente Verwaltungsmaschine – intelligente Maschinen in der Verwaltung. Die Diskussion um die Verwaltungsautomation in den 1950er und 1960er Jahren, in: Peter Collin/Klaus-Gert Lutterbeck (Hrsg.), Eine intelligente Maschine? Handlungsorientierungen moderner Verwaltung (19./20. Jahrhundert), Baden-Baden 2009, S. 233–243

Kaiser, Joseph H., Bewahrung und Veränderung demokratischer und rechtsstaatlicher Verfassungsstruktur in den internationalen Gemeinschaften, VVDStRL 23 (1966), 1–33

Kaiser, Karen/Schübel-Pfister, Isabel, Der ungeschriebene Verfassungsgrundsatz der Europarechtsfreundlichkeit: Trick or Treat?, in: Sigrid Emmenegger/Ariane Wiedmann (Hrsg.), Linien der Rechtsprechung des Bundesverfassungsgerichts – erörtert von den wissenschaftlichen Mitarbeitern. Band II, Berlin 2011, S. 545–571

Kalscheuer, Fiete/Jacobsen, Annika, Das digitale Hausrecht bei Hoheitsträgern. Unter welchen Voraussetzungen darf der Staat Twitter-Nutzer blockieren?, NJW 2018, 2358–2362

Kämmerer, Jörn Axel, Privatisierung. Typologie – Determinanten – Rechtspraxis – Folgen, Tübingen 2001

Karavas, Vagias, Digitale Grundrechte. Elemente einer Verfassung des Informationsflusses im Internet, Baden-Baden 2007

Karstens, Jan, Rechtliche Steuerung von Umweltinnovationen durch Leitbilder: Leitbilder als materieller Kern von regulierter Selbstregulierung, in: Martin Eifert/Wolfgang Hoffmann-Riem (Hrsg.), Innovation und rechtliche Regulierung. Schlüsselbegriffe und Anwendungsbeispiele rechtswissenschaftlicher Innovationsforschung, Baden-Baden 2002, S. 50–87

Katsh, M. Ethan, The Electronic Media and the Transformation of Law, New York/Oxford 1989

Katsh, M. Ethan/Rabinovich-Einy, Orna, Digital Justice. Technology and the Internet of Disputes, Oxford 2017

Katz, Jon, Birth of a Digital Nation, WIRED 5.04 (1997), abrufbar unter https://www.wired.com/1997/04/netizen-3/ – Abrufdatum: 14.6.2019

Kelsen, Hans, Wer soll Hüter der Verfassung sein?, Die Justiz VI (1930/31), 576–628, wiederabgedruckt in Robert Chr. Van Ooyen (Hrsg.), Wer soll Hüter der Verfassung sein? Abhandlungen zur Theorie der Verfassungsgerichtsbarkeit in der pluralistischen, parlamentarischen Demokratie, Tübingen 2008, S. 58–105

Kenntner, Markus, Grundgesetzwandel. Überlegungen zur Veränderung des Grundgesetzes und seines Bezugsrahmens, DÖV 1997, 450–457

Kepplinger, Hans Mathias, Die Schweigespirale. Öffentliche Meinung – unsere soziale Haut von Elisabeth Noelle-Neumann (1980), in: Matthias Potthoff (Hrsg.), Schlüsselwerke der Medienwirkungsforschung, Wiesbaden 2016, S. 173–182

Kersten, Jens, Anonymität in der liberalen Demokratie, JuS 2017, 193–203

ders., Die Entwicklung des Konzepts der Daseinsvorsorge im Werk von Ernst Forsthoff, Der Staat 44 (2005), 543–569

ders., Digitale Rechtsdidaktik. Rechtswissenschaft und Juristenausbildung als „Digital Humanities“, JuS 2015, 481–490

ders., Georg Jellinek und die klassische Staatslehre, Tübingen 2000

ders., Herstellung von Wettbewerb als Verwaltungsaufgabe, VVDStRL 69 (2010), 288–340

ders., Schwarmdemokratie. Der digitale Wandel des liberalen Verfassungsstaats, Tübingen 2017

ders., Universaldienste in einer schrumpfenden Gesellschaft, DVBl. 2006, 942–949

Kilian, Matthias, Die Zukunft der Juristen. Weniger, anders, weiblicher, spezialisierter, alternativer – und entbehrlicher?, NJW 2017, 3043–3050

Kilian, Wolfgang, Idee und Wirklichkeit der Rechtsinformatik in Deutschland, CR 2017, 202–212

ders., Juristische Entscheidung und elektronische Datenverarbeitung. Methodenorientierte Vorstudie, Darmstadt 1974

ders., Warum Rechtsinformatik?, CR 2001, 132–135

Kingreen, Thorsten/Poscher, Ralf, Grundrechte. Staatsrecht II, 33. Aufl., Heidelberg 2017

Kirchhof, Paul, Begriff und Kultur der Verfassung, in: Otto Depenheuer/Christoph Grabenwarter (Hrsg.), Verfassungstheorie, Tübingen 2010, § 3

ders., Der deutsche Staat im Prozeß der europäischen Integration, in: Josef Isensee/Paul Kirchhof (Hrsg.), Handbuch des Staatsrechts der Bundesrepublik Deutschland, Band VII: Normativität und Schutz der Verfassung – Internationale Beziehungen, 1. Aufl., Heidelberg 1992, § 183

ders., Die Aufgaben des Bundesverfassungsgerichts in Zeiten des Umbruchs, NJW 1996, 1497–1505

ders., Die Einheit des Staates in seinen Verfassungsvoraussetzungen, in: Otto Depenheuer u.a. (Hrsg.), Die Einheit des Staates. Symposion aus Anlaß der Vollendung des 60. Lebensjahres von Josef Isensee, Heidelberg 1998, S. 51–69

ders., Die Identität der Verfassung, in: Josef Isensee/ders. (Hrsg.), Handbuch des Staatsrechts der Bundesrepublik Deutschland. Band II: Verfassungsstaat, 3. Aufl., Heidelberg 2004, § 21

ders., Verfassungsgerichtsbarkeit und Gesetzgebung, in: Peter Badura/Rupert Scholz (Hrsg.), Verfassungsgerichtsbarkeit und Gesetzgebung. Symposion aus Anlaß des 70. Geburtstages von Peter Lerche, München 1998, S. 5–22

ders., Verfassungsverständnis, Rechtsprechungsaufgabe und Entlastung des Bundesverfassungsgerichts, in: Harald Bogs (Hrsg.), Urteilsverfassungsbeschwerde zum Bundesverfassungsgericht. Ein Grundrechts-Colloquium, Baden-Baden 1999, S. 71–80

Kirste, Stephan, Die Zeit der Verfassung, JöR 56 (2008), 35–74

ders., Verfassung und Verfassungswandel bei Georg Jellinek, in: Winfried Brugger/Rolf Gröschner/Oliver W. Lembcke (Hrsg.), Faktizität und Normativität. Georg Jellineks freiheitliche Verfassungslehre, Tübingen 2016, S. 209–235

Kischel, Uwe, Rechtsvergleichung, München 2015

Kissel, Otto Rudolf, Internet für und gegen alle?, NJW 2006, 801–806

Klatt, Matthias, Theorie der Wortlautgrenze. Semantische Normativität in der juristischen Argumentation, Baden-Baden 2004

Klein, Eckart, Zur objektiven Funktion der Verfassungsbeschwerde, DÖV 1982, 797–805

Klein, Friedrich, Von der föderativen zur stärker unitarischen Gestaltung des Finanzwesens in der Bundesrepublik Deutschland, in: Festschrift für Friedrich Giese. Zum 70. Geburtstag – 17. August 1952 – Dargebracht von Freunden, Schülern und Fachkollegen, Frankfurt/M. 1953, S. 61–134

Klein, Hans Hugo, Verfassungsgerichtsbarkeit und Gesetzgebung, in: Peter Badura/Rupert Scholz (Hrsg.), Verfassungsgerichtsbarkeit und Gesetzgebung. Symposion aus Anlaß des 70. Geburtstages von Peter Lerche, München 1998, S. 49–74

ders., Verfassungsgerichtsbarkeit und Verfassungsstruktur. Vom Rechtsstaat zum Verfassungsstaat, in: Paul Kirchhof (Hrsg.), Steuerrecht, Verfassungsrecht, Finanzpolitik. Festschrift für Franz Klein, Köln 1994, S. 511–526

Kleinlein, Thomas, Grundrechtsföderalismus. Eine vergleichende Studie zur Grundrechtsverwirklichung in Mehrebenen-Strukturen – Deutschland, USA und EU, Tübingen 2020 (i.E.)

ders., Konstitutionalisierung im Völkerrecht. Konstruktion und Elemente einer idealistischen Völkerrechtslehre, Heidelberg u.a. 2012

Kloepfer, Michael, Informationsrecht, München 2002

ders., Technik und Recht im wechselseitigen Werden. Kommunikationsrecht in der Technikgeschichte, Berlin 2002

ders., Verfassung und Zeit. Zum überhasteten Gesetzgebungsverfahren, Der Staat 13 (1974), 457–470

Kloepfer, Michael/Schärdel, Florian, Grundrechte für die Informationsgesellschaft – Datenschutz und Informationszugangsfreiheit ins Grundgesetz?, JZ 2009, 453–462

Kluth, Winfried, Demografischer Wandel und Generationengerechtigkeit, VVDStRL 68 (2009), 246–289

Klutzny, Alexander, Online-Demonstrationen und virtuelle Sitzblockaden – Grundrechtsausübung oder Straftat?, RDV 2006, 50–59

Knackstedt, Ralf u. a., Forschungsportal für Rechtsinformatik und Informationsrecht – Weg zu einer disziplinenübergreifenden Forschungsübersicht, MMR 2010, 528–533

Knapp, Victor, Über die Möglichkeit der Anwendung kybernetischer Methoden in Gesetzgebung und Rechtsanwendung, ARSP 49 (1963), 45–56

Knauff, Matthias, Der Gewährleistungsstaat: Reform der Daseinsvorsorge. Eine rechtswissenschaftliche Untersuchung unter besonderer Berücksichtigung des ÖPNV, Berlin 2004

ders., Konstitutionalisierung im inner- und überstaatlichen Recht – Konvergenz oder Divergenz?, ZaöRV 68 (2008), 453–490

Kneip, Sascha/Lorenz, Astrid, Der Wandel des Grundgesetzes aus neo-institutionalistischer Sicht. Resümee und Ausblick, in: Christoph Hönnige/Sascha Kneip/Astrid Lorenz (Hrsg.), Verfassungswandel im Mehrebenensystem, Wiesbaden 2011, S. 387–412

Knieper, Thomas/Tonndorf, Katrin/Wolf, Cornelia, Access Denied: Der Mythos vom unkontrollierbaren Internet, in: Maurizio Bach (Hrsg.), Der entmachtete Leviathan. Löst sich der souveräne Staat auf? (=ZfP Sonderband 5/2013), Baden-Baden 2013, S. 217–245

Knies, Wolfgang, Auf dem Weg in den „verfassungsgerichtlichen Jurisdiktionsstaat"? Das Bundesverfassungsgericht und die gewaltenteilende Kompetenzordnung des Grundgesetzes, in: Joachim Burmeister (Hrsg.), Verfassungsstaatlichkeit. Festschrift für Klaus Stern zum 65. Geburtstag, München 1997, S. 1155–1182

Knop, Daniel, Völker- und Europarechtsfreundlichkeit als Verfassungsgrundsätze, Tübingen 2013

Kobayashi, Hiroaki, Der Verfassungswandel als Auslegungsmaxime – dargestellt an Art. 9 der japanischen Verfassung, in: Joachim Burmeister (Hrsg.), Verfassungsstaatlichkeit. Festschrift für Klaus Stern zum 65. Geburtstag, München 1997, S. 167–188

Kodalle, Klaus-M./Rosa, Hartmut (Hrsg.), Rasender Stillstand. Beschleunigung des Wirklichkeitswandels: Konsequenzen und Grenzen, Würzburg 2008

Kohl, Kathrin, Die Haftung der Betreiber von Kommunikationsforen im Internet und virtuelles Hausrecht, Münster 2007

Körber, Torsten, Juristische Recherche im Internet, NJW 1997, 3222–3225

Koreng, Ansgar, Zensur im Internet. Der verfassungsrechtliche Schutz der digitalen Massenkommunikation, Baden-Baden 2010

Koreng, Ansgar/Feldmann, Thorsten, Das „Recht auf Vergessen". Überlegungen zum Konflikt zwischen Datenschutz und Meinungsfreiheit, ZD 2012, 311–315

Korioth, Stefan, Bundesverfassungsgericht und Rechtsprechung („Fachgerichte"), in: Peter Badura/Horst Dreier (Hrsg.), Festschrift 50 Jahre Bundesverfassungsgericht. Erster Band: Verfassungsgerichtsbarkeit – Verfassungsprozeß, Tübingen 2001, S. 55–81

ders., Der Befund „eines die Staatsrechtswissenschaft bestimmenden Bundesverfassungsgerichtspositivismus" – 1989 und 2014, in: Jakob Nolte/Ralf Poscher/Henner Wolter (Hrsg.), Die Verfassung als Aufgabe von Wissenschaft, Praxis und Öffentlichkeit. Freundesgabe für Bernhard Schlink zum 70. Geburtstag, Heidelberg u.a. 2014, S. 31–40

ders., Integration und Bundesstaat. Ein Beitrag zur Staats- und Verfassungslehre Rudolf Smends, Berlin 1990

Korte, Stefan, Die dienende Funktion der Rundfunkfreiheit in Zeiten medialer Konvergenz, AöR 139 (2014), 384–419

Koschmieder, Norman, Grundrechtliche Dynamisierungsprozesse. Zur verfassungsrechtlichen Reflexion gesellschaftlicher Entwicklungen von Partnerschaft und Familie durch grundrechtliche Tatbestände, Berlin 2016

Kotsoglou, Kyriakos N., „Subsumtionsautomat 2.0" reloaded? – Zur Unmöglichkeit der Rechtsprüfung durch Laien, JZ 2014, 1100–1103

ders., Subsumtionsautomat 2.0. Über die (Un-)Möglichkeit einer Algorithmisierung der Rechtserzeugung, JZ 2014, 451–457

Koubek, Jochen, Zur Kulturgeschichte des physikalischen Raums, in: Martin Warnke/Wolfgang Coy/Georg Christoph Tholen (Hrsg.), HyperKult II. Zur Ortsbestimmung analoger und digitaler Medien, Bielefeld 2005, S. 173–186

Kraft, Dennis/Meister, Johannes, Die Strafbarkeit von Internetdemonstrationen. Zugleich eine Besprechung des Online-Demo-Urteils des AG Frankfurt a.M. vom 1.7.2005 – 991 Ds 6100 Js 226314/01, K&R 2005, 472, K&R 2005, 458–462

dies., Rechtsprobleme virtueller Sit-Ins, MMR 2003, 366–374

Krajewski, Markus, Grundstrukturen des Rechts öffentlicher Dienstleistungen, Berlin/Heidelberg 2011

Krämer, Sybille, Symbolische Maschinen. Die Idee der Formalisierung in geschichtlichem Abriß, Darmstadt 1988

Kranenpohl, Uwe, Hinter dem Schleier des Beratungsgeheimnisses. Der Willensbildungs- und Entscheidungsprozess des Bundesverfassungsgerichts, Wiesbaden 2010

Kreuzbauer, Hanna Maria, Zur Mathematisierung der Rechtswissenschaften, Rechtstheorie 46 (2015), 93–103

Kreye, Adrian, Kampfansage an die EU, SZ v. 1.12.2016, S. 15 (abrufbar unter https://www.sueddeutsche.de/kultur/digitale-grundrechte-kampfansage-an-die-eu-1.3273264 – Abrufdatum: 14.6.2019)

Krieger, Heike, Krieg gegen anonymous. Völkerrechtliche Regelungsmöglichkeiten bei unsicherer Zurechnung im Cyberwar, AVR 50 (2012), 1–20

dies., Verfassung im Völkerrecht – Konstitutionelle Elemente jenseits des Staates?, VVDStRL 75 (2016), 439–472

Kriele, Martin, Rechtsgefühl und Legitimität der Rechtsordnung, in: Ernst-Joachim Lampe (Hrsg.), Das sogenannte Rechtsgefühl, Wiesbaden 1985, S. 23–33

ders., Theorie der Rechtsgewinnung entwickelt am Problem der Verfassungsinterpretation, 2. Aufl., Berlin 1976

Krisor-Wietfeld, Katharina, Rahmenbedingungen der Grundrechtsausübung – insbesondere zu öffentlichen Foren als Rahmenbedingungen der Versammlungsfreiheit, Tübingen 2016

Krönke, Christoph, Datenpaternalismus. Staatliche Interventionen im Online-Datenverkehr zwischen Privaten, dargestellt am Beispiel der Datenschutz-Grundverordnung, Der Staat 55 (2016), 319–351

Krüger, Herbert, Marktwirtschaftliche Ordnung und öffentliche Vorhaltung der Verkehrswege, Hamburg 1969

ders., Verfassungsvoraussetzungen und Verfassungserwartungen, in: Horst Ehmke u.a. (Hrsg.), Festschrift für Ulrich Scheuner zum 70. Geburtstag, Berlin 1973, S. 285–306

ders., Verfassungswandlung und Verfassungsgerichtsbarkeit, in: Konrad Hesse/Siegfried Reicke/Ulrich Scheuner (Hrsg.), Staatsverfassung und Kirchenordnung. Festgabe für Rudolf Smend zum 80. Geburtstag am 15. Januar 1962, Tübingen 1962, S. 151–170

Kruis, Tobias, Der Anwendungsvorrang des EU-Rechts in Theorie und Praxis. Seine Durchsetzung in Deutschland. Eine theoretische und empirische Untersuchung anhand der Finanz- und Verwaltungsgerichte und Behörden, Tübingen 2013

Kubicek, Herbert, Universaldienstregelungen in der USA und in Deutschland, CR 1997, 1–11

Kugelmann, Dieter, Zugang zu Netzen und Dienstleistungen der (Tele-)Kommunikation. Elektronische Kommunikation in der Konvergenzfalle, VerwArch 95 (2004), 515–543

Kühling, Jürgen, Anforderungen an ein zukunftsfähiges Infrastrukturrecht, DVBl. 2013, 1093–1102

ders., Sektorspezifische Regulierung in den Netzwirtschaften. Typologie, Wirtschaftsverwaltungsrecht, Wirtschaftsverfassungsrecht, München 2004

Kühling, Jürgen/Biendl, Michael, Zulässiger Universaldienstumfang im Zeitalter des Breitbandausbaus. Europa- und verfassungsrechtliche Grenzen staatlicher Fördermodelle, DÖV 2012, 409–417

Kuhn, Thomas S., Die Struktur wissenschaftlicher Revolutionen. Aus dem Amerikanischen von Kurt Simon, Frankfurt/M. 1973

Kulwicki, Christine, Verfassungswandel. Die Wechselwirkung zwischen Grundrechten und informationstechnischen Ermittlungsmethoden, Frankfurt/M. 2011

Künast, Renate, „Meine Daten gehören mir" – und der Datenschutz gehört ins Grundgesetz, ZRP 2008, 201–205

Kunig, Philip, Verfassungsrecht und einfaches Recht – Verfassungsgerichtsbarkeit und Fachgerichtsbarkeit, VVDStRL 61 (2002), 34–79

Kunz, Sylvia, Rechtsfragen des Ausschlusses aus Internetforen, Hamburg 2005

La Porta, Rafael/Lopez-de-Silanes, Florencio/Shleifer, Andrei, What Works in Securities Laws?, The Journal of Finance 61 (2006), 1–32

Laak, Dirk van, Der Begriff „Infrastruktur" und was er vor seiner Erfindung besagte, Archiv für Begriffsgeschichte 41 (1999), 280–299

Laband, Paul, Die Wandlungen der deutschen Reichsverfassung. Vortrag gehalten in der Gehe-Stiftung zu Dresden am 16. März 1895, Dresden 1985

ders., Die geschichtliche Entwicklung der Reichsverfassung seit der Reichsgründung, JöR 1 (1909), 1–46

Ladeur, Karl-Heinz, Computerkultur und Evolution der Methodendiskussion in der Rechtswissenschaft. Zur Theorie rechtlichen Entscheidens in komplexen Handlungsfeldern, ARSP 74 (1988), 218–238

ders., Der Staat gegen die Gesellschaft. Zur Verteidigung der Rationalität der „Privatrechtsgesellschaft“, Tübingen 2006

ders., Die Dynamik des Internet als Herausforderung der Stabilität des Rechts – „Virtuelles Eigentum“, Copyright, Lauterkeitsrecht und Grundrechtsbindung im Internet als Exempel, in: Martin Eifert/Wolfgang Hoffmann-Riem (Hrsg.), Innovation und rechtliche Regulierung. Schlüsselbegriffe und Anwendungsbeispiele rechtswissenschaftlicher Innovationsforschung, Baden-Baden 2002, S. 339–361

ders., Die Textualität des Rechts. Zur poststrukturalistischen Kritik des Rechts, Weilerswist 2016

Lange, Pia, Auf der Suche nach dem idealen Beschwerdeführer, ZRP 2017, 18–21

Lanier, Jaron, Wem gehört die Zukunft? Du bist nicht der Kunde der Internet-Konzerne, du bist ihr Produkt. Aus dem amerikanischen Englisch von Dagmar Mallett und Heike Schlatterer, 4. Aufl., Hamburg 2014

Latour, Bruno/Lowe, Adam, The Migration of the Aura, or How to Explore the Original Through Its Facsimiles, in: Thomas Bartscherer/Roderick Coover (Hrsg.), Switching Codes. Thinking Through Digital Technologie in the Humanities and the Arts, Chicago/London 2011, S. 275–297

Lauer, Gerhard, Die Vermessung der Kultur. Geisteswissenschaften als Digital Humanities, in: Heinrich Geiselberger/Tobias Moorstedt (Hrsg.), Big Data. Das neue Versprechen der Allwissenheit, Frankfurt/M. 2013, S. 99–116

Lechner, Hans/Zuck, Rüdiger, Bundesverfassungsgerichtsgesetz. Kommentar, 8. Aufl., München 2019

Lehmkuhl, Dirk, Between Transnational Take-off and National Landing: Jurisdictional Dynamics in the Domain Name Area, in: Myriam Dunn/Sai Felicia Krishna-Hensel/Victor Mauer (Hrsg.), The Resurgence of the State. Trends and Processes in Cyberspace Governance, Aldershot 2007, S. 85–110

Leisner, Walter, Antigeschichtlichkeit des öffentlichen Rechts? Zum Problem des evolutionistischen Denkens im Recht, Der Staat 7 (1968), 137–163

Leisterer, Hannfried Ulrich, Internetsicherheit in Europa. Zur Gewährleistung der Netz- und Informationssicherheit durch Informationsverwaltungsrecht, Tübingen 2018

Lembcke, Oliver W., Hüter der Verfassung. Eine institutionentheoretische Studie zur Autorität des Bundesverfassungsgerichts, Tübingen 2008

Lenski, Sophie-Charlotte, Flashmobs, Smartmobs, Raids – Sicherheitsrechtliche Antworten auf neue Formen von Kollektivität, VerwArch 103 (2012), 539–557

dies., Personenbezogene Massenkommunikation als verfassungsrechtliches Problem. Das allgemeine Persönlichkeitsrecht in Konflikt mit Medien, Kunst und Wissenschaft, Berlin 2007

Lepsius, Oliver, Braucht das Verfassungsrecht eine Theorie des Staates? Eine deutsche Perspektive: Von der Staatstheorie zur Theorie der Herrschaftsformen, EuGRZ 2004, 370–381

ders., Das Computer-Grundrecht: Herleitung – Funktion – Überzeugungskraft, in: Fredrik Roggan (Hrsg.), Online-Durchsuchungen. Rechtliche und tatsächliche Konsequenzen des BVerfG-Urteils vom 27. Februar 2008, Berlin 2008, S. 21–56

ders., Die maßstabsetzende Gewalt, in: Matthias Jestaedt u.a. (Hrsg.), Das entgrenzte Gericht. Eine kritische Bilanz nach sechzig Jahren Bundesverfassungsgericht, Berlin 2011, S. 159–279

ders., Die Zwei-Seiten-Lehre des Staates, in: Andreas Anter (Hrsg.), Die normative Kraft des Faktischen. Das Staatsverständnis Georg Jellineks, Baden-Baden 2004, S. 63–88

ders., Verfassungsrechtlicher Rahmen der Regulierung, in: Michael Fehling/Matthias Ruffert (Hrsg.), Regulierungsrecht, Tübingen 2010, § 4

Lerche, Peter, Stil und Methode der verfassungsrechtlichen Entscheidungspraxis, in: Peter Badura/Horst Dreier (Hrsg.), Festschrift 50 Jahre Bundesverfassungsgericht. Zweiter Band: Klärung und Fortbildung des Verfassungsrechts, Tübingen 2001, S. 333–361

ders., Stiller Verfassungswandel als aktuelles Politikum, in: Hans Spanner u.a. (Hrsg.), Festgabe für Theodor Maunz zum 70. Geburtstag am 1. September 1971, München 1971, S. 285–300

Lessig, Lawrence, Code. Version 2.0, New York 2006

ders., The Zones of Cyberspace, Stanford Law Review 48 (1996), 1403–1411

Leube, Sabine C., Die Rolle des Staates im Internet. Eine Untersuchung der Möglichkeit, Zulässigkeit und Notwendigkeit staatlicher Regulierung, München 2004

Lewandowski, Dirk, Suchmaschinen verstehen, Berlin/Heidelberg 2015

Linck, Joachim u. a. (Hrsg), Die Verfassung des Freistaats Thüringen. Handkommentar, Baden-Baden 2013

Lindinger, Manfred, Die Elektronik erobert die dritte Dimension, FAZ v. 26.7.2017, Nr. 171, S. N2

ders., Wie der PC zur lahmen Ente wird, FAZ.NET v. 10.6.2016 (http://www.faz.net/-gwz-8hzdb – Abrufdatum: 14.6.2019)

Lindner, Carsten, Die Gewährleistung des Internetzugangs im Grundgesetz, Frankfurt a.M. 2014

Linke, Tobias, Rechtsfragen der Einrichtung und des Betriebs eines Nationalen Cyber-Abwehrzentrums als informelle institutionalisierte Sicherheitskooperation, DÖV 2015, 128–139

Lippuner, Roland/Lossau, Julia, In der Raumfalle. Eine Kritik des spatial turn in den Sozialwissenschaften, in: Georg Mein/Markus Rieger-Ladich (Hrsg.), Soziale Räume und kulturelle Praktiken. Über den strategischen Gebrauch von Medien, Bielefeld 2004, S. 47–64

Litt, Theodor, Individuum und Gemeinschaft. Grundlegung der Kulturphilosophie, 3. Aufl., Leipzig/Berlin 1926

Loewenstein, Karl, Erscheinungsformen der Verfassungsänderung. Verfassungsrechtsdogmatische Untersuchungen zu Artikel 76 der Reichsverfassung. Neudruck der Ausgabe Tübingen 1931, Aalen 1968

ders., Über Wesen, Technik und Grenzen der Verfassungsänderung. Vortrag gehalten vor der Berliner Juristischen Gesellschaft am 30. Juni 1960, Berlin 1961

Loidolt, Sophie, Einführung in die Rechtsphänomenologie. Eine historisch-systematische Darstellung, Tübingen 2010

Lossau, Julia, „Mind the gap“: Bemerkungen zur gegenwärtigen Raumkonjunktur aus kulturgeographischer Sicht, in: Stephan Günzel (Hrsg.), Topologie. Zur Raumbeschreibung in den Kultur- und Medienwissenschaften, Bielefeld 2007, S. 53–68

Lovink, Geert, Das halbwegs Soziale. Eine Kritik der Vernetzungskultur. Übersetzt aus dem Englischen von Andreas Kallfelz, Bielefeld 2012
Löw, Martina, Raumsoziologie, 7. Aufl., Frankfurt/M. 2012
Löwer, Wolfgang, Zuständigkeiten und Verfahren des Bundesverfassungsgerichts, in: Josef Isensee/Paul Kirchhof (Hrsg.), Handbuch des Staatsrechts der Bundesrepublik Deutschland. Band III: Demokratie – Bundesorgane, 3. Aufl., Heidelberg 2005, § 70
Luch, Anika D./Schulz, Sönke E., eDaseinsvorsorge. Neuorientierung des überkommenen (Rechts-)Begriffs „Daseinsvorsorge“ im Zuge technischer Entwicklungen?, MMR 2009, 19–24
Ludwigs, Markus, Grundrechtsberechtigung ausländischer Rechtssubjekte, JZ 2013, 434–441
Luhmann, Niklas, Die Gesellschaft der Gesellschaft, Frankfurt/M. 1997
ders., Grundrechte als Institution. Ein Beitrag zur politischen Soziologie, Berlin 1965
ders., Öffentliche Meinung, PVS 11 (1970), 2–28
Lukas, Christoph, Korpuslinguistik und Recht. Bericht über die Konferenz „The Fabric of Law and Language“ der Heidelberger Akademie der Wissenschaften vom 18. und 19. März 2016, ARSP 103 (2017), 138–145
Lundmark, Thomas, Stare decisis vor dem Bundesverfassungsgericht, Rechtstheorie 28 (1997), 315–345
Lupton, Deborah, Digital Sociology, London/New York 2015
Lutterbeck, Bernd, Automation geistiger Arbeit von Juristen. Eine kritische Auseinandersetzung mit der Behandlung von Expertensystemen in der Literatur, in: Neue Richtervereinigung (Hrsg.), Computerisierung der Justiz, Michelstadt 1987, S. 78–94
Maas, Heiko, EU-Datenschutz-Grundverordnung: Datensouveränität in der digitalen Gesellschaft, DuD 2015, 579–580
Mahoney, Michael Sean, Histories of Computing, Edited and with an introduction by Thomas Haigh, Cambridge (Mass.)/London 2011
Mainzer, Klaus, Die Berechnung der Welt. Von der Weltformel zu Big Data, München 2014
ders., Künstliche Intelligenz. Wann übernehmen die Maschinen?, Berlin/Heidelberg 2016
Mallmann, Christoph, Datenschutz in Verwaltungs-Informationssystemen. Zur Verhältnismäßigkeit des Austausches von Individualinformationen in der normvollziehenden Verwaltung, München/Wien 1976
Malmgren, Staffan, Towards a theory of jurisprudential relevance ranking. Using link analysis on EU case law (Graduate thesis), Stockholm 2011
Mangoldt, Hermann von/Klein, Friedrich/Starck, Christian (Hrsg.), Kommentar zum Grundgesetz, 7. Aufl., München 2018
Marburger, Peter, Die Regeln der Technik im Recht, Köln u.a. 1979
Markou, Christiana, The "Right to Be Forgotten": Ten Reasons Why It Should Be Forgotten, in: Serge Gutwirth u.a. (Hrsg.), Reforming European Data Protection Law, Dordrecht 2015, S. 203–226
Marres, Noortje, Digital Sociology. The Reinvention of Social Research, Cambridge/Malden 2017
Marsch, Nikolaus, Das europäische Datenschutzgrundrecht. Grundlagen – Dimensionen – Verflechtungen, Tübingen 2018

ders., Die objektive Funktion der Verfassungsbeschwerde in der Rechtsprechung des Bundesverfassungsgerichts, AöR 137 (2012), 592–624

Marshall, William P., Progressive Constitutionalism, Originalism, and the Significance of Landmark Decisions in Evaluating Constitutional Theory, Ohio State Law Journal 72 (2011), 1251–1276

Martini, Mario, Wie werden und wollen wir morgen leben? – Ein Blick in die Glaskugel der digitalen Zukunft, in: Hermann Hill/ders./Edgar Wagner (Hrsg.), Die digitale Lebenswelt gestalten, Baden-Baden 2015, S. 9–54

Marxsen, Christian, Verfassungsrechtliche Regeln für Cyberoperationen der Bundeswehr. Aktuelle Herausforderungen für Einsatzbegriff und Parlamentsvorbehalt, JZ 2017, 543–552

Masing, Johannes, Grundstrukturen eines Regulierungsverwaltungsrechts. Regulierung netzbezogener Märkte am Beispiel Bahn, Post, Telekommunikation und Strom, Die Verwaltung 36 (2003), 1–32

ders., Herausforderungen des Datenschutzes, NJW 2012, 2305–2311

ders., Kontinuität und Diskontinuität: Die Verfassungsänderung, Der Staat 44 (2005), 1–17

ders., Post und Telekommunikation, in: Josef Isensee/Paul Kirchhof (Hrsg.), Handbuch des Staatsrechts der Bundesrepublik Deutschland. Band IV: Aufgaben des Staates, 3. Aufl., Heidelberg 2006, § 90

Mattern, Friedemann, Allgegenwärtige Datenverarbeitung – Trends, Visionen, Auswirkungen, in: Alexander Roßnagel/Tom Sommerlatte/Udo Winand (Hrsg.), Digitale Visionen. Zur Gestaltung allgegenwärtiger Informationstechnologien, Berlin u.a. 2008, S. 3–29

Mattig, Daniel, Wahlfach: Legal Technology, in: Anika Klafki/Felix Würkert/Tina Winter (Hrsg.), Digitalisierung und Recht. Tagung des eingetragenen Vereins Junge Wissenschaft im Öffentlichen Recht an der Bucerius Law School am 26. November 2016, Hamburg 2017, S. 113–124

Mau, Steffen, Das metrische Wir. Über die Quantifizierung des Sozialen, Berlin 2017

Maume, Philipp, Bestehen und Grenzen des virtuellen Hausrechts, MMR 2007, 620–625

Maunz, Theodor/Dürig, Günter (Hrsg.), Grundgesetz. Kommentar, München, Loseblatt Stand 86. EL Januar 2019

Maunz, Theodor/Schmidt-Bleibtreu, Bruno/Klein, Franz/Bethge, Herbert (Hrsg.), Bundesverfassungsgerichtsgesetz. Kommentar, München, Loseblatt Stand: 56. EL Februar 2019

Mayer-Schönberger, Viktor, Delete. Die Tugend des Vergessens in digitalen Zeiten. Aus dem amerikanischen Englisch von Andrea Kamphuis, Berlin 2010

Mayer-Schönberger, Viktor/Cukier, Kenneth, Big Data: Die Revolution, die unser Leben verändern wird, München 2013

Mayer, Christian, Die Nachbesserungspflicht des Gesetzgebers, Baden-Baden 1996

Mayer, Franz C., Recht und Cyberspace, NJW 1996, 1782–1791

ders., Verfassung im Nationalstaat: Von der Gesamtordnung zur europäischen Teilordnung?, VVDStRL 75 (2016), 7–63

Mayer, Franz C./Wendel, Mattias, Die verfassungsrechtlichen Grundlagen des Europarechts, in: Armin Hatje/Peter-Christian Müller-Graff (Hrsg.), Enzyklopädie Europarecht. Band I: Europäisches Organisations- und Verfassungsrecht, Baden-Baden 2014, § 4

Mayer, Patrick G., Das Internet im öffentlichen Recht. Unter Berücksichtigung europarechtlicher und völkerrechtlicher Vorgaben, Berlin 1999

McGinnis, John O./Pearce, Russell G., The Great Disruption: How Machine Intelligence Will Transform the Role of Lawyers in the Delivery of Legal Services, Fordham Law Review 82 (2014), 3041–3066

McKamey, Mark, Legal Technology: Artificial Intelligence and the Future of Law Practice, Appeal: Review of Current Law and Law Reform 22 (2017), 45–58

McLuhan, Marshall, Die Gutenberg-Galaxis. Das Ende des Buchzeitalters, übersetzt von Max Nänny, Düsseldorf/Wien 1968

ders., The Medium is the Message (zus. mit Quentin Fiore und Jerome Angel), New York 1967

Mecklenburg, Wilhelm, Internetfreiheit, ZUM 1997, 525–543

Meese, Edwin, Toward a Jurisprudence of Original Intent, Harvard Journal of Law & Public Policy 11 (1988), 5–12

Meinel, Florian, Der Jurist in der industriellen Gesellschaft. Ernst Forsthoff und seine Zeit, Berlin 2011

Merleau-Ponty, Maurice, Phänomenologie der Wahrnehmung. Aus dem Französischen übersetzt und eingeführt mit einer Vorrede von Rudolf Boehm, Berlin 1966

Meyer, Jürgen (Hrsg.), Charta der Grundrechte der Europäischen Union, 4. Aufl., Baden-Baden 2014

Michael, Lothar, Die verfassungswandelnde Gewalt, RW 2014, 426–480

Miyake, Yuhiko, Verfassungsinterpretation und Verfassungswandel, in: Matthias Jestaedt/Hidemi Suzuki (Hrsg.), Verfassungsentwicklung I. Auslegung, Wandlung und Änderung der Verfassung. Deutsch-japanisches Verfassungsgespräch 2015, Tübingen 2017, S. 185–200

Mizzaro, Stefano, Relevance: The Whole History, Journal of the American Society of Information Science and Technology 48 (1997), 810–832

Möhlen, Christian, Das Recht auf Versammlungsfreiheit im Internet. Anwendbarkeit eines klassischen Menschenrechts auf neue digitale Kommunikations- und Protestformen, MMR 2013, 221–230

Möllers, Christoph, Mehr oder weniger virtuos. Der Mann am Klavier: Was spielt BGH-Präsident Hirsch?, FAZ v. 26.10.2006, Nr. 249, S. 37

ders., Religiöse Freiheit als Gefahr?, VVDStRL 68 (2009), 47–93

ders., Staat als Argument, 2. Aufl., Tübingen 2011

Moore, Gordon E., Cramming More Components onto Integrated Circuits, Electronics 38 (1965), Nr. 8, 114–117

Moretti, Franco, Conjectures on World Literature, New Left Review 1 (2000), 54–68

Morlok, Martin, Selbstverständnis als Rechtskriterium, Tübingen 1993

Morozov, Evgeny, The Net Delusion. The Dark Side of Internet Freedom, New York 2011

Mueller, Milton L., Networks and States. The Global Politics of Internet Governance, Cambridge/London 2010

ders., Universal Service in Telephone History. A Reconstruction, Telecommunications Policy 17 (1993), 352–369 *ders.*, Will the Internet Fragment? Sovereignty, Globalization, and Cyberspace, Cambridge/Malden 2017

Muhle, Maria, Räume als Medien des Regierens, in: Friedrich Balke/Maria Muhle (Hrsg.), Räume und Medien des Regierens, Paderborn 2016, S. 18–23

Müller-Franken, Sebastian, Staatspraxis und Verfassungsauslegung. Zur Bedeutung der praktischen Handhabung der Verfassung durch staatliche Organe für die Auslegung des Grundgesetzes, in: Otto Depenheuer u.a. (Hrsg.), Staat im Wort. Festschrift für Josef Isensee, Heidelberg 2007, S. 229–252

Müller-Mall, Sabine, Legal Spaces. Towards a Topological Thinking of Law, Berlin/Heidelberg 2013

dies., Performative Rechtserzeugung. Eine theoretische Annäherung, Weilerswist 2012

dies., Verwaltungsrechtsraum Europa – Zur Möglichkeit seiner rechtswissenschaftlichen Erschließung, in: Alfred G. Debus u.a. (Hrsg.), Verwaltungsrechtsraum Europa (51. Assistententagung Öffentliches Recht), Baden-Baden 2011, S. 9–31

Müller, Friedrich, Normstruktur und Normativität. Zum Verhältnis von Recht und Wirklichkeit in der juristischen Hermeneutik, entwickelt an Fragen der Verfassungsinterpretation, Berlin 1966

ders., Thesen zur Struktur von Rechtsnormen, ARPS 56 (1970), 493–509

Müller, Georg, Zur Bedeutung der Nachführung im Rahmen der Reform der Bundesverfassung, ZSR 116 (1997) I, 21–43

Müller, Simone M., Wiring the World. The Social and Cultural Creation of Global Telegraph Networks, New York 2016

Münch, Ingo von/Kunig, Philip (Hrsg.), Grundgesetz-Kommentar, 6. Aufl., München 2012

Münker, Stefan, Philosophie nach dem „Medial Turn". Beiträge zur Theorie der Mediengesellschaft, Bielefeld 2009

Münkler, Laura, Metaphern im Recht. Zur Bedeutung organischer Vorstellungen von Staat und Recht, Der Staat 55 (2016), S. 181–211

Murswiek, Dietrich, Diskussionsbeitrag, VVDStRL 67 (2008), 103–104

Natus, Johannes, Verfassungsmissbrauch durch Zweidrittelmehrheit? Verfassungstheoretische und demokratietheoretische Anforderungen an die verfassungsändernde Gewalt auf Grundlage eines dualistischen Rechtsverständnisses zwischen Sein und Sollen, Berlin 2017

Nawiasky, Hans, Die Grundgedanken des Grundgesetzes für die Bundesrepublik Deutschland. Systematische Darstellung und kritische Würdigung, Stuttgart/Köln 1950

Negroponte, Nicholas, being digital, New York 1995

ders., Beyond Digital, Wired 12/1998 (online-Beitrag ohne Seitenangaben unter https://www.wired.com/1998/12/negroponte-55/ – Abrufdatum: 14.6.2019)

Nettesheim, Martin, Europäischer Verfassungsverbund? Zwischen Selbststand und Amalgamierung der verfassungsrechtlichen Grundordnungen in Europa, in: Otto Depenheuer u.a. (Hrsg.), Staat im Wort. Festschrift für Josef Isensee, Heidelberg 2007, S. 733–753

ders., Grundrechtsschutz der Privatheit, VVDStRL 70 (2011), 7–49

Neubert, Carl-Wendelin, Grundrechtliche Schutzpflichten des Staates gegen grundrechtsbeeinträchtigende Maßnahmen fremder Staaten am Beispiel der Überwachung durch ausländische Geheimdienste, AöR 140 (2015), 267–304

Neumann, Conrad, Flashmobs, Smartmobs, Massenpartys. Die rechtliche Beurteilung moderner Kommunikations- und Interaktionsformen, NVwZ 2011, 1171–1177

Niedermaier, Hubertus/Schroer, Markus, Sozialität im Cyberspace, in: Alexandra Budke/Detlef Kanwischer/Andreas Pott (Hrsg.), Internetgeographien. Beobachtungen zum Verhältnis von Internet, Raum und Gesellschaft, Stuttgart 2004, S. 125–141

Noack, Ulrich/Kremer, Sascha, Professionelle Online-Dienste für Juristen, NJW 2006, 3313–3317

Noelle-Neumann, Elisabeth, Die Schweigespirale. Öffentliche Meinung – unsere soziale Haut, München u.a. 1980

Nora, Simon/Minc, Alain, Die Informatisierung der Gesellschaft, hrsg. v. Uwe Kalbhen, Frankfurt/M. 1979

Oates, Sarah, Towards an Online Bill of Rights, in: Luciano Floridi (Hrsg.), The Onlife Manifesto. Being Human in a Hperconnected Era, Cham u.a. 2015, S. 229–243

Ogburn, William Fielding, Cultural Lag as Theory, Sociology and Social Research XLI (1957), 167–173

ders., Kultur und sozialer Wandel. Ausgewählte Schriften, hrsg. und eingeleitet von Otis Dudley Duncan, übersetzt von Tobias Rülcker, Neuwied/Berlin 1969

ders., Social Change with Respect to Culture and Original Nature, New York 1923

Ogorek, Regina, Richterkönig oder Subsumtionsautomat? Zur Justiztheorie im 19. Jahrhundert, Frankfurt/M. 1986

Ohler, Christoph, Verfassung im Völkerrecht. Konstitutionelle Elemente jenseits des Staates?, DVBl. 2015, 1091–1098

Ohms, Martin Johannes, Die verfassungsimmanente Pflicht des Gesetzgebers zur Änderung des Grundgesetzes. Ein Beitrag zur Bedeutung von Art. 79 GG für die Grundrechte, unter besonderer Berücksichtigung des Art. 3 Abs. 2 GG, Sinzheim 1996

Oliver, Dawn/Fusaro, Carlo, Changing Constitutions: Comparative Analysis, in: dies. (Hrsg.), How Constitutions Change. A Comparative Study, Oxford/Portland 2011, S. 381–403

Oppermann, Thomas, Das Bundesverfassungsgericht und die Staatsrechtslehre, in: Peter Badura/Horst Dreier (Hrsg.), Festschrift 50 Jahre Bundesverfassungsgericht. Zweiter Band: Klärung und Fortbildung des Verfassungsrechts, Tübingen 2001, S. 421–460

ders., Das parlamentarische Regierungssystem des Grundgesetzes. Anlage – Erfahrungen – Zukunftseignung, VVDStRL 33 (1975), S. 7–68

Ossenbühl, Fritz, Die Not des Gesetzgebers im naturwissenschaftlich-technischen Zeitalter, Wiesbaden 2000

ders., Probleme und Wege der Verfassungsauslegung, DÖV 1965, 649–661

ders., Staatliches Fernmeldemonopol als Verfassungsgebot?, in: Herbert Leßmann/Bernhard Großfeld/Lothar Vollmer (Hrsg.), Festschrift für Rudolf Lukes zum 65. Geburtstag, Köln u.a. 1989, S. 525–546

ders., Verfassungsgerichtsbarkeit und Gesetzgebung, in: Peter Badura/Rupert Scholz (Hrsg.), Verfassungsgerichtsbarkeit und Gesetzgebung. Symposion aus Anlaß des 70. Geburtstages von Peter Lerche, München 1998, S. 75–98

Paetau, Michael, Computernetzwerke und die Konstitution des Sozialen, in: Claudia Honegger/Stefan Hadril/Franz Traxler (Hrsg.), Grenzenlose Gesellschaft? Verhandlungen des 29. Kongresses der Deutschen Gesellschaft für Soziologie, des 16. Kongresses der Österreichischen Gesellschaft für Soziologie, des 11. Kongresses der Schweizerischen Gesellschaft für Soziologie in Freiburg i.Br. 1998. Teil II, Opladen 1999, S. 270–284

Pantaloni, Nazareth A. M., Legal Databases, Legal Epistemology, and the Legal Order, Law Library Journal 86 (1994), 679–706

Papier, Hans-Jürgen, Beschränkungen der Telekommunikationsfreiheit durch den BND an Datenaustauschpunkten, NVwZ-Extra 15/2016, 1–15

ders., Rechtsstaatlichkeit und Grundrechtsschutz in der digitalen Gesellschaft, NJW 2017, 3025–3031

ders., Umsetzung und Wirkung der Entscheidungen des Europäischen Gerichtshofes für Menschenrechte aus der Perspektive der nationalen deutschen Gerichte, EuGRZ 2006, 1–3

Pariser, Eli, The Filter Bubble. What the Internet is Hiding from You, London 2011

Parlamentarischer Rat, Der Parlamentarische Rat 1948–1949. Akten und Protokolle, hrsg. vom Deutschen Bundestag und vom Bundesarchiv, Band 2: Der Verfassungskonvent auf Herrenchiemsee, bearb. von Peter Bucher, Boppard am Rhein 1981 (zitiert als: ParlRat II)

Paschke, Marian, Medienrecht, 3. Aufl., Heidelberg u.a. 2009

Passig, Kathrin, Fünfzig Jahre Black Box, Merkur Nr. 823 (2017), 16–30

Passig, Kathrin/Scholz, Aleks, Schlamm und Brei und Bits. Warum es die Digitalisierung nicht gibt, Merkur Nr. 798 (2015), 75–81

Pauly, Walter, Der Methodenwandel im deutschen Spätkonstitutionalismus, Tübingen 1993

ders., Der unaufhaltsame Aufstieg des Bundesverfassungsgerichts. Selbstinszenierung eines Verfassungsorgans, in: Walter Pauly/Christian Fischer (Hrsg.), Höchstrichterliche Rechtsprechung in der frühen Bundesrepublik, Tübingen 2015, S. 1–26

ders., Verfassungswandel und normative Kraft des Faktischen, in: Georg Jellinek, Verfassungsänderung und Verfassungswandlung, hrsg. und eingeleitet von Walter Pauly, Goldbach 1996, S. VII–XIX

Payandeh, Mehrdad, Judikative Rechtserzeugung. Theorie, Dogmatik und Methodik der Wirkung von Präjudizien, Tübingen 2017

ders., Völkerrechtsfreundlichkeit als Verfassungsprinzip. Ein Beitrag des Grundgesetzes zur Einheit von Völkerrecht und nationalem Recht, JöR 57 (2009), 465–502

Pernice, Ingolf, Bestandssicherungen der Verfassung. Verfassungsrechtliche Mechanismen zur Wahrung der Verfassungsordnung, in: Roland Bieber/Pierre Widmer (Hrsg.), L'espace constitutionnel européen – Der Europäische Verfassungsraum – The European constitutional area, Zürich 1995, S. 225–264

ders., Die Dritte Gewalt im europäischen Verfassungsverbund, EuR 1996, 27–43

ders., Europäisches und nationales Verfassungsrecht, VVDStRL 60 (2001), 148–193

ders., Theorie und Praxis des Europäischen Verfassungsverbundes, in: Christian Calliess (Hrsg.), Verfassungswandel im europäischen Staaten- und Verfassungsverbund. Beiträge der Ersten Göttinger Gespräche zum deutschen und europäischen Verfassungsrecht vom 15. bis 17. Juni 2006, Tübingen 2007, S. 61–92

Pestalozza, Christian, Die Endlichkeit von Verfassungen, in: Rupert Scholz u.a. (Hrsg.), Realitätsprägung durch Verfassungsrecht. Kolloquium aus Anlass des 80. Geburtstages von Peter Lerche, Berlin 2008, S. 31–54

Peters, Anne, Elemente einer Theorie der Verfassung Europas, Berlin 2001

Petersen, Jens, Medienrecht. Ein Studienbuch, 5. Aufl., München 2010

Petersen, Jens/Schoch, Friedrich, Einführung in das Informationsrecht und das Medienrecht, Jura 2005, 681–687

Petersohn, Bettina/Schultze, Rainer-Olaf, Ziele, Formen und Prozessstrukturen des Verfassungswandels im Mehrebenensystem, in: Christoph Hönnige/Sascha Kneip/Astrid Lorenz (Hrsg.), Verfassungswandel im Mehrebenensystem, Wiesbaden 2011, S. 41–74

Peuker, Enrico, Bürokratie und Demokratie in Europa. Legitimität im Europäischen Verwaltungsverbund, Tübingen 2011

ders., Die Anwendung nationaler Rechtsvorschriften durch Unionsorgane – ein Konstruktionsfehler der europäischen Bankenaufsicht, JZ 2014, 764–771

ders., Digitalisierung im Bundesstaat. Die Rolle des Föderalismus auf dem Weg zum digitalen Staat, in: Hermann Hill/Utz Schliesky (Hrsg.), Auf dem Weg zum digitalen Staat – auch ein besserer Staat?, Baden-Baden 2015, S. 59–86

Pfetsch, Barbara, Volkszählung '83: Ein Beispiel für die Thematisierung eines politischen Issues in den Massenmedien, in: Hans-Dieter Klingemann/Max Kaase (Hrsg.), Wahlen und politischer Prozeß. Analysen aus Anlaß der Bundestagswahl 1983, Opladen 1986, S. 201–231

Pfetsch, Barbara/Marcinkowski, Frank, Problemlagen der „Mediendemokratie“ – Theorien und Befunde zur Medialisierung von Politik, in: Frank Marcinkowski/Barbara Pfetsch (Hrsg.), Politik in der Mediendemokratie (= PVS Sonderheft 42/2009), Wiesbaden 2009, S. 11–33

Pflüger, Jörg, Wo die Quantität in Qualität umschlägt. Notizen zum Verhältnis von Analogem und Digitalem, in: Martin Warnke/Wolfgang Coy/Georg Christoph Tholen (Hrsg.), HyperKult II. Zur Ortsbestimmung analoger und digitaler Medien, Bielefeld 2005, S. 27–94

Pielow, Johann-Christian, Grundstrukturen öffentlicher Versorgung. Vorgaben des Europäischen Gemeinschaftsrechts sowie des französischen und des deutschen Rechts unter besonderer Berücksichtigung der Elektrizitätswirtschaft, Tübingen 2001

Piras, Gabriella, Virtuelles Hausrecht? Kritik am Versuch der Beschränkung der Internetfreiheit, Tübingen 2016

Pistor, Katharina, Statistische Rechtsvergleichung: Eine kritische Bestandsaufnahme, ZvglRWiss 109 (2010), 348–361

Pitschas, Rainer, Verwaltungsverantwortung und Verwaltungsverfahren. Strukturprobleme, Funktionsbedingungen und Entwicklungsperspektiven eines konsensualen Verwaltungsrechts, München 1990

Pittroff, Fabian u.a., Digitale Reterritorialisierung als politische Strategie. Die Reaktionsweisen der Demokratie in den Neuverhandlungen um Privatheit, in: Lorina Buhr/Stefanie Hammer/Hagen Schölzel (Hrsg.), Staat, Internet und digitale Gouvernementalität, Wiesbaden 2017, S. 141–165

Podlech, Adalbert, Das Recht auf Privatheit, in: Joachim Perels (Hrsg.), Grundrechte als Fundament der Demokratie, Frankfurt/M. 1979, S. 50–68

ders., Die Begrenzung staatlicher Informationsverarbeitung durch die Verfassung angesichts der Möglichkeit unbegrenzter Informationsverarbeitung mittels der Technik. Zur Entscheidung des Bundesverfassungsgerichts über das Volkszählungsgesetz 1983, Leviathan 12 (1984), 85–98

ders., Verfassungsrechtliche Probleme öffentlicher Informationssysteme, DVR 1 (1972), 149–169

Pohle, Jörg, Das Scheitern von Datenschutz by Design: Eine kurze Geschichte des Versagens, FIfF 2015, 41–44

ders., Datenschutz und Technikgestaltung. Geschichte und Theorie des Datenschutzes aus informatischer Sicht und Folgerungen für die Technikgestaltung, Berlin 2018 (Open Access, DOI: 10.18452/19136, abrufbar unter https://edoc.hu-berlin.de/handle/18452/19886 – Abrufdatum: 14.6.2019)

Pool, Ithiel de Sola, Technologies of Freedom. On free speech in an electronic age, Cambridge/Mass. 1983

Popp, Walter/Schlink, Bernhard, JUDITH. Konzept und Simulation eines dialogischen Subsumtionshilfeprogramms mittleren Abstraktionsgrades, in: Dieter Suhr (Hrsg.), Computer als juristischer Gesprächspartner. Ein Arbeitspapier zu programmierten dialogischen Denkhilfen für die Jurisprudenz (Arbeitspapiere Rechtsinformatik – Heft 2), Berlin 1970, S. 1–20

Post, Robert/Siegel, Reva, Originalism as a Political Practice: The Right's Living Constitution, Fordham Law Review 75 (2006), 545–574

Poster, Mark, Elektronische Identitäten und Demokratie, in: Stefan Münker/Alexander Roesler (Hrsg.), Mythos Internet, Frankfurt/M. 1997, S. 147–170

Pott, Andreas/Budke, Alexandra/Kanwischer, Detlef, Internet, Raum und Gesellschaft. Zur Untersuchung eines dynamischen Verhältnisses, in: Alexandra Budke/Detlef Kanwischer/Andreas Pott (Hrsg.), Internetgeographien. Beobachtungen zum Verhältnis von Internet, Raum und Gesellschaft, Stuttgart 2004, S. 9–20

Pötters, Stephan/Werkmeister, Christoph, Der verfassungsrechtliche Konflikt zwischen Freiheit und Sicherheit im Zeitalter des Internets, Jura 2013, 5–12

Poupard, Guillaume, Towards European Digital Sovereignty, The European Files January 2016: Cybercrime, Cybersecurity and Cyberdefence in Europe, S. 36

Pünder, Hermann, Die kommunale Betätigung auf dem Telekommunikationssektor, DVBl. 1997, 1353–1360

Purnhagen, Kai P., Grundlagen der Rechtsphänomenologie. Eine kritische Darstellung der Rechtsphänomenologie von Adolf Reinach und Wilhelm Schapp zu den apriorischen Grundlagen des Privatrechts, JURA 2009, 661–668

Quaritsch, Helmut, Souveränität. Entstehung und Entwicklung des Begriffs in Frankreich und Deutschland vom 13. Jh. bis 1806, Berlin 1986

ders., Staat und Souveränität. Band 1: Die Grundlagen, Frankfurt/M. 1970

Raabe, Oliver u.a., Recht ex machina. Formalisierung des Rechts im Internet der Dienste, Berlin/Heidelberg 2012

Rädler, Peter, Verfassungsgestaltung durch Staatspraxis. Ein Vergleich des deutschen und britischen Rechts, ZaöRV 58 (1998), 611–646

Ragnedda, Massimo, The Third Digital Divide. A Weberian Approach to Digital Inequalities, London/New York 2017

Rahe, Michael, Begriff und Bedeutung der Staatspraxis in der Rechtsprechung des Bundesverfassungsgerichts, Frankfurt/M. 2011

Randelzhofer, Albrecht, Staatsgewalt und Souveränität, in: Josef Isensee/Paul Kirchhof (Hrsg.), Handbuch des Staatsrechts der Bundesrepublik Deutschland. Band II: Verfassungsstaat, 3. Aufl., Heidelberg 2004, § 17

Reding, Vivienne, Digital Sovereignty: Europe at a Crossroads, 8. Ausgabe der European Debates Series des European Investment Bank Institute, abrufbar unter http://institute.eib.org/wp-content/uploads/2016/01/Digital-Sovereignty-Europe-at-a-Crossroads.pdf – Abrufdatum: 14.6.2019)

Reents, Reent Ricklef, Ausbau und Finanzierung einer flächendeckenden Breitbandversorgung in Deutschland, Tübingen 2016

Regina Ogorek, Richterkönig oder Subsumtionsautomat? Zur Justiztheorie im 19. Jahrhundert, Frankfurt/M. 1986

Rehnquist, William H., The Notion of a Living Constitution, Texas Law Review 54 (1976), 693 ff.; wieder abgedruckt in Havard Law Journal of Law & Public Policy 29 (2006), 401–415

Reichert, Daniel/Panek, Eva, Alles ist im Fluss – die fließenden Ebenen einer Liquid Democracy, in: Kathrin Voss (Hrsg.), Internet und Partizipation. Bottom-up oder Top-down? Politische Beteiligungsmöglichkeiten im Internet, Wiesbaden 2014, S. 299–310

Reichert, Ramón, Art. Digital Humanities, in: Jens Schröter (Hrsg.), Handbuch Medienwissenschaft, Stuttgart 2014, S. 511–515

Reidenberg, Joel R., Lex Informatica. The Formulation of Information Policy Rules Through Technology, Texas Law Review 76 (1998), 553–593

Reimer, Franz, Verfassungsprinzipien. Ein Normtyp im Grundgesetz, Berlin 2001

Reinach, Adolf, Die apriorischen Grundlagen des bürgerlichen Rechtes (1913), abgedruckt in: Adolf Reinach, Sämtliche Werke. Textkritische Ausgabe in 2 Bänden, hrsg. v. Karl Schuhmann und Barry Smith, Band I: Die Werke, München 1989, S. 141–276

ders., Über Phänomenologie (1914), abgedruckt in: Adolf Reinach, Sämtliche Werke. Textkritische Ausgabe in 2 Bänden, hrsg. v. Karl Schuhmann und Barry Smith, Band I: Die Werke, München 1989, S. 531–550

Reinhardt, Michael, Konsistente Jurisdiktion. Grundlegung einer verfassungsrechtlichen Theorie der rechtsgestaltenden Rechtsprechung, Tübingen 1997

Remus, Dana/Levy, Frank, Can Robots be Lawyers? Computers, Lawyers, and the Practice of Law, abrufbar unter http://dx.doi.org/10.2139/ssrn.2701092 – Abrufdatum: 14.6.2019

Rheingold, Howard, The Virtual Community. Homesteading on the Electronic Frontier, 2. Aufl., Cambridge/London 2010

Rinas, Simon, Digital Sovereignty – a prospect, Eintrag im Wissenschaftsblog des Alexander von Humboldt Institut für Internet und Gesellschaft vom 5.2.2016, abrufbar unter https://www.hiig.de/blog/digital-sovereignty-a-prospect/ – Abrufdatum: 14.6.2019

Ring, Stephan, Computergestützte Rechtsfindungssysteme. Voraussetzungen, Grenzen und Perspektiven, Köln u.a. 1994

Rixen, Stephan, Virtuelles Hausrecht der BA? Zur Löschung von Benutzerkonten der „Jobbörse“, SGb 2014, 360–364

Robbers, Gerhard, Obsoletes Verfassungsrecht durch sozialen Wandel?, in: Eckart Klein (Hrsg.), Grundrechte, soziale Ordnung und Verfassungsgerichtsbarkeit. Festschrift für Ernst Benda zum 70. Geburtstag, Heidelberg 1995, S. 209–219

Rödder, Andreas, 21.0. Eine kurze Geschichte der Gegenwart, 2. Aufl., München 2015

Roellecke, Gerd, Identität und Variabilität der Verfassung, in: Otto Depenheuer/Christoph Grabenwarter (Hrsg.), Verfassungstheorie, Tübingen 2010, § 13

ders., Institutionelle Gewähr der Verfassung, in: Otto Depenheuer/Christoph Grabenwarter (Hrsg.), Verfassungstheorie, Tübingen 2010, § 14

ders., Sondervoten, in: Peter Badura/Horst Dreier (Hrsg.), Festschrift 50 Jahre Bundesverfassungsgericht. Zweiter Band: Klärung und Fortbildung des Verfassungsrechts, Tübingen 2001, S. 363–384

Roggenkamp, Jan Dirk/Stadler, Thomas, Kapitel 10: Verantwortlichkeit der Diensteanbieter, in: Dirk Heckmann (Hrsg.), juris Praxiskommentar Internetrecht, 4. Aufl., Saarbrücken 2014

Röhl, Klaus F., Das Recht nach der visuellen Zeitenwende, JZ 2003, 339–344

ders., Rechtssoziologie. Ein Lehrbuch, Köln 1987

ders., Rechtssoziologie-online.de. Ein Lehrbuch, abrufbar daselbst

ders., Über den Einfluß der elektronischen Medien auf das Recht und das juristische Denken. Vortrag für die Jahrestagung der Vereinigung für Rechtssoziologie in Bonn vom 2.–4. Mai 1996 (im Internet veröffentlichtes Manuskript abrufbar unter http://www.ruhr-uni-bochum.de/rsozlog/daten/pdf/Roehl%20-%20Law%20in%20the%20Bytes.pdf – Abrufdatum: 14.6.2019)

Röhl, Klaus F./Ulbrich, Stefan, Visuelle Rechtskommunikation, ZfRSoz 2000, 355–385

Ronellenfitsch, Michael, Der Datenschutz bei fluiden Widerstandsbewegungen, DÖV 2016, 229–235

Ronfeldt, David, Cyberocracy, Cyberspace, and Cyberology. Political Effects of the Information Revolution (RAND Paper 7745), Santa Monica 1991

Roos, Philipp, Das IT-Sicherheitsgesetz – Wegbereiter oder Tropfen auf den heißen Stein?, MMR 2015, 636–645

Rorty, Richard M. (Hrsg.), The Linguistic Turn. Essays in Philosophical Method, Chicago u.a. 1967 (Nachdruck 1992)

Roßnagel, Alexander, Auf der Suche nach einem zeitgemäßen Verhältnis von Recht und Technik, in: Alexander Roßnagel (Hrsg.), Recht und Technik im Spannungsfeld der Kernenergiekontroverse, Opladen 1984, S. 13–34

ders., Das IT-Sicherheitsgesetz, DVBl. 2015, 1206–1212

ders., Verfassungsänderung und Verfassungswandel in der Verfassungspraxis, Der Staat 22 (1983), 551–577

ders., Zur Reichweite der staatlichen Verantwortung für Teilhabe in der digitalen Zeit, in: Michael Fehling/Utz Schliesky (Hrsg.), Neue Macht- und Verantwortungsstrukturen in der digitalen Welt, Baden-Baden 2016, S. 73–95

Roßnagel, Alexander u.a., Digitalisierung der Grundrechte? Zur Verfassungsverträglichkeit der Informations- und Kommunikationstechnik, Opladen 1990

Roßnagel, Alexander/Müller, Jürgen, Ubiquitous Computing – neue Herausforderungen für den Datenschutz. Ein Paradigmenwechsel und die von ihm betroffenen normativen Ansätze, CR 2004, 625–632

Rosenbach, Marcel/Stark, Holger, Der NSA-Komplex. Edward Snowden und der Weg in die totale Überwachung, München 2014

Rossen-Stadtfeld, Helge, Verfassungsgericht und gesellschaftliche Integration, in: Gunnar Folke Schuppert/Christian Bumke (Hrsg.), Bundesverfassungsgericht und gesellschaftlicher Grundkonsens, Baden-Baden 2000, S. 169–195

Rozek, Jochen, Verfassungsrevision, in: Josef Isensee/Paul Kirchhof (Hrsg.), Handbuch des Staatsrechts der Bundesrepublik Deutschland. Band XII: Normativität und Schutz der Verfassung, 3. Aufl., Heidelberg 2014, § 257

Ruffert, Matthias, Das Bundesverfassungsgericht als Akteur im Prozess der europäischen Integration, EuGRZ 2017, 241–249

ders., Die Europäische Menschenrechtskonvention und innerstaatliches Recht, EuGRZ 2007, 245–255

ders., Kohärente Europäisierung: Anforderungen an Verfassungs- und Verwaltungsverbund, in: Wolfgang Hoffmann-Riem, Offene Rechtswissenschaft. Ausgewählte Schriften von Wolfgang Hoffmann-Riem mit begleitenden Analysen, Tübingen 2010, S. 1397–1415

ders., Regulierung im System des Verwaltungsrechts. Grundstrukturen des Privatisierungsfolgenrechts der Post und Telekommunikation, AöR 124 (1999), 237–281

ders., Vorrang der Verfassung und Eigenständigkeit des Privatrechts. Eine verfassungsrechtliche Untersuchung zur Privatrechtswirkung des Grundgesetzes, Tübingen 2001

Rüfner, Wolfgang, Der personale Grundzug der Grundrechte und der Grundrechtsschutz juristischer Personen, in: Peter Badura/Horst Dreier (Hrsg.), Festschrift 50 Jahre Bundesverfassungsgericht. Zweiter Band: Klärung und Fortbildung des Verfassungsrechts, Tübingen 2001, S. 55–76

Rühl, Giesela, Alternative und Online-Streitbeilegung in Verbrauchersachen – Neues aus Brüssel, ZRP 2014, 8–11

dies., Die Richtlinie über alternative Streitbeilegung und die Verordnung über Online-Streitbeilegung, RIW 2013, 737–745

Rühl, Ulli F. H., Die Funktion der Verfassungsbeschwerde für die Verwirklichung der Grundrechte, KritV 1998, 156–170

Rupp, Hans Heinrich, Die Unterscheidung von Staat und Gesellschaft, in: Josef Isensee/Paul Kirchhof (Hrsg.), Handbuch des Staatsrechts der Bundesrepublik Deutschland. Band II: Verfassungsstaat, 3. Aufl., Heidelberg 2004, § 31

Rusteberg, Benjamin, Der grundrechtliche Gewährleistungsgehalt. Eine veränderte Perspektive auf die Grundrechtsdogmatik durch eine präzise Schutzbereichsbestimmung, Tübingen 2009

Rux, Johannes, Analogie oder besondere Ausprägung des Verhältnismäßigkeitsprinzips? Schlusswort, JZ 2007, 831–833

ders., Ausforschung privater Rechner durch die Polizei- und Sicherheitsbehörden. Rechtsfragen der Online-Durchsuchung, JZ 2007, 285–295

Sachs, Michael (Hrsg.), Grundgesetz, 8. Aufl., München 2018

Sachs-Hombach, Klaus, Konzeptionelle Rahmenüberlegungen zur interdisziplinären Bildwissenschaft, in: ders. (Hrsg.), Bildwissenschaft. Disziplinen, Themen, Methoden, Frankfurt a.M. 2005, S. 11–20

Sachverständigenrat für Verbraucherfragen beim Bundesministerium der Justiz und für Verbraucherschutz, Digitale Souveränität. Gutachten des Sachverständigenrats für Verbraucherfragen, Berlin 2017

Sack, Detlef, Governance und Gouvernementalität – Komplementäres und Distinktes zweier Regierungslehren, in: Andreas Vasilache (Hrsg.), Gouvernementalität, Staat und Weltgesellschaft. Studien zum Regieren im Anschluss an Foucault, Wiesbaden 2014, S. 101–135

Saracevic, Tefko, Relevance: A Review of and a Framework for the Thinking on the Notion in Information Science, Journal of the American Society for Information Science 26 (1975), 321–343

ders., Relevance: A Review of the Literature and a Framework for Thinking on the Notion in Information Science. Part II: Nature and Manifestations of Relevance, Journal of the American Society for Information Science and Technology 58 (2007), 1915–1933

ders., Relevance: A Review of the Literature and a Framework for Thinking on the Notion in Information Science. Part III: Behaviour and Effects of Relevance, Journal of the American Society for Information Science and Technology 58 (2007), 2126–2144

Sassen, Saskia, Cyber-Segmentierungen. Elektronischer Raum und Macht, in: Stefan Münker/Alexander Roesler (Hrsg.), Mythos Internet, Frankfurt/M. 1997, S. 215–235

dies., On the Internet and Sovereignty, Indiana Journal of Global Legal Studies 5 (1998), 545–559

Schaal, Gary S. u. a., Die Herausforderung der Digitalität für demokratische Staatlichkeit, in: Lorina Buhr/Stefanie Hammer/Hagen Schölzel (Hrsg.), Staat, Internet und digitale Gouvernementalität, Wiesbaden 2017, S. 105–139

Scheidemann, Dieter, Der Begriff Daseinsvorsorge. Ursprung, Funktion und Wandlungen der Konzeption Ernst Forsthoffs, Göttingen 1991

Schelsky, Helmut, Der Mensch in der wissenschaftlichen Zivilisation, Köln/Opladen 1961

Schenke, Wolf-Rüdiger, Verfassung und Zeit – von der „entzeiteten" zur zeitgeprägten Verfassung, AöR 103 (1978), 566–602

Scherzberg, Arno, Innovation und Recht: Zum Stand der rechtswissenschaftlichen Innovationsforschung, in: Wolfgang Hoffmann-Riem, Offene Rechtswissenschaft. Ausgewählte Schriften von Wolfgang Hoffmann-Riem mit begleitenden Analysen, Tübingen 2010, S. 273–308

Scheuner, Ulrich, Art. Verfassung, in: Görres-Gesellschaft (Hrsg.), Staatslexikon, Band VIII, 6. Aufl., Freiburg 1963, Sp. 117–127; abgedruckt in und zitiert nach Ulrich Scheuner, Staatstheorie und Staatsrecht. Gesammelte Schriften, hrsg. v. Joseph Listl und Wolfgang Rüfner, Berlin 1978, S. 171–184

ders., Diskussionsbeitrag, VVDStRL 20 (1963), 125–126

ders., Pressefreiheit, VVDStRL 22 (1965), 1–100

ders., Staatszielbestimmungen, in: Roman Schnur (Hrsg.), Festschrift für Ernst Forsthoff zum 70. Geburtstag, 2. Aufl., München 1974, S. 325–346

Scheurle, Klaus-Dieter/Mayen, Thomas (Hrsg.), Telekommunikationsgesetz. Kommentar, 3. Aufl., München 2018

Schindler, Jörg Michael, Rechtsmetaphorologie – Ausblick auf eine Metaphorologie der Grundrechte. Eine Untersuchung zu Begriff, Funktion und Analyse rechtswissenschaftlicher Metaphern, Berlin 2016

Schladebach, Markus, Medienrecht – Eine systematische Einführung, Jura 2013, 1092–1099

Schlaich, Klaus/Korioth, Stefan, Das Bundesverfassungsgericht. Stellung, Verfahren, Entscheidungen. Ein Studienbuch, 10. Aufl., München 2015

Schliesky, Utz u. a., Schutzpflichten und Drittwirkung im Internet. Das Grundgesetz im digitalen Zeitalter, Baden-Baden 2014

ders., Souveränität und Legitimität von Herrschaftsgewalt. Die Weiterentwicklung von Begriffen der Staatslehre und des Staatsrechts im europäischen Mehrebenensystem, Tübingen 2004
ders., Verfassungsrechtliche Rahmenbedingungen des E-Government, DÖV 2004, 809–818
Schlink, Bernhard, Die Bewältigung der wissenschaftlichen und technischen Entwicklungen durch das Verwaltungsrecht, VVDStRL 48 (1990), S. 235–264
ders., Die Entthronung der Staatsrechtswissenschaft durch die Verfassungsgerichtsbarkeit, Der Staat 28 (1989), 161–172
Schmahl, Stefanie, Zwischenstaatliche Kompetenzabgrenzung im Cyberspace, AVR 47 (2009), 284–327
Schmidt, Christopher, „Ehe für alle" – Ende der Diskriminierung oder Verfassungsbruch?, NJW 2017, 2225–2228
Schmidt, Eric/Cohen, Jared, Die Vernetzung der Welt. Ein Blick in unsere Zukunft. Aus dem Englischen von Jürgen Neubauer, Reinbek 2013
Schmidt, Manfred G., Demokratietheorien. Eine Einführung, 5. Aufl., Wiesbaden 2010
Schmidt, Reiner, Der Verfassungsstaat im Wandel, in: Carl-Eugen Eberle (Hrsg.), Der Wandel des Staates vor den Herausforderungen der Gegenwart. Festschrift für Winfried Brohm zum 70. Geburtstag, München 2002, S. 535–545
ders., Die Liberalisierung der Daseinsvorsorge, Der Staat 42 (2003), 225–247
Schmidt-Aßmann, Eberhard, Das allgemeine Verwaltungsrecht als Ordnungsidee. Grundlagen und Aufgaben der verwaltungsrechtlichen Systembildung, 2. Aufl., Berlin/Heidelberg 2006
ders., Der Verfassungsbegriff in der deutschen Staatsrechtslehre der Aufklärung und des Historismus. Untersuchungen zu den Vorstufen eines hermeneutischen Verfassungsdenkens, Berlin 1967
ders., Zur Reform des Allgemeinen Verwaltungsrechts. Reformbedarf und Reformansätze, in: Wolfgang Hoffmann-Riem/Eberhard Schmidt-Aßmann/Gunnar Folke Schuppert (Hrsg.), Reform des Allgemeinen Verwaltungsrechts. Grundfragen, Baden-Baden 1993, S. 11–63
Schmidt-Bleibtreu, Bruno/Hofmann, Hans/Henneke, Hans-Günter (Hrsg.), GG. Kommentar zum Grundgesetz, 14. Aufl., Köln 2018
Schmitt, Carl, Der Hüter der Verfassung. Anhang: Hugo Preuß. Sein Staatsbegriff und seine Stellung in der deutschen Staatslehre, 5. Aufl., Berlin 2016
ders., Verfassungslehre, 10. Aufl., Baden-Baden 2010
Schmitt, Martin u. a., Digitalgeschichte Deutschlands. Ein Forschungsbericht, Technikgeschichte 83 (2016), 33–70
Schmitt, Michael N. (Hrsg.), Tallinn Manual 2.0 on the International Law Applicable to Cyber Operations. Prepared by the International Groups of Experts at the Invitation of the NATO Cooperative Cyber Defence Centre of Excellence, Cambridge 2017
Schmitt, Michael N., The Law of Cyber Warfare: Quo Vadis?, Stanford Law & Policy Review 25 (2014), 269–299
Schmitt Glaeser, Alexander, Vorverständnis als Methode. Eine Methodik der Verfassungsinterpretation unter besonderer Berücksichtigung U.S.-amerikanischen Rechtsdenkens, Berlin 2004

Schneider, Hans-Jochen (Hrsg.), Lexikon der Informatik und Datenverarbeitung, 4. Aufl., München u. a. 1997

Schneider, Hans-Peter, Verfassungsgerichtsbarkeit und Gewaltenteilung. Zur Funktionsgerechtigkeit von Kontrollmaßstäben und Kontrolldichte verfassungsgerichtlicher Entscheidungen, NJW 1980, 2103–2111

Schneider, Jens-Peter, Telekommunikation, in: Michael Fehling/Matthias Ruffert (Hrsg.), Regulierungsrecht, Tübingen 2010, § 8

ders., Innovationen im Recht – Auswertung und Perspektiven, in: Wolfgang Hoffmann-Riem (Hrsg.), Innovationen im Recht, Baden-Baden 2016, S. 441–459

Schoch, Friedrich, Das Recht auf informationelle Selbstbestimmung in der Informationsgesellschaft, in: Michael Sachs/Helmut Siekmann (Hrsg.), Der grundrechtsgeprägte Verfassungsstaat. Festschrift für Klaus Stern zum 80. Geburtstag, Berlin 2012, S. 1491–1512

ders., Gewährleistungsverwaltung: Stärkung der Privatwirtschaft?, NVwZ 2008, 241–247

ders., Öffentlich-rechtliche Rahmenbedingungen einer Informationsordnung, VVDStRL 57 (1998), 158–215

Schönberger, Christoph, Anmerkungen zu Karlsruhe, in: Matthias Jestaedt u. a. (Hrsg.), Das entgrenzte Gericht. Eine kritische Bilanz nach sechzig Jahren Bundesverfassungsgericht, Berlin 2011, S. 9–76

ders., Bundesverfassungsgerichtspositivismus – Zu einer Erfolgsformel Bernhard Schlinks, in: Jakob Nolte/Ralf Poscher/Henner Wolter (Hrsg.), Die Verfassung als Aufgabe von Wissenschaft, Praxis und Öffentlichkeit. Freundesgabe für Bernhard Schlink zum 70. Geburtstag, Heidelberg u. a. 2014, S. 41–49

ders., Das Parlament im Anstaltsstaat. Zur Theorie parlamentarischer Repräsentation in der Staatsrechtslehre des Kaiserreichs (1871–1918), Frankfurt/M. 1997

ders., Die Europäische Union als Bund. Zugleich ein Beitrag zur Verabschiedung des Staatenbund-Bundesstaats-Schemas, AöR 129 (2004), 81–120

ders., Diskussionsbeitrag, VVDStRL 67 (2008), 111–112

Schroer, Markus, „Bringing space back in" – Zur Relevanz des Raums als soziologischer Kategorie, in: Jörg Döring/Tristan Thielmann (Hrsg.), Spatial Turn. Das Raumparadigma in den Kultur- und Sozialwissenschaften, 2. Aufl., Bielefeld 2009, S. 125–148

ders., Räume, Orte, Grenzen. Auf dem Weg zu einer Soziologie des Raums, Frankfurt/M. 2006

ders., Raumgrenzen in Bewegung. Zur Interpretation realer und virtueller Räume, in: Christiane Funken/Martina Löw (Hrsg.), Raum – Zeit – Medialität. Interdisziplinäre Studien zu neuen Kommunikationstechnologien, Opladen 2003, S. 217–236

Schröter, Jens (Hrsg.), Handbuch Medienwissenschaft, Stuttgart 2014

Schröter, Jens, Analog/Digital – Opposition oder Kontinuum?, in: Alexander Böhnke/ders. (Hrsg.), Analog/Digital – Opposition oder Kontinuum? Zur Theorie und Geschichte einer Unterscheidung, Bielefeld 2004, S. 7–30

Schröter, Jens/Schwering, Gregor, Art. Modelle des Medienwandels und der Mediengeschichtsschreibung, in: Jens Schröter (Hrsg.), Handbuch Medienwissenschaft, Stuttgart 2014, S. 179–190

Schuhr, Jan C., Rechtsprechungsdatenbanken als Format rechtlicher Informationen – Hilfsmittel oder Ersatz für Kommentare?, in: Andreas Funke/Konrad Lachmayer (Hrsg.), Formate der Rechtswissenschaft, Weilersweist 2017, S. 161–180

Schulz, Martin, Warum wir jetzt kämpfen müssen, in: Frank Schirrmacher (Hrsg.), Technologischer Totalitarismus. Eine Debatte, Berlin 2014, S. 15–22 (zuvor abgedruckt in FAZ v. 6.2.2014, Nr. 31, S. 25)

Schulz, Sönke E., Wider die Aufnahme des Datenschutzes in das Grundgesetz, ZG 2010, 358–373

Schulz, Sönke E./Tischer, Jakob, Das Internet als kritische Infrastruktur, ZG 2013, 339–357

Schulze, Götz, Das private Hausrecht. Schutzrecht für die Gebrauchsnutzung von Räumen, JZ 2015, 381–391

Schulze-Fielitz, Helmuth, Das Bundesverfassungsgericht in der Krise des Zeitgeists. Zur Metadogmatik der Verfassungsinterpretation, AöR 122 (1997), 1–31

ders., Der informale Verfassungsstaat. Aktuelle Beobachtungen des Verfassungslebens der Bundesrepublik Deutschland im Lichte der Verfassungstheorie, Berlin 1984

ders., Grundmodi der Aufgabenwahrnehmung, in: Wolfgang Hoffmann-Riem/Eberhard Schmidt-Aßmann/Andreas Voßkuhle (Hrsg.), Grundlagen des Verwaltungsrechts. Band I: Methoden, Maßstäbe, Aufgaben, Organisation, 2. Aufl., München 2012, § 16

ders., Staatsaufgabenentwicklung und Verfassung. Zur normativen Kraft der Verfassung für das Wachstum und die Begrenzung von Staatsaufgaben, in: Dieter Grimm (Hrsg.), Wachsende Staatsaufgaben – sinkende Steuerungsfähigkeit des Rechts, Baden-Baden 1990, S. 11–47

ders., Staatsrechtslehre als Wissenschaft: Dimensionen einer nur scheinbar akademischen Fragestellung. Eine einführende Problemskizze, in: ders. (Hrsg.), Staatsrechtslehre als Wissenschaft (= Die Verwaltung Beiheft 7), Berlin 2007, S. 11–47

ders., Staatsrechtslehre und Bundesverfassungsgericht – prozedural gesehen, in: Ivo Appel/Georg Hermes/Christoph Schönberger (Hrsg.), Öffentliches Recht im offenen Staat. Festschrift für Rainer Wahl zum 70. Geburtstag, Berlin 2011, S. 405–431

ders., Verfassung als Prozeß von Verfassungsänderungen ohne Verfassungstextänderungen, in: Rainer Wahl (Hrsg.), Verfassungsänderung, Verfassungswandel, Verfassungsinterpretation. Vorträge bei deutsch-japanischen Symposien in Tokyo 2004 und Freiburg 2005, Berlin 2010, S. 219–232

Schumacher, Pascal, Breitband-Universaldienst: Möglichkeiten und Grenzen deutscher Politik – Funktionales Internet endlich für alle?, MMR 2011, 711–715

Schuppert, Gunnar Folke, Funktionell-rechtliche Grenzen der Verfassungsinterpretation, Königstein/Ts. 1980

ders., Rigidität und Flexibilität von Verfassungsrecht. Überlegungen zur Steuerungsfunktion von Verfassungsrecht in normalen wie in „schwierigen Zeiten", AöR 120 (1995), 32–99

ders., Verwaltungsorganisation als Steuerungsfaktor, in: Wolfgang Hoffmann-Riem/Eberhard Schmidt-Aßmann/Andreas Voßkuhle (Hrsg.), Grundlagen des Verwaltungsrechts. Band I: Methoden, Maßstäbe, Aufgaben, Organisation, 2. Aufl., München 2012, § 16

ders., Was ist und wie mißt man den Wandel von Staatlichkeit? Der Staat 47 (2008), 325–358

Schuster, Rudolf, Ein neues Grundgesetz? Überlegungen zur geforderten Verfassungsreform, in: Gerhard Lehmbruch/Klaus von Beyme/Iring Fetscher (Hrsg.), Demokratisches System und politische Praxis der Bundesrepublik, München 1971, S. 127–142

Schwan, Eggert, Datenschutz, Vorbehalt des Gesetzes und Freiheitsgrundrechte, VerwArch 66 (1975), 120–150

Schweitzer, Heike, Daseinsvorsorge, „service public“, Universaldienst. Art. 86 Abs. 2 EG-Vertrag und die Liberalisierung in den Sektoren Telekommunikation, Energie und Post, Baden-Baden 2001

Schwerdtfeger, Angela, Krisengesetzgebung. Funktionsgerechte Organstruktur und Funktionsfähigkeit als Maßstäbe der Gewaltenteilung, Tübingen 2018

Schwinge, Erich, Der Methodenstreit in der heutigen Rechtswissenschaft, Bonn 1930

Seckelmann, Margrit, Wohin schwimmt die Demokratie? „Liquid Democracy“ auf dem Prüfstand, DÖV 2014, 1–10

Sellner, Michael, Die Justiz im elektronischen Zeitalter. Elektronischer Rechtsverkehr und elektronische Akte in der Justiz, Marburg 2012

Seyfarth, Georg, Die Änderung der Rechtsprechung durch das Bundesverfassungsgericht, Berlin 1998

Shirky, Clay, Here Comes Everybody. The Power of Organizing Without Organizations, New York u.a. 2008

Shulaker, Max M. u.a., Three-dimensional integration of nanotechnologies for computing and data storage on a single chip, Nature 547 (2017), 74–78

Sieber, Ulrich, Informationsrecht und Recht der Informationstechnik – Die Konstituierung eines Rechtsgebietes in Gegenstand, Grundfragen und Zielen, NJW 1989, 2569–2580

ders., Rechtsinformatik und Informationsrecht – Herausforderungen und Zukunftsperspektiven an der Schnittstelle von Informatik und Recht, Jura 1993, 561–571

Siehr, Angelika, Das Recht am öffentlichen Raum. Theorie des öffentlichen Raumes und die räumliche Dimension von Freiheit, Tübingen 2016

Siems, Mathias, Statistische Rechtsvergleichung, RabelsZ 72 (2008), 354–390

Simanowski, Roberto, Data Love, Berlin 2014

Simitis, Spiros, Informationskrise des Rechts und Datenverarbeitung, Karlsruhe 1970

ders., Rechtliche Anwendungsmöglichkeiten kybernetischer Systeme, in: Helmar Frank (Hrsg.), Kybernetische Maschinen. Prinzip und Anwendung der automatischen Nachrichtenverarbeitung, Frankfurt/M. 1964, S. 351–367

Simonis, Udo Ernst, Zur inhaltlich-systematischen Deutung des Begriffes „Infrastruktur“ – Eine aktualisierende Betrachtung, Zeitschrift für Ganzheitsforschung 27 (1983), 119–125

Smend, Rudolf, Das Bundesverfassungsgericht, in: ders., Staatsrechtliche Abhandlungen und andere Aufsätze, besorgt von Wilhelm Hennis, 4. Aufl. (unveränderter Nachdruck der 3. Aufl.), Berlin 2010, S. 581–593

ders., Die Vereinigung der Deutschen Staatsrechtslehrer und der Richtungsstreit, in: Horst Ehmke u.a. (Hrsg.), Festschrift für Ulrich Scheuner zum 70. Geburtstag, Berlin 1973, S. 575–589

ders., Verfassung und Verfassungsrecht, in: ders., Staatsrechtliche Abhandlungen und andere Aufsätze, besorgt von Wilhelm Hennis, 4. Aufl. (unveränderter Nachdruck der 3. Aufl.), Berlin 2010, S. 119–276

Sobota, Katharina, Rhetorisches Seismogramm – eine neue Methode in der Rechtswissenschaft, JZ 1992, 231–237

Soja, Edward W., Postmodern Geographies. The Reassertion of Space in Critical Social Theory, London u.a. 1989

Sommer, Stephan, Staatliche Gewährleistung im Verkehrs-, Post- und Telekommunikationsbereich. Zur Interpretation der Gewährleistungsnormen der Art. 87e IV und 87f I GG im System verfassungsrechtlicher Leistungspflichten, Berlin 2000

Sommermann, Karl-Peter, Staatsziele und Staatszielbestimmungen, Tübingen 1997

Sonntag, Matthias, IT-Sicherheit kritischer Infrastrukturen. Von der Staatsaufgabe zur rechtlichen Ausgestaltung, München 2005

Spamann, Holger, Empirical Comparative Law, Annual Review of Law and Social Science 11 (2015), 131–153

Sparenberg, Michael/Pohlmann, Norbert, Cybersecurity made in EU. Ein Baustein europäischer Sicherheit, DuD 2018, 220–223

Spiecker gen. Döhmann, Indra, Die technischen Grenzen des Rechts: Recht durch Technik und Technik durch Recht, in: Andreas Funke/Konrad Lachmayer (Hrsg.), Formate der Rechtswissenschaft, Weilerswist 2017, S. 181–207

dies., Steuerung im Datenschutzrecht. Ein Recht auf Vergessen wider die Vollzugsdefizite und Typisierung?, KritV 2014, 28–43

Staben, Julian, Farbenfrohe Rechtsprechung. Verweisungsanalyse von BVerfG, VerfBlog 2015/1/26, abrufbar unter https://verfassungsblog.de/farbenfrohe-rechtsprechung-verweisungsanalyse-von-entscheidungen-des-bundesverfassungsgerichts/ – Abrufdatum: 14.6.2019

Stalder, Felix, Kultur der Digitalität, 3. Aufl., Berlin 2017

Standage, Tom, The Victorian Internet. The Remarkable Story of the Telegraph and the Nineteenth Century's Online Pioneers, London 1998

Starck, Christian, Die Rechtswissenschaft in der Zukunft, in: Carl-Eugen Eberle/Martin Ibler/Dieter Lorenz (Hrsg.), Der Wandel des Staates vor den Herausforderungen der Gegenwart. Festschrift für Winfried Brohm zum 70. Geburtstag, München 2002, S. 567–583

Stark, Birgit/Magin, Melanie/Jürgens, Pascal, Ganz meine Meinung? Informationsintermediäre und Meinungsbildung – Eine Mehrmethodenstudie am Beispiel von Facebook, Düsseldorf 2017

Staudt, Ronald W., All the Wild Possibilities: Technology that Attacks Barriers to Access to Justice, Loyola of Los Angeles Law Review 42 (2009), 1117–1145

Steiger, Heinhard, Verfassungsgarantie und sozialer Wandel – Das Beispiel von Ehe und Familie, VVDStRL 45 (1987), 55–93

Steinbeis, Maximilian/Kemmerer, Alexandra/Möllers, Christoph (Hrsg.), Krise und Konstitutionalisierung in Europa. Verfassungsblog I, Baden-Baden 2015

dies. (Hrsg.), Gebändigte Macht: Verfassung im europäischen Nationalstaat. Verfassungsblog II, Baden-Baden 2015

Steinbicker, Jochen, Der Staat und das globale Internet, in: Maurizio Bach (Hrsg.), Der entmachtete Leviathan. Löst sich der souveräne Staat auf? (=ZfP Sonderband 5/2013), Baden-Baden 2013, S. 199–215

Steiner, Udo, Verkehr und Post, in: Josef Isensee/Paul Kirchhof (Hrsg.), Handbuch des Staatsrechts der Bundesrepublik Deutschland, Band III: Das Handeln des Staates, 2. Aufl., Heidelberg 1996, § 81

Steinhauer, Fabian, Die Rückkehr des Bilderstreites ins Recht, in: Kent D. Lerch (Hrsg.), Die Sprache des Rechts, Band 3: Recht vermitteln: Strukturen, Formen und Medien der Kommunikation im Recht, Berlin u.a. 2005, S. 439–474

ders., Figuren, Schemata, Schemen, in: Ino Augsberg/Sophie-Charlotte Lenski (Hrsg.), Die Innenwelt der Außenwelt der Innenwelt des Rechts. Annäherungen zwischen Rechts- und Literaturwissenschaft, München 2012, S. 43–58

ders., Vom Scheiden. Geschichte und Theorie einer juristischen Kulturtechnik, Berlin 2015

Steinmüller, Wilhelm, Das informationelle Selbstbestimmungsrecht – Wie es entstand und was man daraus lernen kann, RDV 2007, 158–161

ders., EDV und Recht. Einführung in die Rechtsinformatik (JA-Sonderheft 6), Berlin 1970

ders., Informationstechnologie und Gesellschaft. Einführung in die Angewandte Informatik, Darmstadt 1993

Steinmüller, Wilhelm u.a., Grundfragen des Datenschutzes. Gutachten im Auftrag des Bundesministeriums des Innern, BT-Drs. VI/3826, S. 5–193

Stengel, Oliver/van Looy, Alexander/Wallaschkowski, Stephan, Einleitung, in: dies. (Hrsg.), Digitalzeitalter – Digitalgesellschaft. Das Ende des Industriezeitalters und der Beginn einer neuen Epoche, Wiesbaden 2017, S. 1–16

Stern, Klaus, Das Staatsrecht der Bundesrepublik Deutschland, Band I: Grundbegriffe und Grundlagen des Staatsrechts, Strukturprinzipien der Verfassung, 2. Aufl., München 1984

Stern, Klaus (Hrsg.), Postrecht der Bundesrepublik Deutschland. Kommentar zum Postneuordnungsrecht (1997), Heidelberg, Loseblatt, Stand: 6. EL 2000

Stern, Klaus/Becker, Florian (Hrsg.), Grundrechte-Kommentar. Die Grundrechte des Grundgesetzes mit ihren europäischen Bezügen, 2. Aufl., Köln 2016

Stettner, Rupert, Brief-, Post- und Fernmeldegeheimnis, in: Detlef Merten/Hans-Jürgen Papier (Hrsg.), Handbuch der Grundrechte in Deutschland und Europa, Band IV: Grundrechte in Deutschland – Einzelgrundrechte I, Heidelberg u.a. 2011, § 92

Stinner, Julia, Staatliche Schutzpflichten im Rahmen informationstechnischer Systeme, Baden-Baden 2018

Stock, Katharina, Verfassungswandel in der Außenverfassung. Entwicklung von Verfassungsrecht in Text und Kontext, Berlin 2017

Stolleis, Michael, Der Methodenstreit der Weimarer Staatsrechtslehre – ein abgeschlossenes Kapitel der Wissenschaftsgeschichte?, Stuttgart 2001

ders., Geschichte des öffentlichen Rechts in Deutschland. Dritter Band: Staats- und Verwaltungsrechtswissenschaft in Republik und Diktatur 1914–1945, München 1999

ders., Verfassungs(ge)schichten, Tübingen 2017

Strauch, Hans-Joachim, Die Bindung des Richters an Recht und Gesetz – eine Bindung durch Kohärenz, KritV 2002, 311–333

ders., Mustererkennung und Subsumtion im Erkenntnisverfahren, in: Gottfried Gabriel/Rolf Gröschner (Hrsg.), Subsumtion. Schlüsselbegriff der Juristischen Methodenlehre, Tübingen 2012, S. 335–377

ders., Wandel des Rechts durch juristische Datenbanken?, DVBl. 2007, 1000–1007

Strauss, David A., The Living Constitution, Oxford/New York 2010

Streinz, Rudolf (Hrsg.), EUV/AEUV. Vertrag über die Europäische Union und Vertrag über die Arbeitsweise der Europäischen Union, 2. Aufl., München 2012

Susskind, Richard E., Expert Systems in Law. A Jurisprudential Inquiry, Oxford 1987

ders., Tomorrow's Lawyers. An Introduction to Your Future, Oxford 2013

Sydow, Gernot (Hrsg.), Europäische Datenschutzgrundverordnung. Handkommentar, 2. Aufl., Baden-Baden 2018

Szczerbak, Simone, Verfassungsrechtliche Leitbilder als (unterschätztes) Präzisierungsinstrument im Verfassungsrecht?, in: Michael Hein/Felix Petersen/Silvia von Steinsdorff (Hrsg.), Die Grenzen der Verfassung (=ZfP Sonderband 9/2018), Baden-Baden 2018, S. 121–137

Tassi, Smaro, Digitaler Hausfriedensbruch. Ein Wendepunkt der Gezeiten oder innovative Analogien im Strafgesetzbuch, DuD 2017, 175–179

Tenbruck, Friedrich H., Abschied von der „Wissenschaftslehre"?, in: Johannes Weiß (Hrsg.), Max Weber heute. Erträge und Probleme der Forschung, Frankfurt/M. 1989, S. 90–115

Thaller, Manfred, Controversies around the Digital Humanities: An Agenda, Historical Social Research 37 (2012) No. 3, 7–23

Theobald, Christian, Aktuelle Entwicklungen des Infrastrukturrechts, NJW 2003, 324–331

Thiedeke, Udo, Digitale Normalität? Mediensoziologische Anmerkung zur digitalisierten Sozialität, in: Hermann Hill/Dieter Kugelmann/Mario Martini (Hrsg.), Digitalisierung in Recht, Politik und Verwaltung, Baden-Baden 2018, S. 67–80

Thiel, Thorsten, Internet und Souveränität, in: Christian Volk/Friederike Kuntz (Hrsg.), Der Begriff der Souveränität in der transnationalen Konstellation, Baden-Baden 2014, S. 215–239

Tholen, Georg Christoph, Die Zäsur der Medien. Kulturphilosophische Konturen, Frankfurt/M. 2002

Tobschall, Dominik/Kempe, Johann, Der deutsche Legal-Tech-Markt, in: Stephan Breidenbach/Florian Glatz (Hrsg.), Rechtshandbuch Legal Tech, München 2018, S. 25–33

Tolksdorf, Robert/Luczak-Rösch, Markus/Müller-Birn, Claudia, Vom Gesetzestext zum Gesetzesnetzwerk – Anwendung der Netzwerkvisualisierung und -analyse auf Inhalte des deutschen Rechts, in: Jörn von Lucke u.a. (Hrsg.), Staat und Verwaltung auf dem Weg zu einer offenen, smarten und vernetzten Verwaltungskultur. Praxisbeiträge zur gemeinsamen Fachtagung Verwaltungsinformatik (FTVI) und Fachtagung Rechtsinformatik (FTRI) vom 15. – 16. März 2012 in Friedrichshafen, Berlin 2012, S. 112–116

Tomuschat, Christian, Verfassungsgewohnheitsrecht? Eine Untersuchung zum Staatsrecht der Bundesrepublik Deutschland, Heidelberg 1972

ders., Wege zur deutschen Einheit, VVDStRL 49 (1990), 70–100

Trute, Hans-Heinrich, Staatsrechtslehre als Sozialwissenschaft?, in: Helmuth Schulze-Fielitz (Hrsg.), Staatsrechtslehre als Wissenschaft (= Die Verwaltung Beiheft 7), Berlin 2007, S. 115–132

ders., Verantwortungsteilung als Schlüsselbegriff eines sich verändernden Verhältnisses von öffentlichem und privatem Sektor, in: Gunnar Folke Schuppert (Hrsg.), Jenseits von Privatisierung und „schlankem" Staat. Verantwortungsteilung als Schlüsselbe-

griff eines sich verändernden Verhältnisses von öffentlichem und privaten Sektor, Baden-Baden 1999, S. 13–45
Turner, Fred, From Counterculture to Cyberculture. Stewart Brand, the Whole Earth Network, and the Rise of Digital Utopianism, Chicago/London 2006
Twellmann, Marcus, ‚Gedankenstatistik'. Vorschlag zur Archäologie der Digital Humanities, Merkur Nr. 797 (2015), 19–30
Uerpmann-Wittzack, Robert, Internetvölkerrecht, AVR 47 (2009), 261–283
Ufer, Frederic, Der Entwurf des DigiNetzG. Bewertung und Perspektive der geplanten Umsetzung der EU-Kostensenkungsrichtlinie, MMR 2016, 12–16
Vahrenkamp, Richard, Die erste Informationsexplosion. Die Rolle der Lochkartentechnik bei der Bürorationalisierung in Deutschland 1910 bis 1939, Technikgeschichte 84 (2017), 209–242
Veith, Christian u.a., How Legal Technology Will Change the Business of Law, Januar 2016 (abrufbar unter http://www.bucerius-education.de/fileadmin/content/pdf/studies_publications/Legal_Tech_Report_2016.pdf – Abrufdatum: 14.6.2019)
Vesting, Thomas, Die Fachgrenze als Kontaktzone. Plädoyer für eine kulturwissenschaftliche Öffnung der Rechtswissenschaft, in: Andreas Funke/Konrad Lachmayer (Hrsg.), Formate der Rechtswissenschaft, Weilerswist 2017, S. 237–254
ders., Die Medien des Rechts: Buchdruck, Weilerswist 2013
ders., Die Medien des Rechts: Computernetzwerke, Weilerswist 2015
ders., Die Medien des Rechts: Schrift, Weilerswist 2011
ders., Rechtstheorie. Ein Studienbuch, 2007
Vesting, Thomas/Korioth, Stefan/Augsberg, Ino, Einleitung, in: dies. (Hrsg.), Grundrechte als Phänomen kollektiver Ordnung. Zur Wiedergewinnung des Gesellschaftlichen in der Grundrechtstheorie und Grundrechtsdogmatik, Tübingen 2014, S. 1–16
Viehweg, Theodor, Topik und Jurisprudenz. Ein Beitrag zur rechtswissenschaftlichen Grundlagenforschung, 5. Aufl., München 1974
Vierkötter, Guido, Der Status Quo der Rechtsprechung zur OS-Plattform – was gilt insbesondere auf Online-Marktplätzen?, K&R 2017, 217–220
Vieweg, Klaus, Reaktionen des Rechts auf Entwicklungen der Technik, in: Martin Schulte (Hrsg.), Technische Innovation und Recht. Antrieb oder Hemmnis?, Heidelberg 1997, S. 35–54
Vismann, Cornelia, Das Recht und seine Mittel. Hrsg. v. Markus Krajewski und Fabian Steinhauer, Frankfurt/M. 2012
dies., In judicio stare. Kulturtechniken des Rechts, in: Werner Gephart (Hrsg.), Rechtsanalyse als Kulturforschung, Frankfurt/M. 2012, S. 323–334
dies., Medien der Rechtsprechung, Frankfurt/M. 2011
Vismann, Cornelia/Krajewski, Markus, Computer Juridisms, Grey Room 29 (Winter 2008), 91–109
Vitzthum, Wolfgang Graf, Form, Sprache und Stil der Verfassung, in: Otto Depenheuer/Christoph Grabenwarter (Hrsg.), Verfassungstheorie, Tübingen 2010, § 10
Vogel, Friedemann, Zwischen Willkür, Konvention und Automaten. Die interdisziplinäre Suche nach Bedeutungen in Recht und Gesetz, in: ders. (Hrsg.), Zugänge zur Rechtssemantik. Interdisziplinäre Ansätze im Zeitalter der Mediatisierung, Berlin/Boston 2015, S. 3–17

Vogelgesang, Klaus, Grundrecht auf informationelle Selbstbestimmung?, Baden-Baden 1987

Vogelsang, Jennifer, Kommunikationsformen des Internetzeitalters im Lichte der Kommunikationsfreiheiten des Grundgesetzes, Tübingen 2017

Volkmann, Uwe, Anmerkung zum Urteil des BVerfG vom 27.2.2008, 1 BvR 370/07 und 1 BvR 595/07, DVBl. 2009, 590–593

ders., Gelingensvoraussetzungen von Rechtsfortbildung, in: Wolfgang Hoffmann-Riem (Hrsg.), Innovationen im Recht, Baden-Baden 2016, S. 63–91

ders., Grundzüge einer Verfassungslehre der Bundesrepublik Deutschland, Tübingen 2013

ders., Leitbildorientierte Verfassungsanwendung, AöR 134 (2009), 157–196

ders., Rechts-Produktion oder: Wie die Theorie der Verfassung ihren Inhalt bestimmt, Der Staat 54 (2015), 35–62

ders., Verfassungsänderung und Verfassungswandel. Beobachtungen zum Verhältnis von Stabilität und Dynamik im Verfassungsrecht der Bundesrepublik Deutschland, JZ 2018, 265–271

ders., Verfassungsrecht zwischen normativem Anspruch und politischer Wirklichkeit, VVDStRL 67 (2008), 57–93

Voßkuhle, Andreas, „Integration durch Recht" – Der Beitrag des Bundesverfassungsgerichts, JZ 2016, 161–168

ders., Beteiligung Privater an der Wahrnehmung öffentlicher Aufgaben und staatliche Verantwortung, VVDStRL 62 (2003), 266–335

ders., Der „Dienstleistungsstaat". Über Nutzen und Gefahren von Staatsbildern, Der Staat 40 (2001), 495–523

ders., Der europäische Verfassungsgerichtsverbund, NVwZ 2010 1–8

ders., Der Wandel der Verfassung und seine Grenzen, JuS 2019, 417–423

ders., Die politischen Dimensionen der Staatsrechtslehre, in: Helmuth Schulze-Fielitz (Hrsg.), Staatsrechtslehre als Wissenschaft (= Die Verwaltung Beiheft 7), Berlin 2007, S. 135–157

ders., Gibt es und wozu nutzt eine Lehre vom Verfassungswandel?, Der Staat 43 (2004), 450–459

ders., Neue Verwaltungsrechtswissenschaft, in: Wolfgang Hoffmann-Riem/Eberhard Schmidt-Aßmann/Andreas Voßkuhle (Hrsg.), Grundlagen des Verwaltungsrechts. Band I: Methoden, Maßstäbe, Aufgaben, Organisation, 2. Aufl., München 2012, § 1

ders., Stabilität, Zukunftsoffenheit und Vielfaltssicherung – Die Pflege des verfassungsrechtlichen „Quellcodes" durch das BVerfG, JZ 2009, 917–924

ders., Verfassungsstil und Verfassungsfunktion. Ein Beitrag zum Verfassungshandwerk, AöR 119 (1994), 35–60

Wagner, Christoph, Vorgaben für die Frequenzmitbenutzung durch Diensteanbieter im Rahmen der 5G-Frequenzvergabe (Teil 1), CR 2017, 604–612

Wagner, Jens, Legal Tech und Legal Robots in Unternehmen und diese beratenden Kanzleien, BB 2017, 898–905

Wahl, Rainer, Die zweite Phase des Öffentlichen Rechts in Deutschland. Die Europäisierung des Öffentlichen Rechts, Der Staat 38 (1999), 495–518

Waldhoff, Christian, Entstehung des Verfassungsgesetzes, in: Otto Depenheuer/Christoph Grabenwarter (Hrsg.), Verfassungstheorie, Tübingen 2010, § 8 *ders.*, Die verfassunggebende Gewalt als Bindeglied zwischen historischer Realität und Geltung der Verfassung, in: Michael Sachs/Helmut Siekmann (Hrsg.), Der grundrechtsgeprägte Verfassungsstaat. Festschrift für Klaus Stern zum 80. Geburtstag, Berlin 2012, S. 257–271

Walker, Reinhard, Die amtliche elektronische Verkündung von Gesetzen, JurPC Web-Dok. 155/2005

ders., Die Publikation von Gerichtsentscheidungen, Saarbrücken 1998

ders., Veränderungen der juristischen Kommunikation durch elektronische Medien, in: Helmut Rüßmann (Hrsg.), Festschrift für Gerhard Käfer, Saarbrücken 2009, S. 435–456

Walter, Christian, Hüter oder Wandler der Verfassung? Zur Rolle des Bundesverfassungsgerichts im Prozeß des Verfassungswandels, AöR 125 (2000), 517–550

Walter, Christian/Grünewald, Benedikt (Hrsg.), BeckOK BVerfGG, 6. Aufl. – Stand: 1.12.2018, München 2018

Warnke, Martin, Quantum Computing, in: ders./Wolfgang Coy/Georg Christoph Tholen (Hrsg.), HyperKult II. Zur Ortsbestimmung analoger und digitaler Medien, Bielefeld 2005, S. 151–169

Weber, Max, Die „Objektivität" sozialwissenschaftlicher und sozialpolitischer Erkenntnis, Archiv für Sozialwissenschaft und Sozialpolitik 19 (1904), 22–87, abgedruckt in und zitiert nach: Max Weber, Gesammelte Aufsätze zur Wissenschaftslehre, 7. Aufl., hrsg. von Johannes Winckelmann, Tübingen 1988, S. 146–214

ders., Parlament und Regierung im neugeordneten Deutschland, in: Wolfgang J. Mommsen (Hrsg.), Max Weber Gesamtausgabe (MWG), Abteilung 1, Band 15: Zur Politik im Weltkrieg. Schriften und Reden. 1914–1918, Tübingen 1984, S. 432–496

ders., Wirtschaft und Gesellschaft. Grundriß der verstehenden Soziologie, 5. Aufl. (besorgt von Johannes Winckelmann), Studienausgabe, Tübingen 1980

Weber, Rolf H., Strukturations- und Steuerungstheorie als „Ordnungshilfen" im Informationsrecht, Rechtstheorie 40 (2009), 516–532

Weber, Werner, Das Problem der Revision und einer Totalrevision des Grundgesetzes, in: Hans Spanner (Hrsg.), Festgabe für Theodor Maunz zum 70. Geburtstag am 1. September 1971, München 1971, S. 451–476

Weiß, Wolfgang, Privatisierung und Staatsaufgaben. Privatisierungsentscheidungen im Lichte einer grundrechtlichen Staatsaufgabenlehre unter dem Grundgesetz, Tübingen 2002

Weiser, Mark, The Computer for the 21st Century, Scientific American 265 (3/1991), 94–104

Weismantel, Jan, Das „Recht auf Vergessenwerden" im Internet nach dem „Google-Urteil" des EuGH. Begleitung eines offenen Prozesses, Berlin 2017

Wendel, Mattias, Permeabilität im europäischen Verfassungsrecht. Verfassungsrechtliche Integrationsnormen auf Staats- und Unionsebene im Vergleich, Tübingen 2011

Werber, Niels, Die Geopolitik der Literatur. Eine Vermessung der medialen Weltraumordnung, München 2007

Westin, Alan F., Privacy and Freedom, New York 1968

Wieacker, Franz, Recht und Automation, in: Karl August Bettermann/Albrecht Zeuner (Hrsg.), Festschrift für Eduard Bötticher zum 70. Geburtstag am 29. Dezember 1969, Berlin 1969, S. 383–404

Wieduwilt, Hendrik, Warum Facebook manchmal durchaus Nippel zeigt, FAZ.NET v. 24.4.2018 (abrufbar unter https://www.faz.net/aktuell/wirtschaft/diginomics/warum-facebook-manchmal-durchaus-nippel-zeigt-15558004.html – Abrufdatum: 14.6.2019)

Wieland, Joachim, Der soziale Rechtsstaat als Gewährleistungsstaat, in: Gerrit Manssen/Monika Jachmann/Christoph Gröpl (Hrsg.), Nach geltendem Verfassungsrecht. Festschrift für Udo Steiner zum 70. Geburtstag, Stuttgart 2009, S. 932–946

ders., Der Wandel von Verwaltungsaufgaben als Folge der Postprivatisierung, Die Verwaltung 28 (1995), 315–335

Wihl, Tim, Die Vorbereitung „neuer Grundrechte" in der Rechtsprechung des Bundesverfassungsgerichts durch die Verfassungsrechtswissenschaft – Die Beispiele des Grundrechts auf informationelle Selbstbestimmung und des sog. Computer-Grundrechts, Manuskript für einen Sammelband von Dieter Grimm (Hrsg.), Vorbereiter – Nachbereiter? Der Beitrag der Staatsrechtslehre zu den großen Innovationen der Verfassungsrechtsprechung im Grundrechtsbereich, i.E.

Williams, Colin P./Clearwater, Scott H., Ultimate Zero and One. Computing at the Quantum Frontier, New York 2000

Windthorst, Kay, Der Universaldienst im Bereich der Telekommunikation. Eine öffentlichrechtliche Betrachtung unter Einbeziehung des amerikanischen Rechts, Berlin 2000

Winterhoff, Christian, Verfassung – Verfassunggebung – Verfassungsänderung. Zur Theorie der Verfassung und der Verfassungsrechtserzeugung, Tübingen 2007

Wißmann, Hinnerk, Die Anforderungen an ein zukunftsfähiges Infrastrukturrecht, VVDStRL 73 (2014), 369–427

Wischmeyer, Thomas, Informationssicherheitsrecht. IT-Sicherheitsgesetz und NIS-Richtlinie als Bausteine eines Ordnungsrechts für die Informationsgesellschaft, Die Verwaltung 50 (2017), 155–188

Wolf, Michael J., Collaborative Technology Improves Access to Justice, N.Y.U. Journal of Legislation & Public Policy 15 (2012), 759–789

Wolff, Heinrich Amadeus, Die europäisierte deutsche Verfassung, in: Marten Breuer u.a. (Hrsg.), Der Staat im Recht. Festschrift für Eckart Klein zum 70. Geburtstag, Berlin 2013, S. 385–396

ders., Ungeschriebenes Verfassungsrecht unter dem Grundgesetz, Tübingen 2000

Wolff, Heinrich Amadeus/Brink, Stefan (Hrsg.), BeckOK Datenschutzrecht, München 2018 (28. Edition Stand: 1.8.2018)

Wrase, Michael, Zwischen Norm und sozialer Wirklichkeit. Zur Methode und Dogmatik der Konkretisierung materialer Grundrechtsgehalte, Berlin 2016

Wu, Tim, The Master Switch. The Rise and Fall of Information Empires, New York 2011

ders., Cyberspace Sovereignty? The Internet and the International System, Harvard Journal of Law & Technology 10 (1997), 647–666

Würtenberger, Thomas, Auslegung von Verfassungsrecht – realistisch betrachtet, in: Joachim Bohnert u.a. (Hrsg.), Verfassung – Philosophie – Kirche. Festschrift für Alexander Hollerbach zum 70. Geburtstag, Berlin 2001, S. 223–241

ders., Verfassungsänderungen und Verfassungswandel des Grundgesetzes, in: Helmut Neuhaus (Hrsg.), Verfassungsänderungen. Tagung der Vereinigung für Verfassungsgeschichte in Hofgeismar vom 15. bis 17. März 2010, Berlin 2012, S. 287–305 *ders.*, Zeitgeist und Recht, 2. Aufl., Tübingen 1991

Zacher, Hans F., Das soziale Staatsziel, in: Josef Isensee/Paul Kirchhof (Hrsg.), Handbuch des Staatsrechts der Bundesrepublik Deutschland. Band II: Verfassungsstaat, 3. Aufl., Heidelberg 2004, § 28

Zahavi, Dan, Husserls Phänomenologie. Übersetzt von Bernhard Obsieger, Tübingen 2009

ders., Phänomenologie für Einsteiger, Paderborn 2007

Zillien, Nicole, Digitale Ungleichheit. Neue Technologien und alte Ungleichheiten in der Informations- und Wissensgesellschaft, Wiesbaden 2006

Zippelius, Reinhold, Die Bedeutung kulturspezifischer Leitideen für die Staats- und Rechtsgestaltung, in: ders., Verhaltenssteuerung durch Recht und kulturelle Leitideen. Ausgewählte Aufsätze, Berlin 2004, S. 13–31

Zuck, Rüdiger, Das Recht der Verfassungsbeschwerde, 5. Aufl., München 2017

Zuleeg, Manfred, Verfassungsgarantie und sozialer Wandel – das Beispiel von Ehe und Familie, NVwZ 1986, 800–807

Zweigert, Konrad, Die Verfassungsbeschwerde, JZ 1952, 321–327

Stichwortregister

Jus Publicum

Beiträge zum Öffentlichen Recht

Die Schriftenreihe *Jus Publicum. Beiträge zum öffentlichen Recht* (JusPubl) soll den öffentlichrechtlichen Habilitationsschriften, aber auch Monographien der Ordinarien, eine ansprechende Heimstatt geben. Die Reihe deckt die „klassischen" Felder des öffentlichen Rechts ab, insbesondere also das Verfassungsrecht (einschließlich Grundrechtstheorie, Methodenlehre und Allgemeiner Staatslehre) und das Verwaltungsrecht. Das schließt fächerübergreifende, aber auch fachgebietsübergreifende Themenstellungen nicht aus, solange der Schwerpunkt der Arbeit im Öffentlichen Recht zu finden ist. Kaum eine Arbeit beschränkt sich auf das deutsche Recht, denn die Fragestellungen sind oft vom Europarecht beeinflusst und auch der rechtsvergleichende Blick in fremde Rechtsordnungen gewinnt zunehmend an Bedeutung; dies gilt auch für das Völkerrecht. Die anspruchsvolle und auch äußerlich ansprechende Reihe bietet mehr als nur einen zufälligen Ausschnitt gegenwärtiger Forschung im öffentlichen Recht: Sie spiegelt auch den Standard dessen wider, was (öffentlichrechtliche) Rechtswissenschaft gegenwärtig in Deutschland bedeutet und ist deshalb schon in kurzer Zeit im In- und Ausland zu einem Begriff geworden.

ISSN: 0941-0503
Zitiervorschlag: JusPubl

Alle lieferbaren Bände finden Sie unter *www.mohrsiebeck.com/juspubl*

Mohr Siebeck
www.mohrsiebeck.com